Praxishandbuch Bibliotheksmanagement

Praxishandbuch Bibliotheksmanagement

Herausgegeben von
Rolf Griebel, Hildegard Schäffler und
Konstanze Söllner

Redaktion: Eva Frantz (†)

Band 2

DE GRUYTER
SAUR

Die vorliegende broschierte Ausgabe ist ein unveränderter Nachdruck der gebundenen Ausgabe von 2014.

ISBN 978-3-11-030293-6
e-ISBN (PDF) 978-3-11-030326-1
e-ISBN (EPUB) 978-3-11-039593-8

Bibliografische Information der Deutschen Nationalbibliothek
Die Deutsche Nationalbibliothek verzeichnet diese Publikation in der Deutschen Nationalbibliografie; detaillierte bibliografische Daten sind im Internet über http://dnb.dnb.de abrufbar.

© 2016 Walter de Gruyter GmbH, Berlin/Boston
Einbandabbildung: Kraufmann/Hörner, Rechte Stadt Stuttgart
Satz: Michael Peschke, Berlin
Druck und Bindung: CPI books GmbH, Leck
♾ Gedruckt auf säurefreiem Papier
Printed in Germany

www.degruyter.com

Inhalt

Band 1

Abkürzungsverzeichnis —— XI

Vorbemerkungen —— 1

1 Rahmenbedingungen und Strukturen

Klaus Gantert
1.1 Wandel, Vielfalt und Kooperation – Aufgaben, Typen und Träger von Bibliotheken —— 5

Jürgen Seefeldt
1.2 Strukturen und Entwicklungen des öffentlichen Bibliothekssektors in Deutschland —— 17

Ulrich Hohoff
1.3 Strukturen und Entwicklungen des wissenschaftlichen Bibliothekssektors in Deutschland —— 37

Hildegard Schäffler
1.4 Bibliotheken in der internationalen Zusammenarbeit: Organisationen, Netzwerke, Kooperationsformen —— 77

2 Bibliotheksbau und –ausstattung

Klaus Ulrich Werner
2.1 Bibliothek als Ort —— 95

Jonas Fansa
2.2 Baufachliche Planungsaufgaben für Bibliothekare – zur Planung von Sanierungen, Um- und Neubauten —— 108

Roman Rabe
2.3 Bibliothekseinrichtung und technische Ausstattung —— 125

Sandra Heuser
2.4 Gebäudemanagement an Universitätsbibliotheken —— 145

3 Bestandsaufbau und Akquisition

Monika Moravetz-Kuhlmann
3.1 Erwerbungspolitik, Etatplanung und Mittelallokation in wissenschaftlichen Bibliotheken —— 161

Ulrike Rothe, Jochen Johannsen und Hildegard Schäffler
3.2 Strategien des Bestandsaufbaus in der hybriden Bibliothek —— 184

Bernhard Mittermaier und Werner Reinhardt
3.3 Lizenzierung elektronischer Medien —— 205

Silvia Herb
3.4 Patron-Driven Acquisition —— 227

Michaela Selbach und Ursula Stanek
3.5 Electronic Resource Management-Systeme (ERMS) – Anforderungen und Lösungsansätze für Systeme zur Verwaltung elektronischer Ressourcen —— 241

Jochen Johannsen und Bernhard Mittermaier
3.6 Bestands- und Beschaffungsevaluierung —— 252

Leni Helmes und Karl-Heinz Weber
3.7 Sicherung des dauerhaften Zugriffs auf elektronische Ressourcen —— 270

Rainer Plappert
3.8 Deakquisition von Medien – ein Baustein modernen Bestandsmanagements in wissenschaftlichen Bibliotheken —— 280

Klaus Junkes-Kirchen
3.9 Steuerfragen in der Erwerbung —— 293

4 Open Access

Volker Schallehn und Ralf Schimmer
4.1 Open Access —— 311

5 Erschließung und Metadaten

Gabriele Meßmer und Manfred Müller
5.1 Standards in der Formalerschließung gedruckter und elektronischer Ressourcen —— 341

Gerhard Stumpf
5.2 Sacherschließung und Kataloganreicherung —— 357

Brigitte Wiechmann
5.3 Normdaten —— 380

Adrian Pohl und Patrick Danowski
5.4 Linked Open Data in der Bibliothekswelt – Überblick und Herausforderungen —— 392

Claudia Fabian
5.5 Erschließungsmanagement im Bereich kulturelles Erbe —— 410

6 Dienstleistungen und Benutzung von Bibliotheken

Evelinde Hutzler
6.1 Moderne Lesesäle, Arbeits- und Lernräume als Service von Hochschulbibliotheken —— 431

Andreas Bohne-Lang und Elke Lang
6.2 Die Ausleihe im Wandel der Zeiten: Neue Technologien, neue Herausforderungen —— 448

Christoph Müller
6.3 Kopier- und Scan-Dienstleistungen, elektronischer Semesterapparat —— 461

Berthold Gillitzer
6.4 Überregionale Bibliotheksdienstleistungen: Fernleihe und Direktlieferdienste —— 469

Anne Christensen
6.5 Bibliothekarische Auskunft und Informationsdienstleistungen —— 484

Fabian Franke
6.6 Aufgaben und Organisation der Teaching Library —— 495

Peter Kostädt
6.7 Suchportale, Discovery-Systeme und Linkresolver —— 513

Thorsten Meyer
6.8 Social Media und mobile Applikationen —— 524

Gregor Horstkemper
6.9 Virtuelle Fachbibliotheken, virtuelle Forschungsumgebungen und digitale Wissenschaft —— 538

Rafael Ball
6.10 Bibliometrische Dienstleistungen —— 556

Sabine Homilius
6.11 Zielgruppen und Dienstleistungen öffentlicher Bibliotheken —— 576

Eckhard Kummrow
6.12 Digitale Werke in Öffentlichen Bibliotheken —— 589

Klaus Dahm
6.13 Bibliothek und Schule —— 603

Band 2

7 Publikationsdienstleistungen

Gregor Horstkemper
7.1 Elektronisches Publizieren I: Publikationsserver —— 619

Regine Tobias
7.2 Elektronisches Publizieren II: Universitätsverlage —— 630

Roland Bertelmann und Hans Pfeiffenberger
7.3 Forschungsdaten und Bibliotheken —— 639

8 Bibliotheksmanagement

Joachim Kreische
8.1 Betriebliche Organisation —— 655

Andreas Degkwitz
8.2 Personalmanagement und digitale Transformation —— 676

Matthias Groß
8.3 IT-Planung und -Beschaffung —— 685

Joachim Hennecke
8.4 Innovationsmanagement —— 699

9 Öffentlichkeitsarbeit

Martin Hollender und Peter Schnitzlein
9.1 Presse- und Medienarbeit —— 715

Ursula Georgy
9.2 Fundraising und Drittmittelakquise —— 730

Thomas Zauner
9.3 Ausstellungs- und Veranstaltungsmanagement —— 746

10 Digitalisierung von Kulturgut

Reinhard Altenhöner, Tobias Beinert, Markus Brantl, Robert Luckfiel und Uwe Müller
10.1 Digitalisierung von Kulturgut —— 763

Judith Köbler
10.2 Rechtliche Rahmenbedingungen —— 812

11 Bestandserhaltung und Langzeitverfügbarkeit digitaler Ressourcen

Irmhild Schäfer und Michael Vogel
11.1 Restaurierung und Bestandserhaltung —— 825

Reinhard Altenhöner und Sabine Schrimpf
11.2 Bestandserhaltung und Langzeitverfügbarkeit digitaler Ressourcen: Strategie, Organisation und Techniken —— 850

12 Beruf, Aus- und Fortbildung

Konstanze Söllner
12.1 Qualifikationswege und Berufsfelder in Bibliotheken —— 875

13 Bibliotheksrecht

Ruth Katzenberger
13.1 Haushalts- und Vergaberecht —— 901

Claudia Holland
13.2 Personalrecht —— 911

Gabriele Beger
13.3 Urheberrecht —— 930

Eric W. Steinhauer
13.4 Das Pflichtexemplarrecht —— 947

Arne Upmeier
13.5 Rechtliche Rahmenbedingungen der Bibliotheksbenutzung —— 958

14 Bibliotheks- und Informationsethik

Hermann Rösch
14.1 Informationsethik – Bibliotheksethik. Ethische Fragestellungen und ihr Stellenwert im Handlungsfeld Bibliothek —— 975

15 Bibliothek 2020

Klaus Ceynowa
15.1 Wissen und Information im Digitalen Zeitalter – Herausforderungen und Chancen für die Bibliothek der Zukunft —— 999

Klaus Tochtermann
15.2 Science 2.0 – 10 Thesen für Informationsinfrastruktureinrichtungen der Zukunft —— 1013

Autoren —— 1022

Index —— 1031

7 Publikationsdienstleistungen

Gregor Horstkemper
7.1 Elektronisches Publizieren I: Publikationsserver

1 Einleitung

Die Verbreitung des elektronischen Publizierens in der Wissenschaft sowie die schnelle Etablierung des Internets als Option für die rasche und weltweite Bereitstellung von Forschungspublikationen führten bereits Ende der 1990er Jahre zur Entwicklung erster Softwaresysteme, mit deren Hilfe digitale Veröffentlichungen verwaltet, erschlossen und im Open-Access-Verfahren zugänglich gemacht werden konnten. Innerhalb weniger Jahren entwickelten sich Publikationsserver zu einem festen Bestandteil der Angebotspalette der Bibliotheken von Hochschulen und größeren Forschungseinrichtungen. Im Folgenden werden zunächst Typen von Publikationsserver-Angeboten sowie wichtige Anforderungen an solche Angebote vorgestellt. Auf eine Zusammenstellung gängiger Softwarelösungen folgt abschließend die Beschreibung typischer Aufgabenstellungen bei Aufbau und Betrieb von Publikationsservern.

2 Erscheinungsformen

Open-Access-Repositorien stellen als institutionelle, institutionsübergreifende oder fachlich definierte Publikationsserver Metadaten und Volltexte von Forschungspublikationen zur Verfügung und machen diese Inhalte über eine grafische Benutzeroberfläche mit Such- und Blätter-Funktionalitäten zugänglich. Da die Erreichung eines Höchstmaßes an Sichtbarkeit für die enthaltenen Veröffentlichungen eine zentrale Zielsetzung der Repositorien darstellt, gehören die Anmeldung bei internationalen Registern für Open-Access-Anbieter sowie die Auswertbarkeit durch übergreifende Suchmaschinen zu den zentralen Dienstmerkmalen.[1] Der weitaus größte Teil der heute vorhandenen Publikationsserver dient der Bereitstellung von Forschungsveröffentlichungen einzelner Universitäten, Hochschulen und Forschungsinstitutionen. Zu den Zielsetzungen solcher institutioneller Repositorien gehört es, den Forschungsoutput der jeweiligen Einrichtung nach außen zu dokumentieren und die Sichtbarkeit der institutionellen Forschungsleistungen zu erhöhen. Bislang steht

---

[1] Es fehlt gerade im deutschsprachigen Raum an einer einheitlichen Definition. Die vorstehende Beschreibung ist orientiert an den Auswahlkriterien des 2012 durchgeführten Census deutscher Open-Access-Repositorien, siehe Vierkant 2013. Als Registrierungsinstanz für Repositorien ist insbesondere das Directory of Open Access Repositories (OpenDOAR) zu nennen, siehe http://www.opendoar.org/ (15.04.2014).

meistens die nachträgliche Archivierung von primär an anderem Ort publizierten Aufsätzen im Mittelpunkt. Bei institutionellen Publikationsservern ist in zunehmendem Maß die Verknüpfung mit bibliographischen Diensten, insbesondere mit der Erstellung von Hochschulbibliographien und ähnlichen Instrumenten der Leistungsmessung zu beobachten. In Deutschland machen die institutionellen Repositorien etwa 90 Prozent des Gesamtangebots an wissenschaftlichen Open-Access-Repositorien aus.[2] Insbesondere die universitären Repositorien decken eine große Vielfalt an wissenschaftlichen Disziplinen ab, weisen allerdings häufig von Disziplin zu Disziplin sehr unterschiedliche Befüllungsraten durch die jeweiligen Wissenschaftler auf. Die ergänzend zu institutionellen Angeboten aufgebauten fachlich definierten Repositorien erreichen für ihre jeweilige Disziplin vergleichsweise schnell eine kritische Masse an relevanten Publikationen, so dass diese Repositorien einen größeren Bekanntheitsgrad erreichen und eine höhere Nutzungsintensität aufweisen. In Deutschland werden fachlich definierte Repositorien häufig im Kontext von überregionalen Informationsinfrastruktur-Einrichtungen wie etwa den bisherigen Sondersammelgebiets-Bibliotheken oder den Zentralen Fachbibliotheken aufgebaut und betrieben. In Fällen, bei denen virtuelle Fachbibliotheken von mehreren Institutionen gemeinsam betrieben werden, sind auch institutionsübergreifende Repositorien zu finden. Ein Beispiel für ein fachübergreifendes und zugleich nicht an eine bestimmte Institution gebundenes Repositorium ist „Leibniz Publik", das als Leuchtturmprojekt für die Leibniz-Preisträger der Deutschen Forschungsgemeinschaft realisiert wurde.[3] Während bei allen Repositorien-Typen zur Zeit die Open-Access-Variante des grünen Wegs im Mittelpunkt steht, finden sich auch Beispiele für genuin digitale und ohne Zeitverzug verfügbare Open-Access-Publikationen, die auf dem goldenen Weg bereitgestellt werden.

Zeitschriften-Hosting stellt eine eigenständige Publikationsdienstleistung dar, die in zunehmenden Maß von wissenschaftlichen Bibliotheken über entsprechende Publikationsserver primär für Open-Access-Veröffentlichungen gemäß dem goldenen Weg aufgebaut wird. Mit Hilfe spezieller Software-Lösungen für Management und Bereitstellung wissenschaftlicher Zeitschriften können Bibliotheken Arbeitsinstrumente zur Verfügung stellen, die im Prinzip alle Schritte des Publikationsprozesses einschließlich der Organisation von *Peer-Review*-Abläufen und der Bereitstellung der fertigen Zeitschrifteninhalte abdecken. Mit Hilfe grafischer Benutzeroberflächen werden den Nutzern ähnliche Such- und Blätteroptionen angeboten wie im Fall von Open-Access-Repositorien. Auch für Open-Access-Zeitschriften ist eine Anmeldung bei einschlägigen Registrierungsinitiativen sinnvoll.[4]

---

[2] Siehe Offhaus 2012: 17.
[3] Hierzu ausführlich Foerster/Schäffler 2012.
[4] Für Zeitschriften ist das Directory of Open Access Journals (DOAJ) zu nennen, erreichbar unter http://doaj.org/ (15.04.2014).

Spezialisierte Publikationsangebote, die sich nicht den beiden oben beschriebenen Haupttypen zuordnen lassen, sind deutlich weniger verbreitet. Einige virtuelle Fachbibliotheken haben bereits früh mit Hilfe von Content-Management-Systemen die Bereitstellung wissenschaftlicher Arbeiten als differenziert strukturierte, häufig multimediale Webangebote ermöglicht und fachlich definierte Themenportale aufgebaut.[5] Ein weiteres Beispiel für spezielle Publikationsdienstleistungen stellt die Aggregation von Rezensionen dar, die ansonsten überwiegend nur im Print verfügbar wären.[6] Besonders komplexe Aufgaben stellen sich bei der Publikation wissenschaftlicher Online-Editionen.[7] Ein relativ junges Betätigungsfeld für Bibliotheken ist die Unterstützung von Forschenden bei der Redaktion und Publikation von Sammelbänden und Monographien als Open-Access-E-Books.[8] Entsprechende Initiativen sind bereits in einem Übergangsbereich zu verlagsähnlichen Aktivitäten angesiedelt und erfordern entsprechende Infrastruktur und personelle Ausstattung. Die Bereitstellung von Forschungsprimärdaten[9] ist als eigenständiges Betätigungsfeld zu betrachten, das der engen Verknüpfung mit anderen Publikationsdiensten bedarf, aber auch besondere Anforderungen an die Betreiber entsprechender Datendienste stellt.

3 Leistungsspektrum

Der Aufbau und die Weiterentwicklung von Publikationsservern erfolgt weltweit in kooperativer Weise und häufig in direkter Zusammenarbeit mehrerer Institutionen. Für Deutschland ist die Zusammenarbeit der Betreiber von Publikationsservern im Rahmen der 2002 als Verein gegründeten Deutschen Initiative für Netzwerkinformation (DINI) von zentraler Bedeutung. Die DINI-Arbeitsgruppe „Elektronisches Publizieren" gibt wichtige Orientierungshilfe bezüglich des Leistungsspektrums von Publikationsservern sowie bezüglich der begleitenden Maßnahmen auf Seiten der Betreiber. Mit der Etablierung eines Zertifikats, dessen erste Fassung aus dem Jahr 2004 stammt, wurde ein Qualitätsmaßstab definiert, der auch internationale Anerkennung genießt und in acht Punkten wichtige Anforderungen an Publikationsserver für wissenschaftliche Veröffentlichungen definiert.[10] Für alle Aspekte wird jeweils

---

5 So der Server Frühe Neuzeit bzw. das spätere Geschichtsportal historicum.net: http://www.historicum.net (15.04.2014) oder der Fachinformationsdienst Kunst: http://www.arthistoricum.net (15.04.2014).
6 Siehe dazu insbesondere das Rezensionsportal recensio.net: http://www.recensio.net (15.04.2014).
7 Einen Überblick bieten Mittler/Rehbein 2011.
8 Als Beispiel kann die Edition Open Access dienen, die von der Bibliothek des Max-Planck-Instituts für Wissenschaftsgeschichte verantwortet wird: http://www.edition-open-access.de/ (15.04.2014).
9 Vgl. dazu auch den Beitrag von Bertelmann/Pfeiffenberger in diesem Band.
10 Grundlage der folgenden Ausführungen: DINI-Arbeitsgruppe Elektronisches Publizieren 2011. Im Lauf des Jahres 2014 ist die Verabschiedung des DINI-Zertifikats für Open-Access-Repositorien und -Publikationsdienste 2013 zu erwarten, das bereits als Preprint zur Verfügung steht, DOI: 10.5281/

zwischen Mindestanforderungen und Empfehlungen unterschieden. Die acht Themenbereiche lassen sich folgendermaßen charakterisieren:

- **Sichtbarkeit des Gesamtangebots:** Unverzichtbar ist die Erreichbarkeit des Angebots über eine Webseite, die Verlinkung von der Institutions-Webseite sowie die Registrierung bei DINI und OpenDOAR. Empfohlen wird darüber hinaus, dass alle Inhalte des Servers über direkte Links erreichbar sein sollten.
- **Leitlinien (Policy):** Als Basisanforderungen werden die Formulierung klarer Leitlinien zu Rechten und Pflichten von Betreibern und Nutzern, zu inhaltlichen, technischen und funktionalen Qualitätsmaßstäben, zur langfristigen Verfügbarkeit der Inhalte sowie zur Open-Access-Politik der betreibenden Institution benannt.
- **Unterstützung für Autoren und Herausgeber:** Ein Beratungsangebot für die beteiligten Wissenschaftler wird als notwendig erachtet, ebenso die Option zum eigenständigen Upload von Dokumenten durch Autoren und Herausgeber sowie die Bereitstellung ausreichender Informationen technischer und rechtlicher Art. Empfohlen wird die Unterstützung durch Formatvorlagen, Weiterbildungskurse und Workflow-Systeme.
- **Rechtliche Aspekte:** Eine formale Vereinbarung muss eine klare Regelung der Rechteeinräumung umfassen, der Betreiber hat eine Lizenz bezüglich der Nutzungsmöglichkeiten der einzelnen Dokumente anzugeben. Dem Betreiber muss zugleich das Recht zur Weitergabe an Dritte, etwa für die Langzeitarchivierung, eingeräumt werden. Wichtig ist auch die Zusicherung des Rechteinhabers, dass keine Rechte Dritter berührt sind.
- **Informationssicherheit:** Die Betreiber müssen über ein Betriebskonzept samt Wartungsplan und schriftlicher Dokumentation des technischen Systems verfügen, die Ausfallsicherheit muss durch ein Havariekonzept und durch regelmäßige automatische Verfügbarkeitsprüfungen gewährleistet werden. Die Dokumente müssen mit persistenten Identifikatoren ausgezeichnet werden und dürfen nach Einbringung in das System keine Veränderung mehr erfahren. Bearbeitungen von Dokumenten werden als neue Versionen bereitgestellt.
- **Erschließung und Schnittstellen:** Als Mindestanforderung an die Erschließung ist die Verwendung des Dublin-Core-Standards gefordert. Verschlagwortung, Klassifizierung und Dokumenttyp-Zuordnung sind unverzichtbar. Für den Zugriff auf Daten und Dokumente ist – neben einer allgemeinen Webschnittstelle – eine Datenschnittstelle gemäß dem Standard OAI PMH 2.0 erforderlich.
- **Zugriffsstatistik:** Es muss eine konsistente Zugriffsstatistik geführt und gemäß den gesetzlichen Vorschriften vorgehalten werden. Die Statistik ist entsprechend allgemein verbreiteten Standards zu erheben und zu dokumentieren. Zu den Empfehlungen gehört der Vorschlag, für jedes Dokument die jeweilige Zugriffsstatistik frei zugänglich zu machen.

---

zenodo.7132. Unter anderem wird hier dem Trend zum Zeitschriften-Hosting Rechnung getragen und die Zertifizierung entsprechender Angebote besser unterstützt.

– **Langzeitverfügbarkeit:** Eine Mindestdauer der Bereitstellung ist zu definieren, sie darf nicht weniger als fünf Jahre umfassen. Die Verwendung von Beschränkungen durch *Digital Rights Management* ist untersagt. Es wird empfohlen, für Zwecke der Langzeitarchivierung entsprechend geeignete Formate zu verwenden.

Erhebungen zu den in Deutschland betriebenen Publikationsservern haben ergeben, dass viele Angebote nur einen Teil dieser Anforderungen erfüllen. Die Zahl der vergebenen Zertifikate liegt im Frühjahr 2014 bei unter fünfzig, so dass deutlich weniger als die Hälfte der insgesamt verfügbaren Server über das Gütesiegel verfügt.[11]

4 Häufig genutzte Softwaresysteme

Für die Bereitstellung wissenschaftlicher Publikationen kommen spezielle Softwarelösungen zum Einsatz, die eine niedrige Zugangsschwelle für die Einstellung von Dokumenten mit Funktionen für die leichte Auffindbarkeit und Zugänglichkeit der Inhalte verbinden. Die in Deutschland am weitesten verbreiteten Softwarepakete lassen sich folgendermaßen charakterisieren:

– **OPUS:** Das ab 1998 an der Universität Stuttgart entwickelte System ist fast ausschließlich im deutschsprachigen Raum verbreitet und auf spezielle Anforderungen deutscher Hochschulbibliotheken ausgerichtet. Unter anderem werden Schnittstellen für die URN-Vergabe sowie für die Meldung von Dissertationen an die Deutsche Nationalbibliothek angeboten. Die Weiterentwicklung der neuesten Version 4.x erfolgt seit 2010 durch den Kooperativen Bibliotheksverbund Berlin-Brandenburg (KOBV) am Berliner Zuse-Institut. Aufgrund der verwendeten Basissoftware (PHP, MySQL) kann das System relativ leicht installiert und gewartet werden. OPUS ist in Deutschland die am weitesten verbreitete Dokumentenserver-Software, wobei insbesondere kleine und mittelgroße Repositorien auf OPUS basieren.[12]
– **MyCoRe:** Das an der Universität Duisburg-Essen entwickelte Softwarepaket hat einen vergleichsweise breiten Funktionsumfang, ist aber ebenso wie OPUS fast nur in Deutschland verbreitet. Im Vergleich mit OPUS ist die Inbetriebnahme und Wartung komplexer, durch die Verwendung von Java-Komponenten ist ein hoher

---

[11] Siehe hierzu die Liste der bei DINI angemeldeten bzw. zertifizierten Repositorien unter: http://dini.de/dini-zertifikat/liste-der-repositorien/ (15.04.2014). Den Erfüllungsgrad der Basisanforderungen an institutionelle Dokumentenserver beziffert eine 2011 durchgeführte Untersuchung nordrhein-westfälischer Angebote mit nur 42,3 Prozent, siehe Offhaus 2012: 46.

[12] Weitere Informationen finden sich unter http://www.kobv.de/opus4 (15.04.2014). Im September 2012 liefen 77 von 141 ausgewerteten Repositorien auf OPUS-Systemen, siehe Vierkant 2013. Dort finden sich auch weitere Zahlen zur Verbreitung der im Folgenden beschriebenen Systeme.

Grad an Anpassbarkeit gegeben, der jedoch entsprechende Programmierkompetenzen erforderlich macht.[13]
- **EPrints:** Die in Großbritannien entwickelte und international weit verbreitete Softwarelösung hatte zunächst die Unterstützung von Wissenschaftlern bei der Selbstarchivierung von Publikationen auf dem grünen Weg zum Ziel. Sie ist zur Zeit die in Deutschland am weitesten verbreitete Dokumentenserversoftware internationaler Herkunft. Die technische Basis bilden MySQL und Perl, als Träger fungiert die University of Southampton. Den Vorteilen – einfache Installation und komfortable Nutzeroberfläche – steht der Nachteil einer begrenzten Anpassbarkeit gegenüber. Fünf der zehn größten Repositorien in Deutschland basieren auf EPrints.[14]
- **DSpace:** Das am Massachusetts Institute of Technology programmierte Software-Paket basiert ähnlich wie MyCoRe auf Java-Technologie und ist vergleichbar gut anpassbar, aber auch aufwendig in Wartung und Weiterentwicklung. Als Träger von DSpace fungiert die Non-Profit-Organisation DuraSpace. Die Software ist weltweit bei rund 40 Prozent aller Open-Access-Repositorien im Einsatz, hat in Deutschland aber nur einen Marktanteil von knapp 5 Prozent.[15]
- **Fedora Commons:** Das von der University of Virginia und der Cornell University entwickelte Framework ist im Gegensatz zu den meisten anderen Dokumentenserver-Paketen nicht auf schnelle Installierbarkeit und Lauffähigkeit hin optimiert, sondern bietet durch seine Java-Architektur ein hohes Maß an Flexibilität. Entsprechend aufwendig sind allerdings auch Installation und Anpassung an unterschiedliche Bedürfnisse. Wie DSpace wird Fedora von DuraSpace betreut und weiterentwickelt.[16]
- **Fedorabasierte Systeme:** Aufgrund seiner hohen Flexibilität wird Fedora als Kernkomponente verschiedener Software-Systeme verwendet, die als Publikationsserver eingesetzt werden können. Erwähnt seien der von der Max Planck Digital Library (MPDL) im Rahmen des eSciDoc-Projekts konzipierte Pubman oder das ebenfalls von der MPDL sowie der Humboldt-Universität zu Berlin und der Freien Universität Berlin entwickelte Imeji, das auf Multimedia-Materialien spezialisiert ist. Internationaler Herkunft sind die beiden Projekte Hydra und Islandora, die das Fedora-Framework mit funktionalen Nutzeroberflächen ausstatten und auch in anderer Hinsicht praxistauglicher machen.[17]

---

[13] Für eine kurze Charakterisierung siehe Dobratz 2007: 203. Die Projektseite bietet weitere Informationen unter: http://mycore.de (15.04.2014).
[14] Siehe http://www.eprints.org/ (15.04.2014).
[15] Weitere Informationen siehe http://duraspace.org (15.04.2014).
[16] Weitere Informationen finden sich unter http://www.fedora-commons.org/ (15.04.2014).
[17] Informationen zu den Projekten der MPDL finden sich unter http://www.mpdl.mpg.de (15.04.2014), eine vergleichende Einschätzung zu Hydra und Islandora bietet Castagné 2013. Dort werden auch DSpace, EPrints und Fedora auf aktuellem Stand bewertet.

– **OJS/OMP:** Das in Kanada angesiedelte Public Knowledge Project entwickelt seit 2001 mit Open Journal Systems eine Software, die sich inzwischen zu der weltweit dominierenden Software für das Management und die Bereitstellung von Open-Access-Zeitschriften entwickelt hat. Auch in Deutschland ist OJS an vielen Standorten verbreitet, darüber hinaus wurden am Center für digitale Systeme der Freien Universität Berlin zahlreiche Anpassungen vorgenommen, die den Einsatz im deutschen Kontext erleichtern (URN, Zählpixel der VG Wort etc.). Aufbauend auf den Erfahrungen mit OJS wurde eine weitere Lösung für die Produktion und Bereitstellung von digitalen Büchern entwickelt, die unter dem Namen Open Monograph Press in ersten Einsatzszenarien Verwendung findet.[18]

Neben den genannten Software-Angeboten kommen vereinzelt weitere Dokumentenserver-Lösungen zum Einsatz, die aber meist institutionsspezifisch ausgelegt sind und sich nicht für eine breitere Nutzung eignen. Bei der Auswahl einer Software für ein neu einzurichtendes oder ein zu migrierendes Repositorium sollten stets die lokalen Gegebenheiten eine große Rolle spielen. Teilweise kann auf Hosting-Services von Verbundzentralen oder ähnlichen Einrichtungen zurückgegriffen werden, was die ersten Schritte zum Betrieb eines Publikationsservers deutlich vereinfachen kann. Wer jedoch spezielle Anforderungen umsetzen möchte und entsprechende Anpassungsarbeiten durchführen muss, wird einen eigenen Publikationsserver aufsetzen und entsprechende Personalressourcen einplanen müssen.

5 Aufgabenstellungen bei Aufbau und Betrieb

Da in deutschen Bibliotheken teilweise bereits seit fünfzehn Jahren Erfahrungen mit Publikationsservern gesammelt werden und eine große Open-Access-Community Unterstützung anbietet, lässt sich relativ schnell ein Gesamtbild der notwendigen Maßnahmen und des zu leistenden Aufwands gewinnen.[19] Zunächst gilt es, die prinzipiellen Zielsetzungen eines geplanten Repositoriums festzulegen und entsprechende Leitlinien zu formulieren. Eine konzeptionelle Klärungsphase hilft später bei der Entscheidung über bestimmte Funktionalitäten. Aufbauend auf diesen Vorbereitungsarbeiten gilt es zweitens, Klarheit über das verfügbare Personal und über die technischen Rahmenbedingungen zu gewinnen und auf dieser Basis eine Entscheidung über die am besten geeignete Softwarelösung zu treffen. Anschließend kann in einem dritten Schritt die Definition von Metadatenkonzepten, Geschäftsgängen und Workflows erfolgen, die für den nachhaltigen Betrieb des Publikationsservers not-

---

[18] Nähere Informationen bietet die PKP-Homepage http://pkp.sfu.ca (15.04.2014).
[19] Besonders hilfreich ist das Netzwerk von Open-Access-Repositorien: https://oanetzwerk.wordpress.com/ (15.04.2014).

wendig sind. Viertens sind die Akquisition von Inhalten, die Betreuung von Autoren und Herausgebern, die Bewerbung des Angebots sowie die Vernetzung innerhalb der Open-Access-Community von großer Wichtigkeit.[20]

Für die konzeptionellen Grundentscheidungen sind umfangreiche Orientierungshilfen vorhanden. Neben den diversen DINI-Materialien und den Informationen des „Netzwerks von Open-Access-Repositorien" sind beispielsweise die praxisnahen Informationen im Wiki des erziehungswissenschaftlichen Fachrepositoriums PeDOCS zu empfehlen. Auch die online verfügbare Dokumentation von Leitlinien und Open-Access-Grundsätzen über Musterverträge bis hin zur technischen Dokumentation können als gutes Beispiel für eine gute strukturierte und laufend aktualisierte Umsetzung der DINI-Empfehlungen gelten.[21]

Nach der Implementierung des gewählten Systems stellen sich Aufgaben im datentechnischen Dauerbetrieb und bei der gegebenenfalls notwendigen Weiterentwicklung der Software-Basis. Angesichts der dynamischen Entwicklung sozialer Netzwerke und entsprechender Kommunikationsinstrumente sollten Veränderungen von Nutzungsweisen der Bereitstellungssysteme im Blick behalten werden, um durch Anpassungen des Systems die Basisfunktionen sowie Mehrwertdienste auf dem aktuellen Stand der Technik zu halten. Zu den dauerhaften Pflegeaufgaben gehört außerdem die Qualitätskontrolle der Metadaten neu eingestellter Dokumente. Gut gepflegte Metadaten stellen einen interessanten Mehrwertdienst für die Wissenschaft dar. Wenn Daten leicht in Literaturverwaltungssysteme übernommen werden können, erhalten Studierende wie Forschende einen weiteren Zusatznutzen. Bislang bieten deutsche Repositorien eher einfache Metadatenstrukturen an, da in 99 Prozent aller Fälle eine Erschließung mit Hilfe des Simple-Dublin-Core-Standards erfolgt. Durch den bislang nur vereinzelt beobachtbaren Einsatz von Linked-Data-Angeboten könnte die Nachnutzbarkeit der bibliographischen Daten deutlich gesteigert werden.[22]

Angesichts der teilweise überschaubaren Befüllung vor allem institutioneller Open-Access-Repositorien sollte dem Beschaffungsmarketing für die Gewinnung neuer Inhalte besondere Aufmerksamkeit gewidmet werden. Wichtig sind z.B. aktive Informationsmaßnahmen von Bibliotheksseite, um die Wissenschaftler der jeweiligen Institution auf ihre Rechte bezüglich der Bereitstellung von Veröffentlichungen auf dem grünen Weg hinzuweisen bzw. das systematische Ermitteln und Einsammeln der einschlägigen Publikationen. Solche Aktivitäten haben sich häufig als erfolgreicher Weg zur Einwerbung neuer Publikationen erwiesen. Eine zentrale Rolle spielen nach wie vor der Aufbau von Renommee sowie die Aufrechterhaltung hoher inhaltlicher Qualitätsmaßstäbe.[23] Insbesondere im Bereich der Geistes- und Sozialwissen-

---

20 Eine detailliertere Darstellung wichtiger Vorbereitungsschritte bieten Dobratz/Müller 2009.
21 Das vom DIPF betriebene Angebot findet sich unter http://www.pedocs.de (15.04.2014), die Praxisinformationen finden sich in einem separaten Wiki: http://wiki.bildungsserver.de/pedocs/ (15.04.2014).
22 Hierzu Vierkant 2013.
23 Siehe hierzu am Beispiel der Wirtschaftswissenschaften Hilse/Depping 2008.

schaften, in denen die Verlagslandschaft noch mittelständisch geprägt ist, lassen sich auch Kooperationsmodelle mit Verlagen realisieren. Vielversprechend ist eine solche Zusammenarbeit dann, wenn sich Win-Win-Situationen finden lassen, in denen Verlage von der Bereitstellung von Open-Access-Versionen eigener Publikationen profitieren und zugleich das Angebot an relevanten Forschungspublikationen vermehrt wird.[24] Im Sinne des Marketings und der Steigerung des Bekanntheitsgrads ist auch die Entwicklung und Optimierung von Mehrwertdiensten jenseits der Verwertungsmöglichkeit von bibliographischen Daten zunehmend wichtig. Ein Bereich, der sich für die Etablierung solcher zusätzlichen Dienste eignet, ist die Erhebung und Bereitstellung von Nutzungsstatistiken. Für die Einführung standardisierter Lösungen zur Messung von Zugriffszahlen kann auf ausführliche Informationsmaterialien zurückgegriffen werden, die im Rahmen eines Projekts der Deutschen Forschungsgemeinschaft und in Kooperation mit DINI erstellt wurden.[25] Mehrwertdienste eignen sich zugleich als Grundlage für zielgruppenorientierte Informations- und Werbemaßnahmen, die geeignet sind, Bekanntheit und Nutzungsgrad von Publikationsservern nachhaltig zu steigern. Schließlich sollte auch die Vernetzung innerhalb der Open-Access-Community nicht vernachlässigt werden. Dies betrifft sowohl die nationale wie auch die internationale Ebene. Fachtagungen wie die jährlich stattfindende Konferenz „Open Repositories" oder europäische Initiativen wie OpenAIREplus vermitteln Informationen, geben Anregungen für die weitere Ausgestaltung der Publikationsangebote und helfen bei der Suche nach Partnern und Unterstützern.[26]

6 Zukunftsperspektiven

Die schnelle Verbreitung von E-Book-Readern, Tablets und Smartphones sowie entsprechender Dateiformate (EPUB, mobi, ibooks) lässt eine allmähliche Wandlung der Rezeptionsgewohnheiten bei der Nutzung wissenschaftlicher Veröffentlichungen erwarten. Daher sollten Betreiber von Publikationsservern Vorbereitungen treffen, um künftig auch solche Formate verfügbar machen zu können. Noch größere Herausforderungen stellen sich im Zusammenhang mit neuen Publikationsformen, die sich nicht mehr in herkömmliche Kategorien wie „Buch" oder „Aufsatz" einordnen lassen. Dabei sind erstens Arbeits- und Publikationsinstrumente mit besonderer Unterstützung für kollaborativ erstellte Inhalte zu berücksichtigen. Wikis sind die bekannteste Ausprägung dieser Art von Publikationsumgebung. Zweitens ist eine wachsende Bandbreite an Mikropublikationen zu beobachten, die etwa die Gestalt von Blog-Einträgen, Twitter-Nachrichten oder Annotationen zu Publikationen anderer Autoren

---
24 Ein instruktives Beispiel aus der Erziehungswissenschaft beschreiben Bambey/Gebert 2010.
25 Siehe DFG-Projekt „Open-Access-Statistik" 2013.
26 Zu OpenAIREplus siehe Manghi [u.a.] 2012.

annehmen können. Zum Dritten eröffnen Internet-Technologien die Option, Veröffentlichungen von vornherein als „lebende", dynamisch änderbare Publikationen anzulegen, die über Versionierungsmechanismen eine Rekonstruktion bestimmter Zustände zu unterschiedlichen Zeitpunkten ermöglichen. Viertens schließlich werden insbesondere natur-, technik- und lebenswissenschaftliche Publikationen in Zukunft immer häufiger nicht mehr primär aus Texten bestehen, sondern aus Kombinationen von Texten, Daten, Analyseverfahren, Software und Visualisierungen, um die Reproduktion von Forschungsergebnissen zu ermöglichen. Bibliothekarische Publikationsdienste werden solche Entwicklungen aufnehmen und angemessene Lösungsansätze entwickeln müssen, um auch in Zukunft bedarfsorientierte Informationsangebote bereitstellen zu können.[27]

Auch wenn die aufgeführten Trends große Herausforderungen darstellen, so haben wissenschaftliche Bibliotheken trotzdem gute Chancen, ihre Dienstleistungen zeitgemäß weiterzuentwickeln und nutzerorientiert anzubieten. Im Zuge des digitalen Bestandsaufbaus – ob durch Retrodigitalisierung oder durch Lizenzerwerb – haben Bibliotheken umfangreiche Erfahrungen im Umgang mit digitalen Medien gesammelt und entsprechende Workflows entwickelt. Leistungsfähige Technik und Softwarelösungen sowie dazugehörige organisatorische Strukturen, die häufig in enger Zusammenarbeit mit Rechenzentren aufgebaut wurden, ermöglichen den stabilen Betrieb einer großen Bandbreite an digitalen Diensten. Eine besondere Stärke stellen die bibliothekarischen Kompetenzen im Bereich der Metadaten und der Normdatenpflege dar. Die Bibliotheksangebote zur Langzeitarchivierung digitaler Inhalte sind unverzichtbar für die nachhaltige Verfügbarkeit von Publikationen und dazugehörigen Primärdaten. Schließlich gehört auch die Vermittlung von Informationskompetenz bis hin zu Fragen der Nutzung virtueller Forschungs- und Publikationsumgebungen zu den Arbeitsfeldern wissenschaftlicher Bibliotheken. Auch wenn die Dynamik des gegenwärtigen Umbruchs der Publikationslandschaft beträchtlich ist und für manche Entwicklung des wissenschaftlichen Arbeitens und Publizierens noch keine nachhaltige Lösung gefunden wurde, so eröffnen die genannten Kompetenzen und Stärken den wissenschaftlichen Bibliotheken dennoch eine Reihe vielversprechender Handlungsfelder für die weitere Ausgestaltung und Optimierung ihrer Publikationsdienstleistungen.

Literatur

Bambey, Doris u. Agathe Gebert: Open-Access-Kooperationen mit Verlagen – Zwischenbilanz eines Experiments im Bereich der Erziehungswissenschaft. In: B.I.T. online 13 (2010), S. 386–390.
Castagné, Michel: Institutional repository software comparison. DSpace, EPrints, Digital Commons, Islandora and Hydra. 2013. http://hdl.handle.net/2429/44812 (15.04.2014).

---

[27] Einen informativen Überblick zu den beschriebenen Trends bietet Degkwitz 2012.

Degkwitz, Andreas: Texte, Daten, Bilder – Wissen! In: BIBLIOTHEK – Forschung und Praxis 36 (2012), S. 288–292. DOI:10.1515/bfp-2012-0037.

DFG-Projekt „Open-Access-Statistik" / DINI-Arbeitsgruppe „Elektronisches Publizieren": Standardisierte Nutzungsstatistiken für Open-Access-Repositorien und –Publikationsdienste. Göttingen 2013. urn:nbn:de:kobv:11-10079197 .

DINI-Arbeitsgruppe „Elektronisches Publizieren": DINI-Zertifikat Dokumenten- und Publikationsservice 2010. Göttingen 2011. urn:nbn:de:kobv:11-100182794.

Dobratz, Susanne: Open-Source-Software zur Realisierung von Institutionellen Repositorien – Überblick. In: Zeitschrift für Bibliothekswesen und Bibliographie 54 (2007), H. 4/5, S. 199–206.

Dobratz, Susanne u. Uwe Müller: Wie entsteht ein Institutional Repository? – Eine systematische Hinführung in acht Schritten. In: CMS-Journal 32 (2009), S. 47–54. http://edoc.hu-berlin.de/cmsj/32/dobratz-susanne-47/PDF/dobratz.pdf (15.04.2014).

Foerster, Isolde von u. Hildegard Schäffler: Das Exzellenzportal Leibniz Publik – unbeschränkter Zugang zu ausgezeichneten Publikationen. In: Zeitschrift für Bibliothekswesen und Bibliographie 59 (2012), H. 2, S. 80–86.

Hilse, Stefan u. Ralf Depping: Beschaffungsmarketing für Open Access-Publikationsplattformen. In: BIBLIOTHEK – Forschung und Praxis 32 (2008), H. 3, S. 334–347.

Manghi, Paolo, Lukasz Bolikowski, Natalia Manold, Jochen Schirrwagen u. Tim Smith: OpenAIREplus: the European Scholarly Communication Data Infrastructure. In: D-Lib Magazine 18 (2012), H. 9/10. DOI: 10.1045/september2012-manghi.

Mittler, Elmar u. Malte Rehbein: Edition und Forschungsbibliothek. Chancen und Herausforderungen einer traditionsreichen Partnerschaft im digitalen Zeitalter. In: Bibliothek und Wissenschaft 44 (2011), S. 9–22.

Offhaus, Nicole: Institutionelle Repositorien und Universitätsbibliotheken. Entwicklungsstand und Perspektiven. Köln 2012 (Kölner Arbeitspapiere zur Bibliotheks- und Informationswissenschaft 63). http://www.fbi.fh-koeln.de/institut/papers/kabi/volltexte/band063.pdf (15.04.2014).

Vierkant, Paul: 2012 Census of Open Access Repositories in Germany: Turning Perceived Knowledge Into Sound Understanding. In: D-Lib Magazine 19 (2013), H. 11/12. DOI:10.1045/november2013-vierkant.

Regine Tobias
7.2 Elektronisches Publizieren II: Universitätsverlage

1 Renaissance der Universitätsverlage

Universitätsverlage gibt es in vielen Ländern auf der ganzen Welt. Die weltweit größte Vereinigung ist die im Jahr 1937 gegründete Association of American University Presses (AAUP) mit über 130 aktiven Mitgliedern – institutionseigenes Publizieren hat hier eine lange Tradition. In Deutschland gab es lange Zeit vergleichsweise nur wenige hochschuleigene Verlage.[1] Die Renaissance der Universitätsverlage im deutschsprachigen Raum hat eine wissenschaftspolitische Implikation und erfolgte direkt im Anschluss an den Ausbau von Publikationsservern an den führenden universitären Standorten ab dem Jahr 2000.[2] Wichtige Auslöser sind die Diskussionen um die sogenannte Zeitschriften- oder Bibliothekskrise und die darauf folgenden einschlägigen hochschul- und wissenschaftspolitischen Stellungnahmen von Seiten des Wissenschaftsrats 2001 und der Hochschulrektorenkonferenz 2002 zur Neuausrichtung der Publikationsinfrastrukturen an deutschen Universitäten.[3] Um die dort propagierte neue Publikationskultur zu fördern, werden insbesondere die Universitätsbibliotheken aufgerufen, sich diesem Themenfeld zu widmen und über institutionelle Eigenverlage in erster Linie digitale Publikationen zu veröffentlichen.[4]

Im Umfeld der Gründung von Universitätsverlagen wurde die Diskussion um den Einstieg in verlegerische Aktivitäten durch die Hochschulen selbst um einiges emotionaler diskutiert als im Bereich der Publikationsserver – standen hier doch privatwirtschaftliche Interessen von Wissenschaftsverlagen viel deutlicher im Fokus. Die mitunter hitzig geführte Diskussion kreiste im Kern darum, dass staatliche Institutionen mit Hilfe der neugegründeten Universitätsverlage mittelständischen Wissenschaftsverlagen Konkurrenz machten. Die Verlegerseite pochte in der Argumentation auf ihr Monopol an ureigenen verlegerischen Tugenden wie Lektorat, Herstellung, Vertrieb und die verbürgte Qualitätssicherung der Publikationen.[5] Von Seiten der Akteure der Wissenschaft wurde entgegnet, dass wissenschaftliche Publikationen überwiegend mit Hilfe öffentlich finanzierter Ressourcen (in Form von Personal- und Infra-

---
1 Vorreiter waren unter anderem der Bauhaus-Universitätsverlag Weimar (1954), der BIS-Verlag der Universität Oldenburg (1979) sowie Kassel University Press (1997).
2 Beispielhaft erwähnt seien hier die Gründung des Universitätsverlags Göttingen (2003), des Universitätsverlags Karlsruhe (2004) und der Bozen University Press (2005).
3 Vgl. Wissenschaftsrat 2001 und Hochschulrektorenkonferenz 2002.
4 Zur Übersicht vgl. Pampel 2006.
5 W. Georg Olms: Das Buch – nur ein Weltkulturerbe? http://www.olms.de/cms/programm/editorische-bereiche/wissenschaftliche-publikationen/das-buch-nur-ein-weltkulturerbe.aspx (29.08.2014).

strukturkosten) entstehen, während die Verbreitungswege über gewinnorientierte Verlage organisiert sind, die ihre Verlagsdienste auf Märkten anbieten, die zudem durch Marktverzerrungen gekennzeichnet sind.[6] Außerdem werden gerade in den buchaffinen Geistes- und Sozialwissenschaften in vielen Fällen die Autoren über Druckkostenzuschüsse an der Finanzierung ihrer Buchprojekte beteiligt, wodurch das unternehmerische Risiko des Verlags zusätzlich sinkt.

Interessanterweise verliefen die Fronten dieser ideologischen Diskussion quer durch alle am Wissenschaftsprozess Beteiligten, rühren sie doch am jahrhundertelang praktizierten Verfahren der Verbreitung wissenschaftlicher Information, das von einer engen Kooperation zwischen der Wissenschaft, ihren Infrastruktureinrichtungen, allen voran den Bibliotheken, und dem Verlagswesen geprägt ist. Auch auf bibliothekarischer Seite wurde daher an vielen Hochschulstandorten ein Abgesang zur Gründung eines eigenen Hochschulverlags erklärt und die Präferenz auf den Auf- und Ausbau der Publikationsserver im Zuge des „grünen Wegs" gelegt. Vielen Bibliotheksleitungen erschien die auch für den Aufbau dieser Strukturen notwendige interne Ressourcenumschichtung als naheliegender. Vor diesem Hintergrund entwickelte sich der Aufbau weiterer Universitätsverlage eher schleppend. Immerhin initiierte 2002 ein erster Erfahrungsaustausch auf nationaler Ebene die Gründung einer bundesweiten Arbeitsgemeinschaft der Universitätsverlage.[7] Inzwischen hat sich die Sachlage jedoch verändert.

Verlegerisches Handeln ist im digitalen Umfeld deutlich einfacher geworden, selbstverlegerische Aktivitäten von Hochschulen sind in weiten Kreisen akzeptiert und werden von den Wissenschaftlern auch gut angenommen. Dazu haben auch die Entwicklungen im kommerziellen Verlagssektor beigetragen, nicht unmittelbar absatzträchtige Literatur zunehmend abzulehnen und außerdem weite Bereiche der klassischen Verlagsservices auf die Wissenschaftler zu verlagern, was die Anziehungskraft auch von Traditionsverlagen mit hohem Renommee deutlich vermindert hat.

Im Zuge des konsequenten Ausbaus der forschungsnahen Bibliotheksservices haben die Unterstützungsdienste rund um das wissenschaftliche Publizieren, die über den reinen Betrieb von institutionellen Repositorien hinausgehen, eine strategische Komponente an vielen Hochschulstandorten erfahren. Bibliotheken haben erkannt, dass ein Universitätsverlag im digitalen Zeitalter ein zukunftsweisendes Geschäftsfeld mit Potenzial zum Renommee-Gewinn in der eigenen Einrichtung sein kann. Das spiegelt sich auch in einer neuen Gründungswelle von Universitätsverlagen in der jüngsten Zeit wider.[8]

---

[6] Die Diskussion um die Zeitschriftenkrise ist weitläufig, siehe u.a. bei Bargheer 2006: 174ff.
[7] Die Arbeitsgemeinschaft der Universitätsverlage wurde 2005 gegründet. http://blog.bibliothek.kit.edu/ag_univerlage/ (29.08.2014).
[8] Beispielhaft seien hier Würzburg University Press (2012), Apollon University Press Bremen (2011) und Universaar Saarbrücken (2009) genannt.

2 Die Mission – Universitätsverlage und Open Access

Die Diskussion dreht sich heute in erster Linie um das Thema Open Access und die Frage, welche alternativen Geschäftsmodelle vor allem der „goldene Weg", also den der Primärpublikation befördert – was ja vielfach den eigentlichen Verlagsbereich berührt. Dies gilt auch für den Buchbereich, für den in erster Linie dieser Publikationsweg von qualitätsgeprüften Erstveröffentlichungen in der Wissenschaftswelt allgemein anerkannt ist. Das EU-Projekt OAPEN analysierte beispielhaft die aktuelle Krise des akademischen Buchmarkts und erarbeitet neue Publikationsmodelle, die nachhaltiges Publizieren für Monographien mit einem Schwerpunkt auf der elektronischen Edition in den Fokus rücken.[9] Open Access für Bücher soll Alternativen zu den inzwischen deutlichen Preissteigerungen einer konstatierten „Crisis in Monograph publishing" bieten.[10] Die Deutsche Forschungsgemeinschaft hat diesen Trend erkannt und richtet ihr Förderprogramm „Elektronisches Publizieren" konsequent darauf aus, Open Access als Publikationsmodell weiter zu etablieren. Erstmals werden auch die buchaffinen Wissenschaften angesprochen, indem auch ein spezielles Förderprogramm für das elektronische Publizieren monographischer Literatur konzipiert wird.[11] Und das ist genau das Geschäftsfeld, in dem sich die meisten Universitätsverlage – auch wenn der Ausgangspunkt der Diskussion ursprünglich die Zeitschriftenkrise war – inzwischen vornehmlich bewegen und auch eine Vorreiterrolle übernommen haben. Denn das klare Bekenntnis zu Open Access muss an vorderster Stelle für alle verlegerischen Aktivitäten von Universitätsverlagen stehen, wenn sie eine Rolle in der vielfach beschworenen Förderung einer alternativen Publikationskultur einnehmen sollen. Diese Forderung spiegelt sich auch in den Aufnahmebedingungen für die Mitgliedschaft zur Arbeitsgemeinschaft der Universitätsverlage wider: Eines der Hauptkriterien für die Mitgliedschaft ist neben der Anbindung an eine Forschungseinrichtung die erklärte Affinität zu Open Access und einer wissenschaftsfreundlichen Rechtepolitik.[12]

3 Qualität zählt – Publikationsspektrum von Universitätsverlagen

Anerkanntes wissenschaftliches Publizieren muss den Qualitätsbedürfnissen der jeweiligen Fachdisziplin gerecht werden. Diesem Anspruch müssen auch Universitäts-

---

9 Ferwerda 2011.
10 Pinter 2012: 184.
11 Deutsche Forschungsgemeinschaft 2012: 13ff.
12 http://blog.bibliothek.kit.edu/ag_univerlage/?page_id=912 (01.08.2013).

verlage genügen und verlegerische Tätigkeiten wie Sichten und Auswahl der Manuskripte übernehmen – und genau auf diesem Gebiet sehen sie sich in vielen Fällen der Kritik ausgesetzt. Das impliziert unter anderem auch ihre Gründungsgeschichte: Als Motivation diente oft die Erkenntnis, dass für die Beförderung einer alternativen Publikationskultur das reine Angebot von institutionellen Repositorien nicht auf ausreichende Akzeptanz von Seiten der Wissenschaftlerinnen und Wissenschaftler stößt. Von dieser Seite werden vielfach zwar die Vorteile der elektronischen Edition gesehen, aber vor allem in den Disziplinen mit einer monographischen Tradition ist heute immer noch ein gedrucktes Exemplar zum haptischen Erleben gewünscht. Vor diesem Hintergrund führt die hybride Publikationsvariante, wie sie in der Regel von Seiten der Universitätsverlage angeboten wird, zu einer hohen Beliebtheit des neuen Serviceangebots und wird von den Forschenden sehr gut angenommen. Die Kombination der E-Publikation mit einem professionellen Druckerzeugnis und standardisierten Verlagsdiensten verhindert, dass eine nicht unbedeutende Menge an forschungsrelevantem Schrifttum den Repositorien verloren geht und teilweise wieder teuer über Bibliotheksetats erworben werden muss. Daher konzentrieren sich Universitätsverlage in der Anfangszeit vornehmlich auf sogenannte „graue Literatur" im Bereich der hochschulinternen Schriftenreihen, Dissertationen und Tagungsbände und sahen sich mit diesem Publikationsspektrum einem Qualitätsvorwurf ausgesetzt.[13] In der Praxis gehen die Maßnahmen der Qualitätssicherung auf einfachen und weitgehend informellen Wegen vonstatten: Überwiegend werden nur Forschungsergebnisse der eigenen Einrichtung publiziert, und die Herausgeber der Schriftenreihen tragen die Verantwortung für das Niveau des wissenschaftlichen Forschungsgehalts. Bei Qualifikationsschriften werden in der Regel die wissenschaftlichen Begutachtungsformalitäten zu Grunde gelegt.

Die beschriebenen Verfahren sind sicherlich langfristig nicht ausreichend, um sich als ernstzunehmende „Marke" auf dem Publikationsmarkt zu etablieren und eine zu den Repositorien inhaltlich komplementäre Publikationsdienstleistung für die eigene Hochschule anzubieten. Die Universitätsverlage bedürfen folglich weiterer Schritte, um nicht als reine *Print-on-Demand*-Hersteller abgestempelt zu werden. Daher gilt es vor allem in puncto Qualität, sich von den Inhalten der Repositorien abzuheben. An einigen Standorten gibt es bereits Herausgebergremien und hochschulübergreifende *Editorial Boards*, die herausragende Einzelpublikationen begleiten und eine unabhängige Begutachtung organisieren.[14] Für die breite Masse der deutschsprachigen Universitätsverlage müssen diese Reviewingprozesse in den nächsten Jahren weiter verallgemeinert und auf weite Bereiche des Verlagsportfolios ausgedehnt werden. Eine Schlüsselrolle spielt dabei das routinemäßige Etablieren transparenter Mechanismen der Qualitätssicherung, die über das bisherige Maß an

---

13 Halle 2003.
14 Gute Beispiele für qualitätsgeprüftes Publizieren finden sich beim Universitätsverlag Göttingen und der Hamburg University Press.

formalen Prüfungen hinausgehen. Auch für die Mitgliedschaft in der Europäischen Vereinigung der Universitätsverlage ist das Bestehen eines etablierten Systems der Qualitätssicherung eine Selbstverständlichkeit und eines der Hauptkriterien für die Mitgliedschaft.[15]

4 Ein Universitätsverlag trotz knapper Ressourcen – wie geht das?

Universitätsverlage publizieren in der Mehrzahl hochspezialisierte und wenig marktgängige Literatur und fördern somit die Verbreitung von Wissenschaftsinformation. In diesem Rahmen sind sie von ihren Unterhaltsträgern angehalten, zwar ökonomisch sinnvoll zu handeln, sind aber durch die institutionelle Anbindung nicht dem Markterfolg ausgesetzt.[16] Eine sinnvolle organisatorische Angliederung stellt die Integration in die Bibliothek dar und wird in vielen Fällen auch so durchgeführt. Dort ist der Verlag idealerweise Teil einer Abteilung, die auch mit weiteren Publikationsaktivitäten wie beispielsweise den Repositorien beauftragt ist, damit Synergieeffekte auftreten und die Forschenden ein mehrstufiges Angebot vorfinden, das auf die jeweiligen Publikationsbedürfnisse zugeschnitten ist. In der Regel arbeiten Universitätsverlage trotz der Einnahmen aus dem Vertrieb und Autorenzuschüssen für die einzelnen Buchprojekte nicht kostendeckend und sind ebenso wie die Repositorien Zuschusseinrichtungen, die als subventioniertes Serviceangebot betrieben werden.

An den einzelnen Standorten präsentieren sich Universitätsverlage sehr unterschiedlich: Die Palette reicht von Verlagen, die sich von vornherein auf einige wenige, hochqualitative Werke konzentrieren, bis hin zu Verlagen, die hocheffizient einen breiten Publikationsbetrieb bedienen. Die Erfahrungen an den meisten Standorten haben ergeben, dass die von manchen Kritikern so verpönten Dissertationen und Schriftenreihen als Literaturformen der „ersten Stunde" einen wertvollen Sockel bilden und dem Universitätsverlag durch die Vielzahl an Aufträgen die entsprechende Durchschlagskraft verleihen, um an der eigenen Forschungseinrichtung überhaupt ernst genommen zu werden. Es zeigt sich: Wird der Verlag als seriöser Dienstleister mit einem nachhaltigen Betriebskonzept erst einmal angenommen, gelangen an vielen Standorten auch andere, wissenschaftlich renommierte Werke ins Verlagsportfolio. Dabei liegt der Schwerpunkt der meisten Verlage auf monographischer Literatur – Zeitschriften werden bislang eher in Ausnahmefällen publiziert.[17]

---

15 http://www.aeup.eu (29.08.2014).
16 Vgl. Bargheer 2006: 192 ff.
17 Beispiele sind hier die Journals von Hamburg University Press: http://blogs.sub.uni-hamburg.de/hup/zeitschriften/ sowie das Journal of Spatial Concepts von KIT Scientific Publishing: http://ejournal.uvka.de/spatialconcepts/.

Die meisten Universitätsverlage sind Kinder des Internetzeitalters und der einschlägigen Fortschritte im Bereich des Digitaldrucks. Sie publizieren daher mehrheitlich nach dem hybriden Modell, das eine Open-Access-Version mit hochwertigen Druckausgaben im *Print-on-Demand*-Verfahren ergänzt. Das trifft genau den Nerv der Kundenwünsche, denn so können die Vorteile beider Buchversionen vereint und komplementäre Nutzungsszenarien angeboten werden. Die zeitintensive Lektüre erfolgt in den meisten Fällen nach wie vor über die Printedition, während die elektronische Version hauptsächlich für Recherchen hinzugezogen wird.[18] In dieser Hinsicht betreiben Universitätsverlage von Beginn an ein hochmodernes und zukunftsträchtiges Geschäftsmodell, auf das andere Fachverlage erst nach und nach umsteigen. Die Druckausgaben werden über die klassischen Vertriebswege des stationären und Online-Buchhandels bedient. Die Verbreitung der elektronischen Versionen erfolgen neben dem Download über die Verlagswebseiten über verschiedene kommerzielle und nicht-kommerzielle Nachweisinstrumente wie bibliothekarische Kataloge, Fachdatenbanken oder über spezielle Verzeichnisse für Open-Access-Bücher wie Google Books, OAPEN oder das Directory of Open Access Books (DOAB).[19]

Ausmaß und Zielrichtung der Universitätsverlage werden auch von den zur Verfügung stehenden Ressourcen und damit einhergehenden Investitionen in die Infrastruktur bestimmt. Ziel sollte sein, die vorhandenen Personalressourcen in Beratung und Planung der Buchprojekte sowie eventueller Publikationsalternativen zu investieren und im Bereich von Gestaltung, Druck und Vertrieb mit professionellen Anbietern zusammenzuarbeiten. Durch die in den meisten Fällen knapp bemessene Personaldecke waren Universitätsverlage von Beginn an zur externen Kooperation gezwungen, was sich im dynamischen Internet- und Buchhandelssektor auch als Vorteil erweist. Über die externen Kooperationen im Druck- und Buchhandelsbereich ist der Anschluss an die neuesten Trends immanent gegeben, und die Verlage präsentieren sich in der Regel als hochmoderne Dienstleister am Markt. Kommerzielle Dienstleister übernehmen dabei die komplette Herstellung, Produktion und den Vertrieb, die Verlagsproduktion erscheint aber unter dem Label des jeweiligen Universitätsverlags. Eine gesonderte Lagerhaltung ist nicht mehr erforderlich. Neben Amazon bieten neuerdings auch die großen Barsortimente ganze Druckwege inklusive der Bestellabwicklungen aus einem Guss an und machen so die Bindung unnötiger Ressourcen des Universitätsverlags obsolet.

Falls die interne Projektabwicklung gewünscht ist, so kristallisieren sich ebenso wie im Bereich der Repositorien inzwischen auf dem Markt freie Plattformen heraus, die den unkomplizierten Aufbau einer Verlagsinfrastruktur ermöglichen: Die freie Software Open Monograph Press (OMP) des Public Knowledge Projects ist in ihrer letzten Version ein mächtiges Werkzeug und beruht auf der international verbreitet eingesetzten Plattform Open Journal Systems (OJS). Sie fördert Open Access

---

18 Adema/Rutten 2010.
19 http://www.oapen.org/home, http://www.doabooks.org/, http://books.google.de/.

für Bücher und bietet umfassende Tools von der Manuskriptverwaltung bis hin zu Layout, Druckaufbereitung und Vertrieb der Werke. Sie organisiert *Peer-Reviewing*-Prozesse und ermöglicht eine eigene Webpräsenz mit Anbindung an Katalog- und Buchhandelsdienste.[20]

Immer im Vordergrund muss bei allen Ressourcenentscheidungen die genaue Klärung der Schnittstelle zu den Forschenden sein. Hierunter fallen auch Entscheidungen, ob und wie der Verlag die Autoren bereits bei der Manuskripterstellung unterstützt. Die Varianten reichen hier von der Vorgabe verbindlicher Layouts bis hin zur Übernahme der Satzarbeiten durch den Verlag oder kommerzielle Dienstleister. Der Trend geht hier zu kooperativen Ansätzen, bei denen der Verlag entsprechende Workflows bereitstellt und seine Autoren bei der Manuskripterstellung unterstützt.[21]

5 Eintagsfliegen oder nachhaltiger Service – Universitätsverlage in der Zukunft

Hochschulen sollten ihre Forscher unterstützen und Angebote schaffen, um Forschungsergebnisse bestmöglich zu verbreiten. Universitätsverlagen kommt dabei die Aufgabe zu, qualitativ hochwertige und in vielen Fällen hochspezialisierte Forschungsliteratur zu verlegen, die teilweise nur schwerlich den Weg in kommerziell ausgerichtete Verlagshäuser findet, da sich damit kaum oder nur wenig Geld verdienen lässt. Damit schließen sie eine Lücke im Wissenschaftssystem im Sinne einer nachhaltigen Wissenschaftskommunikation. Im Abgrenzungsbereich zu den Inhalten von Repositorien erfüllen sie als zentraler Dienstleister wertvolle Aufgaben der Standardisierung und verlegerischen Professionalisierung bislang oftmals in Eigenregie erstellter und nicht elektronisch publizierter Forschungsliteratur durch Teile der Einrichtung selbst.

Gemäß dieser Zielsetzung sind Universitätsverlage heute in den überwiegenden Fällen Teil einer breiter aufgestellten Open-Access-Strategie ihrer Einrichtungen.[22] Hier leisten die Publikationsabteilungen von Bibliotheken über die rein verlegerischen Tätigkeiten von Universitätsverlagen hinaus wertvolle Arbeit, um Autoren über ihre Rechte an den eigenen Publikationen aufzuklären und ihnen beim Aushandeln wissenschaftsfreundlicherer Konditionen zur Seite zu stehen. In allen Fällen gehen die Beratungsdienste für den Universitätsverlag mit dem Repositorium Hand in Hand

---

20 http://pkp.sfu.ca/omp (29.08.2014).
21 Beispielhaft sei hier der Workflow der „Edition Open Access" des Max-Planck-Instituts für Wissenschaftsgeschichte erwähnt, der verschiedene Ausgabeformate für das elektronische Publizieren ermöglicht und auch ein Open-Peer-Review-Verfahren beinhaltet: http://www.edition-open-access.de/ (29.08.2014).
22 Als Beispiel seien hier die Dienstleistungen am Karlsruher Institut für Technologie aufgeführt: http://www.bibliothek.kit.edu/cms/publizieren-und-open-access.php (29.08.2014).

und behandeln auch Themen wie Lizenzierungen im Open-Access-Umfeld, Rechtevergabe im Autorenvertrag, Hinweise auf eine potentielle Zweitveröffentlichung auf dem institutionellen Repositorium und vieles mehr.

Ein großer Vorteil, der viel Potenzial für die Zukunft der Eigenverlage birgt, ist ihr Standort in der eigenen Hochschule und den sich daraus ergebenden intensiven Kontakten zu den Forschenden und ihren Bedürfnissen. Sie haben daher auch die wichtige Aufgabe zu erfüllen, neue Trends in der Wissenschaftskommunikation aufzunehmen und sich als Projektpartner für innovative Publikationsvorhaben zu präsentieren. Das Spektrum reicht da vom Angebot von spezialisierten E-Book-Formaten bis hin zu Experimenten mit neuen, interaktiven Formen des Buchs, die kollaborative und völlig andersartige Methoden der Wissensvermittlung erproben und auch weitere Forschungsdaten verknüpfen und integrieren. Immer sind dort Themen wie die Sicherstellung einer maximalen Sichtbarkeit durch geeignete Erschließungs-, Nachweis- und Verbreitungsarbeiten sowie Archivierungsaspekte zentrale Aufgaben, die von Seiten der Verlage und den jeweiligen Bibliotheken erbracht werden müssen.

In einem Zeitalter, in dem die traditionellen Wege des verlegerischen Publizierens zunehmend an Bedeutung verlieren und neue Formen des *Selfpublishing*[23] an vielen Stellen angeboten werden, nehmen Universitätsverlage eine wichtige Rolle ein, um Forschungsliteratur zu kanalisieren und unter dem Siegel der eigenen Einrichtung professionell aufzubereiten. Denn derzeit gibt es für Autoren neben den Universitätsverlagen auf kommerzieller Seite nur wenige Möglichkeiten, ihr Werk als Open-Access-Buch in einem Verlag zu veröffentlichen. Erste Angebote von Springer Open oder Palgrave Open sind deutlich im hochpreisigen Sektor verankert und bestärken die Argumentationslinie, dass es ohne alternative Publikationsmodelle im Non-Profit-Bereich zu hohen Kostenbeteiligungen kommt.[24] Universitätsverlage und ihre Geschäftsmodelle sind einer der vielen Bausteine, welche die künftige Welt der Wissenschaft benötigt, um nachhaltig agieren zu können. Dazu gehört langfristig aber auch der Wille der betreibenden Einrichtung, dauerhaft in diese neue Publikationskultur zu investieren.

Literatur

Adema, Janneke u. Paul Rutten: Digital Monographs in the Humanities and Social Sciences. Report on User Needs. Amsterdam: OAPEN 2010. http://www.academia.edu/273623/Digital_Monographs_In_the_Humanities_and_Social_Sciences_Report_on_User_Needs (29.08.2014).

---

[23] Beispielhaft genannt seien hier die großen Anbieter wie Amazon oder Apple: https://kdp.amazon.com/, http://www.apple.com/ibooks-author/ (jeweils 29.08.2014).
[24] http://www.springeropen.com/books, http://www.palgrave.com/open/faq.asp (jeweils 29.08.2014).

Bargheer, Margo: Open Access und Universitätsverlage. Auswege aus der Publication Crisis? In: Internetökonomie der Medienbranche. Hrsg. von Svenja Hagenhoff. Universitätsverlag Göttingen 2006. S. 173–199.

Deutsche Forschungsgemeinschaft: Die digitale Transformation weiter gestalten – der Beitrag der Deutschen Forschungsgemeinschaft zu einer innovativen Informationsinfrastruktur für die Forschung. Bonn 2012. http://www.dfg.de/download/pdf/foerderung/programme/lis/positionspapier_digitale_transformation.pdf (29.08.2014).

Ferwerda, Eelco: OAPEN Achievements and goals. 1st OAPEN Conference, Berlin 25. Februar 2011. http://project.oapen.org/images/documents/oapen_final_public_report.pdf (29.08.2014).

Halle, Axel: Hochschulen als Verleger. Wissenschaftliche Publikationskultur und Hochschulverlage. In: Zeitschrift für Bibliothekswesen und Bibliographie 50 (2003), H. 5, S. 243–248.

Hochschulrektorenkonferenz: Empfehlungen zur Neuausrichtung des Informations- und Publikationssystems der deutschen Hochschulen. Bonn 2002.

Pampel, Heinz: Universitätsverlage im Spannungsfeld zwischen Wissenschaft und Literaturversorgung. Eine kritische Bestandsaufnahme. 2006. http://opus.bsz-bw.de/hdms/volltexte/2008/620/pdf/pampel.pdf (29.08.2014).

Pinter, Frances: Open Access for Scholarly Books? In: Publishing Research Quarterly 28 (2012), S. 183–191. DOI 10.1007/s12109-012-9285-0.

Wissenschaftsrat: Empfehlungen zur digitalen Informationsversorgung durch Hochschulbibliotheken. Greifswald 2001.

Roland Bertelmann und Hans Pfeiffenberger
7.3 Forschungsdaten und Bibliotheken

1 Einführung

Forschungsdaten sind ein traditioneller Teil wissenschaftlichen Arbeitens, der allerdings in der Vergangenheit eher im Schatten anderer wissenschaftlicher Artefakte stand. Trotz oder gerade wegen der quantitativen Zunahme der Forschungsdaten vertiefte sich dieser „Schatten" im Bereich der kommunizierten wissenschaftlichen Erkenntnis, nachdem der Abdruck relevanter Forschungsdaten im Kontext von Zeitschriftenartikeln aus Platz- und Kostengründen sukzessive abgeschafft wurde. Zwar gab es fachspezifische Datensammlungen, die allerdings nur eine begrenzte Reichweite hatten. Exemplarisch sind hier die Weltdatenzentren, die nach dem Internationalen Geophysikalischen Jahr ab 1957 entstanden.[1] Wenn Forschungsdaten außerhalb fachspezifischer Zirkel überhaupt eine Rolle spielten, dann bestimmten etwa in den neunziger Jahren des 20. Jahrhunderts eher Fragen der Nachvollziehbarkeit mit dem Fokus der Beweissicherung für die Untersuchung wissenschaftlichen Fehlverhaltens die Diskussion. Dies lässt sich seit 1998 ablesen an der Empfehlung 7 der von der Deutschen Forschungsgemeinschaft (DFG) verabschiedeten „Regeln guter wissenschaftlicher Praxis": „Primärdaten als Grundlagen für Veröffentlichungen sollen auf haltbaren und gesicherten Trägern in der Institution, wo sie entstanden sind, für zehn Jahre aufbewahrt werden."[2]

Die Berliner Erklärung zum offenen Zugang zu wissenschaftlichem Wissen hat dann bereits 2003, neben ihren Verdiensten für die Entwicklung des Open Access von Textpublikationen, den Begriff des wissenschaftliches Wissens weiter gefasst und Forschungsdaten gleichberechtigt neben der textuellen Publikation in den Blick genommen: „Open access contributions include original scientific research results, raw data and metadata, source materials, digital representations of pictorial and graphical materials and scholarly multimedia material."[3]

Im Kontext der Diskussion um Open Access wurde damit die Zugänglichkeit von Forschungsdaten als Thema gesetzt, dem davor lange Zeit wenig Aufmerksamkeit geschenkt worden war. Auch dem noch darüber hinaus gehenden Konzept der Publikation von Forschungsdaten wurde damit Legitimation zuteil. Dies fügte sich ein in eine stetig anwachsende, bis heute anhaltende und noch längst nicht abgeschlossene

---
[1] Heute aufgegangen im World Data System (WDS), http://www.icsu.org/what-we-do/interdisciplinary-bodies/wds/?icsudocid=about (29.08.2014).
[2] DFG 2013a: 21. Die erste Auflage des Dokuments von 1998 liegt seit 2013 in einer ergänzten und aktualisierten Version vor.
[3] http://openaccess.mpg.de/3515/Berliner_Erklaerung (29.08.2014).

Diskussion zur Neuausrichtung des Verständnisses der Rolle und der Möglichkeiten wissenschaftlicher Daten.

Ein Paradigmenwechsel beim wissenschaftlichen Arbeiten wird beschworen.[4] Forschungsdaten, in der Vergangenheit ein eher „graues" Material, rücken ins Zentrum wissenschaftlichen Arbeitens. So spricht die National Science Foundation in den USA von „Produkten" anstelle von Publikationen als zu erwartender Ergebnisse ihrer Förderung und wertet damit explizit Forschungsdaten auf gleicher Ebene wie klassische Publikationen. Europäische Forschungsorganisationen und Forschungsförderer verdeutlichen 2009 in einer Roadmap, dass es in der Forschung vor allem um den offenen Zugang zu qualitätsgesicherten Daten geht.[5] Schlagworte vom neuen Gold machen die Runde.[6] *Share, Re-use*, die Verknüpfung verschiedenster Daten- und Textkörper und avancierte Auswertungsmöglichkeiten (*Datamining*; virtuelle Forschungsumgebungen) markieren die Leitlinien der künftigen Entwicklung.

Dies birgt zahlreiche Herausforderungen nicht nur technischer Art. Rechtliche Fragen von Datenschutz bis zum Urheberrecht stellen sich hier auf der einen Seite. Andererseits generieren solche Anforderungen grundlegenden Veränderungsbedarf in sozio-kulturellen Fragen des wissenschaftlichen Arbeitens.

Die Allianz der Deutschen Wissenschaftsorganisationen hat 2010 als Reaktion auf diese Entwicklung entsprechende Grundsätze zum Umgang mit Forschungsdaten aufgestellt.[7] Folgende Themenfelder wurden als Zukunftsaufgaben gesetzt:

– Sicherung und Zugänglichkeit,
– Berücksichtigung der Unterschiede der wissenschaftlichen Disziplinen,
– Wissenschaftliche Anerkennung (vgl. Kapitel 4),
– Lehre und Qualifizierung,
– Verwendung von Standards,
– Entwicklung von Infrastrukturen.

Die Royal Society beschäftigt sich im Bericht „Science as an open enterprise"[8] mit den Chancen, aber auch mit Haken und Ösen dieser Entwicklung. Bemerkenswert ist die Setzung des Begriffs *Intelligent Openness*, der als Lösungsweg für einige der anstehenden Fragen geprägt wird. Die differenzierte Behandlung der Offenheit nimmt nicht nur selbstverständliche Grenzen der Offenheit – etwa bei medizinischen Daten – zur Kenntnis, sondern fordert mit den Stichworten *accessible, assessable, intelligible, useable* auch eine Mindestqualität der (offenen) Daten.

---

4 Hey [u.a.] 2009.
5 EUROHORCS 2009.
6 Kroes 2011.
7 Allianz 2010.
8 Royal Society 2012.

2 Domänen und Stakeholder

Der Umgang mit Forschungsdaten wird oft als Kontinuum dargestellt.[9] Forschungsdaten sind Rohstoff, Produkt und Ergebnis im wissenschaftlichen Arbeiten und erfordern je nach Standpunkt und Anforderungen unterschiedliche Herangehensweisen. Die folgende Grafik (Abb. 1) untergliedert entsprechend die verschiedenen Domänen beim Umgang mit diesen Daten.

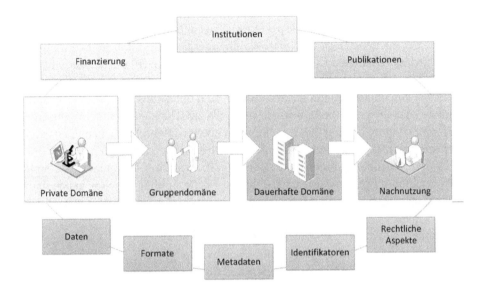

Abb. 1: Domänen des Datenmanagements.[10]

Hier wird klar, dass in den verschiedenen Domänen sehr unterschiedliche Anforderungen an den Umgang mit Forschungsdaten bestehen. Dies bedingt unterschiedliche Akteure (Stakeholder) in der jeweiligen Domäne. Im Diskurs über Forschungsdaten ist eine Verortung des jeweiligen Gesprächsschwerpunkts in diesen Domänen anzuraten, um das jeweilige Aufgabenspektrum spezifizieren und die zugehörigen Akteure identifizieren zu helfen. Die beiden Domänen *Private Research Domain* (Private Domäne) und *Shared Research Domain* (Gruppendomäne) sind beispielsweise stark in die Arbeitsabläufe von Wissenschaftlern eingebunden und werden entsprechend von diesen geprägt. Dagegen wird unter Umständen die Verantwortung für die Daten in den Domänen *permanent* (dauerhaft) und *public* (öffentliche Nachnutzung) auf andere, institutionelle Gruppen übergehen, die an dieser Stelle klassische Dienstleistungen für den Wissenschaftsbetrieb erbringen. Die Verbindung

---

9 Treloar/Harboe-Ree 2008: 6.
10 Abbildung 1 ist entnommen aus: DFG 2013b. Vgl. auch Klar/Enke 2013.

der Domänen und ihre fließenden Übergänge ergeben das Gesamtbild einer anzustrebenden Forschungsdateninfrastruktur, die in Zukunft optimale Bedingungen für den Umgang der Wissenschaft mit Forschungsdaten bieten soll.

Die öffentliche Domäne umfasst natürlich die Forschungsdatenpublikation, hierunter fallen aber auch traditionelle, eventuell seit vielen Jahren bestehende Systeme und Institutionen, die Forschungsdaten sammeln und in sehr verschiedener Art und Weise zu unterschiedlichen Bedingungen zumindest zugänglich machen. Das Portal re3data.org ermöglicht mit Hilfe von *Icons* (u.a. zu Open Access, Persistent Identifier, Licences, Certificates and Standards) einen differenzierten Blick auf bereits bestehende Datenrepositorien unter Aspekten wie Zugänglichkeit und Publikation.

Die besprochenen Domänen sind voneinander abhängig, d.h. wenn etwa bereits in der privaten Domäne eine mögliche Publikation mit bedacht wurde, sind Aufwand und Kosten sicherlich geringer.

Nicht alle im Kontinuum erfassten Daten sind unter Umständen zur Publikation gedacht oder geeignet. Die Differenzierung etwa zwischen temporären Arbeitsergebnissen und Daten, die zumindest im Sinn der guten wissenschaftlichen Praxis archiviert werden müssen, ist von Fachgebiet zu Fachgebiet neu auszuloten.

Wenn folgende Betrachtungsweisen des Themas Forschungsdaten als Matrix über Abbildung 1 gelegt werden, entsteht erst das Gesamtbild in seiner ganzen Komplexität, das Datenökosystem:[11]

- Etabliertes Vertrauen (bezogen auf Daten, Systeme, Menschen)
- Daten sind entdeckbar (*discoverable*)
- Daten werden erhalten (*preserved*)
- Daten sind vom Grundsatz her offen und für Menschen und Maschinen zugänglich
- Daten sind nachnutzbar und verständlich aufbereitet
- Datensysteme werden effektiv und verteilt organisiert und verwaltet (*governance*)
- Angemessene Wahrnehmung, Wertschätzung und Einbindung des Erstellens, Sammelns und Kuratierens von Daten in Wissenschaftsmetriken.

Sowohl im Begründungskontext des Reports der Royal Society als auch in der Praxis von Erhaltung, Re-Use und Datenpublikation wird darüber hinaus zunehmend das Thema der Qualität diskutiert, was zu einem weiteren Kriterium führt:
- Daten sind nachvollziehbar und damit von belegter Qualität.

---

[11] Parsons/Fox 2013.

3 Rollenperspektiven

Vor dem Hintergrund dieser vielfältigen Anforderungen auf dem Weg zu einem zukünftigen System der offenen Wissenschaftskommunikation (*Open Science*) verändern sich traditionelle Rollen, und es treten neue Akteure in Erscheinung. So wurde in den letzten Jahren der *Data Scientist* in der Literatur viel diskutiert, und in der Praxis finden sich unterschiedliche Umsetzungen dieses Berufsbilds, insbesondere im Hinblick auf die Zuordnung zur Wissenschaft und/oder zu Informations-Infrastrukturen.

Wissenschaftler, Rechenzentren, Datenzentren und Bibliotheken nehmen bereits Aufgaben in diesem Ökosystem Forschungsdaten wahr. Kommerzielle Anbieter loten die Möglichkeiten von einschlägigen Dienstleistungsangeboten aus. Keiner der Akteure wird im Normalfall das gesamte Spektrum der anfallenden Aufgaben übernehmen können oder wollen. Die Notwendigkeit der arbeitsteiligen Zusammenarbeit liegt daher auf der Hand.[12] Klar ist auch, dass allein zum Zweck, solche Zusammenarbeit von Reibungsverlusten zu befreien, möglichst gut strukturierte und standardisierte Datenmanagementpläne, wie sie Forschungsförderer neuerdings fordern,[13] unabdingbar sind. Momentan lässt sich aber noch nicht absehen, wie in einigen Jahren die Gewichte zwischen den Akteuren verteilt sein werden.

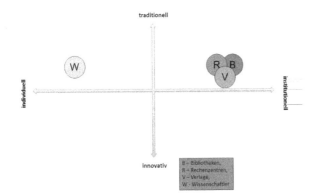

Abb. 2: Szenario heute.[14]

Es ist davon auszugehen, dass eine Neudefinition der Rollen nicht in linearer Form voran schreitet, sondern eher disruptiv, d.h. in dynamischen, unvorhergesehenen Sprüngen.

---

12 Wie in den vom Projekt ODE in „Briefing sheets" herausgearbeitet. http://www.alliancepermanentaccess.org/index.php/community/current-projects/ode/outputs/ (29.08.2014).
13 Guidelines on Data Management in Horizon 2020, Version 1.0, 11 December 2013. http://ec.europa.eu/research/participants/data/ref/h2020/grants_manual/hi/oa_pilot/h2020-hi-oa-data-mgt_en.pdf (29.08.2014).
14 Abbildung 2 ist entnommen aus DFG 2013c.

4 Publikation von Forschungsdaten

Die Generierung von Forschungsdaten erfordert in vielen Fällen aufwendige, teure Infrastrukturen und nimmt einen beträchtlichen Teil der Arbeitszeit der beteiligten Wissenschaftler in Anspruch. In der Vergangenheit war auf Datenquellen allenfalls in Danksagungen in Fußnoten oder am Ende eines Artikels pauschal hingewiesen worden. Wenn Daten doch etwa für Zwecke der Forschungsevaluation zur Verfügung gestellt wurden, konnten zumeist weder die bereitstellende Institution und noch weniger der beteiligte Wissenschaftler von einer möglichen Nachnutzung profitieren. Dies liegt nicht nur an mangelnden Metriken zur Evaluierung von Forschung, sondern grundlegend an einer noch nicht durchgängig bestehenden wissenschaftlichen Wertschätzung und Kultur des Zitierens von publizierten Daten. Vor diesem Hintergrund unterbleibt vielfach nicht nur die offene Verfügbarmachung, sondern auch bereits die aufwendige Aufbereitung und Beschreibung der Daten in einer Form, welche eine Nachnutzung durch Dritte überhaupt erst ermöglicht.

Im Lauf der letzten Jahre hat sich daher aus den vielen Perspektiven als elementare Grundlage der skizzierten goldenen Zukunft der Forschungsdaten die Publikation derselben herauskristallisiert. Publikation meint dabei die Aufbereitung der Forschungsdaten analog zu den Publikationsstandards der wissenschaftlichen Textpublikation. Wichtiger Meilenstein auf diesem Weg war die Eröffnung der Möglichkeit, den in der digitalen Textpublikation etablierten, weltweit genutzten persistenten Identifikator DOI (Digital Object Identifier) auch für Forschungsdaten einzusetzen. Die Idee und praktische Umsetzung dieses nun durch die weltweite Organisation DataCite[15] repräsentierten Wegs war im DFG-geförderten Projekt „Publication and Citation of Primary Scientific Data" (STD-DOI, 2003–2009)[16] entstanden.

Die Publikation von Forschungsdaten hat dabei zwei Ziele. Durch eine Publikation werden Datenpakete sichtbar und eindeutig referenzierbar zugänglich. Grundvoraussetzung ist dabei die Zuordnung elementarer Metadaten im Stil traditioneller Textpublikationen (Autoren, Titel, Erscheinungsjahr, Quelle). Diese normierte Sichtbarkeit ermöglicht ein klares Referenzieren bei der Nachnutzung, ein klassisches Zitat entsteht (wie es etwa die National Science Foundation (NSF) für Produkte der Forschung fordert). Die Normierung ermöglicht darüber hinaus, dass eine Vielzahl etablierter fachspezifischer Datensammlungen damit auch interdisziplinär sichtbar und nutzbar wird.

Ein zweites Ziel der Datenpublikation betrifft Form und Qualität des Produkts. Ein simples binäres Objekt – selbst wenn es über einen DOI referenzierbar und zugreifbar gemacht ist – ermöglicht noch keine vertrauensvolle Nutzung, ja nicht einmal eine Überprüfung. Neben Angaben zu Autor, Titel etc. ist als Minimum ein ausreichendes

---

15 http://www.datacite.org/ (29.08.2014).
16 Projektpartner: TIB Hannover, WDC-MARE (Bremen/Bremerhaven), WDC Climate (Hamburg), GFZ Potsdam, WDC-RSAT (Oberpfaffenhofen). Vgl. auch Klump [u.a.] 2006.

Maß an Metadaten nötig, welche Herkunft der Daten und Methoden ihrer Gewinnung genau nachvollziehbar machen. Vielfach werden diese Metadaten auf – eventuell andernorts – veröffentlichte Dokumente verweisen, die diese Information bereitstellen. Die Metadaten könnten auch Referenzen auf Ursprungsdatensätze bereitstellen, wenn etwa der beschriebene Datensatz eine Aggregation oder statistische Zusammenfassung eines oder mehrerer anderer Datensätze ist.

Erst durch diese Abbildung der wissenschaftlichen Methode können Daten zum integralen Teil der *Records of Science* werden und in Zukunft gleichberechtigt neben Textpublikationen stehen und nachgewiesen werden.[17]

5 Typologie der Datenpublikation

5.1 Daten zur Textpublikation (Supplement)

Datensupplemente zu Textpublikationen haben eine lange Tradition. Aus Kostengründen verschwanden sie im Lauf der Jahre aus den damals noch ausschließlich papiergebundenen Zeitschriften. Trotz der digitalen Möglichkeiten sehen es die meisten Verlage nicht als ihre Aufgabe an, das Format Datensupplement im Rahmen ihrer Produkte zu entwickeln. Zwar wird oft eine Möglichkeit zur Ablage von ergänzendem Material angeboten, auf vielen Verlagsplattformen führen diese aber ein eher stiefmütterliches Dasein. Andererseits nehmen auch Verlage die zunehmende Bedeutung von Forschungsdaten wahr, fordern zugehörige Supplementdaten ein, verweisen zur Publikation aber auch auf von Dritten betriebene Datenrepositorien. In den Policies der Zeitschriften aus der Nature-Familie ist dies so formuliert:

> An inherent principle of publication is that others should be able to replicate and build upon the authors' published claims. Therefore, a condition of publication in a Nature journal is
> – that authors are required to make materials, data and associated protocols promptly available to readers without undue qualifications.
> – Supporting data must be made available to editors and peer-reviewers at the time of submission for the purposes of evaluating the manuscript."[18]

---

[17] Beispiel Datenpublikation: The global carbon budget 1959–2011. In: Earth System Science Data (2013) H. 5, S. 165–185. DOI:10.5194/essd-5-165-2013); interpretierende Publikation: The challenge to keep global warming below 2 °C. In: Nature Climate Change (2013), H. 3, S. 4–6. DOI: 10.1038/nclimate1783.
[18] http://www.nature.com/ngeo/authors/index.html (29.08.2014).

Die Zeitschriftenfamilie des Copernicus-Verlags geht bereits weiter und erwartet[19] „.... depositing data that correspond to journal articles in reliable data repositories, assigning digital object identifiers, and properly citing a data set as a proper citation."

5.2 Selbständige Datenpublikation analog zu traditionellen Publikationstypen

Bereits existierende Datenrepositorien ertüchtigen ihre Anwendungen, um alle oder einzelne Datenpakete in ihren Systemen publizierbar und zitierbar zu machen. Beim Neuaufbau eines Datenrepositoriums wird dies natürlich Dreh- und Angelpunkt des Konzepts sein. In den letzten Jahren ist eine ganze Reihe von sogenannten Datenzeitschriften entstanden.[20] Dies sind Zeitschriften, deren Fokus auf der Beschreibung selbständiger Datenkonglomerate liegt, die zuvor in einem zuverlässigen Datenrepositorium publiziert worden sind.

Auf eine ähnliche Weise eignen sich Formate aus der klassischen grauen Literatur wie institutionelle Reportreihen[21] für eine solche Art der Publikation. Persistent elektronisch bereitgestellt, können diese auf neue Art wieder Eingang in den Kanon wissenschaftlicher Kommunikation finden.

Entscheidend ist bei alledem, dass die Verbindung der nackten Daten mit ihren Vorläufern, qualitätssichernden Informationen, aber auch mit den Interpretationen (Publikationen), die auf sie aufbauen, hergestellt und erhalten wird.

Bei aller Nachbildung der Mechanismen der Textpublikation, z.B. durch *Peer Review* auf die Daten selbst, darf nicht übersehen werden, dass Daten vielfach einen anderen Lebenslauf haben als Textpublikationen. Während Letztere nach der formalen Publikation quasi unveränderlich sind, ist es nicht unüblich, dass gerade besonders nützliche, z.B. hoch aggregierte Datenprodukte, im Verlauf der Zeit vielfach ergänzt und erweitert, gelegentlich auch durch Anwenden neuer Methoden verbessert werden. Diese Versionierung von Datensätzen vergrößert den Bedarf an Nachvollziehbarkeit und erhöht naturgemäß die Komplexität, diese zu realisieren.

---

[19] Etwa bei der Zeitschrift „Soil": http://www.soil-journal.net/general_information/data_policy.html (29.08.2014).
[20] Earth System Science Data: www.earth-syst-sci-data.net (29.08.2014); Scientific Data: http://www.nature.com/scientificdata/ (29.08.2014).
[21] Beispiel: Möller, Fabian, Axel Liebscher, Sonja Martens, Cornelia Schmidt-Hattenberger u. Michael Kühn: Yearly operational datasets of the CO2 storage pilot site Ketzin, Germany. Potsdam: Deutsches GeoForschungsZentrum GFZ 2012 (Scientific Technical Report 12/06 – Data). DOI: 10.2312/GFZ.b103-12066.

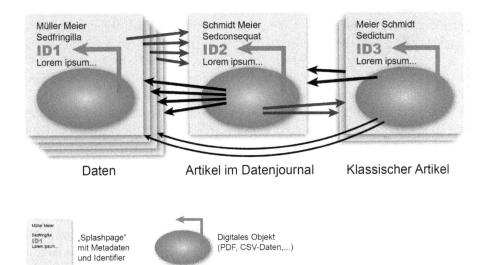

Abb. 3: Objekte der Datenpublikation.

Neben den eigentlichen Objekten, nämlich den Texten und Daten in ihren angeborenen (binären) Formen und Formaten, gibt es hinzugefügte Metadaten aller Art, wobei die Verbindung zwischen den binären Daten, den Metadaten und den verschiedenen Objekten im Publikationskosmos durch persistente Identifier aufrecht erhalten wird. Abbildung 3 zeigt nur die Verlinkung – sprich: Zitiermöglichkeiten – im einfachsten der denkbaren Szenarien mit Datenjournal.

6 Die Rolle der Bibliotheken

6.1 Relevante bibliothekarische Kompetenzen

In den Sozialwissenschaften wie auch im Bereich der MINT-Fächer hatten wissenschaftliche Bibliotheken in der Vergangenheit nur wenige Berührungspunkte mit dem Komplex Forschungsdaten. Dagegen haben geisteswissenschaftliche Bibliotheken seit jeher eine wichtige Rolle bei der Bereitstellung der Forschungsdaten gespielt. Allerdings wurden etwa historische Quellenmaterialien selten unter dem Begriff „Forschungsdaten" gefasst, was sich mit dem Aufkommen der sogenannten *Digital Humanities* nun verändert hat.

Forschungsdaten sind grundsätzlich fachspezifisch ausgeprägt. Die konkrete Art der Daten, ihre Einbindung in das wissenschaftliche Arbeiten und der entsprechende Umgang mit Forschungsdaten differiert stark von Fachgebiet zu Fachgebiet. Vor dieser Folie ist ein fachgebundenes Angebot etwa von Universitätsbibliotheken, die naturgemäß die ganze Breite der am Ort vorhandenen Disziplinen bedienen müssen, nur durch eine entsprechende Schwerpunktsetzung realisierbar. Andererseits gibt es eine ganze Reihe von eher generisch zu lösenden Notwendigkeiten, die für alle Fächer angeboten werden können, beispielsweise die organisatorische Umsetzung der DOI-Vergabe. Spezialbibliotheken, normalerweise bereits als Dienstleister für themenzentrierte Institutionen aufgestellt, können fachspezifisch agieren.

Die zukünftige Rolle von Bibliotheken im Umfeld der Forschungsdaten ist geprägt von ihren klassischen Kompetenzen. Für sie als die zentralen Informationsvermittler einer Institution mit Know-how zu Recherche-Instrumenten und breitem Wissen zu Inhalten liegt die Integration entsprechender Aspekte aus der Welt der Forschungsdaten in das eigene Aufgabenportfolio nahe.

Auch Repositorien gehören inzwischen zu den grundlegenden Werkzeugen, die in Bibliotheken eingesetzt werden. Zahlreiche Bibliotheken haben sich, korrespondierend damit, zu Publikationsdienstleistern entwickelt. Umfassende Aufgaben des Publikationsmanagements, d.h. die Dokumentation für interne und externe Zwecke, aber auch die Dissemination der wissenschaftlichen Publikationen einer Institution werden inzwischen von vielen Bibliotheken übernommen. Vielerorts spielen CRIS-Systeme (Current Research Information System) eine immer wichtigere Rolle. Das wissenschaftliche Produkt „Forschungsdaten" hier zu integrieren, ist naheliegend.

Wenn Bibliotheken darüber hinaus die Bereitstellung virtueller Forschungsumgebungen als Aufgabe für sich identifiziert haben, werden Forschungsdaten naturgemäß eine zentrale Rolle bei den entsprechenden Aktivitäten spielen.

Mit ihren Kontakten zur Wissenschaft und entsprechenden Serviceangeboten sind Bibliotheken also im Wettbewerb mit anderen Dienstleistern in einer Institution an vielen Orten im klaren Vorteil. Dabei empfiehlt sich grundsätzlich die intensive Zusammenarbeit mit anderen Akteuren innerhalb der jeweiligen wissenschaftlichen Institution ebenso wie Kooperation mit externen Datenrepositorien. So errichtet das in den Niederlanden landesweit agierende Repository für Geistes- und Sozialwissenschaftliche Daten (DANS) zur Zeit sogenannte „Front Offices" an jeder Universität – sind die Bibliotheken nicht der natürliche Ort für solche Aktivitäten?[22]

6.2 Mögliche Handlungsfelder

Aufbauend auf diesen Kompetenzen und mit Blick auf die oben angesprochenen Domänen lässt sich eine Vielzahl von Handlungsfeldern für Bibliotheken identifizieren. Einige davon sind vielerorts schon heute zu verwirklichen:

---

22 http://de.slideshare.net/AndreaScharnhorst/fobo-tpdl2013.

a) Beratung
- Thematisierung des Komplexes Forschungsdaten in der Institution (Policies)
- Bibliothek als einer der Ansprechpartner zu Forschungsdaten in der Institution. Dies kann sich auf den Erstkontakt und die Vermittlung eines Überblicks auf die spezifische Forschungsdateninfrastruktur einer Institution beschränken oder aber ausgebaut werden.
- Beratung und Information, etwa mit Blick auf Datenmanagementpläne und Datenzeitschriften

b) Nachweis
- Integration von Forschungsdaten in eigene Suchinstrumente wie lokal verfügbare Discovery-Systeme
- Integration von Forschungsdatenverzeichnissen in lokale Nachschlagestrukturen (*Clearinghouses*)
- Nachweis von Forschungsdaten in Systemen des Publikationsmanagements (Generierung persönlicher Listen auf Webseiten, Reporting)

c) Publikation
- Verknüpfung von Publikationsnachweisen mit zugehörigen Datennachweisen
- Verknüpfung und Bewahrung qualitätssichernder Dokumentation
- Lizenznehmer für Daten-DOI, Ansprechpartner der Institution für Registrierungsagenturen
- Einbindung in lokale Strategien der Langzeitarchivierung
- Datenpublikation, oft in Zusammenarbeit mit wissenschaftlichen Datenakteuren und technischen Partnern unter Berücksichtigung der oben genannten verschiedenen Typen der Datenpublikation

7 Ausblick

Die Diskussion eines neuen Umgangs mit Forschungsdaten steht erst am Anfang, obwohl innerhalb weniger Jahre bereits eine erstaunliche Dynamik zutage getreten ist. Der weitere Weg zu einem neu verstandenen Datenmanagement als Dreh- und Angelpunkt von Open Science ist trotzdem noch lang. Verglichen mit dreihundertfünfzig Jahren Tradition bei der Entwicklung von Standards bei wissenschaftlichen Zeitschriften hat sich im Lauf der letzten zehn Jahre zwar schon erstaunlich viel entwickelt. Die Diskussion vieler Aspekte steht letztlich aber immer noch am Anfang, ist noch gestaltbar und benötigt Gestaltung. Das Ziel muss sein, Forschungsdaten als integralen Teil der *Records of Science* zu etablieren und klassische Publikation und Forschungsdaten enger zu verknüpfen. Soziokulturelle, rechtliche und technische Aspekte des *Re-Use* und damit verbunden extensive Methoden des *Datamining* zeichnen sich als nächste Schritte ab.

Für die Rolle von Bibliotheken in forschenden Institutionen in ihrem lokalen Umfeld wird das beim Thema Forschungsdaten nicht weniger heißen als: *take part or perish*.

Literatur

Allianz der Deutschen Wissenschaftsorganisationen: Grundsätze zum Umgang mit Forschungsdaten. 2010. http://www.allianzinitiative.de/de/handlungsfelder/forschungsdaten/grundsaetze (29.08.2014).

Becker, Pascal-Nicolas u. Fabian Fürste: Sollen wir Bibliothekare jetzt alle Informatiker werden? BuB Forum Bibliothek und Information 65 (2013), H. 7–8, S. 512–514.

Deutsche Forschungsgemeinschaft, Ausschuss für Wissenschaftliche Bibliotheken und Informationssysteme, Unterausschuss für Informationsmanagement: Empfehlungen zur gesicherten Aufbewahrung und Bereitstellung digitaler Forschungsprimärdaten. Bonn. 2009. http://www.dfg.de/download/pdf/foerderung/programme/lis/ua_inf_empfehlungen_200901.pdf (29.08.2014).

Deutsche Forschungsgemeinschaft, Kommission Selbstkontrolle in der Wissenschaft: Vorschläge zur Sicherung guter wissenschaftlicher Praxis (DFG 2013a): Empfehlungen der Kommission „Selbstkontrolle in der Wissenschaft"; Denkschrift = Proposals for safeguarding good scientific practice. Weinheim: Wiley-VCH. 2013. http://www.dfg.de/foerderung/grundlagen_rahmenbedingungen/gwp/ (29.08.2014).

DFG-Projekt RADIESCHEN – Rahmenbedingungen einer disziplinübergreifenden Forschungsdateninfrastruktur (Hrsg.) (DFG 2013b): Report ‚Organisation und Struktur'. 2013. DOI:10.2312/RADIESCHEN_005.

DFG-Projekt RADIESCHEN – Rahmenbedingungen einer disziplinübergreifenden Forschungsdateninfrastruktur (Hrsg.) (DFG 2013c): Report ‚Synthese'. 2013. DOI:10.2312/RADIESCHEN_007.

EUROHORCS: EUROHORCs and ESF Vision on a Globally Competitive ERA and their Road Map for Actions to help build it. 2009 (Science Policy Briefing 33). http://www.dfg.de/download/pdf/dfg_im_profil/im_internationalen_kontext/era_road_map_0908.pdf (29.08.2014).

Griebel, Rolf, Elisabeth Niggemann u. Barbara Schneider-Kempf (Hrsg.): Zeitschrift für Bibliothekswesen und Bibliographie, Schwerpunkt Forschungsdaten, 60 (2013), H. 6, S. 295–331. http://zs.thulb.uni-jena.de/receive/jportal_jpvolume_00196524 (29.08.2014).

Hey, Tony, Stewart Tansley u. Kristin Tolle (Hrsg.): Forth paradigm. Data-intensive Scientific Discovery. Microsoft Research. 2009. http://research.microsoft.com/en-us/collaboration/fourthparadigm/contents.aspx (29.08.2014).

Klar, Jochen u. Harry Enke: Forschungsdaten in der Gruppendomäne – Zwischen individuellen Anforderungen und übergreifenden Infrastrukturen. In: Zeitschrift für Bibliothekswesen und Bibliographie 60 (2013), H. 6, S. 316–324. DOI:10.3196/186429501360649.

Klump, Jens, Roland Bertelmann, Jan Brase, Michael Diepenbroek, Hannes Grobe, Heinke Höck, Michael Lautenschlager, Uwe Schindler, Irina Sens u. Joachim Wächter: Data publication in the open access initiative. In: Data Science Journal 5 (2006), S. 79–83. DOI: 10.2481/dsj.5.79.

Klump, Jens u. Roland Bertelmann: Forschungsdaten. In: Grundlagen der praktischen Information und Dokumentation. Hrsg. von Rainer Kuhlen, Wolfgang Semar u. Dietmar Strauch. 6. Aufl. Berlin: De Gruyter 2013. S. 575–583. DOI:10.1515/9783110258264.575.

Klump, Jens: Digitale Forschungsdaten. In: nestor Handbuch. Eine kleine Enzyklopädie der digitalen Langzeitarchivierung. Hrsg. von Heike Neuroth, Achim Oßwald, Regine Scheffel, Stefan

Strathmann u. Karsten Huth. Version 2.3. 2010. Kap.17.10, S.104–115. http://nestor.sub.uni-goettingen.de/handbuch/artikel.php?id=72 (29.08.2014).

Kroes, Nellie: Data is the new gold. (Rede). 2011. http://europa.eu/rapid/press-release_SPEECH-11-872_en.htm (29.08.2014).

Lyon, Liz: Dealing with Data. Roles, Rights, Responsibilities and Relationships. Consultancy Report. 2007. http://www.ukoln.ac.uk/ukoln/staff/e.j.lyon/reports/dealing_with_data_report-final.pdf (29.08.2014).

National Science Foundation: Cyberinfrastructure. Vision for 21st Century Discovery. Arlington, VA: NSF 2007 (NSF 07-28). http://www.nsf.gov/pubs/2007/nsf0728/index.jsp (29.08.2014).

Pampel, Heinz, Roland Bertelmann u. Hans-Christoph Hobohm: „Data Librarianship" – Rollen, Aufgaben, Kompetenzen. In: Ein neuer Blick auf Bibliotheken. 98. Deutscher Bibliothekartag in Erfurt 2009. Hrsg. von Ulrich Hohoff u. Christiane Schmiedeknecht. Olms 2010. S. 159–176.

Parsons, Mark A. u. Peter A. Fox: Is Data publication the right metaphor? In: Data Science Journal 12 (2013), S. WDS32–WDS46. DOI 10.2481/dsj.WDS-042.

Pfeiffenberger, Hans: Offener Zugang zu wissenschaftlichen Primärdaten. In: Zeitschrift für Bibliothekswesen und Bibliographie 54 (2007), H. 4/5, S. 207–210. hdl:10013/epic.28454 (29.08.2014).

Royal Society: Science as an open enterprise. Final report. 2012. http://royalsociety.org/policy/projects/science-public-enterprise/report/ (29.08.2014).

Swan, Alma u. Sheridan Brown: The Skills, Role & Career Structure of Data Scientists & Curators. An Assessment of Current Practice and Future Needs. Report to the JISC. Truro, UK 2008. http://www.jisc.ac.uk/media/documents/programmes/digitalrepositories/dataskillscareersfinalreport.pdf (29.08.2014).

Treloar, Andrew u. Cathrine Harboe-Ree: Data management and the curation continuum. How the Monash experience is informing repository relationships. Proceedings of VALA 2008 Conference, Melbourne. 2008. http://www.valaconf.org.au/vala2008/papers2008/111_Treloar_Final.pdf (29.08.2014).

8 Bibliotheksmanagement

Joachim Kreische
8.1 Betriebliche Organisation

1 Einleitung

Bibliotheken sind als Organisationen auf Dauer mit einem definierten Zweck angelegt. Personen, die in Organisationen Ziele anstreben, brauchen verlässliche Strukturen (Aufbauorganisation) und klare Handlungsanweisungen (Ablauforganisation). Jede Veränderung dient dazu, diesen Zustand der Stabilität wieder zu erreichen. In diesem Sinne stellt die betriebliche Organisation einen für das Managementhandeln typischen Kreislauf dar, in dem die Veränderung von Prozessen und Strukturen zu ihrer erneuten Fixierung führt, bevor wieder neue Änderungen anstehen. Auch wenn Bibliotheken als lernende Organisationen verinnerlicht haben, Veränderungsbedarf frühzeitig zu erkennen und aktiv zu handeln, muss mit der Organisation von Bibliotheken beständig und sehr sorgfältig bewertet werden, was als Anlass für organisatorische Änderungen anzusehen ist und was nicht. Wichtigster Kompass ist dabei die Einschätzung, ob die Leistungen der Bibliothek den an sie gestellten Anforderungen genügen oder nicht (Qualitätsmanagement). Die zentrale Herausforderung für das Bibliotheksmanagement ist es, dem Organisationsprozess durch Planung, Personalführung und den bedarfsgerechten Mitteleinsatz (Haushaltsbewirtschaftung) einen verlässlichen Rahmen zu geben. Eine strategische Ausrichtung bekommt die Organisation von Bibliotheken durch die Frage, welche Aufgaben dabei in Zukunft von Bibliotheken selbst, durch andere oder kooperativ erbracht werden sollen (Outsourcing).

2 Aufbauorganisation

Die Organisationsstruktur von Bibliotheken ist kein Selbstzweck, sie soll einen optimalen Ablauf der Prozesse[1] gewährleisten. Die arbeitsteilig vollzogenen Prozesse werden in Organisationseinheiten zusammengefasst, so dass hier die Verantwortlichkeiten, die Ressourcen und die Kompetenzen gebündelt werden. Die Organisationsstruktur bringt die Einheiten in eine hierarchische Ordnung. Damit werden die Leitungsstruktur, Weisungs- und Entscheidungsbefugnisse und Kommunikationswege festgelegt. In großen wissenschaftlichen wie öffentlichen Bibliotheken ist hierzu die sogenannte Linienorganisation üblich. Damit ist eine hierarchische Struktur gemeint, in der von einer zentralen Spitze aus Aufgaben eindeutig und überschneidungsfrei auf direkt unterstellte Organisationseinheiten übertragen werden, die wiederum in weitere Untereinheiten untergliedert sein können. Auch wenn grundsätzlich eine

---
1 Schulte-Zurhausen 2010: 48.

Baumstruktur angelegt ist, stellt ein typisches Bibliotheksorganigramm eher ein Säulenmodell dar:

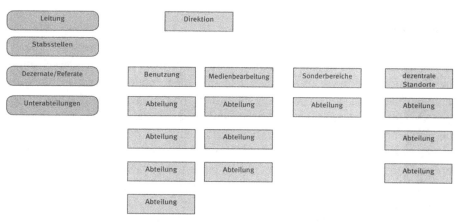

Abb. 1: Typisches Bibliotheksorganigramm.

Dieses Grundmodell zeigt in größeren Bibliotheken eine erstaunliche Kontinuität, was in doppelter Hinsicht bemerkenswert ist: Zum einen werden in der Theorie vermehrt die Nachteile dieses Modells hervorgehoben und alternative Modelle wie ambitionierte Netzwerkstrukturen vorgeschlagen. Zum anderen haben auch die gravierenden Veränderungen des Dienstleistungsangebots und der Arbeitsweisen in den Bibliotheken offenbar keine grundsätzlichen Spuren in den Organisationsstrukturen hinterlassen. Beispielsweise wurden nur in wenigen Hochschulbibliotheken eigene Abteilungen für elektronische Medien geschaffen, für die 2012 fast 45 Prozent der Erwerbungsmittel der deutschen Universitätsbibliotheken aufgewendet wurden. Neue Dienstleistungen wurden, wenn überhaupt, eher als neue Stabsstellen oder als Unterabteilungen in die Linienorganisation aufgenommen, die damit fortgeschrieben und nicht in Frage gestellt wird. Zumindest in der Praxis muss es also gute Gründe dafür geben, die Linienorganisation nicht aufzugeben, sondern so weiterzuentwickeln, dass ihre Nachteile soweit wie möglich aufgefangen werden.

Trotzdem sind in der Praxis die Klagen über die negativen Auswirkungen des Linienmodells Legion. Vermehrt werden die Planungs- und Arbeitsprozesse in den Bibliotheken als zu komplex und zu zeitkritisch angesehen, als dass sie in hierarchischen und bürokratischen Strukturen effizient kommuniziert werden können. Auch der eigentliche Vorteil der eindeutigen Zuständigkeit in der Linie stellt sich in Zeiten durchgreifender Querschnittsthemen und einer priorisierten Kundenorientierung eher als weiterer Nachteil heraus. Erschwerend kommt hinzu, dass die klassischen Stellenpläne und Eingruppierungspraktiken der Bibliotheken dazu geführt haben, dass der Schwanz mit dem Hund wedelt: Die Organisationsform muss so viele Führungsämter generieren, wie die Stellenpläne an Ämtern und Eingruppierungen hergeben. Die Folge sind extrem aufgeblähte Organisationspläne. Innerhalb einer Linienorganisation führt diese Kleinteiligkeit zu langen Entscheidungswegen und zu einer starken Aufsplitterung von Verantwortlichkeiten, die in der Regel einen hohen Koordinationsaufwand nach sich ziehen.[2] Ein schnelles Entscheiden oder Reagieren auf veränderte Rahmenbedingungen wird damit auf jeden Fall beeinträchtigt. Peters[3] beschreibt ein Unternehmen, in dem vor Einführung eines neuen Produkts 223 organisatorische Verbindungen greifen müssen, von denen sich jede einzelne in einer intensiven Untersuchung als absolut sinnvoll herausgestellt hat. Der unvermeidliche Zielkonflikt zwischen dem Wunsch nach einer perfekten Organisation und dem „Primat des Handelns" bleibt also auch außerhalb des öffentlichen Dienstes unlösbar. Vor diesem Hintergrund ist das Säulenmodell der Linienorganisation für Bibliotheken immer die sichere Lösung geblieben.

An Auswegen hat es in den letzten Jahrzehnten nie gemangelt. Mehrheitlich wurden immer mehr oder weniger radikale Reformen der Linienorganisation propagiert. Ein häufig gewählter und pragmatischer Ausweg ist die Schaffung von Querschnitts- und Schnittstellenfunktionen innerhalb der Linienorganisation. Dies hat in vielen Bibliotheken zu einer derartigen Inflation von Stabsstellen, Querschnittsfunktionen und Arbeitsgruppen geführt, die zudem als Kopflastigkeit der Organisation wahrgenommen wird, dass oftmals schon wieder Versuche ihrer Reduktion zu beobachten sind. Noch stärker wird die Einlinienorganisation durch die deutlich zunehmende Bedeutung von Projekten als der zeitlich befristeten Zuordnung von Ressourcen zu einmalig zu erreichenden Zielen in Frage gestellt, wenn diese nicht innerhalb einer Organisationseinheit durchgeführt werden können. Zusätzlich führen neue Aufgaben und immer schlankere Kernprozesse dazu, dass die überragende Bedeutung der traditionellen Linienabteilungen weiter zurückgeht.[4]

Den weitreichendsten Versuch, die Einlinienorganisation mit den veränderten Anforderungen in Einklang zu bringen, stellt die Matrixorganisation dar. Hier werden der vertikalen Organisationsform gezielt Ressourcen entzogen, um sie ad hoc gebildeten und horizontal organisierten Projektgruppen mit eigener Verantwortlichkeit zuzuordnen. Als durchgängiges Organisationsmodell hat sich die Matrixorganisation nicht durchgesetzt.[5] Unter der Bedingung überschaubarer Komplexität scheint sie zum einen in kleineren Organisationseinheiten leistungsfähig zu sein. Andererseits ist ihr Einsatz in sehr großen Bibliotheken plausibel, die stark durch Projekte und

---

[2] Die Herzog August Bibliothek Wolfenbüttel sieht in der kleinteiligen Organisation dagegen ein Bollwerk gegen Ressortdenken und „Versäulung" (Stellungnahme Wissenschaftsrat 2013: 62–63).
[3] Peters 2003: 41.
[4] Der Personalanteil für die Medienbearbeitung betrug bei allen Bibliotheken, die 2013 am BIX Bibliotheksindex teilnahmen, im Durchschnitt nur noch 13,7 Prozent.
[5] Für das Bibliothekswesen: Vonhof 2012: 277. Die wirtschaftswissenschaftliche Diskussion: Schreyögg 2012: 53ff.

Sonderaufgaben geprägt sind.[6] Der geringe Grad der Verbreitung liegt vermutlich aber auch daran, dass die Leistungsfähigkeit der Matrixstruktur, Kompetenzstreitigkeiten zwischen der Linienorganisation und den Projekten zu vermeiden, in vielen Bibliotheken durch ein etabliertes und systematisch betriebenes Projektmanagement erreicht wird.

Auch durch die Matrixorganisation lässt sich die für alle vertikal verfassten Organisationen bestehende Herausforderung der horizontalen Koordination nicht lösen, die viele Prozesse beschleunigt und der Komplexität vieler aktueller Fragestellungen gerecht wird. Auf horizontaler Ebene werden in der Matrix eben nur die Projekte, nicht die laufenden Aufgaben koordiniert. Wenn deren Koordination immer über die vertikalen Hierarchien geleistet werden muss, ist der Kommunikationsaufwand für Fragen, die eigentlich direkt zwischen zwei Abteilungen unterschiedlicher Hierarchiesäulen geklärt werden könnten, absurd hoch. Zwei Auswege zur Bekämpfung dieses Symptoms lassen sich in ihren Erfolgsaussichten nicht empirisch fundiert bewerten, da sie nur sehr selten konsequent umgesetzt werden: Flachere Hierarchien würden die notwendigen Kommunikationsknoten der hierarchischen Struktur verringern und damit die Abstimmungsprozesse beschleunigen. Dazu bedarf es aber einer Reduktion der Leitungsämter bzw. der Organisationseinheiten und einer konsequenten Verantwortungsdelegation. Zu beidem scheint in vielen Bibliotheken der Mut zu fehlen. Ebenso selten werden über die Projektorganisation hinaus Teamstrukturen genutzt, durch die eine Zusammenarbeit auf horizontaler Ebene gefördert wird, wenn die strenge Arbeitsteilung aufgegeben wird und Tätigkeiten komplexer Prozesse abteilungsübergreifend organisiert und bearbeitet werden. Diese Organisationsform wird in der Literatur nachvollziehbar begründet,[7] in der Realität aber nur sehr selten praktiziert. Dokumentierte Beispiele sind die sogenannten Kabinettteams der Stadtbibliotheken Paderborn oder Winterthur. Für diesen Schritt, die Teamstruktur über funktional abgegrenzte Organisationseinheiten hinweg umzusetzen und damit die Arbeitsteilung in einem zu definierenden Umfang aufzuheben, fanden sich aber keine Nachahmer, weil der Kompetenzverlust der Spezialisten befürchtet wird. Angesichts der starken Diversifizierung des Aufgabenspektrums, der immer stärkeren Fokussierung auf individuelle und spezialisierte Dienstleitungen der Bibliotheken, in denen komplexe IT-Lösungen erforderlich sind, scheint die Forderung nach Abschaffung der Arbeitsteilung (Posttaylorismus) unrealistischer denn je. Warum diese Entdifferenzierung aber für die klassischen bibliothekarischen Aufgaben der Kundenservices und der Medienbearbeitung nicht angegangen wird, kann nur mit den Beharrungskräften und dem Ressortegoismus der Linienabteilungen erklärt werden. Von Bibliotheksleitungen werden Teamstrukturen deshalb abgelehnt, weil mit ihnen das Fehlen persönlicher Verantwortlichkeiten assoziiert wird. Es ist aber überhaupt

---

[6] Für die Bayerische Staatsbibliothek: Kempf 2008: 570–572, für die Herzogin Anna Amalia Bibliothek in Weimar: Andermann/Weinberg 2003.
[7] Kirchgäßner 1995.

nicht einzusehen, warum die für Teams definierten Eigenschaften der Selbstverantwortung, der Hierarchielosigkeit, der kooperativen Arbeitsverteilung und der gleichmäßigen Information[8] nicht für Tätigkeiten innerhalb einer klar personell zugewiesenen Führungsverantwortung Anwendung finden können. Soll die Kompromissformel von Stueart und Moran[9] – „All large organizations must both specialize and coordinate" – mit Leben gefüllt werden, hängt sehr viel von kompetenten und flexiblen Mitarbeitenden und damit auch von einer funktionierenden Personalentwicklung ab, für die Teamstrukturen ein interessantes Instrument sein können.

Wenn sich dann auch so theoretisch ambitionierte Konzepte wie die des Netzwerks nicht in die Wirklichkeit von Organisationen umsetzen lassen,[10] bleibt die ganzheitliche, wirksame und flexible Koordination, die eine Linienorganisation nicht befriedigend leisten kann, eine maßgebliche Anforderung an das Leitungshandeln in Bibliotheken. Dieses muss immer stärker im Rahmen einer strategischen Entwicklung geleistet werden, die durch das Wirken von Spezialisten geprägt ist, die in Projekten innovative Dienstleistungen für immer individuellere Kundenwünsche entwickeln und damit das Dienstleistungsangebot von Bibliotheken entscheidend diversifizieren und heterogener gestalten. Hier zeigt sich auch schnell, dass Organigramme bei weitem nicht ausreichen, für eine hinreichende Aufgabentransparenz zu sorgen. Die im öffentlichen Dienst verbreiteten Geschäfts- und Verteilungspläne haben sich als Planungsinstrumente bewährt.

Überhaupt ist in der Praxis eine gesunde Skepsis gegenüber dem Mittel der Organisationsänderungen zu verspüren. Und das ist angesichts der Erkenntnis, dass es „so etwas wie friktionsfreie Organisationsformen"[11] nicht gibt, auch gut so. Vor jeder Maßnahme sollte die Frage stehen, ob die bestehenden Probleme tatsächlich organisatorisch gelöst und welche dysfunktionalen Folgen hervorgerufen werden können. Nicht vergessen werden sollte, dass der Prozess der Reorganisation selbst Energien verzehrt und Unruhe erzeugt. Deshalb gilt der Grundsatz, dass eine Reorganisationsmaßnahme so schnell wie möglich umgesetzt werden muss. Wenn schon ändern, dann sollen sich die Mitarbeitenden schnellstmöglich auf die neuen Umstände einstellen können und nicht zwischen alter und neuer Struktur orientierungslos hin und her pendeln. Ob Organisationen von vorne herein so aufgebaut werden können, dass sie entweder ohne Veränderungsaufwand flexibel auf Veränderungen der Ziele und der Prozesse reagieren oder mit minimalem Aufwand strukturell angepasst werden können, bleibt eine eher theoretische Frage. Erfolgversprechend könnte aber ein auf Kunden orientierter Zuschnitt von Organisationseinheiten sein, wie er in Dienstleis-

---

[8] Wimmer 2000: 212–213.
[9] Stueart/Moran 2007: 142.
[10] Zum Konzept Stueart/Moran 2007: 187ff.
[11] Malik 2006: 193.

tungsunternehmen durchaus anzutreffen ist.¹² Allerdings ist diese Tendenz im deutschen Bibliothekswesen nicht erkennbar.

Für die zukünftige Organisationsentwicklung von Bibliotheken darf nicht übersehen werden, dass viele Bibliotheken gar keine selbstständigen Organisationen, sondern Teile von Trägereinrichtungen, Firmen, Behörden oder kommunalen Ämtern sind. Deutlich erkennbar ist, dass die vielfach noch gegebene Selbstständigkeit von Bibliotheken vielfach eingeschränkt wird. Für viele Firmenbibliotheken, die entweder ganz aufgelöst oder mit anderen Bereichen des Informationsmanagements zusammengelegt wurden, ist dieser Prozess schon sehr weit vorangeschritten. Ob die starken Integrationsbewegungen innerhalb der Hochschulen die Selbstständigkeit der Bibliotheken in Frage stellen werden, ist noch nicht auszumachen. Offensichtlich ist die Welle der Zusammenlegungen von Bibliotheken und Rechenzentren in den deutschen Hochschulen ausgelaufen, ohne die Landschaft nachhaltig verändert zu haben. Dennoch ist die Tendenz unverkennbar, dass die Serviceeinrichtungen der Hochschulen nicht nur in IT-Fragen immer stärker zusammenarbeiten und ihre Dienste auf gemeinsamen Plattformen und mit der gleichen Infrastruktur anbieten. Es ist schwer vorstellbar, dass dies langfristig ohne organisatorische Konsequenzen bleiben wird. Zumindest in Nordamerika wird die Prognose gewagt, dass die organisatorische Selbstständigkeit der Hochschulbibliotheken auf dem Spiel steht.¹³ Für die Bibliotheken alter Universitäten wird allerdings die Frage, ob die zweischichtigen Bibliothekssysteme vom Sparzwang hinweggefegt werden oder nicht, vordringlicher für die organisatorische Entwicklung sein.

3 Ablauforganisation

In der neueren Managementtheorie hat sich der Begriff der Prozessorganisation gegenüber dem der Ablauforganisation durchgesetzt und damit den Prozessen ein Primat gegenüber den Strukturfragen der Aufbauorganisation und dem Prozessdenken die Dimension der Ganzheitlichkeit zugesprochen.¹⁴

Das traditionelle Schema, mit dem Bibliotheken ihre Prozesse organisieren, ist nahezu paradigmatisch für ein Konzept öffentlicher Verwaltung, in der Anweisungen zu strikt einzuhaltenden Arbeitsabläufen gegeben werden, und lässt sich mit dem Begriff des Geschäftsgangs beschreiben.¹⁵ Gleichförmigkeit, Transparenz und

---

12 Neubauer (2013: 185) sieht die drei Alternativen der Kunden-, Prozess- und der Produktorientierung.
13 "Libraries will have less autonomy and librarian roles will have been subsumed into other parts of the university." (Taiga Forum 2011).
14 Frost 2004: 52.
15 Ewert und Umstätter (1997: 53) und Vonhof (2012: 279) begrenzen den Begriff auf die Dokumentation des Erwerbungsprozesses, was die Gebräuchlichkeit des Terminus „integrierter Geschäftsgang"

Verbindlichkeit der Prozesse sind dabei die Hauptzwecke. Sie geben für definierte Arbeitsprozesse den Ablauf der Einzelschritte vor, beschreiben die dabei vorgenommenen Tätigkeiten, legen die Ermessensspielräume und Entscheidungsbefugnisse fest und stellen die damit zulässigen Varianten dar. Die Darstellungsform verrät den Zweck und den angestrebten Führungsstil. Stärker zur Instruktion der Mitarbeitenden eingesetzte Geschäftsgänge sind eher textbasiert, für die Verwendung in Managementprozessen werden schematische Darstellungen wie Ablaufdiagramme oder Graphe vorherrschen. Wird eine hohe subsidiäre Selbstständigkeit gewünscht, müssen vordringlich Entscheidungskompetenzen und daraus resultierende Alternativen beschrieben werden. Bei klaren Vorgaben, deren Einhaltung auch kontrolliert werden soll, muss der Geschäftsgang präzise und alle Anwendungsfälle abdeckend wiedergegeben werden. In der Realität werden beide Motivlagen Berücksichtigung finden. Der Arbeitsprozess wird auf jeden Fall vollständig beschrieben. Idealerweise werden Verknüpfungen zu anderen Prozessen sichtbar, so dass allein schon aus diesem Grund die flächendeckende Darstellung der Prozesse sinnvoll ist. Geschäftsgänge sind in dieser Form in Bibliotheken praktikable Instrumente für viele Fragen der Ablauforganisation:

- Prozessorganisation, inkl. Aktualisierung und Optimierung
- Grundlage für Planungs-, Koordinations- und Entscheidungsprozesse
- Festlegung von Zuständigkeiten und Befugnissen
- Kontrolle und Überprüfung
- Grundlage für die Personalentwicklung: Einarbeitung neuer Mitarbeiter, Instruktion des Personals, Erstellung von Anforderungsprofilen und Arbeitsplatzbeschreibungen, Nutzung im Wissensmanagement
- Grundlage für personalwirtschaftliche Entscheidungen wie z.B. Eingruppierungen auf Grundlage von Tätigkeitsdarstellungen, Kapazitätsberechnungen, Personalbedarfsanalysen
- Formulierung als verbindliche Arbeitsanweisung auch zur internen Kommunikation und Transparenz der Prozessorganisation

Grundsätzlich ermöglichen Geschäftsgänge damit umfassende Planungs- und Steuerungsprozesse auf allen Ebenen. Dazu müssen Geschäftsgänge aber für alle Prozesse mit allen notwendigen Informationen versehen und deshalb vorzugsweise nach einem festgelegten Schema erstellt werden. Sollen die Geschäftsgänge für eine koordinierte Ablaufplanung für die gesamte Bibliothek verwendet werden, ist dies sogar unerlässlich und gehört deshalb zu den Grundanforderungen an ein Qualitätsmanagementsystem. Diese Vollständigkeit ist in der Praxis sicher selten anzutreffen. Dazu gibt es aus pragmatischer Sicht zwei nachvollziehbare und zusammenhängende Gründe:

---
auch nahelegt (in diesem Sinne auch Junkes-Kirchen 2008). Ich bin dennoch der Meinung, dass der eigentlich verwaltungstechnisch fundierte und dort universell verwandte Begriff mehrheitlich für alle Prozessdokumentationen in Bibliotheken genutzt wird.

Der Aufwand ist sehr hoch, und die Geschäftsgänge werden nicht für die möglichen Zwecke der betrieblichen Steuerung eingesetzt. Geschäftsgänge werden in der Praxis dann dokumentiert, wenn die konkrete Arbeitsorganisation dies erfordert.

Sollen kontinuierlich eine systematische und ganzheitliche Dokumentation, Analyse und Planung von Prozessen erfolgen, zeigt sich zudem schnell die Begrenzung des Konzepts von Geschäftsgängen. Weil sie dafür nicht geschaffen wurden, eignen sie sich auch nicht zum kombinierten Einsatz mit anderen Steuerungsinstrumenten und lassen dafür wichtige Informationen außen vor. Als geeignetere Instrumente haben sich im Bibliotheksbereich Methoden aus der betriebswirtschaftlichen Prozessorganisation durchgesetzt.[16] Mit diesen werden die vollständig beschriebenen Prozesse in einem systematischen Zusammenhang betrachtet und logistisch bewertet. Es lassen sich dann Prozessketten bilden, die im Rahmen einer Wertschöpfungskette zur Erstellung eines definierten Produkts beitragen und dabei Kern- oder Unterstützungsprozesse darstellen. Eine operationalisierbare Form erhält die Gesamtheit der Prozesse durch eine meist grafisch dargestellte Prozesslandkarte.[17]

Durch die Summe der Kernprozesse wird auch die der Produkte dargestellt, die selbst wiederum einen Produktkatalog darstellen. Deshalb ist die Planung des Produktportfolios und die Dokumentation und Analyse der Prozesse untrennbar miteinander verbunden. Damit lässt sich auch die Effizienz der Prozesse zu den Effekten der Produkte in ein Verhältnis setzen und z.B. in Kennzahlensystemen wie der Balanced Scorecard ausdrücken. Darüber hinaus gibt die Methode der Geschäftsprozessanalyse ein Instrumentarium zur Gestaltung neuer Prozesse.

Wenn in den Prozessbeschreibungen auch die damit verbundenen Anforderungen und Kompetenzen dokumentiert werden, die für die Ausübung der einzelnen Prozessschritte notwendig sind, so können daraus Anforderungsprofile erstellt werden, die umfassend und systematisch in der Personalentwicklung genutzt werden können. Die in den Prozessen dokumentierten Zuständigkeiten und Verantwortlichkeiten können ein Raster für einen Geschäftsverteilungsplan darstellen, der selbst wiederum Prüfstein für die Vollständigkeit der Prozessbeschreibungen sein kann.

Noch ambitionierter ist das Ziel, ein Kostencontrolling und die Ressourcenplanung auf Grundlage von Prozessanalysen in Bibliotheken durchzuführen. Dafür muss das aus der Kosten- und Leistungsrechnung stammende Instrument der Prozesskostenrechnung[18] zum Einsatz kommen. Über die präzise und detaillierte Analyse und Dokumentation der Prozesse hinaus sind die Aufwände zu bewerten, die für die einzelnen Prozessschritte anfallen. Für die dabei zu messenden Zeitaufwände können unterschiedlich aufwendige und mehr oder weniger mitbestimmungsrelevante Verfahren gewählt werden, die sich zwar in ihrer Genauigkeit unterscheiden, die aber für die Anwendungsfälle in Bibliotheken fast alle ausreichend sind. Die Praxis zeigt, dass

---

16 Vonhof 2012: 279.
17 Schulte-Zurhausen 2010: 93.
18 Ceynowa/Coners 1999: 32ff.

schon eine gute Dokumentation der Prozesse in Kombination mit aussagekräftigen Kennzahlen genügend Ansätze zur kritischen Evaluation von Prozessen liefert. Unter Berücksichtigung aller anderen im Rahmen der Kosten- und Leistungsrechnung erhobenen Kosten ist schließlich zu berechnen, wie teuer eine bestimmte Leistung als Resultat eines Prozesses tatsächlich ist. Auf Stückzahlen heruntergebrochen lässt sich dann ein Preis z.B. für eine Entleihung, eine Schulungsteilnahme oder eine Fernleihe errechnen. Für das Finanzcontrolling und die betriebliche Steuerung sind dies auch im nicht-kommerziellen Bereich sehr hilfreiche Informationen. Sie ermöglichen zum einen die in der Kosten- und Leistungsrechnung angelegten Kostenstellen, Kostenarten und Kostenträgerrechnungen. Zum anderen lassen sich diese Instrumente wiederum mit anderen Methoden des Controllings verbinden, wie z.B. durch die Verwendung der Ergebnisse einer Kostenträgerrechnung für einen Produktkatalog, in dem die Kosten für konkrete Produkte (Kostenträger) nachgewiesen werden. Sehr gut lassen sich die Ergebnisse von Prozessanalysen für eine objektive Personalbedarfsermittlung verwenden, da die ermittelten Zeitaufwände einzusetzende Personalressourcen repräsentieren. Je genauer die Prozessanalyse, desto präziser können dann auch konkrete Arbeitsaufwände mit unterschiedlichen Anforderungen und Kosten unterschieden werden. Ebenso instruktiv sind dann Vergleiche mit den Kostenaufwänden anderer Bibliotheken, die als Vergleichswerte Hinweise zur Optimierung der eigenen Prozesse bieten.[19]

In der Praxis wird eine echte Kosten- und Leistungsrechnung in Bibliotheken zumeist dann eingeführt, wenn sie durch den Unterhaltsträger initiiert wurde. Dies ist im kommunalen Bereich häufiger, in den Hochschulen bisher nur selten der Fall. Für jede Art von Kostenrechnung sind dann sogenannte ERP-Systeme (*Enterprise-Resource-Planning*) hilfreich, die in der Regel in Verbindung mit der Einführung der kaufmännischen Buchführung zum Einsatz kommen. Für Bibliotheken, die z.B. im Rahmen einer Trennungsrechnung Teile des Bibliotheksangebots als wirtschaftliche Tätigkeit ausweisen müssen oder vor umfangreichen Vergaben von Geschäftsprozessen an externe Anbieter (Outsourcing) stehen, sind Instrumente der Kosten- und Leistungsrechnung unverzichtbar.

4 Haushaltsbewirtschaftung

Bei in der Regel nicht wirtschaftlich tätigen Bibliotheken ist das Finanzmanagement davon geprägt, dass ihnen im Rahmen einer Zuweisung Mittel für einen definierten Zeitraum zur Verfügung gestellt werden. Im Vergleich dazu nehmen eigene Einnahmen meist eine nur sehr untergeordnete Rolle ein. Die Hauptaufgabe für die Finanzplanung ist deshalb das Ausgaben- und Kostencontrolling, das unter den Bedingun-

---

19 Das Beispiel UB Mannheim bei Knudsen/Hansen 2006: 4.

gen des kameralistischen Haushaltsrechts als traditionelle Haushaltsbewirtschaftung oder nach der Einführung der kaufmännischen Buchführung im Rahmen einer Kostenrechnung mit einem Wirtschaftsplan stattfindet. Für den Gestaltungsspielraum der Wirtschaftsplanung noch viel wichtiger ist die Abkehr von der kameralistischen Feinplanung, bei der zugewiesene Mittel nur für dezidierte Zwecke verwendet werden durften. Die Einführung von Globalhaushalten und Budgets erlaubt den Bibliotheken eine flexible und sachangemessene Haushaltsplanung.[20] Soweit Bibliotheken damit von den Unterhaltsträgern eine eigenständige Finanzplanung zugestanden wird, können Bibliotheken planen und steuern, für welche Zwecke welche Finanzmittel aufgewendet werden sollen. Dazu wird in der Regel ein Haushalts- oder Wirtschaftsplan aufgestellt, in dem die einzelnen Haushaltsposten voneinander abgegrenzt werden. Im Verlauf der Haushaltsperiode können dann je nach Entwicklung Mittel aus dem einen Bereich in einen anderen verschoben werden oder als Restmittel in die nächste Haushaltsperiode übertragen werden. Wie frei die Bibliothek bei dieser Finanzplanung agieren kann, hängt von Entscheidungen der Unterhaltsträger oder der Trägereinrichtungen ab, die nicht automatisch mit der Einführung von Globalhaushalten oder der kaufmännischen Buchführung vorgeben sind. Die beiden extremen Varianten wären zum einen eine vollständige Selbstständigkeit der Bibliothek bei der Planung und Verausgabung eines bewilligten Budgets und auf der anderen Seite eine dezidierte Vorgabe der Verwendungszwecke. Zumindest zur Personalausstattung erfolgen vielfach klare Vorgaben über die reine Budgetbemessung hinaus, z.B. in Form von Personalstellen. Bei vielen Kommunen und Hochschulen ist zudem zu beobachten, dass mit der Einführung eines professionellen Finanzcontrollings die subsidiären Budgets aufgabenkritisch beleuchtet werden und der Finanzautonomie enge Grenzen gesetzt werden. Zumindest aus Haushaltssicht wird den Bibliotheken bei der Planung und Bewirtschaftung des Medienbudgets aber ein weitgehender Entscheidungsspielraum zugesprochen. Einen möglichen Weg, um sowohl den Planungs- und Kontrollbedürfnissen der Unterhaltsträger als auch der sachangemessenen Planungsfreiheit der Bibliotheken gerecht zu werden, könnten Produkthaushalte sein, durch die Mittel für definierte Leistungen zur Verfügung gestellt werden. Dies kann in Form von Ziel- und Leistungsvereinbarungen oder auf Grundlage von Produkthaushalten bzw. Produktkatalogen erfolgen. Ob mit diesen Instrumenten tatsächlich eine Budgetbemessung möglich ist, muss anhand bisher noch fehlender Praxisbeispiele bewertet werden.

Die Aufgabe der Mittelbewirtschaftung, also die Planung, Kontrolle und Steuerung der Verausgabung der Mittel, ist allerdings in der Regel vollständig auf die Bibliotheken übergegangen, egal ob sie dabei im Rahmen der kaufmännischen Buchführung ein ERP-System nutzen oder nicht. Die Literaturmittel der Bibliotheken werden zumeist noch über die integrierten Bibliothekssysteme verwaltet. Hier werden die Bestellungen mit der Kalkulation der Zahlungsverpflichtungen verzeichnet, die

---

[20] Zu diesem Thema umfassend: Schiffer/Umlauf 2013.

Medien inventarisiert, die Rechnungen bearbeitet und die summierten Kosten den geplanten Ansätzen gegenübergestellt. Das Erwerbungsmodul stellt auf dieser Grundlage eine Ausgabenübersicht als Instrument des Controllings zur Verfügung. Die Nachteile aus Sicht des Finanzmanagements liegen dabei aber auf der Hand: Die Beträge sind nicht zuverlässig, da die tatsächlichen Kosten erst zum Zeitpunkt der zahlungswirksamen Buchung feststehen und realisiert werden, die eben nicht in den Bibliothekssystemen, sondern in eigenen Buchungssystemen erfolgen, die es sowohl für die Kameralistik als auch für die kaufmännische Buchführung gibt. In der Praxis müssen deshalb im Nachhinein die tatsächlichen Zahlungsbeträge mit den Kalkulationen des Bibliothekssystems verglichen werden. Praktisch relevant sind dabei vor allem die Abweichungen bei den im Bibliothekssystem kalkulierten und den bei Buchung tatsächlich zugrunde gelegten Wechselkursen, der mitunter erhebliche Zeitverzug zwischen den Nachweisen in beiden Systemen und vor allem der Umstand, dass im Bibliothekssystem Zahlungsverpflichtungen einkalkuliert sind, die dem Buchungssystem unbekannt sind. Dies sind vor allem die Kosten für die laufenden Bestellungen und die in der Regel erst zum Jahresende anfallenden Rechnungsbeträge für Periodika. Die auftretenden Diskrepanzen zwischen beiden Systemen wurden in der Vergangenheit ignoriert und die Bibliothekssysteme als führende Systeme für die Haushaltsbewirtschaftung akzeptiert. Dies ist spätestens durch die Einführung der kaufmännischen Buchführung, in der alle Kosten transparent in einer Bilanz dargestellt und nach Verbrauchsperioden getrennt werden müssen, nicht mehr möglich. Für die Bilanzierung sind natürlich nur die Zahlen des Buchungssystems relevant. Deshalb stehen sehr viele Bibliotheken vor der Herausforderung, in ihrem Haushaltsabschluss die Zahlen aus dem Bibliothekssystem mit der Abrechnung aus dem Buchungssystem abzugleichen und die Faktoren der laufenden Bestellungen und der verzögerten Buchungen laufend mitzurechnen. Die teilweise schon praktizierte Lösung, dass die Bibliotheken selbst zahlungswirksam buchen, ist zum einen abhängig davon, dass die Bibliothek dazu die Befugnis erhält, und verlagert zum anderen das Problem der zwei autonomen Systeme nur in die Bibliothek, was aber zumindest den Vorteil mit sich bringt, dass alle Informationen verfügbar sind.

Eine befriedigende Lösung kann aber nur darin bestehen, dass alle kostenrelevanten Informationen der Bibliothekssysteme in die Buchungssysteme exportiert werden. Hierzu sind auf dem Markt keine Lösungen erkennbar. Dass dies kein grundsätzliches Problem sein kann, zeigen die vielfach eingesetzten Schnittstellen zwischen den Bibliotheks- und den Buchungssystemen der Hochschulen.[21] Deutlich visionärer wäre die Perspektive, dass Bibliotheken alle haushaltsrelevanten Vorgänge der Medienerwerbung vollständig in kaufmännischen Buchungssystemen abwickeln. Hierzu muss eigentlich nur geklärt werden, wie die über die Fremddatenübernahme

---

21 An der Technischen Informationsbibliothek Hannover läuft die Schnittstelle zwischen PICA-LBS und SAP schon seit 2003: http://www.gbv.de/wikis/cls/images/0/0d/PICA-SAP-Schnittstelle_Vortrag_04Jul03_TIB.pdf (24.09.2013).

verfügbaren bibliographischen Daten in Buchungssysteme importiert und dort verwaltet werden können.

Die Personalkosten sind für Bibliotheken traditionell der größte Ausgabenposten. Unabhängig davon, ob Bibliotheken über einen eigenen Stellenplan verfügen, war es bis vor wenigen Jahren der Normalfall, dass vom Unterhaltsträger Personalressourcen in Form von Vollzeitäquivalenten bereitgestellt wurden und die Mittelbewirtschaftung überhaupt nicht Aufgabe der Bibliothek war. Insbesondere durch die Einführung von Globalhaushalten werden Bibliotheken aber immer häufiger Personalbudgets zur selbstständigen Planung und Bewirtschaftung zugewiesen. Die kann auf Pauschalsätzen (als Durchschnittskosten für Beschäftige einer bestimmten Besoldungs- bzw. Entgeltgruppe) oder auf Ist-Kosten basieren. Für die Kostenrechnung mit tatsächlichen Personalkosten muss ohne Nutzung professioneller Werkzeuge ein erheblicher Aufwand betrieben werden. Grundsätzlich ist die Personalmittelbewirtschaftung aber auch weiterhin unproblematisch, da der Personalstamm zum größten Teil unbefristet beschäftigt ist, so dass eine solide Planungsgrundlage besteht. Fortlaufend zu überwachen sind Variablen wie z.B. die Verlängerung von befristeten Verträgen und Veränderungen bei Teilzeitbeschäftigungen oder Beurlaubungen. Meist pauschal in die Budgets eingerechnet sind nicht disponible und mitunter auch gar nicht planbare Faktoren wie Tariferhöhungen und Besoldungsanpassungen.

Eigene Budgets für Sachmittel, mit denen die Infrastruktur ausgestattet und aufrechterhalten wird, sind in Bibliotheken im Rahmen der Globalhaushalte vielfach verbreitet. Diese Mittel sind zumeist für den laufenden Geschäftsbedarf vorgesehen und unterliegen in der Regel keiner aufwendigen Haushaltsüberwachung. Dies ist sachlich angemessen, dennoch sollte nicht unterschätzt werden, dass hier oft historisch gewachsene Ausgabenposten unentdeckt weiterlaufen, wenn dieser Budgetteil ohne ausgabenkritische Betrachtung bleibt. Haushaltstechnisch ist bei einer Budgetierung der Sachmittel im Bibliotheksetat darauf zu achten, wie mit größeren Investitionssummen umgegangen wird, die eigentlich als sognannte kalkulatorische Kosten verbucht werden müssen. Werden etwa alle fünf Jahre neue PCs gekauft, so besteht ein jährlicher Bedarf eines Fünftel des Betrags, die Ausgaben (sogenannte pagatorische Kosten) fallen aber nur alle fünf Jahre an, so dass in der langfristigen Haushaltsplanung und Überwachung mit deutlichen Schwankungen des Finanzbedarfs gerechnet werden muss. Derartige Probleme verdeutlichen, dass der vollständige Umstieg auf eine kaufmännische Buchführung für Bibliotheken notwendig ist.

Sind die drei Budgetteile – Literatur-, Sach- und Personalmittel – gegenseitig deckungsfähig, sind die Bildung, Überwachung und Steuerung eines Gesamtbudgets unerlässlich. Für alle einzelnen Bereiche werden Ansätze geschaffen, mit denen geplante Ausgaben bibliothekspolitisch festgelegt werden und deren Mittelabfluss überwacht werden muss. Die Gegenüberstellung der Ansätze und der Verausgabungsstände wird in der Gesamtplanung zusammengeführt. Hauptaufgabe des Finanzmanagements ist es dann, auf Abweichungen zu reagieren und sachlich über die Steuerungsmaßnahmen zu entscheiden. In größeren Bibliotheken sollte konsequent zwischen der Mittelbewirtschaftung und den Steuerungsentscheidungen auf Leitungsebene unterschieden werden, die auf Grundlage instruktiver Berichte erfolgen müssen, in denen die komplexen Haushaltszahlen auf die steuerungsrelevanten Sachverhalte reduziert werden.

Die technische Abwicklung der Haushaltsbewirtschaftung kann und muss in die Hände von Experten gelegt, die Verantwortung für die Teilbudgets kann und sollte im Rahmen einer subsidiären Budgetverantwortung auf sachlich Zuständige übertragen werden. Die Bibliotheksleitung konzentriert sich dann auf eine übergreifende Ressourcenplanung und die damit verbundene Mittelakquisition. Die Entwicklung zu Globalhaushalten mit Budgetverhandlungen, die mit Ziel- und Leistungsvereinbarungen oder Produktkatalogen gesteuert werden können, Kostenverrechnungsmodelle mit Vor- und Hauptkostenstellen,[22] die Tendenz zu antragsbewehrten Sondermitteltöpfen, die Bereitstellung von zweckgebundenen Studiengebühren und die zunehmende Ressourcenknappheit deuten an, dass Bibliotheksleitungen hier massiv gefordert sind, in einem Umfeld der Anspruchskonkurrenzen für eine ausreichende Mittelausstattung zu sorgen. Dass hier unter höchst kontingenten Rahmenbedingungen Verhandlungsgeschick gefragt ist, zeigt der Umstand, dass die einschichtigen Universitätsbibliotheken, die 2012 am BIX Bibliotheksindex teilnahmen, mit weit auseinanderklaffenden Anteilen zwischen 4,8 und 11,5 Prozent am Etat ihrer Hochschulen partizipieren.

5 Outsourcing

Die Option, bisher selbst erbrachte Leistungen auf externe Anbieter zu übertragen, ist für Bibliotheken gar nicht so neu. Schon seit den 1960er Jahren nutzen zumindest nordamerikanische Bibliotheken die Möglichkeit, die Auswahl der erworbenen Literatur auf Grundlage eines Profils durch Lieferanten vornehmen zu lassen. Als mittlerweile deutlich erweiterte Dienstleistung, mit der Bibliotheken den kompletten Erwerbungsprozess ausgliedern und regalfertige Medien geliefert bekommen können, ist Outsourcing in der Erwerbung auch für deutsche Bibliotheken ein etabliertes Geschäft. Auch in anderen Bereichen werden Bibliotheksleistungen von externen Anbietern erbracht: Die Verlängerung der Öffnungszeiten wird in vielen Hochschulbibliotheken durch die Beauftragung von Sicherheitsdienstfirmen und nicht durch den Einsatz von Bibliothekspersonal realisiert. Größere Bewegungen von Beständen oder Bibliotheksumzüge werden selbstverständlich durch Umzugsunternehmen und nicht durch die Magazinbeschäftigten der Bibliothek bewältigt. Auch die integrierten Bibliothekssysteme und Verbundsysteme sind keine Eigenentwicklungen mehr, sondern werden auf einem kleinen Markt von Systemanbietern lizenziert.

---

[22] Ceynowa 2004: 94.

Diese Beispiele zeigen, dass die in der Theorie genannten Gründe für Outsourcing (Komplexitätsreduktion, Konzentration auf das Kerngeschäft, Effizienzsteigerung und Qualitätssicherung) ohne Einschränkung auch für Bibliotheken zutreffen. Einige typische Anwendungsfälle des Outsourcings sind in Bibliotheken aber nicht anzutreffen, und das ist auch nicht vollständig durch die Besonderheiten des öffentlichen Diensts zu erklären, sondern vielmehr dadurch, dass klassische Ziele des Outsourcings von Bibliotheken in bereits etablierten, in anderen Branchen eher untypischen Kooperationsformen erreicht werden. Die Organisation der kooperativen Erschließung, die IT-Unterstützung durch Verbundzentralen, die Spitzenversorgung durch Fachinformationsdienste oder die Koordination der konsortialen Erwerbung durch zentrale Geschäftsstellen sind hier ebenso zu nennen wie überregionale Nachweissysteme wie die Zeitschriftendatenbank (ZDB) oder die Elektronische Zeitschriftenbibliothek (EZB). Die dabei zentral oder arbeitsteilig erbrachten Leistungen können aus Sicht der einzelnen Bibliotheken als Aufgabenauslagerung betrachtet werden, durch die lokale Dienstleistungen erst ermöglicht, verbessert oder effizienter angeboten werden können. Diese für das Bibliothekswesen typischen Kooperationsformen vermindern den Bedarf für weiteres Outsourcing in Bibliotheken. Denkbar ist allerdings, dass die Auslagerung von Bibliotheksfunktionen von bibliothekarischen Kernprodukten erst am Anfang steht, weil sich wiederum neue, mehr marktwirtschaftlich ausgerichtete Kooperationsformen abzeichnen. Ob Bibliotheken aber tatsächlich mit neu ausgerichteten Verbundzentralen, kommerziellen Anbietern, Kompetenzzentren oder anderen Bibliotheken Lösungen für die sich verschärfende Ressourcenfrage finden, hängt auch von Bereitschaft ab, kreative Geschäftsmodelle auszuprobieren.[23]

Eine vergleichbare, klassisches Outsourcing vermeidende Wirkung hat auch die bei vielen Bibliotheken zu beobachtende Integration in die Trägereinrichtungen, durch die immer mehr Teilaufgaben von der Bibliothek in zentrale Instanzen transferiert werden. Wenn die IT-Versorgung über das universitäre oder kommunale Rechenzentrum geleistet wird oder die Personalsachbearbeitung und das Rechnungswesen über zentrale Verwaltungen erfolgen, fallen für Bibliotheken damit typische Anwendungsfälle des Outsourcings weg. Die zunehmende Tendenz, derartige Leistungen zwischen Bibliothek und Trägereinrichtung über Vereinbarungen zur Dienstleistungsqualität (*Service Level Agreements*) zu regeln, verdeutlicht, wie nah diese Kooperationsformen mittlerweile an Gepflogenheiten des Outsourcings angelehnt sind.

Egal ob es sich um Kooperationsformen oder Outsourcing handelt: Für eine abgewogene Entscheidung über die Ausgliederung einer eigenen Leistung (*make or buy*) muss festgestellt werden, ob der eigene kostenmäßige Aufwand tatsächlich höher ist, als an einen beauftragten Dienstleister oder Lieferanten zu zahlen ist. Dies geschieht in der Regel im Rahmen einer Vollkostenrechnung. Weiterhin muss darauf geachtet werden, dass keine irreversible Abhängigkeit erzeugt wird und ein Anbieterwechsel

---

23 Unter dem Stichwort Konvergenz verhandeln dies Mutschler/Wefers (2013), mit der Forderung eines Outsourcings von Basisleistungen an Kompetenzzentren tritt Thaller (2011) auf.

oder eine Wiederaufnahme der Leistung (*Backsourcing*) grundsätzlich möglich sind. Schließlich darf die Kooperation mit Externen nicht zu Reibungsverlusten führen, was positiv gesehen funktionierende Schnittstellen z.B. zur Qualitätskontrolle erfordert.

Ergibt sich aus der Ist-Analyse die Entscheidung, dass eine Leistung nicht mehr selbst erbracht, sondern eingekauft werden soll, sind für Bibliotheken die mitbestimmungs- und vergaberechtlichen Fragen sicher die bedeutendsten, bevor nach einer Auswahl des geeigneten Partners ein Vertrag abgeschlossen wird.[24] Echte Outsourcing-Verträge dürften für Bibliotheken eher unüblich, Auftragsvergaben, Wartungs-, Lizenz- und Werkverträge eher der Normalfall sein. Das Outsourcing in der Erwerbung wird in der Regel mit dem Kauf der damit erworbenen Medien verbunden sein, wobei die Vorgaben des Buchpreisbindungsgesetzes klare Grenzen setzen und darüber hinausgehende Zusatzleistungen deshalb gesondert in Rechnung gestellt werden müssen.

Welche Leistungen zum Outsourcing in Frage kommen, lässt sich nur mit Blick auf die strategische Ausrichtung der einzelnen Bibliothek beantworten. Die betriebswirtschaftliche Faustformel der Konzentration auf das Kerngeschäft trifft auf Bibliotheken, die mittlerweile ihr Heil in Themen wie Forschungsdatenmanagement, Open Access oder der Schreibberatung sehen, nicht mehr zu, weil kaum mehr zu bestimmen ist, was das bibliothekarische Kerngeschäft sein soll und ob Bibliotheken nicht schon längst dabei sind, Aufgaben zu übernehmen, die andere zu ihren Kernaufgaben zählen könnten. Etwas ketzerisch ausgedrückt kann z.B. das Angebot eines Open-Access-Repositoriums als Insourcing einer Leistung angesehen werden, die Verlage nicht (mehr) übernehmen. Somit ist auch für Bibliotheken die Zeit für kreative Lösungen angebrochen. Bibliotheken, die ihre Ausleihfunktionen über Automaten anbieten, können die dafür notwendigen Investitions- und Wartungskosten durchaus als Outsourcing betrachten. Der Blick sollte dabei auch auf Dienstleistungen gehen, deren Produktzyklus sich dem Ende nähert. So wird die Frage, wie lange Bibliotheken noch mit hohem Aufwand das Geschäft der Fernleihe nicht rückgabepflichtiger Medien betreiben sollten, sicher bald realistisch zu stellen sein. Outsourcing könnte auch in diesem Fall für Bibliotheken keine Privatisierung, sondern eine Konzentration von Leistungen innerhalb eines Bibliothekssystems bedeuten, in dem immer stärker nach Regeln des Markts kooperiert wird.

---

[24] Einen für alle Einzelschritte gut geeigneten Praxisleitfaden hat die Industrie- und Handelskammer Stuttgart online gestellt: http://www.stuttgart.ihk24.de/linkableblob/sihk24/Branchen/Dienstleistung/downloads/975112/.9./data/OutsourcingLeitfaden_Final_druck-data.pdf (29.08.2014).

6 Qualitätsmanagement

Nach der bewährten und normierten Definition, dass Qualität die Eignung von Merkmalen für die an sie gestellten Erfordernisse ist, können alle Planungs- und Steuerungsprozesse in Bibliotheken unter dem Blickwinkel betrachtet werden, welchen Beitrag sie zum Qualitätsmanagement leisten. Die bewusst angestrebte Sicherung und Optimierung von Qualität lässt sich aber nur mit einer etablierten Methodik verfolgen, die auf die Dokumentation, Reflexion und Anpassung aller Prozesse und Produkte zielt.[25]

Im Zentrum steht für das Qualitätsmanagement die Einsicht, dass die den Produkten zugrundeliegenden Prozesse entscheidend für ihre Qualität sind. Ein optimaler Entstehungsprozess gewährleistet Qualitätsmerkmale wie Zuverlässigkeit und Fehlerfreiheit der Produkte oder eine hohe Bereitstellungsgeschwindigkeit. Deshalb gilt besonders bei den ganzheitlichen Methoden des Qualitätsmanagements, dass die systematische Dokumentation, Analyse und kontinuierliche Verbesserung der Prozesse, die für eine maximale Qualität von Produkten sorgen sollen, eine sehr aufwändige, aber unerlässliche Aufgabe ist. Genau deshalb wird sie nur von sehr wenigen Bibliotheken in Deutschland geleistet. Neben einem Verbund von öffentlichen Bibliotheken des Rheinlands und einigen Bibliotheken in Baden-Württemberg ist es einzig die Bibliothek der TU München, die als größere wissenschaftliche Bibliothek eine derart umfangreiche Untersuchung und Dokumentation ihrer Prozesse auf sich genommen hat, um damit ein zu einer Zertifizierung eines Qualitätsmanagementsystems zu kommen.[26]

Die Praxisberichte verdeutlichen, dass der Erstaufwand für die Einführung eines Qualitätsmanagementsystems enorm ist und eine dauerhafte Etablierung nur dann gelingen kann, wenn das gesamte Führungshandeln darauf fokussiert bleibt. Qualitätsmanagement muss sich zwangsläufig als Grundhaltung auf allen Ebenen niederschlagen. Empfohlen wird z.B. die Einrichtung von Qualitätszirkeln, in denen kontinuierlich und losgelöst von der Organisationshierarchie Probleme der Arbeitsprozesse besprochen und Lösungen erarbeitet werden. Eine ähnliche Zielrichtung, nämlich das betriebsinterne Erfahrungswissen zur Optimierung von Prozessen und Produkten zu nutzen, verfolgt auch das traditionelle betriebliche Vorschlagswesen, das auch als aktuell diskutiertes Ideen- und Innovationsmanagement in Bibliotheken selten systematisch zur Anwendung kommt. Hier wie bei der Einführung normgerechter und zertifizierter Verfahren dürfte die Zurückhaltung auch daran liegen, dass Bibliotheksleitungen oft genug den Eindruck haben, über die praktizierte Ablauforganisation und andere etablierte Kommunikationsstrukturen eine ausreichende

---

[25] Die dazu notwendigen Begriffe und Grundlagen sind in der Norm DIN ISO 9000 2005: 18ff., die notwendigen Standards für Qualitätsmanagementsysteme in der DIN EN ISO 9001 definiert.
[26] Zur TU München: Becker 2011, zu allen genannten Beispielen: Wiesenmüller 2006, mit einigen weiteren Beispielen: Düren 2012.

Produktqualität erzielen zu können. Hinzu kommt sicher nicht ganz zu Unrecht die Befürchtung, mit neu eingeführten Methoden Personalressourcen in selbstbezüglichen Diskursen zu verschwenden.

Wenn ein Qualitätsmanagement ohne ganzheitlichen Ansatz verfolgt werden soll, decken die schon dargestellten Prozessdokumentationen in Form von Geschäftsgängen aber schon viel von dem ab, was im Rahmen eines zertifizierten Qualitätsmanagements gezielt und systematisch erfolgen soll. Die DIN-Norm 9000 bietet ein zuverlässiges Kochbuch, das mit oder ohne Unterstützung einer Zertifizierungsagentur helfen kann, zu Prozessen zu kommen, die eine hohe und möglichst fehlerfreie Qualität der Produkte gewährleisten.[27]

Auf gezielte Einzelmaßnahmen kann auch in Bezug auf die zweite Dimension des Qualitätsmanagements zurückgegriffen werden, in der die Frage gestellt wird, ob die erbrachten Leistungen der Bibliothek den an sie gerichteten Anforderungen gerecht werden. Für die Theorie des Qualitätsmanagements von immateriellen Gütern lässt sich diese nur durch die Messung der Kundenzufriedenheit zum Ausdruck bringen.[28] Viele der gängigen Methoden werden in Bibliotheken angewendet:

Umfragen sind in Bibliotheken etablierte Mittel, um eine Rückmeldung dazu zu erhalten, wie zufrieden die Nutzer mit den Bibliotheksdienstleistungen sind. Im Idealfall bekommt die Bibliothek Hinweise darauf, wo und wie Dienstleistungen der Bibliothek verbessert werden können. Mit anderen Bibliotheken gemeinsam durchgeführte Umfragen[29] ermöglichen den einzelnen Bibliotheken Rückschlüsse darauf, welchen Einfluss abweichende Erwartungen der lokalen Nutzer haben, wenn jeweils identische Leistungen erbracht werden, und welcher Anstieg der messbaren Zufriedenheit zu erwarten ist, wenn Dienstleitungen nach dem Vorbild anderer Bibliotheken angeboten werden. Im Idealfall wird in Umfragen auch danach gefragt, ob die angebotenen Leistungen überhaupt die sind, die erwartet werden, und welche darüber hinaus gewünscht werden. Mit dem in Nordamerika verbreiteten und von mehr als 1.000 Bibliotheken eingesetzten Umfragewerkzeug LibQUAL+ wird noch genauer danach gefragt, welche Erwartungen an die Dienstleistung gestellt werden. Nach dem Vorbild der SERVQUAL-Methode weist LibQUAL+ im Ergebnis die „Differenz von erwünschter und erfahrener Service-Qualität" aus.[30] Die Bibliothek erhält so nicht nur wichtige Hinweise darauf, worauf die Bewertungen ihrer Nutzer basieren, sondern auch dazu, was sie eigentlich erwarten.

Ebenso weit verbreitet und in der Literatur praxisanleitend dokumentiert sind Systeme zum Feedbackmanagement, mit denen Bibliotheken die individuellen Rück-

---

[27] Als Plädoyer für wirksame und praktikable Einzelschritte ist auch die Beispielsammlung von Becker/Vonhof 2010 zu sehen.
[28] Bruhn 2011: 38.
[29] Für die schon mehrfach in Nordrhein-Westfalen gemeinsam durchgeführte Befragung s. Follmer [u.a.] 2002.
[30] Hobohm 2013.

meldungen ihrer Nutzenden stimulieren, systematisch auswerten und die initiierten Maßnahmen dokumentieren, weiterverfolgen und rückmelden können. Derartige Systeme sind mit vergleichsweise geringem Aufwand in vielen öffentlichen und wissenschaftlichen Bibliotheken im Routineeinsatz.[31] Wie die sozialen Medien in ihrer grundlegenden Bidirektionalität und Heterogenität gewinnbringend für ein Qualitätsmanagement genutzt werden können, ist eine spannende, aber noch gänzlich unbeantwortete Frage.

Aus der Konsumforschung stammend wird das Verfahren der anonymen Testkunden („Mystery" oder „Silent Shopping") auch in Deutschland zumindest von öffentlichen Bibliotheken immer häufiger eingesetzt. Allen Einschränkungen zum Trotz ist die Idee, durch derartige Testszenarien gezielt Informationen zur Wahrnehmung der Dienstleistungen zu erhalten, sehr überzeugend.[32] Eine etwas abgeschwächte, aber zumindest personalrechtlich weniger heikle Form des Nutzerfeedbacks können z.B. studentische Fokusgruppen sein, bei denen die Bibliothek gezielt ihre Nutzenden zu Merkmalen ihrer Dienstleistungen befragt.[33]

Neben den kundenbezogenen Methoden generieren auch andere betriebswirtschaftliche Methoden brauchbare Aussagen zur Qualität der Produkte und Prozesse und können deshalb in der Praxis gezielt in diese Richtung eingesetzt werden. Interessant ist z.B. die kollegiale Beratung,[34] durch die von Fachvertretern aus anderen Bibliotheken vertrauensvoll erbetene Hinweise zur Bewertung und Verbesserung der eigenen Arbeit gegeben werden, die im Idealfall auf einem Engagement auf Gegenseitigkeit basieren.

Ein einfacher empirischer Ansatz, Aussagen zur Kundenzufriedenheit zu bekommen, ohne aufwändig die Kunden befragen zu müssen, ist die Auswertung von Kennzahlen, mit denen die Effektivität der Bibliotheksdienstleistungen zum Ausdruck kommt. Die These ist, dass der Umfang der Nutzung und damit die gemessene Nachfrage in begrenztem Umfang Schlussfolgerungen auf die Qualität der Dienstleistungen erlauben. Dies gilt insbesondere dann, wenn durch erhöhten Aufwand für eine Leistung die intendierte Qualitätsverbesserung in Form einer vermehrten Nachfrage messbar wird. Der Umkehrschluss ist dabei noch berechtigter: Wenn die Bibliothek hohe Aufwände betreibt und die Nutzung gering ist oder weiter sinkt, stellt sich die Frage, ob die Bibliothek ihre Mittel qualitätsfördernd einsetzt. Qualitätsmanagement verlangt in diesem Fall die Entscheidung entweder durch eine Erhöhung des Aufwands oder durch eine Verlagerung der Ressourcen auf andere Produkte, die Qualität des Produktportfolios der Bibliothek zu erhöhen.[35]

---

[31] Siehe die Literaturliste mit Beispielen bei Bosch 2007: 59–69.
[32] Eine umfassende Darstellung bei Föll [u.a.] 2011.
[33] Dazu schon: Gläser [u.a.] 1998. Zur Synthese beider Methoden aktuell: Bertele/Obermeier 2012.
[34] Vogt 2007.
[35] So kommt Dugall (2013: 89-89) aus der Beobachtung, dass die Dienstleistung Fernleihe an deutschen Universitätsbibliotheken immer weniger genutzt wird, zu dem Schluss, dass keine nennenswerten Aufwände zur Verbesserung des Produkts mehr geleistet werden sollten.

7 Resümee: Betriebliche Organisation zwischen Pragmatismus und Methode

Vor die Herausforderung gestellt, aus dem hier sicherlich nicht einmal ansatzweise vollständig dargestellten Arsenal an Werkzeugen, Methoden und Konzepten die geeigneten auszuwählen, bleibt kein anderer Kompass als ein Abwägen unter gegebenen Umständen: Mit welchen Herausforderungen muss auf jeden Fall umgegangen werden, welche Ressourcen sind vorhanden, wie können damit kurz-, mittel- und langfristige Ziele der Bibliothek erreicht werden? Dieser Pragmatismus, Methoden und Werkzeuge nach einem Baukastenprinzip auszuwählen und einzusetzen, ist ein völlig angemessenes Prinzip für die betriebliche Organisation von Bibliotheken, das auch näher an tatsächlich praktizierten Führungsmethoden in Wirtschaftsunternehmen liegt, als nachahmungswillige Bibliotheksleitungen dies manchmal wahrhaben wollen. Von einem Durchwursteln sollte sich ein pragmatisch abwägendes Leitungshandeln in Bibliotheken aber mehrfach unterscheiden: Zum ersten darf der Aspekt, dass Bibliotheken eben keine gewinnorientierten Unternehmen sind, nicht vergessen werden, damit nicht völlig unangemessene Methoden in Anschlag gebracht werden. Zum zweiten sollten alle flickenteppichartig ausgewählten Werkzeuge daraufhin bewertet werden, ob sie überhaupt als Einzelwerkzeuge einsetzbar sind oder notwendigerweise auf andere Instrumente im Rahmen einer ganzheitlichen Methode verweisen. Auch in pragmatischer Sichtweise kann es dann sinnvoll sein, ein holistisches Konzept zu vertreten, das sukzessive ausgebaut werden kann. Drittens entbindet ein pragmatisches Augenmaß nicht von der Notwendigkeit, die Leitung einer Bibliothek als Verschränkung kurz- und langfristiger Perspektiven und verschiedener Dimensionen zu sehen, von denen die betriebliche Organisation eben nur eine ist.

Literatur

Andermann, Heike u. Manja Weinberg: Die Strukturreform in der Herzogin Anna Amalia Bibliothek in Weimar. In: BIBLIOTHEK – Forschung und Praxis 27 (2003), H. 3, S. 194–203. DOI:10.1515/BFUP.2003.194.

Becker, Carolin: Qualitätsmanagement in Bibliotheken am Beispiel der Universitätsbibliothek der Technischen Universität München. Berlin: Institut für Bibliotheks- und Informationswissenschaft der Humboldt-Universität zu Berlin 2011.

Becker, Tom u. Cornelia Vonhof: Gut ist uns nie gut genug! Instrumente zur Qualitätsentwicklung für eine ausgezeichnete Bibliothek. Wiesbaden: Dinges und Frick 2010.

Bertele, Maria u. Ilona Obermeier: Mystery Shopping durch Fokusgruppen in der Bibliothek – Eine Methode zur Evaluierung der Dienstleistungsqualität in der Kundenberatung. In: BIBLIOTHEK – Forschung und Praxis (2012), S. 336–350.

Bosch, Gabriele: Beschwerdemanagement in Bibliotheken: Konzeption und praktische Anwendung. Berlin: Institut für Bibliotheks- und Informationswissenschaft der Humboldt-Universität zu Berlin 2007.

Bruhn, Manfred: Qualitätsmanagement für Dienstleistungen. 8., überarb. u. erw. Aufl. Berlin: Springer 2011.

Ceynowa, Klaus: Kennzahlenorientiertes Bibliothekscontrolling. In: Die effektive Bibliothek: Roswitha Poll zum 65.Geburtstag. Hrsg. von Klaus Hilgemann. München: Saur 2004. S. 91–109.

Ceynowa, Klaus u. André Coners: Kostenmanagement für Hochschulbibliotheken. Frankfurt am Main : Klostermann 1999.

Dugall, Berndt: Bibliotheken zwischen strukturellen Veränderungen, Kosten, Benchmarking und Wettbewerb. In: ABI-Technik (2013), S. 86–95.

Düren, Petra: Total Quality Management in Academic Libraries – Best Practices. In: Qualitative and Quantitative Methods in Libraries (2012), H. 1, S. 43–50. http://www.qqml.net/papers/July_Issue/5QQML_Journal_2012_Duren_1_43-50.pdf (25.09.2013).

Ewert, Gisela u. Walther Umstätter: Lehrbuch der Bibliotheksverwaltung. 2. Aufl. Stuttgart: Hiersemann 1997.

Föll, Caroline, Danièle Meyer u. Boram Song: Mystery Shopping als Bewertungsmethode der Dienstleistungsqualität am Beispiel von öffentlichen Bibliotheken. Chur/Stuttgart 2011. http://www.kundenorientiertebibliothek.de/themen/1/Mystery_Shopping.pdf (24.09.2013).

Follmer, Robert, Stefan Guschker u. Sebastian Mundt: Gemeinsame Benutzerbefragung der nordrhein-westfälischen Universitätsbibliotheken: methodisches Vorgehen und Erfahrungen. In: Bibliotheksdienst (2002), S. 20–29.

Frost, Jutta: Aufbau- und Ablauforganisation. In: Handwörterbuch Unternehmungsführung und Organisation. Hrsg. von Georg Schreyögg u. Axel v. Werder. 4. Aufl. Stuttgart: Schäffer-Poeschel 2004.

Gläser, Christine, Brigitte Kranz u. Katharina Lück: „Das wissen wir doch am besten, was die Benutzer wollen." oder Fokusgruppeninterviews mit Bibliotheksbenutzern zum Thema „Elektronische Informationsvermittlung im BIS Oldenburg". In: Bibliotheksdienst (1998), S. 1912–1921.

Hansen, Michael u. Per Knudsen: Prozesskostenrechnung in Bibliotheken: Erfahrungen, Ergebnisse und Perspektiven dargestellt am Beispiel der UB Mannheim. http://www.opus-bayern.de/bib-info/volltexte//2006/190/pdf/KnudsenHansen.pdf (25.09.2013).

Hobohm, Hans-Christoph: Was ist Dienstleistungsqualität? Erkenntnisse aus der Anwendung von SERVQUAL/LibQual. In: Erfolgreiches Management von Bibliotheken und Informationseinrichtungen. Fachratgeber für die Bibliotheksleitung und Bibliothekare. Hrsg. von Hans-Christoph Hobohm, Konrad Umlauf und Gabriele Beger. Hamburg: Dashöfer. Loseblattsammlung, Stand Juli 2013, Abschnitt 3.5.8.

Junkes-Kirchen, Klaus: E-Books: Geschäftsgangmodell(e) – neue Organisationsstrukturen – Fachreferat. In: Vier Jahre E-Books ... und kein bisschen weise? Hrsg. von Sabine Giebenhain. Stuttgart: hvs 2008. S. 31–45.

Kempf, Klaus: Ein organisatorischer Maßanzug für hybride Zeiten – Organisationsentwicklung an der Bayerischen Staatsbibliothek. In: Information, Innovation, Inspiration. 450 Jahre Bayerische Staatsbibliothek. Hrsg. von Rolf Griebel. München: Saur 2008.

Kirchgäßner, Adalbert: Von der arbeitsteiligen zur ganzheitlichen Bibliotheksorganisation. In: Zwischen Schreiben und Lesen. Festschrift zum 60. Geburtstag von Hermann Havekost. Hrsg. von Hans J. Wätjen. Oldenburg: BIS 1995. S. 91–109.

Knudsen, Per u. Michael Hansen: Prozesskostenrechnung in Bibliotheken. Erfahrungen, Ergebnisse und Perspektiven. Dargestellt am Beispiel der UB Mannheim. 2006. http://www.opus-bayern.de/bib-info/volltexte//2006/190/pdf/KnudsenHansen.pdf (29.08.2014).

Malik, Fredmund: Führen, leisten, leben. Wirksames Management für eine neue Zeit. Frankfurt am Main: Campus 2006.

Mutschler, Thomas u. Sabine Wefers: Konvergenz als Thema von Bibliotheken. In: Zeitschrift für Bibliothekswesen und Bibliographie 60 (2013), S. 55-61.

Neubauer, Wolfram: Fortschritt lebt von der Veränderung: Die Reorganisation einer Großbibliothek am Beispiel der Bibliothek der ETH Zürich. In: Personal- und Organisationsentwicklung in Bibliotheken. Hrsg. von Andreas Degkwitz. Berlin: De Gruyter 2013. S. 175–186.

Peters, Thomas J.: Auf der Suche nach Spitzenleistungen. 9. Aufl. München: Mvg-Verlag 2003.

Schiffer, Heike u. Konrad Umlauf: Haushaltsrecht, Haushaltspläne, Budgetierung, Globalhaushalte. In: Erfolgreiches Management von Bibliotheken und Informationseinrichtungen. Fachratgeber für die Bibliotheksleitung und Bibliothekare. Hrsg. von Hans-Christoph Hobohm, Konrad Umlauf und Gabriele Beger. Hamburg: Dashöfer 2002ff. Loseblattsammlung, Stand Juli 2013, Abschnitt 5.2.

Schreyögg, Georg: Grundlagen der Organisation. Wiesbaden: Gabler 2012.

Schulte-Zurhausen, Manfred: Organisation. 5., überarb. u. aktual. Aufl. München: Vahlen 2010.

Stueart, Robert D. u. Barbara B. Moran: Library and Information Center Management. 7. Aufl. Westport: Libraries Unlimited 2007.

Taiga Forum 2011: Provocative Statements. https://docs.google.com/file/d/0B2d713FZA72Mdnh1bmZwZ2k3VW8/edit?pli=1 (24.09.2013).

Thaller, Manfred: Empfehlungen für die weitere Entwicklung der wissenschaftlichen Informationsversorgung des Landes NRW. Berlin: Epubli 2011.

Vogt, Renate: Kollegiale Beratung als Instrument des Qualitätsmanagements in Bibliotheken. In: Bibliotheksdienst (2007), S. 1118–1126.

Vonhof, Cornelia: Die Bibliothek als Betrieb. In: Handbuch Bibliothek. Geschichte, Aufgaben, Perspektiven. Hrsg. von Konrad Umlauf u. Stefan Gradmann. Stuttgart, Weimar: Metzler 2012. S. 266–286.

Wefers, Sabine u. Thomas Mutschler: Konvergenz als Thema von Bibliotheken. In: Zeitschrift für Bibliothekswesen und Bibliographie (2013) H. 3, S. 55–61.

Wiesenmüller, Heidrun: Qualitätsmanagement in Bibliotheken. In: Bibliotheksforum Bayern (2008), S. 243–245.

Wimmer, Ulla: Vom integrierten Geschäftsgang zur Matrixorganisation. In: BIBLIOTHEK – Forschung und Praxis (2000), S. 211–217.

Wissenschaftsrat: Stellungnahme zur Herzog August Bibliothek (HAB) Wolfenbüttel. 2013. http://www.wissenschaftsrat.de/download/archiv/2997-13.pdf (23.09.2013).

Andreas Degkwitz
8.2 Personalmanagement und digitale Transformation

1 Bibliothekarische Arbeit im Wandel

In ihrer Doppelrolle als Kulturinstitutionen und Serviceeinrichtungen haben Bibliotheken eine lange Tradition, die immer wieder Veränderungen ihres Selbstverständnisses unterlag und keineswegs immer nur eine Geschichte von gedruckten Büchern und Zeitschriften war. Grund dafür ist, dass Charakter und Qualität der Sammlungen wesentlich vom jeweiligen Auftrag der Bibliotheken abhingen und von daher zu verschiedenen Ausprägungen bibliothekarischer Arbeit geführt haben. Schon im Übergang von der Klosterbibliothek zur Fürstenbibliothek wandelten sich die Zweckbestimmungen von Bibliotheken und damit auch das Berufsbild der Bibliothekarinnen und Bibliothekare. Die Produktion gedruckter Medien im 20. Jahrhundert hat Bibliotheken dann in neue und bis dahin unbekannte Dimensionen einer ‚Versorgungseinrichtung' geführt. Zugleich ist das Bild von Bibliotheken ganz wesentlich durch gedruckte Bücher und Zeitschriften geprägt; dies ist nicht zuletzt damit zu erklären, dass Druckwerke seit dem späten 19. Jahrhundert einen Öffentlichkeits- und Verbreitungsgrad erreichten, den vorausgegangene Veröffentlichungsformen aufgrund ganz anderer Herstellungsverfahren niemals erreichen konnten. Daran wird deutlich, dass Ausrichtung und Profil von Bibliotheken unmittelbar mit der Entwicklung der Medien und mit der Geschichte der Generierung, Verbreitung und Zugänglichkeit von Wissensgütern in Zusammenhang stehen. Denn die jeweils genutzten Medien sind für genau diese Prozesse der Wissenszirkulation sehr bestimmend. Gemeinsam ist den verschiedenen Phasen der Bibliotheksgeschichte, dass es bei den ‚Büchern' bzw. den Einzelstücken der Sammlungen bisher um physisch greifbare Gegenstände (‚items') ging und insofern bis zur digitalen Transformation stets analoge Medien die bibliothekarische Arbeit bestimmten. Umgekehrt bedeutet dies, dass die bibliothekarische Arbeit einer Neuorientierung unterliegt, wenn die Informationslogistik des Analogen durch Verfahren ersetzt wird, die für nicht-analoge, digitale Medien konstituierend sind.

2 Wandel des Berufsbildes

Hat sich mit elektronisch verfügbaren Publikationen der Auftrag von Bibliotheken grundsätzlich verändert? Für Bibliotheken steht die Versorgung mit Informationen und Literatur weiterhin im Mittelpunkt. Allerdings hat die digitale Transformation die Anforderungen und Aufgaben zur Erfüllung dieses Versorgungsauftrags deutlich gewandelt.[1] Zudem wurden und werden weiterhin neue und zusätzliche Services entwickelt wie Informationskompetenz, Open-Access-Publizieren, Retro-Digitalisierung, Forschungsdatenmanagement, virtuelle Forschungsumgebungen etc. Auch sind neue Aufgaben hinzugekommen, die sich aus einem – oft mit Bibliotheksneubauten verbundenen – neuen Verständnis von Bibliotheken als Kommunikationszentren und Lernorten entwickelt haben; dazu gehören insbesondere Betreuung und Gestaltung von Lernräumen, Event- und Veranstaltungsmanagement sowie neue Zielgruppen. Insgesamt ist festzustellen, dass das bibliothekarische Kerngeschäft der Beschaffung, der Bereitstellung und der langfristigen Verfügbarkeit von Fachinformation und Literatur – unter veränderten medialen Bedingungen – weiterhin eine zentrale Rolle spielt und zugleich durch Servicefelder erweitert wird, die die Kernaufgaben signifikant ergänzen. Inwieweit neue Dienste, die stärker Forschungs- und Publikationsprozesse unterstützen, sich zu Routinediensten entwickeln, hängt wesentlich davon ab, in welcher Weise sich die digitale Transformation auf den künftigen Charakter wissenschaftlicher Publikationen auswirken wird.[2]

Dass sich das herkömmliche Berufsbild von Bibliothekarinnen und Bibliothekaren durch den Einfluss digitaler Medien gewandelt hat, ist offensichtlich. Hinzu kommen weitere Faktoren, die mit einem veränderten Dienstleistungsverständnis öffentlich-rechtlicher Serviceeinrichtungen in Zusammenhang stehen und zumindest nicht unmittelbar auf modernen Informations- und Medientechnologien beruhen.

3 Kunden und Nutzer

Ein sehr deutlicher Indikator für diesen Veränderungsprozess ist die gewandelte Bezeichnung der Zielgruppen von Bibliotheken, die sich vom ‚Leser' zum ‚Nutzer' und ‚Kunden' entwickelt hat; dies vollzog sich unter dem Einfluss von „new public management"-Ansätzen in den öffentlichen Verwaltungen Deutschlands[3] und durch die Business-Orientierung von Kultur- und Wissenschaftsinstitutionen im United Kingdom und in den USA. Ohne dass diese Begrifflichkeiten hier im Detail diskutiert werden können: Was hat sich mit dem Kunden- und Nutzerverständnis der bibliothekarischen Zielgruppen geändert? Während der Kundenbegriff einen Marktcharakter von Bibliotheksservices nahelegt, lässt sich mit der Bezeichnung ‚Nutzer' ein Konsumentenverhalten verbinden. Die Botschaft beider Begrifflichkeiten ist darin zu sehen, dass bibliothekarische Arbeit nicht mehr als Verwaltungsvorgang, sondern vorrangig als kunden- und nutzerorientierte Dienstleistung zu verstehen und zu vermitteln ist.

---

1 Zu beiden Aspekten s. Naumann 2012.
2 Siehe Degkwitz 2012a.
3 Siehe Wimmer 1995.

In welchem Umfang der Auftrag von Bibliotheken als Dienstleistung spürbar wurde, hängt eng mit dem Serviceverständnis zusammen, das die einzelnen Phasen der Bibliotheksgeschichte bestimmte. Heute ist das Dienstleistungsverständnis stark von betriebswirtschaftlichen Aspekten geprägt, was erneut den Kundenbegriff in den Mittelpunkt rückt.[4] Auf diese Weise sind seit etwa 30 Jahren betriebswirtschaftliche Ansätze und Methoden in Bibliotheken eingeführt worden, die die bibliothekarische Arbeit organisatorisch beeinflusst und strukturiert haben: Strategiefindung, Leitbilderstellung, Kosten-/Leistungsrechnung, Performance-Messung, Balanced Scorecard, Benchmarking etc. sind die Stichworte, die diesen Wandel charakterisieren, der neben der digitalen Transformation zu Veränderungen bei der Gestaltung von Arbeitsabläufen unter Effizienzgesichtspunkten führt. Dass diese Bestrebungen an Grenzen stoßen, die in den Strukturbedingungen öffentlich-rechtlicher Organisationsformen begründet liegen, ist allerdings auch zu erkennen. Dazu gehört über das Haushalts- und Personalrecht hinaus vor allem der Tatbestand, dass Bibliotheken ausschließlich Sachziele und keinerlei Gewinnziele verfolgen.

Vor dem Hintergrund der skizzierten Entwicklungen stellen sich für das Personalmanagement in Bibliotheken folgende Anforderungen und Fragen:
- Wie wird die digitale Transformation auf der strategischen Ebene aufgegriffen und umgesetzt?
- Welche Qualifikationsprofile und Qualifizierungsmaßnahmen sind unter Einschluss veränderter Gehalts- und Vergütungsstrukturen erforderlich?
- Wie wirkt sich der Wandel auf Personalbedarfe und Personalstrukturen aus?

4 Strategisches Management

Die Herausforderungen der genannten Entwicklungen aufzugreifen und in die strategische Ausrichtung einer Bibliothek zu integrieren und umzusetzen, ist eine klare Führungsaufgabe, die in unmittelbarem Zusammenhang mit dem Personalmanagement steht. Dabei geht es nicht mehr nur um die pflichtgemäße Erfüllung von Verwaltungsvorgängen, sondern vielmehr um die Entwicklung von strategischen Zielen und die Schaffung von Voraussetzungen zur Umsetzung dieser Ziele. Von daher stehen Kunden- und Marktorientierung, Partizipation und Teamwork, Wettbewerbsfähigkeit und Wirtschaftlichkeit bibliothekarischer Leistungen und Serviceangebote im Mittelpunkt. Herkömmliche Administrations- und Verwaltungsverfahren sind deshalb nicht außer Kraft gesetzt, werden aber zunehmend von betriebswirtschaftlich getriebenen Formen der Aufgabenwahrnehmung überlagert.[5] Dabei sind Lenkung und Steuerung notwendig, um auf eine systematische Umsetzung der Ziele hinzuwirken

---

4 Siehe Vogel/Cordes 2005.
5 Siehe Neubauer 2012a: 63f.

und den Einsatz geeigneter Governance- und Kommunikationswerkzeuge zu gewährleisten.[6] In diesen Kontext gehören in regelmäßigen Abständen stattfindende Zielfindungs- und Leitbildprozesse, Performance-Messungen und Umfeldanalysen sowie der Einsatz von Instrumenten zur laufenden Überprüfung der Zielerreichung (Balanced Scorecard, Benchmarking, Stärken-/Schwächenanalyse etc.) und Projekte zur Optimierung von Geschäftsgängen (Prozessmanagement).[7] Wahrnehmung und Erfüllung dieser Aufgaben sind Bestandteil der Führungsverantwortung und von daher auf der Leitungsebene von Bibliotheken angesiedelt. Wesentlicher Erfolgsfaktor dabei ist, die Zielsetzungen, die sich aus der strategischen Ausrichtung ergeben, in die tägliche Arbeit zu integrieren.[8] Das heißt, dass Kompetenzen und Potenziale der operativen Ebenen ausgeschöpft werden, um sie für die Umsetzung der strategischen Ziele zu nutzen. Erforderlich dafür sind geeignete Verfahren des Innovations- oder Veränderungsmanagements, wie sie z.B. mit Methoden zur Modellierung von Geschäftsprozessen zur Verfügung stehen.[9] Oder die Innovationsansätze werden mit Projekten vorangetrieben, die modellhafte Lösungen für den Auf- und Ausbau neuer Services entwickeln. Dabei ist darauf zu achten, dass solche Projekte sich nicht verselbstständigen, indem sie an der Kultur der Organisation vorbeiziehen und im Ergebnis scheitern, da mögliche kulturelle Differenzen zwischen Organisation und Projekt unterschätzt worden sind. Andererseits müssen Projekte ihr Innovationspotenzial entfalten können, was auf Seiten der Organisation bzw. ihrer Akteure die Bereitschaft voraussetzt, vertraute Arbeitsabläufe oder Verfahren in Frage stellen zu lassen und gegebenenfalls Veränderungen zuzuführen. Ohne ein solches Spannungsverhältnis können Veränderungen nicht wirksam werden.[10]

5 Personalentwicklung

Darüber hinaus müssen Veränderungsprozesse von einem breiten Spektrum an Maßnahmen zur Personalentwicklung unterstützt werden. Dabei geht es zum einen um Maßnahmen, die die Mitarbeiterinnen und Mitarbeiter fordern und fördern, und um Anreize („incentives'), die die Attraktivität des Arbeitsplatzes steigern und damit zu höherer Motivation und Leistungsbereitschaft beitragen.[11] Fordernde und fördernde Maßnahmen sind:

---

[6] Siehe Nürnberger 2012.
[7] Siehe Neubauer 2012b.
[8] Siehe Hendrix 2012.
[9] Siehe Degkwitz/Klapper 2011.
[10] Siehe Degkwitz 2012b: 171ff.
[11] Haas-Betzwieser 2012; Tröger 2012.

- **Fachliche Kompetenz- und Know-How-Entwicklung:** Dazu gehören insbesondere Fort- und Weiterbildungsmaßnahmen, die auf Anforderungen und Aufgaben im Rahmen des Medienwandels ausgerichtet sind.
- **Soft-Skill-Entwicklung und Coaching:** Damit werden vor allem das Training von Führungskräften und die Weiterentwicklung von Führungsverantwortung angesprochen. Beides ist für die Umsetzung strategischer Ziele auf dem ‚corporate level' von großer Bedeutung.
- **Beteiligungsverfahren und Partizipation:** In diesem Kontext stehen Auf- und Ausbau von – gegebenenfalls gestuften – Strukturen zur Entscheidungsfindung und zur Information von Mitarbeiterinnen und Mitarbeitern im Mittelpunkt.
- **Vorgesetzten-/Mitarbeitergespräche:** Dabei geht es vorrangig um die Integration von ‚corporate level' und ‚individual level' im Veränderungsprozess, indem Kompetenz und Verantwortung der einzelnen Mitarbeiterin oder des einzelnen Mitarbeiters adressiert werden.
- **Arbeitsplatzrotation und Hospitation** tragen einerseits zur besseren Kooperation zwischen einzelnen Arbeitsbereichen bei. Andererseits wird dadurch Flexibilität im Arbeitseinsatz gefördert.

Anreize, die die Attraktivität des Arbeitsplatzes betreffen, sind vor allem:
- **Gleichstellung,** die im Sinne der Gleichbehandlung von Mitarbeiterinnen und Mitarbeitern eine kontinuierliche Anforderung an die Personalentwicklung und Karriereförderung ist.
- **Flexible – familiengerechte – Arbeitszeiten,** die individuelle Bedürfnisse für die Gestaltung des Arbeitsalltags berücksichtigen. In diesen Zusammenhang gehören auch Möglichkeiten der **Telearbeit.**
- **Gesundheitsmanagement und Sportangebote** während der Arbeitszeit sind ein wesentlicher Beitrag zur Aufwertung der Arbeitsplatzqualität.
- **Leistungsorientierte Bezahlung,** die einen weiteren wichtigen Anreiz bietet, um zur Steigerung der Attraktivität des Arbeitsplatzes beizutragen. Grundsätzlich umfasst der Tarifvertrag der Länder (TV-L) entsprechende Möglichkeiten.

Mit beiden Herangehensweisen geht es um Anerkennung und Wertschätzung der Mitarbeiterinnen und Mitarbeiter. Im Fall von Fortbildung und Kommunikation werden die Bereitschaft zur Übernahme von Verantwortung und Kompetenzpotenziale weiterentwickelt. Die Maßnahmen zur Steigerung der Attraktivität der Arbeitsumgebung tragen wesentlich zur Anerkennung persönlicher Bedingungen sowie zur Verbundenheit von Mitarbeiterinnen und Mitarbeitern mit ihrem Arbeitsplatz bei. In beiden Fällen steht die Entwicklung einer Arbeits- und Betriebskultur im Mittelpunkt, die Mitarbeiterinnen und Mitarbeiter als Kompetenz- und Verantwortungsträger sieht und ihre persönlichen Bedürfnisse ernst nimmt.

Für die Erweiterung fachlicher Kompetenzen und Qualifikationsprofile sind die Transformation der Medien und die Entwicklung des Informationsmarkts leitend.

Von daher sind allgemeine, betriebswirtschaftliche Kenntnisse und IT-Kompetenz im Sinne von Informatik als Grundlagen hilfreich. Im Zusammenhang mit der Weiterentwicklung von Bibliotheken müssen jedoch der spezifische Impact des Medienwandels und dessen Auswirkungen auf die Produktion, Verbreitung, Aneignung und Verfügbarkeit digitaler Wissensgüter den Maßnahmen zur Kompetenzentwicklung und Weiterqualifizierung zugrunde liegen. Die absehbar steigende IT-Affinität bibliothekarischer Aufgaben erfordert deshalb die Bereitschaft von Mitarbeiterinnen und Mitarbeitern, sich mit den jeweils neuen Arbeitsverfahren vertraut zu machen und sich dafür zu qualifizieren. In Arbeitsbereichen, die ein besonders hohes Maß an IT-Kompetenz voraussetzen, wie beispielsweise im Rahmen der Administration komplexer Anwendungen und Systeme oder auf Innovationsfeldern, die ausdrücklich Informatikkenntnisse erfordern, werden Weiterbildungsmaßnahmen jedoch nur eingeschränkt ausreichen. Hier stellt sich die Notwendigkeit ein, technisches Personal einzusetzen und dafür gegebenenfalls entsprechende Stellenumwidmungen vorzunehmen.

6 Personalbedarf und Personalstruktur

Im Zuge der digitalen Transformation verändern sich auch die Anforderungen an die Bedarfe der Personalausstattung und der Personalstruktur vor folgendem Hintergrund. Die sich verändernde Informationslogistik digitaler Monographien und Zeitschriften beeinflusst die herkömmlichen Berechnungsgrundlagen des Personalbedarfs. Indem anstelle gedruckter Einzelstücke unter Preisbindung verstärkt Nutzungslizenzen auf Basis von Paketlösungen für E-Books und E-Journals im Rahmen von Beschaffungskonsortien oder von einzelnen Institutionen mit den Verlagen verhandelt werden, haben sich die bisherigen Verfahren von der Akquisition bis hin zur Bereitstellung stark verändert. Nicht nur, dass sich die Durchschnittswerte der Bearbeitungszeit pro Stück verschoben haben und die Bearbeitung digitaler Medien neue und zusätzliche Kompetenzen erfordert. Der weiterhin zunehmende Bezug von Nutzungslizenzen sowie die daran gekoppelten Erschließungs- und Bereitstellungsverfahren sind gegenüber gedruckten Materialien anders und neu zu gestalten. Da parallel zu den elektronischen Medien weiterhin gedruckte Medien zu bearbeiten sind, können die herkömmlichen Personalbedarfe noch nicht als überholt betrachtet werden.[12] Doch vor allem auf dem Gebiet der formalen und sachlichen Erschließung sind auch bei Printmedien Veränderungen mit den Möglichkeiten IT-gestützter Verfahren zu verzeichnen; dazu gehören insbesondere die mittlerweile intensiv genutzten Möglichkeiten des ‚shared cataloging' und der damit verbundenen Optionen der Fremddatenübernahme. Hinzu kommen neue Aufgaben, die nicht unmittelbar an

---

[12] Siehe Naumann/Umlauf 2002; Naumann 2003.

traditionelle Kernkompetenzen anknüpfen. Dazu gehören das elektronische Publizieren, der Betrieb von Open-Access-Repositorien, die Retro-Digitalisierung, Informationskompetenz, RFID-Einsatz für die Automatisierung von Ausleih- und Rückgabevorgängen sowie weitere Mehrwertdienste zur Unterstützung von Forschung und Lehre. Viele dieser Innovationsfelder setzen IT-Kompetenz und oftmals eine hohe Affinität zu einzelnen Fachgebieten voraus. Die Beispiele verdeutlichen die Problematik von Berechnungen des Personalbedarfs. Für das traditionelle Kerngeschäft werden sich die herkömmlichen Parameter weiterhin zugrunde legen lassen. Im Hinblick auf neue Dienste können diese Berechnungsgrundlagen nicht oder nur sehr eingeschränkt angewandt werden.

Ähnlich wie bei den Berechnungsgrundlagen für den Personalbedarf wirft auch die Eingruppierungspraxis eine Reihe von Fragen und Problemen auf – gerade vor dem Hintergrund neuer Dienstleistungsfelder. Für traditionelle Bibliotheksaufgaben werden weiterhin die DBI-Materialien 201 (2000)[13] herangezogen, die allerdings der Weiterentwicklung von bibliothekarischen Aufgaben nur sehr bedingt Rechnung tragen. Vor allem der Aufbau und Betrieb sowie die Weiterentwicklung vorrangig IT-affiner Dienste erfordern entsprechende Kompetenzen. Bei der Gewinnung geeigneten IT-Personals stehen Bibliotheken in unmittelbarem Wettbewerb mit der Privatwirtschaft, der gerade bei der Gehaltsentwicklung ganz andere Möglichkeiten zur Verfügung stehen. Auch erweist sich in diesem Zusammenhang als besonders nachteilig, dass die gehaltsbezogenen Entwicklungsmöglichkeiten für den gehobenen Dienst bis maximal Entgeltgruppe 9 TV-L stark beschränkt worden sind. Alle Bemühungen, diese Entwicklung rückgängig zu machen und die zuvor möglichen Vergütungsoptionen wieder wirksam werden zu lassen, konnten bisher nicht zum Erfolg geführt werden. Das ist dem sich abzeichnenden Bedarf an neu und zusätzlich qualifiziertem Personal in Bibliotheken sehr abträglich. Denn künftig werden Bibliotheken für die Bewältigung ihrer Aufgaben möglicherweise eher weniger, aber dafür deutlich höher qualifizierte Mitarbeiterinnen und Mitarbeiter benötigen, die dann allerdings auch angemessen einzugruppieren sind. Finanzielle Engpässe im Kultur- und Wissenschaftsbereich lassen allerdings eine solche Flexibilität oftmals auch dort nicht zu, wo sie von den tariflichen Rahmenbedingungen her grundsätzlich möglich wäre.

7 Zusammenfassung

In einer Zeit, die einerseits durch umfassende Veränderungen des Serviceverständnisses von Bibliotheken und damit des Berufsbildes geprägt ist und in der sich andererseits rückläufige Budgets und verstärkt finanzielle Engpässe abzeichnen, gehört Personalmanagement zu den großen Herausforderungen, die unbedingt aufzugreifen

---

[13] Siehe BIB 2001.

sind, um die Weiterentwicklung von Bibliotheken voranzutreiben. Das erfordert auf der einen Seite eine strategische Ausrichtung, welche die Veränderungen adressiert, die sich aus dem Wandel der Medien und der Weiterentwicklung der Informationstechnologie ergeben, und die deren Umsetzung in Angriff nimmt; das bedeutet allerdings auch, dass Entscheidungen zu treffen sind, die traditionelle Arbeitsfelder durch neue Aufgaben und Rollen ersetzen. Auf der anderen Seite sind zur Umsetzung dieser strategischen Ziele eine konsequente Personalentwicklung und nachhaltige Maßnahmen eines Veränderungsmanagements erforderlich, das sich auch auf die Personalstruktur, die Qualifizierung und die Vergütungskriterien auswirkt. In Zeiten knapper Kassen fällt dies oft schwer. Doch Produktion, Verbreitung und dauerhafte Verfügbarkeit von digitalen Wissensgütern erfordern verlässliche Infrastrukturen, deren weiterer Auf- und Ausbau von gut qualifizierten Bibliothekarinnen und Bibliothekaren aktiv zu gestalten und zu realisieren ist.[14]

Literatur

Beger, Gabriele: Personalentwicklung. Neue Aufgaben und „altes" Personal. In: Personal- und Organisationsentwicklung in Bibliotheken. Hrsg. von Andreas Degkwitz. Berlin: De Gruyter Saur 2012 (Bibliothek – Monographien zu Forschung und Praxis (BMFP) 2). S. 157–166.

Berufsverband Information Bibliothek e.V. (BIB) (Hrsg.):Arbeitsvorgänge in wissenschaftlichen Bibliotheken (AVWB). Beschreibung und Bewertung nach dem Bundes-Angestelltentarifvertrag (BAT). Unverändert. Nachdruck der 1. Aufl. der DBI-Materialien 201 des Ehem. Dt. Bibliotheksinst. Bad Honnef: Bock + Herchen 2001.

Degkwitz, Andreas (2012a): „Texte, Daten, Bilder – Wissen!". In: BIBLIOTHEK – Forschung und Praxis 36 (2012), S. 215–219.

Degkwitz, Andreas (2012b): Drittmittelprojekte als Herausforderung an die Organisations- und Personalentwicklung. In: Personal- und Organisationsentwicklung in Bibliotheken. Hrsg. von Andreas Degkwitz. Berlin: De Gruyter Saur 2012 (Bibliothek – Monographien zu Forschung und Praxis (BMFP) 2). S.167–174.

Degkwitz, Andreas u. Frank Klapper: Prozessorientierte Hochschule. Allgemeine Aspekte und Praxisbeispiele. Hrsg. von Andreas Degkwitz u. Frank Klapper. Bad Honnef: Bock + Herchen 2011. Elektronische Version: http://www.dini.de/fileadmin/docs/Prozessorientierte_Hochschule_2011.pdf (29.08.2014).

Haas-Betzwieser, Eva: Die Bibliothek von innen heraus entwickeln. Personal- und Organisationsentwicklung in der Staatsbibliothek zu Berlin. In: Personal- und Organisationsentwicklung in Bibliotheken. Hrsg. von Andreas Degkwitz. Berlin: De Gruyter Saur 2012 (Bibliothek – Monographien zu Forschung und Praxis (BMFP) 2). S. 91–105.

Hendrix, Imma: Von alten Gewohnheiten und neuen Chancen: Veränderungsmanagement und Personalentwicklung für den Neubau. In: Personal- und Organisationsentwicklung in Bibliotheken. Hrsg. von Andreas Degkwitz. Berlin: De Gruyter Saur 2012 (Bibliothek – Monographien zu Forschung und Praxis (BMFP) 2). S. 149–155.

---

[14] Siehe Kempf 2013 und Umlauf/Gradmann 2012.

Kempf, Klaus: Der Sammlungsgedanke im digitalen Zeitalter = L'idea della collezione nell'età digitale. Fiesole: Casalini Libri 2013 (Letture magistrali in biblioteconomia 6).

Naumann, Ulrich: Arbeitszeitmodelle. In: Erfolgreiches Management von Bibliotheken und Informationseinrichtungen. Fachratgeber für die Bibliotheksleitung und Bibliothekare. Hrsg. von Hans-Christoph Hobohm, Konrad Umlauf und Gabriele Beger. Loseblattsammlung. Hamburg: Dashöfer 2003, Abschnitt 4.4.

Naumann, Ulrich: Serviceportfolios von Bibliotheken im Umbruch: Herausforderungen an Management und Organisation. Ein Überblick zur Thematik aus betriebswirtschaftlicher Sicht. In: Personal- und Organisationsentwicklung in Bibliotheken. Hrsg. von Andreas Degkwitz. Berlin: De Gruyter Saur 2012 (Bibliothek – Monographien zu Forschung und Praxis (BMFP) 2). S. 13–44.

Naumann, Ulrich u. Konrad Umlauf : Personalbedarf. In: Erfolgreiches Management von Bibliotheken und Informationseinrichtungen. Fachratgeber für die Bibliotheksleitung und Bibliothekare. Hrsg. von Hans-Christoph Hobohm, Konrad Umlauf und Gabriele Beger. Loseblattsammlung. Hamburg: Dashöfer 2002, Abschnitt 4.3.

Neubauer, Wolfram (2012a): „Unsere Mitarbeiter sind unser größtes Kapital": Methoden und Prozesse für ein erfolgreiches Personalmanagement an wissenschaftlichen Bibliotheken. In: Personal- und Organisationsentwicklung in Bibliotheken. Hrsg. von Andreas Degkwitz. Berlin: De Gruyter Saur 2012 (Bibliothek – Monographien zu Forschung und Praxis (BMFP) 2). S. 63–80.

Neubauer, Wolfram (2012b): Fortschritt lebt von der Veränderung: Die Reorganisation einer Großbibliothek am Beispiel der Bibliothek der ETH Zürich. In: Personal- und Organisationsentwicklung in Bibliotheken. Hrsg. von Andreas Degkwitz. Berlin: De Gruyter Saur 2012 (Bibliothek – Monographien zu Forschung und Praxis (BMFP) 2). S. 175–196.

Nürnberger, Dorothee: Allgemeine Herausforderungen an das Personalmanagement in Bibliotheken. In: Personal- und Organisationsentwicklung in Bibliotheken. Hrsg. von Andreas Degkwitz. Berlin: De Gruyter Saur 2012 (Bibliothek – Monographien zu Forschung und Praxis (BMFP) 2). S. 45–61.

Tröger, Beate: Personalentwicklung in der Praxis. In: Personal- und Organisationsentwicklung in Bibliotheken. Hrsg. von Andreas Degkwitz. Berlin: De Gruyter Saur 2012 (Bibliothek – Monographien zu Forschung und Praxis (BMFP) 2). S. 81–89.

Umlauf, Konrad u. Stefan Gradmann (Hrsg.): Handbuch Bibliothek. Geschichte, Aufgaben, Perspektiven. Stuttgart, Weimar: Metzler 2012.

Vogel, Bernd u. Silke Cordes: Bibliotheken an Universitäten und Fachhochschulen. Organisation und Ressourcenplanung. Hannover: HIS 2005 (Hochschulplanung 179).

Wimmer, Ulla (Hrsg.): Verwaltungsreform. Bibliotheken stellen sich der Herausforderung. Berlin: Deutsches Bibliotheksinstitut 1995.

Matthias Groß
8.3 IT-Planung und -Beschaffung

1 IT-Planung

1.1 Motivation

Bereits seit langer Zeit plant der Mensch. Standen dabei anfangs so konkrete Dinge im Zentrum wie Aussaatzeitpunkt und -menge von Getreide – wobei auch die Aufbewahrung des Saatguts zu planen und gegen knurrende Mägen durchzusetzen war – oder das Aufsuchen des in der jeweiligen Jahreszeit vielversprechendsten Jagdreviers verbunden mit logistischen Fragen in einer Zeit ohne Kühlkette: Wird sich das Erlegte zur Sippe transportieren lassen, muss diese mitziehen oder soll man jenem neuen Räucherexperten aus dem übernächsten Tal vertrauen? Wesentliche Aspekte der Planung lassen sich bereits aus diesen elementaren Szenarien ableiten. Ausgehend von Erfahrungswerten – wie der Wiederkehr der Jahreszeiten, den Rahmenbedingungen der verfügbaren Ackerböden und Jagdreviere, allgemeiner Ressourcen in Bezug auf einen bestimmten Zeitraum – werden für sich selbst oder eine größere Gruppe Aktionen für einen Zeitraum der nahen Zukunft in einer sinnvollen Reihenfolge gedanklich vorab vollzogen und aus den verschiedenen Möglichkeiten eine (subjektiv) optimale Abfolge ausgewählt, um ein bestimmtes Ziel möglichst sicher – oder auch möglichst einfach, je nach Naturell – zu erreichen. Dabei lassen sich allgemeine Ziele wie Überleben aufteilen in konkretere, etwa die Beschaffung einer erfahrungsgemäß ausreichenden Nahrungsmenge pro zu versorgender Person. In diesem Beispiel kommt mit der Personenzahl eine zeitlich variable Größe vor, so dass auch bei gleichem Ziel die konkrete Planung kontinuierlich anzupassen ist und in bestimmten Abständen Infrastrukturmaßnahmen wie die Rodung von Wald zur Anlage neuer Felder oder das Erkunden neuer Jagdgründe erforderlich werden, die ihrerseits wieder Planungsgegenstand sein können (Brandrodung oder Bäume fällen?). Ob ein Plan gut war oder schlecht, ob er sich erfolgreich umsetzen ließ oder vielleicht auch Unvorhersehbares ihn durchkreuzte, wurde von den Beteiligten sehr unmittelbar erfahren.[1]

Noch nicht so lange betreibt der Mensch Informationstechnologie im Sinne computergestützter elektronischer Datenverarbeitung. Deren Planung im bibliothekarischen Umfeld soll im Folgenden möglichst systematisch, aber stets praxisbezogen, getrennt nach einzelnen Aspekten, beleuchtet werden. Pauschal ist vorab folgendes zu bemerken:
- Vieles ist auch für Planungsaufgaben in anderen Bereichen zutreffend, wird hier aber durchweg auf spezifische Rahmenbedingungen der IT bezogen. Daneben

---
[1] Vgl. auch http://de.wikipedia.org/wiki/Planung (15.10.2013).

werden systematische Bezüge zu anderen Beiträgen dieses Handbuches nach Möglichkeit benannt.
- Die allgemeine Literatur zur IT-Planung geht in der Regel vom Szenario eines Unternehmens der freien Wirtschaft aus. Für uns soll jedoch die Situation einer Bibliothek in der Trägerschaft der öffentlichen Hand ausschlaggebend sein. Die unterschiedlichen Rahmenbedingungen führen dazu, dass zwar Methoden der Planung übernommen oder zur Inspiration rezipiert werden können, aber bei den Maßnahmen zur Umsetzung in der Regel nur eine eingeschränkte Flexibilität besteht. Insofern sind Aufwand und Nutzen aufwendigerer Planungsmethoden spezifisch abzuwägen.

1.2 Aspekte der IT-Planung

Nachfolgend sollen einzelne Aspekte der IT-Planung näher untersucht werden, die sich durch einfache Fragen formulieren lassen. Dass zwischen diesen Aspekten mehr oder weniger starke Bezüge herrschen, die eine lineare Darstellung erschweren, wird mit Verweisungen zu kompensieren versucht.

Unser Standardszenario ist der IT-Einsatz im Rahmen einer einzelnen Bibliothek, die in eine Hochschule oder andere Einrichtung (nachfolgend als Muttereinrichtung bezeichnet) eingebettet sein kann. Die mit der IT befassten Mitarbeiter können dabei in einer eigenen IT-Abteilung zusammengefasst oder auf verschiedene Abteilungen verteilt sein. Noch haben wir gar keine Planungsziele definiert (s. Kapitel 4: Wie wird geplant?), wollen aber die einzelnen Bereiche, die regelmäßig bei der Planung zu berücksichtigen sind, aufführen. Da jede sinnvolle Planung vom Ist-Stand ausgeht, können wir uns vorstellen, diesen eingangs besonders gründlich zu erfassen. In der Praxis wird man dies auf die jeweils relevanten Bereiche begrenzen und fokussieren. Zudem können einige natürliche Planungsziele identifiziert werden, zu denen auch ohne strategische Vorgaben eine inhärente Tendenz besteht. Sie erscheinen jeweils für sich logisch, stehen aber untereinander mehr oder weniger entweder in sachlichem Widerstreit oder zumindest in Konkurrenz um Ressourcen, was durch eine klare strategisch motivierte Zielsetzung kanalisiert werden muss.

1.2.1 Software

Im Zentrum des IT-Einsatzes in der Bibliothek steht die Software. Sie ist das Werkzeug, mit dem die fachlichen Anforderungen erfüllt werden. Ihren Bedürfnissen und Anforderungen ordnet sich grundsätzlich die Hardware unter. Wir können unterscheiden:
- (bibliothekarische) Fachanwendungen zur Unterstützung der (internen) Geschäftsprozesse sowie für die Endnutzerrecherche; typischer Vertreter bisher: das integrierte Lokalsystem, gegebenenfalls mit modularen Erweiterungen;

weitere Beispiele: Suchmaschinen, regionale Verbundsysteme, Linkresolver, Workflow-Systeme für Digitalisierung und Dokumentlieferung.
- Fachanwendungen für Verwaltungsaufgaben wie Personalverwaltung, Zeiterfassung, Haushalt; diese werden vielfach von der Muttereinrichtung oder deren Unterhaltsträger bestimmt.
- Arbeitsplatz-Software für die Mitarbeiter der Bibliothek: Office-Anwendungen, Browser, spezielle Client-Programme wie Katalogisierungs-Clients.
- Arbeitsplatz-Software für Recherche-PCs und andere öffentlich zugängliche Arbeitsplätze: Browser, gegebenenfalls spezielle Clients etwa für den Zugriff auf CD-ROM-Datenbanken.
- IT-Infrastruktur: Web-Content-Management, E-Mail, Firewall, Verzeichnisdienste.
- Systemnahe Software, Basissoftware: Betriebssysteme, Datenbanksysteme (diese können auch jeweils mit der nutzenden Fachanwendung zusammen betrachtet werden).

Während einige dieser Bereiche in die Zuständigkeit der Bibliothek fallen werden, ist dies für andere vielleicht nicht oder nicht vollständig der Fall (s. Kapitel 2: Wer plant für wen?). Die Gesamtheit der eingesetzten Anwendungen kann man als Anwendungsportfolio bezeichnen. Ein natürliches Planungsziel wird es sein, damit möglichst viele Anforderungen der Benutzer möglichst gut abzudecken. Ein häufiges Risiko beim Einsatz wenig flexibler Anwendungen ist dann, dass sich eine große Zahl verschiedener Anwendungen etabliert, landläufig „Zoo" genannt. Ein weiteres natürliches Planungsziel ist der möglichst sichere Anwendungsbetrieb, d.h. die Ausfallzeiten oder das Risiko von Datenverlusten sind zu minimieren. In der Theorie definiert man ausgehend von den identifizierten Zielgruppen zunächst ein abstraktes Diensteportfolio und gelangt von diesem zu einem konkreten Anwendungsportfolio. In der Praxis wird man ressourcenbedingt weitgehend von der vorhandenen Situation ausgehen müssen und Veränderungen nur schrittweise über einen längeren Zeitraum verteilt durchführen können.

Die Beobachtung, dass bei obiger Aufzählung auch sehr viel außerhalb von Bibliotheken eingesetzte Software vorkommt, darf uns nicht zu falschen Schlüssen verleiten. Dreh- und Angelpunkt sind die bibliothekarischen Fachanwendungen. Da der Bibliotheksmarkt im Vergleich mit anderen Märkten für Softwareanwendungen (etwa Finanzbuchhaltung) ein begrenzter Markt mit Oligopol-Charakter ist, insbesondere wenn nationale Spezifika gefordert werden, sind Eigenheiten der verfügbaren Software nicht ohne Weiteres zu umgehen, sondern müssen zunächst als gegeben in die Planung einbezogen werden.

Man kann Anwendungen andererseits auch unterteilen in etablierte und neue (innovative) Anwendungen. Hierbei stellt sich die Frage nach einer sinnvollen Balance zwischen dem laufenden Betrieb, aber auch der Weiterentwicklung der etablierten

Anwendungen und der Einführung neuer Anwendungen (vgl. hierzu auch den Beitrag „Innovationsmanagement" in diesem Buch).

1.2.2 Hardware

In welchem Maße eine Bibliothek für Auswahl, Beschaffung und Betrieb von Hardware verantwortlich ist, unterscheidet sich von Fall zu Fall sehr stark; typischerweise sind Rechenzentren oder die Verwaltung der Muttereinrichtung mehr oder weniger maßgeblich beteiligt. Gerade dann sind Abhängigkeiten zwischen der eingesetzten oder gewünschten Anwendungssoftware und der Hardware bzw. systemnahen Software wichtig zu kennen und frühzeitig herauszuarbeiten. Dies gilt auch auf der Ebene der eingesetzten Betriebssystemplattformen und -versionen. Ein natürliches Planungsziel wird es nämlich im Allgemeinen sein, das Hardwareportfolio so übersichtlich wie möglich zu halten bzw. zu konsolidieren und dafür höhere Stückzahlen pro Typ einzusetzen, um den Ressourcenbedarf zu befriedigen. Ansonsten wäre entweder unverhältnismäßig viel Personal erforderlich oder die Kompetenz kann nicht so weit ausgebaut oder vorgehalten werden, wie es für die angestrebte Betriebssicherheit erforderlich wäre. Weiter wird man zur Gewährleistung einer hohen Betriebssicherheit anstreben, gezielte Redundanzen aufzubauen (Servercluster, Spiegelung von Festplatten, redundante Netzanbindung), dies kann im Wettstreit mit der Bereitstellung von Ressourcen für neue Anwendungen oder von zusätzlichen Ressourcen für etablierte Anwendungen stehen.

Wir können folgende Typen von Hardware unterscheiden:
- Arbeitsplatzausstattung: PC/Thin Client/Zero Client; Peripheriegeräte wie Drucker, Scanner (auch Barcodescanner)
- lokales Netzwerk: Verkabelung (Glasfaser oder Ethernet); Netzkomponenten; Übergang zum Wissenschaftsnetz o.ä.
- Serverrechner: mit Betrieb in einem eigenen Rechnerraum der Bibliothek/im Rechenzentrum der Muttereinrichtung/in einer regionalen Verbundzentrale oder einem regionalen Rechenzentrum/durch eine Firma, in der Cloud
- Speicher: Festplatten (SAN, NAS); Magnetbandrobotersysteme
- Spezielle Hardware: Buchscanner, Selbstverbuchungs- und Rückgabeautomaten

Die Frage, wo eine Anwendung am besten betrieben werden sollte, findet zu verschiedenen Zeiten auch bedingt durch die technischen Entwicklungen durchaus unterschiedliche Antworten. Insgesamt lassen sich abwechselnd Tendenzen der Zentralisierung und der Dezentralisierung beobachten. Der aktuelle Trend zeigt in Richtung des Cloud-Computings. Diese Sourcing-Frage (je nach Perspektive Out- bzw. (Re-)In-Sourcing) nimmt in der allgemeinen Literatur zur IT-Planung entsprechend viel Raum ein. Jedoch ist der Handlungsspielraum der öffentlichen Hand bezüglich Outsourcing begrenzt durch

- Bestimmungen des Datenschutzes
- Zahl und Art der möglichen Anbieter (im Bibliotheksbereich)
- Fragen der Vertragsgestaltung
- Ausfallrisiken.

Umgekehrt kann eine Bibliothek oder bibliothekarische Einrichtung auch nicht beliebig viele Dienstleistungen für andere erbringen, um dadurch selbst Skalierungseffekte zu realisieren. Dies ist z.B. durch Bündelung von anerkannten Aufgaben im Bereich eines Unterhaltsträgers noch möglich, etwa durch eine Zentralisierung des Betriebs von lokalen Bibliothekssystemen oder eine regionale Bereitstellung von Zusatzdiensten. Ein allgemeines Leistungsangebot könnte eine Wettbewerbsverzerrung darstellen.

Je nach Konstellation des Betriebs sind begleitende schriftliche Regelungen etwa hinsichtlich der Auftragsdatenverarbeitung oder über Details der Leistungserbringung (häufig SLA, Service-Level-Agreement, genannt) zu treffen.

In den letzten Jahren ist man sich gezwungenermaßen immer stärker der Betriebskosten (Strom, Klimatisierung) bewusst geworden und versucht, aus finanziellen oder ökologischen Motiven Einsparungen konsequent auf technischem oder organisatorischem Wege zu realisieren (Green IT), ohne dass es deswegen zu Leistungseinbußen kommen soll. Zu beachten sind auch die laufenden Kosten für Speicher, Backup und Archivierung (Bitstream-Preservation und darauf aufbauende digitale Langzeitarchivierung), insbesondere bei einem Engagement im Bereich der Massendigitalisierung oder der Forschungsdaten. Hier ist zudem eine vorausschauende Planung des Speicherbedarfs erforderlich (Schätzung des voraussichtlichen Datenwachstums für die nächsten Jahre).

1.2.3 Personal

Unabdingbar für den verantwortlichen Betrieb von IT-Anwendungen ist das geeignete Personal, und zwar sowohl im Sinne der konkreten Personen mit ihren Fähigkeiten, den Fragen der Motivation und Förderung, als auch der meist zu knappen Planstellen und daher all den Fragen, die befristete Stellen mit sich bringen. Bei der Planung ist insbesondere zu berücksichtigen:
- Werden für eine Aufgabe eher Mitarbeiter mit IT-Kenntnissen (Informatiker) benötigt oder eher IT-affine Bibliothekare? Eine gesunde Mischung im Team ist erfahrungsgemäß günstig.
- Je stärker am jeweiligen Sitzort die IT-Wirtschaft floriert, um so wichtiger ist die Frage der immateriellen Motivation der eigenen IT-Kräfte, etwa durch attraktive Arbeitsbedingungen (Gleitzeit), Freiheitsgrade bei der Aufgabenerfüllung („Wahl der Waffen" hinsichtlich bevorzugter Softwaretools innerhalb nachvollziehbarer Rahmen-Policies), ein angenehmes Betriebsklima etc.

– Weiterbildung: In einem Bereich, der sich so schnell weiterentwickelt, ist Eigeninitiative bei der Weiterbildung unverzichtbar. IT-fachliche Weiterbildung in Form von Schulungen wird sich im Allgemeinen auf Anwendungen oder Technologien fokussieren, die neu eingesetzt werden, und traditionelle Themen nur ausnahmsweise beim Aufbauen von Mitarbeitern über ihren bisherigen Wirkungskreis hinaus beinhalten können. Daneben ist aber darauf zu achten, wie wenigstens punktuell und über das Team verteilt ein guter Überblick zu neuen Entwicklungen und Trends gewonnen werden kann. Nicht unterschätzt werden sollte schließlich, auch die IT-Mitarbeiter über bibliothekarische Themen in der richtigen Dosis zu informieren, nicht zuletzt um Sprachbarrieren zwischen den Arbeitsbereichen abzubauen und das wechselseitige Verständnis zu verbessern.

Der Geschäftsverteilungsplan oder die Stellenbeschreibung sind in aller Regel so gefasst, dass auch organische Veränderungen im Anwendungsportfolio mit abgedeckt werden können. Genauer zu planen ist daher die konkrete Aufgabenverteilung im Team bzw. pro Mitarbeiter. Dabei geht es zum einen um die Verteilung der Daueraufgaben im Team und zum anderen, da man es in der Regel mit einem sehr überschaubaren Personalkörper zu tun hat, um die Verteilung von Sonder- oder Projektaufgaben. Hier kann es sinnvoll sein, die Auslastung mit Daueraufgaben pauschal mit prozentualen Stellenanteilen möglichst gut zu schätzen und eine feinere Planung mit dem damit verbundenen Aufwand nur im Projektbereich vorzunehmen, insbesondere wenn bestimmte Meilensteine mit anderen Organisationseinheiten, Einrichtungen oder Firmen zu koordinieren sind. Dass einzelne Mitarbeiter in aller Regel mehrere Anwendungen oder Anwendungskomponenten betreuen und in einem oder mehreren Projekten mitarbeiten, erschwert zwar formal die Planung, ist aber inhaltlich positiv zu bewerten, da es für den Mitarbeiter einen breiteren Überblick sowie das Verständnis übergreifender Zusammenhänge erleichtert.

Da sich die Zahl der Stellen nicht ohne weiteres vergrößern lässt, formulieren wir ein natürliches Planungsziel hier folgendermaßen: die verfügbaren Stellen mit möglichst gut qualifizierten, motivierten Mitarbeitern zu besetzen und Fluktuation zu vermeiden. Zudem folgt aus dem Ziel der Betriebssicherheit, dass möglichst eine gegenseitige Vertretungsfähigkeit zumindest für Basisaktivitäten bei den einzelnen Anwendungen oder Modulen zu erreichen ist, so dass auch Urlaub oder ungeplanter Ausfall einzelner Mitarbeiter nicht zu einer Beeinträchtigung des Angebots führen. Gleichwohl sollten Fragen der (primären) Zuständigkeit klar geregelt sein.

Nur am Rande erwähnt sei hier die Ressource Raum, wir können sie für unsere Zwecke als direkt korreliert mit Personal einerseits, Hardware andererseits auffassen.

1.2.4 Mittel/Etat

Vgl. hierzu allgemein den Beitrag „Haushalts- und Vergaberecht" in diesem Handbuch. Für unsere Zwecke lassen sich unterscheiden:
- regulärer Etat/Sondermittel (vom Unterhaltsträger, gegebenenfalls mit getrenntem Personaletat)
- Drittmittel
- gegebenenfalls Einnahmen bzw. Verrechnung eigener Kosten bei der Erbringung von Leistungen.

In den seltensten Fällen wird sich der Etat am Bedarf orientieren, so dass zunächst von den verfügbaren Mitteln auszugehen ist. Im Rahmen des laufenden Betriebs sind Kostensteigerungen für Wartung und Pflege einzuplanen, die in gewissem Rahmen planbarer Bestandteil laufender Verträge sein können, in einigen Bereichen (Energiekosten) aber auch kräftiger ausfallen können und dann in geeigneter Weise abgefangen werden müssen. Die Einführung neuer Anwendungen oder größere Reinvestitionen im Hardware-Bereich sind in den seltensten Fällen aus dem regulären Etat zu erbringen, daher ist das Einwerben von Drittmitteln hierfür essentiell (vgl. hierzu Beitrag „Fundraising und Drittmittelakquise" in diesem Buch). Manches wird sich über sogenannte Großgeräteanträge, anderes im Zuge von Bau- oder Umbaumaßnahmen (vgl. hierzu Beitrag „Bibliothekseinrichtung und technische Ausstattung") finanzieren lassen.

Als natürliches Planungsziel kann gelten, das gefühlte finanzielle Defizit möglichst geschickt so auf die Bereiche Software, Hardware und Personal zu verteilen, dass die negativen Auswirkungen möglichst gering bleiben.

1.2.5 Haben wir noch etwas vergessen?

... die Anwender vielleicht?!? Wir sollten sie und ihre Bedürfnisse möglichst gut kennenlernen und auf Veränderungen der Bedürfnisse angemessen reagieren. Umgekehrt gilt es zu überlegen, wie wir über unsere Angebote grundsätzlich oder über einzelne Neuerungen informieren. Je nach Organisation ist gegebenenfalls der Kontakt zu einzelnen Anwendergruppen an anderer Stelle verortet, etwa der zu den Endnutzern bei der Benutzungsabteilung. Dann ist der Informationsfluss zwischen der IT und dieser Stelle essentiell.

Typischerweise gibt es bestimmte natürliche Zielgruppen für den IT-Einsatz, einerseits sind die Bibliotheksmitarbeiter mit optimalen Arbeitsbedingungen zu versorgen, andererseits die Endnutzer, gegebenenfalls nach einem abgestuften Konzept, mit angemessenen Recherche- und Serviceangeboten zu bedienen. Während sich prinzipielle Rahmenbedingungen zu den Zielgruppen in aller Regel bereits durch die organisatorische Zuordnung einer Bibliothek ergeben, ist eine detailliertere Herausarbeitung sinnvoll abgrenzbarer Zielgruppen nicht trivial und zudem von Zeit zu Zeit zu aktualisieren, um auf Veränderungen in der Zusammensetzung oder neue Bedürfnisse zu reagieren (vgl. hierzu den Beitrag „Zielgruppen und Dienstleistungen öffentlicher Bibliotheken" in diesem Buch).

Zu unterscheiden ist ferner zwischen den verbalisierten Benutzerwünschen einerseits – es handelt sich in der Regel um eine subjektive Auswahl, die leichter und schwerer Erfüllbares, aber auch Unfinanzierbares enthalten mag – und der messbaren Nutzung der vorhandenen Anwendungen andererseits. Nicht alles, was gewünscht wird, wird nach seiner Realisierung auch tatsächlich genutzt. Dabei stellen die ohne gezielte Nachfrage geäußerten Wünsche lediglich die Spitze eines gedachten Eisberges dar, die meisten Wünsche werden niemals klar artikuliert. Aber schon diese sind auch zu hinterfragen und zu strukturieren; eine Anwendung, die laufend alle Benutzerwünsche berücksichtigt, ist dem Untergang geweiht.

2 Wer plant für wen?

Der einfachste Fall der Planung ist sicher, wenn ein Mensch für sich selber plant. Hat er ein gutes Gedächtnis, braucht er dazu vielleicht noch nicht einmal etwas aufzuschreiben. Aber auch der eine braucht schon zweierlei: einerseits Disziplin, sonst kann man die Planung auch gleich bleiben lassen, andererseits trotzdem die Aufmerksamkeit und Flexibilität, die es ihn erkennen lassen, wenn sich die Rahmenbedingungen derart ändern, dass ein Festhalten am ursprünglichen Plan nicht mehr sinnvoll ist. Dann wird entweder der legendäre Plan B benötigt, von dem wir häufig sprechen, wenn nach wie vor das alte Ziel angestrebt wird, aber eben auf andere Weise erreicht werden muss, oder – dies kann schwieriger sein – es ist an der Zeit, auch das Ziel selbst in Frage zu stellen.

Komplexer ist es natürlich, wo Menschen miteinander interagieren. Wenn ein Plan umgesetzt werden soll, so braucht es dafür zielgerichtetes, koordiniertes Handeln. Es bedarf dazu der
- Kommunikation: nicht nur als „Ansage" in eine Richtung, sondern auch Feedback
- Autorität: entweder durch inhaltliches Überzeugen oder schiere Macht
- Ressourcen.

Planen kann man daher sinnvoll nur für den jeweils eigenen Bereich, der sich gestalten lässt qua Zuständigkeit, und über dessen Ressourcen verfügt werden kann. In der Praxis wird eine mehr oder weniger umfassende IT-Planung zunächst Impulse von oben (Leitung der Bibliothek, der Muttereinrichtung, einem Ministerium o.ä.) erhalten:

- Festlegungen, die die weitere Planung beeinflussen (z.B. Jährlichkeit und Ausstattung des Haushalts, Vergaberichtlinien)
- Setzung strategischer Ziele
- Fristsetzungen.

Andere Teile der Planung werden hingegen von unten kommen (müssen), wie die Ermittlung bestimmter Zahlenwerte und ihre Aggregation, Einschätzungen zur Machbarkeit, zu Ressourcenaufwand und Risiken einzelner Schritte. Eine auf geeignete Weise erstellte Planung kann so auf die Mitarbeiter motivierend wirken – im Gegensatz zu einer Planwirtschaft mit unverständlichen, quasi vom Himmel gefallenen Vorgaben.

In aller Regel bildet sich jeweils auch eine interne Planung innerhalb einer Abteilung oder einer anderen untergeordneten Organisationseinheit heraus, die typischerweise höhere Granularität aufweist und dafür einen eingeschränkten Wirkungsbereich umfasst. Planung kann man daher insgesamt als eine Führungsaufgabe betrachten, die jedoch umfangreiche Anteile beinhaltet, die delegiert werden müssen.

Die Festlegung von Zielen durch Gremien kann den Vorteil eines breiten Konsenses haben, die Kehrseite ist mitunter: Worüber genau bestand denn eigentlich Konsens? Denn trotz fixierter Formulierungen können doch Unschärfen oder unterschiedliche Ausgangsvorstellungen zu erheblichen Unterschieden in der Auffassung führen, die erst im Laufe der Umsetzung auffallen mögen.

3 Wann wird geplant?

Die etwas saloppe Antwort lautet: am besten vorher. Dummerweise ist für die Planung auch genügend Zeit einzuplanen, sonst kommt man nicht dazu. Die Frage nach dem „bis wann" wird einem häufig „von oben" abgenommen. Dann kann mit dem alten Prinzip *Divide et impera* das zunächst große Problem handlich zerlegt werden, und wenn die Teilprobleme mit Fristsetzung delegiert werden, kommt man der Sache schon näher. Mit einer einmaligen Planung ist es natürlich noch nicht getan; sie nützt nur, wenn sie den Beteiligten auch bekannt ist und jeder weiß, was er tun und gegebenenfalls auch lassen muss. Sodann sind regelmäßig Ist und Soll zu vergleichen (etwa beim Etat mittels monatlicher Budgetlisten) und daneben auch außergewöhnliche Änderungen der Rahmenbedingungen im Auge zu behalten, auf Grund deren der Plan dann gegebenenfalls zu modifizieren ist. Letztlich wird also ziemlich regelmäßig geplant.

Unterscheiden lassen sich grundsätzlich die periodische Planung, häufig im jährlichen Rhythmus mit entsprechendem Vorlauf, und die gezielte Planung besonderer Maßnahmen und größerer Veränderungen. Eine Sonderform stellen Planungen für

Anlässe dar, die hoffentlich nie auftreten, wie ein Notfall- oder Desasterplan. Hier gilt es festzulegen, welche Systeme und Anwendungen mit Priorität wieder in Betrieb genommen werden sollen, wobei logische Abhängigkeiten zu beachten sind (Datenbank vor zugehöriger Anwendung, Katalog vor Zusatzdiensten, grundsätzlich endnutzerrelevante Dienste vor rein internen Anwendungen).

4 Wie wird geplant?

Letztlich wird und muss jeder seinen eigenen Stil entwickeln. Einige Aspekte und Anregungen hierzu:

Das A und O ist die (strategische) Zielsetzung. Ist sie diffus oder gar widersprüchlich (was leider auch die natürlichen inhärenten Planungsziele in den unterschiedlichen Bereichen sind), können auch ausgefuchste Planungsmethoden nicht viel retten. Weiter muss klar sein, woran und wie man den Erfolg erkennen, am besten messen kann. Ansonsten muss man sich damit begnügen zu konstatieren, dass die Kosten im Rahmen geblieben sind. Mit einer klaren Zielvorgabe, die im Idealfall quantifizierbar ist, lässt sich hingegen nicht nur erkennen, ob das Ziel in der gewünschten Zeit erreicht worden ist, sondern es lässt sich auch unterwegs bestimmen, wie weit man von ihm entfernt ist, sowie ob man sich ihm überhaupt nähert. Solche Zwischenergebnisse sind wertvolle Hinweise für die Nachjustierung der Planung, sei es in Form eines modifizierten Ressourceneinsatzes oder der Modifikation des Ziels auf ein erreichbares Maß. Folglich besteht eine zentrale Aufgabe der Planung in der Identifikation von Messgrößen oder Leistungsindikatoren, die im jeweiligen Planungskontext geeignet und aussagekräftig sind, und deren laufender Erhebung. Bei der automatisierten Erfassung sind dabei Einschränkungen zu beachten, die sich etwa aus den Bestimmungen des Datenschutzes ergeben.

Der Weg vom Ist-Stand zum Ziel ist aus verschiedenen Gründen sinnvoll zu gliedern:

- **Motivationspsychologie:** Damit der Weg nicht so weit ausschaut. Ein Berg besteigt sich leichter auf einem Pfad mit Serpentinen als auf der mit dem Lineal festgelegten Forststraße.
- **Risikobegrenzung:** Die Gliederung soll gegenseitige Abhängigkeiten berücksichtigen und mögliche negative Folgeauswirkungen minimieren. Beispiel: Bei der zeitlichen Planung von Anwendungsumstellungen ist zu berücksichtigen: Wie lange dauert die Testphase voraussichtlich? Was ist in welcher Reihenfolge zu testen, was kann parallel getestet werden, welche Szenarien beeinträchtigen andere Bereiche und müssen separat getestet werden? Wenn die Umstellung selbst mit Ausfallzeiten verbunden ist: Wie lange vorher muss sie angekündigt werden? Wem? Der einmal angekündigte Umstellungstermin sollte dann auch eingehalten werden, und es sollen in dieser Zeit keine anderen Umstellungen

durchgeführt werden, die ein potenzielles Risiko darstellen, etwa zusätzliche Betriebssystemupdates.

Für einzelne Aspekte der IT-Planung können sich formal unterschiedliche Verfahrensweisen etabliert haben, die teilweise Bezug aufeinander nehmen. Verständlich ist daher die Suche nach ganzheitlichen Planungsinstrumenten. Ein verbreitetes Konzept auch im Bibliotheksbereich ist dabei die Balanced Scorecard[2]. Wenn man die Begrenzungen der Aussagekraft der ausgewählten Indikatoren und ihren Aggregationsstand nicht aus den Augen verliert, kann eine solche Zusammenstellung geeigneter Messzahlen aus allen relevanten Bereichen sehr nützlich sein. Zu beachten ist ferner, dass die Zahlen untereinander in einem komplexen Geflecht aus Ursache und Wirkung stehen können und angestrebte Änderungen an einer Stelle nicht ohne Auswirkungen auf andere möglich sind.

Nicht alles kann selbst geplant werden und muss dies auch nicht exklusiv, über vieles kann man sich auch bei geeigneten Partnern informieren, etwa im Austausch mit anderen Anwendern: Wie habt ihr das gemacht? Wie lange hat es gedauert? Was würdet ihr heute anders machen?

5 Spezifika der IT-Planung

Oben unter dem Kapitel 1.2.1 „Software" wurde bereits darauf hingewiesen, dass die bibliothekarische Anwendungssoftware einen begrenzten Markt darstellt. Dieser ist zudem einem Konzentrationsprozess ausgesetzt, der visuell sehr gut nachvollziehbar auf der Webseite von Marshall Breeding dargestellt und laufend aktualisiert wird[3]. Die Wettbewerbssituation der Anbieter beeinflusst wesentlich Tempo und Art der Produktinnovation und definiert die Rahmenbedingungen, unter denen Anwendungen von kommerziellen Anbietern neu eingeführt oder weiter betrieben werden können.

– **Lebenszyklus der Software:** Anwendungen werden in der Regel weiterentwickelt, insofern gehört zu den Daueraufgaben des Anwendungsbetriebs auch das periodische Testen und Einspielen neuer Versionen, im Cloud-Szenario wird sich das Zusammenspiel von Anbieter und Kunde noch weiter ausprägen müssen. Aus dem Ziel der Betriebssicherheit ergibt sich der Bedarf nach Testsystemen, auf denen neue Versionen vorab getestet werden können. Zu beachten ist dabei, wer eigentlich testet – IT-Kräfte oder echte Anwender. In aller Regel wird ein längerfristiger Einsatz der fachlichen Anwendungssoftware angestrebt (zehn Jahre oder länger), insofern ist die Ablösung meist nicht von vorneherein konkret eingeplant. Zu beachten ist jedoch, Rahmenbedingungen zu schaffen, die einen

---

[2] http://de.wikipedia.org/wiki/Balanced_Scorecard (15.10.2013).
[3] http://www.librarytechnology.org/automationhistory.pl (15.10.2013).

Ausstieg möglichst erleichtern (Exit-Szenario). So sollte etwa bekannt sein, wie sich die mit einer Anwendung verwalteten Daten möglichst verlustfrei exportieren lassen und wie diese strukturiert sind.
- **Lebenszyklus der Hardware:** Anders als bei der Software wird hier in der Regel eine periodische Erneuerung in einem Zeitraum von ca. fünf bis sieben Jahren eingeplant und mit einer Beschaffung gleich die Hardware-Wartung für eine Reihe von Jahren gekauft. Bei der Hardwarewartung sind nämlich die zukünftigen Konditionen seitens der Hersteller relativ schwierig einzuschätzen, woraus sich eine Unsicherheit für die längerfristige Haushaltsplanung ergibt.

Problematisch ist das insgesamt hohe Innovationstempo bei gleichzeitig mitunter relativ langer Einführungsdauer neuer Dienstleistungen (typische Phasen: Markterkundung – Beschaffung – Implementierung – Tests – Einführung – Routinebetrieb – Konsolidierung). Folglich kann eine einzelne Bibliothek nicht in allen Bereichen an vorderster Front dabei sein, sie muss Prioritäten setzen und sollte sich mit geeigneten Partnern hinsichtlich eines koordinierten Vorgehens abstimmen.

6 IT-Beschaffung

Ist die Erreichung eines Ziels nicht mit dem vorhandenen Softwareportfolio zu leisten, so stellt sich zunächst je nach Ressourcenausstattung die Frage, ob eine geeignete Software
- am Markt verfügbar ist (kommerzielle Software/Standardsoftware)
- selbst programmiert oder kooperativ entwickelt werden kann bzw.
- ob es geeignete Open-Source-Software gibt oder
- ob ein Entwicklungsauftrag erteilt werden soll (neue Variante: ob eine Firma mit der Entwicklung von Open-Source-Software beauftragt wird).

Bei allen Varianten sollte grundsätzlich, auch wenn Geldmittel und Personal im öffentlichen Sektor nicht konvertibel sein mögen, der voraussichtliche Gesamtaufwand für die Einrichtung berücksichtigt werden. Nachfolgend werden einige Spezifika der IT-Beschaffung behandelt, verbunden mit dem Hinweis, dass auch für die anderen Varianten der Einführung neuer Anwendungen im Bereich eines Unterhaltsträgers Auflagen wie eine Melde-, Genehmigungs- oder Freigabepflicht neuer IT-Verfahren bestehen können. Die allgemeinen Grundsätze zur Beschaffung werden im Beitrag „Haushalts- und Vergaberecht" in diesem Band dargestellt. In der Praxis hat sich die „Unterlage für Ausschreibung und Bewertung von IT-Leistungen" (UfAB

V, aktuell: Version 2.0)[4] als hilfreicher Wegbegleiter durch das nicht immer übersichtliche Terrain bewährt.

Die zentrale Frage ist stets: Was soll genau beschafft werden? Die wesentlichen Eigenschaften und Merkmale, insbesondere die Ausschlusskriterien sind herauszuarbeiten. In der Praxis steht oft der subjektive Eindruck einer Produktpräsentation am Beginn des Wegs, seltener eine systematische Bedarfsanalyse. Sowohl zum Herausarbeiten der Abhängigkeiten mit dem bestehenden Anwendungsportfolio als auch zum abstrakten Formulieren der Anforderungen bedarf es eines vertieften technischen Verständnisses. Eine hinreichende Durchdringung ist unabhängig von der Wahl des Vergabeverfahrens unerlässlich. Dabei ist der Fokus auf die möglichst vollständige Beschreibung der zentralen Aspekte zu legen. Insbesondere sollte bereits in diesem Stadium die grundsätzliche technische Machbarkeit klar erkennbar sein, um sich unnötige, nicht zielführende Anstrengungen zu ersparen. Bei der Formulierung von Anforderungen sind auch technische Aspekte der Nachprüfbarkeit zu berücksichtigen, etwa wie die Antwortzeit einer Anwendung genau zu messen ist. Im Vorfeld einer Beschaffung sind zudem Fragen der Finanzierung sowohl hinsichtlich der voraussichtlichen einmaligen als auch laufenden Kosten hausintern oder mit dem Unterhaltsträger zu klären (keine Ausschreibung ohne entsprechende Finanzierung). Flankierend sind gegebenenfalls Möglichkeiten der (partiellen) Refinanzierung auszuloten oder Commitments möglicher Anwender einzuholen und auch der eigene, nicht refinanzierbare Personalaufwand mit einzuplanen.

Der Innovationsgrad einer Anwendung kann ein Alleinstellungsmerkmal ausmachen, d.h. zum fraglichen Zeitpunkt gibt es kein gleichwertiges Angebot eines anderen Anbieters. Falls dies bei der Wahl des Vergabeverfahrens wesentlich berücksichtigt wird, ist dies ausführlich zu dokumentieren; der Nachweis der Nichtexistenz ist dabei die Herausforderung. Der Weg, den der Mathematiker dafür am liebsten wählen würde (Widerspruchsbeweis), scheidet hier leider aus. Zu bedenken ist in dieser Situation zudem, ob der geforderte Preis angemessen ist, es fehlt schließlich der Vergleich.

Insgesamt ist eine gewisse Grundskepsis angebracht, insbesondere wenn Produkte viel versprechen. Dabei muss es sich noch nicht einmal um die legendäre eierlegende Wollmilchsau handeln. Gleichwohl darf diese Skepsis nicht rundweg handlungslähmend wirken. Es gilt sich im Vorfeld einer Entscheidung möglichst umfassend zu informieren, etwa auch im direkten Kontakt mit Referenzkunden. Man sollte sich auch davor in Acht nehmen, zu viele eigene Erwartungen auf ein neues Produkt zu projizieren.

Im Zuge einer öffentlichen Ausschreibung stellt sich auch die Frage nach einer Aufteilung in Lose. Bei einer Aufteilung in Hardware (gegebenenfalls differenziert nach Servern und Storage) und Software liegt die Herausforderung darin, die gegenseitigen Anforderungen unabhängig vom letztendlich zu beschaffenden Einzelpro-

---

4 http://www.cio.bund.de/DE/IT-Beschaffung/UfAB/ufab_node.html (15.10.2013).

dukt zu formulieren. Daher kann es sinnvoll sein, die Beschaffung auf mehrere Ausschreibungen aufzuteilen und z.B. die Hardware für den produktiven Einsatz erst nach der Beschaffung der Software auszuschreiben. Aus der Zielsetzung, das Hardwareportfolio überschaubar zu halten, ergeben sich möglichst große Ausschreibungen bzw. Lose oder das Bestreben, Skalierung durch Folgebeschaffungen zu früheren Ausschreibungen vorzunehmen. Hier sind die Grenzen des Vertretbaren jeweils individuell zu bestimmen und spätere Optionen unter Umständen bereits in der Grundausschreibung zu verankern. Es kann auch nicht mehr generell auf fallende Hardwarepreise gesetzt werden. Zu beachten ist bei dieser Art der Skalierung zudem, ob dann der Erwerb zusätzlicher Softwarelizenzen erforderlich ist und ob eine Anwendung überhaupt für Mehrserverbetrieb geeignet ist oder ob die Skalierung allein in der Dimensionierung eines einzelnen Servers stattfinden kann. Auszuloten ist dann auch, ob aus der Ursache des Nutzungsanstiegs (z.B. deutlich mehr Studierende) auch zusätzliche (Sonder-)Mittel, etwa im Rahmen eines Überlastprogramms, abgeleitet werden können.

Anders als bei der bibliothekarischen Anwendungssoftware hat man es zwar bei der Hardware im Allgemeinen nicht mit einem Nischenmarkt zu tun; er weist jedoch auch eine sehr starke Konzentration auf, und die Preismodelle der Anbieter sind nicht immer kompatibel mit den Intentionen und Vorgaben im öffentlichen Sektor. Wenn der Einsatz vieler Komponenten aus einer Hand preislich honoriert wird, so ist dies der Forderung nach einer Aufteilung in Lose diametral entgegengesetzt.

Das klassische Vertragsmodell bei Software, typischerweise gemäß den Ergänzenden Vertragsbedingungen für die Beschaffung von IT-Leistungen, EVB-IT-Überlassungsvertrag (Typ A gegen Einmalvergütung, Typ B gegen periodische Vergütung)[5], wird im Zuge der zunehmenden Verbreitung von Cloud-Konzepten durch neue Formen abgelöst. Es werden sich wohl auch hier Standards herausbilden, derzeit ist der Aufwand für die individuelle Vertragsgestaltung, damit aber auch der Spielraum noch relativ groß.

Insgesamt erweist sich der Aufgabenbereich der IT-Planung als sehr umfassender Bereich, der nicht nur IT-fachliche und bibliothekarisch-fachliche Anforderungen mit den verfügbaren Mitteln in Einklang zu bringen bestrebt ist, sondern gerade auch den Menschen nie außer Acht lassen darf. Der Autor bittet daher um Nachsicht, wenn angesichts des begrenzten Raums einzelne Aspekte nur angerissen werden konnten oder eine stärkere Fundierung der Erfahrungswerte und Hinweise vermisst wird, die sich primär als Denkanstöße verstehen, welche auf die jeweiligen lokalen Rahmenbedingungen bezogen werden können.

---

5 Vgl. http://www.cio.bund.de/Web/DE/IT-Beschaffung/EVB-IT-und-BVB/Aktuelle_EVB-IT/aktuelle_evb_it_inhalt.html (08.09.2014).

Joachim Hennecke
8.4 Innovationsmanagement

1 1 Innovation und Innovationsmanagement

Dass Wortkombinationen mit „Innovation" bzw. „innovativ" mittlerweile in vielen Zusammenhängen von der einzelnen Person über die Organisation bis hin zur Politik praktisch schon inflationär gebraucht werden, hat einen Grund vermutlich darin, dass der Innovationsbegriff fast durchweg positiv konnotiert ist.[1] Innovation hat offenbar etwas mit „Neuheit" und „Veränderung" bzw. „Entwicklung" zu tun, was zunächst einmal *per se* als „gut" bewertet wird.[2] Neben der positiv unterlegten, aber etwas schwammigen Begriffsbedeutung als etwas grundsätzlich erstrebenswertem „Neuen" wird „Innovation" jedoch erst dann zu einem betriebswirtschaftlichen, dem Managementaspekt zugänglichen Begriff, wenn die unternehmerische Relevanz gegeben ist, d.h. wenn Innovationen zur Erreichung des Unternehmenszwecks erforderlich sind.

Die Notwendigkeit, innovativ zu sein, kann aus dem schnellen technologischen Wandel, aus den (auch dadurch) sich ändernden Kundenerwartungen sowie dem erhöhten Wettbewerbsdruck in Zeiten einer immer schnelleren Verfügbarkeit neuen Wissens und der zunehmenden Globalisierung begründet werden.[3] Diese Umweltfaktoren erhöhen auch den Innovationsdruck auf Bibliotheken, obwohl diese in der Regel nicht gewinnorientiert wirtschaften und als zumeist öffentliche Betriebe auch nicht im selben Ausmaß wie privatwirtschaftliche Betriebe dem permanenten Wettbewerbsdruck ausgesetzt sind. Denn nicht zuletzt durch das starke Anwachsen der technischen Möglichkeiten, das Entstehen potenzieller Konkurrenz gerade bei netzbasierten, global verfügbaren Diensten und durch die gerade bei öffentlichen Betrieben bestehenden Budgetgrenzen steigt auch für Bibliotheken die Notwendigkeit, bei sich ändernden Nutzererwartungen das jeweils aktuell richtige Dienstleistungsportfolio effizient bereit zu stellen, also auszuwählen und zu bewerten.

Eine Innovation in diesem Sinne kann man als „die zielgerichtete Durchsetzung von neuen technischen, wirtschaftlichen, organisatorischen und sozialen Problemlö-

---

[1] Vgl. Green 2013: http://www.theatlantic.com/events/archive/2013/06/innovation-the-history-of-a-buzz-word/277067/ (29.08.2014); Gronemeyer 2000: 6.
[2] Vgl. symptomatisch dazu auch die Vergabe der Auszeichnung „Bibliothek des Jahres", deren Ziel es ist, „die Aufmerksamkeit der Öffentlichkeit auf die Leistungsfähigkeit und Innovationskraft der deutschen Bibliotheken zu lenken und besondere Wertschätzung für innovative Ideen und Aktivitäten zum Ausdruck zu bringen" (http://www.bibliotheksverband.de/dbv/auszeichnungen/bibliothek-des-jahres.html (29.08.2014)); die Kosten/Nutzen-Relation der jeweils hervorgehobenen Innovationen spielt dabei offenbar keine Rolle.
[3] Vgl. Stern/Jaberg 2007: 2f.; ähnlich für das Bibliothekswesen Georgy/Mumenthaler 2012: 319–340.

sungen [definieren], die darauf gerichtet sind, die Unternehmensziele auf neuartige Weise zu erreichen."⁴

Innovationsmanagement im weitesten Sinne umfasst dann alle Tätigkeiten, die zu Innovationen führen, von der Ideenfindung über die Ideenauswahl und -bewertung bis hin zur Umsetzung, Vermarktung und Erfolgskontrolle.

Zu den Aufgaben gehört neben der Betreuung einzelner Innovationsprojekte insbesondere auch Förderung der Innovationsfähigkeit der Organisation insgesamt, die sich nicht zuletzt in der Innovationsstrategie und der Innovationskultur widerspiegelt.

Das gesamte „Gebäude" des Innovationsmanagements lässt sich sehr gut an dem von der Unternehmensberatung A.T. Kearney entwickelten *House of Innovation* illustrieren:

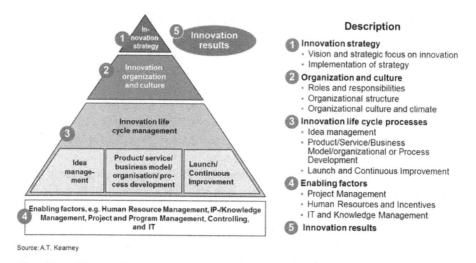

Abb. 1: House of Innovation. Quelle: eigene Erstellung nach A.T. Kearney.⁵

Der eigentliche Innovationsprozess bildet dabei innerhalb des Betriebs das Kernelement, bestehend aus den Prozessschritten der Ideengenerierung, der Umsetzung des Innovationsprojekts und der Einführung der Innovation in den Markt, woran sich das Bemühen um eine ständige Verbesserung der lancierten Produkte anschließt, was in der Regel wieder zu einem neuen Innovationszyklus führt. Voraussetzung für ein erfolgreiches Innovationsmanagement sind funktionierende Unterstützungsinstrumente, insbesondere ausreichende IT-Kapazitäten und Projektmanagementerfahrung.

Das „House of Innovation" verdeutlicht aber auch, dass die Innovationen immer auf eine Innovationsstrategie ausgerichtet sind, die wiederum nur dann mit Leben

---

4 Vahs/Brem 2013: 1; für weitere Definitionsvarianten siehe Hauschildt 2011: 3–23.
5 Vgl. Engel/Diedrichs 2012; Quack 2013.

erfüllt werden kann, wenn die Innovationsorientierung im Unternehmen organisatorisch und kulturell verankert ist.

2 Die Innovationsstrategie

2.1 Das bibliotheksübergreifende Innovationssystem

Trotz der großen Bedeutung der Innovationsstrategie als Bezugspunkt aller Innovationsaktivitäten findet man diese in Bibliotheken nur selten bewusst ausformuliert. Schon ein Zielsystem, in das die Innovationsstrategie eingebettet werden könnte, lässt sich für einzelne Bibliotheken kaum einmal nachweisen.

Dies ist zunächst vor allem dadurch erklärbar, dass Bibliotheken bisher nicht wirklich untereinander konkurrieren, sondern zum größten Teil jeweils ihren eigenen Markt bedienen, z.B. eine Hochschulbibliothek die Studierenden und Wissenschaftler der eigenen Hochschule. Bibliotheken bewegen sich daher bislang in einem Innovationssystem, das deutlich durch kooperative Strukturen geprägt ist. Innovationsideen und zu einem guten Teil auch die Innovationen selbst werden häufig im Rahmen der Zusammenarbeit innerhalb von Bibliotheksverbünden oder gemeinsam betriebenen Einrichtungen wie den Verbundzentralen entwickelt.[6]

Da etwa die Bedürfnisse der Studierenden und Wissenschaftler an den verschiedenen Hochschulen grundsätzlich vergleichbar sind, die Bibliotheken selbst zudem auf ebenfalls vergleichbare Technologien zurückgreifen und sich nur in Ausnahmefällen eigene Forschungs- und Entwicklungsabteilungen leisten können[7], liegt die Zusammenarbeit als dominante Strategie zur Hervorbringung neuer Dienstleistungen auch nahe. Die Innovationen, die im Zuge der öffentlichen Projektförderung, z.B. durch die Deutsche Forschungsgemeinschaft, entstehen, können zudem in der Regel durch andere Bibliotheken nachgenutzt werden, was ebenfalls kooperativ entwickelte Innovationen fördert, zumal an bibliotheksrelevanten DFG-Projekten häufig ohnehin mehrere Bibliotheken beteiligt sind.

---

[6] Zudem bieten auch große, global tätige Bibliotheksorganisationen bzw. Systemanbieter wie OCLC ihren Mitgliedern Plattformen zur Entwicklung von Innovationen an, vgl. z.B.: http://www.oclc.org/research/innovationlab.html oder die Entwicklungsplattform http://www.oclc.org/developer/ (29.08.2014).

[7] Eine eigenständige Forschungs- und Entwicklungsabteilung betreibt sehr erfolgreich bereits seit 2002 die Niedersächsische Staats- und Universitätsbibliothek in Göttingen; vgl. dazu Mittler 2013: 15–28; auch die Abteilung „Informations- und Datenmanagement" der Staatsbibliothek zu Berlin, in der IT-Fachleute und Bibliothekare zur innovativen Weiterentwicklung von Prozessen und Dienstleistungen in einer Organisationseinheit zusammenwirken, lässt sich als Variante einer F&E-Abteilung verstehen, vgl. http://staatsbibliothek-berlin.de/die-staatsbibliothek/abteilungen/idm/ (29.08.2014).

Die prinzipielle Gleichartigkeit der Nutzerstrukturen und der damit verbundene Rückgriff auf vergleichbare Technologien zur Versorgung der jeweiligen primären Nutzergruppe mit neuen Dienstleistungen führt nicht zuletzt dazu, dass Bibliotheken mit gleichartigem öffentlichen Auftrag, wie z.B. Hochschulbibliotheken, grundsätzlich auch gleichartige Ziele verfolgen. Auch bei nicht explizit ausformulierter Innovationsstrategie einer einzelnen Bibliothek kann daher bereits gegenwärtig sowohl von einer implizit vorhandenen Innovationsstrategie als auch von einem implizit gegebenen Zielkatalog ausgegangen werden.

Dieses innovationsrelevante übergreifende Zielsystem spiegelt sich einerseits in den Zukunftsszenarien wider, die immer wieder für die Bibliotheken entworfen werden und die hinsichtlich der wesentlichen prognostizierten Trends viele Gemeinsamkeiten aufweisen.[8] Ausgehend von ihrem traditionellen Auftrag zur Literatur- und Informationsversorgung der Nutzer vor Ort werden sich danach die einzelnen Bibliotheken vor allem bei der Langzeitarchivierung, Retrodigitalisierung, Informationskompetenzvermittlung und Ausgestaltung moderner, kommunikationsorientierter und multimedialer Lernumgebungen engagieren und ihre Kompetenzen aus den klassischen Bereichen Erwerbung und Erschließung wissenschaftsnäher anbieten, z.B. im Rahmen virtueller Forschungsumgebungen und zur Unterstützung der wissenschaftlichen Publikationstätigkeit, vor allem im Hinblick auf Open Access.[9]

Andererseits werden zentrale Innovationsfelder für die deutsche wissenschaftliche Bibliothekslandschaft auch von den die Wissenschaftsentwicklung wesentlich beeinflussenden übergreifenden Institutionen, insbesondere der Deutschen Forschungsgemeinschaft und dem Wissenschaftsrat, vorangetrieben.[10] DFG und Wissenschaftsrat streben mit ihren Empfehlungen eine besonders den Innovationsaspekt betreffende Neustrukturierung des bestehenden Systems der Bibliotheksverbünde an, indem sich diese in Abkehr vom derzeit bestehenden Regionalprinzip arbeitsteilig auf das Angebot von Basisdiensten[11] und zusammen mit anderen großen Einrichtun-

---

[8] Vgl. dazu u.a.: Tannhof 2013: 5–13; Mittler 2012: 390–393; Stephan 2011: 221–230; Tochtermann 2013; Mumenthaler 2013; Australian Library and Information Association 2013; Dugall 2012: 141–162.
[9] Für den Bereich der öffentlichen Bibliotheken werden als zukünftig bedeutsame Aufgabenschwerpunkte ebenfalls die Bibliothek als „Lernort", dann aber auch als „Kulturcafe" und „Gemeindezentrum" propagiert; vgl. dazu Henning 2009: 338–341.
[10] Vgl. DFG 2011; Wissenschaftsrat 2011; vgl. dazu auch zusammenfassend und kommentierend Haubfleisch 2011: 843–867.
[11] Laut DFG 2011: 8 umfassen diese die „Bereitstellung einer mit Fremddaten angereicherten Katalogisierungsdatenbank, technische Organisation der Fernleihe, Unterstützung beim Betreiben beziehungsweise Hosting lokaler Bibliothekssysteme mit den Kernfunktionalitäten OPAC, Ausleihe und Erwerbung".

gen des Bibliothekswesens[12] auf die Entwicklung innovativer Dienste[13] konzentrieren, die dann jeweils auch verbundübergreifend angeboten werden.

Die Aufgaben der einzelnen (Hochschul-)Bibliothek beschränken sich aus dieser Sicht im Wesentlichen auf „die (kompositorische) Gestaltung der Endnutzer-Zugangssysteme"[14] und bieten dementsprechend einen auf die jeweils lokal vorhandenen spezifischen Nutzerbedarfe abgestimmten Ausschnitt des gesamten Dienstleistungsportfolios an.

2.2 Ansatzpunkte für das Innovationsmanagement einer einzelnen Bibliothek

Für die einzelne wissenschaftliche Bibliothek bleiben neben der beschriebenen Einbindung in ein schon sehr mächtiges und auch den Ressourceneinsatz schon weitgehend vorprägendes, gleichzeitig übergreifendes und kooperatives Innovationssystem mehrere Möglichkeiten für ein eigenständiges Innovationsmanagement.

Ein Ziel könnte es dabei sein, durch besonders aktive Beteiligung an der bestehenden Innovationskooperation die Reputation der einzelnen Bibliothek innerhalb des übergreifenden Systems zu steigern und möglichst viele Innovationsimpulse einzubringen.

Ein zweiter Anknüpfungspunkt sind die oben bereits angesprochenen lokal unterschiedlichen Nutzerbedürfnisse. Das Innovationsziel bestünde in diesem Fall nicht zuletzt darin, aus dem System übernommene Dienste innovativ an die spezifischen Nachfragebedingungen vor Ort anzupassen.[15]

Drittens unterscheiden sich einzelne Bibliotheken, nicht selten historisch bedingt, durch besondere Sammelschwerpunkte, Buchbestände und auch räumliche

---

12 Die DFG benennt dazu eine offene Liste von Einrichtungen, siehe DFG 2011: 10: „DNB, Staatsbibliotheken, zentrale Fachbibliotheken, Großforschungszentren, Weltdatenzentren usw.".
13 Vgl. DFG 2011: 8–9: „Die folgenden Beispiele benennen Dienste, die zukünftig Betreiber benötigen werden und derzeit entweder in der konzeptionellen Planung sind oder sich bereits im Projektstadium befinden: Überregionale Lizenz- und Endnutzerverwaltung für elektronische Medien [,…] Hosting-Services [,] elektronische Medien (Zeitschriften, e-Books, weitere e-Medien) [,…] Digitale LZA (soweit nicht abgedeckt durch die DNB) [,…] Betrieb von Service-Komponenten für retrodigitalisierte Bibliotheksmaterialien, eingebettet in ein Gesamtkonzept zur Deutschen Digitalen Bibliothek [,…] Betrieb von Backend-Services für ein Repositorien-Netzwerk in Deutschland (vgl.DFG-gefördertes Projekt Open-Access-Netzwerk) [,…] Betrieb von Servicekomponenten für Virtuelle Forschungsumgebungen (vgl. Grid-Communities, d-Grid.org) [,…] Betrieb von Servicekomponenten für Forschungsdaten [,…] Betrieb von Repositorien-, Statistik- und Zitations-Services (vgl. die einschlägigen DFG-geförderten Projekte) [,…] Service-Plattformen für Informations-Services („Gelbe Seiten", vgl. DFG-gefördertes CARPET-Projekt)".
14 DFG 2011: 10.
15 Ein Beispiel für eine solche Innovation ist das campusweite Dokumentliefersystem der Universitätsbibliothek der Friedrich-Alexander-Universität Erlangen-Nürnberg, FAUdok, vgl. dazu: Faust 2010: 272–275.

Gegebenheiten. Diese können zur Entwicklung daran anschließender Innovationen genutzt werden und sowohl das Renommee einer Einrichtung beträchtlich steigern als auch neue Märkte außerhalb der primären Nutzergruppe erschließen.[16] Die damit betriebene Imagepflege, die bis zur Ausprägung einer eigenen Marke führen kann[17], stärkt nicht nur die Stellung der Bibliothek innerhalb der Bibliothekslandschaft, sondern insbesondere auch gegenüber den regulären Mittelgebern und erleichtert darüber hinaus die Einwerbung von Förder- und Sponsorenmitteln.

Schließlich kann sich das Innovationsmanagement einer einzelnen Bibliothek auch an den vorhandenen und steuerbaren betrieblichen Ressourcen Gebäude/Ausstattung, Technik und Personal orientieren, um an die eigene Organisation angepasste effizientere Geschäftsprozesse zu etablieren.

Zusammenfassend kann man feststellen, dass die Potenziale für das Innovationsmanagement der einzelnen Bibliothek nicht so sehr im Bereich der radikalen, bahnbrechenden, das gesamte Bibliothekswesen verändernden Innovationen liegen, sondern eher bei inkrementellen Verbesserungen, Anpassungen sowie internen Geschäftsprozessen, oder auf die Vermarktung unikaler Ressourcen abstellen.[18]

3 Der Innovationsprozess

Anknüpfend an das weiter oben beschriebene *House of Innovation* kann man im Rahmen des innerbetrieblichen Innovationsprozesses eine Planungsphase der Ideenfindung und -auswahl, eine Realisierungsphase der Produktentwicklung sowie eine Vermarktungsphase unterscheiden.

In der Planungsphase werden Innovationsideen kreiert bzw. gesammelt, bewertet und beschlossen. Soweit Innovationen das Dienstleistungsangebot verbessern sollen, wäre in dieser Situation die Integration von Kunden, Lieferanten und Kooperationspartnern durch *Open Innovation* eine geeignete Maßnahme, damit nicht am Bedarf vorbei produziert wird. Unter Open Innovation versteht man allgemein die

---

16 Betont wird dies u.a. von Bonte/Ceynowa 2013: 117.
17 Herausragende Beispiele für diese Innovationsstrategie liefert die Bayerische Staatsbibliothek mit ihren bekannten mobilen Apps „Famous Books – Treasuries oft the Bavarian State Library" und „Oriental Books" für iPad und iPhone, die auch international für Furore gesorgt haben, oder der Augmented-Reality-Anwendung „Ludwig der II. – auf den Spuren des Märchenkönigs"; vgl.: http://www.bsb-muenchen.de/Mobile-Apps.3027.0.html (29.08.2014).
18 In der Literatur werden die Innovationsarten unterschiedlich abgegrenzt. So kann man z.B. einerseits nach dem Gegenstandsbereich u.a. Produkt- und Dienstleistungsinnovationen von Prozessinnovationen, Sozialinnovationen und Managementinnovationen unterscheiden, andererseits nach dem Neuigkeitsgrad u.a. radikale, Verbesserungs- und Routineinnovationen; vgl. Hartschen [u.a.] 2009: 8–11, sowie Vahs/Brem 2013: 52–68. Die Unterscheidungen liefern eine Orientierung, die Übergänge zwischen verschiedenen Innovationsarten können aber fließend sein, insoweit z.B. eine Produktinnovation gleichzeitig auch zu einer Prozess- oder Sozialinnovation führt; vgl. Vahs/Brem 2013: 60.

Öffnung des Innovationsprozesses über die Organisationsgrenzen hinaus, um durch die Schaffung von Transparenz gegenüber externen Interessenten frische Einfälle zu einem Innovationsprojekt in den eigenen Betrieb zu holen.[19] Typische Instrumente für Open Innovation sind u.a. Innovationswettbewerbe[20], Innovationsmarktplätze und Innovations-Communities.[21] Im Bibliotheksbereich erfreut sich gerade die letzte Variante der Innovations-Communities zunehmender Beliebtheit, wie die steigende Anzahl sogenannten *Library Labs* zeigt, das sind Online-Plattformen, auf denen besonders engagierte Bibliotheksnutzer zusammen mit den bibliothekarischen Betreibern dieser Labore insbesondere elektronische Dienste weiter entwickeln helfen.[22]

Weiterhin ist das Marktumfeld zu sichten, indem z.B. Innovationen anderer Bibliotheken[23] im Hinblick auf eine Übertragung auf das eigene Dienstleistungsprogramm geprüft und indem neue Technologien[24] zu diesem Zweck ausgewertet werden.

Um Verbesserungen von Produkten und Geschäftsprozessen zu erreichen, stellt auch das interne Ideenmanagement, also quasi das betriebliche Vorschlagswesen,

---

19 Zu den Möglichkeiten von „Open Innovation" im Bibliotheksbereich vgl. Georgy 2012: 83–132.
20 Als Beispiel für einen Innovationswettbewerb sei hier auf die Kampagne der Deutschen Zentralbibliothek für Wirtschaftswissenschaften – Leibniz-Informationszentrum Wirtschaft verwiesen; vgl. Fingerle 2012: 346–352.
21 Zu den einzelnen Varianten vgl. Habicht [u.a.] 2011: 44–51.
22 Bekannte Library-Labs stammen von der Law Library der Harvard Universität (http://librarylab.law.harvard.edu/) oder der Bibliothek der Ohio State Universität (http://library.osu.edu/blogs/labs/about/), in Deutschland ist vor allem der Ansatz für ein „Open Science Lab" der Technischen Informationsbibliothek Hannover (TIB) zu nennen (vgl. http://blogs.tib-hannover.de/opensciencelab/); eine (sicher nicht vollständige) Liste amerikanischer Library Labs findet man unter http://www.rss4lib.com/library-labs/. Vgl. dazu auch Heller [u.a.] 2013: 186–190; in die gleiche Richtung der Kooperation von Anbietern und Nutzern weist auch das schon etwas ältere Lead-User-Konzept, vgl. dazu Müller-Prothmann/Dörr 2011: 54–59.
23 Insoweit diese in anderen Bibliotheken bereits eingeführten Innovationen nicht ohnehin über das kooperative Innovationssystem, Bibliotheksverbünde, Kommissionen, Bibliotheksleiterrunden etc. verbreitet werden, bieten sich neben den bekannten Bibliothekskongressen (vgl. u.a. http://www.bib-info.de/verband/publikationen/opus.html und http://conference.ifla.org/), den bibliothekarischen Fachzeitschriften (vgl. etwa das „Journal of Library Innovation: http://www.libraryinnovation.org/; eine Liste bibliothekarischer Fachzeitschriften findet sich z.B. in der „Fundgrube" des Berufsverbandes Information Bibliothek e.V.: http://www.bib-info.de/verband/publikationen/fundgrube-internet.html) auch reine Netzpublikationen wie etwa der OCLC-Research-Channel bei YouTube http://www.youtube.com/user/OCLCResearch oder bibliothekarische Blogseiten, die einen Schwerpunkt im Innovationsbereich haben, z.B. Peter Alsbjers „Library Innovations" bei Pinterest: http://www.pinterest.com/peterals/library-innovations/ oder den Blog des Harvard Library Labs: http://librarylab.law.harvard.edu/blog/.
24 Einschlägig für die Beobachtung von bibliotheksrelevanten Technologien ist der Horizon-Report des New Media Consortium: http://www.nmc.org/horizon-project, im deutschsprachigen Raum gab und gibt es Versuche, bibliotheksrelevante Technologietrends im Rahmen eines „Technologieradars" zu erfassen, vgl. dazu Georgy/Mumenthaler 2012: 333–334 und Deeg 2011: 408–410.

eine wichtige Komponente dar. In den Zeiten von Social Media bietet es sich dabei an, das betriebliche Vorschlagswesen z.B. als internen Blog zu betreiben.[25]

Schließlich ist auch auf die Möglichkeit hinzuweisen, unter Anwendung von Kreativitätstechniken im Rahmen von Mitarbeiter-, Lieferanten-, Nutzer- oder gemischten Workshops Ideen für neue Dienste oder Prozesse zu entwickeln. Ziel der Anwendung verschiedener Kreativitätstechniken ist es in der Regel, in den Köpfen der Workshop-Teilnehmer einen Ad-hoc-Perspektivwechsel zu bewirken, d.h. Probleme, Arbeitsgänge oder Dienstleistungen aus einem ungewohnten Blickwinkel zu betrachten, um auf diese Weise zu neuen Lösungen zu gelangen.[26]

Die verschiedenen Möglichkeiten, an Ideen für Innovationen zu gelangen, geben schon einen Hinweis darauf, dass die Menge potenziell verfügbarer Ideen vielleicht nicht das eigentliche Problem dieser Phase des Innovationsprozesses ist.

Entscheidend ist vielmehr erstens der Rückgriff auf die weiter oben behandelte Innovationsstrategie. Nur von dieser ausgehend können Suchfelder für mögliche Innovationen abgegrenzt werden und Bewertungskriterien zur Auswahl aus dem entstandenen Ideenpool sinnvoll abgeleitet werden.

Zweitens sind bei der Auswahl möglicher Innovationsideen die technischen und finanziellen Rahmenbedingungen zu beachten, damit nur diejenigen Ideen zur Umsetzung gelangen, die mit den verfügbaren Ressourcen auch bewältigt werden können. Entsprechend wäre im Rahmen der Ideenauswahl auch zu prüfen, ob ein bestimmtes Innovationsprojekt finanzierbar ist bzw. gute Chancen auf eine externe Projektförderung hat. Man kann sich den Prozess der Ideenfindung so als eine schrittweise Filterung aus der Masse verfügbarer Möglichkeiten vorstellen, bei der ausgehend von den im Rahmen der Innovationsstrategie abgeleiteten Suchfeldern aus dem „Fuzzy Front End" nach Überprüfung der definierten Entscheidungskriterien über die Realisierung einzelner Projektideen entschieden wird.

Drittens erweist sich damit bereits die Planungsphase auch als ein Führungsproblem. Denn natürlich sollte auf der einen Seite die Motivation zur Suche nach neuen Produktideen, Verbesserungen und Effizienzgewinnen dauerhaft erhalten bleiben, und zwar gerade auch bei denjenigen, deren Ideen im Rahmen des Auswahlprozesses eben nicht zur Umsetzung gelangen (das dürfte die überwiegende Mehrzahl der eingebrachten Ideen sein). Die Erfahrungen mit internen Blogs zur Sammlung von Verbesserungsvorschlägen zeigt darüber hinaus, dass gerade zur Einbindung möglichst vieler Mitarbeiter aus verschiedenen Hierarchiestufen des Betriebs das Commitment der Führungskräfte gefragt ist und Social-Media-Instrumente ohne eine starke Top-down-Komponente nicht nachhaltig funktionieren.[27]

Nach Entscheidung für ein bestimmtes Innovationsvorhaben schließt sich die Realisierungsphase an. Dies sollte in den meisten Bibliotheken keine unüberwindli-

---

25 Vgl. wiederum Georgy/Mumenthaler 2012: 326.
26 Einen Überblick über verschiedene Kreativitätstechniken liefern u.a. Hartschen u.a. 2009: 26–38.
27 Vgl. zu Praxiserfahrungen mit internen Blogs Hennecke/Schmidt 2012.

che Hürde darstellen, da ja zumindest die häufig stark betroffenen IT-Abteilungen an die Projektarbeit gewöhnt sind. Weil die meisten der in den einzelnen Bibliotheken lancierten Innovationsprojekte zudem nicht den umfassenden Charakter radikaler Innovationen aufweisen, sondern als Anpassungs- oder Verbesserungsmaßnahmen eher inkrementeller Art sind, dürfte sich der Aufwand zur Erstellung von Terminplänen, Designs, Produktprototypen und Testphasen zur technischen Qualitätssicherung der neu entwickelten Dienste in einem begrenzten Rahmen abspielen. In vielen Fällen wird vermutlich nicht einmal ein eigenes Projektteam begründet werden, sondern die beschlossene Innovation über die bestehenden Hierarchien und Abteilungen schlicht als Arbeitsauftrag zur Ausführung gelangen. Trotzdem wird es selbst dann sinnvoll und häufig auch notwendig sein, Projektverantwortlichkeiten festzulegen, um Entwicklungsfortschritte zu dokumentieren und mögliche Flops und unnötigen Ressourcenverbrauch zu vermeiden, indem nach einzelnen Projektfortschritten immer noch einmal geprüft wird, ob ein Projekt beispielsweise angesichts stark auseinanderlaufender Nutzen- und Kostenerwartungen nicht doch sinnvollerweise noch abzubrechen ist (sogenannter Stage-Gate-Prozess).[28] Und schließlich, um den zeitlichen Rahmen, die sogenannte *Time-to-Market* zu gewährleisten[29]. Wichtig ist auch in dieser Phase die Sicherung einer hinreichend differenzierten internen Kommunikation über notwendige innerbetriebliche Anpassungen sowie die Koordination des Projektablaufs, gerade wenn mehrere Abteilungen an der Innovationsentwicklung beteiligt sind.

In der Vermarktungsphase schließlich ist dafür Sorge zu tragen, dass die innovative Dienstleistung auch von den Kunden angenommen und der anvisierte Nutzen möglichst erreicht, die potenzielle Nutzung möglichst weit ausgeschöpft wird. Dies bedeutet vor allem, dass die Innovation an die Nutzer oder bei internen Prozessinnovationen an die betroffenen Mitarbeiter entsprechend kommuniziert werden muss.[30]

Bei innovativen Diensten, die sich direkt an die Bibliotheksnutzer richten, können hier die Möglichkeiten der Kundenansprache über Print und Online-Medien, der Kundenbefragung und des Feedbacks genutzt werden, im Rahmen klassischer Befragungen, durch Auswertung der Nutzungsfrequenz der neu angebotenen Dienste

---

28 Mit dem „Stage-Gate"- oder auch „Phase-Gate"-Prozess wird zum Ausdruck gebracht, dass nach jeder Innovationsphase („Stage") an einem „Tor" („Gate") für eine Überprüfung des Erreichten hinsichtlich Qualität, Effizienz und Zielgerichtetheit „angehalten" wird, um rechtzeitige Projektanpassungen bis hin zum Abbruch eines Innovationsprojekts einleiten zu können. Die „Gates" fungieren dabei auch als „Meilensteine" im Sinne des Projektmanagements. Die Anzahl der Gates ist variabel und von der Komplexität des jeweiligen Innovationsvorhabens abhängig. Das Stage-Gate-Modell geht ursprünglich auf Robert G. Cooper zurück und wurde mittlerweile in viele unterschiedliche Varianten weiter entwickelt. Vgl. dazu Goffin [u.a.] 2009: 411–415.
29 Dies trifft insbesondere auf Innovationen zu, bei denen eine Bibliothek (nur) als „First Mover" oder zumindest als „Early Follower" Reputationsgewinne realisieren kann, also z.B. Dienstleistungen, bei denen zu erwarten ist, dass viele andere sie über kurz oder lang auch anbieten werden.
30 Vgl. dazu und im folgenden Zerfaß/Huck 2007: 851–852.

und nicht zuletzt über die Kommunikationspotenziale des Web 2.0, z.B. die inzwischen vielfach von Bibliotheken betriebene Facebook-Seite. Eine effektive Vermarktungskommunikation wird insbesondere dafür Sorge tragen, dass den relevanten Zielgruppen die Vorteile der Neuerungen einfach verständlich gemacht werden, und versuchen, gezielt potenzielle Multiplikatoren oder *Power-User* anzusprechen, die eine möglichst weite Verbreitung der Innovation fördern können. Die Notwendigkeit professioneller PR-Arbeit steigt dabei mit der Komplexität des neu entwickelten Produkts an. Gerade bei öffentlichen Bibliotheken ist zudem der Nutzen von Innovationen auch den regulären und potenziellen Mittelgebern zu verdeutlichen.

Bei innerbetrieblichen Prozessinnovationen sind wiederum Führungsqualitäten gefragt, nicht zuletzt, da es – zumindest aus der Perspektive der betroffenen Mitarbeiter und Abteilungen – bei Änderungen der Geschäftsabläufe in der Regel auch Gewinner und Verlierer geben wird. Auch hier zeigt sich die Bedeutung der Innovationskommunikation, die sich also nicht nur auf das Produktmarketing nach außen, sondern ebenso nach innen bezieht.

Die Auswertung des Feedbacks der Stakeholder kann dann zur Suche nach Verbesserungen führen, der Innovationszyklus beginnt von neuem.

4 Zur Organisation des Innovationsmanagements

In der oben vorgenommenen Skizze des Innovationsprozesses wurde bereits angemerkt, dass zur Gewährleistung des Projektfortschritts Verantwortlichkeiten definiert werden müssen. Innovationsideen müssen von irgendjemandem gesammelt, bewertet und kommuniziert werden, die Entwicklung der Innovation muss dokumentiert, die fertig gestellte Innovation vermarktet werden, auch Kosten und Nutzen der einzelnen Maßnahmen sind zu schätzen und abzuwägen.

Man kann unterschiedliche Herangehensweisen für eine nutzenstiftende Integration des Innovationsmanagements in die Bibliotheksorganisation unterscheiden, deren Hauptmerkmal es sein sollte, die kreativen Elemente des Innovationsprozesses mit den Entscheidungsmechanismen der Linienorganisation zu verbinden, d.h. insbesondere für die notwendige Kommunikation zwischen allen Beteiligten zu sorgen und auch bei Konflikten als vermittelnde Institution aufzutreten.[31]

Die Verankerung des Innovationsmanagements in der Linie würde die Schaffung eines eigenen Organisationsbereichs für das Innovationsmanagement vorsehen, mit einem entsprechend auf Abteilungsleiterebene angesiedelten Manager, der die eben angedeuteten Aufgaben verantwortet und dem die dazu notwendigen Entscheidungsbefugnisse übertragen werden. In dieser Abteilung wären dann z.B. die Planungs-

---

31 Vgl. grundlegend zu verschiedenen Organisationsformen Hauschildt/Salomo 2011: 68–76.

und Koordinationsfunktionen, das Berichtswesen und das Produktmanagement des Innovationsgeschehens der Bibliothek zusammengefasst.[32]

Eine Alternative dazu wäre eine stabsähnliche Einheit, vielleicht zusammengesetzt aus Mitarbeitern verschiedener Abteilungen der Bibliothek, der zunächst im Rahmen der Innovationsplanung wesentliche Schritte wie die Suche nach und Sammlung von Innovationsmöglichkeiten und Verbesserungsvorschlägen sowie die Durchführung von Open-Innovation--Maßnahmen zugewiesen werden und die somit eher im Bereich der Entscheidungsvorbereitung angesiedelt wäre, ohne selbst Verantwortung für den Innovationserfolg zu übernehmen oder in den nachfolgenden Phasen des Innovationsprozesses Weisungsbefugnisse auszuüben. Projektentscheidungen werden dann von der Bibliotheksleitung oder durch bereits bestehende Gremien, z.B. durch Abteilungsleiterrunden, getroffen. Die Aufgaben der Projektdokumentation, -koordination und -evaluierung könnten dabei entweder den jeweils pro Innovationsvorhaben (neu) gebildeten Projektgruppen selbst oder einem Innovationsmanager zugewiesen werden, der im Extremfall auch eine 1-Personen-Stabsstelle bilden kann. Die Stabsfunktion kann schließlich auch lediglich als Zusatzaufgabe einer anderen Managementaufgabe (Abteilungsleitung, Stabsstelle Marketing, Stabsstelle Controlling o.ä.) angegliedert werden. Der Erfolg einer solchen Organisationsform des Innovationsmanagements hängt dann allerdings sehr stark von der tatkräftigen Unterstützung der jeweils zuständigen Linien-Manager ab, deren besonderer Machteinsatz dann für jedes einzelne Projekt gefordert ist.

5 Innovationshemmnisse und Innovationskultur

Unabhängig davon, in welcher Organisationsform das Innovationsmanagement realisiert wird, werden Innovationsprojekte immer wieder mit ähnlichen Hemmnissen zu kämpfen haben.[33] Unterscheiden kann man dabei zwischen finanziellen Restriktionen, Beschränkungen in der technischen Ausstattung, organisatorischen und personalen Hemmnissen.

Während finanzielle und technisch bedingte Hindernisse für Innovationen als notwendige Bedingungen häufig schon in der Planungsphase zu einer Ablehnung von Innovationsprojekten führen, offenbaren sich viele der möglichen organisatorischen und personalen Hemmnisse erst im Projektverlauf.

Organisatorisch bedingte Probleme treten insbesondere dann auf, wenn der Innovationsprozess schnelle Kommunikationswege zwischen verschiedenen Abtei-

---

[32] Dieser Weg wurde ursprünglich von der Bibliothek der ETH Zürich gewählt, vgl. Georgy/Mumenthaler 2012: 323.
[33] Vgl. dazu grundlegend: Bitzer 1990; siehe auch Hauschildt/Salomo 2011: 95–115.

lungen und Hierarchieebenen erfordert. Ein Innovationsimpuls kann durch starre Strukturen dann sehr schnell versanden.[34]

Personale Hemmnisse wiederum können quantitativer und qualitativer Art sein. Quantitative personale Innovationshindernisse bestehen immer dann, wenn nicht genügend qualifizierte Mitarbeiter für die Umsetzung einer Innovation zur Verfügung stehen und bestehende Qualifikationsmängel durch Weiterbildungsaktivitäten nicht ausgeglichen werden können. Die Durchführung eines Innovationsprojekts erfordert in diesem Fall die (Neu-)Einstellung des zur Umsetzung benötigten Personals. Qualitative personale Hemmnisse entstehen in der Regel aus risikoscheuem Verhalten (Angst vor Fehlern oder Blamage, Angst vor Vorgesetzten, Angst vor Zurückweisung, Angst vor Wandel) oder aus bewusstem Nicht-Wollen (Gleichgültigkeit gegenüber Innovationen, in den sozialen Beziehungen wurzelnde Widerstände) einzelner Personen oder Gruppen.[35]

Sowohl die organisatorischen als auch erst recht die personalen Innovationshindernisse verweisen einerseits auf die weiter oben schon angesprochene „Führungsaufgabe Innovationsmanagement". Die Führungskräfte der Linie müssen *top down* Innovationsbestrebungen im Sinne der Innovationsstrategie fördern, als Machtpromotoren gegebenenfalls Vorgänge mittels Anweisungen beschleunigen bzw. entstehende Konflikte produktiv auflösen und gleichzeitig als Motivatoren und Teamplayer Freiräume und Fehler zulassen können. Zudem haben Sie die Aufgabe, die für Innovationen notwendigen Qualifikationen ihrer Mitarbeiter durch die Einbindung in ein auf die Innovationsziele ausgerichtetes Personalentwicklungs- und Fortbildungskonzept zu fördern.

Andererseits ist absehbar, dass einzelne innovationsfördernde Inseln im Organisationsgefüge kaum ausreichen werden, um eine Bibliothek insgesamt nachhaltig innovativ werden zu lassen. Vielmehr sind – wenn sich eine Bibliothek mit ihrer Innovationsorientierung positionieren möchte – Anstrengungen gerade auch vom Top-Management aus zu unternehmen, um eine Innovationskultur zu etablieren, die prinzipiell alle Mitarbeiter, Abteilungen und Hierarchiestufen auf innovationsfördernde Werte wie Offenheit für Wandel, Schaffung und Nutzung von Freiräumen zur Ideenfindung, offene Kommunikationsstrukturen sowie Konflikt- und Risikobereitschaft verpflichtet. Diese Selbstverpflichtung der innovativen Bibliothek findet häufig ihren ersten sichtbaren Ausdruck in einer schriftlich fixierten und publizierten Unternehmensvision bzw. einem Unternehmensleitbild[36], muss aber letztlich auch von möglichst vielen Mitarbeitern jeweils an ihrem konkreten Arbeitsplatz gelebt werden, um mehr zu sein als ein bloßes Lippenbekenntnis.[37]

---

34 Vgl. Hauschildt 1990: 271.
35 Vgl. Hauschildt 1990: 272; Bitzer 1990: 15–16.
36 Die Erstellung eines Leitbilds ist selbst ein grundsätzlich die gesamte Organisation erfassender Prozess, für den man sich bewusst entscheiden muss. Vgl. dazu Löffler 2008: 236–239.
37 Zur Bedeutung der Innovationskultur vgl. auch: Meissner 2011: 98–103.

Unabhängig davon, ob sich eine Bibliothek diese umfangreiche Selbstverpflichtung zur permanenten Innovationsorientierung zumuten möchte oder nicht, kann jedenfalls festgehalten werden, dass schon die erfolgreiche Durchführung einzelner Innovationsprojekte eine Führungsaufgabe ist.

Literatur

Australian Library and Information Association: Library and Information Services. The Future of the Profession Themes and scenarios 2025. Discussion paper, 1 May 2013.
Bitzer, Bernd: Innovationshemmnisse im Unternehmen. Wiesbaden: DUV 1990.
Bonte, Achim, u. Klaus Ceynowa: Bibliothek und Internet. Die Identitätskrise einer Institution im digitalen Informationszeitalter. In: Lettre international 100 (2013), S.115–117.
Deeg, Christoph: Zukunft verstehen – der Technologieradar des Vereins Zukunftswerkstatt Kultur- und Wissensvermittlung e. V. In: BIBLIOTHEK – Forschung und Praxis 35 (2011), S. 408–410.
DFG: Ausschuss für wissenschaftliche Bibliotheken und Informationssysteme: Positionspapier zur Weiterentwicklung der Bibliotheksverbünde als Teil einer überregionalen Informationsstruktur. Bonn: Deutsche Forschungsgemeinschaft 2011.
Dugall, Berndt: Lässt sich die Zukunft von Bibliotheken prognostizieren? In: ABI-Technik 32 (2012), H. 3, S. 141–162.
Engel, Kai u. Eva Diedrichs: How to Deal with Innovation Management When You Are Small? 2012. http://www.innovationmanagement.se/2012/12/19/how-to-deal-with-innovation-management-when-you-are-small/ (29.08.2014).
Faust, Jutta: FAUdok – der integrierte Aufsatzlieferdienst der Universitätsbibliothek Erlangen-Nürnberg. In: Bibliotheksdienst (2010), H. 3, S. 272–275.
Fingerle, Birgit: Innovation zum Mitmachen: Die Open-Innovation-Kampagnen der ZBW. In: BIBLIOTHEK – Forschung und Praxis 36 (2012), S. 346–352.
Georgy, Ursula: Erfolg durch Innovation. Strategisches Innovationsmanagement in Bibliotheken und öffentlichen Informationseinrichtungen. Wiesbaden: Dinges & Frick, 2012.
Georgy, Ursula u. Rudolf Mumenthaler: Praxis Innovationsmanagement. In: Praxishandbuch Bibliotheks- und Informationsmarketing. Hrsg. von Ursula Georgy u. Frauke Schade. Berlin, Boston: De Gruyter 2012. S. 319–340.
Goffin, Keith, Cornelius Herstatt u. Rick Mitchell: Innovationsmanagement. Strategien und effektive Umsetzung von Innovationen mit dem Pentathlon-Prinzip. München: FinanzBuch-Verl. 2009.
Green, Emma: Innovation: The History of a Buzzword. In: The Atlantic, June 20, 2013.
Gronemeyer, Marianne: Immer wieder neu und ewig das Gleiche. Darmstadt: Primus 2000.
Habicht, Hagen, Kathrin M. Möslein u. Ralf Reichwald: Open Innovation: Grundlagen, Werkzeuge, Kompetenzentwicklung. In: IM Information Management & Consulting (2011), H. 1, S. 44–51.
Hartschen, Michael, Jiri Scherer und Chris Brügger: Innovationsmanagement. Offenbach: GABAL 2009.
Haubfleisch, Dietmar: Die aktuellen Empfehlungen der Deutschen Forschungsgemeinschaft und des Wissenschaftsrates zur Zukunft der Bibliotheksverbünde aus Sicht einer Universitätsbibliothek. In: Bibliotheksdienst (2011), H. 10, S. 843–867.
Hauschildt, Jürgen: Innovationsmanagement. In: Handbuch des Wissenschaftstransfers. Hrsg. von Hermann J. Schuster. Berlin [u.a.]: Springer 1990.
Hauschildt, Jürgen u. Sören Salomo: Innovationsmanagement. 5. Aufl. München: Vahlen 2011.

Heller, Margaret, Mackenzie Brooks u. Eric Phetteplace: Library Labs. In: Reference & User Services Quarterly 52 (2013), H. 3, S. 186–190.

Hennecke, Joachim u. Regina Schmidt: Bibliotheken und Enterprise 2.0. Nutzen und Kosten interner Blogs – Erfahrungen der UB Erlangen-Nürnberg. Vortrag auf dem 101. Bibliothekartag, Hamburg, 23.05.2012. http://www.opus-bayern.de/bib-info/volltexte/2012/1325/pdf/Enterprise20_Version_OPUS.pdf (29.08.2014).

Henning, Wolfram: Öffentliche Bibliotheken der Zukunft. In: Bibliotheken bauen und ausstatten. Hrsg. von Petra Hauke und Klaus Ulrich Werner. Bad Honnef: Bock + Herchen 2009. S. 338–341.

Löffler, Maria: Leitbilder in Bibliotheken – eine erste Zwischenbilanz. In: Bibliotheksforum Bayern (2008), H. 2, S. 236–239.

Meissner, Jens O.: Einführung in das systemische Innovationsmanagement. Heidelberg: Carl Auer 2011.

Mittler, Elmar: Zukunft der Bibliotheken. In: Handbuch Bibliothek. Geschichte, Aufgaben, Perspektiven. Hrsg. von Konrad Umlauf und Stefan Gradmann. Stuttgart, Weimar: Metzler 2012. S. 390–393.

Mittler, Elmar: Die Zeit war reif. Der Aufbau der Abteilung Forschung & Entwicklung an der SUB Göttingen. In: Evolution der Informationsinfrastruktur. Kooperation zwischen Bibliothek und Wissenschaft. Hrsg. von Heike Neuroth, Norbert Lossau u. Andrea Rapp. Glückstadt: Verlag Werner Hülsbusch 2013. S.15–28.

Müller-Prothmann, Tobias u. Nora Dörr: Innovationsmanagement. 2.Aufl. München: Hanser 2011.

Mumenthaler, Rudolf: Zukunft wissenschaftlicher Bibliotheken. Keynote zur ASpB-Tagung, Kiel, 11.09.2013. http://prezi.com/7sa_wc1e5_ra/zukunft-wissenschaftlicher-bibliotheken/ (29.08.2014).

Quack, Karin: Innovation hängt nur bedingt vom Maß der Investition ab. In: Computerwoche 15, 11.04.2013.

Stephan, Werner: Bibliotheken der Zukunft. In: 50 Jahre Neubau Universitätsbibliothek Stuttgart. Stuttgart: Universitätsbibliothek der Universität Stuttgart 2011. S. 221–230.

Stern, Thomas, und Helmut Jaberg: Erfolgreiches Innovationsmanagement. 3. Aufl. Wiesbaden: Gabler 2007.

Tannhof, Werner: Das deutsche wissenschaftliche Bibliothekswesen jenseits der Bibliothek 2.0 – Zukunft jetzt gestalten. In: 027.7 Zeitschrift für Bibliothekskultur 1 (2013), S. 5–13.

Tochtermann, Klaus: Zehn Thesen zum zukünftigen Profil von wissenschaftlichen Infrastruktureinrichtungen mit überregionaler Bedeutung. In: ZBW-Mediatalk, 28.08.2013. http://www.zbw-mediatalk.eu/2013/08/klaus-tochtermann-zehn-thesen-zum-zukunftigen-profil-von-wissenschaftlichen-informationsinfrastruktureinrichtungen-mit-uberregionaler-bedeutung/ (29.08.2014).

Vahs, Dietmar u. Alexander Brem: Innovationsmanagement. 4. Aufl. Stuttgart: Schäffer-Poeschel 2013.

Wissenschaftsrat: Empfehlungen zur Zukunft des bibliothekarischen Verbundsystems in Deutschland. Berlin: Wissenschaftsrat 2011.

Zerfaß, Ansgar u. Simone Huck: Innovationskommunikation: Neue Produkte, Ideen und Technologien erfolgreich positionieren. In: Handbuch Unternehmenskommunikation. Hrsg. von Manfred Piwinger u. Ansgar Zerfaß. Wiesbaden: Gabler 2007.

9 Öffentlichkeitsarbeit

Martin Hollender und Peter Schnitzlein
9.1 Presse- und Medienarbeit

1 Einführung und Problematik der Presse- und Medienarbeit

Alle wünschen sich eine „gute Presse", doch kaum jemand fragt danach, warum Bibliotheken eigentlich so erpicht darauf sind, in den Medien häufig und vorteilhaft beschrieben zu werden. Erfüllen Bibliotheken ihre Kerntätigkeiten denn nicht auch ohne mediale Begleitung, zählt Medienarbeit nicht allenfalls zu den Tertiärtugenden einer Bibliothek? Mit der Medienarbeit sind bibliotheksseitig hohe Erwartungen verbunden – vor allem aufgrund der Bedeutung der Massenmedien für den Meinungsbildungsprozess einer Leserklientel, von der man vermutet, dass sie bibliotheksaffin sei. Tatsache ist, dass die staatliche oder kommunale Alimentierung der meisten Bibliotheken heute oftmals nicht mehr ausreichend ist, um das ständig wachsende Aufgabenportfolio wahrnehmen zu können. Eine professionelle Medienarbeit wird heute von den Bibliotheksleitungen als ein Schlüssel zur Sicherung der finanziellen und personellen Ressourcen eingesetzt.

Zweifellos ist die Großwetterlage in den Medien seit einigen Jahren durchaus bibliotheksfreundlich; die Chancen, die eigene Bibliothek im Kultur-, Wissenschafts- oder Lokalteil zu positionieren, sind erheblich höher als sie es lange Zeit waren. Die Medien haben augenscheinlich erkannt, dass Bibliotheken keine vom sicheren Aussterben bedrohten Dinosaurier einer vorgestrigen Phase der Bildungsevolution sind. „Die Zukunft des Lesens", „Renaissance der Lesesäle", „Verliert das Buch den Kampf gegen Google und Kindle?", „Erhaltung des schriftlichen Kulturguts", „E-Learning via Bibliothek", „Digitalisierung" und „Mobile Services" sind Themen, die im Feuilleton und darüber hinaus heute allgegenwärtig sind. Der bisweilen spöttelnde Ton der Bibliotheksberichterstattung ist passé; Bibliotheken werden nicht allein *nolens volens* akzeptiert, sondern erfahren steigende Wertschätzung als Vermittlerinnen des analogen und digitalen Wissens.

Bibliotheken befinden sich im ständigen Wettstreit, wenn nicht sogar im Konkurrenzkampf um die Etatanteile im Haushalt der jeweiligen Kultur- oder Wissenschaftsbehörde. Umso wichtiger sind die Indizien und überzeugenden Beispiele zu bewerten, dass eine unterstützende und positive Presseberichterstattung tatsächlich wesentlichen, in bestimmten Situationen entscheidenden Einfluss auf die Ressourcenzuweisung haben kann[1].

---

[1] Siehe Etatkrise der Bayerischen Staatsbibliothek Ende 2010. Unterstützt durch eine massive Medienpräsenz konnten überraschend verordnete Etatkürzungen nahezu vollständig ausgeglichen werden.

Zahlt sich also das proaktive Umgarnen der Medien aus? *Così fan tutte*, mag man lakonisch einwerfen, und doch muss die ketzerische Frage erlaubt sein, ob der Erfolg den Aufwand rechtfertigt. Mit Blick auf den erfolgreich vollzogenen Reputationswandel der Bibliotheken hin zum authentischen Prestige professioneller Informationsvermittlerinnen ist die Frage wohl uneingeschränkt zu bejahen. *Nota bene*: „wohl" uneingeschränkt, denn womöglich hätte es all des angestrengten Buhlens um mediale Aufmerksamkeit ja gar nicht bedurft, hätten die Bibliotheken den Imagewandel auch alleine gestemmt, nämlich nur aufgrund all ihrer immer umfassenderen konventionellen wie auch virtualitätsbasierten, serviceorientierten Dienstleistungen.

Unverdrossen bemühen sich jedenfalls die Pressereferenten in großen und kleinen Bibliotheken darum, die Bekanntheit ihrer Einrichtung zu erhöhen, ihre Produkte zu vermarkten, ihre Bedeutung als Faktor im kulturellen und wissenschaftlichen Leben hervorzuheben und sich bei Unterhaltsträgern in der Politik oder bei potentiellen Sponsoren und Drittmittelgebern positiv zu positionieren, um auf diesem Wege die dauerhafte Sicherung der personellen und finanziellen Ressourcen für ihre Bibliothek zu gewährleisten.

2 Grundsätzliches

2.1 Was schafft es in die Medien, was nicht?

So betrüblich es auch anmuten mag: Mit bibliothekarischen Kerntätigkeiten schafft man es nur selten in die Feuilletons. Eine Bibliothek, die so konfliktfrei funktioniert, wie man es sich als Bibliothekar wünscht, ist kein hinreichend spektakuläres Sujet. Druckschriftenerwerbung und -erschließung, Benutzung und Beratung sind solange reizlos, wie sie reibungslos vonstattengehen. Medienwirksamer sind Diebstähle, Gebührenerhöhungen oder Serviceeinschränkungen. Lediglich bei spektakulären Innovationen oder bei der Eröffnung von Neubauten besteht die berechtigte Hoffnung, medial angemessen wahrgenommen zu werden, ohne dass ein Negativereignis im Fokus steht. Es gelten die allseits bekannten Nachrichtenfaktoren wie z.B. Human Interest, Exklusivität, Dramatik und Kuriosität. Bibliotheken müssen Themen setzen, die diese Erwartungen bedienen, um die gewünschte Aufmerksamkeit zu erzielen.

Der gut geölt ablaufende Alltagsbetrieb ist kaum jemals eine Reportage wert; die ganz große Berichterstattung ist leider oftmals den Katastrophen vorbehalten. Ausführlichere Fernsehberichte, ganze Sendungen gar setzen Sensationen negativer Art voraus, auf die alle Beteiligten nur zu gerne verzichtet hätten. Das Feuer in der Anna Amalia Bibliothek in Weimar und der Einsturz des Historischen Archivs der Stadt Köln verhalfen den beiden Einrichtungen makabrer Weise zu medialer Aufmerksamkeit, die ihnen ohne die desaströsen Verluste nie zuteil geworden wäre.

2.2 Flaggschiffe oder Lokalmatadore?

Je größer die Stadt, die die Bibliothek umgibt, desto größer ist auch die Konkurrenz derer, die gleichfalls um mediale Beachtung buhlen. In einer mittleren Großstadt besitzt eine Bibliothek mit einer couragierten und sympathischen Öffentlichkeitsarbeit die Chance, zu den wenigen „Platzhirschen" im Feuilleton der örtlichen Presse zu zählen. Zwar haben die Diskussionen um die Zukunft des Buches dem Thema Bibliothek grundsätzlich enorm genützt, jedoch erreicht man – trotz aller Gewogenheit der Medien – in einer mittleren Großstadt mit den lokalen Medien maximal 250.000 Leserinnen und Leser. In die überregionalen publizistischen Flaggschiffe Einzug zu finden, ist aufgrund des Mehrfachen an Leserschaft und Renommee attraktiv, birgt jedoch auch Enttäuschungspotenzial, wenn die eigene – lokal und regional durchaus reizvolle – Pressemitteilung den Spitzenblättern augenscheinlich von zu geringem Wert war, um publiziert zu werden. Gleich nach den Sternen zu greifen und von der Frankfurter Allgemeinen Zeitung, der WELT und der Süddeutschen Zeitung zu träumen, kann niemandem verargt werden, doch ist der Kontakt zu den Medien vor Ort – einschließlich der häufig privaten Radiosender – meist erfolgreicher. Wer auf Breitenwirkung setzt, sollte ohnehin auf jeden Fall den Kontakt zu den Nachrichtenagenturen als Multiplikatoren suchen.

Auch die Auflagenstärke und das Prestige einer Tages- und Wochenzeitung sind keine Erfolgsgaranten. Wie viele Leserinnen und Leser ein Beitrag tatsächlich hatte, ob sie die Erwähnung der Bibliothek überhaupt registriert haben und ob sich in ihrem Unterbewusstsein das Image der Bibliothek hin zum Positiven verfestigt hat, kann zwar vermutet werden, ist ohne sehr großen Aufwand aber nicht zu messen.

2.3 Die Kontaktaufnahme zu Medienvertretern. Elektronisch oder gedruckt?

Ganz gleich, ob es sich um den Versand einer Pressemitteilung oder um die Einladung zu einer Veranstaltung handelt: Wer die Medien für sich gewinnen oder gar Pressevertreter zu einem Pressegespräch, einer Ausstellungseröffnung oder einem allgemeinen Bibliotheksbesuch ins Haus locken möchte, sollte bei der Überlegung „Print oder elektronisch?" stets genau abwägen, respektive genau und individuell festlegen, an welche Redaktion, an welchen Journalisten man in welcher Form herantritt. Im virtuellen Zeitalter darf die These aufgestellt werden, dass gerade der konventionell ausgedruckten Pressemitteilung oder der aufwändig gedruckten Einladungskarte, die anachronistisch anmutend per Briefpost versandt wird, eine deutlich höhere Aufmerksamkeit zuteilwird als einer E-Mail, die sich wahrscheinlich in einer stets vollen Mailbox eines Medienvertreters gegen Dutzende andere lesenswerte E-Mails behaupten muss.[2] Sicherlich spricht nicht jede Art von Meldung für den kostenträchtigen Aufwand einer per Post verschickten Information. Versandaktionen per E-Mail können durchaus der richtige Weg sein, z.B. wenn eine Meldung schnell publiziert werden soll. Sie bietet auch Möglichkeiten wie eine Verlinkung auf weiterführende Informationen. Wichtig ist in jedem Fall eine – durchaus selbstkritische – Einschätzung der Bedeutung einer Meldung. Hilfreich ist auch die in gewissen Abständen, aber regelmäßig erfolgende Abfrage bei potenziellen Adressaten im Presseverteiler, in welcher Form sie Informationen gerne zugeschickt bekommen.

Zentral für eine erfolgreiche Pressearbeit ist schließlich der persönliche Kontakt zu den Medienvertretern. Schriftliches, ob per Mail oder per Briefpost, geht bei vielen Adressaten in den Redaktionen angesichts der enormen Informationsflut, der sich auch Journalisten heutzutage ausgesetzt sehen, schlichtweg manchmal unter. Ein kurzer Anruf bei einem persönlich bekannten Journalisten kann durchaus sinnvoll und zielführend sein – wohlgemerkt unter der Prämisse, genau und objektiv abzuwägen, ob eine Angelegenheit auch einen entsprechend hohen Stellenwert hat, der es rechtfertigt, die Zeit des Medienvertreters durch das ungeliebte „Nachtelefonieren" in Anspruch zu nehmen. Persönliche Kontakte sind und bleiben übrigens auch im Zeitalter der Web 2.0-Medien das wichtigste Kapital des Pressearbeiters. Ein persönliches Gespräch kann oftmals mehr bewirken als ein halbes Dutzend verschickte Meldungen an anonyme Redaktionen.

3 Instrumente der Medienarbeit – das Handwerkszeug des Pressearbeiters

3.1 Die Pressemitteilung

Die Pressemitteilung ist das verbreitetste Mittel der Kontaktaufnahme zu den Medien. Zu beachten ist die stets einheitliche Gestaltung im Rahmen des *Corporate Design* einer Einrichtung, versehen mit dem Logo der eigenen Bibliothek, einem Datum und dem Wort „Pressemitteilung", „Presseinformation" o.ä.. Als *Eyecatcher* sollte, halbfett gesetzt, ein einzeiliger Kurztitel den Kerninhalt schlagkräftig zusammenfassen; es folgt gegebenenfalls eine Art Untertitel – ähnlich den Headlines in einer Zeitung. Ein Abstract, das beispielsweise von den Presseagenturen als Kurzmeldung unverändert übernommen werden kann, gibt Antwort auf die üblichen W-Fragen: Wer macht was, wann, wo und warum. Der sich anschließende, in Absätze gegliederte

---

2 Große Museen und Ausstellungshäuser verschicken Presseinformationen zu neuen Ausstellungen häufig per Post – oftmals zusammen mit der Einladung zur Eröffnungsveranstaltung, Bildmaterialübersichten und sonstigen Informationen.

Volltext sollte nicht länger als eine einzige Textseite sein, um Journalistinnen und Journalisten nicht zu ermüden und abzuschrecken. Es gilt der Grundsatz: Wichtige Informationen werden zuerst genannt. Der zugkräftige Titel sollte auch bereits Inhalt der Betreff-Zeile in der E-Mail der Pressemitteilung sein. Unabdingbar ist der Hinweis auf Kontaktpersonen in der Bibliothek für Rückfragen; genannt werden sollten die Pressestelle sowie die fachlich Zuständigen bzw. die Projektverantwortlichen. Ein sogenannter „Abbinder" am Schluss beschreibt die herausgebende Bibliothek völlig unabhängig von der Meldung in einigen wenigen Sätzen.

Bei Pressevertretern darf nur sehr wenig fachspezifisch Bibliothekarisches als bekannt vorausgesetzt werden, was einen ganz weitgehenden Verzicht auf Fachtermini notwendig macht. Als Beispiel für die Zumutbarkeitsgrenze sei (neben echtem Fachjargon wie den RAK-WB oder OPAC) der „Katalog" genannt, der in einer Pressemitteilung nicht schlicht „Katalog" genannt werden sollte, denn der Journalist als Nichtbibliothekar versteht (ebenso wie am Tag darauf die Leserschaft der Zeitung) unter einem Katalog in aller Regel einen Kunst- oder Versandhauskatalog. Man spricht also besser von einem Bibliothekskatalog. Ohnehin sind speziell bibliothekarische Sujets den Medienvertreterinnen und -vertretern zumeist besser in einem ausführlichen persönlichen Vorortgespräch nahezubringen. Komplexe Themen wie „Catalogue enrichment" oder die Verbundstrukturen lassen sich nicht in allgemeinverständlicher Form kurz erläutern. Gerade die Kürze, die Verdichtung umfassender Inhalte zu einer Essenz des Contents ist das Wesen der Pressemitteilung. Wer diesen Grundsatz missachtet, bringt sich um die Chance der Beachtung und Wertschätzung. Die Rasanz der Medienproduktion gestattet es nicht, ausführliche bibliothekarische Abhandlungen umfassend zu redigieren.

Wer der bibliothekarischen Fachwelt einen Sachverhalt erläutern möchte, dem stehen zahlreiche bibliothekarische Fachorgane zur Verfügung. Die Pressestelle fungiert hier oftmals als Übersetzer und Vermittler. Ihr obliegt es, die ständige Gratwanderung zwischen wissenschaftlich-akademischer Detailgenauigkeit und für den Laien verständlich formulierten Inhalten zu meistern. Nicht selten ist es Aufgabe des Pressearbeiters, in der eigenen Bibliothek Überzeugungsarbeit zu leisten und zu vermitteln, dass eine Information eventuell kein geeignetes Sujet für eine Pressemeldung ist.

Immer gern von der Presse aufgegriffen – obwohl jedem das Fingierte, gleichwohl um Authentizität Bemühte dieser Aussagen längst bewusst ist – ist der auf Vorrat produzierte O-Ton. Um Lebendigkeit durch wörtliche Aussagen zu vermitteln, haben Texteinsprengsel in der Pressemitteilung überraschend gute Chancen, von den Medien aufgegriffen zu werden.

Die Belieferung mit Abbildungen zur Pressemitteilung muss schnell und unaufwändig vor sich gehen. Auf der Homepage der eigenen Bibliothek sollte ein Menüpunkt „Presse" existieren, der neben nachnutzbaren Texten zum aktuellen Event auch rechte- und honorarfreie Fotos in reprofähiger Auflösung und professioneller Qualität zum Herunterladen vorhält; und dies rechtzeitig, d.h. zeitgleich zum Versand der eigenen Pressemitteilung. Notfalls muss sichergestellt sein, dass anfragende Journalisten umgehend Downloadlinks für Bildmaterial zugeschickt bekommen. Bildhonorare und Bildrechte muss die Bibliothek vorab in eigener Regie konfliktsicher klären.

3.2 Der Presseverteiler

Zum unerlässlichen Handwerkszeug eines Pressearbeiters gehört ein stets aktuell gehaltener und umfassender Presseverteiler – organisiert am besten mittels einer professionellen Adressdatenbank, die Features für einen Versand via Serienbrief, Etikettendruck oder einen E-Mail-Versand gleichermaßen beinhaltet. Aufbau und Pflege eines entsprechenden Verteilers bedürfen einiger Anstrengung und sind arbeitsintensiv. Datenbanken wie Zimpel Online oder Stamm können eine wichtige Grundlage für den Aufbau eines Presseverteilers sein. Für größere Bibliotheken mit zahlreichen Veranstaltungen und regen Ausstellungsaktivitäten, zumal für solche in großen Städten mit einer bunten Medienszene, lohnt der Aufwand einer eigenen Adressdatenbank mit interessenspezifischer Filterung. Konzerte sollten nicht allein der Presse, sondern zusätzlich auch Musikhochschulen, Musikschulen und Chören nahegebracht werden; für Lesungen und Vorträge interessieren sich auch Literarische Gesellschaften und geisteswissenschaftliche Lehrstühle. Chefredakteure, Herausgeber oder namhafte Journalisten sollten durchaus nicht nur im Presseverteiler, sondern auch in diesen interessensspezifischen Adressdatenbanken aufgeführt sein. Vielleicht tut man sogar gut daran, sie mit persönlicher, wenn möglich eigenhändiger Anrede und Unterschrift mit Grußformel einzuladen.

Nicht für jeden Journalisten eignet sich jede Pressemitteilung gleichermaßen. Um eine Übermüdung durch irrelevante Nachrichten zu vermeiden, empfiehlt sich die Anlage spezifischer Mailverteiler z.B. für Stadtmagazine, Presseagenturen, Wissenschafts-, und Kulturjournalisten oder solche, die beispielsweise auf IT-Fragen oder Musik spezialisiert sind. Auch eine Kategorisierung nach Medienart wie Print, Hörfunk oder TV mag sinnvoll erscheinen. Eines der ehernen Gesetze in der Medienarbeit ist auf jeden Fall, stets genau und selektiv einzuladen bzw. zu informieren. Nichts ist kontraproduktiver, als einem Journalisten inhaltlich nicht passende Informationen zuzuschicken. Erhält ein Medienvertreter von einer Bibliothek mehrmals für ihn nicht relevante Informationen, so mag er versucht sein, die nächste Pressemitteilung unbesehen dem Papierkorb zu überantworten, obwohl genau dieses Mal sein Spezialgebiet behandelt worden wäre.

3.3 Die Presseveranstaltung

Die zunehmende Konkurrenz durch Online-Medien und die neuen Möglichkeiten des Web 2.0 setzen Zeitungs- und Zeitschriftenverlage wirtschaftlich massiv unter Druck.

Sinkende Auflagenzahlen und Anzeigenaufträge zwingen zu Umstrukturierungen oder Fusionen, letztlich zu einem Stellenabbau in den Redaktionen. Vor diesem Hintergrund steht jeder Redakteur und Journalist heute unter einem erheblich höheren Zeitdruck als vor einem Jahrzehnt.

Presseveranstaltungen sollten daher den seltenen Jahresereignissen vorbehalten bleiben. Sei es eine Pressekonferenz oder ein Gespräch mit einem Journalisten in der eigenen Bibliothek: Das Thema muss den hohen zeitlichen Aufwand für den Medienvertreter rechtfertigen. Es macht einen kläglichen Eindruck, mit einigem Aplomb zu einer Pressekonferenz einzuladen, die nur von einer Handvoll Journalistinnen und Journalisten besucht wird und deren Inhalt auch in einer Pressemitteilung ihren Platz hätte finden können. Wo es sich anbietet, ist ein exklusiver Presse-Rundgang (im Vorfeld einer Ausstellungseröffnung oder der Einweihung eines Gebäudes) sicher ein probates Mittel, mit den Medien in ein persönliches Gespräch zu kommen.

Um welche Veranstaltung für die Presse es sich auch handeln mag: Eine optimale Vorbereitung ist auch hier zwingende Voraussetzung für einen nachhaltig positiven Eindruck. Die althergebrachten Pressemappen mit ausführlichen Informationen zum präsentierten Thema, den Grundinformationen zur Bibliothek, gegebenenfalls einem Ausstellungskatalog o.ä. sind gern gesehen und müssen vorbereitet sein. Auch die Veranstaltungslogistik sollte nicht vernachlässigt werden (Beschilderung im Haus, gegebenenfalls Technik und Tischschilder, Bewirtung mit Getränken etc.). Eine optimale Pressekonferenz oder ein Ausstellungsrundgang sollte nicht länger als 45 bis maximal 60 Minuten dauern – kaum ein Journalist wird sich einem Thema länger widmen können. Idealerweise finden die Veranstaltungen am späten Vormittag statt, damit der Medienvertreter rasch in die Redaktion zurückfindet und seinen Beitrag für die Zeitungsausgaben bereits des nächsten Tages schreiben kann. Für zeitunabhängigere Themen oder Journalisten, die sich einem Thema ausführlicher widmen können, bietet sich das Format eines individuellen Pressegesprächs an.

4 Weitere Möglichkeiten, das Interesse der Medien auf die Bibliothek zu lenken

4.1 Bibliothekseigene Zeitschrift

Die direkten (Redaktion, Satz, Korrektur) und die indirekten Kosten (Druck, Binden, Versand) sind nur für wenige Bibliotheken finanzierbar. Es bietet sich deshalb an, ein solches Periodikum gemeinsam mit einer oder mehreren Bibliotheken einer Region (Beispiel: BIS – das Magazin der Bibliotheken in Sachsen) oder solchen mit identischem oder vergleichbarem Aufgabenprofil (Beispiel: Bibliotheksmagazin. Mitteilungen aus den Staatsbibliotheken in Berlin und München) herauszugeben. Derlei

Publikumszeitschriften wenden sich in erster Linie nicht an Fachkollegen, sondern an Entscheidungsträger in Verwaltung, Wirtschaft, Politik und Kultur und an eine breite, heterogene Klientel, die die Affinität zu Bibliotheken eint. Der breitgestreute Versand an die Massenmedien zahlt sich alsbald aus, denn Presse, Funk und Fernsehen werden mit einer – möglichst vierfarbigen und attraktiv gestalteten – Zeitschrift auf Ideen für größere eigene Stories gebracht oder bitten schlicht um den Nachdruck des erstmals in dem Bibliotheksorgan publizierten Beitrags. Eine parallel auf der Homepage vorgehaltene Online-Ausgabe als pdf-Datei gilt als Standard.

4.2 Fachzeitschriften

Beiträge in bibliothekarischen Fachzeitschriften richten sich an eine vergleichsweise kleine und mit der bibliothekarischen Terminologie vertraute Klientel. Sie dienen primär dazu, den fachlichen Diskurs voranzubringen, eröffnen aber auch die Möglichkeit, über Projekte der Bibliothek zu informieren. Drittmittelgeber wie etwa fördernde Stiftungen goutieren ausgreifende Beiträge in außerhalb des Bibliothekswesens weithin unbekannten Zeitschriften in aller Regel kaum. Sie bevorzugen eher eine Kurzmeldung in der tonangebenden Tagespresse – unter Nennung der jeweiligen Fördereinrichtung.

Zu Fachzeitschriften zählen nicht allein die Organe des Bibliothekswesens, sondern auch andere Fachorgane sehr allgemeiner Natur („Spektrum der Wissenschaft"), oder Spezialorgane wie die „Bauwelt". Zu den erweiterten Fachzeitschriften gehören im universitären Sektor die drei Sparten der Universitätszeitungen (nichtkommerzielle Mitteilungsblätter der AStA, kommerzielle Studierendenmagazine wie etwa „UNICUM" sowie die von Präsidenten bzw. Rektoren herausgegebenen Periodika). Da man sich hier unter Freunden bewegt und zumeist am gemeinsamen Strang der Forschung und Lehre zieht, stehen die Hochschulzeitschriften einer Bibliotheksberichterstattung zumeist aufgeschlossen gegenüber.

4.3 Monatsberichte

Ein probates Medium der Öffentlichkeitsarbeit, das zugleich eine nicht zu unterschätzende Medienrelevanz aufweist, ist ein Monatsbericht. Dieser informiert über Ereignisse des vergangenen Monats (bedeutende Neuerwerbungen, Gäste der Bibliothek, abgeschlossene Projekte oder nennenswerte Etappenziele, Serviceverbesserungen, Schulungen, Publikationen etc.). Mit Blick auf Aktualität sollte ein Monatsbericht bis spätestens zur Mitte des Folgemonats versandt sein. Die Anordnung der Beiträge kann wahlweise chronologisch oder nach Rubriken sortiert erfolgen.

Monatsberichte dienen zum einen der hausinternen Information und sollten über eine Mailingliste auch sämtlichen Praktikanten, Auszubildenden, Mitgliedern des

Freundes- und Fördervereins, Ministerialvertretern, fördernden Einrichtungen sowie jenen Pensionären, die sich dem Haus freundschaftlich verbunden fühlen, zugestellt werden, darüber hinaus durchaus auch allen geeigneten Medienvertretern. Auf der Homepage der Bibliothek sollte ein Bereich installiert werden, bei dem man die Monatsberichte aus eigenem Impetus abonnieren kann, es erscheint jedoch grundsätzlich auch zielführend, bei nur halbwegs begründetem Interesse an der Lektüre des Monatsberichts neue Leserinnen und Leser, also auch Pressevertreter zu „shanghaien" und dem Mailverteiler hinzuzufügen. Die Zahl der Entrüsteten, die anschließend den Bezug des Monatsberichts stornieren, ist verschwindend gering. Für die Medienarbeit ist der Monatsbericht von Interesse, weil sein nüchterner Stil und sein geringer Umfang der journalistischen Arbeitsweise sehr entgegenkommen. Verziert allenfalls durch einige attraktive Illustrationen, ist ein Monatsbericht sehr geeignet, um Journalistinnen und Journalisten regelmäßig zur Monatsmitte mit Kurzmeldungen zu ködern.

4.4 Newsletter

Während die Meldungen in einem Monatsbericht in der Regel retrospektiver Natur sind, wirkt der ebenfalls medienrelevante Newsletter prospektiv, indem er eine Veranstaltungsvorschau leistet.

4.5 Jahresberichte

In der Kombination aus Rückschau und Ausblick wird der Medienwelt das gesamte Spektrum der bibliothekarischen Tätigkeit deutlich. In diesem Kontext empfiehlt sich auch die Zusendung von Jahresberichten an ausgewählte Medienvertreter, bieten sie doch in kompakter Form Zahlen und Daten sowie Informationen über die Entwicklung einer Bibliothek innerhalb eines Berichtsjahrs.

4.6 Weitere Formen

Sonderbeilagen in Tageszeitungen sind mit Preisen im unteren fünfstelligen Bereich immens kostspielig; die Sponsoren- und Inserentengewinnung ist ungewiss und zeitintensiv; der Erfolg ist fragwürdig, denn nicht wenige Leserinnen und Leser entledigen sich zunächst gerade jener Sonderbeilagen und makulieren diese als Ballast empfundene Wegwerfware, ohne ihr auch nur die geringste Aufmerksamkeit geschenkt zu haben. Für die bibliothekarische Medienarbeit spielt diese Publikationsart daher keine Rolle.

Eine Annonce, ein Instrument des Marketings und nicht der klassischen Medienarbeit, in einem Stadtmagazin oder in einer Tageszeitung wird sich kaum eine Bibliothek jemals zur Propagierung ihrer Ausstellungen und Veranstaltungen leisten können. Zumal ist herkömmliche Werbung vergleichsweise gesichtslos, denn sie droht zumeist unterzugehen in der Legion der Inserate. Effizienter ist ein echter redaktioneller Beitrag, der jedoch zuvor der persönlichen Kontaktaufnahme zwischen der Bibliothek und geeigneten Journalisten bedarf. Doch ist der hohe Aufwand unbedingt gerechtfertigt, denn der namentlich gezeichnete Bericht eines Journalisten vermittelt den Eindruck höherer Objektivität als eine geschaltete Werbung es je vollbrächte. Die Überzeugungskraft und die Weckung des Leseinteresses sind ungleich höher.

Die Bibliotheksleitung sollte hin und wieder namentlich gezeichnete Beiträge in der Presse veröffentlichen. Dies erhöht die Wahrscheinlichkeit, von Medienvertretern als kompetenter Partner für Interviews und Statements angesprochen zu werden, was wiederum die Chance für eine authentische Meinungsäußerung und Akzentuierung der Rolle der Bibliothek bietet.

4.7 Medienpartnerschaften

Medienpartnerschaften bieten sich an, um längerfristige Aktivitäten einer Bibliothek (einen Veranstaltungszyklus im Stil einer Ringvorlesung, ein Eventprogramm innerhalb eines Jubiläumsjahrs) medienwirksam zu begleiten, denn der enge, in dieser Intensität exklusive Zusammenschluss mit einer Zeitung oder einem Radio-/Fernsehsender sichert eine kontinuierliche Berichterstattung. Wo in einer Stadt zwei Lokalblätter miteinander konkurrieren, lohnt eine Interessensbekundung an einer längerfristigen Zusammenarbeit durchaus.

5 Was zusätzlich beachtet werden sollte

Es wird der Bibliothek nur in Ausnahmefällen gelingen, dass eine Zeitung breitere Beachtung ausgerechnet jenen Umständen entgegenbringt, die ihr aus bibliothekspolitischen Gründen in besonderer Weise am Herzen liegen. Dass das bibliothekarische Projekt X an der Arbeitsstelle Y der Akademie Z angesiedelt und sein Zustandekommen nur der Förderung durch die Stiftungen A, B und C zu verdanken ist, fällt zumeist unter den Tisch, denn derlei Formalia besitzen den Verlautbarungscharakter eines Amtsblatts, nicht den flockigeren Stil eines Feuilletons.

Pressemitteilungen oder noch viel mehr Presseveranstaltungen, zumal solche, die nicht an einen Termin fest gebunden sind, sollten nicht mit absehbaren kulturellen Großereignissen in einen Wettstreit treten müssen. Der zunehmend begrenzte Umfang des Feuilletonteils lässt Bibliothekarisches zur Marginalie verkommen, falls ohne Not Pressemitteilungen oder Ausstellungseröffnungen und die damit verbundenen Rundgänge für die Medienvertreter in unmittelbarer zeitlicher Nähe zu einem kulturellen Großevent versandt werden. Gerade im Ausstellungsbereich empfiehlt sich eine Abstimmung mit am Ort ansässigen „Konkurrenz"-Einrichtungen. Ein Journalist, der sich zwischen einer Bibliotheksausstellung und einer Schau in einem renommierten Museum entscheiden muss, wählt in den seltensten Fällen das Bibliotheksangebot.

Die Presse- und Medienarbeit ist durch spezifische Anforderungen geprägt. Die aus der Medienwelt herangetragenen Anliegen, Wünsche und Fragen sind meist nicht kalkulierbar und vorhersehbar, erfolgen in der Regel unter immensem Termindruck und erfordern häufig eine abteilungsübergreifende Kontaktaufnahme und Abstimmung. Bei der Auswahl derjenigen Mitarbeiterinnen und Mitarbeiter, die die Medienbetreuung übernehmen sollen, ist somit in besonderer Weise auf Flexibilität und Entscheidungsmut, auf Chuzpe und rhetorisches Geschick, auf Improvisationsfähigkeit und die nötige Coolness gegenüber Überraschungsattacken zu achten. Um den Anforderungen zu genügen, sind zudem Improvisationstalent, der Mut zur Lücke und eine gewisse Stressresistenz Voraussetzung. Empathie, Glaubwürdigkeit, Authentizität und eine ausgeprägte Kommunikationskompetenz sind wichtige Eigenschaften für ein erfolgreiches Wirken in der Pressearbeit.

Die Pressestelle spricht, einem Regierungssprecher durchaus vergleichbar, *His Master's Voice* und muss in der Lage sein, die Position der Bibliotheksleitung auch zu ab und an konfliktträchtigen Themen (z.B. Serviceeinschränkungen, Asbestsanierung, Haushaltslage) eigenverantwortlich präzise und konformgehend mit der Auffassung der Direktion äußern zu können. Die Pressestelle sollte der Bibliotheksleitung nach Möglichkeit direkt unterstellt sein, um auf Fragen der Medienvertreter, zumal telefonischen, fundiert antworten zu können. Ausweichende und hinhaltende Antworten wirken wenig souverän und schüren sogar Argwohn. Eine enge und kontinuierliche Einbindung der Pressestelle in alle relevanten Prozesse und Entscheidungen, ein kontinuierlicher Informationsfluss und die uneingeschränkte Möglichkeit, jeweils sehr kurzfristig Rücksprache mit der Direktion halten zu können, sind zwingende Voraussetzungen für eine gute Pressearbeit.

Unabdingbar ist zudem ein enger Kontakt der bibliothekarischen Pressestelle ins eigene Haus hinein. Sie ist darauf angewiesen, dass die Mitarbeiter ausgehend von ihren Projekten die Pressestelle aus eigenem Impetus aktivieren. Nur wer über mehr oder minder jedes Projekt in der eigenen Bibliothek zumindest ansatzweise im Bilde ist, kann ermessen, ob es als Thema für die Medien geeignet ist. Andererseits obliegt es dem Pressearbeiter, ab und an ein vorgeschlagenes Thema als nicht presserelevant zurückzuweisen. Dies erfordert ein gewisses Maß an diplomatischem Geschick und den unbedingten Rückhalt durch die Direktion.

Stellungnahmen zu unrichtig wiedergegebenen Sachverhalten, insbesondere in Form von Leserbriefen oder gar der Forderung nach einer Gegendarstellung, sollten nur in gravierenden Fällen – und dann sehr gut begründet – erfolgen.

Grundsätzlich empfiehlt es sich, vor allem für die Leitungsebene einer Bibliothek, vorab zu bedenken, ob – zumal kritische – Äußerungen über die eigene Bibliothek oder ihr Umfeld vorab mit dem Dienstvorgesetzten (Universitätspräsident, Kulturamtsleiter etc.) abzustimmen sind.

Neben die aktive tritt die reaktive Medienarbeit: Journalisten wenden sich anlassbezogen an die Bibliothek und wünschen die Ad-hoc-Erfüllung spezifischer Anliegen. Für ein Interview mit einem Kulturpolitiker wünscht man als Fotohintergrund eine Regalreihe mit historischen Drucken; die Dissertation eines des Plagiats verdächtigten Politikers soll binnen weniger Stunden für einen Filmclip in den Nachrichten beschafft werden. Im Interesse der Kontaktpflege mit den Medien empfiehlt es sich, auf diese Wünsche – so weit im Hinblick auf den Aufwand vertretbar – einzugehen. Wenn es nicht möglich ist, auf spontane Bitten der Medien unverzüglich zu reagieren, sollte man besser mit einer entschiedenen, gleichwohl bedauernden Absage antworten. Stundenlanges Hinhalten nährt Vorurteile gegenüber der vermeintlich unflexiblen Arbeitsweise des Öffentlichen Dienstes.

Journalisten erwarten heute von einer Pressestelle zu Recht eine durchgehende und umfassende Erreichbarkeit (auch am Freitagnachmittag), rasch verfügbare vollständige Kontaktdaten auf der Website und eine funktionierende Vertretungsregelung. Verheerend kann ein ins Nichts laufender Anruf sein, ebenso ein nicht erfüllter Wunsch nach einem dringenden Rückruf.

Regelrecht gefährlich ist es, Hierarchien in den Redaktionen ausnutzen zu wollen. Es ist auch keineswegs ratsam, Journalisten ungleich zu behandeln. Der Volontär von heute kann morgen ein wichtiger Ansprechpartner im Feuilleton der renommierten Zeitung sein. Nahezu ein Tabu ist es, Artikel vor dem Abdruck zur Freigabe einzufordern, lediglich bei Wortlautinterviews ist dieser Wunsch legitim. Allerdings sollte auch hier nur vorsichtig redigiert werden. Bei komplexen Sachverhalten kann lediglich das Angebot gemacht werden, dass man gerne bereit sei, den Artikel gegebenenfalls noch einmal gegenzulesen. Ein behutsames Vorgehen ist auch ratsam beim Vorabeinfordern von Fragen für Interviews.

6 Presseresonanz und Distribution

6.1 Presseresonanz

Mit dem Erscheinen eines Beitrags in den Medien ist die Arbeit der Pressestelle nicht beendet; denn nun folgt zunächst das Beschaffen – die Kenntnisnahme – des Zeitungsartikels, anschließend beginnt die Distribution an die Interessentinnen und Interessenten. Die Presseresonanz nachzuvollziehen, geschieht durch

- Medienbeobachtungsdienste. Diese sind kostspielig, zumal dann, wenn auch die Beobachtung der ausländischen Presse abgedeckt sein soll sowie Texte geliefert

werden, die den Namen der eigenen Bibliothek nicht augenfällig bereits im Titel tragen, sondern versteckt im Text. Die Belieferung mit den Originalfassungen in Printform erfolgt nur selten tagesaktuell. Letztlich hängen die Kosten vom Suchprofil, der Auswahl der ausgewerteten Medien (z.B. inklusive Hörfunk und Fernsehen), der Lieferart und vom Lieferrhythmus ab.
- Kostenpflichtige Recherche in Pressedatenbanken (z.B. GENIOS), wobei die Liste der von den Datenbankanbietern herangezogenen Zeitungen variieren und unvollständig sein kann.
- Recherche in Google News, wobei gelegentlich bedeutende Zeitungen nicht erfasst werden und das Durchklicken auf die Originalseite der elektronischen Zeitungsausgabe erfolglos ist, weil eine – kostenpflichtige – Registrierung unabdingbar ist.
- Belegexemplare, die von Medienvertreterinnen und -vertretern an die Pressestelle der Bibliothek gesandt werden. Grundsätzlich empfiehlt es sich, stets um Belegstücke zu bitten. Gerade bei Hörfunk- und Fernsehbeiträgen ist die Zusendung einer Audio- oder Filmdatei durch die Redaktion die, zwar dort oftmals nicht gerngesehene, aber beste Möglichkeit, sich auch in diesem Mediensektor einen Überblick über das Erreichte und den Inhalt der Presseresonanz zu verschaffen.
- Unterstützung durch Kolleginnen und Kollegen mit Hinweisen auf einschlägige Medienbeiträge.

Diejenigen Publikationen, von denen man Kenntnis erhält, sollte man breit streuen. Projektpartner oder Förderer freuen sich über die Kopie eines Presseberichts. Zur indirekten Medienarbeit zählt der hausinterne Pressespiegel (in Print- und/oder in elektronischer Form), der ein wichtiges Instrument der Inhouse-Kommunikation ist und die Identifikation der Mitarbeiterschaft mit der eigenen Institution stärkt.

7 Das Web 2.0 – die neue Herausforderung

Online-PR – speziell die Präsenz und Pflege von Web 2.0-Kanälen – gilt als die neue Herausforderung für die Medien- und Öffentlichkeitsarbeiter in Bibliotheken. Diesem Thema könnte ein eigener Beitrag gewidmet werden. An dieser Stelle kann nur auf die wichtigsten Aspekte zu diesem Thema hingewiesen werden.

Seit einigen Jahren beherrschen Facebook, Twitter und Co. die einschlägige Fachpresse. Der Facebook-Auftritt ist für viele Bibliotheken heute ebenso eine Selbstverständlichkeit wie ein attraktives Webseiten-Angebot. Tatsache ist, dass Online-PR heute ein integraler Bestandteil der Kommunikation einer Einrichtung ist. Für einen guten Teil der Bevölkerung ist das Netz inzwischen die primäre Informationsquelle. Es wäre nachgerade sträflich, diese Möglichkeiten, Inhalte zu transportieren, zu vernachlässigen.

Allerdings sollte sich jeder, der Online-PR betreiben möchte, auf neue Herausforderungen einstellen. Keinesfalls kann dieses Aktionsfeld quasi „nebenbei" bespielt werden. Für einen erfolgreichen Einsatz sind ein hoher Zeit- und ein entsprechender Personalaufwand unabdingbar. Erfolgreiche Online-Kommunikation, besonders im Web 2.0, lebt mehr noch als klassische PR-Arbeit von der Empathie, der Glaubwürdigkeit und der Authentizität des Agierenden. Öffentliche Einrichtungen sind in den sozialen Netzwerken immer auch einem verstärkt kritischen Blick ausgesetzt. Die Möglichkeiten für User, sich – oftmals anonym – kritisch zu äußern, sind im Netz einfach und senken die Hemmschwelle deutlich, seinem Unmut – gerechtfertigt oder nicht – Luft zu machen. Der Gefahr eines *Shitstorms* muss man sich also immer gewahr und in der Lage sein, hier entsprechend reagieren zu können.

Der Zwang zur schnellen Reaktion bzw. zur ständigen Interaktion wird durch die sozialen Medien oftmals auf die Spitze getrieben. Echtzeitkommunikation ist das entsprechende Schlagwort. Die Kommunikation entwickelt sich zunehmend vom Monolog zum Dialog. Pressestellen senden nicht mehr nur, sie interagieren mit ihren Stakeholdern, seien es Nutzer, Veranstaltungsbesucher oder auch Journalisten. Im Mittelpunkt des Agierens steht nun primär der Mensch, nicht mehr die Zeitung, der Hörfunksender oder die Nachrichtenagentur, deren Rolle als Multiplikator oder Vermittler durch das Web 2.0 zunehmend reduziert wird. Entsprechend wird ein neuer Sprachstil gefordert, der ganz und gar nicht dem manchmal offiziellen Verlautbarungsstil einer Pressemitteilung entsprechen sollte. Die Presseinfo im Netz wird zur Nutzermitteilung, das reine Bewerben der eigenen Projekte kollidiert mit der zunehmenden Reizüberflutung und der Werbemüdigkeit auf Seiten der Nutzer. Informationen daher ansprechend zu verpacken, darin liegt die große Kunst der Online-PR. Web 2.0-Nutzer möchten unterhalten werden, sie möchten mehr als zuvor emotional angesprochen werden – ein wichtiger Aspekt beim Aufbau einer Online-Reputation für eine Bibliothek.

Mit dem Web 2.0 bieten sich ungeahnte Möglichkeiten, Inhalte zu verteilen und zu verbreiten: jeder Fan bei Facebook oder Follower bei Twitter kann wie bei einem Schneeballsystem Inhalte an beliebig viele weitere Adressaten verteilen. Gleichzeitig verliert der Sender aber auch zu einem guten Teil seine „Verfügungshoheit" über Inhalte, beispielsweise beim Einstellen von Pressebildern.

Neben der PR im Netz, die sich via Facebook, Google+, Twitter, Youtube, Flickr und Blogs an Einzelpersonen richtet, kann die Distribution auch über PR-Portale sinnvoll erscheinen. Als Beispiel sei hier der Informationsdienst der Wissenschaft genannt (idw).

8 Fazit

Presse- und Medienarbeit – egal ob in Bibliotheken oder generell – befindet sich heute in einem tiefgreifenden Umbruch und wird zunehmend komplexer. Sie erfordert Erfahrung, fundiertes Wissen und eine gehörige Portion der sogenannten *Soft Skills*. Wer erfolgreich auf diesem Terrain agieren will, kann PR nicht nebenbei betreiben. Wer heute im immer lauter werdenden Mediengetöse Gehör finden möchte, muss Presse- und Medienarbeit professionell betreiben – daran führt kein Weg vorbei.

Literatur

Bentele, Günter, Romy Fröhlich u. Peter Szyszka (Hrsg.): Handbuch der Public Relations. Wissenschaftliche Grundlagen und berufliches Handeln. Mit Lexikon. 2., korr. u. erw. Aufl. Wiesbaden: VS Verlag für Sozialwissenschaften 2008.

Forthmann, Jörg (Hrsg.): Praxishandbuch Public Relations: Mehr Erfolg für Kommunikationsexperten. Weinheim: Wiley-VCH 2008.

Lux, Claudia, Hans Herbert Lemble, Rainer Diederichs u. Ulla Wimmer: Öffentlichkeitsarbeit. In: Die moderne Bibliothek. Ein Kompendium der Bibliotheksverwaltung. Hrsg. von Rudolf Frankenberger und Klaus Haller, München: Saur 2004. S. 322–343.

Pressesprecher: Magazin für Kommunikation. Hrsg. von Torben Werner. Berlin: Helios Media GmbH. http://www.pressesprecher.com/ (30.08.2014).

PR-Magazin: das Magazin der Kommunikationsbranche. Remagen-Rolandseck: Verlag Rommerskirchen. http://www.prmagazin.de/ (30.08.2014).

Puttenat, Daniela: Praxishandbuch Presse- und Öffentlichkeitsarbeit: Der kleine PR-Coach. 2. Aufl. Wiesbaden: Springer Fachmedien 2012.

Ratzek, Wolfgang (Hrsg.): Social Media: Eine Herausforderung für Bibliotheken, Politik, Wirtschaft und Gesellschaft. Wiesbaden: Dinges & Frick 2012.

Umlauf, Konrad: Pressearbeit. In: Erfolgreiches Management von Bibliotheken und Informationseinrichtungen: Fachratgeber für Bibliotheksleiter und Bibliothekare. Hrsg. von Hans-Christoph Hobohm u. Konrad Umlauf. Hamburg: Dashöfer 2002.

Ursula Georgy
9.2 Fundraising und Drittmittelakquise

1 Einleitung

In Zeiten immer knapper werdender öffentlicher Kassen stehen die verschiedensten Non-Profit-Organisationen (NPO), zu denen auch die Bibliotheken zählen, in einer immer stärkeren Finanzkonkurrenz. Fundraising, Drittmittelakquise und Lobbyarbeit sind Möglichkeiten, das bisherige Angebot an Produkten und Dienstleistungen mindestens aufrechterhalten zu können, nach Möglichkeit aber auch auszuweiten. Im Jahr 2012 betrug die Quote an Drittmitteln für Öffentliche Bibliotheken 4,6 Prozent (ca. 41,9 Millionen Euro) und für wissenschaftliche Bibliotheken 5,7 Prozent (ca. 54 Millionen Euro)[1]. Diese Quote sollten Bibliotheken durch strategisches Fundraising mittel- bis langfristig steigern. Voraussetzung für den Erfolg ist eine strategische Vorgehensweise und die Integration in die Marketingstrategie der Bibliothek, denn der Wettbewerb um die öffentlichen Mittel wächst ebenso wie der Wettbewerb um Drittmittel jeglicher Art.

Schuldt unterscheidet die Begriffe „Erst-", „Zweit-" und „Drittmittel", die die „Herkunft der finanziellen Mittel zur Leistungserbringung einer öffentlichen oder öffentlich verantworteten Einrichtung" bezeichnen.

> So wird im Forschungsbereich unter Erstmittel das zugewiesene Budget, die institutionelle Sockelfinanzierung des Staates (Land oder Bund) verstanden. Dabei handelt es sich um die Grundausstattung mit Personal, Infrastruktur (Bauten, Einrichtungen etc.) und Sachmittel, mit der eine regelhafte Aufgabenbearbeitung möglich ist.

> Mit Zweitmittel sind die finanziellen Mittel gemeint, die eine Universität oder Forschungseinrichtung aus Zuwendungen (Beihilfen) von staatlichen Mittlerorganisationen wie z.B. der DFG erhält.

> Diese [...] Mittel werden [...] „in der Regel in kompetitiven Verfahren [...] bereitgestellt. [...] Auch Forschungsmittel der Europäischen Gemeinschaft [...] fallen nach dieser Definition unter den Begriff Zweitmittel. [...].

> Eine umfassende Definition des Begriffs Drittmittel liefert die Universität Zürich in ihren Richtlinien: ‚Drittmittel sind Einnahmen aus Verträgen, durch die sich die Universität ... Dritten gegenüber verpflichtet, Forschungs-, Lehr- oder universitäre Dienstleistungen zu erbringen'. Drittmittel sind damit öffentliche oder private Mittel, deren inhaltliche Ausrichtung maßgeblich außerhalb der Einrichtung definiert wird, z.B. in Ausschreibungen der Ministerien oder Stiftungen, oder aber zu einem gewichtigen Teil von außen mitentwickelt wird, z.B. in Kooperationen mit Firmen.[2]

---

[1] Der eigenen Berechnung liegt eine variable Auswertung der Deutschen Bibliotheksstatistik – DBS 2012 zugrunde.
[2] Schuldt 2007: 18f.

Die Verwendung der Begriffe Zweit- und Drittmittel ist allerdings uneinheitlich. Im Folgenden wird durchgängig der Begriff Drittmittel zugrunde gelegt.

Die Drittmittelakquise ist in der Regel die Voraussetzung für die Realisierung innovativer Entwicklungen und Projekte. Die Produkte und Dienstleistungen von Bibliotheken weisen eine hohe Abhängigkeit von dem schnellen Wandel im Bereich der Informationstechnologie auf. Gleichzeitig geht es für Bibliotheken aber auch darum, Lösungen für gesellschaftliche Herausforderungen zu entwickeln. Immer mehr Unternehmen und Stiftungen stellen ein gesellschaftliches Engagement und die Übernahme gesellschaftlicher Verantwortung in den Mittelpunkt ihres Handelns. Unternehmen und ihren Stiftungen bietet Corporate Social Responsibility (CSR) die Möglichkeit, gesellschaftliche Ziele über einen längeren Zeitraum zu verfolgen und sich entsprechend zu positionieren. Für Bibliotheken bietet sich damit die Möglichkeit, Innovationen zu schaffen, die einen gesellschaftlichen Mehrwert erzeugen, um so ihr Image und Markenprofil zu schärfen. Dabei weisen gesellschaftliche bzw. soziale Innovationen insbesondere folgende Merkmale auf:
– Veränderungen gegenüber bisherigem Handeln (Neuartigkeit),
– Verbreitung und langfristige Stabilisierung in einem definierten Umfeld (Diffusion)
– Dauerhaftigkeit, womit sich diese Innovationen auch von vielen anderen Innovationen unterscheiden, z.B. Modetrends (Nachhaltigkeit)
– gesellschaftliche Auswirkungen (Weiterentwicklung).

Gesellschaftliche Entwicklungen sind aber auch immer mit politischem Einfluss verbunden. Lobbying als aktive Einflussnahme auf die Politik ist also im Sinne der aktiven Gestaltung gesellschaftlicher, (bildungs-)politischer Aufgaben unverzichtbar und ist ein zentraler Bestandteil in dem Zusammenwirken von Fundraising, Networking und Lobbyarbeit.

2 Fundraising

Das Wort „Fundraising" hat seinen Ursprung im angloamerikanischen Sprachraum. Es setzt sich aus den englischen Begriffen „fund" (Kapital, Vermögen, Kasse, Geld und auch geldwerte Mittel) und „to raise/raising" (steigern, erhöhen, etwas aufbringen) zusammen. „Vermögenserhöhung" oder „Mittelsteigerung" bzw. „Geld-, Kapital- oder Mittelbeschaffung" wären somit passende Übersetzungen. Doch greift eine solche Übersetzung zu kurz. Urselmann definiert Fundraising als

> [...] die systematische Analyse, Planung, Durchführung und Kontrolle sämtlicher Aktivitäten einer Non-Profit-Organisation (NPO), welche darauf abzielen, alle benötigten Ressourcen (Geld-,

Sach- und Dienstleistungen) durch eine konsequente Ausrichtung an den Bedürfnissen der Ressourcenbereitsteller ohne marktadäquate materielle Gegenleistung zu beschaffen.[3]

Scheibe-Jaeger ergänzt eine Dimension des Fundraisings, aus der hervorgeht, dass Fundraising einer (Marketing-)Strategie bedarf:

> Fundraising ist eine unternehmerische Aufgabe von zentraler Bedeutung für die Finanzierung der Organisation und sollte eine Funktion der Geschäftsführung sein [...]. Praktiziertes Fundraising verlangt von allen Beteiligten, in neuen Kategorien zu denken und innovative Formen der Zusammenarbeit mit neuen Partnern zu erproben. [Es] kann auch nicht ‚so nebenbei' erledigt werden, soll es von Erfolg gekrönt sein.[4]

Zentraler Aspekt der Definition von Urselmann ist, dass Fundraising neben Geldmitteln auch Sach- und Dienstleistungen wie Arbeitsleistungen umfassen kann. Die Arbeitszeit von Ehrenamtlichen wird somit zur Zeitspende. Beispiele für Dienstleistungen sind Beratung im Bereich der Prozessoptimierung oder des Projektmanagements sowie IT-Betreuung und -Unterstützung. Im Allgemeinen ist es leichter, diese Dienstleistungen direkt zu fundraisen, anstatt Geldmittel einzuwerben. Im Englischen spricht man auch von „Non-cash Assistance", was auch als „Überlassen geldwerter Vorteile" übersetzt wird.[5] Letztendlich handelt es sich beim Fundraising um eine freiwillige Umverteilung von Ressourcen.

Diese Form der Unterstützung ist insofern besonders interessant, als die realen Kosten üblicherweise deutlich niedriger liegen als der dazugehörige (Verkaufs-)Wert. Stellt ein IT-Unternehmen einer Bibliothek z.B. technischen Support zur Verfügung, so sind die tatsächlichen Kosten für das Unternehmen üblicherweise deutlich niedriger als der Betrag, der in Rechnung gestellt würde. Trotzdem lassen sich die Dienstleistungen eindeutig monetarisieren, da die Unternehmen diesen Leistungen exakte Marktpreise zuordnen. Andererseits fördern immer mehr Unternehmen das soziale Engagement ihrer Mitarbeiter. Mitarbeiter dürfen/sollen sich z.B. für soziale Zwecke engagieren und Unternehmen „schenken" ihnen in einem gewissen Umfang dafür Arbeitszeit. Hier spricht man von Corporate Volunteering. Diese Form des Fundraisings bietet auch Bibliotheken eine große Chance, denn sie erhalten darüber mehr Öffentlichkeit, die ihnen sonst wahrscheinlich nicht zuteil geworden wäre.

> Das sog. ‚16-Stunden-Programm' ist Basis für das Corporate Volunteering bei Ford. Es ermöglicht es jedem Mitarbeiter, sich pro Jahr 16 Stunden oder zwei Arbeitstage von der eigentlichen Arbeit bezahlt freistellen zu lassen, um sich freiwillig in gemeinnützigen Projekten zu engagieren. [...] Seit Beginn des Corporate Volunteerings (Mai 2000) wurden bereits rund 400 Projekte realisiert.[6]

---

3 Urselmann 2012: 11.
4 Scheibe-Jaeger 1998: 81f.
5 Vgl. Urselmann 2012: 13.
6 CSR Germany, o.J.

Damit sich Mitarbeiter eines Unternehmens entscheiden, für eine Bibliothek ehrenamtlich tätig zu werden, ist es notwendig, dass sie die Bibliothek gut kennen und Vertrauen in deren Dienstleistungen haben. Dies erfordert eine langfristige Kommunikationsstrategie. Burnett spricht von „Relationship Fundraising":

> Relationship fundraising is an approach of the marketing of a cause which centers not around raising money but on developing to its full potential the unique and special relationship that exists between a charity and its supporter. Whatever strategies and techniques are employed to boost funds, the overriding consideration in relationship fundraising is to care for and develop that special bond and not to do anything that might damage or jeopardise it. In relationship fundraising every activity of the organisation is therefore geared towards making donors feel important, valued and considered. In this way relationship fundraising will ensure more funds per donor in the long term.[7]

Dieses Zitat unterstreicht die Bedeutung der Langfristigkeit und des systematischen Aufbaus von Beziehungen zu den Gebern sowie ihre Wertschätzung. Bibliotheken unterschätzen vielfach den Faktor Zeit und sind enttäuscht, wenn sie im Rahmen von spontanen Fundraisingaktivitäten nicht erfolgreich sind.

Die sogenannte Spenderpyramide zeigt am Beispiel der Spende die Bedeutung des Relationship Fundraisings:

Abb. 1: Spenderpyramide.[8]

Je größer das Vertrauen in eine Einrichtung ist, desto größer wird die Bereitschaft sein, Verantwortung für eine Einrichtung/Organisation zu übernehmen. Zunächst einmal gilt es, das Interesse für die Bibliothek zu wecken, wobei Interesse für die Bibliothek noch nicht heißt, dass sie von den Interessenten auch Spenden erhält. Und die Bib-

---

7 Burnett 1992: 59.
8 http://www.swissfundraising.org/pictures/1000/1419.jpg (30.12.2013)

liothek muss auch erkennen, dass es sich um einen Interessenten handelt und ihm die notwendigen Informationen zukommen lassen. Nur dann kann aus einem Interessenten später auch ein Spender werden. Die Pyramide macht aber auch deutlich, dass sich die Zahl der Spender mit steigendem Engagement drastisch reduziert: Rund 80 Prozent der Spender machen 20 Prozent des Spendenvolumens aus (Basis der Pyramide), dagegen sind 20 Prozent der Spender für 80 Prozent des Spendenvolumens (Spitze der Pyramide) verantwortlich. Nur selten wird ein Spender mehrere Stufen der Pyramide überspringen oder bereits beim ersten Mal einen großen Spendenbeitrag leisten. Langjähriger Vertrauensaufbau durch strategische Kommunikation ist also wichtigste Voraussetzung, um Spender aus der Spitze der Pyramide an die Bibliothek zu binden. Die Spenderpyramide kann in weiten Teilen auf andere Formen des Fundraisings übertragen werden, so z.B. das Sponsoring.

Diese Kommunikation kostet sehr viel Zeit und verursacht auch Kosten. Urselmann geht von einen Break-Even-Point nach etwa drei Jahren aus.[9] „Erst nach dem dritten Jahr ist [...] mit Überschüssen aus dem Fundraising zu rechnen, die in die Projekte gesteckt werden können. Fundraising stellt also immer zunächst eine Investition dar, die sich später (hoffentlich) auszahlt."[10]

Damit wird auch deutlich, dass Fundraising kein probates Mittel ist, um kurzfristig Mittelkürzungen zu kompensieren. Mit Fundraising müssen Personen betraut werden, die einen längerfristigen Arbeitsvertrag haben. Befristete Stellen für einen Fundraiser dürften nur in den wenigsten Fällen ein erfolgreiches Fundraising nach sich ziehen.[11] Wichtig ist, dass dieser Schnittstellenfunktion die notwendige Bedeutung zugemessen wird und sie langfristig fest in der Bibliothek verankert wird. Genau diese Langfristigkeit lassen deutsche Bibliotheken aber meistens vermissen.[12]

Zudem ist zu berücksichtigen, dass innerhalb einer Einrichtung wie z.B. einer Hochschule oder einer Kommune ein immer stärkerer interner Wettbewerb entsteht. Hier ist es wichtig, über die Fundraisingaktivitäten der internen Konkurrenten informiert zu sein.

3 Formen des Fundraisings

Im Rahmen des Fundraisings werden folgende Formen unterschieden:
- Freundes- und Förderkreise
- Spenden
- Mäzenatentum
- Testament/Erbschaft

---

[9] Vgl. Urselmann, 2012: 30.
[10] Vgl. Urselmann 2012: 30.
[11] Vgl. Urselmann 2012: 30.
[12] Vgl. Bachofner/Hoffmann 2012: 131.

- Sponsoring
- Crowdfunding
- Stiftungen sowie
- Landes-, Bundes- und EU-Mittel.

Darüber hinaus gibt es weitere Formen des Fundraisings wie z.B. die Einbeziehung in den Empfängerkreis der von der Justiz verhängten Bußgelder.

Für Bibliotheken gilt es abzuwägen, welche Formen des Fundraisings sie einsetzen wollen und können. Im Idealfall ist es eine Kombination verschiedener Fundraisingformen, die sich sinnvoll ergänzen.

3.1 Freundes- und Förderkreise

Freundes- und Förderkreise haben im Bereich Bibliotheken eine lange Tradition. Freunde und Förderer sind Personen, die sich in hohem Maße mit den Zielen einer Einrichtung identifizieren und an deren Erfolg und Weiterentwicklung interessiert sind. Eine ihrer zentralen Aufgaben besteht darin, im Hinblick auf Lobbying und Generierung von Zuwendungen zugunsten der Bibliothek Beziehungen und Kontakte aufzubauen. Laut Schneider hat sich in den letzten Jahren die Arbeit der Freundes- und Förderkreise verschoben: „Jetzt [steht] an erster Stelle Lobbyarbeit, dann Fundraising und, nach Aktivierung von Bibliotheksnutzern, an vierter Stelle die Veranstaltungstätigkeit."[13] Beachtet werden sollte aber auch, dass Freunde und Förderer auch potenzielle Großspender sind, bzw. dass sie z.B. für die Gründung einer eigenen (Bürger-)Stiftung gewonnen werden können.

3.2 Spenden

Nach Angaben des Deutschen Spendenrats spendete etwa

> ein Drittel der Deutschen im Alter von über zehn Jahren [...] im Jahr 2012 an Hilfsorganisationen, Kirchen oder gemeinnützige Organisationen. [...] Die durchschnittliche Höhe pro Spende ist seit Jahren stabil auf einem Wert von rund 29 Euro.

> Von den Spenden floss mit rund 74 Prozent der Hauptanteil in die humanitäre Hilfe. Kultur- und Denkmalpflege mit rund 8 Prozent und der Tierschutz mit 6 Prozent des Spendenaufkommens erreichten auch im Jahr 2012 eine Steigerung der Spendeneinnahmen. Umweltschutzorganisationen verbuchten gleichbleibend rund 4 Prozent aller Spenden für sich.[14]

---

13 Deutscher Bibliotheksverband 2012.
14 Deutscher Spendenrat 2013.

Rund 70 Prozent der Spenden stammen von Individualspendern, jedoch spenden auch immer mehr Unternehmen.[15] In deutschen Unternehmen sind Spenden Chefsache.[16] Daraus kann auch abgeleitet werden, dass das Spendenwesen für Unternehmen ein maßgebliches Instrument der Außendarstellung ist, d.h. der Kommunikationsstrategie.

Für Bibliotheken dürfte aber auch interessant sein, dass in zahlreichen Unternehmen ein Großteil der Spenden ohne inhaltlichen Bezug zum Geschäftsfeld erfolgt. Einen unmittelbaren Bezug zum Geschäftsfeld hatten 2011 bei Großunternehmen nur 14 Prozent der Zuwendungen.[17] Spenden zeichnen sich durch Freiwilligkeit und Unentgeltlichkeit aus. Unentgeltlichkeit bedeutet, dass die Spende ohne Gegenleistung des Empfängers erfolgt. Entscheidend ist die Entstehung einer Vermögensminderung beim Spender.[18]

Nach einer Erstspende sollte die Bibliothek den Spender zu einer Wiederholungsspende motivieren, sodass er langfristig zu einem Dauerspender wird. Gleichzeitig ist es das Ziel, die Höhe der Spenden zu steigern, was aber erst bei einem hohen Bindungsgrad zwischen Förderer und Einrichtung gelingt. Die Pyramide verdeutlicht, dass die Zahl von Spendern Richtung Pyramidenspitze abnimmt. Auch daraus wird deutlich, wie wichtig das Beziehungsmanagement im Rahmen des Fundraisings über Spenden ist. Und wie im Marketing sind die Aufwandskosten der Akquise für eine Erstspende sehr hoch; diese Kosten sinken erwartungsgemäß bei Mehrfach-, Dauer- und Großspendern.[19] Es gilt aber auch zu überlegen, wofür die Spenden eingesetzt werden sollen. Wissenschaftliche Projekte werden selten durch Spenden unterstützt.

3.3 Mäzenatentum

Der Begriff Mäzenatentum bzw. Mäzen leitet sich von dem Römer Gaius C. Maecenas ab, der zu augusteischer Zeit u.a. die Dichter Vergil und Horaz förderte.

> Im Gegensatz zur Spende stand und steht beim Mäzenatentum die gezielte Beeinflussung der öffentlichen Meinung durch Förderung geeigneter Vorhaben von sozialer oder gesellschaftlicher Bedeutung im Vordergrund. Allerdings liegt dem Mäzenatentum – im Gegensatz zum Sponsoring – keinerlei Erwartung an einen geschäftlichen, kommerziellen Nutzen zugrunde.[20]

Mäzene fördern heute in größerem Umfang Künstler, Sportvereine, kulturelle Einrichtungen oder andere gemeinnützige Einrichtungen. Dabei wollen Mäzene immer häu-

---

15 Vgl. Fabisch 2013: 118.
16 Vgl. PriceWaterhouseCoopers 2007: 7.
17 Vgl. PriceWaterhouseCoopers 2012: 19.
18 Vgl. Georgy/Schade 2012: 539.
19 Vgl. u.a. Fabisch 2012: 121.
20 Georgy/Schade 2012: 542.

figer anonym bleiben, d.h. sie verzichten vielfach bewusst darauf, in der Öffentlichkeit über ihr Engagement zu reden. Die Höhe der Förderung ist daher üblicherweise auch nicht bekannt.

Das Mäzenatentum ist zum einen durch eine längerfristige Zusage von (Finanz-)Mitteln, zum anderen durch eine intendierte Einflussnahme auf die öffentliche Meinung durch die gezielte Förderung bestimmter Vorhaben gekennzeichnet. Es gilt auch hier: einen Mäzen für eine Bibliothek zu finden, ist das Resultat guter Kontakte und enger Beziehungen. Museen sind gegenüber Bibliotheken deutlich im Vorteil. Gute Kontakte in die Kunstszene sind gute Voraussetzungen für die Gewinnung eines Mäzens. Eine „Bibliotheksszene" gibt es aber in dieser Weise nicht, weshalb sich Bibliotheken gezielt auf Mäzene für bestimmte Bereiche, z.B. Sammlungen, konzentrieren sollten, indem sie Kontakte zu Personen mit bestimmten Interessensgebieten aufnehmen.

3.4 Testament/Erbschaft

Das Erbschaftsvolumen steigt seit rund 25 Jahren stark an. So geht man für die Jahre 2011 bis 2025 von rund 4,6 Billionen Euro aus.[21] Allerdings vermachen bisher nur wenige ihr Vermögen gemeinnützigen Einrichtungen. Dennoch eröffnet Erbschaftsmarketing Chancen, auch wenn es sich um ein sehr sensibles Thema handelt. Inzwischen betreiben immer mehr Non-Profit-Einrichtungen aktives Marketing, um Erbschaften bzw. Vermögensübertragungen zu erhalten. Das Erbschafts- oder Legatmarketing erfordert sehr viel Geduld und einen langen Atem, denn es steht an der Spitze der Spenderpyramide. So kann eine Einrichtung nur selten damit rechnen, dass sie ohne gezieltes Marketing Testamentsspenden erhält.

Häufig erfolgt das Testamentsmarketing indirekt. So gibt z.B. der WWF einen Ratgeber zum Thema „Vorsorgen und Gestalten" heraus, der die Themen Patientenverfügung, Vorsorgevollmacht und Testament umfasst. Erst auf den letzten Seiten wird die Möglichkeit des Nachlasses an den WWF angesprochen, jedoch werden die ersten 30 Seiten marketingstrategisch genutzt, um den WWF als möglichen geeigneten Empfänger darzustellen.[22] Die Ansprache muss stets persönlich und respektvoll sein, sie darf nie bedrängen, denn die Entscheidung liegt immer alleine beim Testamentsspender. Die New York Public Library hat diese Form der Geldeinnahme sehr prominent auf ihrer Webseite platziert; sie kann als Best Practice gelten:

> Name the Library in your Will or a Codicil
>
> Charitable bequests to the Library help us to fulfill our mission of inspiring lifelong learning, advancing knowledge, and strengthening our communities.

---

21 Vgl. BBE 2011, Abstract.
22 Vgl. WWF 2013.

> Including the Library in your estate plan is easy. Use the suggested language in the links below when you are writing your Will or Living Trust. If you already have a Will or Living Trust, you may add the Library as a beneficiary through a Codicil or trust amendment. Bequests to the Library are not subject to estate tax.
>
> There are several ways to make a bequest to the Library. Consult with your attorney or other advisors to make sure that the bequest you chose makes sense as part of your overall estate plan.
>
> [...] How can you help to ensure the Library's future? By including the Library in your estate and financial plans in one of following ways:
>
> Writing My Will
>
> Include the Library in your estate plan; it's easy to do even if you already have a Will.[23]

3.5 Sponsoring

Sponsoring wird wie folgt definiert:

> Sponsoring bedeutet die Planung, Organisation, Durchführung und Kontrolle sämtlicher Aktivitäten, die mit der Bereitstellung von Geld, Sachmitteln, Dienstleistungen oder Know-how durch Unternehmen und Institutionen zur Förderung von Personen und/oder Organisationen in den Bereichen Sport, Kultur, Soziales, Umwelt und/oder den Medien, unter vertraglicher Regelung der Leistung des Sponsors und Gegenleistung des Gesponserten verbunden sind, um damit gleichzeitig Ziele der Marketing- und Unternehmenskommunikation zu erreichen. Das Prinzip von Leistung und Gegenleistung grenzt Sponsoring von anderen Formen der Unternehmensförderung wie z.B. Mäzenatentum und Spendenwesen ab.[24]

Zentrales Element des Sponsorings ist somit die Gegenleistung, d.h. der Sponsor handelt nicht mehr intrinsisch oder altruistisch, sondern auf der Basis eines Sponsoringvertrags. Insbesondere für Unternehmen ist Sponsoring ein zentrales Element der Kommunikation:

> als Instrument zur Erreichung bestimmter Kommunikationsziele und/oder als Content-Plattform[25] für andere Kommunikationsinstrumente im Rahmen der integrierten Kommunikation. [...] Typischerweise werden dem Sponsor Rechte zur kommerziellen Nutzung eingeräumt.[26]

---

[23] New York Public Library o.J.
[24] Gabler Wirtschaftslexikon, Stichwort: Sponsoring.
[25] Über diese Plattformen werden die Stakeholder eines Unternehmens über die Sponsoringstrategie sowie das Engagement ausführlich informiert.
[26] Fachverband für Sponsoring e.V. (FASPO).

Diese Kommunikationsziele sind für Unternehmen laut IEG Performance Research[27] insbesondere:
– Markentreue ausbauen
– Bekanntheit/Sichtbarkeit schaffen und
– Imageverbesserung.[28]

Für 2014 wird das Sponsoringvolumen auf 4,8 Milliarden Euro geschätzt, wovon ca. 0,4 Milliarden auf das Kultursponsoring entfallen sollen.[29] Im Kultursponsoring stehen an erster Stelle die Bildende Kunst, Klassische Musik, Darstellende und Bühnenkunst, Popmusik und Filmkunst.[30] Bibliotheken finden in den Statistiken oft keine eigene Nennung. Umso wichtiger ist es, dass sie über Networking und Fundraising deutlich machen, dass sie auch Teil des Kulturbereichs sind. In vielen Hochschulen ist Sponsoring eine Selbstverständlichkeit. Es werden u.a. Professuren, Gebäude, Hörsäle, Labore und auch Bibliotheken gesponsert. Somit fallen Hochschulbibliotheken üblicherweise unter das Wissenschaftssponsoring.

Da Bibliotheken ihren Sponsoringpartnern auch Gegenleistungen bieten müssen, sollten sie überlegen, welche sie für ihre Sponsoren erbringen und wie sie diese in ihrem Sponsoringcontrolling unterstützen können. Am wichtigsten sind für Unternehmen die Medienauswertungen.[31]

3.6 Crowdfunding

Crowdfunding ist eine Fundraising-Strategie, die in den letzten Jahren immer populärer geworden ist. Bisher wird diese Form der Mitteleinwerbung von Bibliotheken in Deutschland allerdings nur sehr selten eingesetzt.

> Crowdfunding ist eine Form der Finanzierung („funding") durch eine Menge („crowd") von Internetnutzern. ‚Crowdsourcing' etablierte sich ebenfalls um 2005 herum und bezeichnet ein verwandtes Phänomen. Im deutschsprachigen Raum ist auch der Begriff der Schwarmfinanzierung bekannt, der die Beziehungen zwischen den Benutzern betont.

> Beim Crowdfunding wird – meist im World Wide Web – zur Spende oder Beteiligung aufgerufen. Künstler, Aktivisten, Veranstalter und Unternehmer stellen ihre Projekte dar und nennen die benötigte Summe sowie die erwartbare Gegenleistung für die Benutzer. Diese werden über Social Networks, Blogs, Microblogs und andere Kanäle aufmerksam. Wenn innerhalb einer bestimmten

---
27 http://www.sponsorship.com/ (30.08.2014). Die Unternehmen IEG und Performance Research gehören zu den führenden Forschungseinrichtungen zum Thema Sponsoring.
28 Vgl. Statista 2012: 13.
29 Vgl. Statista 2012: 13.
30 Vgl. Statista 2012: 16.
31 Vgl. Statista, 2012: 14.

Zeit die angegebene Summe erreicht wird, fließt das Geld an die Initianten, und die Idee wird umgesetzt.[32]

Das Grundprinzip des Crowdfundings ist die Schwarmfinanzierung. Crowdfunding erfordert eine attraktive Darstellung des Projekts auf einer der Plattformen, um potenzielle Geld- und Kapitalgeber auch zu überzeugen. Ebenso ist das „Alles-oder-Nichts-Konzept" zentraler Aspekt des Crowdfundings, d.h., dass eine Finanzierung eines Projektes nur erfolgt, wenn innerhalb einer festgelegten Projektzeit die Zielsumme erreicht oder überschritten wird. Anderenfalls werden die Gelder zurückgegeben. Dies ist eine Sicherheit und Vertrauensmaßnahme für die Unterstützer, da eine Projektrealisierung mit einer geringeren als der genannten Zielsumme nicht erfolgreich sein dürfte.

In den ersten neun Monaten 2013 konnten in Deutschland mit Crowdfunding ca. 3,4 Millionen Euro eingesammelt werden, womit das Finanzierungsvolumen aus 2012 bereits übertroffen wurde. Bis Ende September 2013 wurden in Deutschland insgesamt 1.350 Projekte erfolgreich finanziert, davon 684 im Jahr 2013.[33]

Der Vorteil ist, dass so Projekte schneller realisiert werden können, während die Bewilligung von Projektmitteln über die öffentliche Hand oft viel Zeit erfordert, die Wissenschaftler auf entsprechende Ausschreibungen warten und Fristen einhalten müssen. Zudem wird beim Crowdfunding ein Projekt auf Schlüssigkeit und nicht auf Förderwürdigkeit im Rahmen von Förderrichtlinien oder einer Forschungsstrategie geprüft. Und ein Projekt muss so dargestellt werden, dass es auch ohne Fachwissen verstanden wird und öffentlichkeitswirksam ist.[34]

Der Vorteil des Crowdfundings ist darüber hinaus, dass es zu einem sehr guten Projektmanagement zwingt: Eine überzeugende, schlüssige Präsentation für das Internet muss erstellt werden, in der insbesondere auch die Machbarkeit darzustellen ist. Zudem ist Crowdfunding eine geeignete Methode des Networkings und des Lobbyings, denn beim Crowdfunding ist es notwendig, im Rahmen eines Projekts einen dauerhaften Kontakt zur Crowd zu halten, der auch für zukünftige Aktivitäten genutzt werden kann.

Aber wie bereits erwähnt, ziehen Bibliotheken in Deutschland das Crowdfunding bisher kaum in Erwägung, obwohl es eine Checkliste für Crowdfunding in Bibliotheken gibt.[35] Dagegen findet sich im Ausland eine Reihe erfolgreicher Crowdfundingprojekte. Über andere Gründe für die Zurückhaltung kann nur gemutmaßt werden. Möglicherweise liegt es daran, dass soziale Medien in vielen Bibliotheken noch nicht in angemessener Weise für die Kommunikationspolitik genutzt werden. Deren Einsatz ist für Crowdfunding aber zwingende Voraussetzung.

---

32 Gabler Wirtschaftslexikon, Stichwort: Crowdfunding.
33 Vgl. Für-Gründer.de 2013.
34 Vgl. Munique 2012: 4.
35 Vgl. Munique 2012: 4 und Munique 2013: 26.

3.7 Stiftungen

Eine Stiftung ist laut Gablers Wirtschaftslexikon eine „Zuwendung von Vermögenswerten für bestimmte, oft gemeinnützige oder wohltätige Zwecke (Stiftungsgeschäft). Eine Stiftung hat keine mitgliedschaftliche Struktur. Der Stifter setzt ein Kuratorium, einen Stiftungsrat ein, der sich in der Regel durch Kooptation (Berufung) selbst ergänzt."[36] Inzwischen wird aber häufig auch von modernem Mäzenatentum gesprochen: „Heute sind es überwiegend Stiftungen, die in die Rolle der Mäzene geschlüpft sind. Beziehungsweise es sind Mäzene, die – überwiegend aus steuerlichen Gründen – Stiftungen einrichten, um ihre Ziele zu verwirklichen."[37]

Allerdings wollen sich die wenigsten Stifter ein Denkmal setzen. So tragen 40 Prozent der Stiftungen in Deutschland nicht den Namen der Stifter.[38]

Die Großzahl der Stiftungen wird in privatrechtlicher Form errichtet und dient in der Regel der Unterstützung gemeinnütziger Tätigkeiten. Das Gesamtvermögen aller Stiftungen lag 2012 bei ca. 100 Milliarden Euro, die Ausgaben für satzungsmäßige Zwecke lagen bei 17 Milliarden Euro.[39] Die Stiftungszwecke der Stiftungen in Deutschland verteilen sich wie folgt:

Soziale Zwecke	29,7%
Wissenschaft und Forschung	12,4%
Bildung und Erziehung	15,3%
Kunst und Kultur	15,2%
Umweltschutz	3,8%
Andere gemeinnützige Zwecke	18,2%
Privatnützige Zwecke	5,3 %[40]

Mehrere öffentlich-rechtliche Stiftungen sind Träger bedeutender Bibliotheken, wie z.B. die Stiftung Preußischer Kulturbesitz (Staatsbibliothek zu Berlin) und die Klassikstiftung Weimar (Herzogin Anna Amalia Bibliothek). Zahlreiche Stiftungen unterstützen systematisch Bibliotheken, u.a. die Stiftung Lesen, die Cornelsen-Stiftung Lehren und Lernen, die ZEIT-Stiftung, die VolkswagenStiftung sowie regional agierende Stiftungen.[41] Im Arbeitskreis Bildung und Ausbildung des Bundesverbandes Deutscher Stiftungen[42] werden Bildungsstiftungen und -projekte gebündelt.[43] Zu unterscheiden

---

[36] Gabler Wirtschaftslexikon, Stichwort: Stiftung.
[37] Scheibe-Jäger 1998: 170.
[38] Vgl. Stifterverband für die Deutsche Wirtschaft, http://www.stifterverband.org/stiftungen_und_stifter/zustiften_und_spenden/index.html (30.12.2013).
[39] Vgl. Stifterverband für die Deutsche Wirtschaft o.J.
[40] Vgl. Stifterverband für die Deutsche Wirtschaft o.J.
[41] Z.B. die VGH-Stiftung, die alle zwei Jahre den Bibliothekspreis für Niedersachsen und Bremen auslobt.
[42] Vgl. http://www.stiftungen.org (30.12.2013).
[43] Vgl. http://www.bildungsstiftungen.org (30.12.2013).

ist dabei stets zwischen Stiftungen, die ihre Mittel aktiv selbst vergeben, und solchen, die ihre Mittel an gemeinnützige Projektvorhaben vergeben, um die sich Bibliotheken bewerben können.

Vor allem im Hinblick auf Innovationen kann es sich lohnen, Stiftungsmittel einzuwerben, da sie den Bibliotheken Sicherheit geben, für die Laufzeit eines Projekts entsprechende Mittel zur Verfügung zu haben. Jedoch erfordert das Einwerben von Stiftungsmitteln im Vorfeld von Projekten häufig einen nicht unerheblichen Zeit- und Personalaufwand, da man wie bei anderen Projektmitteln mit zahlreichen anderen Antragstellern im Wettbewerb steht.

Eine Alternative zu öffentlichen Stiftungen liegt in der Möglichkeit, Mitglieder von Freundes- oder Förderkreisen zur Gründung einer eigenen Stiftung zu bewegen. Bei der aktuellen Zinssituation bedeutet dies jedoch, dass die Stiftung über ein erhebliches Stiftungsvermögen verfügen muss, da dieses nicht angetastet werden darf und auf Dauer der Stiftung zur Verfügung stehen muss. Geht man z.B. von einem Stiftungsvermögen von 200.000 Euro und einer jährlichen Verzinsung von 2 Prozent aus, so stehen pro Jahr nur 4.000 Euro für Projekte zur Verfügung.

Die Idee einer Bürgerstiftung für Bibliotheken, wie sie bereits früher einmal angedacht war, scheint in Deutschland in Vergessenheit geraten zu sein. Ein Beispiel für eine Art Bürgerstiftung im Bibliotheksbereich liefert Luxemburg.[44] Die Idee einer regionalen Bürgerstiftung kann auch von Bibliotheken aufgegriffen werden, wie das Beispiel der Duisburger Bürgerstiftung Bibliothek zeigt.[45] Wünschenswert wäre natürlich eine bundesweite, nationale Bürgerstiftung für Bibliotheken, wie sie früher durchaus schon einmal diskutiert wurde.[46]

3.8 Landes-, Bundes- und EU-Mittel

Projektmittel ermöglichen es Bibliotheken vielfach erst, Themen zu bearbeiten oder Innovationen zu realisieren, die aus dem eigenen Basisetat nicht finanziert werden könnten. Jedoch bedeutet die Akquise dieser Mittel auch immer einen erheblichen Ressourceneinsatz. Explizit für Bibliotheken bietet das Kompetenznetzwerk für Bibliotheken (knb) eine Förderdatenbank an.[47] Die EU-Beratungsstelle des knb „berät und unterstützt Bibliotheken, die an EU-Projekten und internationalen Projekten teilnehmen möchten und informiert über Fördermöglichkeiten auf EU-Ebene."[48]

Für Hochschulbibliotheken bieten die Hochschulen sowie Hochschulverbände Fort- und Weiterbildungen zum Thema Theorie und Praxis der Drittmittelakquise an.

---

44 Vgl. Donven/Reding 2011: 4.
45 Vgl. Duisburger Stadtbibliothek o.J.
46 Vgl. Sonn 1995: 59.
47 Vgl. Deutscher Bibliotheksverband, knb – Kompetenznetzwerk für Bibliotheken.
48 http://www.bibliotheksportal.de/themen/foerderquellen-fuer-bibliotheken.html (30.08.2014).

Grundsätzlich ist bei der Projektförderung zu berücksichtigen, dass in der Regel eine Eigenleistung zu erbringen und die Nachhaltigkeit zu gewährleisten ist.

> Bei einer Projektförderung gilt es unbedingt zu beachten, dass diese kein Mittel ist, eine fehlende oder gefährdete Basisfinanzierung aufzufangen oder zu sichern, da die Förderung zeitlich befristet ist und nur selten 100% beträgt, sodass im Rahmen des geförderten Projektes vielfach eigene Ressourcen [...] mit eingebracht werden müssen. Zudem wird bei vielen Projekten eine Zusage des Trägers erwartet, dass das Projekt nach seiner Beendigung in den Regelbetrieb übergeht, und dass dann die notwendigen Aufwendungen dafür gesichert sind, wovor zahlreiche Träger [...] zurückschrecken [...].[49]

4 Zusammenfassung

Walger[50] hat die verschiedenen Fundraising-Instrumente einem Vergleich für wissenschaftliche Bibliotheken unterzogen. Ihre neun Vergleichskriterien sind: Zeitaufwand, Kostenaufwand, Personalaufwand, Know-how, Risiko, Transparenz, Akzeptanz, Effekt sowie Nachhaltigkeit. Leitfragen zu jedem Kriterium erleichtern die Entscheidung für eine Fundraisingmethode. Es ist empfehlenswert, dass Bibliotheken sich selbst einen solchen Kriterienkatalog erstellen, auf ihre Einrichtung angepasste Leitfragen stellen und beantworten. Denn alleine die Aufzählung der Kriterien zeigt, dass Fundraising nur sinn- und wirkungsvoll sein wird, wenn es langfristig und strategisch angelegt ist. Fundraising bedeutet zunächst einmal, selbst einen hohen Aufwand zu betreiben, um dann Erfolge erzielen zu können. Dies bedeutet, dass nicht nur die Bibliotheksleitung vom Fundraising überzeugt sein muss, sondern dass auch die Mitarbeiter sich mit der Strategie identifizieren und ihren jeweiligen Beitrag dazu leisten. Fundraising muss also eine bewusste Entscheidung der ganzen Bibliothek sein.

Neben der eigenen Strategie ist dem Stakeholder Förderer die größte Aufmerksamkeit und Wertschätzung entgegen zu bringen. Dies erfordert bereits im Vorfeld des möglichen Fundraisingerfolgs Networking und Lobbyarbeit.

Als Ergebnis lässt sich festhalten, dass Fundraising ein zentrales Element ist, um zusätzliche (Innovations-)Projekte zu realisieren, da die zugewiesenen Erstmittel hierzu nicht ausreichen. Will eine Bibliothek aber modern und innovativ sein, dann muss sie im Bereich Innovationsmanagement aktiv werden, was wiederum einen entsprechenden Mitteleinsatz erfordert. Eine Koppelung einer Innovationsstrategie mit einer Fundraisingstrategie ist sinnvoll, da somit über die stets langfristige Innovationsstrategie auch die Fundraisingstrategie ausgerichtet werden kann. Dann bilden Marketing-, Innovations- und Fundraisingstrategie ein Dreieck, das gleichzeitig

---
49 Georgy/Schade 2012: 547.
50 Vgl. Walger 2013, S. 59ff.

Wirkung auf die Organisationsstruktur und -kultur hat. Mit einem solchen Konzept kann sich eine Bibliothek dann auch langfristig erfolgreich positionieren.

Literatur

Bachofner, Sabine u. Iris Hoffmann: Fundraising in Bibliotheken – ein Desiderat? Ergebnisse einer Untersuchung. In: B.I.T. online 16 (2013), H. 3, S. 181–189.

BBE media GmbH & Co. KG (BBE): Studie – Erbschaften 2011, Abstract. Neuwied: BBE 2011. http://www.marktforschung.de/studien-shop/marktdaten/erbschaften-2011-94741/ (30.12.2013).

Burnett, Ken: Relationship Fundraising. A donor-based approach to the business of money raising. London: White Lion Press 1992.

CSR Germany, Ford-Werke GmbH. http://www.csrgermany.de/www/csr_cms_relaunch.nsf/id/8EAM3X-ford-werke-gmbh-de (30.12.2013).

Deutscher Bibliotheksverband: Treffen der „Konferenz der Freundeskreise im dbv" in Köln. 2012. http://www.bibliotheksverband.de/fachgruppen/konferenz-der-freundeskreise/aktivitaeten/treffen-21-april-2012.html (30.12.2013).

Deutscher Bibliotheksverband, knb – Kompetenznetzwerk für Bibliotheken: Bibliotheksportal: Arbeitsbereiche und Dienstleistungen des KNB im Überblick – EU-Beratungsstelle. http://www.bibliotheksportal.de/themen/foerderquellen-fuer-bibliotheken.html (30.08.2014).

Deutscher Spendenrat: Bilanz des Helfens 2013. http://www.spendenrat.de/index.php?bilanz_des_helfens_2013 (30.12.2013).

Donven, Michel u. Jean-Marie Reding: Marketingkonzeption für die FËB – Fir Ëffentlech Bibliothéiken: Aufbauhilfe für überregionale Fundraisingorganisationen für Öffentliche Bibliotheken am Beispiel Luxemburgs. Praxisbericht im Rahmen des Master-Studiengangs Library and Information Science – MALIS an der Fachhochschule Köln 2011.

Duisburger Stadtbibliothek: Duisburger Bibliotheksstiftung. http://www.duisburg.de/stadtbib/partner/kooperationen/buergerstiftung.php (30.12.2013).

Fabisch, Nicole: Fundraising. Spenden, Sponsoring und mehr. 3. Aufl. München: Deutscher Taschenbuch Verlag 2013.

Fachverband für Sponsoring e.V. (FASPO): Definition Sponsoring. http://www.faspo.de/de/sponsoring.html (30.12.2013).

Für-Gründer.de: Q3 2013 mit Rekord für Crowd Funding in Deutschland. Der Blog von Für-Gründer.de (24.10.2013). http://www.fuer-gruender.de/blog/2013/10/crowd-funding-monitor-q3-2013/ (30.12.2013).

Gabler Verlag (Hrsg.): Gabler Wirtschaftslexikon, Stichwort: Sponsoring. http://wirtschaftslexikon.gabler.de/Archiv/5126/sponsoring-v7.html (30.12.2013).

Gabler Verlag (Hrsg.): Gabler Wirtschaftslexikon, Stichwort: Crowdfunding. http://wirtschaftslexikon.gabler.de/Definition/crowdfunding.html (30.12.2013).

Gabler Verlag (Hrsg.): Gabler Wirtschaftslexikon, Stichwort: Stiftung. http://wirtschaftslexikon.gabler.de/Archiv/1175/stiftung-v7.html (30.12.2013).

Georgy, Ursula u. Frauke Schade: Fundraising. In: Handbuch Bibliotheks- und Informationsmarketing. Hrsg. von Ursula Georgy u. Frauke Schade Berlin, München: De Gruyter Saur 2012. S. 537–555.

Kirwald, Stefanie: Wo sind meine Testamentsspender? Wie kann ich Sie für mich gewinnen? Workshop beim 6. Brandenburger Stiftungstag, Potsdam 4. Juni 2013. http://www.brandenburger-stiftungstag.de/ftp/Files/2013_workshop_erbschaftsmarketing_powerpoint.pdf (30.12.2013).

Munique, Ilona: Crowdfunding für OPL-Projekte nutzen – Finanzierung, Marketing, Social Networking. Checkliste 36. Hrsg. vom Berufsverband Information Bibliothek e.V. – Kommission für One-Person Libraries. 1. Aufl. 2012. http://www.bib-info.de/fileadmin/media/Dokumente/Kommissionen/Kommission%20f%FCr%20One-Person-Librarians/Checklisten/check36.pdf (30.12.2013).

Munique, Ilona: „Für eine Handvoll Dollar". Crowdfunding schürt Goldgräberstimmung... nur nicht in Bibliotheken!? In: Bibliotheksforum Bayern (2013), H. 7, S. 26–31.

New York Public Library: Name the Library in your Will or a Codicil. http://www.nypl.org/support/planned-giving/writing-my-will (30.12.2013).

PriceWaterhouseCoopers: Unternehmen als Spender. Frankfurt 2007. http://www.engagiert-in-nrw.de/pdf/pwc_unternehmen_spenden.pdf (30.12.2013).

PriceWaterhouseCoopers: Corporate Citizenship – Was tun deutsche Großunternehmen. Frankfurt 2012. http://www.pwc.de/de_DE/de/nachhaltigkeit/assets/PwC_Corporate_Citizenship.pdf (30.12.2013).

Scheibe-Jäger, Angela: Finanzierungs-Handbuch für Non-Profit-Organisationen. Fundraising – der Weg zu neuen Geldquellen. Regensburg: Walhalla-Fachverlag 1998

Schuldt, Hans-Joachim: Stichwort Erst-, Zweit- und Drittmittel. In: DIE Zeitschrift für Erwachsenenbildung 2 (2007), S. 18–19. http://www.diezeitschrift.de/22007/Stichwort_Erst_Zweit_Drittmittel.htm (30.12.2013).

Sonn, Hans-Martin: Bibliothek zwischen Medienvielfalt und Finanzkrise? Aufgabe und Ziele der Bibliothek von morgen. In: Die Krise zum Umdenken nutzen – Zukunftsperspektiven Öffentlicher Bibliotheken. Hrsg. von Elmar Mittler u. Bettina Windau. Gütersloh: Bertelsmann Stiftung 1995, S. 55–61.

Statista: Sponsoring – Statistik - Dossier 2012. http://de.statista.com/statistik/studie/id/7551/dokument/sponsoring--statista-dossier-2012/ (30.12.2013).

Stifterverband für die Deutsche Wirtschaft: Zustiften und Spenden. http://www.stifterverband.org/stiftungen_und_stifter/zustiften_und_spenden/index.html (30.12.2013).

Urselmann, Michael: Fundraising – Professionelle Mittelbeschaffung für Non-Profit-Organisationen. 5. Aufl. Bern: Paul Haupt 2012.

VGH-Stiftung: Bibliothekspreis. http://www.vgh-stiftung.de/vgh/unsere-projekte/bibliothekspreis (30.12.2013).

Walger, Nadine: Fundraising – Bausteine alternativer Finanzierung für Wissenschaftliche Bibliotheken. Master's Thesis im Rahmen des Master-Studiengangs Library and Informations Science – MALIS an der Fachhochschule Köln 2013.

WWF: Ratgeber, Vorsorgen und Gestalten – Patientenverfügung, Vorsorgevollmacht, Testament. Berlin: WWF 2013. https://www.wwf.de/fileadmin/fm-wwf/Publikationen-PDF/130819_WWF_Testamente_Ratgeber.pdf (30.12.2013).

Thomas Zauner
9.3 Ausstellungs- und Veranstaltungsmanagement

1 Was keine Aufmerksamkeit erfährt, existiert nicht

Es gilt das Verdikt eines unbarmherzigen Zeitgeistes: Was keine mediale Spiegelung und Aufmerksamkeit erfährt, existiert nicht. Perfekter bibliothekarischer Service und Mund-zu-Mund-Propaganda allein reichen nicht, um in das Aufmerksamkeitsfeld einer medialen Öffentlichkeit zu gelangen. Der Vorteil daran: Bibliotheken haben viel zu bieten, mit dem sie an diese mediale Öffentlichkeit herantreten können. Der Nachteil: Alle anderen Institutionen sehen es bei sich genauso.

Potenzielle Bibliotheksnutzer werden als Kulturrezipienten stark nachgefragt und mit einer Fülle von Kulturangeboten umworben. Dem Veranstaltungskalender des eigenen Nahbereichs (Stadt, Bezirk, Landkreis) ist das oftmals umfassende regionale Bildungs-, Kultur- und Sinnangebot zu entnehmen. Neben Bibliotheken buhlen u.a. auch Kunstmuseen, Theater, Galerien, Kinos, zoologische Gärten, botanische Sammlungen und Volkshochschulen um die knappe Bildungszeit und das beschränkte Freizeitbudget der Zielgruppe.

Da der öffentliche Agitationsraum flächendeckend besetzt ist und weitgehend mit denselben Animations- und Werbetechniken bespielt wird, sind Unverwechselbarkeit und Wiedererkennbarkeit die einzigen Qualitätsversprechen, die das Potenzial haben, das angestrebte Publikum zu finden und langfristig an das eigene Haus zu binden. Unverwechselbarkeit und Wiedererkennbarkeit sehen bei unterschiedlichen Bibliotheken unterschiedlich aus, immer gilt es aber, die Stellung und Aufgabe der Bibliothek im kulturellen Raum, ihre Alleinstellungsmerkmale und ihre arbeitsteilige Kooperation mit anderen Kulturinstitutionen zu kommunizieren.

Bei der Umsetzung des Öffentlichkeitsanspruchs findet man hochentwickelte Techniken der öffentlichen Selbstdarstellung vor, deren sich erfahrene Institutionen befleißigen und die die Wahrnehmungsgewohnheiten und das Rezeptionsverhalten der Adressaten prägen. Bibliothekarische „Animation" muss sich den *State of the Art*, der allgemeine Akzeptanz findet, aneignen und die Rezeptionsgewohnheiten bedienen. Dünkel gegen Vordergründigkeit und Oberflächlichkeit gefährden die Animationsqualität und reduzieren die Breitenwirkung. Vielfach muss auf Methoden zurückgegriffen werden, die dem hehren Selbstbild einer Bibliothek fremd sind. Das betrifft sowohl den Modus und die Abwicklung der Veranstaltungen als auch die Form der Ankündigung und Bewerbung.

Gleichzeitig muss bei der Wahl der Repräsentationsmittel stets auf ihre Eignung als Transmissionsriemen für die Bibliothek geachtet werden. Die Performance darf nicht zum Selbstzweck verkommen. Clubbings, Konzerte, Entertainment und ähnliche Unterhaltungsangebote mögen stark angenommen werden und können als Einnahmequelle durchaus Sinn machen, den Qualitätsversprechen Unverwechselbarkeit und Wiedererkennbarkeit dienen sie mit großer Wahrscheinlichkeit nicht. Bei der inhaltlichen Ausrichtung der Werbe- und Informationsinitiativen sind daher die bibliotheksgenuinen Sujets zu präferieren und im entsprechenden dramaturgischen Rahmen darzubieten: Bücher und andere Bibliotheksmedien, ihre jeweiligen Urheber, Geschichte und Geist. Vorrangiges Ziel aller Öffentlichkeitsarbeit muss es jedenfalls sein und bleiben, die Bibliothek als Bildungsort und ihre Veranstaltungen als öffentliche „Marke" im Animationswettbewerb zu etablieren.

Zwei Parameter sind für die zeitgemäße Präsentation essenziell und auf ihren Mehrwert für die bibliothekarische Öffentlichkeitsarbeit zu reflektieren: Eventorientierung und Personalisierung.

2 Eventorientierung und Personalisierung

In der einschlägigen Literatur wird in Reflexion auf die Animationskonkurrenz zu anderen „Kulturevents" als Ziel bibliothekarischer Öffentlichkeitsanstrengungen ausgegeben, die Sensationsdichte und Erlebnisintensität von guten Filmen und Konzerten anzustreben. Die Überhöhung der Veranstaltungsaktivitäten zum unwiderstehlichen (Medien-)Ereignis soll durch Thematik, Präsentationsart, Ankündigungs- und Bewerbungsmodi sowie durch die organisatorische Umsetzung der Events gewährleistet werden.

Zum *product placement* einer Bibliothek gehören aber immer öfter auch Symbolfiguren. Diese können aus der Bibliothek selbst oder aus dem öffentlichen Leben rekrutiert werden. Früher waren die Leitungskader von Bibliotheken der Öffentlichkeit weitgehend unbekannt. Es zählte nicht zum Anforderungsprofil von Bibliotheksdirektoren, als öffentliche Person in Erscheinung zu treten. Heutzutage verkörpern sie als personalisierte Fachkompetenz den Bildungsauftrag und die kulturelle Relevanz der Bibliotheken. Sie können mit hoher Glaubwürdigkeit die Bibliotheksphilosophie, die Ankaufspolitik und umfangreichen Aufgabenstellungen moderner Bibliotheken öffentlich machen. Der Erfolg und die öffentliche Akzeptanz der Symbolfigur sind unter anderem daran zu messen, dass sie auch zu über den Bibliotheksbereich hinausgehenden kulturellen, bildungs- und kulturpolitischen Themen medial nachgefragt wird.

Persönlichkeiten des öffentlichen Lebens können in unterschiedlichen Funktionen durch ihren hohen Bekanntheitsgrad die Bibliothek aufwerten und die gesellschaftliche Wahrnehmung verstärken. Sie können nicht nur ganz generell bestimmte Animationsmaßnahmen nach außen begleiten (für die jährlich stattfindende bibliothekarische Veranstaltungswoche „Österreich liest" wird etwa Kochstar Sarah Wiener mit dem Satz „Lesen ist ein Genuss" plakatiert), sondern auch bei einzelnen Veranstaltungen als Moderatoren, Rezitatoren und Festredner eingebunden werden. Es ist dabei immer darauf zu achten, dass die öffentliche Wahrnehmung der jeweiligen Persönlichkeit dem Identitätsanspruch und Selbstverständnis der Bibliothek entspricht, nur dann unterstützen sie die Qualitätsversprechen Unverwechselbarkeit und Wiedererkennbarkeit.

Der Öffentlichkeitszirkel ist vor allem zu Beginn der Eventaktivitäten zu beachten: Je erfolgreicher die Bibliothek als öffentlichkeitsrelevante Institution etabliert ist, desto attraktiver erweist sie sich auch für die Selbstdarstellungsmotive der VIPs, und diese sind dadurch leichter für die Bibliothek zu gewinnen – getreu der alten Volksweisheit „Wo Tauben sind, fliegen Tauben zu."

3 Veranstaltungsthemen

Bibliotheken sind – niemals abgeschlossene – Dokumentationen des menschlichen Geistes, manifestiert in verschrifteter Form. Das Ensemble sämtlicher menschheitsrelevanter Themen ist in pluralistischen Ansätzen und unter mannigfachen Aspekten im historischen Zeitenlauf bibliothekarisch erfasst und ergibt den nach Quantität und Qualität singulären Schatz einer Bibliothek. Angesichts des umfassenden Themenpools ist es für die Öffentlichkeitsarbeit umso entscheidender, eine profilscharfe Auswahl aus dem enormen Fundus zu treffen, mit dem man im besten Fall auch das Interesse und die Nachfrage bibliotheksferner Schichten weckt. Dabei ist es oft sinnvoll, auf mehr oder weniger zeitlose Themen mit bekannter Zielgruppe zu setzen (Eltern interessieren sich fast immer für Kinderbücher, Leser fast immer für Krimis).

Es kann aber auch zweckdienlich sein, sich an Themen zu orientieren, die in der Öffentlichkeit aktuell bespielt werden: allgemein wahrgenommene Jubiläen, historische Ereignisse und Gedenktage. Die Aufmerksamkeit für das Thema ist bereits vorhanden oder durch die Vielzahl kultureller und gesellschaftlicher Aktivitäten absehbar. Zwar besteht dabei immer das Risiko, als einer von mehreren Anbietern medial „unterzugehen" oder zur Fußnote für jene Veranstaltungen zu werden, die früher an den Start gingen, dessen ungeachtet kann die Bibliothek aber immer ihre ureigenste Aufgabe, die Dokumentation, in den bereits vorhandenen kulturöffentlichen Diskurs arbeitsteilig einbringen. 2013 etwa lief an der Österreichischen Nationalbibliothek die Ausstellung „Nacht über Österreich"; Anlass war der 75. Jahrestag des „Anschlusses" Österreichs an Nazideutschland 1938. Gezeigt wurden entsprechende Fotos, Zeitungen, Bücher und Autografen aus den hauseigenen Beständen. Da es trotz einer landesweiten Fülle an Schweigeminuten, Gedenkvorträgen, Lesungen und Konzerten sonst keine Ausstellung zu dem Thema gab, waren das mediale und das Publikumsinteresse entsprechend groß.

Je erfolgreicher sich eine Bibliothek als kulturelle Institution positioniert, desto größere Freiheiten kann sie beanspruchen, in Zukunft eigenständig Themen zu setzen und im besten Fall eine breitere kulturöffentliche Auseinandersetzung zu initiieren.

Eine bibliothekarische Domäne und wohl auch ein Alleinstellungsmerkmal im vielfältigen Kulturangebot sind Ausstellungen, die das Buch nicht als Textmittel, sondern als kunstvoll gestaltete Synthese von Text und Corpus, als versuchte Einlösung der ästhetischen Forderung nach der Einheit von Form und Inhalt präsentieren. Wertvolle Einbände, künstlerische Illustrationen und Textgrafik sind auch unter Berücksichtigung ihrer historischen Entwicklung besonders geeignete Ausstellungsartefakte. Die Präsentation von Zimelien oder alljährlich ausgezeichneten schönsten Büchern eines Landes ziehen vor allem das fachkundige Publikum und Bibliophile an.

Zugleich muss sich die auf Öffentlichkeitswirksamkeit abzielende Themenselektion an Art, Ausrichtung und Sammlungsschwerpunkt der jeweiligen Bibliothek orientieren. Die Fachbibliothek für Architektur und Gestaltung wird ihre Themen anders wählen als die Regionalbibliothek, die sich primär als regionales Gedächtnis positioniert. Die Universalbibliothek wiederum kann ein wesentlich breiteres Spektrum bespielen und beansprucht, als enzyklopädischer Bildungsspeicher wahrgenommen zu werden.

4 Veranstaltungstypologie

Die bibliotheksrelevanten Veranstaltungsarten unterscheiden sich vor allem durch ihre Nähe bzw. Distanz zur eigentlichen Bibliotheksarbeit. Diese Verhältnisbestimmung prägt auch ihre Vorteile und Schranken.

4.1 Tag der offenen Tür

An Tagen der offenen Tür wird unmittelbar mit der Institution Bibliothek geworben und auf Umweginszenierungen weitgehend verzichtet. Der direkte Zugang zum Bibliotheksinventar und vielleicht auch zu gemeinhin nichtöffentlichen Bereichen, wie z.B. einem Spezialarchiv, wird ermöglicht. Im Fokus steht der eigene Sammlungsbestand, wodurch diese Bewerbungsmethode am unmittelbarsten an den bibliotheksgenuinen Lese- und Lernprozess anschließt: Die zeitlich begrenzte Öffnung der Bibliothek dient primär der Demonstration der Ausrichtung und vor allem der Breite des Bildungsangebots, die kaum eine andere kulturelle Institution aufweisen kann. Ökonomisch und organisatorisch stellt diese Präsentationssorte einen vergleichsweise geringen Aufwand dar. Gleichzeitig präsentiert ein Tag der offenen Tür „pur" eigentlich nur das, was auch an allen anderen Tagen zu sehen und zu haben ist, einem PR-Mehrwert sind also vergleichsweise enge Grenzen gesetzt.

4.2 Ausstellungen

Hingegen bieten Ausstellungen die Möglichkeiten einer themensetzenden, selektiven Auslese der Bestände, die gegebenenfalls mit hausfremden Objekten ergänzt werden. Die Gestaltungsautonomie des Ausstellungsmanagements hat sich dabei vor allem an der gelungenen Präsentation der Artefakte, der themenorientierten, sinnvollen Abfolge der Ausstellungsgegenstände und der wahrnehmbaren Einheit der Gesamtschau der vielfältigen Exponate zu orientieren; erst dadurch generiert die Ausstellung einen PR-Mehrwert zum Regelbetrieb einer Bibliothek.

Die Typologie der Ausstellungsformen in wissenschaftlichen Bibliotheken reicht von der Ausstellung der Neuerscheinungen zwecks Leseanimation und Verdeutlichung der Erwerbungspolitik über didaktisch-informativ dargebotenes Schaugut zu spezifischen Themen, die umfangreich konzipierte, wissenschaftlich fundierte Aufbereitung eines zentralen Themas mit Dokumenten aller Art bis zur Zimelienschau.

4.3 Lesungen und Literaturveranstaltungen, Fachdisskussionen

Große Gestaltungsautonomie bieten auch Lesungen und Literaturveranstaltungen. Man kann dabei nicht nur Themen setzen, sondern auch durch den theatralischen Aufbau der Veranstaltung die Rezeption steuernd beeinflussen. Bei Fachdiskussionen wiederum wird zwar das Thema gesetzt und durch kenntnisreiche Moderation gesteuert. Dennoch sind sie die Präsentationsform, in der die inhaltliche Ausrichtung am Stärksten delegiert wird und die am wenigsten beeinflussbar ist. Die Verpflichtung fachkundiger und/oder hochrangiger Redner ist zugleich ein wesentlicher Beitrag, um die Bibliothek zu einem gesellschaftlichen Ort geistiger Auseinandersetzung und Meinungsbildung zu machen.

Die gestalterische Freiheit der letztgenannten Veranstaltungsarten bedeutet allerdings auch die größte Anforderung an das Projektmanagement, an die personellen, technischen und oft auch ökonomischen Ressourcen.

Wenn es die Thematik erlaubt oder geradezu erfordert, können die vier Typen bibliothekarischer Animation auch zusammen zur Anwendung kommen und sich harmonisch ergänzen. Begleitende Veranstaltungen mit Eröffnungsreden und ganzen Vortragsreihen können die reflexive Auseinandersetzung mit dem Ausstellungsthema befördern und aktuelle Bezüge beisteuern; eine themenzentrierte Ausstellung über Kabarettliteratur etwa kann durch einen Kabarettabend gültig beworben, befruchtet und ergänzt werden.

5 Projektmanagement 1: Bibliothekarische Ausstellung

Bei der Ausrichtung von Ausstellungen ist die Umsetzung organisatorischer, didaktischer und konservatorischer Vorgaben unbedingt zu beachten.

5.1 Organisation

Eine Ausstellung muss ganzheitlich geplant werden. Die ausstellungsleitende Idee muss bis zur Ausstellungsschließung allen Beteiligten klar und präsent sein. Jede Phase des Vorbereitungs- und Ausstellungsprozesses muss auf deren Umsetzung hin reflektiert werden. Ausstellungsmanagement ist multifaktorell, vereint Tätigkeitsbereiche unterschiedlichster Provenienz und kann nur unter Aufbietung der spezifischen hausinternen oder externen Kompetenzen arbeitsteilig bewältigt werden. Aufgrund der themenbedingten Überschneidungen ist ein genauer Arbeitsplan mit fester Tätigkeitszuordnung und eine abteilungsübergreifende Kooperationskompetenz und -bereitschaft unerlässlich.

5.2 Projektplanung

Bei der Projektplanung werden die Ausstellungsidee und die daran ausgerichtete grundsätzliche konzeptionelle Umsetzung (Vorkonzept, inhaltlich ausgearbeitetes Konzept, Umsetzungskonzept, Teilprojekte wie Rahmenprogramm, Eröffnungs- und Abschlussevent, Begleitpublikationen) festgelegt sowie ein Gesamtbudget fixiert. Ein fachlich geeigneter Ausstellungskurator steht für die Inhalte, die er präsentiert, als Experte ist er im Idealfall später gern auch bereit, Führungen abzuhalten oder sich den Medien zu stellen. Je nach Größe und Art der Ausstellung ist mit Vorlaufzeiten von bis zu zwei Jahren und Kosten im vier- bis sechsstelligen Euro-Bereich zu rechnen. Bei so langen Projekten ist das Setzen von „Meilensteinen" unerlässlich: Am Beginn einzelner Projektphasen wird der Status Quo überprüft und geklärt, ob mit den zur Verfügung stehenden Ressourcen an Geld und Zeit die geplanten Ziele zu erreichen sind oder ob gegebenenfalls die Ziele oder die Ressourcen modifiziert werden müssen.

5.3 Projektleitung

Die Projektleitung garantiert die Einhaltung des Projektplans und muss über die Vorlaufaktivitäten, die Ausstellungsphase und die Nachlaufprozesse kontinuierlich ausgeübt werden. Die Projektleitung plant, organisiert, überwacht, steuert und greift notfalls in den Veranstaltungsablauf ein, um die Gesamtpräsentation der Ausstellungsidee zu gewährleisten.

5.4 Administration

Die Administration verwaltet den Arbeitsplan und die Aufgabenzuteilung, übernimmt den Abschluss von Verträgen, Leihverträgen und Versicherungen, die Abklärung von Wiedergaberechten und Lizenzfragen bei Bild-, Text- und Tondokumenten und die ökonomische Dokumentation der Ausstellung.

5.5 Wissenschaftliche Betreuung

Die wissenschaftliche Betreuung widmet sich der fachlichen, journalistischen Recherche, der Abfassung, dem Redigieren und der Übersetzung der zahlreichen unterschiedlichen Textsorten von den Objektbeschriftungen bis zum Ausstellungskatalog. Die Beratung der Projektleitung nach fachspezifischen Kriterien ist ein unbedingtes Erfordernis.

5.6 Technische Kompetenzen

Die technischen Kompetenzen konzentrieren sich auf die Beschaffung und den Transport der Exponate, die Herstellung des Ausstellungsmobiliars, die Instandsetzung und Adaption der Ausstellungsräumlichkeiten, des Eingangsbereichs und des Außenraums, weiter auf die Platzierung, Ausleuchtung und Reinigung der Objekte und auf den friktionsfreien Ausstellungsabbau.

5.7 Abteilung für Öffentlichkeitsarbeit, Veranstaltungsreferat

Die Abteilung für Öffentlichkeitsarbeit respektive ein Veranstaltungsreferat konzipiert, plant und setzt die komplexe Außendarstellung der Ausstellung um. Dazu gehört die Erstellung eines themenorientierten Adresspools, die Festlegung der Verteiler, die Bewerbung mit Flyern, Plakaten und Inseraten, entsprechende Artikel in den eigenen Mitarbeiter- oder Kundenmedien, das Melden der Veranstaltungseckdaten an die zahlreichen Veranstaltungskalender (Tageszeitungen, Stadtmagazine, Online-Plattformen etc.), die Kommunikation mit den Kulturredaktionen, -ressorts und anderen Multiplikatoren sowie die anschließende Medienbeobachtung durch Google-Alerts oder professionelle Clipping-Dienste, gegebenenfalls die Auswertung einer Besucherumfrage. Der Erfolg der Presse-

und Medienarbeit gründet auf der genauen Kenntnis der Medienlandschaft, einem kontinuierlich aktualisierten Presseverteiler mit stabilen Pressekontakten, einer fundierten Presseinformation und erfolgreichen Pressekonferenzen. Bei exklusiven Medienkooperationen mit Logo-Präsenz, Sonderbeilagen in Tageszeitungen u.ä. Marketing-Maßnahmen ist die Konkurrenz der Medien untereinander zu berücksichtigen. Die hauseigene Website, Newsletter sowie die Kommunikation und Bewerbung in Social-Media-Netzwerken wie Facebook sind aktuell von besonderer Bedeutung. Auch sind die Mitarbeiter der Bibliothek selbst als Multiplikatoren nicht zu vernachlässigen. Wenn die Bibliothek einen institutionalisierten Freundes- oder Förderkreis hat, so sind dessen Mitglieder bei Ausstellungen mit Sonderveranstaltungen wie etwa einer Kuratoren-Führung oder einem exklusiven Empfang zu bedienen. Ähnliches gilt für Sponsoren und Stakeholder.

Die hier genannten Kriterien der Öffentlichkeitsarbeit haben mit einigen Ergänzungen auch Gültigkeit für das Projektmanagement 2: Bibliothekarisches Veranstaltungsmanagement.

5.8 Didaktik

Die Thematik und Zwecksetzung soll dem Betrachter durch den strukturellen Aufbau der Ausstellung verständlich und anschaulich vermittelt werden, damit er in der Fülle der Exponate nicht den Gesamtzusammenhang verliert. Eine strenge themenorientierte Reduktion und Ausrichtung des Ausstellungsguts auf exemplarische Stücke ist dafür unerlässliche Bedingung. Provokative und polarisierende Thesen zu den einzelnen Ausstellungssegmenten können die Auseinandersetzung mit den Exponaten anregen und die Bedeutsamkeit ihrer Rezeption vermitteln.

Die ästhetische Aufbereitung, der logische Aufbau der Ausstellung und die sinnhafte Abfolge der Exponate bestimmen wesentlich die Wirkung auf und die Rezeption des Betrachters. Die didaktisch-ästhetischen Medien sollen streng instrumentell eingesetzt und nach ihrer Qualität als Transportmittel für die Ausstellungsintention ausgewählt werden. Auf keinen Fall dürfen sie dominieren und von der konzeptionellen Ausrichtung bzw. dem Schaugut ablenken. In diesem Sinne können zur Förderung der sinnlichen Wahrnehmung bibliotheksfremde Objekte, Tonträger und Videowalls eingesetzt werden. Auch für die Schriftmarken zu den einzelnen Exponaten gilt: Ihre erläuternde Funktion muss erkennbar sein. Konzise, nicht überbordende, gut lesbare Information ist entscheidend, um das Interesse und die Konzentration auf die dargebotenen Schaustücke anzuregen.

5.9 Konservatorische Überlegungen

Die Ausstellung von wertvollen, historischen Büchern oder anderen Objekten steht in einem grundsätzlichen Widerspruch zum Konservierungsauftrag der Bibliothek.

Für die technische und organisatorische Umsetzung bibliothekarischer Zimelien-Ausstellungen stellen sich daher besondere Herausforderungen. Es muss darauf geachtet werden, dass die Exponate durch die Gestaltung und die Dauer der Ausstellung keinen Schaden nehmen. Die Buchexponate müssen deswegen dem Zugriff des Betrachters z.B. durch Vitrinen entzogen werden. Obwohl damit das Blättern und andere unmittelbare haptische Auseinandersetzungen mit dem Buch unterbunden werden, können diese aus konservatorischer Sicht notwendigen Präsentationsmethoden eine zusätzliche ästhetische Wirkung erzeugen: Die Objekte werden in Vitrinen oder Rahmen hervorgehoben und bedeutungsvoll inszeniert. Vor allem bei historischem Ausstellungsgut, bei Handschriften und lichtempfindlichen Blättern sind konservatorische Erwägungen wie die Raumtemperatur (18 bis maximal 24 Grad Celsius), die relative Luftfeuchtigkeit (45 bis 55 Prozent, für spezielle Materialien wie Pergament oder Papyrus gelten andere Werte) und die Lichtstärke zu berücksichtigen. Hochempfindliche Exponate vertragen keine Lichtstärke über 50 Lux, gegebenenfalls informieren Experten oder Leihgeber, ob auch höhere Lux-Werte möglich sind. Direktes Tageslicht sollte insbesondere auf Grund des hohen UV-Anteils unbedingt vermieden werden.

5.10 Ausstellungskataloge

Ausstellungskataloge und andere themennahe Publikationen mit fundierten Beiträgen können die Ausstellungserfahrung ergänzen und vertiefen. Die personell und finanziell intensiven Vorarbeiten für die Ausstellung können damit einen Kollateralnutzen erzielen. Die intensive Erschließung des Materials und dessen wissenschaftliche Durchdringung werden auf diese Weise sinnvoll über die Dauer der Ausstellung hinaus dokumentiert. Die optische Wirkung der Exponate und der Absatz der Kataloge werden durch die möglichst knappe, konzise Beschreibung der Exponate im Ausstellungsraum unterstützt. Die Abfassung der Kataloge soll so gestaltet werden, dass sie als Ergänzung der Ausstellung und nicht als Ersatz des Ausstellungsbesuchs wahrgenommen werden. Die Kataloge des Deutschen Literaturarchivs in Marbach gelten in Fachkreisen als vorbildliche Umsetzungen der Ansprüche an eine verschriftete Ausstellungsdokumentation. Ob üppige Audio-Guides, Ausstellungs-Apps und digitale Dokumentationen im Ausstellungsarchiv der eigenen Webseite den gedruckten Katalog einmal ersetzen werden, lässt sich derzeit schwer sagen. Ihr Einsatz ist aber – entsprechende Themen und ausreichende Ausstellungsdauer vorausgesetzt – sicher nur im Rahmen eines übergeordneten langfristigen Marketing-Konzepts sinnvoll.

6 Projektmanagement 2: Bibliothekarisches Veranstaltungsmanagement

Die bibliothekarischen Lese- und Literaturveranstaltungen müssen in einer Dramaturgie gestaltet werden, die im Idealfall ein „Vorleseglück" erzeugen. Die Fachliteratur spricht in diesem Zusammenhang gerne von einem anzustrebenden „Flow-Erlebnis" zwischen Autor/Rezitator, Moderator und Publikum. Dafür gilt es vorab folgende Fragen zu klären:
- Welche Präsentationsart bietet die bestmögliche Umsetzung des jeweiligen Themas und entspricht zugleich der Erwartungshaltung der präferierten Adressatengruppe?
- Welche Persönlichkeiten (Autoren, Rezitatoren, Diskutanten, Moderatoren) versprechen in welchem Kontext eine optimale Umsetzung?
- Wie kann die Intimität des Lesens als öffentlicher Akt und Prozess dargestellt werden, damit die jeweilige Performance nicht Selbstzweck bleibt, sondern zur Literaturrezeption und zum Bibliotheksbesuch anregt?
- Wieweit können nichtliterarische Medien (musikalische, szenische oder filmische Einlagen, themenspezifische Projektionen) den öffentlichen Leseakt bzw. Vortrag unterstützen und ergänzen, ohne dass der Zweck und die Einheit der Veranstaltung gefährdet werden und die musikalischen, filmischen oder theatralischen Versatzstücke die Veranstaltung dominieren?

6.1 Organisation und Projektplanung

Für Organisation und Projektplanung gilt bei Veranstaltungen ähnliches wie bei den Ausstellungen: Sie müssen ganzheitlich geplant werden und sollten allen Beteiligten ein Anliegen sein. Je nach Größe und Art der Veranstaltung und der Prominenz der Gäste ist mit Vorlaufzeiten von bis zu einem halben Jahr und Kosten im drei- bis vierstelligen Euro-Bereich zu rechnen.

6.2 Präsentation

Um die größtmögliche und anhaltende öffentliche Präsenz und die Etablierung der Marke zu erzielen, empfiehlt es sich, Veranstaltungsreihen anzubieten. Regelmäßige Termine, räumliche Kontinuität und ein die Reihe durchgängig begleitender Moderator bieten dem Publikum die Identifikationsgelegenheit, bei seiner Veranstaltung, in seiner gewohnten Lokalität auf seinen Gesprächsleiter bzw. Veranstaltungsguide zu treffen. Seltene und singuläre Veranstaltungen hingegen initiieren je nach Thema und

Prominenz der Referenten und Aktivisten einen öffentlichen Hype, dessen Wirkung zumeist kurzfristig ist und die öffentliche Marke nicht bleibend etabliert.

Im Hinblick auf die öffentliche Resonanz und den Wiedererkennungswert ist es sinnvoll, die Reihe unter ein den einzelnen Veranstaltungen übergeordnetes Motto zu stellen, das in der Bewerbung offensiv kommuniziert wird und das sich von vergleichbaren Literaturveranstaltungen ausreichend unterscheidet.

6.3 Veranstaltungsräumlichkeit und Raumgestaltung

Die Wahl der Veranstaltungsräumlichkeit sowie der Raumgestaltung kann den Erfolg entscheidend beeinflussen. Bibliotheken sollten unbedingt auf eigene Räumlichkeiten zurückgreifen, um die Nähe zu ihrem Kerngeschäft zu kommunizieren und durch die Öffnung der Bibliothek Schwellenängste vor der hehren Kulturinstitution zu brechen. Die Größe der Location soll der erwarteten Publikumszahl entsprechen, wobei zu groß gewählte Veranstaltungsorte in aller Regel unangenehmer sind als zu kleine, da zu große Räume das Gemeinschaftserlebnis verhindern. Die Location ist nicht nur nach den akustischen und visuellen Qualitäten zu prüfen: Die Räumlichkeit und deren Gestaltung soll die Singularität der Veranstaltungen unterstreichen und zur Unterscheidung von ähnlichen Kulturevents beitragen. Dabei ist auch die jeweilige Veranstaltungsart zu berücksichtigen. Eine sachbezogene Vorlesungsreihe verlangt nach einer anderen gestalterischen Umsetzung als etwa ein *Poetry Slam*. Dem Vorlesungscharakter entspricht ein zentrales Stehpult oder ein Lesetisch mit Bestuhlung für die Vortragenden. Bei Veranstaltungen mit Eventcharakter kann der Standort der Wortbeiträge variieren, unter Umständen auch zu Teilen in den Publikumsbereich ausgelagert werden – damit kann man die formale Trennung zwischen Akteuren und Publikum aufheben. Die Lichtsetzung, Scheinwerferzentrierung und Lichtwechsel können die Aufmerksamkeit auf die jeweils tragenden Akteure bündeln und damit die Dramaturgie entscheidend beeinflussen.

6.4 Zeitmanagement

Das Zeitmanagement ist für das Gelingen einer Veranstaltung besonders entscheidend. In der Fachliteratur wird ein durchschnittliches Aufmerksamkeitspotenzial je nach Publikumsschicht von 45 Minuten bis zu maximal 90 Minuten angegeben. Bei Schulklassen empfiehlt sich eine kürzere Veranstaltungsdauer, bei erfahrener Zuhörerschaft kann eine längere Konzentrationszeit angenommen werden. Die musikalischen oder dramatischen Einlagen sollen nicht nur der Untermalung des Dargebotenen, sondern auch der Auflockerung und Leichtigkeit der Gesamtinszenierung dienen. Unterstützend können auch passende Projektionen an der Bücherwand oder einer Leinwand eingesetzt werden.

Um ein harmonisches Zusammenspiel aller Beteiligten zu ermöglichen, muss die Präsentationsdramaturgie mit dem jeweiligen Autor oder Vortragenden und dem Moderator abgestimmt werden. Manche Autoren empfinden die musikalische Begleitung oder szenische Einlassungen ebenso als Störung wie eine überbordende Einleitung oder ausufernde moderatorische Zwischenspiele – manchmal ist weniger mehr.

6.5 Moderation

Der Moderation und der Auswahl des Moderators muss ein hoher Stellenwert eingeräumt werden. Der Moderator ist wesentlicher Gestalter der Veranstaltungsdramaturgie und das Bindeglied zwischen Autor bzw. Vortragendem und dem Publikum. Neben seiner Mittlerfunktion ist er – vor allem bei kontinuierlicher Moderation etwa im Rahmen einer Reihe – auf Zeit auch das Gesicht der Veranstaltung und damit der Bibliothek. Er kann die Veranstaltung eher formell begleiten oder aber aktiv moderieren, indem er auf Schwerpunkte der Lesung bzw. des Vortrags verweist, resümiert oder Überleitungen zu den musikalischen, filmischen oder dramaturgischen Untermalungen gestaltet. In der Einleitung kann der Moderator in Absprache mit dem Autor biografische Angaben kommunizieren oder knappe wissenschaftliche Einordnungen der verhandelten Oeuvres anbieten. In jedem Fall sollten einleitend die Initiatoren, Schirmherren und Sponsoren erwähnt werden.

Bei Diskussionen hat der Moderator vor allem für die Einhaltung der Themen- und Zeitvorgaben sowie auf die gerechte Verteilung der Diskussionszeit unter den Teilnehmern zu achten. Auf keinen Fall darf der Moderator sich so inszenieren, dass das gelesene oder gesprochene Wort in den Hintergrund tritt oder die Veranstaltung zur Personalityshow wird. Bei der Auswahl des Moderators ist neben den entsprechenden rhetorischen Fähigkeiten zu beachten, inwieweit seine öffentliche Identität zur Bibliothek und zur jeweils konkreten Veranstaltung passt. Je nach Art der Moderation (begleitend oder intervenierend) ist die Kenntnis der verhandelten Materie mehr oder weniger notwendig. Umgekehrt eröffnet die Moderatorentätigkeit der jeweiligen öffentlichen Person, mit der Seriosität der Veranstaltung und der Bibliothek Imagepflege zu betreiben.

6.6 Öffentliche Bewerbung

Für die öffentliche Bewerbung der Literaturveranstaltungen gilt im Wesentlichen, was bereits über die Öffentlichkeitsarbeit unter dem Stichwort Projektmanagement 1: Bibliothekarische Ausstellungen festgehalten wurde. Allerdings bedarf es einiger Erweiterungen. Neben der jeweiligen Thematik muss vor allem der Autor und die moderierende Symbolfigur der Veranstaltung in der Bewerbung prominent platziert werden.

Ausstellungs- und Veranstaltungsinteressenten sind nicht unbedingt kongruent. Der Adresspool und die Bewerbungskanäle müssen am Veranstaltungsinhalt ausgerichtet werden. Ein polarisierendes zeitgeistiges Sujet muss anderen Adressaten offeriert werden, verlangt nach einer spezifischen Pressearbeit und andere Multiplikatoren als historische, schöngeistige Erbauungsthemen.

7 Kooperation und Arbeitsteilung mit passenden Partnern

Ausstellungen und Literaturevents sind in der Regel personal- und kostenintensiv. Vor allem kleinere Bibliotheken verfügen zumeist über keine Ausstellungsreferenten. Daher werden die Veranstaltungsplanung und -durchführung von den Öffentlichkeitsabteilungen und den Fachreferenten des Bibliotheksteams unter Einbeziehung des technischen Staffs vom Buchbinder bis zur Reprostelle geleistet. Die umfassenden und qualitativen Erfordernisse des Ausstellungs- und Veranstaltungsmanagements erweisen sich freilich als zu arbeitsintensiv, um als Zusatzleistung zum angestammten Arbeitsprofil nebenher erfolgreich abgewickelt zu werden. Outsourcing an professionelle Veranstalter ist eine Option, die oftmals an finanzielle Schranken stößt. Dagegen bietet sich die Kooperation und Arbeitsteilung mit interessenskongruenten Partnern an.

Verlage sind, ausgerichtet an ihrem Publikationsprogramm, an Literaturveranstaltungen professionell interessiert und verfügen in der Regel über Veranstaltungskompetenz. Sie können sowohl eigene Veranstaltungen anbieten oder Bibliotheksveranstaltungen mit Manpower (Büchertisch, Organisation) und Know-how unterstützen. Verlage verfügen über oft langjährige Kontakte zu Autoren, Literaturagenten, Journalisten, Kulturredaktionen, kulturellen Netzwerken und anderen Multiplikatoren. Die Adresspools der Verlage können die Wirkung der Veranstaltungsankündigungen potenzieren. Die für Lesungen erforderlichen Kontakte zu den Autoren werden nicht selten über den jeweiligen Verlag hergestellt.

Literaturgesellschaften, Kulturorganisationen oder universitäre Einrichtungen können ebenfalls in Erfüllung ihres eigenen institutionellen Auftrags bei für sie relevanten Veranstaltungen kooperieren und die hausinterne Arbeitskapazität entlasten bzw. erweitern.

8 Fundraising

Ausstellungen und Events sind kostenintensiv. Um einen Abzug vom Ankaufsbudget und dem knappen budgetären Etat der Non-Profit-Organisation zu vermeiden, ist es eine weitere Aufgabe des Veranstaltungsmanagements, eigene Finanzierungsquellen zu akquirieren.

Das Schalten von Werbung der Kooperationspartner in den Ankündigungsmedien (Einladungen, Flyer, Internetauftritten) oder auch im Hintergrund der Veranstaltung ist eine mögliche Einkommensquelle. Dabei muss darauf geachtet werden, dass sowohl die beworbenen Firmen als auch die Art der Schaltung (Inhalt, Gestaltung und Umfang) dem Bibliotheks- und dem Veranstaltungsimage nicht schaden. Es obliegt den Verantwortlichen, wo sie die Grenzen zwischen Finanzierungsnotwendigkeit und Bibliotheksimage ziehen. Als Partner bieten sich primär buch- und kulturaffine Unternehmungen (Verlage, Medien) und öffentliche Einrichtungen an.

Sponsoring von Ausstellungen und Veranstaltungen kann sowohl durch finanzielle Zuwendungen als auch durch Übernahme von Arbeitsleistungen durch Firmen erfolgen. Sponsoring ist ein Geschäft auf Gegenseitigkeit. Dem Sponsor wird als Mehrwert angeboten, seine Unterstützung im Bibliotheksauftritt öffentlich zu machen. Bei der Veranstaltungseröffnung kann dem Veranstaltungssponsor gedankt werden. In den öffentlichen Ankündigungen und den diversen Drucksorten hat sich eine Sponsorlistung inzwischen durchgesetzt. Auch hier wirkt der Zirkel, wonach erfolgreiche Öffentlichkeitsarbeit ihre eigene beste Voraussetzung ist: Je präsenter die Bibliothek als Ausstellungs-, Veranstaltungs- und öffentlicher Kulturraum ist, desto attraktiver ist eine aktive Beteiligung für Donatoren und Sponsoren, desto leichter trennen sie sich von ihrem lieben Geld.

Weiterführende Literatur

Alder, Barbara u. Barbara den Brok: Die perfekte Ausstellung. Ein Praxisleitfaden zum Projektmanagement von Ausstellungen. Bielefeld: transcript Verlag 2012.
Dawid, Evelyn u. Robert Schlesinger (Hrsg.): Texte in Museen und Ausstellungen. Ein Praxisleitfaden. Bielefeld: transcript Verlag 2002.
Drews, Günther u. Norbert Hillebrand: Lexikon der Projektmanagement-Methoden. 2. Aufl. Haufe-Lexware GmbH & Co 2010.
Fischer, Walter Boris: Kommunikation und Marketing für Kulturprojekte. Bern: Haupt Verlag 2001.
International Council of Museums. http://www.icom.museum (30.08.2014).
Moldenhauer, Friederike u. Joachim Bitter: Literatur veranstalten. Lesung, Vortrag, Event. München: Martin Meidenbauer Verlag 2005.
Museumsbund der deutschen Museen. http://www.museumsbund.de (30.08.2014).
Museumsbund der österreichischen Museen. http://www.museumsbund.at (30.08.2014).

10 Digitalisierung von Kulturgut

Reinhard Altenhöner, Tobias Beinert, Markus Brantl, Robert Luckfiel und Uwe Müller

10.1 Digitalisierung von Kulturgut

1 Einleitung

Die Digitalisierung von Kulturgut hat sich in Bibliotheken und anderen Einrichtungen der Kulturdomäne zu einem Thema von zentraler Bedeutung entwickelt – nicht nur in der Fachdiskussion, sondern auch in der öffentlichen Wahrnehmung der Einrichtungen. Grund dafür ist, dass bereits heute große Teile der wissenschaftlichen Kommunikation und Publikation ausschließlich digital erfolgen und zunehmend auch die Methoden und Werkzeuge der Wissenschaft bestimmen. Es liegt daher die Frage auf der Hand, wie die Bereitstellung und Nutzung des aktuell entstehenden digitalen Wissens auf Dauer angemessen auszugestalten ist, und sie richtet sich insbesondere an die traditionell zuständigen Einrichtungen des Kulturerbes. Die radikale Neufassung des Zugangs und der (wissenschaftlichen) Nutzungsmöglichkeiten greift aber auch auf das über Jahrhunderte in den Bibliotheken gesammelte Kulturgut über: Die systematische Konversion dieser Inhalte in digital zugängliche und potenziell weltweit verbreitbare Daten rückt so in den Mittelpunkt. Sie umfasst ganze Sammlungen oder aber auch herausragende Einzelstücke: Drucke, Handschriften, Musikalien und Tonträger sowie Abbildungen aller Art und Video/Film. Auch die Dokumentation von Abläufen oder historischen Denkmälern (eine Computerinteraktion oder ein Baudenkmal) kann so mit dem Begriff der Digitalisierung gemeint sein.

In einem allgemeinen Sinn bezeichnet der Terminus „Digitalisierung" die Überführung analog vorliegender Information in digitale Form (also: der Prozess des technischen Abtastens, der unterschiedlich realisiert sein kann) und die Speicherung des Ergebnisses in Form einer digitalen Zeichenkette. Auf diesen Daten setzt die digitale Nutzung auf; zwar ist denkbar, dass auf der digitalen Information basierend ein physischer Träger nachproduziert werden könnte, dies ist aber häufig mit Qualitätsverlusten verbunden. Die Nutzung der digital vorliegenden Dokumente setzt die Verfügbarkeit weiterer technischer Werkzeuge voraus, normalerweise einen browserfähigen Computer, der aktuelle Präsentationswerkzeuge integriert.

Dieses Handbuchkapitel beschäftigt sich mit der Digitalisierung vorhandenen Materials auf physischen Trägern; terminologisch exakt gefasst mit dem Begriff der „Retrodigitalisierung". Da im Kontext der Bibliotheken wie anderer Einrichtungen des kulturellen Erbes beide meistens synonym verwendet werden, wird hier überwiegend der Begriff der „Digitalisierung" verwendet. Im verbreiteten Sprachgebrauch werden darüber hinaus neben der Durchführung der Digitalisierung selbst auch die Auswahl und Vorbereitung des Materials verstanden. Insgesamt ist die Digitalisierung zu einem weitgehend standardisierten Ablauf herangewachsen, der in den verschiedenen Sparten des kulturellen Erbes (Museen, Archive, Bibliotheken) nach vergleichbaren Qualitätsstandards erfolgt. Dennoch wird hier primär auf die Situation in Bibliotheken abgestellt.

Das vorliegende Kapitel stellt insgesamt pragmatische Aspekte bei der Planung und Durchführung von Digitalisierungsvorhaben in Bibliotheken in den Vordergrund. Geboten werden Informationen zum Stand der Digitalisierung allgemein, zur möglichst bestandsschonenden Digitalisierung unterschiedlicher Materialarten, zu dabei zum Einsatz kommenden Standards im technischen Bereich bei der Erzeugung von Metadaten sowie zur angemessenen Präsentation und Speicherung der entstehenden digitalen Objekte. Überlegungen zur Prozessunterstützung und zur Workflowgestaltung sowie der Aspekt der Qualitätssicherung runden den Beitrag ab. Ergänzt werden diese Überlegungen durch die Einordnung der Digitalisierung in einen breiteren kulturpolitischen Raum, die hilft, aktuelle Diskussionen zu einer nationalen Digitalisierungsstrategie, zu Rechts-, Organisations- und Finanzierungsfragen angemessen zu kontextualisieren.

2 Organisationsformen der Digitalisierung

2.1 (Kultur)politischer Hintergrund

In der Kombination der Digitalisierung mit den Verbreitungsmöglichkeiten, die das World Wide Web und seine Technologien bieten, ist die Digitalisierung zu einer Chiffre für die weltweite vernetzte Informationsgesellschaft geworden. Die Idee, dass nun Kulturgut weltweit zeit- und ortsunabhängig dem interessierten Wissenschaftler und Bürger zur Verfügung steht, hat auf die Kulturpolitik nach anfänglichen Berührungsängsten geradezu elektrisierend gewirkt. Ein wichtiges Moment in diesen Überlegungen ist die Möglichkeit der spartenübergreifenden Präsentation von Ergebnissen aus Digitalisierungsinitiativen der Bibliotheken, Archive und Museen sowie anderer verwandter Bereiche. Erstmals scheint es nun in einem großen Maßstab möglich, historische Quellen in einen Sinnzusammenhang zu stellen und miteinander zu einem virtuellen Universalangebot zu vernetzen, das sich von dem engen Spartenbezug löst. Daran knüpfen sich weitreichende Vorstellungen, die auf eine umfassende Transformation insbesondere der historischen Buchwissenschaften, ihrer Methodik und Arbeitsverfahren z.B. im Bereich der Edition, aber auch kollaborativer sprachhistorischer Analysen abzielen. Die *Digital Humanities* entwickeln wissenschaftspolitisch sowohl auf nationaler wie auch auf europäischer Ebene und weltweit eine erhebliche Zugkraft.

Aber auch in der Wahrnehmung der Bibliotheken selbst hat die Digitalisierung zu neuen Möglichkeiten für die Erschließung und Zugänglichmachung von Kulturgut geführt und die Idee virtueller Standort- und sammlungsunabhängiger Bibliotheken beflügelt. Auf diese Weise kann besonders gefährdetes Material in seinem Bestand geschont und zugleich doch zugänglich gemacht werden. Gleichzeitig sind die digitalen Objekte aber als Ergebnis der Digitalisierung verlustfrei kopier- und damit weiterverarbeitbar, so z.B. für den Einsatz neuer automatisierter Erschließungsverfahren.

Der Weg hin zu dem heute erreichten Stand war allerdings keineswegs geradlinig. Während zu Beginn der Überlegungen vor allem Bestandserhaltungsaspekte diskutiert wurden[1], bekam die Idee des Zugangs für Wissenschaft und Forschung auf digitalisierte Materialien durch ein 1997 von der Deutschen Forschungsgemeinschaft (DFG) aufgelegtes Förderprogramm zur Retrodigitalisierung von gemeinfreiem schriftlichen Kulturgut ein anderes Gewicht. Dieses bis heute laufende Programm und viele daran geknüpfte Aktivitäten wie der Aufbau von Digitalisierungszentren haben für die Verbreitung und Durchsetzung der Idee der Digitalisierung maßgebend auch im Bereich technischer Standards und Workflowbildung/Tools bis hin zu einem zusammengeführten einheitlichen Zugang gewirkt.

Ohne die Verfügbarkeit der entsprechenden Metadaten lassen sich Digitalisierungsprojekte nicht sinnvoll durchführen; die entsprechenden Retrokonversionsprogramme insbesondere der DFG spielen hier auf nationaler Ebene eine wegbereitende Rolle. Es ist absehbar, dass auch entsprechende Digitalisierungsprojekte in Archiven und Museen die maschinenlesbare Verfügbarkeit der Metadaten voraussetzt.

Neben der Förderlinie der DFG standen andere, sammlungs- und institutionenbezogene Vorhaben mit unterschiedlichen Finanziers; auch das Projekt Gutenberg-DE als weitgehend privat betriebenes Projekt mit immerhin rund 6.000 digitalisierten Werken ist erwähnenswert. International haben insbesondere die Französische Nationalbibliothek („Gallica") und die Library of Congress mit verschiedenen Digitalisierungsprojekten Meilensteine gesetzt.

Einen deutlichen Einschnitt in den bislang vorrangig an speziellen Sammlungen von Interesse für den Wissenschaftler geprägten Projekten markierte 2004 Googles Ankündigung, 15 Millionen Bücher im Library Project in Zusammenarbeit mit Bibliotheken zu digitalisieren. Dieses Projekt schien zu zeigen, dass die private Hand – entsprechende Bedingungen vorausgesetzt – den Einstieg in eine wirkliche Massendigitalisierung zu leisten imstande ist. Allerdings eckte das Programm zunächst an verschiedenen Stellen an: Einerseits sorgte ein anfänglich laxer Umgang mit den Regelungen des Urheberrechts für erheblichen Widerstand bei Autorenverbänden und mehr noch bei Verlagen, andererseits entstand insbesondere in der Person des damaligen Direktors der französischen Nationalbibliothek, Jean-Noël Jeanneney, eine europäisch zentrierte Gegenbewegung, die eigene Anstrengungen insbesondere der alten Kulturnationen forderte. Während Google sein Programm Schritt für Schritt auch auf europäische Einrichtungen wie die Bayerische Staatsbibliothek (2007) aus-

---

[1] Siehe Lesk 1990. Hier wird bereits die einsetzende Verschiebung zu Gunsten einer stärkeren Gewichtung der Digitalisierung gegenüber der Mikroverfilmung als Bestandserhaltungsmaßnahme erkennbar.

dehnte, entstanden weitreichende Überlegungen zu konzertierten Aktivitäten der Europäischen Union, namentlich die Idee der Europeana, der später auch nationale Initiativen wie die Deutsche Digitale Bibliothek (DDB) folgten. Dahinter steckt der Anspruch – formuliert in einem Report einer von der EU-Kommission eingesetzten Expertengruppe[2] –, einen breiten Zugang zur Nutzung digitalisierter gemeinfreier Materialien zu sichern und Anreize zur Digitalisierung und Zugänglichkeit von urheberrechtlich geschütztem Material zu schaffen sowie schließlich bestehende Initiativen wie die Europeana zu verstetigen.

2.2 Akteure und Finanzierung der Digitalisierung

Der zentrale förderpolitische Motor der Retrodigitalisierung in Deutschland war und ist die Deutsche Forschungsgemeinschaft (DFG). Aufbauend auf die Empfehlungen einer 1994 eingesetzten Arbeitsgruppe zum Themenfeld Elektronische Publikationen legte sie drei Jahre später ein erstes Förderprogramm zur retrospektiven Digitalisierung von Bibliotheksbeständen als Pfeiler der „Verteilten Digitalen Forschungsbibliothek" neben den Bereichen „Modernisierung und Rationalisierung" sowie „Elektronisches Publizieren" auf, für das bereits im ersten Jahr über 75 Anträge eingereicht wurden. Zielsetzung dieser ersten Förderphase, die bis ca. 2004 andauerte und als Lern- und Experimentierphase zu sehen ist, war es dabei zunächst, ein möglichst breites Spektrum an fachlichen Inhalten, Materialgruppen und Anwendungsszenarien abzudecken. In Deutschland entwickelte sich daher von Anfang an, begünstigt durch das Fehlen von Basis-Technologien und gemeinsamen Standards für unterschiedliche Materialtypen, eine von sehr unterschiedlichen Ansätzen, Vorgehensweisen und Nutzungsmöglichkeiten geprägte Digitalisierungslandschaft. Diese Heterogenität führte dazu, dass sich neben den Digitalisierungszentren in München und Göttingen die Digitalisierung als eine Aufgabe in zahlreichen wissenschaftlichen Bibliotheken und anderen Gedächtnis- und Forschungseinrichtungen etablieren konnte. Zugleich sorgte aber das weitgehende Fehlen eines einheitlichen Ansatzes und verbindlicher Vorgaben dafür, dass eine erste, generell durchaus positiv ausgefallene Gesamtevaluation des Förderprogramms bereits im Jahr 2005 erheblichen Verbesserungsbedarf feststellte. Hauptkritikpunkte waren die oftmals mangelnde Sichtbarkeit der Projektergebnisse, also der erzeugten digitalen Ressourcen in speziellen Verzeichnissystemen wie auch im Web allgemein und eine sich auch daraus ergebende sehr geringe und zudem in der Regel auf die jeweilige Fachöffentlichkeit beschränkte Nutzung.[3] Zudem wurden von den Berichterstattern fehlende Koordination und Kontrolle sowie Beratung durch zentrale Strukturen angemahnt – mit der Folge, dass eine Nutzung von Synergieeffekten in den ersten Jahren der Digitalisierung nicht stattfand und sich somit insgesamt negativ

---

[2] Lévy [u.a.] 2011.
[3] Czmiel [u.a.] 2005: 3f.

auf die Effizienz der Förderung auswirkte.[4] Diese durchaus berechtigten Kritikpunkte wurden von der Community in den folgenden Jahren mit Unterstützung durch die DFG aufgegriffen und führten in der Folge zum Aufbau eines zentralen Nachweisportals (zvdd)[5], der Erarbeitung von allgemein verbindlichen Praxisregeln (DFG-Praxisregeln) für die projektgeförderte Digitalisierung sowie der Entwicklung des DFG-Viewers als einheitliche Präsentationsumgebung. Daneben führte die DFG die umfangreiche Förderung der Digitalisierung fort; in einem Positionspapier zu den Schwerpunkten der wissenschaftlichen Literaturversorgungs- und Informationssysteme bis 2015 wurden 2006 die großflächige Digitalisierung der nachgewiesenen Drucke des 16. bis 18. Jahrhunderts und der Sondersammelgebietsbestände sowie der Findmittel der deutschen Archive explizit als eigenständige Maßnahmen genannt und für die Jahre 2008 bis 2012 insgesamt 44 Millionen Euro bereitgestellt.[6] Der Umfang der Förderung im parallel laufenden Förderprogramm Erschließung und Digitalisierung handschriftlicher und gedruckter Information zur digitalen Bereitstellung von herausragenden bzw. besonders forschungsrelevanten Beständen betrug in den Jahren 2000 bis 2009 durchschnittlich ca. 9,9 Millionen Euro[7], in den darauf folgenden Jahren stieg die Gesamtsumme auf deutlich über 10 Millionen an, so wurden beispielsweise allein 2012 296 laufende Projekte mit 17,9 Millionen Euro unterstützt.[8] Insgesamt belief sich das Gesamtfördervolumen durch die DFG bis 2012 auf ca. 150 Millionen Euro.[9] Die Bandbreite der Projektförderungen erstreckt sich dabei von institutionsübergreifenden, großflächigen und zentral koordinierten Maßnahmen (z.B. Digitalisierung der Drucke des 16. bis 18. Jahrhunderts) bis hin zur so genannten Boutique-Digitalisierung sehr spezieller und wertvoller Einzelbestände (z.B. die verschiedenen Inkunabelprojekte). In ihrem neuesten Positionspapier „Die digitale Transformation weiter gestalten" aus dem Jahr 2012 benannte die DFG als förderungswürdige Schwerpunkte der Digitalisierung insbesondere historische Zeitungen sowie unikales Material: Archivgut, mittelalterliche Handschriften und museale Objektsammlungen.[10] Neben den umfangreichen Investitionen der DFG als wichtigstem Drittmittelgeber lief die Finanzierung der Retrodigitalisierung von Bibliotheksbeständen in den letzten Jahren zumindest partiell auch über regionale, zumeist zeitlich begrenzte Förderprogramme der Länder sowie von Kulturstiftungen.

---

4 Czmiel [u.a.] 2005: 4ff.
5 Zentrales Verzeichnis digitalisierter Drucke. http://www.zvdd.de/.
6 Griebel 2010: 77ff. In seiner Bilanz für den Bereich Digitalisierung konstatiert Griebel, dass die ursprünglichen Erwartungen an den Zuwachs an Digitalisaten der Drucke des 16. und 17. Jahrhunderts aufgrund der Komplexität und der daraus resultierenden hohen Kosten zwar nicht vollständig erfüllt werden konnten, der Einstieg in die Massendigitalisierung aber insgesamt dennoch gelungen sei und die DFG damit einen entscheidenden Beitrag zur DDB und zur Europeana geleistet habe.
7 Bürger 2011: 135.
8 DFG 2012a: 193.
9 Simon-Ritz 2012: 219.
10 DFG 2012b: 10.

In einer Übersicht über die Akteure der deutschen Digitalisierungslandschaft sind zunächst die Bayerische Staatsbibliothek mit dem Münchener Digitalisierungszentrum (MDZ) sowie das Göttinger Digitalisierungszentrum (GDZ) der dortigen Staats- und Universitätsbibliothek zu nennen, die ab 1997 mit erheblicher finanzieller Unterstützung der DFG aufgebaut wurden und seit ihrer Gründung maßgeblichen Einfluss auf die Entwicklung der Digitalisierung in Deutschland genommen haben. Zielstellung war es dabei zunächst, über die beiden mit unterschiedlichen Ansätzen geförderten Zentren die großflächige Digitalisierung konventionellen Bibliotheksguts sowie dessen Onlinestellung und Nutzung zu erproben, um einen Transfer der ersten Erfahrungswerte hinsichtlich Vorgehensweisen, technischer Fragen und auftretender Probleme in weitere Bibliotheken zu ermöglichen. Mit dem Auslaufen der Projektförderung durch die DFG wurden die Digitalisierungszentren nach und nach in die organisatorischen Strukturen der beiden Häuser integriert. Das Münchener Digitalisierungszentrum entwickelte sich in Deutschland ab 2007 mit dem Einsatz von Scanrobotern zum Vorreiter in der Massendigitalisierung. Das Aufgabenspektrum des MDZ ging dabei schon früh über die durch die selbst entwickelte Zentrale Erfassungs- und Nachweisdatenbank (ZEND) unterstützte digitale Produktion (Erfassung, Erschließung, Bereitstellung) hinaus. Es war von Anfang an das Bestreben, auch für eng verknüpfte Themen wie beispielsweise die digitale Langzeitarchivierung, die Volltexterschließung, für Präsentationslösungen und das elektronische Publizieren innovative und nutzerfreundliche Lösungsansätze zu entwickeln.[11] Der Fokus des Göttinger Digitalisierungszentrums blieb dagegen stärker auf die Bereiche Digitalisierung und Präsentation beschränkt, kooperierte dabei aber sehr eng mit der ebenfalls an der SUB Göttingen angesiedelten Abteilung Forschung und Entwicklung, beispielsweise bei der Entstehung der auf Open-Source-Basis verfügbaren Workflowsoftware für die Digitalisierung Goobi (Göttingen online-objects binaries). Daneben haben sich mit Förderung durch die DFG in den letzten Jahren auch in weiteren großen Universitäts-, Forschungs- und Landesbibliotheken stabile und leistungsfähige Infrastrukturen in Form von eigenständigen Inhouse-Digitalisierungszentren entwickelt: so z.B. an der Sächsischen Landesbibliothek – Staats- und Universitätsbibliothek Dresden, der Herzog August Bibliothek Wolfenbüttel, der Staatsbibliothek zu Berlin, der Universitäts- und Landesbibliothek Halle und der Universitätsbibliothek Heidelberg. Diese Zentren übernehmen, vornehmlich auf regionaler Ebene, ebenfalls Aufgaben wie Beratung und Koordinierung von Digitalisierungsprojekten, Forschung und Softwareentwicklung zum facettenreichen Themenkomplex Digitale Bibliothek sowie vor allem die Durchführung großflächig angelegter Retrodigitalisierungsprojekte. Sie liefern somit zentrale Beiträge zur Digitalisierung der Drucke des 16. bis 18. Jahrhunderts und bilden damit auch einen Kernbestand der DDB.

Neben diesen regional verteilten Digitalisierungszentren hat sich vor allem im Rahmen von Projektförderungen die Digitalisierung von unikalen oder besonders

---

[11] Brantl/Schoger 2008: 256ff.

forschungsrelevanten Beständen in den letzten Jahren auch zu einem Aufgabengebiet für Bibliotheken kleineren bis mittleren Zuschnitts entwickelt.[12] Auch diesen Institutionen bietet sich die Möglichkeit, mittels Retrodigitalisierung und Bereitstellung im Web die Reichweite und Nutzungsmöglichkeiten ihrer oftmals sehr wertvollen Bestände zu verbessern und die Originalwerke zugleich aus konservatorischen Gründen einer intensiven Benutzung zu entziehen. Die Vielzahl der oftmals in sehr unterschiedlicher Art und Weise in der Digitalisierung tätigen Akteure führte bereits früh zu Forderungen nach Beratungs- und Koordinationsstellen auf regionaler oder sogar nationaler Ebene. Diese Aufgaben werden mittlerweile in vielen Fällen durch die oben genannten regionalen Digitalisierungszentren wahrgenommen. Mit der Servicestelle Digitalisierung (digiS) am Konrad-Zuse-Institut wurde 2012 erstmals in Deutschland im Rahmen eines Pilotprojekts eine zentrale und spartenübergreifende Beratungsstelle für das Land Berlin geschaffen. Ihr Aufgabenspektrum umfasst die Beratung, Vernetzung, Koordinierung, den Wissenstransfer und IT-Dienstleistungen für Digitalisierungsprojekte. Eine ähnliche Funktion erfüllt die Koordinierungsstelle Brandenburg-digital.

Ein Seitenblick auf den Stand der Digitalisierung in der sich sehr heterogen gestaltenden deutschen Archivlandschaft zeigt, dass dort zunächst die digitale Zugänglichmachung von Bestandsübersichten und Findmitteln im Vordergrund des Handelns stand. Der eigentliche Content, sprich das Archivgut selbst, wurde nur punktuell in kleineren Projekten sowie für Ausstellungen und im Zuge von konkreten Nutzeranfragen digitalisiert. Allerdings ermöglicht seit 2013 ein neuer Förderschwerpunkt der DFG zur Digitalisierung archivalischer Quellen einem Konsortium aus mehreren Archiven die Durchführung eines Pilotprojekts zur großflächigen Digitalisierung konventionellen Archivguts. Zudem löste in den letzten Jahren in zahlreichen Einrichtungen die Digitalisierung die Mikroverfilmung als Mittel der Wahl zur Erhaltung von geschädigten Beständen ab. Die Zielsetzung der Institutionen der ebenfalls sehr heterogenen Museumscommunity war und ist es, die eigenen Bestände im Web zu präsentieren und damit zusätzlich reale wie virtuelle Besucher anzulocken. Zudem dient die Digitalisierung in vielen Museen der Erschließung und Dokumentation sowie der Sicherung der eigenen Bestände. Herausforderungen für die Institutionen liegen hier darin, dass erstens in der Regel zusätzliches Personal benötigt wird und zweitens trotz höchst unterschiedlicher Objekte möglichst weitgehend einheitliche und untereinander kompatible Erfassungssysteme und Standards (z.B. Vokabularien zur Beschreibung von Objekten) genutzt werden. Der Stand der Umsetzung der digitalen Erfassung ist in den einzelnen Häusern dabei nach wie vor uneinheitlich, generell haben die Aktivitäten in der Digitalisierung auch durch die Unterstützung der Museumsverbände in den letzten Jahren deutlich zugenommen.

Im internationalen Umfeld spielt die Europäische Union eine wichtige Rolle im Bereich Digitale Bibliothek/Digitalisierung. Aus unterschiedlichen Arbeitsgruppen

---

[12] Vgl. hierzu die Beiträge im Sammelband von Siebert 2012.

und Netzwerken (z.B. MINERVA, High Level Expert Group on Digital Libraries, Comité des Sages) kamen und kommen von dort wichtige Impulse und strategische Überlegungen, die von den politischen Gremien (Parlament, Kommission, Rat) aufgegriffen und in verschiedene Initiativen und Programme (z.B. i2010: Digital Libraries, eContentPlus, dynamischer Aktionsplan für die EU-weite Koordination der Digitalisierung kultureller und wissenschaftlicher Inhalte) sowie staatenübergreifende Kooperationsprojekte (z.B. MICHAEL) überführt wurden. Im Rahmen und als Folge dieser Aktivitäten konnten letztendlich die wesentlichen Grundsteine für den Aufbau der europäischen digitalen Bibliothek Europeana gelegt werden. Zugleich ergibt sich durch die Festlegungen auf europäischer Ebene durch die Urheberrechtsrichtlinie (Richtlinie 2001/29/EG zur Harmonisierung bestimmter Aspekte des Urheberrechts und der verwandten Schutzrechte in der Informationsgesellschaft) auch der grundlegende urheberrechtliche Rahmen für Digitalisierungsaktivtäten, der dann in der Gesetzgebung der Mitgliedsstaaten jeweils seine konkrete Ausgestaltung findet.

Wenngleich die Europäische Union somit ein wichtiger Motor für die Digitalisierung des kulturellen Erbes ist, sahen die dortigen Akteure die Bereitstellung des digitalen Contents selbst bislang im Wesentlichen in der Verantwortung der Mitgliedsstaaten auf nationaler oder regionaler Ebene, am besten in Form koordinierter, nationaler Digitalisierungsstrategien.[13] Die direkte Förderung durch Mittel der EU blieb somit vornehmlich auf die Finanzierung des Aufbaus der Infrastrukturen und den fortlaufenden Betrieb des Portals und der Dienste rund um die Europeana beschränkt. Prominente Ausnahmen bilden das Projekt Europeana Regia zur Digitalisierung von über 1.000 wertvollen Handschriften aus königlichen Sammlungen vom Mittelalter bis zur Renaissance oder Europeana Collections 1914–1918 zum Aufbau einer digitalen Materialsammlung zum Ersten Weltkrieg. Auch auf Seiten der EU befürwortet man angesichts des immensen Finanzbedarfs als Ergänzung zu den Maßnahmen der öffentlichen Hand mittlerweile offiziell die Modelle der Public-Private-Partnership (PPP) zur Verfügbarmachung des digitalen Erbes im Web.[14] Auch die gezielte Förderung von Digitalisierungsmaßnahmen insbesondere für Materialien, die bislang noch nicht oder nur in geringem Umfang digitalisiert wurden, bilden nun ein Element der europäischen Förderung. Ein vom Comité des Sages in Auftrag gegebener Report aus dem Jahr 2010 schätzte, dass sich die Kosten für die vollständige Digitalisierung des europäischen Kulturerbes in Bibliotheken, Archiven und Museen (77 Millionen Bücher, 24 Millionen Stunden audio-visuelles Material, 358 Millionen Fotografien, 75 Millionen Kunstwerke und 10,4 Milliarden Seiten Archivalien) auf rund 100 Milliarden Euro belaufen könnten.[15]

Zentraler Akteur im PPP zur Digitalisierung von Kulturgut ist seit 2004 der US-amerikanische Suchmaschinenanbieter Google. Die Ankündigung von Google, in die

---

13 Lévy [u.a.] 2011: 41f.
14 Council of the European Union 2012.
15 Lévy [u.a.] 2011: 31.

massenhafte Digitalisierung von Bibliotheksbeständen einzusteigen und mit Google Print (später Google Book Search, heute: Google Books) eine eigene digitale Bibliothek aufzubauen, sorgte in weiten Teilen Europas zunächst für große Skepsis. Die prominenteste Artikulation dieser Bedenken kam von Jean-Noël Jeanneney, dem damaligen Direktor der Französischen Nationalbibliothek, der davor warnte, wichtige Teile des europäischen Kulturerbes in Hände kommerzieller Unternehmen zu geben, und grundsätzlich die Kompetenzen und Auswahlkriterien des Vorhabens hinterfragte. Zudem befürchtete er aufgrund der zunächst vorrangigen Digitalisierung von Büchern aus Universitätsbibliotheken der USA das Entstehen einer vornehmlich am Massengeschmack orientierten amerikanischen Hegemonie im kulturellen und sprachlichen Bereich.[16] Letztlich gingen auch die ersten Entwicklungen zum Aufbau einer europäischen bzw. von nationalen digitalen Bibliotheken erst auf diese und ähnliche Überlegungen zurück, ein von der öffentlichen Hand getragenes Gegengewicht zu der Initiative des US-Konzerns Google zu bilden.

Schon kurz nachdem die ersten digitalisierten Bücher im Mai 2005 den Nutzern im Internet zugänglich gemacht wurden, sah sich Google zweier Klagen des amerikanischen Autoren- bzw. Verlegerverbandes wegen massiver Urheberrechtsverletzungen ausgesetzt. Während die Auseinandersetzung mit den Verlegern durch einen außergerichtlichen Vergleich 2012 beigelegt werden konnte, wurde die Klage des Autorenverbands im November 2013 zu Gunsten von Google entschieden. Die Digitalisierung urheberrechtlich geschützter Bücher und die Bereitstellung von kleinen Ausschnitten (Snippets) daraus ist der Entscheidung zufolge in den USA auch ohne Zustimmung der Rechteinhaber als so genannter *Fair Use* ausdrücklich zulässig. Trotz der sehr lang andauernden rechtlichen Unsicherheiten sowie der zunächst unklaren Motive des Unternehmens wuchsen sowohl die Anzahl der Kooperationspartner als auch die der digitalisierten Bücher sehr schnell. Am Google Books Library Project, das 2004 offiziell mit fünf Partnern gestartet war, sind mittlerweile über 40 Bibliotheken beteiligt, aus dem deutschsprachigen Raum konnten die Bayerische Staatsbibliothek 2007 und die Österreichische Nationalbibliothek 2010 jeweils einen Kooperationsvertrag abschließen. In Europa sind es mittlerweile 13 Partner, dazu zählen u.a. die Nationalbibliotheken in Italien, Großbritannien, Tschechien und den Niederlanden. Google beschränkt sich in Europa dabei auf die Digitalisierung von urheberrechtsfreien Bibliotheksbeständen. Neben der Digitalisierung von Bibliotheksbeständen wird Google Books durch die Zusammenarbeit mit über 5.000 Verlagen ergänzt, die ihre urheberrechtlich geschützten Werke über das Angebot freiwillig durchsuchbar und in Auszügen zugänglich machen. Über einen angeschlossenen E-Book-Store können dann teilweise digitale Versionen dieser Titel – bzw. über eine Verknüpfung zu einem Internethändler auch gedruckte Exemplare – erworben werden. Insgesamt dürfte Google mittlerweile ca. 30 Millionen Bücher digitalisiert und in der eigenen Datenbank verzeichnet haben, mehr als 20 Millionen davon sind bereits öffentlich

---

16 Jeanneney 2006.

zugänglich. Neben der kommerziellen Verwertung von ca. vier Millionen Titeln über den eigenen E-Book-Store liegt das vornehmliche Interesse von Google dabei letztlich wohl vor allem im Ausbau des Textkorpus zur Optimierung seiner Suchmaschinentechnologie durch die Einbeziehung des originär nicht in digitaler Form vorliegenden Wissens in unterschiedlichsten Sprachen.

Neben Google Books gründete sich in den USA bereits 2005 die Open Content Alliance. Unter der Führung des Internet Archive und von Yahoo schlossen sich zahlreiche Institutionen und Unternehmen zusammen, die befürchteten, dass mit der Massendigitalisierung Google seine Dominanz im Suchmaschinenfeld weiter ausbauen und letztlich mit einer Quasi-Monopolstellung auch die Nutzungsmöglichkeiten vor allem für digitalisierte Bücher aus dem urheberrechtsfreien Bereich weitgehend bestimmen könnte. Die Initiative, die auch von der Beendigung der Aktivitäten von Microsoft zur Digitalisierung (Live Book Search, eingestellt 2008) profitierte, hat sich zum Ziel gesetzt, ein dauerhaftes, öffentliches und nicht kommerzielles Archiv von digitalisierten Texten und Multimedia-Werken aufzubauen. Der Zugang zu den von den Partnern der Open Content Alliance digitalisierten Werken und deren Speicherung erfolgt über das E-Book- und Textarchiv des Internet Archive. Dabei arbeitet auch das Internet Archive bei der Digitalisierung nach wie vor eng mit Bibliotheken und Universitäten zusammen.

2.3 Vorgehensmodelle – Theorie und Praxis

Wie nun gestaltet sich die Durchführung der Digitalisierung in Bibliotheken in der Praxis? Während der Prozess der Digitalisierung im engeren Sinne und der damit unmittelbar verknüpften Aufgaben in Abschnitt 4 dieses Kapitels behandelt werden, sollen im Folgenden vor allem die Aspekte und Rahmenbedingungen der Massendigitalisierung im Vordergrund stehen. In Deutschland erfolgte der Einstieg in die großflächige Digitalisierung, nach der ersten Evaluierung der bisherigen Projekterfahrungen[17] mit dem Auflegen einer Förderrichtlinie zur Digitalisierung der in den retrospektiven Nationalbibliographien VD 16 und VD 17 erschlossenen Drucke im Jahr 2006.

Einen wesentlichen Umbruch quantitativer Art markierte dabei insbesondere der Übergang vom sehr zeitintensiven Scannen in Handauflage zum Einsatz modernster Scanrobotik. Angesichts der besonderen Herausforderungen der Originalwerke – große Unterschiede in Format, Materialität und konservatorischem Zustand – erforderte die Praxis ein gestuftes Verfahren mit Einsatz unterschiedlicher Scantechniken.[18] Mit individuellen Anpassungen der Scanrobotik an die Besonderheiten der historischen Drucke und gezielten Weiterentwicklungen des komplementär nach wie vor notwendigen Scannens in Handauflage konnten erhebliche Effizienzgewinne

---

17 Czmiel [u.a.] 2005.
18 Brantl [u.a.] 2009: 334 f.

in der Digitalisierung realisiert werden, ohne dabei konservatorische Belange außer Acht zu lassen. Gerade die Erfahrungen dieser ersten Pilotprojekte in völlig neuen Größendimensionen zeigten aber auch sehr deutlich, dass der Aufwand der qualitativ hochwertigen Digitalisierung in der Massendigitalisierung exponentiell steigt und dass die arbeitsintensiven vor- und nachbereitenden Aufgaben ein deutliches Mehr an Ressourcen erfordern, die in den mengenmäßig überschaubaren Einzelprojekten so bisher unbekannt waren bzw. unterschätzt wurden. Dazu zählen z.B. die Durchsicht des Buchs vor dem Scannen (für die spätere Qualitätskontrolle), das Anlegen von Digitalisierungsaufträgen, Workflowblättern und Scanjobs, die fortlaufende Feinjustierung des Scanners, Qualitätskontrolle, strukturelle Erschließung und schließlich Vorbereitung der Webbereitstellung und Langzeitarchivierung. Diese Faktoren nehmen letztlich wie auch die eingesetzte Technik selbst großen Einfluss auf den Gesamtdurchsatz und die benötigten Ressourcen von Digitalisierungsprojekten. Des Weiteren zeigte sich in einer ersten Gesamtschau zu den Massendigitalisierungsprojekten, dass sich die Komplexität einer breit angelegten Digitalisierung alter Drucke als deutlich höher erwies als ursprünglich angenommen, insbesondere aufgrund der Heterogenität und Fragilität des Materials.[19] Beim Kostenvergleich zwischen Inhouse-Digitalisierung und Outsourcing an externe Dienstleister gab es bei der Digitalisierung der Drucke des 16. Jahrhunderts keine signifikanten Unterschiede.[20] Erhebliche Abweichungen im reinen Scanpreis pro Image ergaben sich aber in Abhängigkeit vom eingesetzten Verfahren, das wiederum aufgrund der Beschaffenheit des jeweiligen Buchs auszuwählen ist. Als grobe Orientierungswerte nennen Brantl et al. als Preise für Handauflage an handelsüblichen Buchscannern mit Buchwippe 0,46 Euro, für zweiseitiges Scannen in Handauflage ohne konservatorische Anforderungen 0,20 Euro und zweiseitiges Scannen mit Robotern 0,16 Euro.[21]

In völlig neue Größenordnungen sowie logistische und technische Herausforderungen stieß die Digitalisierung mit dem Einstieg von Google und der damit verbundenen industriellen Anfertigung von Scans vor. Dies zeigen die Zahlen (Stand September 2013) an der Bayerischen Staatsbibliothek: 905.000 Google-Digitalisaten aus dem urheberrechtsfreien Bestand des 17. bis 19. Jahrhunderts stehen 79.000 vorwiegend durch Drittmittelprojekte finanzierte Digitalisate des MDZ gegenüber, hier vor allem mittelalterliche Handschriften, Alte Drucke und Sondermaterialien, die unter strengen konservatorischen Auflagen im Scanzentrum des MDZ seit 1997 selbst produziert wurden. Aus dem deutschsprachigen Raum werden in den nächsten Jahren rund 600.000 Werke aus dem Bestand der Österreichischen Nationalbibliothek hinzukommen. Zentrales Charakteristikum dieser Public-Private-Partnership-(PPP)-Abkommen zwischen den Bibliotheken und Google ist die vollständige Übernahme der anfallenden Digitalisierungskosten durch das US-Unternehmen, d.h. insbesondere der Kosten

---

19 Opitz/Stäcker 2009.
20 Opitz/Stäcker 2009: 363.
21 Brantl [u.a.] 2009: 336.

für Transport und Versicherung, für das Scannen sowie für die Volltexterfassung und die entsprechende technische Infrastruktur.[22] Zugleich fallen auch auf Seiten der Bibliotheken umfangreiche Aufgaben an, die nur mit erheblichem zusätzlichen Ressourceneinsatz bewältigt werden können.[23] Die Bibliotheken erhalten eine identische Kopie der von Google produzierten Images und Volltexte. Diese Digital Library Copy können die Bibliotheken innerhalb ihrer eigenen Katalog- und Präsentationssysteme uneingeschränkt zugänglich machen und zum Download für wissenschaftliche Zwecke anbieten. Über die Integration der Metadaten ist zudem eine Einbindung in regionale, nationale und/oder internationale Angebote und Portale wie beispielsweise die DDB, Europeana oder den WorldCat uneingeschränkt möglich.

2.4 Koordination der Digitalisierung in nationaler und internationaler Perspektive

Der gegebene Abriss zeigt, dass sich die Digitalisierung in den letzten fünfzehn Jahren in Deutschland in einem breiten Spektrum von Bibliotheken sowie weiteren Gedächtnisinstitutionen als Aufgabe etabliert hat. Dabei dienten meist durch Drittmittel geförderte Projekte als Anschub für den Aufbau eines entsprechenden Geschäftsgangs. Bis heute prägen unterschiedliche Ansätze und Vorgehensweisen, z.B. bei der Frage Inhouse-Digitalisierung vs. Outsourcing an Dienstleister, sowie teilweise stark abweichende Zielsetzungen bzw. Nutzererwartungen das nach wie vor heterogene Bild der Digitalisierungslandschaft in Deutschland.

Im Rahmen der Entwicklungen rund um die DDB wurde daher der Bund vor allem durch ein Thesenpapier des Deutschen Bibliotheksverbands (DBV) verstärkt zum Adressaten der Forderungen nach einer nationalen Digitalisierungsstrategie.[24] Von Seiten des DBV werden im Thesenpapier zusätzlich zu den vorhandenen Mitteln durch die DFG sowie auf Länderebene 10 Millionen Euro zusätzlich vom Bund gefordert, um zusätzlich 200.000 Bücher und Zeitungen aus dem 19. und 20. Jahrhundert digitalisieren zu können. Auch im Gesamtkonzept der übergreifenden Kommission Zukunft der Informationsinfrastruktur (KII) wird die Förderung der Digitalisierung durch die Ausstattung von Institutionen mit Großgeräten und Personalressourcen sowie die Schaffung von Rahmenbedingungen für eine funktionelle Langzeitarchivierung explizit als Aufgabe der jeweiligen Unterhaltsträger auf Länder- bzw. Bundesebene benannt.[25] Ergänzend hinzu kommen laut den Empfehlungen der KII die Förderprogramme der DFG sowie die Möglichkeiten der PPP. Zur Umsetzung wird eine Bildung inhaltlicher Cluster angeregt, um eine möglichst breite Abstimmung

---

22 Kaiser/Majewski 2013.
23 Baumgartner [u.a.] 2008.
24 Deutscher Bibliotheksverband 2011.
25 Kommission Zukunft der Informationsinfrastruktur 2011: 37ff. und B55 ff.

hinsichtlich der prioritär zu digitalisierenden Korpora zu schaffen und redundante Aktivitäten zu vermeiden. Die vorgeschlagene Struktur sieht die DDB als organisatorischen Kern der nationalen Digitalisierungsinfrastruktur, die Digitalisierung selbst soll im Wesentlichen in einem Netzwerk mit einer kleinen Anzahl an national verteilten Digitalisierungszentren erfolgen.

In der Folge der oben genannten Konzepte entwickelte sich die Retrodigitalisierung auf Grundlage von unterschiedlichen Anträgen der Fraktionen zum Gegenstand einer intensiven politischen Debatte.[26] Vom Bundestag angenommen wurde Anfang 2012 letztlich der gemeinsame Antrag der Regierungsfraktionen, der zwar die Unterstützung des Auf- und Ausbaus der technischen Infrastruktur der DDB durch den Bund vorsieht, hinsichtlich der Bereitstellung von zusätzlichen Mitteln für die Retrodigitalisierung selbst keine verbindlichen Aussagen trifft und hier verstärkt auf die Möglichkeiten der Kooperation zwischen öffentlichen Einrichtungen und privaten Unternehmen setzt.[27] Im Rahmen der Digitalisierungsoffensive des Beauftragten der Bundesregierung für Kultur und Medien konnten 2013 erstmals 5 Millionen Euro aus dem Bundeshaushalt für die Digitalisierung von Büchern, Archivalien und Museumsgut zur Verfügung gestellt werden.

In der Gesamtschau zeigt sich allerdings, dass es bislang weder auf europäischer noch auf Ebene des Bundes oder der Länder gelungen ist, nachhaltige und vor allem langfristig finanzierte Programme zur Digitalisierung von Kulturgut in Bibliotheken, Archiven und Museen ins Leben zu rufen. Zudem konnten auch in den regulären Etats der allermeisten Gedächtnisinstitutionen bis heute kaum bzw. keine fixen Posten für Digitalisierungsvorhaben dauerhaft etabliert werden. Die Abhängigkeit von den Fördertöpfen, insbesondere denen der DFG, ist daher bis heute ein prägendes Merkmal der deutschen Digitalisierungslandschaft geblieben.

Die Entwicklungen gerade in der Massendigitalisierung stellen die beteiligten Gedächtnisinstitutionen zudem vor neue Herausforderungen im Hinblick auf die Sicherung der Nachhaltigkeit von Digitalisierungsprojekten. Auf der einen Seite stehen den allermeisten Einrichtungen in der Regel nur für einen begrenzten Projektzeitraum Ressourcen für die Digitalisierung, die Speicherung sowie die Präsentation der Digitalisate zur Verfügung. Auf der anderen Seite sorgt die ständig wachsende Zahl an Digitalisaten für einen dauerhaften und steigenden Bedarf an sicheren Speichertechnologien, aktiven Maßnahmen des Datenmanagements und der digitalen Langzeitarchivierung sowie der Aktualisierung von Angeboten und Präsentationslösungen weit über Projektzeiträume hinaus. Angesichts der Dimension und Komplexität der hier entstehenden Herausforderungen ist der Aufbau kooperativ getragener Lösungen bereits mittelfristig unumgänglich. Mit der DDB, dem Zentralen Verzeichnis Digitalisierter Drucke und dem DFG-Viewer wurden zwei zentrale Nachweisportale sowie eine einheitliche Präsentationslösung für den Nachweis der Metadaten

---

26 Simon-Ritz 2011.
27 Deutscher Bundestag 2011.

aufgebaut. Die Schaffung von funktionellen und institutionsübergreifenden Infrastrukturen für die Datenbereitstellung und Langzeitarchivierung von Digitalisaten steht derzeit in Deutschland noch aus. Gerade für die Vielzahl der in der Digitalisierung tätigen Einrichtungen kleinerer und mittlerer Größe ist der dauerhafte Betrieb eines digitalen Langzeitarchivs in Eigenregie nur schwerlich zu leisten, sodass auch hier der Aufbau einer gemeinschaftlichen Lösung mit wenigen zentralen Clustern nicht nur aus Gründen der Effizienz weiterhin geboten erscheint. Ein Blick in die USA zeigt, wie sich so ein Ansatz möglicherweise gestalten ließe: Dort besteht mit dem HathiTrust seit 2008 ein kooperativ betriebenes Archivierungs- und Bereitstellungssystem von über 60 Universitäts- und Forschungsbibliotheken für Digitalisate aus der Google-Digitalisierung wie auch anderen Ursprungs.

2.5 Ergebnisse und Verortung des Erreichten

Nach ersten vereinzelten und häufig von der Bestandserhaltung her motivierten Digitalisierungsprojekten in den beginnenden neunziger Jahren und einer breiteren explorativen Phase, in der Erfahrungen mit unterschiedlichsten Materialtypen gesammelt wurden (bis ca. 2005), hat sich die Digitalisierung inzwischen zu einer breiten Bewegung entwickelt, die von einem systematischen Vorgehen geprägt ist. Ganz wesentlichen Anteil an dieser Entwicklung hatte die Förderung der DFG, die zunächst viele Einzelvorhaben förderte, dann aber über Förderauflagen dafür sorgte, dass im Bereich der Metadaten und der technischen Eigenschaften der entstehenden Digitalisate ein zunehmend homogenes Vorgehen sicher gestellt wurde. Schon früh wurde auch deutlich, dass ein übergreifender Nachweis und die Festlegung von Präsentationsstandards bis hin zur Verfügbarkeit eines Präsentationswerkzeugs weitere wichtige Komponenten für eine Digitalisierungsinfrastruktur waren – entsprechende Förderprojekte, aus denen heraus bis heute gängige und viel genutzte Werkzeuge entstanden, waren die Folge.

Dennoch blieb bis auf wenige Ausnahmen die Förderung der DFG solitär. Das Modell der PPP, das Google mit seinen Partnern entwickelte, hat sich weder in dieser Konstellation noch mit anderen kommerziellen Partnern wesentlich ausweiten lassen. Auf der anderen Seite aber bilden diese Überlegungen einen zentralen Impuls für Aktivitäten der Europäischen Union nicht nur im Bereich der Infrastrukturinitiative Europeana (an die weitere Projekte zur Digitalisierung von Material eingebunden sind), sondern auch zur Schaffung einer rechtlich klareren Situation insbesondere im Umgang mit vergriffenen und verwaisten Werken. In der Debatte war deutlich geworden, dass das Ziel eines allgemeinen und freien Zugangs auf das digitalisierte Material nur über eine urheber- und lizenzrechtliche Klärung führt. Als *Common Sense* kann mittlerweile gelten, dass zumindest Einrichtungen der öffentlichen Hand sowohl ihre Metadaten als auch die Digitalisate – gegebenenfalls in minderer Qualität – gänzlich freistellen oder aber doch zumindest mit einer offenen Lizenz versehen. Darüber hinaus haben sich Quasistandards zur Qualität der Digitalisierung und der bereitgestellten Metadaten sowie der darauf aufsetzenden Zugangsportale deutlich verfestigt.

Die Kontinuität der trotz des Google-Vorhabens weiter laufenden, von der DFG finanzierten nationalen Projekte hat dazu geführt, dass inzwischen (Stand September 2013) deutlich über 1,1 Millionen digitalisierte Objekte im Zentralen Verzeichnis Digitaler Drucke (zvdd) nachgewiesen sind, von denen etwas mehr als die Hälfte aus dem Google-Projekt der Bayerischen Staatsbibliothek (BSB) stammen. Das nationale Aggregationsportal DDB weist knapp 6 Millionen Objekte aus verschiedenen Sparten der Kultur nach. Auch wenn der Anteil der hinter den Beschreibungen stehenden digitalen Objekte erst gut 50 Prozent ausmacht, also 3,2 Millionen digitalisierte Werke (d.h. Bücher, Fotos etc.) nachgewiesen sind, ist doch absehbar, dass die DDB als Katalysator für weitere Initiativen zur Digitalisierung wertvoller Kulturerbebestände wirkt.

Das Ziel, den Druckbestand bis 1800 in deutschen Bibliotheken in einem Zeitraum bis 2020 zu digitalisieren, erscheint erreichbar,[28] aus dem Erscheinungszeitraum 1800 bis 1890 wären rund 2 bis 2,5 Millionen Bände zu digitalisieren. Im 20. Jahrhundert steigt die Buch- und Zeitschriftenpublikation noch einmal enorm an, und aus diesem Zeitraum wurde bislang wenig digitalisiert. Ausnahmen sind Projekte wie DigiZeitschriften,[29] in dem Zeitschriften und Serien digitalisiert wurden, oder die Digi20Plattform,[30] auf der auf Grundlage entsprechender vertraglicher Vereinbarungen auch urheberrechtlich geschützte Werke zugänglich gemacht werden. Die jüngst erfolgte prinzipielle rechtliche Klärung für Werke mit Erscheinungsjahr vor 1966, die vergriffen sind, eröffnet hier neues Potenzial, das in seinen Folgen noch nicht abgeschätzt werden kann.[31] Wenn die erforderlichen Abstimmungen erfolgt und die anfallenden Kosten geklärt sind, gehen Schätzungen von bis zu 6 Millionen Einheiten aus, die aus dem Zeitraum bis 1966 in die Digitalisierung gehen könnten. Es liegt auf der Hand, dass damit eine neue Dimension der Digitalisierung in logistischer und finanzieller Hinsicht erreicht wird. Das Google-Projekt zeigt allerdings, dass auch Projekte dieser Größenordnung umsetzbar sind.

Ob in dieser Situation – sie war zum Zeitpunkt des Scheitern der Gespräche zwischen Google und DDB nicht absehbar – ein neuer Ansatzpunkt für PPPs gegeben ist, muss abgewartet werden; angesichts des Volumens ist aber sicherlich ein flankierendes übergreifendes Programm erforderlich, das von Bund und Ländern über einen langen Zeitraum hinweg finanziert die entsprechende Infrastruktur aufbauen hilft, um die Digitalisierung zu ermöglichen. Nimmt man den kaum abschätzbaren Bestand an grundsätzlich (respektive rechtlich) digitalisierbarem Material aus Archi-

---

28 Bürger 2011: 136.
29 http://www.digizeitschriften.de. Auch Backfiles von Verlagen wurden z.T. von den Verlagen selbst digitalisiert.
30 http://digi20.digitale-sammlungen.de/ (30.08.2014).
31 Entwurf eines Gesetzes zur Nutzung verwaister und vergriffener Werke und einer weiteren Änderung des Urheberrechtsgesetzes vom 18.05.2013, am 27.06.2013 im Bundestag, am 20.09.2013 im Bundesrat verabschiedet, vgl. http://dip21.bundestag.de/dip21/btd/17/134/1713423.pdf (30.08.2014).

ven und Museen bzw. der Kulturdomäne insgesamt in den Blick, wird die Größenordnung der erforderlichen Kraftanstrengung noch deutlicher. Da Sammlungen in diesen Einrichtungen oft auch noch nicht maschinenlesbar erschlossen sind, müssen hier Vorleistungen einkalkuliert werden, die den Zeit- und Ressourcenbedarf weiter steigen lassen.

Es steht damit fest, dass die Digitalisierung ein zentrales Thema in Bibliotheken und der Kulturdomäne generell bleiben wird. Anfänglich aufkeimende Befürchtungen, wonach insbesondere die Massendigitalisierung die hinter den Beständen stehenden Einrichtungen sukzessive obsolet mache, haben sich nicht bewahrheitet – im Gegenteil: Die an den entsprechenden Programmen beteiligten Bibliotheken erfahren eine gesteigerte Vorortnutzung, bei gleichzeitig stark intensivierter internationaler Wahrnehmung.

Wenn es also gelingt, sukzessive den Anteil digital zugänglichen Materials aus der Kulturdomäne zu erhöhen, muss auch klar sein, wie die Folgekosten im Bereich der Bereitstellungs- und Speicherinfrastruktur auf Dauer abgesichert werden; perspektivisch werden hier mit Blick auf die Sicherung der Langzeitverfügbarkeit dieser Ressourcen die Aufwände im technisch-organisatorischen Umfeld deutlich ansteigen.

3 Access

Der Zugang (Access) ist abgesehen von den Aspekten der Bestandserhaltung das zentrale Ziel von Digitalisierungsvorhaben im Kulturbereich. Er richtet sich zunächst an die tradierten Zielgruppen der jeweiligen Einrichtungen – also oftmals vorrangig an Wissenschaftlerinnen und Wissenschaftler. Die Digitalisierung von Kulturgut und dessen Zugänglichmachung stellt aber auch andere Nutzergruppen in den Fokus. Genannt seien die kulturinteressierte Öffentlichkeit und der Bildungsbereich.

Mit dem Zugang zu Digitalisaten ist im Allgemeinen die öffentliche Bereitstellung der digitalen Objekte per Web-Anwendung gemeint, über die sie in der Regel entgeltfrei und ortsunabhängig verfügbar gemacht werden. Dieser Umstand rührt freilich daher, dass der Schwerpunkt von Digitalisierungsvorhaben im Bibliotheksbereich bislang auf urheberrechtlich nicht mehr geschütztem Material liegt. Die Digitalisate lassen sich auf diese Weise vollständig im Browser betrachten, durchblättern und auch ausdrucken, herunterladen und offline weiterverwenden. Bereitgestellt werden in der Regel allerdings nicht die hochauflösenden Masterfiles, sondern Ansichtsversionen mit einer niedrigeren Auflösung und Dateigröße. Abgesehen von Web-Anwendungen, die für herkömmliche Browser optimiert sind, spielen Anwendungen für mobile Endgeräte als weitere Zugangsmöglichkeiten zu Digitalisaten eine zunehmende Rolle.

3.1 Typen von Zugangsportalen im nationalen und internationalen Überblick

Grundsätzlich lässt sich feststellen, dass alle Kulturerbeeinrichtungen, die die Digitalisierung ihrer Bestände oder zumindest eines Teils davon als ihre Aufgabe angenommen haben, diese auch direkt zugänglich machen bzw. dies über einen Dienstleister tun. Das gilt jedenfalls insoweit, wie es die jeweiligen rechtlichen Rahmenbedingungen ermöglichen. Gerade für Bibliotheken, die sich auf die Digitalisierung urheberrechtsfreier Werke konzentrieren, bedeutet dies, dass sie ihre Bestände in digitalisierter Form mit deutlich geringeren organisatorischen Hürden anbieten können, als dies für die analogen Originale der Fall ist. Denn für die Arbeit mit diesen Beständen ist weder eine Anmeldung als Nutzer noch die räumliche Präsenz in der Bibliothek vor Ort erforderlich.

Digitalisierte Materialien aus dem Kulturbereich werden auf unterschiedlichen Wegen zugänglich gemacht – durch die besitzenden Einrichtungen selbst sowie durch übergreifende Zugangs- und Nachweisportale. Diese Systeme, die in der Regel als Aggregator fungieren, haben je nach Ausrichtung eine unterschiedliche Abdeckung, die regional oder national, sparten-, fach- oder themenspezifisch oder durch ihre Entstehungszeit bestimmt sein kann. Folgende Herangehensweisen, die üblicherweise nebeneinander bzw. aufeinander aufbauend verfolgt werden, können unterschieden werden.

3.1.1 Sammlungs- bzw. einrichtungsbezogene Zugänge

Bibliotheken, die auch die dazugehörigen Originale besitzen, bzw. Digitalisierungszentren bieten die eigenen Digitalisate auf lokalen Plattformen an – meist gegliedert nach Sammlungen, Fachzugehörigkeit oder Materialart. Beispiele sind das Münchener DigitalisierungsZentrum (MDZ) an der Bayerischen Staatsbibliothek,[32] das Göttinger Digitalisierungszentrum (GDZ) an der SUB Göttingen,[33] die Staatsbibliothek zu Berlin in der Stiftung Preußischer Kulturbesitz[34] und die Sächsische Landesbibliothek – Staats- und Universitätsbibliothek Dresden (SLUB).[35] Auch eine Vielzahl anderer Bibliotheken verfügt über derartige Zugangsmöglichkeiten zu eigenen digitalen Sammlungen. Digitale Sammlungen werden aber nicht nur über dedizierte Zugangsplattformen angeboten, sondern zusätzlich in der Regel auch in die lokalen Kataloganwendungen integriert oder gemeinsam mit genuin elektronischen Publikationen (institutionelle Repositorien) präsentiert.

---

[32] http://www.digitale-sammlungen.de/ (30.08.2014).
[33] http://gdz.sub.uni-goettingen.de/ (30.08.2014).
[34] http://digital.staatsbibliothek-berlin.de/ (30.08.2014).
[35] http://digital.slub-dresden.de/ (30.08.2014).

3.1.2 Themenspezifische Portale

Darunter fallen einrichtungsübergreifende Angebote, die digitale Inhalte zu einem Themenkomplex bereitstellen und gegebenenfalls zusätzlich erschließen, aufbereiten, kontextualisieren und miteinander verknüpfen. Ein Beispiel dafür bietet das Portal Bach Digital.[36] Es greift für die Präsentation der digitalen Inhalte auf die Bestände derjenigen Einrichtungen zurück, die die Originalobjekte besitzen und digitalisiert haben.

3.1.3 Einrichtungsübergreifende fach- oder spartenspezifische Zugänge

Neben diesen lokalen und themenspezifischen Sichten auf digitale Bestände gibt es einrichtungsübergreifende Portale, von denen im deutschen Bibliotheksbereich das zvdd das mit Abstand bedeutendste ist. Es ist aus einem DFG-geförderten Gemeinschaftsprojekt der AG Sammlung Deutscher Drucke, der Verbundzentrale des Gemeinsamen Bibliotheksverbundes und dem Hochschul-Bibliothekszentrum NRW hervorgegangen und zielt auf den zentralen Nachweis der in Deutschland erstellten Digitalisate von Druckwerken seit dem 15. Jahrhundert. Derzeit sind die digitalisierten Bestände von ca. 40 Einrichtungen über zvdd abrufbar.

Fachspezifische Zugänge zu digitalen Inhalten (und Nachweisen von nichtdigitalen Quellen) bieten in Deutschland die so genannten Virtuellen Fachbibliotheken, deren Aufbau vor allem seit den späten Neunzigerjahren des 20. Jahrhunderts durch die DFG gefördert wurde und die sich nach der neuen Förderstrategie der DFG nunmehr in die Fachinformationsdienste (FID) mit vordringlich digitalen Materialien integrieren sollen. Darunter fallen insbesondere in den Geisteswissenschaften auch digitalisierte Buchbestände. Zugangs- und Nachweisplattformen gibt es selbstverständlich auch außerhalb des Bibliotheksbereichs mit einem dezidiert spartenspezifischen Fokus. Genannt seien hier beispielhaft das Archivportal Europe[37] und das deutsche noch im Aufbau befindliche Pendent Archivportal-D für den Bereich der Archive, das European Film Gateway[38] für Kinematheken, die Biodiversity Heritage Library (BHL)[39] und BHL-Europe[40] mit digitalisierten Quellen zur Artenvielfalt sowie das Portal Museen Nord des Museumsverbands Schleswig-Holstein und Hamburg für den Bereich der Museen.

---

36 http://bachdigital.uni-leipzig.de/ (30.08.2014).
37 http://www.archivesportaleurope.net/ (30.08.2014).
38 http://www.europeanfilmgateway.eu/ (30.08.2014).
39 http://www.biodiversitylibrary.org/ (30.08.2014).
40 http://www.bhl-europe.eu/ (30.08.2014).

3.1.4 Spartenübergreifende Zugänge auf regionaler, nationaler und internationaler Ebene

Übergreifende Zugangs- bzw. Nachweisportale für digitalisierte Kulturgüter gibt es auch auf regionaler Ebene – in Deutschland z.B. Kulturerbe Niedersachsen[41] oder bavarikon[42] –, mit nationaler Ausdehnung – beispielsweise die DDB[43] in Deutschland, Gallica[44] in Frankreich und die Digital Public Library of America (DPLA)[45] oder die World Digital Library (WDL)[46] in den USA. In der Europeana[47] sind Digitalisate aus ganz Europa, in der World Digital Library (WDL) Digitalisate von Spitzenstücken weltweit zusammengeführt. Diese Vorhaben sind, auch wenn der Name teilweise anderes vermuten lässt, oft nicht auf den Bibliotheksbereich beschränkt. Stattdessen führen sie digitale Sammlungen aus mehreren Kulturdomänen zusammen – klassischerweise zumindest von Archiven, Bibliotheken und Museen (DDB, DPLA, Europeana).

Die DDB betrachtet über diese drei Typen kultureller Gedächtniseinrichtungen hinaus zusätzlich die Sparten Mediathek, Denkmalschutz und Forschung als Teil ihres Handlungsfeldes. Die DDB ist als kooperatives Bund-Länder-Vorhaben angelegt und wird von einem Kompetenznetzwerk aus 13 Kultureinrichtungen in ganz Deutschland getragen. Neben der Bereitstellung eines zentralen und spartenübergreifenden Zugangsportals für digitale Objekte aus Kultur und Wissenschaft verfolgt sie das Ziel, Kultur- und Wissenschaftseinrichtungen auf dem Gebiet der Digitalisierung und der Aufbereitung und Bereitstellung digitaler Inhalte miteinander zu vernetzen. Die DDB bildet auch den nationalen Aggregationsknoten für die Europeana. Sie ist seit November 2012 mit ihrem Portal online.

Den unterschiedlichen Formen übergreifender Zugangsportale ist gemein, dass sie auf den einmal lokal bereitgestellten Digitalisaten und Metadaten der daran beteiligten Einrichtungen aufbauen – sofern der digitale Content nicht durch das zentrale Angebot selbst gehostet und vorgehalten wird (wie dies bei BHL-Europe und Museen Nord der Fall ist).

Im Gegensatz zu lokalen Angeboten müssen für einrichtungs- und spartenübergreifende Zugangsportale für digitalisierte Kulturgüter auf nationaler oder gar internationaler Ebene große technische und organisatorische Hürden genommen werden, die sich aus der Zusammenführung und Harmonisierung der Inhalte aus den unterschiedlichen Quellen ergeben. Die entsprechenden Vorhaben werden daher oft durch langfristig angelegte Projekte angeschoben und sind – wie die DDB – ihrem Projektstatus auch noch nicht entwachsen.

---

[41] http://kulturerbe.niedersachsen.de/ (30.08.2014).
[42] http://www.bavarikon.de (30.08.2014).
[43] http://www.deutsche-digitale-bibliothek.de/ (30.08.2014).
[44] http://gallica.bnf.fr/ (30.08.2014).
[45] http://dp.la/ (30.08.2014).
[46] http://www.wdl.org/ (30.08.2014).
[47] http://www.europeana.eu/ (30.08.2014).

3.2 Grundsätzliche Funktionsweise

Zugangssysteme für Digitalisate sind im Wesentlichen mit zwei Grundfunktionen ausgestattet: erstens Recherche und Discovery sowie zweitens Objektzugriff. Darüber hinaus bieten einige Portale Personalisierungsfunktionen wie die Erstellung persönlicher Sammlungen, die Integration in soziale Netzwerke oder Alert-Funktionen.

Voraussetzung für den Zugang zu einzelnen digitalen Objekten sind Recherche- und Discovery-Funktionen. Sie unterscheiden sich ihrem Wesen nach nicht grundsätzlich von den in allgemeinen Bibliothekskatalogen zur Verfügung stehenden Möglichkeiten. Angeboten werden Suchergebnislisten mit Kurzansichten der gefundenen Objekte (in der Regel mit einem Vorschaubild), von denen aus die jeweiligen Einzelansichten erreichbar sind.

Als Recherche- und Discovery-Funktionen stehen vor allem Browsing und Suche sowie eine Kombination aus beiden Ansätzen (Filter-Mechanismus) zur Verfügung. Grundlage für das Browsing ist die Einordnung der Objekte in ein hierarchisches Klassifikationssystem, das nach formalen und/oder inhaltlichen Kriterien aufgebaut ist. Über diesen Weg können Nutzer beispielsweise die Objekte einzelner Sammlungen entdecken, ohne dafür eine explizite Suchanfrage zu formulieren.

Mit der Freitextsuche kann dagegen auf der Basis von Suchtermen gezielt recherchiert werden. Üblich ist hier ein einfaches Suchfeld, mit dem auf einen Gesamtindex zugegriffen wird. Er enthält zumindest die Metadaten und gegebenenfalls auch die Volltexte der Digitalisate, sofern eine Optical Character Recognition (OCR) durchgeführt wurde. Darüber hinaus besteht – wie auch in Bibliothekskatalogen – oftmals die Möglichkeit, über eine umfangreichere Suchmaske komplexere Anfragen zu formulieren, die sich auf einzelne Metadatenfelder beziehen.

Mit einem zusätzlichen Filter-Mechanismus können Browsing- und Suchansatz miteinander kombiniert werden. Hier besteht nach einer Suchanfrage die Möglichkeit, die bereits angezeigte Treffermenge zu reduzieren, indem eine Kombination aus unterschiedlichen Filtern ausgewählt wird (*Drill Down*), die logisch miteinander verknüpft werden. Beispiele für solche Filter sind Orts- und Zeitangaben, Autorennamen oder Schlagwörter.

Analog zum Eintrag in einem Online-Katalog gibt es auch bei den Zugangsplattformen für digitale Inhalte typischerweise Einzelansichten. Darauf werden neben den beschreibenden Metadaten, die den bibliographischen Katalogdaten entsprechen, und einigen technischen Angaben vor allem die eigentlichen Inhalte präsentiert.

Dazu dienen so genannte Content Viewer, die oftmals unterschiedliche Ansichten der Objekte sowie das Vergrößern von Ausschnitten und das Drehen einzelner Seiten erlauben und (im Falle von Druckwerken) die struktur- bzw. seitenbasierte Navigation sowie die Suche innerhalb von Einzelobjekten ermöglichen.

Im einfachsten Fall kann ein PDF-Reader die Funktionen eines Content Viewers erfüllen, wenn das Digitalisat als PDF-Datei vorgehalten wird. Zumeist werden die in Form einzelner Images abgelegten Objekte allerdings in integrierten Web-Anwendungen dargestellt. Der bekannteste und am weitesten verbreitete Content Viewer ist der DFG-Viewer. Fast alle Anbieter lokaler und übergreifender Zugangsplattformen präsentieren ihre Digitalisate allerdings zusätzlich oder exklusiv in eigenen Viewern (z.B. die Bayerische Staatsbibliothek mit dem MDZ-Reader und die Deutsche Nationalbibliothek mit dem DNB Bookviewer).

3.3 Übergreifende Zugangsplattformen

Digitalisate werden nicht nur auf den lokalen Webseiten der einzelnen Einrichtungen angeboten. Sie werden zusätzlich auch über einrichtungsübergreifende Nachweis- bzw. Zugangsportale bereitgestellt. Aus Nutzersicht bilden diese Plattformen einen entscheidenden Mehrwert, der sich vor allem aus der Möglichkeit einer zentralen Recherche, aber auch aus zusätzlichen Discovery-Funktionen und Verknüpfungen zwischen Objekten unterschiedlicher Herkunft ergibt.

Um einen einrichtungsübergreifenden Zugang zu digitalisierten Objekten anzubieten, ist grundsätzlich die Synchronisation der verteilt erstellten und vorgehaltenen Daten erforderlich – also ein Datenaustausch zwischen den beteiligten Einrichtungen und der übergreifenden Plattform. Dazu müssen zumindest die Metadaten von den einzelnen Anbietern an das zentrale Portal übertragen werden. Dies kann (a) durch dezidierte Lieferung, (b) per regelmäßigem Harvesting oder (c) durch die Übertragung von Suchanfragen und -ergebnissen zur Laufzeit geschehen. In den meisten Anwendungen wird heute einer der ersten beiden Ansätze gewählt, da der Cross-Searching-Ansatz (c) Schwierigkeiten in Bezug auf Performanz und Aufbereitung der Daten (Sortierung, Ranking, einheitliche Darstellung von Suchergebnissen) mit sich bringt und nicht gut skaliert. Die Ansätze (a) und (b) implizieren die grundsätzliche Notwendigkeit der zentralen Speicherung der Metadaten. Der Austausch von Daten durch Lieferung (a) eignet sich vor allem für abgeschlossene Sammlungen, für die im Laufe der Zeit keine Veränderungen oder Erweiterungen zu erwarten sind. Für den regelmäßigen und automatisierten Datenabgleich (b), der sich bei allen wachsenden Sammlungen empfiehlt, kommt üblicherweise das OAI-Protokoll zum Einsatz. Der entscheidende Faktor für die tatsächliche Synchronität der Daten zwischen Liefer- und Zugangssystem bildet dabei die Frequenz der Update-Zyklen.

3.3.1 Heterogenität von Daten

Kennzeichnend für übergreifende Zugangs- bzw. Nachweissysteme ist die (potenzielle) Heterogenität von Metadaten und sonstigen technischen Parametern (beispielsweise die Größe von Vorschaubildern), die der Anforderung an ein einheitliches Internformat als Voraussetzung für eine übergreifende feldbasierte Suche, eine gemeinsame Navigationsstruktur und ein einheitliches Erscheinungsbild entgegenlaufen. Diese Heterogenität muss auf Seiten der Datenlieferanten und/oder des übergreifenden Systems aufgelöst werden.

Zu erwähnen sind in diesem Zusammenhang vor allem die Standardisierungsbemühungen für Bibliotheksformate, die sich unter anderem in den DFG-Richtlinien zur Digitalisierung niederschlagen (hier vor allem die Verwendung von METS/MODS). Die Praxis beim Aufbau übergreifender Nachweissysteme zeigt allerdings, dass wegen der unterschiedlichen Verwendung der Formate im Einzelfall dennoch Anpassungen erforderlich sind.

Eine besondere Dimension erfährt die Problematik der Heterogenität von Datenformaten im Falle spartenübergreifender Vorhaben wie der Europeana oder der DDB. Hier fließt regelmäßig ein erheblicher Teil der Aufwendungen in die Transformation der unterschiedlichen Eingangsformate in ein gemeinsames Internformat (beispielsweise Europeana Data Model) und deren konzeptionelle und technische Vorbereitung (Mapping) – und zwar unabhängig davon, ob für diesen Prozess grundsätzlich die jeweils liefernde Einrichtung (wie im Falle der Europeana) oder das übergreifende System (wie bei der DDB) zuständig ist.

3.3.2 Pflege und Versionierung von Mappings

Auf diese Weise kann es schnell dazu kommen, dass Dutzende oder gar Hunderte unterschiedlicher Sets von Mappingregeln für die verschiedenen Datenlieferanten eines übergreifenden Nachweissystems existieren, weil unterschiedliche Eingangsformate abgedeckt und selbst bei identischen Eingangsformaten oft providerspezifische Anpassungen vorgenommen werden müssen.

Weil es sich bei der Datenlieferung an ein übergreifendes System in der Regel nicht um einen einmaligen Vorgang handelt, müssen die Mappingregeln und deren Zuordnung zu den jeweiligen Datenlieferanten gespeichert und archiviert werden. Auch eine Versionierung ist erforderlich – nicht nur, weil die einzelnen Regelsets zumindest im Falle kleinerer Anpassungserfordernisse voneinander abgeleitet werden, sondern auch weil sich mit der Zeit die Beschaffenheit des tatsächlichen Lieferformats und die Anforderungen an das intern verwendete Zielformat der Transformation ändern können. Technisch werden dafür, ähnlich wie bei der Softwareentwicklung, Versionskontrollsysteme verwendet wie SVN oder Git.

3.3.3 Zentrale Datenhaltung

Für übergreifende Zugangs- bzw. Nachweissysteme gibt es darüber hinaus drei unterschiedliche Ausprägungen in Bezug auf den Umfang der zentral gehaltenen Daten:
- **Zentrale Speicherung ausschließlich von Metadaten:** Vorschaubilder werden, falls sie auf dem Portal überhaupt angezeigt werden, direkt aus den lokalen Systemen

eingebunden (Beispiele: zvdd, Europeana). Als Probleme können auftreten längere Ladezeiten, unterschiedliche Servicelevel oder temporäre Nicht-Verfügbarkeit.
- **Zentrale Speicherung von Metadaten und Vorschaubildern:** Damit liegen alle Daten, die für das Zugangs- und Nachweisportal unmittelbar benötigt werden, direkt vor, woraus sich auch ein Vorteil bei der Performanz ergibt. Der Zugriff auf die vollständigen Digitalisate wird (wie auch im Szenario a) über einen Link realisiert, der in der Regel auf die lokale Repräsentation des Objekts beim besitzenden Datengeber oder zum DFG-Viewer führt (Beispiel: DDB).
- **Zentrale Speicherung von Metadaten und Digitalisaten (Beispiel: BHL-Europe):** Diese Option ist besonders aus Sicht kleinerer Einrichtungen interessant, die eine eigene Infrastruktur mit ausreichendem Servicelevel nicht zur Verfügung stellen können oder wollen. Grundsätzlich können die Einrichtungen in diesem Szenario vollständig auf eine eigene (dauerhafte) Datenhaltung und ein lokales Zugangssystem verzichten. Es kann stattdessen durch eine entsprechende Sicht auf das zentrale Zugangssystem realisiert werden.

Die Mehrzahl der existierenden übergreifenden Zugangsplattformen bedient sich einer der beiden erstgenannten Ansätze. Aus Nutzersicht unterscheiden sie sich nicht – abgesehen von der Performanz bei der Anzeige der Vorschaubilder. Die Gründe für diese verteilte Architektur liegen oftmals in der kooperativen Ausrichtung der zugrundeliegenden Vorhaben, die einen zentralen Nachweis und damit eine erhöhte Sichtbarkeit der lokalen Angebote beinhaltet und die Bedeutung der einzelnen Einrichtungen hinter der zentralen Plattform nicht in den Hintergrund treten lassen soll (Branding).

Als Konsequenz dieses verteilten Ansatzes ergeben sich mehrere technische Herausforderungen und Anforderungen an die beteiligten Einrichtungen – vor allem die Stabilität von Links und die Dauerhaftigkeit und Stabilität der lokalen Angebote, auf die aus dem übergreifenden System referenziert wird.

Aus Nutzersicht ergibt sich darüber hinaus die Situation, ausgehend von einem übergreifenden Zugangssystem für die Nutzung einzelner digitaler Objekte, die aus unterschiedlichen Einrichtungen stammen, mit ganz unterschiedlichen Lokalsystemen mit heterogenen Design- und Bedienkonzepten konfrontiert zu werden.

3.3.4 Stabile Identifier

Eine grundsätzliche Anforderung für digitale Ressourcen ist das Vorhandensein stabiler Bezeichner, mit denen Objekte zu einem beliebigen Zeitpunkt wiedergefunden, verlinkt und zitiert sowie gegebenenfalls auch aktualisiert bzw. synchronisiert werden können. Die Notwendigkeit stabiler Identifier ergibt sich auf zwei unterschiedlichen Ebenen – für die Metadatensätze, die zum übergreifenden System übertragen werden, und für die digitalen Objekte, die bei den lokalen Einrichtungen verbleiben und daher verlinkt werden müssen.

Stabile und eindeutige Identifier für die Datensätze sind erstens vor allem für den Fall von Daten-Updates notwendig, damit die Neulieferung eines Datensatzes für ein bereits vorhandenes Objekt erkannt wird und nicht zu einer Doppelung des Eintrags im Nachweissystem führt. Aber auch für etwaige Updates überdauernde Objektanreicherungen im übergreifenden System – z.B. Verknüpfungen mit Normdaten oder mit anderen Objekten oder Einordnung in persönliche Sammlungen – sind dauerhafte und persistente Identifier erforderlich. Sie müssen durch die jeweiligen lokalen Systeme realisiert und gepflegt werden. Ändern sich diese Bezeichner und werden bei einer Neulieferung von Datensätzen andere Identifier verwendet als bei einer vorherigen Abgabe, ist die Zuordnung zwischen bereits vorhandenen und neu gelieferten Datensätzen nicht möglich.

Zweitens sind persistente Identifier für die eigentlichen digitalen Objekte erforderlich – also stabile URLs[48] zu den Binärdaten oder zur Landing Page eines Objekts im System der liefernden Einrichtung. Auch die Stabilität dieser Identifier muss letztlich durch entsprechende Vorkehrungen bei den liefernden Systemen gesichert werden. Daran ändert auch die Verwendung eines extern betriebenen PI-Systems (etwa dem URN[49]-Dienst der Deutschen Nationalbibliothek) nichts, da das Nachhalten von PI- und URL-Zuordnungen organisatorisch nur durch die das lokale System betreibende Einrichtung geleistet werden kann. Ändern sich Links auf die digitalen Objekte beim Datengeber, ist dem Endnutzer der Rückverweis auf das Digitalisat bei der besitzenden Einrichtung versperrt – es kommt zu *broken links*.

3.3.5 Dubletten

Einen weiteren Aspekt übergreifender Zugangssysteme bildet die Dublettenproblematik. Sie entsteht nicht nur durch sich ändernde Identifier bei der Neulieferung bereits vorhandener Sammlungen, sondern auch durch die Verwendung unterschiedlicher Lieferwege. Z.B. liefern deutsche Kultureinrichtungen teilweise direkt an die Europeana bzw. werden über spartenspezifische Plattformen aggregiert, während die DDB in ihrer Funktion als nationaler Aggregator für Europeana dieselben Daten ebenfalls nachweist und an Europeana weitergibt. Dasselbe Problem tritt durch Aggregatoren innerhalb Deutschlands ebenfalls auf. Die Lösung besteht entweder in einer strikten Nachverfolgung der Lieferwege und einer Beschneidung von Aggregationsfunktionen (z.B. liefert die DDB einzelne Bestände auf Wunsch nicht an die Europeana weiter, falls andere Lieferwege bereits vereinbart sind) oder in der Verwendung stabiler Identifier und deren Weitergabe durch Aggregatoren. Dadurch können Dubletten automatisch erkannt und eliminiert werden.

---

[48] Uniform Resource Locators.
[49] Uniform Resource Name. http://www.dnb.de/urnservice.html (30.08.2014).

3.4 Ausblick

Die Entwicklung von Zugangsplattformen für digitalisiertes Kulturgut hat in den vergangenen Jahren erheblich an Fahrt aufgenommen. Das liegt natürlich zum einen an den wachsenden Beständen digitaler Sammlungen, an denen das Potenzial für die Präsentation und weitergehende Nutzbarkeit der Materialen erst deutlich wird. Zum anderen wird die Entwicklung durch ambitionierte Vorhaben mit einem übergreifenden Nachweis- und Vernetzungsanspruch wie die Europeana und die DDB befördert.

Einen wichtigen Aspekt der verbesserten Zugänglichmachung digitaler Bestände bildet die Unterstützung mobiler Endgeräte. Dabei muss zwischen der Optimierung der originären Webangebote für kleine Displays, die auf den mobilen Endgeräten im normalen Browser laufen (auch als Web Apps bezeichnet) einerseits und der Implementierung nativer Apps für die gängigen Plattformen (Android und Apple) andererseits unterschieden werden. Aktuelle Portale werden heute bereits regelmäßig nach den Grundsätzen des Responsive Design[50] auf der Basis von JavaScript oder HTML5 erstellt (z.B. das Portal der DDB). Sie lassen sich damit komfortabel auch mit dem Smartphone nutzen, weil die Elemente nicht einfach verkleinert, sondern anders angeordnet und gegebenenfalls auch ausgeblendet werden sowie an die auf Touchscreens basierenden Bedienkonzepte angepasst sind.

Weniger fortgeschritten ist die Realisierung nativer Apps für Smartphones und Tablets als alternative Zugangsmöglichkeit für digitalisiertes Kulturgut. Konzeption und Umsetzung sind hier potenziell mit einem höheren Aufwand verbunden. Native Apps bieten gegenüber der reinen Optimierung von Webseiten auf mobile Geräte aber auch zusätzliche Vorteile – so die Möglichkeit der lokalen Speicherung von Daten zur Offline-Nutzung digitaler Bestände oder die Nutzung des GPS-Empfängers zur Unterstützung ortsbasierter Dienste, wie sie z.B. für den Kulturtourismus denkbar wären. Eine der wenigen Beispiele für existierende native Apps, die auf digitalisierten Kulturgütern basieren, bildet die App „Bayern in historischen Karten" der Bayerischen Staatsbibliothek.[51]

Über die Zusammenführung verteilt vorgehaltener digitalisierter Bestände durch Vernetzungsprojekte hinaus ergeben sich zukünftige Erweiterungs- und Innovationsmöglichkeiten wie die Etablierung zusätzlicher Services vor allem aus der Wiederverwendbarkeit einmal bereitgestellter Materialien und deren Metadaten. Diese Wiederverwendung kann auf lokaler Ebene stattfinden, indem eine Einrichtung ihre eigenen digitalen Sammlungen für weiterreichende Angebote nutzt. Ein Beispiel dafür bildet die digitale Bildersuche der Bayerischen Staatsbibliothek,[52] die dafür ihre eigenen

---

[50] Unter Responsive Design wird eine Technik zur Gestaltung und Umsetzung von Webseiten verstanden, durch die dynamisch auf die Eigenschaften des jeweils verwendeten Endgeräts (insbesondere die Bildschirmauflösung) reagiert und die Darstellung optimiert werden kann.
[51] http://www.bsb-muenchen.de/Bayern-in-historischen-Karten.4122.0.html (30.08.2014).
[52] http://bildsuche.digitale-sammlungen.de/ (30.08.2014).

digitalen Bestände nachnutzt und aus den Digitalisaten von Büchern und Handschriften die grafischen Abbildungen extrahiert hat.

Noch vielfältigere Möglichkeiten der Weiterverwendung ergeben sich einerseits durch die Anreicherung der Daten über externe Quellen (beispielsweise Normdaten, Georeferenzdaten) und darauf basierende Verknüpfungen sowie andererseits durch die maschinenlesbare Bereitstellung der eigenen Daten über offene Schnittstellen nach außen. Ein Beispiel für die Anreicherung über externe Datenquellen bildet die Verknüpfung digitaler Objekte mit der GND,[53] wie sie die DDB eingeführt hat. Über die dort realisierten Entitätenseiten, also aus verschiedenen Quellen maschinell zusammengezogenen Informationen z.B. zu Personen, können einzelne Objekte in einen semantischen Zusammenhang zueinander gestellt werden. Auch die mögliche Anreicherung digitaler Objekte mit Texten oder Bildern aus der Wikipedia ist ein Beispiel für dieses Vorgehen.

In eine andere Richtung weist die Öffnung der Bestände durch APIs.[54] Dadurch wird es Dritten ermöglicht, die Daten und die dazugehörigen Such- und Zugriffsmethoden für ihre Zwecke nachzunutzen und sie in andere Kontexte zu stellen. Da zumindest im Bibliotheksbereich die Bereitstellung der Metadaten unter einer CC0-Lizenz[55] inzwischen weite Verbreitung findet und sie damit gemeinfrei gestellt sind, ergeben sich für die Nachnutzung dieser Daten nahezu unbeschränkte Möglichkeiten. Auch die digitalen Objekte selbst oder zumindest niedrig aufgelöste Vorschauversionen sind vielfach gemeinfrei. Durch das Bereitstellen eines öffentlichen API lässt sich der Kreis potenzieller Entwickler zusätzlicher Dienste und Applikationen drastisch erhöhen. Das heißt, innovative Nutzungsmöglichkeiten der eigenen Bestände müssen nicht mehr nur durch die bereitstellende Einrichtung realisiert werden. Von der Modularisierung des Zugangssystems durch die gezielte Vergabe von Entwicklungsaufträgen für einzelne Komponenten bis hin zur Auslobung ergebnisoffener Programmierwettbewerbe bietet dieser Ansatz vielfältiges Potenzial, das es auszuschöpfen gilt. Durch die Veröffentlichung ihrer jeweiligen APIs und die Bereitstellung der darüber ausgelieferten Daten unter CC0 haben die Europeana und die DDB die entscheidende Voraussetzung hierfür geschaffen.

4 Werkzeuge und Verfahren

4.1 Technische Aspekte

Die Digitalisierung von Kulturgut umfasst neben organisatorischen Fragestellungen und der Präsentation viele technische Aspekte, die die (Nach-)Nutzbarkeit und Qua-

---

53 GND = Gemeinsame Normdatei. http://www.dnb.de/gnd/ (30.08.2014).
54 API = Application Programming Interface, Programmierschnittstelle.
55 Siehe http://creativecommons.org/publicdomain/zero/1.0/ (30.08.2014).

lität der Ergebnisse sowie Aufwände und Kosten der Digitalisierung steuern. Eine einheitliche Vorgehensweise hat die DFG mit den Praxisregeln zur Digitalisierung[56] bei den von ihr geförderten Digitalisierungsprojekten im Bereich Literatur- und Informationsversorgung festgelegt und damit einen Quasistandard auch für andere Vorhaben gesetzt. In diesen Praxisregeln werden die im Folgenden angesprochenen Punkte ausführlicher behandelt; sie sind als Grundlage für die Digitalisierung zu empfehlen.

4.1.1 Digitalisierungsvorgang

Digitalisierung bedeutet Überführung einer analogen Vorlage in eine digitale Version. Die Vorlagen können sowohl statische zweidimensionale Druckwerke wie Buchseiten, Briefe oder Fotografien als auch audiovisuelle (Ton- oder Videoträger) oder dreidimensionale Objekte wie Skulpturen sein. Im Folgenden wird vor allem die Digitalisierung von Druckwerken beschrieben.

Ziel der Digitalisierung ist die möglichst vollständige und detailgetreue Übertragung der vorhandenen Information des analogen Objekts in eine digitale Form. Mit Verlust ist dabei aber immer zu rechnen. Allein die physischen Eigenschaften wie Haptik und Geruch eines Buchs gehen unweigerlich verloren. Vorrang hat die Information auf dem Trägermedium, nicht das Trägermedium selbst, also die aufgedruckte Schrift und die Abbildung oder der Ton.

Vorteil der digitalen Information ist der schnellere und beliebig häufige parallele Zugriff auf einzelne Objekte, über das Internet sogar weltweit. Je nach Aufbereitung der Digitalisate, z.B. durch Texterkennung oder Bildanalyse, kann eine über die Möglichkeiten des analogen Mediums hinausgehende Recherche ermöglicht werden. Die digitale Information kann ohne Verlust aufbewahrt werden, allerdings stellt die Archivierung digitaler Ressourcen an sich eine neue Herausforderung dar.

Anhand der gewählten Digitalisierungsparameter wird definiert, wie fein die analoge Vorlage erfasst wird und wie viele Informationen digital gespeichert werden. Grundsätzlich gilt: Je mehr Informationen vorliegen, desto höher sind die Qualität und damit die potenziellen Möglichkeiten der Nachnutzung. Allerdings muss auch die analoge Vorlage eine entsprechende Qualität besitzen. Daneben wirken sich die Parameter direkt auf die entstehenden Datenmengen und damit auch auf die Kosten aus.

4.1.2 Digitalisierungsparameter

Die Parameter zur Digitalisierung unterscheiden sich je nach Medium. Der Fokus liegt im Folgenden auf der Digitalisierung von gedruckten Werken, gilt aber von den grundsätzlichen Aussagen her auch für andere Medien, z.B. Tonträger.

---
56 DFG 2013.

Bei der Digitalisierung von gedruckten oder handgeschriebenen Werken ist zu berücksichtigen, wie groß die Vorlage, respektive wie klein die Information darauf ist, d.h. insbesondere die kleinste relevante bedeutungstragende Information, die in der digitalen Version noch gut erkennbar sein muss.[57] Darüber hinaus spielt die Farbigkeit der Vorlage eine Rolle: Sind farbige Informationen vorhanden? Ist nur das Trägermedium im Laufe der Zeit farbig geworden, weil es vergilbt ist?

Aus diesen Erwägungen ergibt sich die Auswahl geeigneter Geräte zur Digitalisierung, da bei besonders großen Vorlagen, z.B. größer als DIN A3, viele Scanner bereits an ihre Grenze stoßen oder andere Geräte keine genügend hohe Auflösung bieten. Die Auflösung ist ein elementarer Parameter bei der Digitalisierung. Sie definiert, wie viele Informationen aus der analogen Vorlage digital erhoben werden. Als Digitalisat entsteht eine Rastergrafik, also eine Matrix von A mal B Bildpunkten. Je mehr Bildpunkte es gibt, desto mehr Information ist enthalten und desto detailgetreuer kann ein Bild angezeigt werden. Jeder Bildpunkt wird von der analogen Vorlage erfasst und über die Auflösung definiert. Diese wird in Pixel pro Inch (ppi) oder Dots per Inch (dpi) angegeben. So bedeutet 300 ppi, dass pro Inch (= 2,54 cm) 300 Bildpunkte aufgenommen werden, pro mm also 11,8 Bildpunkte. Bei 600 ppi sind es entsprechend mit 23,6 Punkten auf einem Millimeter doppelt so viele Informationen, und da das sowohl für die Vertikale als auch die Horizontale gilt, sogar die vierfache Menge an Informationen. Daher wirkt sich die Auflösung stark auf die spätere Speichergröße des Digitalisats aus.

Die Farbtiefe des Digitalisats entscheidet über die Anzahl der erfassten und gespeicherten Farben aus der Vorlage. Hier sind minimal zwei Werte möglich (schwarz und weiß), die für die Wiedergabe von schwarzer Schrift auf weißem Grund bereits ausreichen. Erfassbar ist auch eine reduzierte Farbigkeit von 256 unterschiedlichen Farben oder Graustufen bis zu zig Millionen unterschiedlicher Farben. Pro Bildpunkt wird je eine Farbe erfasst. Die Farbtiefe wird in Bit angegeben: Bitonal benötigt nur ein Bit an Information (schwarz oder weiß), zur Speicherung von 256 Farben werden 8 Bit (2 hoch 8) benötigt, für 16,7 Millionen Farben 24 Bit oder theoretisch möglich auch 4,2 Milliarden Farben bei 32 Bit. Auch die Farbtiefe wirkt sich auf die Speichergröße des Digitalisats aus.

Die unkomprimierte Speichergröße eines Digitalisats in Byte kann man aus den Parametern Höhe mal Breite des Ausgangsobjekts (in Inch) mal Farbtiefe in Bit und Auflösung in ppi zum Quadrat berechnen:[58]
(Höhe x Breite x Auflösung² x Farbtiefe)/8 = Größe in Byte
Beispiel für ein DIN A4-Blatt (21 x 29,7 cm/2,54 = Inch), 300 ppi Auflösung und 24 Bit Farbtiefe: (8,28 x 11,7 x 300² x 24)/8 = 26.156.520 Byte = ~25 MB

---

57 DFG 2013: 46.
58 Siehe auch IAIS 2007: 87.

Tabelle 1: Übersicht unkomprimierte Speichergröße des Digitalisats eines DIN A4-Blatts bei verschiedenen Auflösungen und Farbtiefen in MB

> Farbtiefe in Bit Auflösung in ppi	1	8	24
200	0,46	3,70	11,09
300	1,04	8,31	24,94
400	1,85	14,78	44,35
600	4,16	33,26	99,78

Die Auswirkungen auf den Speicherplatz sind deutlich. Die Unterschiede, die diese Parameter auf den Grad der ins Digitale übertragenen Informationen haben, sollen an Beispielen gezeigt werden.

Die nachstehenden Abbildungen an oberster Stelle zeigen als Ausschnitt die kleinste bedeutungstragende Einheit eines Audio-CD-Booklets, in den Auflösungen 600, 400, 300 und 200 ppi (v.r.n.l.) bei einer Ansicht von 1:1. Darunter veranschaulicht die Vergrößerung eines anderen Details in den gleichen Auflösungen sowie ganz links 800 ppi, dass die Digitalisierungsparameter immer auch von der Vorlage abhängen und selbst bei der höchsten Auflösung nichts extrahiert werden kann, das nicht schon in der Vorlage abgebildet wurde. So ist der Schriftzug auf der Schachtel nie erkennbar. Je höher die Auflösung, desto sichtbarer aber wird das Druckraster. Abschließend folgt eine starke Vergrößerung von 600 und 300 ppi zur Veranschaulichung des Prinzips Rastergrafik: Das Bild besteht aus einzelnen Pixeln unterschiedlicher Farben; je höher die Auflösung, desto granularer ist die Information.

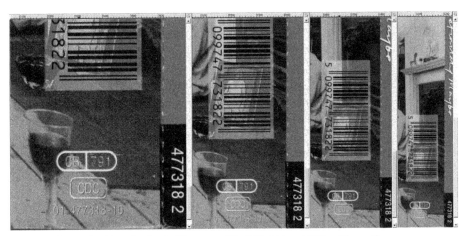

Abb. 1: Audio-CD-Booklets, in den Auflösungen 600, 400, 300 und 200 ppi (v.r.n.l.).

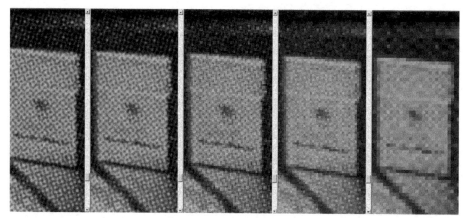

Abb. 2: Vergrößerung eines anderen Details in den gleichen Auflösungen sowie ganz links in 800 ppi.

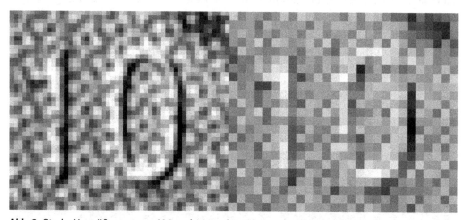

Abb. 3: Starke Vergrößerung von 600 und 300 ppi zur Veranschaulichung des Prinzips Rastergrafik.

Die gewählten Parameter können nachträglich auch am Digitalisat heruntergerechnet werden, niemals aber hinauf. Aus einem farbigen Bild kann ein bitonales erzeugt werden, auch die Auflösung kann reduziert werden, jedoch lässt sich aus einem schwarz-weißen Bild kein Bild mit 16,7 Millionen Farben reproduzieren. Bei einer Erhöhung der Auflösung wird lediglich interpoliert, also softwareseitig zusätzliche Information hinzugerechnet, die nicht mit der analogen Vorlage übereinstimmen muss.

Gängige Parameter[59] bei der Digitalisierung von Büchern sind 300 oder 400 ppi, da sie einen guten Detailgrad ermöglichen, alle Informationen lesbar erhalten und dabei Dateien erzeugen, die von ihrem Umfang her noch handhabbar bleiben. Als Farbtiefe wird in der Regel 24 Bit Farbtiefe verwendet, da hierbei wenig Farbinformationen verloren gehen und beim Digitalisieren nicht darauf geachtet werden muss, ob

---

59 Siehe auch DFG 2013: 8f.

farbige Abbildungen vorkommen, die bei Graustufendigitalisierung eine Umstellung der Parameter erfordern. Spielen Farben eine geringe Rolle, kann z.B. auch mit 256 verschiedenen Farben (nicht 256 Graustufen) digitalisiert werden.

4.1.3 Dateien

Die Digitalisate werden über die Digitalisierungssoftware nach definierten Schritten eines Workflows aufbereitet und gespeichert. Für die Nutzbarkeit, Speichergröße und Langzeitarchivierung ist hierbei das Dateiformat entscheidend. Es sollte von gängigen Betriebssystemen und entsprechender Software verarbeitet werden können, möglichst weit verbreitet, gut dokumentiert und quelloffen sein, um seine Nutzung auch in der Zukunft gewährleisten zu können. In Hinblick auf den Speicherplatz ist zu entscheiden, ob die Dateien komprimiert werden oder nicht. Kompression kann sowohl verlustfrei als auch verlustbehaftet erfolgen. Beides ist in gängigen Formaten möglich. Verlustfreie Kompression organisiert die Information in der Datei effektiver, bei bitonalen Digitalisaten etwa wird dann nicht die Information über die Farbe (schwarz oder weiß) pro Bildpunkt abgespeichert, sondern z.B. die Information, dass die nächsten 823 Bildpunkte weiß sind, dann 25 schwarze Punkte folgen usw. Das kann die zu speichernde Informationsmenge erheblich reduzieren. Der Grad der Kompression hängt von der Vorlage ab: Je einheitlicher sie ist, desto besser lässt sie sich komprimieren. Bei bitonalen Bildern ist der Kompressionsgrad daher enorm gegenüber einer unkomprimierten Speicherung – weniger als 100 KB bei Kompression mit dem auch für Fax verwendeten G4-Algorithmus für eine DIN A4-Seite gegenüber 25.000 KB bei unkomprimierter Speicherung. Bei Farbbildern können etwa 30 bis 40 Prozent verlustfrei eingespart werden, z.B. durch die Verwendung von Formaten wie PNG oder TIFF mit Kompression ZIP oder LZW (mit horizontal differencing). Die Kompression birgt jedoch ein größeres Risiko, da die Dateien beim „Kippen" eines Bits auf einer Festplatte im schlechtesten Fall unbrauchbar werden, während bei unkomprimierten Dateien möglicherweise nur ein Bildpunkt fehlerhaft ist.[60] Ein weiteres Format zur verlustfreien Speicherung bietet JPEG2000, das über verschiedene Vorteile wie einen guten Kompressionsgrad verfügt und auch Vorschauversionen des Bildes umfassen kann, jedoch in Gedächtnisorganisationen noch keine so große Verbreitung gefunden hat[61] wie das seit 1986 existierende TIFF-Format.[62]

Verlustbehaftete Speicherung ist am bekanntesten durch die JPEG-Kompression. Sie kann durch Verallgemeinerung von Informationen in acht mal acht Pixel großen

---

[60] Siehe auch DFG 2013: 16.
[61] Siehe auch DFG 2013: 46.
[62] Zum TIFF-Format siehe Spezifikation von Adobe (http://partners.adobe.com/public/developer/tiff/index.html (30.08.2014)) bzw. weitere Informationen, besonders zu den Metadaten in TIFF unter http://www.awaresystems.be/imaging/tiff.html (30.08.2014).

Blöcken starke Kompression erzeugen. Den Grad der Verallgemeinerung kann man bei vielen Bildbearbeitungsprogrammen einstellen und so Einfluss auf die Qualität nehmen. Durch starke Kompression kommt es zu sehr deutlich sichtbaren Klötzchen in den Bildern, die sich stark gegeneinander abgrenzen. Bei hoher Qualität ist die Kompression zwar nicht mehr so stark, aber die Veränderungen sind visuell kaum sichtbar. Zur Analyse kann hier ein Differenzbild von verlustfreiem Original und verlustbehaftet komprimierter Variante dienen, die zeigt, welche Pixel geändert wurden. JPEG kann bei guter Qualität auf etwa 10 Prozent der Ausgangsgröße verkleinern. Jedes Neuspeichern nach einer Bearbeitung kann aber erneut zu Verlusten führen, wie bei der analogen Kopie einer Kopie. Das Format wird daher selten als Archivformat genutzt, ist jedoch gängig bei Derivaten (abgeleiteten, qualitativ minderwertigen Dateien) für die Präsentation.[63]

Begleitende Informationen zu den Digitalisaten werden in der Regel in strukturierter Form, etwa in der Auszeichnungssprache XML, abgelegt, z.B. OCR-Ergebnisse oder technische Metadaten.

Wichtig ist eine innerhalb des späteren Archivsystems eindeutige und möglichst aussagekräftige Benennung der Dateien. Die Verwendung eines eindeutigen Identifiers – etwa der Identifikationsnummer (ID) eines Nachweissystems oder von Signaturen – in Kombination mit einer Laufnummer für die einzelnen Bestandteile ist gängige Praxis. Die gleiche Benennung bei fortlaufender Nummerierung entsprechend der Reihenfolge der Scans ermöglicht eine sinnvolle Sortierung auf Dateiebene.

Innerhalb von Dateien lassen sich bei den meisten Formaten auch einige Metadaten speichern, die Informationen über den Inhalt, technische Details der Digitalisierung oder auch Rechteinformationen enthalten, etwa TIFF-Tags im Dateiheader oder EXIF- bzw. IPTC-Metadaten in JPEG. Da diese Information immer direkt in der Datei selbst enthalten sind, sollte davon Gebrauch gemacht werden, damit unabhängig von Datenbanken erkannt werden kann, worum es sich bei diesem Teil eines Digitalisats handelt. Die Informationen können auch in der Langzeitarchivierung genutzt werden. Hierfür ist auch immer auf Validität der Dateien gegenüber dem jeweiligen Format zu achten.

4.1.4 Scannerhardware

Digitalisierungshardware umfasst neben Rechnern zur Bearbeitung und Speicherung der Ergebnisse vor allem die Geräte zur Überführung der Vorlage in eine digitale Version. Die Hardware muss immer nach konservatorischen Gesichtspunkten entsprechend den zu digitalisierenden Medien und deren jeweiligem Erhaltungszustand gewählt werden. Die Geräte unterscheiden sich unter vielen Aspekten: So können Vorlagen Zeile für Zeile mit einem Scanner abgetastet oder mittels fest arre-

---

[63] Siehe auch IAIS 2007: 83.

tierter Digitalkamera auf einmal erfasst werden. Dabei kann die Vorlage plan aufliegen, also 180° geöffnet sein oder buchschonender in einem geringeren Winkel von bis zu 45° wie beim Wolfenbütteler Buchspiegel.[64] Die ausgewählte Hardware wirkt sich entscheidend auf die Durchsatzgeschwindigkeit aus, insbesondere bei sehr fragilen Vorlagen, für die es verschiedene buchschonende Vorlagenhalterungen gibt. Weitere Unterscheidungspunkte sind Anschaffungs- und Betriebskosten, Qualität der Aufnahmen, Ausgabeformate, die maximale Aufnahmefläche und Auflösung. Hier sollte darauf geachtet werden, dass mit hoher Auflösung gescannt und nicht nachträglich interpoliert wird.

Flachbettscanner, bei denen die Vorlage wie bei Kopierern auf die Scanfläche gelegt werden muss, kommen in der Buchdigitalisierung kaum zum Einsatz, weil sie das Objekt stark beanspruchen und nicht effektiv sind. Quantitativ gute Ergebnisse sind mit Durchzugsscannern zu erreichen, die automatisch Blatt für Blatt verarbeiten. Ihre Nutzung erfordert aber eine Auflösung des Buchblocks, so dass sie nur bei Einzelblättern, z.B. aus dem Nachlassbereich, zur Anwendung kommen. Bei diesem Scannertyp ist unbedingt auf die Bildqualität zu achten, da die hohe Geschwindigkeit bei manchen Anbietern durch eine verlustbehaftete Kompression der Digitalisate erreicht wird. Verwendung finden daher zumeist Aufsichtscanner, bei denen das Objekt von oben abgebildet wird und der Scanoperator zwischen den Aufnahmen jeweils eine Seite umblättert. Um Verzerrungen im Bild durch Wölbungen, die die Bindung der Vorlage verursacht, zu reduzieren, kann eine (möglichst schonende) Fixierung z.B. per Glasplatte erfolgen oder, falls größere softwareseitige Manipulationen an den Archivmastern akzeptiert werden, auf diese Weise eine nachträgliche Begradigung stattfinden. Scanroboter führen zu einem deutlich höheren Durchsatz, sind jedoch mit höheren Anschaffungskosten verbunden und nicht für alle Materialien und Formate geeignet.

Bei der Digitalisierung ist zur farbverbindlichen Wiedergabe der Digitalisate hardwareseitig auf das Farbmanagement[65] zu achten, die Scanner sind also regelmäßig zu kalibrieren und profilieren. Ebenso ist auf geeignete Lichtquellen zu achten, die eine bestandsschonende, für Scanoperateure und die Erfassungswerkzeuge aber optimale Ausleuchtung der Vorlagen ermöglichen. Bildschirme zur Beurteilung der Scans sollten kalibrierbar und blickwinkelstabil sein.

4.2 Metadaten und Inhaltsanalyse

Ein Digitalisat besteht zunächst aus der Information, die ein Digitalisierungsgerät von einer analogen Vorlage erfasst und in Form einer oder mehrerer Binärdateien

---

[64] http://www.hab.de/de/home/bibliothek/bestandserhaltung/wolfenbuetteler-buchspiegel.html (30.08.2014).
[65] Siehe auch IAIS 2007: 77.

gespeichert hat. Diese Dateien umfassen bereits einige Metadaten, deren Umfang aber begrenzt ist und für deren Nutzung jeweils ein formatspezifischer Ansatz nötig ist. Mehr Informationen können formatunabhängig in XML-Dateien abgelegt werden. Dazu muss mindestens ein Schema gewählt werden, das geeignet für die gewünschten Informationen ist. Verwendet werden sollten gängige Standards, damit die Daten austauschbar mit anderen Institutionen werden oder Digitalisierungs- und Präsentationssoftware diese bereits unterstützen.

4.2.1 XML-Metadaten des Digitalisats

Zunächst ist zu entscheiden, welche Informationen zu welchem Zweck erfasst und gespeichert werden sollen. Grundsätzlich gibt es eine enorme Menge an Informationen zu einer analogen Digitalisierungsvorlage, zum Digitalisierungsprozess selbst und den entstandenen digitalen Daten. Die Festlegung sollte berücksichtigen, dass diese Informationen später für jedes zu digitalisierende Werk zu erheben sind. Erfolgt dies nicht automatisch, bedeutet das zusätzlichen Aufwand. Jede Information sollte deshalb einen konkreten, absehbaren Nutzen haben. So könnte die Raumtemperatur beim Digitalisieren zwar theoretisch Auswirkungen haben, praktisch wird diesem Wert jedoch kein Nutzen beigemessen und diese Information nicht erhoben.

Im Folgenden werden verschiedene Arten von Informationen und typische Erfassungsarten kurz dargestellt.

- **Bibliographische Metadaten:** Die Informationen insbesondere über Inhalt, Urheber, Entstehungsjahr, Medientyp der analogen Vorlage liegen in der Regel bereits in einer existierenden Datenbank vor. Ihre Erfassung muss jedoch spätestens bei der Digitalisierung erfolgen. Von den bibliographischen Daten kann ein Ab- oder Auszug den Metadaten hinzugefügt werden. Besitzt die Datenbank eine Maschinenschnittstelle wie OAI-PMH[66] oder SRU[67], kann dies automatisiert erfolgen. XML weist für bibliographische Informationen viele Schemata auf, häufig spezialisiert auf eine bestimmte Domäne, für Bibliotheken z.B. MARC XML,[68] MODS[69] oder Dublin Core.[70]
- **Technische Metadaten:** Informationen über die digitalen Dateien werden als technische Metadaten erfasst. Diese Angaben lassen sich häufig automatisch aus den Bilddateien auslesen und können für die Langzeitarchivierung wichtig sein. Sie umfassen Angaben zum Dateiformat (möglich auch mit einem eindeuti-

---

[66] Open Archives Initiative Protocol for Metadata Harvesting (OAI-PMH). http://www.openarchives.org/pmh/ (30.08.2014).
[67] Search/Retrieval via URL (SRU). http://www.loc.gov/standards/sru/ (30.08.2014).
[68] Machine-Readable Cataloging (MARC). http://www.loc.gov/marc/ (30.08.2014).
[69] Metadata Object Description Schema (MODS) ist weniger komplex als MARC21, aber umfassender als Dublin Core. http://www.loc.gov/standards/mods/ (30.08.2014).
[70] http://dublincore.org/specifications/ (30.08.2014).

gen Identifier aus einer Formatdatenbank wie PRONOM[71]), zur Dateigröße, zum Erstellungsdatum und eine Prüfsumme, die eindeutig diese Datei beschreibt und anhand derer eine Änderung an der Datei nachgewiesen werden kann.
- **Daten über den Digitalisierungsprozess:** Wichtig ist die Beschreibung des Digitalisierungsprozesses, durch den das Digitalisat entstanden ist; nur so lassen sich Fehler auch später entdecken und gegebenenfalls beheben. Dabei sind vor allem die verwendeten Systeme und deren Hard- und Softwarekomponenten möglichst genau zu benennen. Hier werden auch Angaben zu den Digitalisierungsparametern sowie zur Hardware gegeben (etwa maximale Auflösung, aber zur besseren Identifizierung auch Modellnummer und Seriennummer des Geräts). Dafür eignet sich bei Bilddateien der Standard MIX der Library of Congress (LoC) bzw. ANSI/NISO Z39.87-2006.[72] Für Audiodateien gibt es einen Standard der Audio Engineering Society (AES57-2011[73]). Hier bzw. in einem vom Langzeitarchiv gegebenenfalls vorgegebenen Schema kann auch eine Bearbeitungshistorie festgehalten werden, die die einzelnen Workflowschritte des Digitalisats bis zur Abspeicherung dokumentiert. Hier können auch spätere Schritte wie die Konversion in ein neues Format, d.h. der Lebenszyklus des Digitalisats, dokumentiert werden.
- **Strukturelle Metadaten:** Das Digitalisat besteht aus vielen einzelnen Bilddateien. Die Ordnung der Dateien analog der physischen Vorlage sollte sich bereits durch Laufnummern (gegebenenfalls mit Sprunglücken für das nachträgliche Einfügen von Inhalten) aus der alphanumerischen Sortierung der Dateinamen ergeben. Darüber hinaus sollte aber eine Klammer um das Digitalisat gebildet werden, die wie der Bucheinband die Seiten in der korrekten Reihenfolge zusammenhält. Dafür bietet sich der ebenfalls von der LoC spezifizierte Standard METS[74] an, in den auch die oben genannten XML-Schemata integrierbar sind. In METS können den einzelnen Dateien Identifier zugeordnet und diese in eine Reihenfolge gebracht werden. Diese Reihenfolge kann auch mit Bezeichnungen unabhängig von einer reinen Durchnummerierung der Scans versehen werden, etwa indem den Scans die tatsächliche Seitenbezeichnung zugeordnet wird. Weiterhin kann eine Abbildung einer logischen Struktur, also eines Inhaltsverzeichnisses, erstellt werden. Hierbei wird jedem logischen Abschnitt der Identifier des ersten zugehörigen Scans mitgegeben. Die Erfassung dieser inhaltlichen Metadaten verbessert die Nutzung des Digitalisats, da eine gezieltere Navigation innerhalb des Objekts möglich wird. Ihre Erfassung erfordert aber je nach Detaillierungsgrad teils erhebliche zusätzliche Aufwände bei oder nach der Digitalisierung.

---

[71] Von den UK National Archives gepflegte Online-Datenbank für Formatinformationen. http://www.nationalarchives.gov.uk/PRONOM (30.08.2014).
[72] NISO Metadata for Images in XML. http://www.loc.gov/standards/mix/ (30.08.2014).
[73] Nur für AES-Mitglieder frei, sonst 50 US-Dollar: http://www.aes.org/publications/standards/search.cfm?docID=84 (30.08.2014).
[74] Metadata Encoding and Transmission Standard (METS). http://www.loc.gov/standards/mets/ (30.08.2014).

– **Administrative Metadaten:** Zu den administrativen Metadaten zählen die Provenienz des Originals, Rechteinformationen zum Digitalisat und Angaben zum Zugriff auf das digitale Objekt. Die Zugriffsinformation kann in Form eines persistenten Identifiers, z.B. URN oder einer Adresse, z.B. URL, ausgedrückt werden.

4.2.2 Bibliographische Metadaten zum Digitalisat

Nach den Regeln zur alphabetischen Katalogisierung (RAK) ist ein Digitalisat eine Sekundärform, also eine neue Ausgabe der digitalisierten Vorlage, und somit in einem eigenen Katalogdatensatz zu beschreiben. Die bibliographische Information der Druckvorlage kann um Informationen zur Digitalisierung ergänzt werden. Diese vom Regelwerk geforderte Anlage eines weiteren kompletten Datensatzes löst sich in der Praxis bereits auf und wird vermutlich in einem modernisierten Regelwerk wie den RDA anders gelöst: Entscheidend bleibt aber, einen Nachweis darüber zu haben, dass von dem Druckwerk ein Digitalisat erzeugt wurde; beide Informationen müssen sich aufeinander beziehen.

Die gedruckte Vorlage, die vor der Digitalisierung im Katalog verzeichnet sein sollte, wird aus einem bestimmten Grund digitalisiert, sei es die weltweite digitale Bereitstellung der Bestände, sei es der Bestandsschutz, z.B. weil ein Werk auf stark säurehaltigem Papier gedruckt wurde, das aus technischen Gründen keiner Entsäuerung unterzogen werden kann. Sind diese Informationen für die Bestandserhaltung bereits im Katalog verzeichnet, können sie beim Workflow hilfreich sein. Aus bestimmten Zuständen ergeben sich verschiedene Bestandsschutzmaßnahmen, von denen eine die Digitalisierung des Werkes sein kann. Letztlich muss dann auch das Digitalisat im Rahmen der Langzeitarchivierung wiederum Bestandsschutzmaßnahmen unterzogen werden.

Die Bearbeitung eines Exemplars in einer Bestandsschutzmaßnahme sollte dokumentiert werden. Dies kann mit relativ wenigen Angaben wie Art der Maßnahme, Datum und Status abgebildet werden. Dabei sollte eine einheitliche Benennung oder Codierung für Maßnahmen verwendet werden, um eine Vergleichbarkeit zu schaffen. So kann aus den Kataloginformationen abgefragt werden, welche Exemplare bereits digitalisiert wurden.

Wie detailliert Zustands- und Bestandsschutzinformationen verzeichnet werden, hängt immer von den Ressourcen, den Beständen und der Bestandserhaltungsstrategie des Hauses ab.

Ob als Sekundärform mit einem eigenen Katalogeintrag aufgenommen oder als ergänzende Angaben im bestehenden Nachweis des Originals verzeichnet, gibt es verschiedene Informationen, die in Bibliothekskatalogen zu Digitalisaten verzeichnet werden können. Dazu zählen Links für die Präsentation, Zugriffsrechte für elektronische Ressourcen, material- oder projektspezifische Angaben, Langzeitarchivierungsinformationen und persistente Identifier.

Sinnvoll kann auch die Verzeichnung von Informationen zum Importzeitpunkt sowie zur Anzahl der importierten Dateien sein, z.B. für Statistiken oder die Kontrolle von Rechnungen. Praktisch ist zudem die Verwendung von Projektcodes innerhalb eines abgegrenzten Digitalisierungsprojekts. Hierüber können alle zugehörigen Digitalisate bzw. deren Datensätze identifiziert werden. Da die Ergebnisse von Digitalisierungsprojekten sich aus verschiedenen Gründen durchaus unterscheiden, ist auch eine nachträgliche Differenzierung der Datensätze sinnvoll, z.B. für Nacharbeiten.

Der Link auf die Präsentation des Digitalisats sollte persistent sein, also z.B. über einen URN funktionieren oder im Katalog zumindest abstrakt sein, damit etwa bei einer Domainänderung der Katalogdatensatz nicht geändert werden muss.

4.2.3 Inhaltsinformationen des Digitalisats

Neben den vorliegenden bibliographischen und gegebenenfalls am Werk selbst verifizierten Informationen der Druckvorlage und den technischen Angaben über das Digitalisat, die während des Digitalisierungsprozesses entstehen, können aus einer digitalen Version zusätzliche Informationen zum Inhalt extrahiert werden. Diese ergänzen die bibliographischen Angaben, die sich immer auf wenige inhaltbeschreibende Schlagwörter begrenzen.

In einer entsprechend aufbereiteten digitalen Version kann der mit OCR bearbeitete Text durchsucht werden. Ebenso können maschinelle Verfahren aus den Texten zusätzliche Informationen gewinnen und die bibliographischen Informationen anreichern.

Grundlage für zusätzliche Inhaltsinformationen zur Recherche oder maschinellen Bearbeitung ist die Erkennung des Textes. Die Digitalisierung liefert zunächst nur Rastergrafiken der gedruckten Vorlage. Das Buch kann damit am Bildschirm betrachtet werden und das Digitalisat wie die Vorlage durchgeblättert und gelesen werden. Die Bedeutung der Zeichen in den Bildern erschließt sich zwar dem menschlichen Nutzer, nicht aber einer Maschine.

Durch Verfahren zur OCR können Texte in diesen Bildern erkannt und extrahiert und damit auch als Zeichenketten von Maschinen für die Suche verwendet werden. Die Qualität der Erkennung der Zeichen in der Vorlage ist abhängig vom Zustand der Druckvorlage, von der Sprache, der Schriftart, den Digitalisierungsparametern und der verwendeten Software zur Volltextgewinnung. Stark vergilbte und wellige Seiten mit Inhalten in verschiedenen Sprachen und ungewöhnlichen Schrifttypen, die mit geringer Qualität digitalisiert wurden, führen zu entsprechend schlechten Ergebnissen. Im schlechtesten Fall ist kein Zeichen richtig erkannt. Hier empfiehlt sich eine akkurate Digitalisierung oder gegebenenfalls eine Vorverarbeitung, etwa das Herausrechnen von Krümmungen. Je besser die Objekte für eine OCR geeignet sind, so durch guten Kontrast zwischen Papier und Schrift, bekannten Sprachen und sauber gesetzte Typen bei einer qualitativ guten Digitalisierung, desto besser ist das Ergebnis bis hin zu vollständig richtig erkannten Zeichen. Eine hundertprozentige Korrektheit ist allerdings selten zu erwarten. Dabei ist zu berücksichtigen, dass die meisten Fehler nur dazu führen, dass weniger korrekte Treffer gefunden werden, es aber kaum zu Fehltreffern kommt, weil die falsch erkannten Zeichen in der Regel zu unsinnigen Wörtern führen. Klassische OCR-Fehler sind z.B. die fehlerhafte Unterscheidung zwischen den Kleinbuchstaben i und l oder bei Frakturschriften zwischen f und s. Ist eine sehr hohe Erfassungsgenauigkeit nötig, sollten manuelle Nachkorrekturen eingeplant werden. Als Alternative können spätere Nutzer OCR-Fehler selbst korrigieren und diese Änderungen direkt in die Datenbank übernommen werden.[75]

OCR-Software kann neben der reinen Erkennung der Zeichen auch weitere Informationen extrahieren, z.B. die Position der Zeichen innerhalb des Bildes (wichtig für eine spätere Markierung von Treffern im Text), Schrifteigenschaften (fett gedruckt, Schriftgröße) und Sicherheit der Erkennung. Diese Informationen können in verschiedenen XML-Schemata ausgegeben werden, darunter dem Standard ALTO,[76] der sich wiederum in das METS-Format integrieren lässt oder TEI-P5,[77] einem Format für maschinenlesbare Texte mit Auszeichnung linguistischer Elemente, das insbesondere in den Geisteswissenschaften verbreitet ist.

Die Bearbeitung von Digitalisaten durch OCR-Software ist ein Faktor, der für die Bearbeitungsdauer von Digitalisaten sowie die Kosten von Projekten zu berücksichtigen ist, insbesondere bei Frakturschriften, die nicht von jeder Software verarbeitet werden oder zusätzliche Kosten verursachen. Vor der Nutzung von OCR für große Bestände sollten Tests mit repräsentativen Materialien erfolgen, um eine Einschätzung zu ermöglichen, ob die Qualität der OCR für die angestrebten Ziele ausreicht.

Neben der Erkennung von Textinhalten für eine Volltextsuche kann das Ergebnis einer OCR in Kombination mit den Bildern auch für die Erkennung von Strukturen genutzt werden. Dies bietet sich z.B. bei der Digitalisierung von Zeitungen an, bei denen für die gezielte Recherche der Zugriff auf einzelne Artikel entscheidend ist. Ebenso kann Überschriften oder Bildunterschriften bei einer Suche eine besondere Relevanz beigemessen werden. Denkbar sind auch die Erkennung von Bildern, Tabellen, Grafiken oder Sonderformaten innerhalb von Digitalisaten und eine Rückspielung dieser Informationen in die bibliographischen Daten des Katalogs.

Neben strukturellen Elementen kann innerhalb eines Volltexts auch versucht werden, besonders bedeutungstragende Begriffe wie Entitäten (Personen, Institutionen, Orte) zu erkennen und ihnen ebenfalls eine höhere Relevanz bei der Suche zuzu-

---

[75] Z.B. bei den digitalisierten Zeitungen der australischen Nationalbibliothek. http://trove.nla.gov.au/newspaper?q= (30.08.2014).
[76] Analyzed Layout and Text Object (ALTO). http://www.loc.gov/standards/alto/, ebenfalls gut in METS-XML integrierbar.
[77] Text Encoding Initiative (TEI), Guidelines Version 5 (P5) von 2007. http://www.tei-c.org/Guidelines/P5/ (30.08.2014).

weisen. Die erkannten Entitäten können auch Verbindungen zwischen verschiedenen Werken herstellen, die bislang nicht sichtbar waren.[78]

Weitere Informationen, die aus einer digitalen Ressource gewonnen und ergänzend in den Katalog aufgenommen werden könnten, sind z.B. Größenangaben der Druckvorlage (die sich näherungsweise aus Pixelanzahl und Auflösung ergeben) und verwendete Sprachen (aus der OCR).

4.3 Digitalisierungsworkflow

4.3.1 Vorbedingungen

Vor dem konkreten Digitalisieren von Medien sind Vorarbeiten am Bestand nötig. Digitalisiert, archiviert und bereitgestellt werden kann nur, was vorher bereits inhaltlich beschrieben wurde. Sowohl das physische Werk als auch das Digitalisat sind kaum zugänglich, wenn sie in keinem bibliographischen Nachweisinstrument verzeichnet sind. Allein über Verzeichnisstrukturen auf Dateiebene sind große Datenmengen nicht mehr handhabbar. Unterschiedliche Strukturen, Lücken oder Fehler in den bibliographischen Metadaten sollten möglichst früh erkannt werden, da ihre Korrektur sehr zeit- und personalaufwendig ist und die Digitalisierung verzögern kann. Korrekturen nach der Digitalisierung sollten vermieden werden.

Die bibliographischen Daten sollten über Schnittstellen austauschbar sein, um z.B. Daten für die Digitalisierung abzufragen oder den Nachweis auch an digitale Portale wie die DDB oder Europeana zu übermitteln.

Wichtig ist eine Verbindung zwischen dem bibliographischen Datensatz und dem zu digitalisierenden Objekt. Ein eindeutiger und maschinenlesbarer Code im Objekt, der es nicht beschädigt und keine Teile verdeckt, ist optimal und reduziert Fehler, die bei manueller Erfassung erfolgen können. Mindestens ist aber eine im Objekt vorhandene Information zu bestimmen, über die beim Digitalisieren erfasst werden kann, zu welchem Datensatz dieses Objekt gehört. Geprüft werden sollte immer auch, ob über diese Information genau ein Datensatz gefunden wird. Das kann z.B. die Signatur sein, wenn keine eindeutigeren Codes vorliegen.

Daneben ist natürlich zu klären, ob ausreichend Ressourcen für die verschiedenen Arbeitsschritte, die Finanzierung und auch die Langzeitarchivierung zur Verfügung stehen. Die IT-Infrastruktur muss sowohl bei Beauftragung eines Dienstleisters als auch bei Inhouse-Digitalisierung für die laufende Verarbeitung, Präsentation und dauerhafte Archivierung entsprechender Datenmengen ausgelegt sein.

---

[78] Zu weiteren automatischen Verarbeitungsmöglichkeiten zur Inhaltserkennung oder Objektoptimierung vgl. die Ergebnisse des Contentus-Projekts (2008-2012). http://www.contentus-projekt.de/factsheets.html (30.08.2014).

4.3.2 Bestandsauswahl und Vorbereitungen

Für die Digitalisierung müssen einzelne Objekte oder Bestandsgruppen ausgewählt werden. Auswahlkriterien können sein: akuter oder präventiver Bestandsschutz, Digitalisierung einzelner Titel auf Nutzerwunsch oder Digitalisierung ausgewählter Bestände. Die Auswahl kann direkt am Regal erfolgen, wenn ein zusammenhängend aufgestellter Teilbestand digitalisiert werden soll oder die Massendigitalisierung großer Bestände durchgeführt wird. Vielfach erfolgt die Auswahl über die bibliographischen Daten im Katalog, etwa nach Vermerken, die eine Digitalisierung als Bestandsschutzmaßnahme nötig machen, oder anhand inhaltlicher Kriterien wie z. B. Zeiträumen, beteiligten Personen oder Themen.

Nach dem Ausheben werden die Bestände im Ausleihsystem verbucht und in ein Workflowmanagementsystem eingebucht.

Eine Software zur Unterstützung des Digitalisierungsworkflows bietet eine Übersicht über die jeweiligen Bearbeitungsschritte und den Status der Digitalisierung. Sie kann Digitalisate an die verschiedenen beteiligten Softwarekomponenten, z.B. OCR, Bildbearbeitung und Metadatengenerierung, weiterreichen. Sie sollte Schnittstellen für den Import oder Export, z.B. zum Katalog, bieten. Manche Tools verfügen zusätzlich auch über Präsentationswerkzeuge/Viewer für die Digitalisate.

Geprüft werden sollte – möglichst automatisiert – je nach Zielsetzung, ob nicht bereits andere Institutionen ein Exemplar dieses Werks digitalisiert haben, z.B. über das EROMM[79], das die zentrale Verzeichnung von digitalen Mastern zur Bestandsschutzsicherung zum Ziel hat, oder in zvdd.

Bestehende Urheber- und Leistungsschutzrechte sind vorab zu prüfen respektive zu klären; hier ist gegebenenfalls mit erheblichen Aufwänden zu rechnen.[80]

4.3.3 Ausschreibung einer Dienstleistung oder interne Bearbeitung

Grundsätzlich muss anhand der Gegebenheiten der Bibliothek und des Digitalisierungsvorhabens entschieden werden, ob die Digitalisierung durch die Bibliothek selbst erfolgt oder ob sie als Dienstleistung ausgeschrieben und vergeben wird. Beides bietet Vor- und Nachteile: Bei Beauftragung eines Dienstleisters kann die Bibliothek auf die Anschaffung von Hard- und Software zur Digitalisierung verzichten, sie benötigt kein eigenes Personal und kann auf die Erfahrungen und die Personalressourcen eines Dienstleisters zurückgreifen. Nachteile sind die Aufwände für die Ausschreibung, Sachkosten, vor allem aber der Verzicht auf den Aufbau eigener Kompetenz.

Am Markt gibt es viele Anbieter von Dienstleistungen rund um die Digitalisierung mit jeweils eigenen Lösungen. Wichtig ist, in einer Ausschreibung möglichst detail-

---

79 European Register Of Microform and digital Masters (EROMM). http://www.eromm.org/ (30.08.2014).
80 Kreutzer 2011.

liert die Anforderungen des Vorhabens und die Besonderheiten des zu digitalisierenden Bestandes darzustellen. Insbesondere im Falle von Sonderformaten und besonderen Materialien sowie problematischen Erhaltungszuständen sollte das angemessene Vorgehen im Vorfeld differenziert überlegt werden, um späteren Abstimmungsaufwand zu vermeiden und realistische Angebote zu erhalten. Vorab zu klären ist, ob der Dienstleister in der Bibliothek arbeiten muss oder ob die Bestände auch außerhalb der Bibliothek und gegebenenfalls des Landes bearbeitet werden dürfen.

Die Ausschreibung sollte alle Digitalisierungsvorgaben und vor allem auch Workflowschritte umfassen. Dazu gehören u.a. die Dokumentation der Übernahme und Rückgabe von Beständen, die kontinuierliche Berichterstattung über die Abwicklung des Auftrags, Möglichkeiten zur Qualitätssicherung inkl. Reklamation, Kommunikationswegen, Vorgaben für technische Metadaten, laufendem Transfer finaler Daten bis hin zur Rechnungsstellung und -kontrolle. Während der Angebotsphase kann ein Informationstag vor Ort sowohl für die Anbieter als auch die Bibliothek hilfreich sein.

In den Angeboten haben sich Referenzdigitalisate als hilfreich erwiesen, um die Qualität der zu verwendenden Geräte und das Verständnis der Bieter für die Anforderungen (z.B. Dateivorgaben oder Metadaten) vorab einschätzen zu können.

Bei einer Digitalisierung im eigenen Hause sollte, sofern die Infrastruktur nicht bereits besteht, eine langfristige Strategie zur Digitalisierung vorliegen, für die dann eine entsprechende Digitalisierungsinfrastruktur dimensioniert werden kann. Dazu gehören neben qualifiziertem Personal für die Bearbeitung der geplanten Mengen sowohl Geräte, die für die Medien geeignet sind, als auch Software, die die Anforderungen an die Digitalisierungsparameter, Metadaten und Verarbeitungsschritte wie OCR oder den Transfer in ein Repository unterstützt.

4.3.4 Qualitätssicherung

Die Ergebnisse der Digitalisierung müssen, unabhängig ob intern oder extern erstellt, einer Qualitätssicherung unterzogen werden.[81] Bilddigitalisate eignen sich besonders für visuelle Stichproben, aus denen schnell erkannt werden kann, ob korrekt digitalisiert wurde, z.B. ob Zuschnitte korrekt und gerade sind, Seitenreihenfolgen eingehalten wurden oder alle Seiten vorhanden sind. Solche Fehler können maschinell nur schwer erkannt werden. Maschinell überprüfbar ist jedoch, ob Digitalisierungsparameter wie Auflösung und Farbtiefe eingehalten wurden oder Dateiformate und Metadaten valide und Benennungen der Dateien korrekt sind. Eine große Abweichung in den Bilddimensionen bei einem Bild kann wiederum als Indikator für eine intellektuelle Kontrolle dienen, da hier evtl. falsch zugeschnitten wurde oder ein Sonderformat vorliegt, das eine kurze visuelle Kontrolle erfordert.

---

[81] Siehe auch IAIS 2007: 78f.

Regelmäßig sollten auch die Farbwerte einer Kontrolle unterzogen werden, um das Farbmanagement zu überprüfen und zu große Abweichungen festzustellen. Dazu sollten Farbstandardkarten als Referenz mitdigitalisiert werden.

4.3.5 Archivierung

Für die Archivierung der Digitalisierungsergebnisse muss definiert werden, welche Daten in welcher Struktur und auf welchem Wege in das Archiv übernommen werden.[82] In der Praxis hat sich eine Differenzierung zwischen einem Archivmaster und der Bereitstellungskopie bewährt. Das Archivsystem muss die Daten so ablegen, dass sie einem Katalogeintrag zugeordnet werden können, von dem aus das Digitalisat bereitgestellt werden kann. Für andere Anwendungen wie eine Suchmaschine für einen Volltextindex muss ebenfalls Zugriff auf den OCR-Teil der Daten gegeben sein. Und das Archiv sollte u.a. dokumentieren, welche Daten es enthält und welche Dateitypen abgeliefert wurden.

Beim Import können auch automatische Verarbeitungen stattfinden, z.B. Bereitstellungsmetadaten erzeugt werden oder der Katalogeintrag um persistente Identifier und den Status, dass das Digitalisat ab jetzt zur Verfügung steht, ergänzt werden.

Beim Transfer in das Archiv sollten immer Checksummen mitgeliefert und kontrolliert werden, um zu verhindern, dass durch Transferprobleme korrupt gewordene Daten ins Archiv gelangen. Beim Transfer von Digitalisaten sind auch immer die enormen Datenmengen zu berücksichtigen, die bisweilen sehr lange Übertragungszeiten in Anspruch nehmen. Dabei ist es wichtig, dass nachvollzogen werden kann, welche Daten abschließend und korrekt verarbeitet wurden und wo es welche Fehler gab. Wenn sie nicht valide sind, fallen spätestens beim Import der korrigierten Datensätze ins Katalogsystem Nacharbeiten an.

4.3.6 Präsentation

Digitalisate erfordern je nach Format eine gesonderte Präsentation. Liegen die Bilddateien in einem PDF-Container vor, kann diese Datei mit gängigen PDF-Betrachtern wiedergegeben werden. Bei Einzelbildern, deren Zusammenhang über eine XML-Datei hergestellt wird, ist eine Applikation notwendig, die die Bilder darstellt und Funktionen zur Navigation anbietet. Dazu gehören in der Regel Blättern, Vergrößern und das Springen zu bestimmten Seiten. Eine Volltextrecherche kann – immer abhängig von den vorhandenen Daten –, gegebenenfalls mit Anzeige aller Treffer angeboten werden, ebenso wie eine Übersicht der inhaltlichen Struktur. Ersichtlich sein sollte

---

[82] Siehe auch IAIS 2007: 100ff.

auch, wer der Ersteller des Digitalisats ist, zudem sollte ein Link auf die Katalogdaten vorhanden sein.

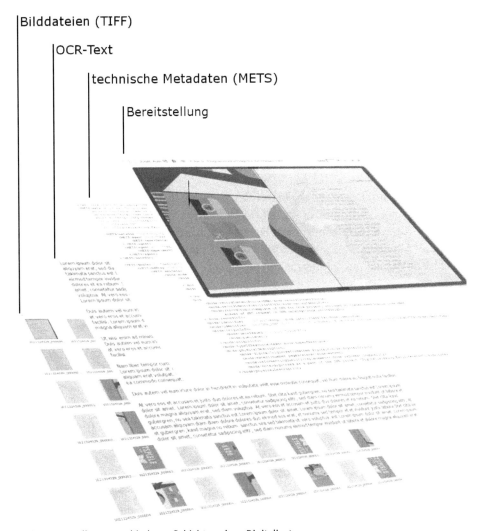

Abb. 4: Darstellung verschiedener Schichten eines Digitalisats.

Es gibt verschiedenste Präsentationslösungen, vielfach auch als Open Source. Ein gemeinsamer Nenner aller DFG-Digitalisierungsprojekte ist der DFG-Viewer,[83] mit dem alle Metadaten der Digitalisate aus diesen Projekten kompatibel sein müssen.

---

83 http://dfg-viewer.de (30.08.2014), insbesondere den Demonstrator zum Test der Bereitstellungsmetadaten http://dfg-viewer.de/demo/ (30.08.2014).

Nutzern sollte ein persistenter Identifier (PI) zur dauerhaften Identifizierung und zuverlässigen Zitierfähigkeit für diese Quelle angeboten werden. Dies kann z.B. ein URN sein, der die gesamte digitale Ressource referenziert, oder granularer nur eine spezifische Seite. Im Gegensatz zu URLs bieten PIs eine eindeutige und beständige Identifikation von Objekten, unabhängig vom Ort der Speicherung. Dies ist ein wichtiger Faktor für die Sicherung der Langzeitverfügbarkeit.

Zudem ist eine optimale Ausnutzung des Bildschirms anzuraten und die Präsentation nicht mit Navigationsleisten zu überfrachten, die für die Nutzung des Digitalisats nicht relevant sind.

4.3.7 Rechtliche Aspekte

Während gemeinfreie Werke ohne Einschränkung digitalisiert werden können, bedarf es für die Digitalisierung nicht gemeinfreier Werke – solange die Institution damit nicht eine explizit mandatierte Aufgabe zur Bestandserhaltung erfüllt – der Zustimmung des Urhebers. Zu den grundsätzlichen Überlegungen wird auf das Kapitel „Rechtliche Rahmenbedingungen" verwiesen.

4.3.8 Kosten

In Digitalisierungsprojekten werden die Kosten natürlich maßgeblich durch die Menge der zu digitalisierenden Objekte beeinflusst. Relevant ist aber auch der Zustand und die Beschaffenheit der Objekte, aus denen sich die Bearbeitungsaufwände ergeben. Fragiles Material, an dem konservatorische Vorarbeiten stattfinden müssen und das eine besonders buchschonende Digitalisierung erfordert, oder etwa Sammlungen mit verschiedenen Materialien wie Büchern, Einblattdrucken und Fotos, jeweils in unterschiedlichen Formaten, erfordern höhere Aufwände. Die Digitalisierungsparameter wirken sich auf die Kosten aus, z.B. bei der Speicherung und Langzeitverfügbarkeit. Die Ausgaben für Speicher, Infrastruktur und Sicherung der Langzeitverfügbarkeit fallen dauerhaft an und gehen damit weit über den Kostenrahmen eines Digitalisierungsprojekts hinaus. Sie sollten daher schon in der Planung ausreichend berücksichtigt werden.

Auf Bibliotheksseite sind auch immer die Aufwände für die – je nach Verzeichnungsqualität mehr oder weniger umfangreichen – Arbeiten am Katalog, für die Qualitätssicherung der Digitalisate sowie für die Betreuung von Sonderfällen und Fehlern im Prozess zu berücksichtigen. Werden die Digitalisate tiefer erschlossen, z.B. um den Nutzern eine Navigation über ein Inhaltsverzeichnis zu bieten oder auch automatisch durch Texterkennung, so stellt dies einen weiteren Kostenfaktor dar.

Zuletzt muss auch die Präsentation der Daten finanziert werden, sowohl in Hinblick auf die Netzanbindung als auch die Software.

Einsparpotenziale durch die nicht notwendige Bereitstellung aus dem Magazin sind bislang nicht systematisch untersucht worden.

4.4 Zukunftsperspektiven der Digitalisierung

Sowohl für die handwerklich-technischen als auch die organisatorischen Aspekte der Digitalisierung existieren erprobte Vorgehensweisen und beispielhafte Anwender. Ob die Digitalisierung in Eigenregie, durch Einrichtungen in öffentlich-rechtlicher Trägerschaft oder im Auftragsverfahren durch privatwirtschaftliche Dienstleister durchgeführt wird, ist letztlich unter praktischen Gesichtspunkten und der Betrachtung des Kostenaspekts von der Einrichtung zu entscheiden. Für gängige Materialien wie Texte und Bilder gibt es ebenso akzeptierte und bekannte Festlegungen wie für Metadaten und für die technische Qualität der Digitalisate; die Qualitätssicherung ist auf dieser Basis ohne Expertenwissen durchführbar. Verschiedene Tools, zum Teil mit Fördermitteln entwickelt, unterstützen die Prozesskette der Digitalisierung für diese Objektgruppen. Für andere Objektgruppen wie zum Beispiel Audio-, Video und Filmdigitalisierung gibt es ausreichendes Erfahrungswissen zu geeigneten Verfahren, allerdings sind hier häufig noch intensive Voranalysen und Evaluationsprojekte erforderlich, insbesondere dann, wenn es darum geht, größere Mengen zu verarbeiten und massentaugliche Qualitätssicherungsmechanismen aufzusetzen. Die Scantechnik macht insgesamt kontinuierlich Fortschritte, stößt allerdings aus anderen Gründen an Grenzen: Technisch machbare Steigerungen der Auflösung erzeugen nur noch in definierten Fällen Mehrwert; das damit verknüpfte Wachstum des Speicherbedarfs erhöht die Kosten und limitiert so die Reichweite dieser Verbesserungen.

Ein wichtiges Ziel ist die Optimierung der Workflows, allerdings sind auch hier schon viele Synergien gehoben und die Abläufe auch mit der entsprechenden Werkzeugunterstützung beschleunigt und die Fehlerrate gesenkt.

Auf der Basis dieser Erfahrungen und Werkzeuge ist es gelungen, die Digitalisierung quantitativ Schritt für Schritt auszuweiten. Die in den Googleprojekten erreichten Durchsatzzahlen industrieller Dimension werden allerdings in den üblichen Projekten, deren Ziel häufig die Digitalisierung einzelner abgegrenzter Sammlungen ist, nicht erreicht. Mit Blick auf die zur Verfügung stehenden Werkzeuge und Erfahrungen ist – entsprechende Ressourcen vorausgesetzt – eine deutliche Ausweitung möglich. Bei allen Ansätzen – sei es der Neueinstieg in die Digitalisierung oder eine Steigerung der Durchsatzzahlen in einer Einrichtung, in der die Digitalisierung bereits eingeführt ist – muss damit gerechnet werden, dass die Anlaufaufwände bis zum Rundlaufen eines Workflows hoch sind und längere Zeit beanspruchen.

Unter anderen Aspekten rund um die Digitalisierung gibt es deutlichere Optimierungsmöglichkeiten: Gerade weil viele Projekte separat voneinander durchgeführt werden, aber auch wenn sie unter einer größeren thematischen Klammer stehen (VD 18) und von vielen Einrichtungen kooperativ betrieben werden, ist die Abstimmung der Metadaten und ihrer Struktur sowie die Verfügbarkeit und Anwendung einheitlicher Profile von großer Bedeutung. Nur so ist es möglich, die Daten ohne Informationsverluste und mit überschaubaren Anpassungsaufwänden in einer übergreifenden Rechercheplattform zu integrieren. Auch der Austausch der Digitalisate selbst, ihre persistente Identifizierung, durchgängige Verknüpfungsstrukturen bis auf die Ebene der einzelnen Seite oder auch einzelner Textstellen sind wichtige Funktionen, die die Recherche und Nutzung der Digitalisate verbessern.

Die Erschließung kann erheblich von der Digitalisierung und den nachfolgenden Verarbeitungsschritten profitieren: Aus OCR-prozessierten Texten können Softwaretools Strukturelemente wie Autoren- und Titelinformationen erkennen oder Bildunterschriften und Überschriften ausweisen. Andere Werkzeuge identifizieren Entitäten wie z.B. Personen, Orte oder Ereignisse und bieten so einen Ausgangspunkt für weitere Verknüpfungen. Gerade auf diesem Arbeitsfeld ist mit weiteren qualitativen Verbesserungen zu rechnen. Von der Anreicherung der Digitalisate durch diese Informationen profitiert auch die Präsentation. Hier gibt es eine Vielfalt von Werkzeugen, deren Funktionen häufig vergleichbar sind; es kann erwartet werden, dass sich – ähnlich wie bei Web-Browsern geschehen – Grundprinzipien der Bedienung einander noch weiter angleichen und die Benutzung leichter wird. Auch bei der flexiblen Nutzung auf mobilen Endgeräten gibt es noch Entwicklungsbedarf. Um die Digitalisate darüber hinaus in anderen Kontexten wie virtuellen Forschungsumgebungen nutzen zu können, werden allerdings neben den genannten ergänzenden Informationen wohl definierte (maschinelle) Zugangsschnittstellen APIs auf die Objekte selbst benötigt.

5 Ausblick/Resümee

Die Digitalisierung hat sich in Deutschland als ein wichtiges Arbeitsfeld von Bibliotheken und anderen Einrichtungen der Kulturdomäne etabliert. Insbesondere für den Bereich konventioneller Materialien in Bibliotheken (Texte, Bilder) existieren erprobte Methoden, Standards und eingeführte und verbreitet genutzte Softwarewerkzeuge. Über einige Jahre hinweg wurde die Digitalisierung – angefacht durch das Großprojekt der Firma Google – zum Gegenstand einer vergleichsweise intensiv geführten kulturpolitischen Debatte. Das damit verbundene hohe Wahrnehmungspotenzial führte auf europäischer Ebene zu einer Intensivierung der Anstrengungen sowohl bei der Präsentation von Digitalisierungsprojekten als auch bei der Generierung neuer Inhalte. Parallel dazu gelangen erste Schritte zur Klärung der mit der Digitalisierung verknüpften urheberrechtlichen Fragen – ein noch laufender und in der nationalen Praxis umzusetzender Prozess.

Diesem Engagement auf europäischer Ebene entspricht in Deutschland die DDB, die spartenübergreifend die Nachweise zu Digitalisaten in einem Datenpool zusammenführt und unter einer Rechercheoberfläche anbietet. Sonderprogramme zur Initierung von Digitalisierungsprojekten und erste Schritte zur Koordination der Vorhaben auf Bundes- und Landesebene ergänzen diesen Vorstoß. Über die Digitalisierung von Büchern hinaus rücken andere Medien auch außerhalb der Bibliotheken in den Blickpunkt, technisch wird die 3D-Digitalisierung bedeutsamer. Auch das bereits seit vielen Jahren laufende Programm der DFG, das ganz wesentlich die Digitalisierung in Deutschland ausmacht, berücksichtigt inzwischen zunehmend andere Dokumenttypen und Quellen. Das DFG-Programm hat die Digitalisierung in Deutschland nicht nur finanziell, sondern auch technisch und organisatorisch ermöglicht. Auf dieser so entstandenen Förder- und Arbeitsstruktur setzen die DDB, aber auch andere Förderprojekte auf. Bis heute ist allerdings nicht erkennbar, dass in finanzieller Hinsicht ein vergleichbar großes Programm auf Bundes- oder Landesebene aufgelegt wird.

Auch wenn die bislang für Digitalisierungsmaßnahmen in Deutschland jährlich explizit bereitgestellten Mittel im Vergleich zu anderen Ländern der EU (insbesondere Frankreich) überschaubar sind, rückt die Idee einer vollständigen Verfügbarkeit des gedruckten Kulturguts im Netz näher. Zumindest in den Erscheinungsjahren bis ca. 1850 sind bereits nennenswerte Prozentanteile digitalisiert. Die Klärung der rechtlichen Situation bei vergriffenen Werken bis zum Erscheinungsjahr 1966 eröffnet nun neue Potenziale für die Digitalisierung. Da es aus der heutigen Perspektive unwahrscheinlich erscheint, die erforderlichen Investitionsmittel von 300 bis 400 Millionen Euro in ein definiertes Sonderprogramm zu bringen, sind kleinere Schritte erforderlich, sei es über bewährte Förderstrukturen oder andere Wege wie kleiner dimensionierte PPP-Projekte. Mit einer ansteigenden Zahl im Netz zur Verfügung stehender Digitalisate steigt der Druck darauf, weitere Projekte durchzuführen. Die Kehrseite dieser Entwicklung liegt darin, dass nicht digital bereitstehende Bestände möglicherweise in der Wahrnehmung der Benutzer schwinden.

Trotz solcher Perspektiven gibt es bislang keine nachhaltig ausfinanzierten Programme oder fest in den Etats der Kulturerbeeinrichtungen verankerte Ansätze zur Digitalisierung. Nahezu alle Aktivitäten laufen projektbasiert. Diese projektbasierte Finanzierung unterstellt implizit, dass die Digitalisierung letzten Endes eine einmalige Maßnahme sei, nach deren Abschluss die entsprechenden Förderprogramme geschlossen werden könnten. Dies verkennt, dass mit erfolgreichen Digitalisierungsprojekten den tragenden Einrichtungen die Verpflichtung zufällt, dauerhaft schon aus Gründen des Investitionsschutzes für die entstandenen Digitalisate die Verfügbarkeit der Daten und Zugriffswerkzeuge absichern zu müssen. Diese Aufgabe bringt schon heute manche Einrichtung an den Rand ihrer Möglichkeiten.

Ob und wie eine nationale, langfristig und übergreifend ausgerichtete Strategie entwickelt werden kann, die Förderer und digitalisierende Einrichtungen in einer gemeinsamen Planung von Ressourcen und Umsetzung inkl. Infrastruktur zusammenführt und so die Digitalisierung weiter stimuliert, ist aus heutiger Sicht schwer abschätzbar. Solange eine solche Strategie und mit ihr eine gestärkte finanzielle Absicherung der Digitalisierung aber fehlt, sind nur vergleichsweise langsame Fortschritte zu erwarten. So wird es allerdings sehr schwer, der Dimension der Aufgabe gerecht zu werden und mit den wachsenden Erwartungen insbesondere aus Wissenschaft und Forschung Schritt zu halten.

Literatur

Bartlakowski, Katja, Armin Talke u. Eric W. Steinhauer: Bibliotheksurheberrecht. Ein Lehrbuch für Praxis und Ausbildung. Bad Honnef: Bock und Herchen 2010.

Baumgartner, Martin, Michael Beer [u.a.]: Zur Workflowsteuerung der Massendigitalisierung – Der Weg der Bücher und der Digitalisate. In: B.I.T. online 11 (2008), S. 266–271.

Brantl, Markus, Klaus Ceynowa, Claudia Fabian, Gabriele Meßmer u. Irmhild Schäfer: Massendigitalisierung deutscher Drucke des 16. Jahrhunderts – Ein Erfahrungsbericht der Bayerischen Staatsbibliothek. In: Zeitschrift für Bibliothekswesen und Bibliographie 56 (2009), H. 6, S. 327–338.

Brantl, Markus u. Astrid Schoger: Das Münchener Digitalisierungszentrum zwischen Produktion und Innovation. In: Information–Innovation–Inspiration: 450 Jahre Bayerische Staatsbibliothek. Hrsg. von Rolf Griebel u. Klaus Ceynowa. München: 2008. S. 253–280.

Bürger, Thomas: Die Digitalisierung der kulturellen und wissenschaftlichen Überlieferung – Versuch einer Zwischenbilanz. In: Zeitschrift für Bibliothekswesen und Bibliographie 58 (2011), H. 3/4, S. 133–141.

Council of the European Union conclusions on the digitisation and online accessibility of cultural material and digital preservation. 10./11. Mai 2012. http://eur-lex.europa.eu/LexUriServ/LexUriServ.do?uri=OJ:C:2012:169:0005:0008:EN:PDF (06.09.2013).

Czmiel, Alexander, Martin Iordanidis, Pia Janczak [u.a.]: Retrospektive Digitalisierung von Bibliotheksbeständen. Evaluierungsbericht über einen Förderschwerpunkt der DFG. Köln: Universität zu Köln 2005.

Deutscher Bibliotheksverband: Deutschland braucht eine nationale Digitalisierungsstrategie!: Thesenpapier des Deutschen Bibliotheksverbands e.V. Berlin: 2011. http://www.bibliotheksverband.de/fileadmin/user_upload/DBV/positionen/ThesenpapierDigitalisierung_dbv_Papier.pdf (06.08.2013).

Deutscher Bundestag: Digitalisierungsoffensive für unser kulturelles Erbe beginnen, Drucksache 17/6315, 29.06.2011.

DFG (2012a): Jahresbericht 2012 – Aufgaben und Ergebnisse. Bonn: 2012.

DFG (2012b): Die digitale Transformation weiter gestalten. Bonn: 2012. http://www.dfg.de/download/pdf/foerderung/programme/lis/positionspapier_digitale_transformation.pdf (31.10.2013)

DFG (2013): DFG-Praxisregeln „Digitalisierung" zu den Förderprogrammen der wissenschaftlichen Literaturversorgungs- und Informationssysteme (LIS), 2009. Neuauflage 2013. http://www.dfg.de/formulare/12_151/ (31.10.2013).

Griebel, Rolf: Die Förderung der wissenschaftlichen Informationsinfrastruktur durch die DFG: Zwischenbilanz zum DFG-Positionspapier „Wissenschaftliche Literaturversorgungs- und Informationssysteme: Schwerpunkte der Förderung bis 2015". In: Zeitschrift für Bibliothekswesen und Bibliographie 57 (2010), H. 2, S.71–85.

Großgarten, Astrid: Digitalisierungsstrategien für gefährdete Archivbestände. In: B.I.T. online 10 (2007), H. 4, S. 325–327.

Heckmann, Jörn: Retrodigitalisierung. In: Rechtliche Rahmenbedingungen von Open Access-Publikationen. Hrsg. von Gerald Spindler. Göttingen: Universitätsverlag Göttingen 2006. S. 123-148.

IAIS: Bestandsaufnahme zur Digitalisierung von Kulturgut und Handlungsfelder. Erstellt vom Fraunhofer-Institut für Intelligente Analyse-und Informationssysteme IAIS im Auftrag des BKM 2007.

Inden, Yvonne u. Nicole Graf: Best Practices Digitalisierung (ca. 2010/2011). http://www.digitalisierung.ethz.ch/index.html (31.10.2013).

Jeanneney, Jean-Noel: Googles Herausforderung: Für eine europäische Bibliothek. Berlin: Wagenbach 2006.

Kaiser, Max u. Stefan Majewski: Austrian Books Online: Die Public Private Partnership der Österreichischen Nationalbibliothek mit Google: Rahmenbedingungen und Herausforderungen. In: BIBLIOTHEK – Forschung und Praxis 37 (2013), H. 2, S. 197–208.

Kommission Zukunft der Informationsinfrastruktur: Gesamtkonzept für die Informationsinfrastruktur in Deutschland. Empfehlungen der Kommission Zukunft der Informationsinfrastruktur im Auftrag der Gemeinsamen Wissenschaftskonferenz des Bundes und der Länder. 2011. http://www.leibniz-gemeinschaft.de/fileadmin/user_upload/downloads/Infrastruktur/KII_Gesamtkonzept.pdf (30.08.2014).

Kreutzer, Till: Digitalisierung von gemeinfreien Werken durch Bibliotheken. Ein Leitfaden. Hrsg. vom Hochschulbibliothekszentrum des Landes Nordrhein-Westfalen: 2011.

Lesk, Michael E.: Report: Image Formats for Preservation and Access. A report of the Technology Assessment Advisory Committee to the Commission on Preservation and Access (July 1990).

Lévy, Maurice, Elisabeth Niggemann u. Jacques de Decker: The new renaissance. Report of the comité des sages on bringing Europe's cultural heritage online. Brüssel: 2011. http://ec.europa.eu/information_society/activities/digital_libraries/doc/refgroup/final_report_cds.pdf (31.10.2013).

Mensing, Petra: Planung und Durchführung von Digitalisierungsprojekten am Beispiel nichttextueller Materialien. In: Bibliotheksdienst 44 (2010), H. 5, S. 411–433.

Neuroth, Heike, Achim Oßwald, Regine Scheffel [u.a.] [Hrsg.]: Eine kleine Enzyklopädie der digitalen Langzeitarchivierung. Boizenburg: Verlag Werner Hülsbusch 2009.

Opitz, Andrea u. Thomas Stäcker: Workshop der Massendigitalisierungsprojekte der DFG an der Herzog August Bibliothek Wolfenbüttel. In: Zeitschrift für Bibliothekswesen und Bibliographie 56 (2009), H. 6, S. 363–373.

Siebert, Irmgard: Digitalisierung in Regionalbibliotheken. Vittorio Klostermann: Frankfurt/Main 2012

Simon-Ritz, Frank: Digitalisierung ist auf der politischen Ebene angekommen. In: BuB Forum Bibliothek und Information 63 (2011),H. 9, S. 586–590.

Simon-Ritz, Frank: Kulturelles Erbe im digitalen Zeitalter: Der Weg der Bibliotheken. In: BuB Forum Bibliothek und Information 64 (2012), H. 3, S. 218–222.

Weymann, Anna, Rodrigo A. Luna Orozco, Christoph Müller, Bertram Nickolay, Jan Schneider u. Kathrin Barzik: Einführung in die Digitalisierung von gedrucktem Kulturgut. Ein Handbuch für Einsteiger. Berlin: 2010.

Judith Köbler
10.2 Rechtliche Rahmenbedingungen

1 Einleitung

Die Kenntnis der rechtlichen Rahmenbedingungen zur Digitalisierung von Kulturgut stellt neben den technischen und sonstigen Voraussetzungen ein wesentliches Element dar, um Digitalisierungsprojekte erfolgreich durchführen zu können. Im Folgenden werden daher zentrale rechtliche Aspekte thematisiert.[1]

2 Urheberrechtliche Grundlagen

Objektiv schützt das Urheberrecht bestimmte Werke wie literarische, künstlerische oder wissenschaftliche Geistesschöpfungen, aber auch Computerprogramme und Datenbankwerke. Der dem Urheberrecht verwandte und auch im Urheberrechtsgesetz geregelte Leistungsschutz umfasst dagegen beispielsweise wissenschaftliche Ausgaben, einfache Fotografie-Erzeugnisse oder Leistungen der Filmproduzenten und Sendeunternehmen. Das Urheberrecht im subjektiven Sinn bezieht sich auf die eigentumsähnliche Berechtigung des Urhebers an seinem Werk, die die Verwendung durch Dritte regelt und von dem Sacheigentum an der Verkörperung des Werks (z.B. Monographie, Kopie) zu unterscheiden ist.[2]

2.1 Geschützte Werke

Das Urheberrecht sowie der Leistungsschutz werden in Deutschland im Gesetz über Urheberrecht und verwandte Schutzrechte (Urheberrechtsgesetz, UrhG)[3] vom 9. September 1965 geregelt. Nach § 2 (1) UrhG werden ausdrücklich die nachfolgenden Werke aus Kunst, Literatur und Wissenschaft geschützt, sofern es sich um eigene Geistesschöpfungen handelt:

- Sprachwerke, wie Schriftwerke, Reden und Computerprogramme;
- Werke der Musik;
- pantomimische Werke einschließlich der Werke der Tanzkunst;

---

[1] Stand des Beitrags: September 2013. Der Beitrag spiegelt die persönliche Ansicht der Autorin wider. Die männliche Bezeichnung schließt die weibliche Form mit ein, z. B. Urheber und Urheberinnen.
[2] Rehbinder 2010: 1–2.
[3] Gesetz über Urheberrecht und verwandte Schutzrechte (Urheberrechtsgesetz) vom 09.09.1965. In: Urheber- und Verlagsrecht 2012: 9–70.

- Werke der bildenden Künste einschließlich der Werke der Baukunst und der angewandten Kunst und Entwürfe solcher Werke;
- Lichtbildwerke einschließlich der Werke, die ähnlich wie Lichtbildwerke geschaffen werden;
- Filmwerke einschließlich der Werke, die ähnlich wie Filmwerke geschaffen werden;
- Darstellungen wissenschaftlicher oder technischer Art, wie Zeichnungen, Pläne, Karten, Skizzen, Tabellen und plastische Darstellungen.

Dies zeigt, dass der Urheberrechtsschutz insgesamt eine große Bandbreite an Werken umfasst. Nach § 3 UrhG gilt der Schutz auch für Übersetzungen und Bearbeitungen, wenn sie eine eigene geistige Schöpfung darstellen. Eigenständig geschützt werden nach § 4 UrhG auch Sammelwerke und Datenbankwerke: „[ein Datenbankwerk] […] ist ein Sammelwerk, dessen Elemente systematisch oder methodisch angeordnet und einzeln mit Hilfe elektronischer Mittel oder auf andere Weise zugänglich sind." Multimediawerke, also Werke, die zum einen in digitalisierter Form vorliegen, zum anderen eine Kombination von Text, Ton, stehendem Bild oder Film darstellen und zum dritten interaktiv sind, stellen eine bisher nicht gelöste rechtliche Herausforderung dar, weil verschiedene Werkkategorien vereint sind.[4] Dementsprechend müssen rechtliche und technische Möglichkeiten stets gemeinsam weiterentwickelt werden.

So wie das Urheberrechtsgesetz den Schutz für einzelne Werkkategorien gewährt, werden auch einzelne Werkarten von diesem gesetzlichen Schutz ausgenommen. Insbesondere besitzen Verordnungen, Gesetze, Entscheidungen und Leitsätze hierzu sowie amtliche Erlasse und Bekanntmachungen diesen Schutz gemäß § 5 (1) UrhG nicht. Die Unterscheidung zwischen Werken, die dem Urheberrecht unterfallen, und solchen, die dem Schutz nicht unterfallen, ist bei der Digitalisierung von Kulturgut wichtig, da eine unterschiedliche Behandlung geboten ist. Werke, die keinen urheberrechtlichen Schutz genießen, können rechtlich unbedenklicher digitalisiert werden. Denn sie sind gemeinfrei.[5]

2.2 Schutzfrist

Steht nun nach einem ersten Prüfungsschritt fest, dass ein zu digitalisierendes Werk im Inland prinzipiell urheberrechtlichen Schutz genießt, so ist im nächsten Schritt zu überlegen, ob die zeitliche Dauer des Schutzes abgelaufen ist. Grundsätzlich erlischt das Urheberrecht gemäß § 64 UrhG 70 Jahre nach dem Tod des Urhebers. Nach Ablauf der gesetzlichen Schutzfrist tritt die Gemeinfreiheit des Werks ein, sodass die Rechte daran erlöschen und das Werk von jedem verwertet werden kann; zudem erlischt

---

[4] Rehbinder 2010: 101–103.
[5] Rehbinder 2010: 196.

auch der Schutz der Urheberpersönlichkeitsrechte.[6] Nach einer Entscheidung des Landgerichts München I vom 14.06.2007 (7 O 6699/06) ist es jedoch möglich, dass vertraglich eingeräumte Rechte über den Ablauf der gesetzlichen Schutzfrist hinaus wirken. In diesem Fall ging es um die vertraglich vereinbarte Erlösbeteiligung an acht Opern, für die Hugo von Hofmannsthal den Text bzw. Libretti und Richard Strauss die Musik verfasst hatte, die nach Ansicht des Gerichts nicht mit Ablauf der Schutzfrist für die Texte enden sollte, sondern von den Vertragsparteien ohne Rücksicht auf die jeweilige urheberrechtliche Lage bezüglich des Textes gewollt war, solange Richard Strauss oder seine Rechtsnachfolger Tantiemen aus den Aufführungsrechten generierten.[7] Die Klärung anderweitig vertraglich eingeräumter Rechte ist daher für den Fall, dass es Hinweise darauf gibt, vor Beginn der Digitalisierung notwendig.

Das Urheberrechtsgesetz enthält noch einige Sonderbestimmungen für bestimmte Konstellationen. Gemäß § 65 UrhG ist bei Miturhebern der Tod des Längstlebenden, bei audiovisuellen Werken aber nur der Tod des Längstlebenden unter Hauptregisseur, Drehbuchautor, Dialogautor und Musikkomponist entscheidend. Nach der neuesten Änderung des Urheberrechtsgesetzes gilt auch bei Musikkompositionen die Regel des Längstlebenden, nämlich unter „[...] Verfasser des Textes, [und] Komponist der Musikkomposition, sofern beide Beiträge eigens für die betreffende Musikkomposition mit Text geschaffen wurden. [...]"[8] Bei Werken, die anonym oder pseudonym veröffentlicht wurden, beginnt die Frist nach § 66 (1) UrhG mit der Veröffentlichung bzw. bei unveröffentlichten Werken mit Schaffung, wird jedoch nach § 66 (2) UrhG den allgemeinen Regeln der §§ 64 und 65 UrhG unterstellt, wenn die Identität innerhalb der 70 Jahre offengelegt oder in ein Register anonymer und pseudonymer Werke angemeldet wird.[9] § 67 UrhG regelt die Lieferungswerke. Bei verwandten Schutzrechten ist die Schutzfrist in der jeweiligen Norm angegeben, die das verwandte Schutzrecht einräumt, z.B. in den §§ 70 (3), 71 (3), 72 (3), 85 (3) oder 94 (3) UrhG.[10] Die genannten Normen betreffen wissenschaftliche Ausgaben, nachgelassene Werke, Lichtbilder, die Verwertungsrechte des Herstellers eines Tonträgers und den Schutz des Filmherstellers.

Bei der Berechnung der Frist kommt es nach § 69 UrhG auf den Ablauf des Kalenderjahres an, in dem das Ereignis eingetreten ist. Das Ende der urheberrechtlichen Schutzfristen lässt sich somit auf den Ablauf des 31.12. festlegen (z.B. Tod des Urhebers im Jahr 1970, Fristbeginn am 01.01.1971, Fristende am 31.12.2040).

Für die Praxis ist zusätzlich jedoch die Beachtung von Übergangsregelungen notwendig. Durch § 129 (1) in Verbindung mit § 143 (1) UrhG gilt die 70-jährige Schutzfrist etwa nur für Werke, deren Schutzfrist am 17.09.1965 nicht abgelaufen war. Für

---

[6] Lüft: § 64 UrhG Allgemeines. In: Wandtke/Bullinger 2009: Rn. 1–15 (13).
[7] Gramespacher 2007: 2, 10, 11, 12.
[8] Neuntes Gesetz zur Änderung des Urheberrechtsgesetzes vom 2. Juli 2013: 1940.
[9] Rehbinder 2010: 207.
[10] Für Einzelheiten siehe Dreier/Schulze 2013: Rn. 1–8 (1).

Fotografiewerke dagegen gilt die 70-jährige Schutzfrist erst seit dem Jahr 1985. Insgesamt muss bedacht werden, dass es durch Übergangsbestimmungen neben einer Schutzfristverlängerung möglicherweise auch zu einem Wiederaufleben von Schutzfristen gekommen sein kann.[11] Schließlich ist noch zu beachten, dass nach dem im Urheberrecht geltenden Territorialitätsprinzip die Schutzfristen grundsätzlich nur im nationalen Gebiet gelten und sich nach Artikel 7 (8) Berner Übereinkunft zum Schutz von Werken der Literatur und Kunst[12] die Schutzdauer zwar grundsätzlich nach dem Recht des Landes richtet, in dem der Schutz gelten soll, aber dieser grundsätzlich nicht länger ist als im Ursprungsland, d.h. dass bei ausländischen Werken ein Schutzfristenvergleich, bei dem die Schutzfrist nach dem Recht des Ursprungslands festgestellt wird, durchgeführt wird, damit sie im Inland nicht höher liegt als im Ursprungsland; dieser Vergleich wird in Deutschland grundsätzlich durchgeführt, da das deutsche Urheberrechtsgesetz nichts anderes vorschreibt; er ist aber in der Praxis durch die vielfache Harmonisierung der Schutzfristen auf 70 Jahre nicht mehr besonders relevant.[13]

Nach dem Tod des Urhebers geht das Urheberrecht als Ganzes gemäß § 28 UrhG auf die Erben über, die grundsätzlich nach § 30 UrhG die volle Rechtsstellung des Urhebers erlangen, jedoch an dessen Verfügungen über Nutzungsrechte gebunden sind. Bei mehreren Erben gelten die Regelungen über die Erbengemeinschaft nach den §§ 2032ff. BGB.[14] Der oder die Erben sind daher berechtigt, Nutzungsrechte an einem Werk einzuräumen.

Steht nach einer Analyse fest, dass die urheberrechtliche Schutzfrist noch nicht abgelaufen ist, so muss weiter geprüft werden, ob die Digitalisierung die Einräumung eines Nutzungsrechts verlangt oder ob ein urheberrechtlicher Ausnahmetatbestand greift.

2.3 Verwertung und Nutzung

Im Grundsatz stehen die Verwertungsrechte dem Urheber eines Werks zu. Das bedeutet, dass der Urheber vor allem von der finanziellen Nutzbarmachung des von ihm Geschaffenen profitieren soll. Durch die lange Schutzfrist von 70 Jahren kann überdies auch die erste Erbengeneration in den Genuss der aus den Werken fließenden Zahlungen kommen. Die Verwertungsrechte sind in den §§ 15–24 UrhG geregelt. Zwei dieser Rechte sind für die Digitalisierung besonders bedeutsam: § 16 UrhG regelt das

---

[11] Siehe auch Dreier/Schulze 2013: Rn. 1–8 (4, 5).
[12] Berner Übereinkunft zum Schutz von Werken der Literatur und Kunst vom 9. September 1886 In: Urheber- und Verlagsrecht 2012: 376–403.
[13] Dreier, Abschnitt 7. Dauer des Urheberrechts (§§ 64–69). Vorbemerkung. In: Urheberrechtsgesetz 2013: Rn. 1–22 (12–15)., Rn. 1–22 (12–15).
[14] Rehbinder 2010: 210–211.

Vervielfältigungsrecht, d.h. „[...] das Recht, Vervielfältigungsstücke des Werkes herzustellen [...]"; die Frage, was eine Vervielfältigung darstellt, ist wichtig, da technische Möglichkeiten rechtlich unterschiedlich bewertet werden. Das Digitalisieren, d.h. „[...] die Umsetzung in einen Binärcode [...]", der Ausdruck einer Datei, das Scannen, Down- und Upload, das Zwischenspeichern im Arbeitsspeicher des PC sowie Browsing und Caching, nicht aber Routing und das Setzen einfacher Hyperlinks stellen etwa Vervielfältigungen dar.[15] § 19a UrhG betrifft das Recht der öffentlichen Zugänglichmachung. Beide Normen sind wichtig, da zwischen der legalen Herstellung eines Digitalisats und der Zurverfügungstellung unterschieden werden muss. Sollen also Druckwerke digitalisiert und elektronisch angeboten werden, müssen die Herstellung der elektronischen Vervielfältigung und das öffentliche Anbieten rechtlich zulässig sein. Eine Möglichkeit dafür ist die Einräumung der erforderlichen Nutzungsrechte durch den Urheber.

Räumt ein Urheber einem anderen nach § 31 (1) S. 1 UrhG ein Nutzungsrecht an seinem Werk ein, wird das Urheberrecht in dem Maße belastet, in dem das Nutzungsrecht eingeräumt wurde. Es gibt dabei einfache Nutzungsrechte, die die Nutzung des Werks erlauben, aber andere Nutzungen nicht ausschließen, und ausschließliche Nutzungsrechte, die nicht nur die Nutzung einräumen, sondern sämtliche anderen Nutzungen, einschließlich durch den Urheber selbst, verbieten. Nutzungsrechte können inhaltlich (z.B. nur auf eine Verwertungsart), zeitlich und räumlich beschränkt sein.[16]

Der sechste Abschnitt des Urheberrechtsgesetzes enthält gesetzliche Ausnahmetatbestände, die eine Nutzung ohne Zustimmung des Urhebers zulassen: §§ 44a–53a UrhG enthalten Tatbestände im Interesse Einzelner oder der Allgemeinheit, §§ 54–54h UrhG bezüglich der Vervielfältigung zum privaten oder eigenen Gebrauch; §§ 55–60 beziehen sich auf die Nutzung gewisser Werke für Einzelne oder im Sinne der Informationsfreiheit. Daneben gibt es noch vereinzelte Tatbestände im UrhG und sogar im Bürgerlichen Gesetzbuch.[17]

Während letztere Normen in der Praxis eher selten Anwendung finden werden, wird im Folgenden auf einige praxisrelevante Regeln hingewiesen. Zugunsten behinderter Menschen ist nach § 45a UrhG eine Vervielfältigung zulässig, wofür dem Urheber aber eine entsprechende Vergütung über die Verwertungsgesellschaften gezahlt werden muss. § 46 UrhG enthält Sonderbestimmungen für die Erstellung von Sammlungen für den Kirchen-, Schul- und Unterrichtsgebrauch. Nach herrschender Meinung sind Hochschulen jedoch nicht von diesem Tatbestand erfasst, da sie nicht als Schule im herkömmlichen Sinne gelten; Rehbinder stellt indes auf das Merkmal

---

15 Siehe Heerma: § 16 Vervielfältigungsrecht. In: Wandtke/Bullinger 2009: Rn. 1–21 (13–21), insbesondere auch für Einzelheiten zum Verhältnis zur erlaubten flüchtigen Speicherung nach § 44a UrhG.
16 Rehbinder 2010: 216–221.
17 Lüft: Vorbemerkung vor §§ 44 a ff. In: Wandtke/Bullinger 2009: Rn. 1–10 (3, 4).

des Unterrichtens ab und kommt zu einer anderen Einschätzung.[18] §52a UrhG sieht die öffentliche Zugänglichmachung für Unterricht und Forschung vor, und § 52b UrhG erlaubt die Wiedergabe von Werken an elektronischen Leseplätzen in öffentlichen Bibliotheken, Museen und Archiven. Die Laufzeit des § 52a UrhG wurde durch § 137k UrhG[19] nun zugunsten des Wissenschaftsstandorts Deutschland bis zum 31.12.2014 verlängert. Nach einer Entscheidung des Bundesgerichtshofs vom 28. November 2013 (I ZR 76/12) dürfen aber nur 12 Prozent eines Werks unter Beachtung einer Höchstgrenze von 100 Seiten von Schulen und Hochschulen nach § 52a UrhG kostenfrei elektronisch zur Verfügung gestellt werden, und dies auch nur, sofern keine „angemessene Lizenz" zur elektronischen Nutzung durch den jeweiligen Verlag angeboten wird.[20] § 52b UrhG enthält ebenfalls einige in der Praxis bedeutsame Restriktionen: Sie dürfen zur Erfüllung des Ausnahmetatbestands keine unmittelbaren oder mittelbaren Erwerbszwecke verfolgen und müssen eine Vergütung an eine Verwertungsgesellschaft zahlen. Vertragliche Vereinbarungen mit den Verlagen gehen vor und es dürfen nur so viele Exemplare der im Bestand analog vorhandenen Werke an den Leseplätzen elektronisch zugänglich sein, wie Exemplare im Bestand vorhanden sind (z.B. bei drei vorhandenen Printausgaben drei gleichzeitige elektronische Leseplatzzugänge); in Spitzenbelastungszeiten jedoch dürfen nach der amtlichen Begründung bis zu vier elektronische Leseplätze pro Exemplar im Bestand zugänglich sein (z.B. bei drei vorhandenen Printausgaben 12 gleichzeitige elektronische Leseplatzzugänge).[21] § 52b UrhG ist aber rechtlich nicht unumstritten. Besondere Bedeutung hat dabei der Rechtsstreit zwischen einem Verlag und der Technischen Universität Darmstadt erlangt. Der seit längerem bestehende Rechtsstreit, der vor allem die Frage aufwirft, ob und wenn ja, wie ein Verlagsangebot zur Lizenzierung die Anwendung des Ausnahmetatbestandes zur Digitalisierung und Wiedergabe von im Bestand vorhandenen Lehrbüchern an elektronischen Leseplätzen mit Ausdruck- und Speichermöglichkeit für Nutzer hindert, wurde inzwischen per Sprungrevision durch den Bundesgerichtshof angenommen und mit Beschluss vom 20.09.2012 dem Gerichtshof der Europäischen Union vorgelegt, um die Auslegung des Art. 5 (3) Buchst. n der Richtlinie 2001/29/EG, welche der streitgegenständlichen deutschen Urheberrechtsregelung zugrunde liegt, zu klären.[22] Da dieses Verfahren noch nicht abgeschlossen ist, ist die rechtliche Lage für Bibliotheken noch nicht abschließend geklärt.

Zusammenfassend ist zu sagen: Ist ein Werk noch urheberrechtlich geschützt und soll digitalisiert werden, so muss geprüft werden, wofür dies notwendig ist (z.B.

---

[18] Rehbinder 2010: 195.
[19] Siebentes Gesetz zur Änderung des Urheberrechtsgesetzes vom 14.12.2012 (BGBl. I S. 2579) mit Wirkung vom 20.12.2012.
[20] Bundesgerichtshof, Mitteilung der Pressestelle Nr. 194/13.
[21] Vgl. Rehbinder 2010: 205 mit weiteren Nachweisen.
[22] Bundesgerichtshof: Mitteilung der Pressestelle Nr. 155/2012.

Unterricht) und ob einer der gesetzlichen Ausnahmetatbestände einschlägig ist und wenn ja, in welchem Ausmaß eine Digitalisierung zulässig ist.

3 Besondere Aspekte

3.1 Persönlichkeitsrechte

Neben den Verwertungsrechten besteht auch das sogenannte Urheberpersönlichkeitsrecht. Es soll die besondere Beziehung zwischen dem Urheber und dem Werk schützen. Neben den geistigen Interessen schützt das Urheberpersönlichkeitsrecht aber auch materielle Interessen wie etwa die Gewinnung von weiteren Auftraggebern.[23] Das Urheberpersönlichkeitsrecht besteht dabei in Wirklichkeit aus einer Reihe von Rechten, die das Urheberrechtsgesetz den Urhebern zugesteht. Sie sind in den §§ 12–14 UrhG genannt.

Nach § 12 (1) UrhG steht es dem Urheber zu, über das Ob und Wie der Veröffentlichung seines Werks zu entscheiden. Erst wenn die Veröffentlichung eingetreten ist, ist dieses Recht verbraucht; eine nicht berechtigte Bekanntmachung führt nicht zum Verbrauch des Rechts und macht die Ausübung von Rechten anderer, z.B. ein Zitat, nicht zulässig. Nach Veröffentlichung des Werks muss der Urheber die vom Gesetzgeber eingeführten Schrankenregelungen der §§ 44a ff UrhG akzeptieren.[24] Daher muss bei der Digitalisierung von Kulturgut auch darauf geachtet werden, ob es sich um veröffentlichte oder unveröffentlichte Werke handelt.

Ein weiterer zu beachtender Punkt ist die Anerkennung der Urheberschaft nach § 13 UrhG. Nach dieser Norm kann sich ein Urheber einerseits gegen Plagiate wehren und andererseits verlangen, dass das Werk nur mit einer ihn als Urheber kennzeichnenden Bezeichnung verwertet wird. Keinen Anspruch auf Nennung nach § 13 UrhG haben beispielsweise Herausgeber oder Einrichtungen. Es ist jedoch möglich, eine solche Namensnennung vertraglich zu vereinbaren oder eine erforderliche Urheberbezeichnung vertraglich stillschweigend abzubedingen, wobei von letzterem nicht als Regelfall ausgegangen werden darf.[25] Dies zeigt, wie stark das Werk mit der natürlichen Person des Urhebers oder der Urheberin rechtlich verbunden ist. Bei einer Digitalisierung muss daher auch darauf geachtet werden, dass die Urheberbezeichnung grundsätzlich gut sichtbar erhalten bleibt.

Schließlich räumt § 14 UrhG dem Urheber noch das Recht ein, gegen eine „[…] Entstellung oder andere Beeinträchtigung […]" vorzugehen. Diese kann er untersa-

---

[23] Bullinger: Vorbemerkung vor §§ 12ff. In: Wandtke/Bullinger 2009: Rn. 1–20 (1, 3).
[24] Bullinger: § 12ff. Veröffentlichungsrecht. In: Wandtke/Bullinger 2009: Rn. 1–22 (13, 14, 15) mit weiteren Nachweisen.
[25] Bullinger: § 13 Anerkennung der Urheberschaft. In: Wandtke/Bullinger 2009: Rn. 1–25 (2, 3, 24).

gen. Unter einer Entstellung ist etwa die sinnentfremdende Teilwiedergabe eines lyrischen Textes oder die Abtragung einer Farbschicht eines Gemäldes zu verstehen. Das Merkmal „andere Beeinträchtigung" ist nach Bullinger im Sinne einer Hemmung, Behinderung, Einschränkung und kleineren Schmälerung der Wirkung zu sehen.[26] Daher sollte man sich bei der Beurteilung der Frage, ob eine Beeinträchtigung vorliegen könnte, von der Wirkung des Werks leiten lassen. Eine zentrale Fragestellung im Zusammenhang mit Digitalisierungen ist die sogenannte technisch bedingte Beeinträchtigung.

Stimmt der Urheber einer Wiedergabe im Internet zu, muss er kleinere technisch bedingte Beeinträchtigungen hinnehmen. Liegt die Qualität jedoch unter den „[…] durchschnittlichen Anforderungen der typischen Nutzung im Internet […]", kann eine Entstellung des Werks vorliegen. Hierbei muss aber abgewogen werden, ob man davon ausgehen kann, dass der Urheber diese Beeinträchtigung im Gegenzug gegen eine bessere Verbreitung über das Medium Internet hinnehmen möchte.[27] Der Fall könnte jedoch anders zu beurteilen sein, wenn die Digitalisierung sich nicht auf die Zustimmung des Urhebers stützt, sondern auf einen gesetzlichen Tatbestand. Werden hier technische Mindeststandards wesentlich unterschritten, könnte eine Entstellung vorliegen, da sich der Urheber in diesem Fall nicht selbst für die Verbreitung im Internet entschieden hat. Bei der Digitalisierung muss daher darauf geachtet werden, den aktuellen Stand der Technik nicht zu unterschreiten.

Werden die Werke im Rahmen einer Schrankenregelung nach §§ 44a ff UrhG digitalisiert, so sind auch die Normen der §§ 62, 63 UrhG zu beachten, die zum Schutz der Urheberpersönlichkeitsrechte einerseits ein grundsätzliches Verbot der Änderung eines nach §§ 44a ff UrhG benutzten Werks und andererseits die Angabe der Quelle vorschreiben.[28] Der wesentliche Aspekt bei Digitalisierungsprojekten ist natürlich die Zulässigkeit der Digitalisierung und der anschließenden Zurverfügungstellung, doch sollten diese Nebenaspekte nicht vernachlässigt werden.

In aller Kürze sei noch auf die §§ 22, 23 Gesetz betreffend das Urheberrecht an Werken der bildenden Künste und der Photographie (KUG)[29] hingewiesen, die sich auf das Recht am eigenen Bild beziehen. Grundsätzlich ist es nicht gestattet, ein Bild ohne Zustimmung des Abgebildeten zu verbreiten, doch macht § 23 KUG einige wichtige Ausnahmen – u.a. für Bilder, die die Zeitgeschichte betreffen, wobei es hier auf ein sachliches Interesse der Öffentlichkeit ankommt, oder wenn die Abgebildeten nur Beiwerk oder Teil einer Versammlung sind. Die Schutzfrist für diese Bilder ist wesentlich kürzer und beträgt nur zehn Jahre nach dem Tod des Abgebildeten.[30] Sollen

---

26 Bullinger: § 14 Entstellung des Werkes. In: Wandtke/Bullinger 2009: Rn. 1–65 (3).
27 Bullinger: § 14 Entstellung des Werkes. In: Wandtke/Bullinger 2009: Rn. 1–65 (65).
28 Lüft, Vorbemerkung vor §§ 44 a ff. In: Wandtke/Bullinger 2009: Rn. 1–10 (3).
29 Gesetz betreffend das Urheberrecht an Werken der bildenden Künste und der Photographie vom 09.01.1907 (RGBl. S. 7), zuletzt geändert durch Gesetz vom 16.02.2001 (BGBl. I S. 266). In: Urheber- und Verlagsrecht 2012: 73–75.
30 Rehbinder 2010: 326–330.

demnach Bilder als Kulturgut digitalisiert werden, müssen insbesondere diese speziellen Regelungen beachtet werden. Für andere Werkarten können z.B. auch das Recht an der eigenen Stimme oder andere persönlichkeitsrelevante Aspekte einschlägig sein.[31] Bei der Digitalisierung verschiedenster Zeugnisse menschlichen Kulturlebens ist es daher zweckmäßig, die rechtlich gleichartigen Werke in Teilprojekte zusammenzufassen und nach rechtlichen Gesichtspunkten zu behandeln, auch wenn damit Werke desselben Künstlers in unterschiedliche Projekte fallen können.

3.2 Problemfall „verwaiste Werke"

Bei der Durchführung von Digitalisierungsvorhaben kann schließlich noch ein durchaus praktisches Problem auftauchen: das Phänomen der verwaisten Werke, also grob gesprochen Werke, die zwar noch unter Urheberrecht stehen, für die jedoch keine Rechteinhaber auffindbar sind. Es ist eines der speziellsten Urheberrechtsprobleme der Gegenwart, allerdings handelt es sich um kein neues Problem. Bereits mit Aufkommen verschiedener technischer Möglichkeiten und neuer Nutzungsarten in den 1990er-Jahren[32] waren Schwierigkeiten bei der Einholung erforderlicher Nutzungsrechte bekannt. Die nach längerer Entwicklungsphase nun in der EU geltende Richtlinie 2012/28/EU,[33] die bis zum 29.10.2014 umgesetzt sein muss, hat sich auf die Nutzung verwaister Werke durch öffentlich zugängliche Bibliotheken, Bildungseinrichtungen, Museen, Archive, öffentlich-rechtliche Rundfunkanstalten und Film- und Tonerbe-Einrichtungen fokussiert.[34] Der entsprechende Gesetzesentwurf der Bundesregierung vom 5. April 2013, der am 20. September 2013 den Bundesrat passiert hat[35] und sich gegenüber einem früheren Entwurf in seiner Reichweite beschränkt,[36] sieht in §§ 61–61c UrhG entsprechende Regelungen vor, die eine Nutzung trotz bestehenden Urheberrechts ermöglichen; dabei versteht er unter verwaisten Werken ganz konkret nur „[...] Werke [...] aus Sammlungen (Bestandsinhalte) von öffentlich zugänglichen Bibliotheken, Bildungseinrichtungen, Museen, Archiven sowie von Einrichtungen im Bereich des Film- oder Tonerbes, wenn diese Bestandsinhalte bereits veröffentlicht worden sind, deren Rechtsinhaber auch durch eine sorgfältige Suche nicht festgestellt oder ausfindig gemacht werden konnte".[37] Allerdings sind die Anforderungen an eine sorgfältige Suche und Dokumentation durch die nutzungsberechtigten Ins-

---

31 Siehe für Einzelheiten Rehbinder 2010: 331–334.
32 Köbler 2012: 41 mit weiteren Nachweisen.
33 Richtlinie 2012/28/EU des Europäischen Parlaments und des Rates 2012: 5.
34 Czychowski/Nordemann 2013: 756–761 (756).
35 Presse- und Informationsamt der Bundesregierung, Pressemitteilung Nr. 324 „Gesetz zur Nutzung verwaister und vergriffener Werke und einer weiteren Änderung des Urheberrechtsgesetzes passiert Bundesrat".
36 Czychowski/Nordemann 2013: 756 mit weiteren Nachweisen.
37 Bundesministerium der Justiz: Regierungsentwurf 2012.

titutionen derart hoch, dass eine praxisgerechte Regelung – auch und besonders unter Kostengesichtspunkten – zumindest angezweifelt werden darf.[38] Bereits die zuvor anvisierte Lösung über § 137l UrhG getreu dem Motto „Hebt die Archive" hatte nicht zum gewünschten Erfolg geführt.[39] Es ist demnach davon auszugehen, dass eine europäische Bewegung zur Digitalisierung von Kulturgütern trotz allem hinter der Wirkung der von Google Inc. initiierten Geschäftsidee, Bücher zu digitalisieren, zurückbleiben wird.

Literatur

Bundesgerichtshof: Mitteilung der Pressestelle Nr. 155/2012 „Bundesgerichtshof legt EuGH Fragen zur Zulässigkeit elektronischer Leseplätze in Bibliotheken vor". 2012. http://juris.bundesgerichtshof.de/cgi-bin/rechtsprechung/document.py?Gericht=bgh&Art=pm&Datum=2012&Sort=3&nr=61634&pos=0&anz=154 (14.09.2013).

Bundesgerichtshof: Mitteilung der Pressestelle Nr. 194/13 „Bundesgerichtshof zur Nutzung urheberrechtlich geschützter Werke auf elektronischen Lernplattformen von Universitäten". 2013. http://juris.bundesgerichtshof.de/cgi-bin/rechtsprechung/document.py?Gericht=bgh&Art=en&Datum=Aktuell&nr=66067&linked=pm (02.12.2013).

Bundesministerium der Justiz: Regierungsentwurf. 05.04.2013. http://www.bmjv.de/SharedDocs/Downloads/DE/pdfs/Gesetze/RegE_Gesetzes_zu_Nutzung_verwaister_Werke_und_zu_weiteren_Aenderungen_des_Urheberrechtsgesetzes_und_des_Urheberrechtswahrnehmungsgesetzes.pdf?__blob=publicationFile (15.09.2013).

Czychowski, Christian u. Jan Bernd Nordemann: Höchstrichterliche Rechtsprechung und Gesetzgebung im Urheberrecht 2012. In: Neue Juristische Wochenschrift (2013), H. 11, S. 756–761.

Dreier, Thomas u. Gernot Schulze (Hrsg.): Urheberrechtsgesetz, Urheberrechtswahrnehmungsgesetz, Kunsturhebergesetz. Kommentar. 4. Aufl. München: Beck 2013.

Gramespacher, Thomas: LG München I, Urteil vom 14.06.2007 – 7 O 6699/06. In: Medien Internet und Recht. Onlinepublikation zum Medien- und Internetrecht (MIR 2007, Dok. 245). http://medien-internet-und-recht.de/volltext.php?mir_dok_id=1267 (10.09.2013).

Köbler, Judith: Verwaiste Werke im digitalen Zeitalter aus bibliothekarisch-juristischer Sicht. Graz-Feldkirch: Neugebauer 2012.

Neuntes Gesetz zur Änderung des Urheberrechtsgesetzes vom 2. Juli 2013, Bundesgesetzblatt I S. 1940.

Presse- und Informationsamt der Bundesregierung: Pressemitteilung Nr. 324: „Gesetz zur Nutzung verwaister und vergriffener Werke und einer weiteren Änderung des Urheberrechtsgesetzes passiert Bundesrat". 2013. http://www.bundesregierung.de/Content/DE/Pressemitteilungen/BPA/2013/09/2013-09-20-bkm-verwaiste-werke.html (02.12.2013).

Rehbinder, Manfred: Urheberrecht. München: Beck 2010 (Juristische Kurz-Lehrbücher).

Richtlinie 2012/28/EU des Europäischen Parlaments und des Rates v. 25.10.2012 über bestimmte zulässige Formen der Nutzung verwaister Werke, Abl EU Nr. L 299 v. 27.10.2012. S. 5.

---

38 Für eine Darstellung anderer Lösungsansätze siehe Köbler 2012: 75–111.
39 Czychowski/Nordemann 2013: 756 mit weiteren Nachweisen.

Siebentes Gesetz zur Änderung des Urheberrechtsgesetzes vom 14.12.2012 (Bundesgesetzblatt I S. 2579) mit Wirkung vom 20.12.2012.
Urheber- und Verlagsrecht. 14. Aufl. München: Beck 2012.
Wandtke, Artur-Axel u. Winfried Bullinger (Hrsg.): Praxiskommentar zum Urheberrecht. 3. neubearb. Aufl. München: Beck 2009.

11 Bestandserhaltung und Langzeitverfügbarkeit digitaler Ressourcen

Irmhild Schäfer und Michael Vogel
11.1 Restaurierung und Bestandserhaltung

1 Bestandserhaltung im Spannungsfeld von Benutzung und Bewahrung

Bibliotheken befinden sich in einem Prozess der grundlegenden Neuausrichtung und müssen sich den komplexen Anforderungen der digitalen Transformation stellen. Entsprechende Veränderungen sind in fast allen Handlungsfeldern deutlich sichtbar. Medienwandel, *Patron Driven Aquisition*, Open Access, Europeana, *Social Media* oder *Digital Humanities* sind nur einige wenige Stichwörter dafür, von denen aber jedes für sich allein bereits weite thematische Bereiche anschneidet. Umgestaltung und Neuausrichtung verlaufen unter Nutzung neuer Informationstechnologien mit hoher Dynamik und entsprechender Ressourcenbindung.

Gleichzeitig haben Bibliotheken die Verantwortung für die in ihren Magazinen bewahrten Bestände und den – in drei Bundesländern sogar in Bibliotheksgesetzen verankerten – kulturpolitischen Auftrag, diese im Original dauerhaft für die künftigen Generationen zu erhalten. Zugleich müssen sie den sich ändernden Nutzerwünschen gerecht werden und die Bestände im Verbund der Bibliotheken unter Beachtung des geltenden Urheberrechts für die digitale Nutzung bereitstellen – also sukzessive vorlagenschonend digitalisieren und in entsprechende Plattformen einspeisen.

Die Originale des schriftlichen Kulturerbes sind in mehrfacher Hinsicht die Schatzkammer einer Bibliothek. Das macht ihre dauerhafte Erhaltung vor allem an Bibliotheken mit bedeutenden Beständen von Handschriften und historischen Drucken zu einer besonders verantwortungsvollen Aufgabe. Hauptziel der Bestandserhaltung ist, das schriftliche Kulturerbe für seine wissenschaftliche Erforschung und öffentliche Präsentation in der Gegenwart und Zukunft dauerhaft zu bewahren und zugänglich zu halten. Dies ermöglicht der Wissenschaft den langfristigen Zugriff auf die Originale, der aufgrund neuer Forschungsergebnisse, die zu neuen Fragestellungen führen, immer wieder erforderlich sein wird. Die Konsultation der Originale durch die Wissenschaft in der Forschungsbibliothek und die Präsentation des Kulturerbes für die breite Öffentlichkeit in Ausstellungen ermöglichen einen Diskurs über die kulturelle Überlieferung auf der sicheren Grundlage ihrer physischen Überlieferung. Nur am Original lassen sich Merkmale von Gestalt und Material, die im Abbild nur zum Teil oder gar nicht erkennbar sind, wirklich fassen und beschreiben. Die Unikalität eines Dokuments erhöht seinen Zeugniswert innerhalb der Überlieferung und damit seine Bedeutung für die Gegenwart und die zukünftigen Generationen. Insbesondere die mit namhaften Persönlichkeiten oder mit der Aura der fernen Vergangenheit verbundenen exklusiven Dokumente üben eine hohe Attraktivität auch auf das breite Publikum in Ausstellungen aus.

Das schriftliche Kulturerbe besteht, physisch betrachtet, fast ausschließlich aus organischen Stoffen, die der natürlichen Alterung unterliegen. Die Bestandserhaltung hat daher in ihrem Kern die Aufgabe, mit den State-of-the-Art-Kenntnissen und Methoden der Konservierungswissenschaft retardierend auf die Alterungsprozesse der Materialien einzuwirken und damit ihre Lebenszeit und Benutzbarkeit zu verlängern. Die Kenntnis der Faktoren für den Materialabbau ist essentiell, um bei der Aufbewahrung und Benutzung der Dokumente die jeweils bestmögliche Entscheidung zu treffen. Die Erhaltung des Kulturguts einerseits und seine Benutzung andererseits sind die beiden Maximen, zwischen denen die Bestandserhaltung permanent eine Balance und damit konservatorisch vertretbare Kompromisse auf der Grundlage einer Risikoabwägung finden muss. Die häufig notwendigen Einschränkungen der Originalbenutzung transparent zu kommunizieren und Konfliktfälle zu lösen, verlangt eine differenzierte Argumentation und Überzeugungskraft.

Die Bestandserhaltung ist im Organisationsaufbau größerer Altbestandsbibliotheken zumeist auf der zweiten Führungsebene verankert und betrifft als Querschnittsaufgabe alle Abteilungen, in deren Geschäftsgängen dauerhaft zu erhaltende Bestände bearbeitet werden. Sie bedient sich der Konservierungsplanung als Managementinstrument für die abteilungsübergreifende Entwicklung, Priorisierung und Koordinierung von Maßnahmen. Auf der Grundlage von fachlicher Expertise, Schadensanalysen und Bestandskenntnissen werden Bedarfe festgestellt und Mittelverwendungen geplant. Bestandserhaltung ist als Daueraufgabe auf ein kontinuierliches und angemessenes Budget angewiesen, um nachhaltige Vorkehrungen und Maßnahmen für die Konservierung eines Bestands über längere Zeiträume strategisch planen und umsetzen zu können.

Das Portfolio der Bestandserhaltung umfasst Maßnahmen am Objekt selbst und das weite Feld der Schadensprävention in der Umgebung des Objekts. Die effektive Durchführung der Einzelaufgaben erfordert spezielle Kenntnisse der modernen und historischen Materialien und Techniken, der Methoden der Konservierung und Restaurierung sowie der Restaurierungsethik. Die Originale von Handschriften oder Druckwerken sind als primäre Quellen in ihrer überlieferten Materialität und physischen Form als Ausdruck eines künstlerischen und gesellschaftlichen Schaffensprozesses zu respektieren und zu sichern. Konservierungsmaßnahmen haben daher Veränderungen an den Originalen so gering wie möglich zu halten, um deren Integrität und Authentizität möglichst zu bewahren. Bestandserhaltung integriert als Führungsaufgabe fachübergreifend das Buchbinderhandwerk, die Restaurierung und Konservierungswissenschaften sowie die Chemie und Materialwissenschaften.

Der Bestandserhaltung benachbart ist die Digitalisierung. Ein Digitalisat kann für bestimmte wissenschaftliche Fragestellungen an die Stelle des Originals treten und lässt damit die Digitalisierung zu einer Maßnahme der Bestandserhaltung in der Benutzung werden. Die Vorteile digitaler Technologie insbesondere gegenüber dem Mikrofilm führen zu einem Rückgang der Originalbenutzung in bestimmten Bestandssegmenten. Gleichzeitig aber erhöhen sie infolge größerer Bekanntheit die Nachfrage nach dem Original gerade dort, wo das Buch als archäologisches und künstlerisches Objekt erforscht werden will. Im Rahmen der bibliothekarischen Notfallplanung hat die Sekundärform ihren Platz als Informationssicherung im Fall von Beschädigung und Verlust. Die Digitalisierung von herkömmlichen Schwarz/Weiß-Mikrofilmen entspricht in der Regel den modernen Qualitätsanforderungen nicht, so dass die aufwendige Digitalisierung vom Original erfolgen muss. Ältere Mikrofilme können jedoch in bestimmten Fällen wichtige, mittlerweile verlorengegangene Informationen enthalten und behalten dadurch als Mikrofilm-Digitalisat neben dem modernen Digitalisat vom Original ihren eigenen Stellenwert. Der Grundsatz der dauerhaften und unversehrten Erhaltung von Dokumenten rückt die Langzeitarchivierung des digitalen Kulturerbes in die Nähe der klassischen Bestandserhaltung, insbesondere auch mit Blick auf die Zuordnung dieser Aufgaben im Organisationsgefüge der Bibliothek.

2 Öffentlichkeitsarbeit für Bestandserhaltung und Unterstützung durch die Politik

Der größte Teil der Bestandserhaltungsarbeit läuft in den Magazinen und Werkstätten im Verborgenen ab und wird daher von der Öffentlichkeit zwangsläufig kaum wahrgenommen. Insofern braucht Bestandserhaltung starke Fürsprecher in Politik, Kultur und Wirtschaft, sie braucht Anerkennung und langfristige Unterstützung von den Trägern, sie braucht Vermittler hinein in die Medien, um ihre Aufgaben, Ziele und Bedarfe darstellen zu können – Bestandserhaltung braucht über Fachkreise hinaus eine starke Lobby. Wesentliche Impulse gehen von der „Allianz Schriftliches Kulturgut Erhalten" aus, einem Zusammenschluss von Archiven und Bibliotheken mit umfangreichen historischen Beständen. Die im Jahr 2001 auf Initiative der Staatsbibliotheken in Berlin und München gegründete Interessengemeinschaft will die Erhaltung der schriftlichen Überlieferung als nationale Aufgabe im öffentlichen Bewusstsein verankern und wendet sich mit dieser Zielsetzung an die politischen Entscheidungsträger und die Öffentlichkeit. Sie erarbeitet Stellungnahmen und veranstaltet seit dem Brand der Herzogin Anna Amalia Bibliothek im Jahr 2004 jährlich den Nationalen Aktionstag für die Erhaltung des schriftlichen Kulturguts. In ihrer Denkschrift „Zukunft Bewahren" beschreibt die Allianz die aktuelle Situation der Bestandserhaltung und formuliert strategische Ziele. Die Übergabe der Denkschrift an den damaligen Bundespräsidenten Horst Köhler am 28. April 2009 führte im Weiteren zu Gesprächen des Bundesbeauftragten für Kultur und Medien mit Vertretern aus dem Archiv- und Bibliothekswesen. Die Förderung der Bestandserhaltung fand 2009 und 2013 Eingang in den Koalitionsvertrag der Bundesregierung. Im Sommer 2011 kam es zur Gründung der „Koordinierungsstelle für die Erhaltung des schriftlichen Kulturguts" (KEK), die zum Großteil aus Bundesmitteln, komplementär durch die Kulturstiftung der Länder finanziert wird und an der Stiftung Preußischer Kulturbesitz eingerichtet wurde. Die

KEK koordiniert Modellprojekte in Bibliotheken und Archiven und führte im Herbst 2013 eine bundesweite Befragung zur Bestandserhaltung durch, deren Ergebnisse in ein Strategiepapier mit bundesweiten Handlungsempfehlungen einfließen werden. Auf Länderebene sind in den letzten Jahren verstärkt Regionalkonzepte für Bestandserhaltung als eine wesentliche Voraussetzung für die auch überregionale Koordinierung von Maßnahmen erarbeitet worden.

3 Schriftliches Kulturerbe: Alterungsprozesse und Schadensfaktoren

Da schriftliches Kulturerbe fast ausschließlich aus organischen Stoffen besteht, unterliegt es der natürlichen Alterung, die in chemischen Prozessen wie der Oxidation oder der sauren Hydrolyse abläuft. Die Geschwindigkeit der Alterung hängt von endogenen und exogenen Einflüssen ab, die physikalischen, chemischen, klimatischen oder nutzungsbedingten Ursprungs sein können. Die Abbauprozesse werden ab einem bestimmten Zeitpunkt äußerlich wahrnehmbar in Farbveränderungen, Flexibilitätsabnahme und schließlich in der Brüchigkeit des Materials. Eine Veränderung ist dann als ein Schaden einzustufen, wenn sie die Bedeutung oder die physische beziehungsweise chemische Stabilität eines Dokuments mindert. Meist sind die Schadensursachen multikausal, wobei die Alterung der Materialien das Risiko mechanischer Schäden stark erhöht. Die Einschätzung der Gefährdung beruht auf der profunden Kenntnis der Materialien sowie deren Stabilität und begründet Einschränkungen in der Benutzung des Originals, um irreversible Schäden zu vermeiden.

Die endogenen Einflüsse auf die natürliche Alterung rühren von Defekten her, die ein Objekt infolge der Konzeption, des Herstellungsverfahrens oder der Beschaffenheit der verwendeten Materialien von Beginn an in sich trägt. Diese Mängel werden im Verlauf der Zeit negativ wirksam und vermindern seine Stabilität. Beispiele für einen herstellungsbedingten, mehr oder minder raschen Abbau von Papier liefern das industrielle Holzschliffpapier durch seine Kombination aus Säurebildung und schlechter Faserqualität, die korrodierte Drahtklammerheftung in Broschuren und der Tinten- oder Farbschaden durch Säurebildung und Metallionen in Text oder Illustration. Bei illuminierten Handschriften des Mittelalters kann die Malschicht in Kombination mit anderen Faktoren dadurch instabil werden, dass herstellungsbedingt ein Mangel an Bindemittel besteht oder der Abbau des Bindemittels einen kritischen Punkt erreicht hat.

Die exogenen Einflüsse auf die Alterung kommen aus der mittelbaren und unmittelbaren Umgebung eines Objekts. Neben mechanischen Schäden durch eine intensive oder auch unsachgemäße Benutzung tragen ungeeignete Aufbewahrungsbedingungen wie ein ungünstiges Raumklima sowie Einwirkungen von Licht, Staub, Schmutz und Luftschadstoffen auch bei Nichtbenutzung eines Dokuments oft unbemerkt zu seiner Alterung bei. Ungünstige Werte von relativer Luftfeuchte und Lufttemperatur begünstigen Degradationsabläufe und erleichtern zusammen mit Schmutz und Staub den Befall mit Schimmelpilz oder Insekten. Extreme Schadensereignisse wie Havarie, Brand und Naturkatastrophe beschädigen schriftliches Kulturerbe oder zerstören es unwiederbringlich. Heute noch sind Bibliotheken mit Altschäden aus früherer unsachgemäßer Lagerung und Benutzung sowie mit Kriegsschäden vergangener Jahrhunderte konfrontiert.

Aus diesen komplexen Einflussfaktoren lassen sich die zentralen Handlungsfelder der Bestandserhaltung ableiten: die Präventive Konservierung, die Restaurierung und Massenentsäuerung im Rahmen der Strategie der Originalerhaltung sowie die Erstellung von Sekundärformen zur Informationssicherung. Während die Präventive Konservierung primär die indirekten Maßnahmen in der unmittelbaren Umgebung des Objekts anspricht, sind die Restaurierung und die Massenentsäuerung mit Eingriffen direkt am Objekt verbunden.

4 Präventive Konservierung

Die Präventive Konservierung trifft Vorkehrungen und Maßnahmen zur Vermeidung oder Minimierung von künftigem Schaden, Abbau und Verlust und folglich invasivem Eingriff. Prävention erhält die Bedeutung von Dokumenten und kann ihre Lebenszeit und Benutzbarkeit erheblich verlängern. Nicht nur der eintretende Bedeutungsverlust, auch die hohen Kosten für invasive Maßnahmen am Objekt haben dazu geführt, dass der Präventiven Konservierung ein zunehmend stärkeres Gewicht beigemessen wird.

Die Schadensprävention in der Aufbewahrung und Benutzung von Dokumenten umfasst eine Vielzahl von einzelnen Handlungsfeldern. Dazu zählen unter anderem die Umgebungskontrolle beziehungsweise das Monitoring in den Magazinen, Lesesälen und Ausstellungsräumen, in denen mit geeigneten Geräten die Einflussfaktoren der Umwelt wie relative Luftfeuchte, Lufttemperatur, Licht und Luftschadstoffe sowie eine mögliche Bedrohung durch tierische Schädlinge kontrolliert werden. Im Weiteren gehören dazu die Routineprüfung von Neuzugängen auf Schimmelpilz- oder Insektenbefall, die Versorgung von Dokumenten mit Schutzhüllen, Schulungen im sachgemäßen Umgang mit Dokumenten, die konservatorische Betreuung von Digitalisierungsprojekten und die begleitende Überwachung der Benutzung besonders bedeutender und sensiver Objekte.

4.1 Einflussfaktoren

4.1.1 Raumklima als maßgeblicher Faktor der Langzeitkonservierung

Von zentraler Bedeutung für die dauerhafte Erhaltung von organischen Materialien ist das Raumklima, das sich im Wesentlichen aus den Wechselbeziehungen zwischen Lufttemperatur, Luftfeuchtigkeit und Luftschadstoffen wie Schwefeldioxid, Stickoxiden oder Ozon bildet. Das prozentuale Verhältnis zwischen dem Dampfdruck und dem Sättigungsdampfdruck des Wassers bei einer bestimmten Lufttemperatur über einer reinen und ebenen Wasseroberfläche wird als relative Luftfeuchte (rF) bezeichnet. Sie gibt an, in welchem Grad die Luft bei aktueller Temperatur mit Wasserdampf gesättigt ist. Zum Beispiel enthält die Luft bei einer relativen Luftfeuchte von 50 Prozent nur die Hälfte der Wasserdampfmenge, die sie bei der entsprechenden Temperatur maximal enthalten könnte. Bei 100 Prozent relativer Luftfeuchte ist die Luft vollständig mit Wasserdampf gesättigt. Wird die Sättigung von 100 Prozent überschritten, so kann sich die überschüssige Feuchtigkeit als Kondenswasser niederschlagen. Von der Temperatur unabhängig ist die spezifische oder absolute Luftfeuchte, welche die tatsächliche Menge an Wasserdampf in Gramm pro Kilogramm Luft benennt. Warme Luft kann deutlich mehr Wasserdampf aufnehmen als kalte, und Luft kann abhängig von der Temperatur bei gleicher absoluter Luftfeuchte unterschiedliche relative Luftfeuchten aufweisen. Kurz gesagt: Wenn die Temperatur steigt, fällt die relative Luftfeuchte, und umgekehrt: Wenn die Temperatur fällt, steigt die relative Luftfeuchte.

Das Raumklima ist verantwortlich für die Art und Geschwindigkeit chemischer Abbaureaktionen von Materialien und wirkt sich insbesondere bei chemisch instabilen Materialien wie saurem Papier, Fotografien oder Textilien aus. Forschungen von Stefan Michalsky am Canadian Conservation Institute haben gezeigt, dass sich die Reaktionsrate der sauren Hydrolyse bei Papier mit jeder Temperaturabsenkung um jeweils 5 °C etwa um 50 Prozent reduziert. Die Aufbewahrung eines Dokuments aus saurem Papier bei 20 °C halbiert demnach seine Lebenserwartung gegenüber einer Lagerung bei nur 15 °C. In gleicher Weise verdoppelt sich die Lebenserwartung mit jeder Reduzierung der relativen Luftfeuchte um die Hälfte.

Die internationale Norm DIN ISO 11799:2005 „Information und Dokumentation – Anforderungen an die Aufbewahrung von Archiv- und Bibliotheksgut" liefert allgemeine Richtlinien für die dauerhafte Erhaltung von historischen Dokumenten. Bezüglich des Raumklimas definiert die Norm nach Materialtypen differenzierte Richt- und Grenzwerte. Beispielsweise werden für Papier und Pergament beziehungsweise Leder folgende Klimawerte empfohlen: Als Temperaturmaximum nennt die Norm 18 °C, als Minimum 2 °C bei einer Tagestoleranz von plus/minus 1. Bei der relativen Luftfeuchte differieren die Werte: Für Papier liegt das Minimum bei 30 Prozent, das Maximum bei 45 Prozent bei einer Tagestoleranz von plus/minus 3. Für Pergament bzw. Leder ist der Maximalwert 60 Prozent, der Minimalwert 30 Prozent bei gleicher Toleranz. Da Bibliotheksgut im Regelfall aus einer Materialmischung besteht, muss für das

Raumklima ein Kompromisswert gelten. Die Einhaltung der empfohlenen Raumklimawerte, die sich in einem engen Toleranzbereich bewegen, ist je nach baulichen Bedingungen nur durch den energieintensiven Betrieb einer raumlufttechnischen Anlage zu erzielen. In der praktischen Umsetzung werden daher aus Kostengründen prioritär die wertvollsten Bestände dem Normklima gemäß aufbewahrt.

Ebenso wichtig wie das Einhalten von Grenzwerten ist das Vermeiden rascher Klimaschwankungen. Grundlegend für die Langzeitkonservierung ist, dass jedes Material (Pergament, Papier, Farb- und Bindemittel in Malschicht und Kolorierung, Tinte etc.) je nach seiner Oberfläche und Struktur unterschiedlich auf die Luftfeuchtigkeit reagiert. In der Folge nehmen die verschiedenen Materialien aus ihrer Umgebungsluft bei sinkender Temperatur unterschiedliche Mengen an Feuchtigkeit verschieden rasch auf und geben sie bei steigender Temperatur entsprechend wieder ab, wobei sich immer wieder von neuem ein Gleichgewicht einstellt. Dabei dehnen sich die Materialien aus und schrumpfen wieder zusammen. Bei raschem Klimawechsel können bei diesen Prozessen an den Oberflächen und Grenzflächen von Materialien irreversible Spannungsschäden entstehen. Daher sind starke Schwankungen von Temperatur und relativer Luftfeuchte auszuschließen. Es ist vielmehr für ein stabiles Raumklima zu sorgen. Klimaschäden beginnen unmerklich etwa mit feinsten Haarrissen in einer Malschicht, die dem bloßen Auge nicht auffallen und nur unter dem Mikroskop erkennbar sind. Erst wenn es zusammen mit anderen Faktoren zu schollenförmigen Ausbrüchen und Verlusten kommt, sind solche Schäden leichter wahrnehmbar.

Angesichts steigender Energiekosten und hoher CO_2-Emissionen wird gegenwärtig die Option breiterer Klimakorridore diskutiert, die auch den Verlauf jahreszeitlicher Schwankungen statt starrer Klimavorgaben berücksichtigen. Dieser Ansatz findet seinen Ausdruck in der Norm der British Standards Institution BSI PD 5454:2012 „Guide for the storage and exhibition of archival materials" (Published Document), deren Werte für das Magazinklima bei verschiedenen Materialien (13 °C bis 20 °C, 35 Prozent bis 60 Prozent relative Luftfeuchte) und bei Papier (5 °C bis 25 °C, 25 Prozent bis 60 Prozent relative Luftfeuchte) als ein Mindeststandard betrachtet werden. Im Kontext dieser Norm steht die an den National Archives in London erarbeitete Spezifikation für die materialspezifische Sensitivität von Dokumenten gegenüber Umgebungsfaktoren PAS 198:2012 „Specification for managing environmental conditions for cultural collections" (Public Available Standard). Zu beachten ist allerdings, welche negativen Auswirkungen hohe Temperaturen und relative Luftfeuchten auf die chemische Reaktionsgeschwindigkeit und damit Alterung der Materialien haben. Außerdem reicht eine relative Luftfeuchte von 60 Prozent schon nahe an die Grenze von Schimmelpilzwachstum.

Die Kühl- und Kaltlagerung als Erhaltungsstrategie von chemisch instabilem Material wie etwa saurem Papier zum Beispiel in Großbritannien und Dänemark setzt auf die bei niedrigem Raumklima verminderte chemische Reaktionsgeschwindigkeit. Nach BSI PD 5454:2012 bedeutet Kühllagerung einen Temperaturbereich zwischen

5 °C und 18 °C, Kaltlagerung ist definiert als -15 °C plus/minus 5 °C. In der praktischen Umsetzung zielen die Kühl- und Kaltlagerung insbesondere auf Dokumente mit geringer Benutzungsfrequenz, da diese im Nutzungsfall zunächst in einem Raum zwischen Magazin und Lesesaal über etwa 24 Stunden akklimatisiert werden müssen. Diese Klimaschleuse verhindert Spannungsschäden durch unterschiedliche Reaktionen der Materialien auf den Wechsel und speziell bei Kalt zu Warm die Kondensation am Dokument. Insgesamt zu beachten ist auch, dass niedrige Feuchtewerte organisches Material austrocknen und brüchig machen, wodurch das Risiko mechanischer Beschädigung steigt. Leder und Pergament etwa sollten daher unter einer relativen Luftfeuchte von 35 Prozent nicht bewegt werden.

Für die Lagerung von Filmen und Mikrofilmen, besonders von Farbfilmen, ist die Kühl- und Kaltlagerung in einem Spezialmagazin empfohlen. In der internationalen Norm ISO 18911:2010 „Imaging materials – Processed safety photographic films – Storage practices" wird dabei nach Archiv- und Arbeitskopien unterschieden.

Für die Klimakontrolle am gebräuchlichsten sind wartungsintensive Thermohygrographen und elektronische Geräte. Ein einfaches, aber nichtaufzeichnendes Kontrollinstrument ist das Thermohygrometer. Die digitalen Daten von Dataloggern können ausgelesen und gespeichert werden. Systeme mit Funkübertragung ermöglichen ein zentrales Monitoring in Echtzeit gerade auch in räumlich getrennten Magazinen, bei Transporten und in entfernten Ausstellungsräumen. Zu beachten ist die regelmäßige Rekalibrierung von Geräten. Weichen die gemessenen Klimawerte zum Beispiel in Altbauten aufgrund baulicher Bedingungen von den Empfehlungen ab, so besteht als grundsätzliche Option zur Klimaregulierung der Einbau einer permanent zu kontrollierenden raumlufttechnischen Anlage. Daneben kommen in überschaubaren Raumvolumina auch mobile Elektrogeräte wie Luftbefeuchter und -entfeuchter zum Einsatz, die allerdings bei mangelhafter Pflege zu Brutstätten von Keimen werden können und auch aus Brandschutzgründen dauerhaft zu überwachen sind. Lüftungsanlagen blasen gefilterte Außenluft in einen Raum und transportieren belastete Luft nach außen ab. Besondere Regeln gibt es für die Luftaustauschrate, den Schadstoffgehalt und die Luftgeschwindigkeit. Die Raumklimatisierung ist kostenintensiv. Bei einem Magazinneubau muss daher darauf geachtet werden, dass sich in ihm ein stabiles Raumklima einstellt, zu dessen Regulierung technische Maßnahmen nur in geringem Umfang erforderlich sind. Dies kann teilweise dadurch erreicht werden, dass Außenmauern, Dach und Boden des Gebäudes aus Materialien bestehen, die das Innere weitestgehend von äußeren Klimaschwankungen isolieren (DIN ISO 11799:2005).

Das Ausmaß des zu erwartenden Klimawandels wird weltweit diskutiert. Bibliotheken müssen sich mit diesem Thema beschäftigen und Konzepte entwickeln, um ihre Bestände angesichts verstärkter klimatischer Schwankungen auch in Zukunft sicher bewahren zu können. Zwischen Klimaforschern besteht weitgehende Einigkeit, dass sich die mittlere Jahrestemperatur in den nächsten 50 Jahren um mindestens 2 °C erhöhen und Witterungsextreme (Starkregenereignisse, Hitzeperioden und

Stürme) zunehmen werden. In Mitteleuropa ist das häufigere Auftreten von sogenannten Vb-Wetterlagen (Klassifikation nach van Bebber 1891) zu erwarten, bei denen in höheren Luftschichten ein sogenannter Tiefdrucktrog über West- und Mitteleuropa liegt. Solche Wetterlagen haben mit ihren Extremniederschlägen die Flutereignisse in Deutschland im August 2002 und im Juni 2013 verursacht. Neben der Gefährdung durch Oberflächenwasser sind auch die Auswirkungen des möglichen Anstiegs des Grundwassers zu berücksichtigen. Häufig klingen Grundwassererhöhungen nur langsam ab und können die Feuchtigkeit in Gebäuden lange ungünstig beeinflussen.

Problematisch sind Wetterlagen mit lang anhaltend hohen Lufttemperaturen, wenn sich diese auf die Magazinräume übertragen und keine technischen Lösungen zur effektiven Teil- oder Vollklimatisierung bestehen. Besonders deutlich wird das bei einer Häufung von Hitzetagen (die Tageshöchsttemperatur erreicht oder übersteigt 30 °C) und/oder Tropennächten (die Tagestiefsttemperatur sinkt nicht unter 20 °C). Eine ständige Überwachung des Raumklimas ist unerlässlich, um bei der Annäherung an einen Grenzwert von der Routineüberwachung auf eine verstärkte Kontrolle umstellen und beim Überschreiten zielführend reagieren zu können.

4.1.2 Tageslicht und Kunstlicht

Werden Dokumente dem Tageslicht oder Kunstlicht ausgesetzt, befördert der Energieeintrag chemische Abbauprozesse, die zu Ausbleichen, Farbverschiebung und Brüchigkeit führen. Als Licht wird der für das menschliche Auge sichtbare Bereich der elektromagnetischen Strahlung mit Wellenlängen von 380 nm (violett) bis 780 nm (rot) bezeichnet. Die angrenzenden, unsichtbaren Bereiche sind die kurzwellige Ultraviolett-Strahlung mit Wellenlängen unter 380 nm und die langwellige Infrarot-Strahlung über 780 nm, die sich beide negativ auf die Objekte auswirken. Auch die Strahlung im sichtbaren Bereich ist schädlich, besonders in dem direkt an den UV-Bereich angrenzenden, gerade noch wahrnehmbaren Spektrum. Grundsätzlich ist das Schädigungspotenzial proportional zu Beleuchtungsdauer und Beleuchtungsstärke. Farbliche Veränderungen beginnen bereits nach der ersten Bestrahlung und bleiben erhalten, denn die photochemischen Prozesse sind irreversibel. Da jeder Stoff ein anderes Absorptionsspektrum hat, reagieren die einzelnen Stoffe unterschiedlich auf das eingestrahlte Licht. Extrem sensitiv sind Naturfarbstoffe z.B. in Buchmalerei, Kolorierungen, Zeichnungen oder Aquarellen. Viele Pigmente sind zwar relativ stabil, aber die sie umgebenden organischen Bindemittel in der Malschicht sind sensitiv. Während Hadernpapier relativ lichtstabil ist, vergilbt Holzschliffpapier und wird brüchig, wie es etwa bei Zeitungen innerhalb kürzester Zeit zu beobachten ist. Bei Leder und Pergament führt der photochemische Abbau der Kollagenstruktur zu einer geringeren Flexibilität, Verfärbung und Brüchigkeit des Materials.

Um die schädliche Wirkung von Beleuchtung möglichst gering zu halten, müssen ihre Intensität und Dauer auf das notwendige Minimum begrenzt und Ultraviolett- sowie Infrarot-Strahlung ausgeschlossen werden. Die Schutzmaßnahmen sind vielfältig: Vermeidung von direktem Tageslicht oder zumindest UV-Filterung durch UV-Schutzfolien in allen Räumen. Bei der Auswahl der Beleuchtung sollte auf UV-gefilterte Kaltlicht-Leuchtstoffröhren zurückgegriffen werden, die in Magazinen zusätzlich von Geräusch- oder Bewegungsmeldern gesteuert werden können.

Die Lichtbeständigkeit einzelner Materialien kann mit verschiedenen Tests eingestuft werden, etwa mit dem in der Konservierung häufig angewendeten Blauwollstandard (DIN EN ISO 105-B08). Zu prüfen ist allerdings, ob der jeweilige Test wirklich geeignet ist, da zum Beispiel ein Test für Tageslicht nicht unbedingt auf Bedingungen mit Kunstlicht (Ausschluss von UV-Strahlung) übertragbar ist.

4.1.3 Luftschadstoffe

Luftschadstoffe sind in der Außenluft vorhanden oder kommen von Ausdünstungen aus Geräten, Mobiliar und Menschen. Beispielsweise entweicht Formaldehyd aus dem Klebstoff von Spanplatten oder Ozon aus Kopiergeräten. Diese Luftschadstoffe befördern Abbauprozesse von organischem Material. Schwefeldioxid, Kohlendioxid und Stickoxide aus fossilen Brennstoffen bilden zusammen mit der Materialfeuchte Säuren, die hydrolytische Abbaureaktionen befördern. Die Luft soll daher frei von sauren und oxidierenden Gasen sein (DIN ISO 11799:2005). Die Schadstoffe aus der Außenluft sind schwer kontrollierbar, aber die Schadstoffbelastung durch Materialien im Innenraum ist weitestgehend vermeidbar. Etwa bei der Ausstattung von Magazinen und Lesesälen, bei der Auswahl von Regalen und Vitrinen sowie vor allem bei den Materialien im Kontakt mit den Dokumenten ist auf Schadstofffreiheit von flüchtigen organischen Verbindungen (Volatile Organic Compounds, VOC) zu achten.

4.1.4 Schimmelpilze

Schimmelpilze stellen eine fundamentale Bedrohung für schriftliches Kulturgut dar. Die relative Luftfeuchte muss daher unterhalb der Grenze gehalten werden, die das Wachstum von Schimmelpilzen ermöglicht, denn Schimmelpilzsporen sind ubiquitär und keimen unter günstigen Klimabedingungen rasch aus. Bei Werten ab etwa 65 Prozent relativer Luftfeuchte und entsprechenden Temperaturen oder bei einem nach einem Wasserschaden erhöhten Wassergehalt im Dokument von über 12 Prozent liegt ein akutes Risiko für das Wachstum von Schimmelpilz vor. Cellulose als Grundstoff von Papier und Proteine als Grundstoff von Leder, Pergament und Klebstoffen bilden mit den darin enthaltenen Kohlenhydraten und Aminosäuren einen geeigneten Nährboden für Mikroorganismen. Der Abbauprozess führt zur Spaltung und Verkürzung der Cellulosemoleküle und bei Proteinen zur Kürzung ihrer Aminosäureketten. In der Folge verlieren die Materialien ihre physische Stabilität.

Für den Personenschutz im Umgang mit kontaminiertem Bibliotheksgut sind die nachstehenden Verordnungen und Richtlinien einschlägig, denen Bibliotheken aufgrund ihrer Tätigkeit im Gefährdungsbereich von Schimmelpilzsporen unterliegen: die „Verordnung über Sicherheit und Gesundheitsschutz bei Tätigkeiten mit biologischen Arbeitsstoffen", die sogenannte Biostoffverordnung (BioStoffV) in ihrer aktuellen Fassung vom 15. Juli 2013 (BGBl. I S. 2514) und die „Technischen Regeln für Biologische Arbeitsstoffe: Schutzmaßnahmen bei Tätigkeiten mit mikrobiell kontaminiertem Archivgut (TRBA 240)", Ausgabe Dezember 2010.

Bei Schimmelpilzbefall ist die Ursache für das ungünstige Raumklima zu eruieren und zu beseitigen. Der Einbau einer Kompaktregalanlage oder dichtschließender Fenster, falsches Lüften und mangelnde Magazinhygiene können der Auslöser für das Wachstum von Schimmelpilzen sein. Überall dort, wo die Luft nicht frei zirkulieren kann, entstehen Bereiche mit einer hohen relativen Luftfeuchte und dem Risiko von Schimmelpilzwachstum. Befallene Bücher sind in einem Schwarzraum zu isolieren, um Übertragungswege zu unterbrechen. Die kontrollierte Trockenreinigung gilt als die effektivste Maßnahme zur Reduktion der Keimzahlen und damit des Gesundheitsrisikos. Bestrahlung hingegen schädigt auch das Bibliotheksgut selbst auf molekularer Ebene, und die Begasung mit Ethylenoxid ist im Nachgang für den Menschen gesundheitsschädlich und karzinogen. Eine Sterilisation hat keine präventive Wirkung, und das Zurückstellen der gereinigten Bücher führt zu einem Neubefall, wenn das Raumklima vorher nicht reguliert wurde. Bei gegebenem Anlass, wie z.B. nach einem extremen Befall, können der Erfolg einer Schutzmaßnahme geprüft und eine Gefährdungsbeurteilung des Arbeitsplatzes mittels Luftkeimmessung zur Erfassung der Raumsituation durchgeführt werden.

Mit marktgängigen Testsystemen können Kontaminationen überprüft werden. Diese Systeme bedienen sich einer Enzymkettenreaktion zur Messung der vorhandenen Konzentration an Adenosintriphosphat (ATP) und Adenosinmonophosphat (AMP), welche Rückschlüsse auf biogene Verunreinigungen zulässt. Der Leuchtnachweis von AMP und ATP wird über das Enzym-Substrat-System Luciferase-Luciferin geführt, welches in Kombination mit der Probe eine Biolumineszenzreaktion zeigt. Das zugehörige Handgerät misst, wie stark die Flüssigkeit fluoresziert, und zeigt nach maximal 30 Sekunden einen Messwert in der Einheit RLU (Relative Light Unit) an. Diese Systeme lassen jedoch keine absoluten Aussagen zu. Die Ergebnisse müssen immer in Relation zur vorab bestimmten Kontamination des Bestands gesetzt werden. Zusätzlich müssen Fachleute zur Anwendung des Nachweissystems vorab eine Kategorisierung der RLU-Werte erarbeiten, um den relativen Kontaminationsgrad bestimmen und geeignete Maßnahmen ergreifen zu können.

4.1.5 Schädlinge

Bibliotheken bieten mit ihren lichtreduzierten und wenig begangenen Magazinen ideale Lebensräume für lichtscheue oder nachtaktive Schädlinge vor allem dann, wenn die Räume ein für Bücher ungünstiges Klima haben und nur unregelmäßig gereinigt werden. Darüber hinaus stellen organische Materialien für Schädlinge eine ideale Nahrung dar. Bei einem Verdacht auf Befall ist die Beratung und Unterstützung durch Fachpersonal und Fachdienstleister zu empfehlen. Zum Monitoring, nicht zur Bekämpfung dienen handelsübliche Klebefallen, um Schädlinge nachweisen, bestimmen und ansatzweise quantifizieren zu können. Befallene Bücher müssen isoliert und begast werden, am besten mit Stickstoff, welcher als inertes Gas nicht mit Materialien reagiert. Das Verfahren der Schädlingsbekämpfung mit Stickstoff beruht auf der Sauerstoffreduktion in der Luft, die bereits zu 78 Prozent aus Stickstoff besteht. In Zelten mit einem minimalen Restsauerstoffgehalt werden Schädlinge bei relativ kurzen Behandlungszeiten sicher abgetötet. Um auch die noch nicht geschlüpften Schädlinge abzutöten, muss die Behandlungsdauer dem Lebenszyklus der Insekten angepasst werden.

Die Integrierte Schädlingskontrolle (Integrated Pest Management, IPM) ist ein aus dem Agrarbereich übernommener Ansatz der Schädlingskontrolle, der auf die Integration sämtlicher Möglichkeiten setzt, Schädlingen ihre Lebensgrundlage zu nehmen, und durch den weitgehenden Ausschluss chemischer Mittel die Gesundheit des Menschen und die Umwelt nachhaltig berücksichtigt. IPM basiert auf Kenntnissen über Lebenszyklus und -weise der Schädlinge sowie auf Magazinhygiene in Kombination mit regelmäßigem Monitoring und Früherkennung.

4.2 Maßnahmen

4.2.1 Notfallplanung

Alle präventiven Maßnahmen sind darauf ausgerichtet, das „Undenkbare" voraus zu denken und auf etwas vorbereitet zu sein, dessen Eintreten sehr unwahrscheinlich ist. Eine Reihe von dramatischen Schadensereignissen (Oderflut im Jahr 1997, Elbehochwasser im August 2002, Brand der Herzogin Anna Amalia Bibliothek in Weimar am 4. September 2004, Einsturz des Kölner Stadtarchivs am 3. März 2009, Neiße-Hochwasser im Jahr 2010, Juni-Flut im Jahr 2013) haben zu Verlusten von schriftlichem Kulturerbe und in der Folge zur Entstehung von Notfallverbünden geführt, die in verschiedenen Situationen auch bereits ihre Wirksamkeit erwiesen haben. Erste Initiativen für derartige Zusammenschlüsse von Kultureinrichtungen gab es in Halle 1996/1997, Berlin/Brandenburg 1997 und Weimar 2003/2007. Beratung erfolgte auch durch das Bundesamt für Bevölkerungs- und Katastrophenschutz (BBK). Inzwischen sind deutschlandweit solche Verbünde vorhanden oder im Entstehen. Ihre

Zusammensetzung variiert von spartenspezifischen Zusammenschlüssen bis hin zu übergreifenden Verbünden aus Bibliotheken, Archiven und Museen – auch in unterschiedlicher Trägerschaft.

Die in Verbünden vertretenen Einrichtungen kooperieren in der Prävention, tauschen Erfahrungen aus und bündeln Expertenwissen. Die Einrichtungen unterstützen sich bei der Erstellung von gebäudespezifischen Notfallplänen, nehmen Gefährdungsanalysen vor, halten Notfallmaterialien bereit und organisieren Notfallübungen. Dabei ist das Zusammenwirken mit professionellen Einsatzkräften unverzichtbar. Wichtig sind die zentrale Ablage der Alarmierungspläne und die Absprache von sicheren Alarmierungsketten. Kontaktdaten relevanter Dienstleister, z. B. Gefrierhäuser, sind zentral zu hinterlegen. Über Notfallpläne sind Ausweichdepotflächen abrufbar oder kurzfristig zu binden. In Verbünden von Kultureinrichtungen sind viele Synergieeffekte denkbar.

Darüber hinaus ist jede Bibliothek verpflichtet, für Not- oder Katastrophenfälle ausreichende Eigenvorsorge zu treffen. Für Gefährdungsanalysen können je nach Themenstellung Experten angefragt werden. Dazu zählen auch Feuerwehr, Technischer Überwachungsverein e.V. (TÜV) oder Deutscher Kraftfahrzeugüberwachungsverein e.V. (DEKRA). Die Ergebnisse sind bei der Erstellung von gebäudespezifischen Notfallplänen zu berücksichtigen, Alarmpläne darauf abzustimmen und Bergungsreihenfolgen nach Bestandsprioritäten festzulegen. Auch hier ist eine Liste von Dienstleistern vorzuhalten. Je nach Gefährdungs- und Medienarten sollten Notfallmaterialien vorgehalten werden. Die Materialmengen in Notfallboxen sind so kalkuliert, dass eine Erstversorgung von kleinen Mengen eingeleitet werden kann. Als Ergänzung dient eine aktuelle Bezugsquellenübersicht, um im Ernstfall rasch nachkaufen zu können. Eine zentrale Aufstellung und die bedarfsgerechte Zugänglichkeit sind wesentliche Kriterien für Notfallboxen. Gleichzeitig sind Mitarbeiter zu schulen, die mit den Materialien fachgerecht, schnell und sicher umgehen und auch einen Einsatz koordinieren können. Notfallboxen müssen regelmäßig kontrolliert, die Materialien nach vorgegebenen Intervallen erneuert werden. Daher ist es nicht sinnvoll, große Lagerbestände aufzubauen. Hier kommen die Vorzüge von Notfallverbünden zum Tragen, da Notfallboxen aus anderen Einrichtungen mit genutzt werden können. Für Notfallverbünde kann es dagegen erforderlich sein, einen größeren Bestand an Ausrüstungsgegenständen, Arbeitsbekleidung, Schutzausrüstungen und Verpackungsmaterialien zentral vorzuhalten.

Im Not- und Katastrophenfall kommt es darauf an, rasch zu handeln, denn Schimmelpilzwachstum kann innerhalb von 48 Stunden entstehen. Bei leichtem Feuchteschaden können die Bücher aufgefächert an der Luft bei einer guten Luftzirkulation ohne den Einsatz von Wärmequellen wie Heizlüfter getrocknet werden. Bei starker Durchfeuchtung oder bei großen Mengen sollte eine Vakuumgefriertrocknung erfolgen. Die Bücher werden dafür einzeln in weichmacherfreie Stretchfolie eingewickelt und anschließend schockgefrostet. Nach der Vakuumgefriertrocknung können weitere Maßnahmen wie Trockenreinigung und Restaurierung erfolgen.

4.2.2 Magazinhygiene

Staub, Schmutz und Unrat im Magazin leisten Schimmelpilz- und Schädlingsbefall und damit Abbaureaktionen Vorschub. Die Magazinhygiene durch eine regelmäßige Bodenreinigung in Magazin und Lesesaal (feucht, ohne Detergenzien), eine Regalreinigung (feucht, ohne Detergenzien) sowie eine Trockenreinigung von Büchern ist daher ein häufig unterschätzter, jedoch bedeutsamer Faktor für die Konservierung. Damit die Luftfeuchtigkeit nicht sprunghaft ansteigt, darf die Bodenreinigung nur feucht und abschnittsweise erfolgen. Die alsbald in den bodennahen Buchreihen zu beobachtende Neuverschmutzung verdeutlicht den Bedarf an ausreichenden Reinigungszyklen. Die Buchreinigung mit Spezialstaubsaugern oder an der Sicherheitswerkbank ist ungleich aufwendiger als die Bodenreinigung. Strategisch günstig ist die Koppelung der Buchreinigung mit Digitalisierungsprojekten oder mit der Selektion von Objekten für die Massenentsäuerung.

4.2.3 Schutzhüllen

Schutzhüllen bewahren Objekte vor schädlichen Einwirkungen aus ihrer mittelbaren und unmittelbaren Umgebung während der Lagerung und in der Benutzung. Sie schützen vor mechanischer Beschädigung, raschem Feuchtigkeits- und Temperaturwechsel, Licht, Staub und Schmutz. Schutzhüllen müssen luft- und feuchtigkeitsdurchlässig sein, um einen klimatischen Austausch mit der Umgebung zu ermöglichen und einer Kondensation bei Klimaschwankungen vorzubeugen. Die Anforderungen an Schutzhüllen betreffen das Material und die Form. Das Material von Schutzhüllen im direkten Kontakt mit Dokumenten muss alterungsbeständig sein gemäß der internationalen, in Deutschland und Europa übernommenen Norm DIN EN ISO 9706:2010 „Information und Dokumentation – Papier für Schriftgut und Druckerzeugnisse – Voraussetzungen für die Alterungsbeständigkeit". Diese Norm definiert ein Papier für Schriftgut und Drucke, das für die dauerhafte Aufbewahrung in Archiven, Bibliotheken und Museen am besten geeignet ist.

Schutzhüllen sind Gegenstand der Norm DIN ISO 16245:2011 „Information und Dokumentation – Schachteln, Archivmappen und andere Umhüllungen aus zellulosehaltigem Material für die Lagerung von Schrift- und Druckgut aus Papier und Pergament". Die Anforderungen an das Material von Schutzhüllen für Fotografien formuliert die internationale Norm ISO 18902:2013 „Imaging materials – Processed imaging materials – Albums, framing and storage materials". Die Schutzhüllen aus Papier müssen pH-neutral und dürfen keinesfalls alkalisch sein. Bei der Verwendung von Kunststoffhüllen ist darauf zu achten, dass diese nur aus Polyester, Polyethylen oder Polypropylen und keinesfalls aus weichmacherhaltigen Materialien wie Polyvinylchlorid bestehen dürfen.

Die Formen von Schutzhüllen sind so vielfältig wie die zu schützenden Objekte. Adäquate Schutzformen für Bücher sind passgenau angefertigte Klappdeckelboxen aus Wellpappe oder Kassetten aus leinenbezogener Vollpappe. Allseitig geschlossene Behältnisse erfüllen die konservatorischen Anforderungen am besten. Schutzhüllen für Einzelblätter bestehen in ihrer einfachsten Form aus Umschlägen aus Papier oder Karton, die einfach gefalzt ein oder mehrere Einzelblätter aufnehmen können. Eine Mappe mit Flügelklappen nimmt mehrere solcher Umschläge auf. Die Mappen selbst können formatabhängig in Frontklappenboxen oder Planschränken gelagert werden.

4.2.4 Präventive Konservierung in der Benutzung

Benutzung beginnt mit dem Ausheben des Objekts am Fach und endet mit seinem Zurückstellen. Daher sind die präventiven Aktivitäten weit gespannt und richten sich auf Transport, Katalogisierung, Erschließung, Digitalisierung, Restaurierung, Lesesaal, Ausstellung etc. In Lesesaal und Dienstzimmern sorgen adäquate Bedingungen für eine möglichst geringe Belastung der Objekte. Effektiv sind Benutzungsregeln und Schulungen zum richtigen Umgang mit historischen Dokumenten und zu Hilfsmitteln zur Schadensvermeidung wie etwa Buchwiegen und Handschuhe. Über Materialien zur Medienbearbeitung informiert die Norm DIN ISO 11798:2001 „Information und Dokumentation. Alterungsbeständigkeit von Schriften, Drucken und Kopien auf Papier. Anforderungen und Prüfverfahren". Bei Beschriftungen und Dokumentationen sind haltbare und alterungsbeständige Schreibstoffe auf Pigmentbasis einzusetzen. Darüber hinaus sollen Stempelfarben ölbasiert sein, um einem Ausbluten vorzubeugen.

4.2.5 Schadensprävention bei Ausstellungen

Gerade in Ausstellungen sollten bei einem Minimum an Beleuchtungsstärke nur UV-gefilterte bzw. UV-freie Leuchtmittel eingesetzt werden. Für Bibliotheksmaterialien gelten 50 Lux bei einer Expositionszeit von drei Monaten als konservatorisch vertretbar. Spotlicht auf Objekte sowie Dauer- und Wanderausstellungen sind zu vermeiden. Bei besonders sensitiven Materialien soll nach der halben Ausstellungszeit eine andere Buchseite gezeigt werden. Chemisch instabile Materialien wie saures Papier, Dokumente mit Tinten- oder Farbschaden sowie Fotografien erfordern gegebenenfalls noch kürzere Ausstellungszeiten. Nach einer Ausstellung gilt in Abhängigkeit vom Material generell eine mehrjährige Ruhezeit bis zur nächsten Lichtexposition als tragbarer Kompromiss zwischen Benutzung und Konservierung. Die Dokumentation von ausgestellten Seiten in einem Beleuchtungsdatenblatt ist hierbei ein wichtiges internes Steuerungsinstrument.

Die Beobachtung, dass der Erhaltungszustand von denjenigen Seiten, die in Ausstellungen immer wieder präsentiert werden, signifikant schlechter ist, bestätigt die schädliche Auswirkung bereits kurzfristiger Lichtexpositionen. Zur Kontrolle von Strahlungsintensität und -spektrum dienen geeignete Messgeräte wie etwa Lux- und UV-Kombigeräte. Das Luxmeter misst die Beleuchtungsstärke, nicht aber die spektrale Zusammensetzung. Geräte mit opaken Kuppeln über den Messzellen liefern die zuverlässigsten Werte. Grundsätzliche Empfehlungen für die Beleuchtung sind in dem Technischen Bericht CIE 157:2004 „Control of damage to museum objects by optical radiation" formuliert.

Speziell für die Beleuchtung im Ausstellungsbereich gilt die europäische Norm DIN EN 16163:2010 „Beleuchtung von Ausstellungen des kulturellen Erbes". Einen umfassenden Überblick über Anforderungen an Vitrinen gibt die DIN EN 15999-1:2012 „Erhaltung des kulturellen Erbes – Leitfaden für das Management von Umgebungsbedingungen – Empfehlungen für Schauvitrinen zur Ausstellung und Erhaltung von kulturellem Erbe". Diese Norm behandelt neben Sicherheitsaspekten die konservatorischen Belange wie den Aufbau, die Materialien und das Mikroklima in Vitrinen.

5 Restaurierung und Massenentsäuerung

5.1 Restaurierung

Ein historisches Buch erschließt sich im Unterschied zu einem Museumsobjekt erst, indem man es seiner ursprünglichen Bestimmung nach benutzt, es aus dem Regal nimmt, öffnet, liest und weiter blättert, es schließt und zurück ins Regal stellt. Ist eine Benutzung nicht mehr möglich, ohne dass das Buch Schaden nimmt, vorhandene Schäden größer werden oder halb lose Bestandteile drohen verloren zu gehen, ist eine Restaurierung indiziert. Restaurierung zielt darauf ab, die Wertschätzung, das Verständnis und die Benutzung eines Buchs oder anderer historischer Dokumente zu erleichtern. Bei der Wahl der Maßnahmen werden seine Bedeutung sowie die vorgefundenen Techniken und Materialien respektiert. Während bei früheren Restaurierungen das Ziel der Benutzbarkeit im Vordergrund stand und Veränderungen am Buch dafür gerne akzeptiert wurden, wird heute unter dem Fachausdruck „Restaurierung" ein Konservierungsprojekt verstanden, das den gegenwärtigen Zustand möglichst bewahren soll. Einschränkungen in der Benutzung, wie etwa ein begrenzter Öffnungswinkel, werden dafür in Kauf genommen. Nur in sehr seltenen Fällen ist das Ziel die Wiederherstellung eines früheren Zustands, wie es das Wort „re-staurieren" (lat. wiederherstellen) eigentlich vorgibt. Eine Restaurierung gleich mit welchem Ziel basiert auf einer systematischen Herangehensweise gemäß dem aktuellen Kenntnisstand der Konservierungswissenschaft und folgt den allgemeinen Prinzipien der Kulturguterhaltung, wie sie in den Chartas und Leitlinien internationaler Fachorganisationen niedergelegt sind.

Bei einer Restaurierung geht mit der Wiederherstellung der Funktionalität in der Regel auch die Sicherung halbloser oder bereits separater Teile eines Buches einher. Sind der Materialabbau und die mechanischen Schäden gravierend, ist eine tiefgreifende Restaurierung unausweichlich. Mit kleineren Substanzsicherungen ist dem Materialverlust ohne tiefere Eingriffe vorzubeugen.

Restaurierung sichert zwar die physische Überlieferung, allerdings bedeutet schon die kleinste Maßnahme an einem Buch eine Veränderung seiner historischen Substanz. In der internationalen Diskussion zur Restaurierungsethik wurde die *minimum intervention* zum Schlagwort. Nicht nur aus Respekt vor dem historischen Erbe, sondern auch, um Bücher möglichst authentisch für die Wissenschaft und Allgemeinheit zu bewahren, sind Restaurierungen nur dann vorzunehmen, wenn das Objekt instabil ist und ihm das physische oder chemische Gleichgewicht fehlen, was zu Abbau oder Verlust führen kann. Die Maßnahmen sind jeweils so begrenzt wie möglich zu halten. Hinzugefügtes Material muss alterungsbeständig und mit dem historischen Material vereinbar sein, um die Bedeutung und Stabilität des Objekts nicht zu gefährden. Dabei soll sich das neue Material harmonisch in das Gesamtbild einfügen. Ein weiterer Grundsatz ist die Reversibilität, also das Ausmaß, in dem eine spätere Maßnahme rückgängig gemacht werden kann, ohne das Objekt zu beschädigen. In Fällen wie etwa der Konsolidierung von Malschicht oder der mechanischen Stabilisierung von Tinten- und Farbschaden bleibt die Reversibilität allerdings ein theoretischer Aspekt, da der Abbaugrad das Abnehmen des stabilisierenden Materials nicht erlaubt.

Auf dem anspruchsvollen Gebiet der Buchrestaurierung sind profunde Kenntnisse historischer Einbandtechniken und Materialien nötig, um die komplexe Funktionsweise im Zusammenspiel mit den gealterten Materialien zu berücksichtigen. Restaurierungskonzepte stehen immer auch im Bannkreis von Ästhetik. Da Eingriffe, auch die kleinsten, das Objekt in seiner Authentizität stets verändern, müssen Restaurierungen aus rein ästhetischen Gründen unterbleiben. Deshalb werden Schäden nicht behoben und fehlende Bestandteile nicht ergänzt, sofern sie nicht wichtig für die Funktionsfähigkeit eines Buchs sind. Von der Restaurierung abzugrenzen ist die Reparatur, die den oben genannten Grundsätzen nicht oder nur zum Teil folgt, indem z.B. schadhafte Einbände ganz oder teilweise durch neue Materialien ersetzt werden. Reparaturen kommen nur bei neueren Bibliotheksbeständen zur Anwendung.

Die Dokumentation der Restaurierung besteht aus Informationen, die für die gegenwärtige und zukünftige Konservierung und für Referenzzwecke erzeugt, gesammelt, vorgehalten und dauerhaft aufbewahrt werden. Dabei handelt es sich zum Beispiel um schriftliche Berichte, Zeichnungen, Fotografien, Untersuchungsergebnisse etc. Gegebenenfalls kommen nicht wieder verwendbare Fragmente der Originalsubstanz hinzu. Das Ziel ist die exakte Darstellung sämtlicher Veränderungen sowie die detaillierte Information über die bei der Restaurierung eingesetzten Materialien und die dauerhaft im Buch verbleibenden Substanzen. Durch eine methodisch fundierte Vorgehensweise in der restauratorischen Dokumentation wird sichergestellt, dass auf der Basis aller verfügbaren Daten eine Restaurierung kritisch vorbereitet und sorgfältig durchgeführt wird. Die Dokumentation erleichtert die unmittelbare detaillierte Nachkontrolle und die künftige retrospektive Nutzung dieser Daten.

5.2 Massenentsäuerung

Ein großer Teil der Bibliotheksbestände ab etwa 1850 bis heute ist vom Papierzerfall bedroht, der sich ohne geeignete Gegenmaßnahmen ständig verschärft. Der relativ rasche Papierzerfall wird im Verlauf des 19. Jahrhunderts durch die grundlegend veränderte Papierproduktion verursacht, die von der Papierherstellung aus textilen Fasern im Alkalischen hin zur Massenproduktion aus Holzstoff im Sauren übergeht. Die Zugabe von säurebildendem Aluminiumsulfat zur Leimung des Papiers bei gleichzeitig schlechter Faserqualität des ligninhaltigen Holzschliffs führt ab der Herstellung zu saurem Papier und damit zum Papierabbau. Die säurekatalysierten Prozesse beginnen demnach unmittelbar nach der Papierherstellung, wodurch der pH-Wert des Papiers kontinuierlich weiter sinkt. Der Prozess läuft mit der Zeit und mit zunehmendem Säuregehalt im Papier immer schneller ab. Ungünstige Lagerungsbedingungen mit hoher Temperatur und Luftfeuchte, starken Raumklimaschwankungen, Lichteinfall und Luftschadstoffen beschleunigen den Abbauprozess zusätzlich. Die Benutzung geschädigter Papiere führt häufig zu mechanischen Schäden wie beispielsweise den typischen Bruchstellen im stark beanspruchten Falzbereich.

Solange das saure Papier noch über eine ausreichende Stabilität verfügt, kann die Massenentsäuerung als geeignetes Mengenverfahren zur Anwendung kommen. Sie zielt auf die vollständige Neutralisierung der Säuren und insbesondere auf die Bildung einer alkalischen Reserve im Papier ab, um die Alterungsbeständigkeit zu erhöhen. Anforderungen an ein geeignetes Verfahren sind eine gleichmäßige Entsäuerung und Verteilung der alkalischen Reserve über das gesamte Blatt und Buch. Darüber hinaus darf es nur geringe Nebenwirkungen auf das Buch, aber keine auf die Umwelt, die Mitarbeiter und Benutzer haben.

Unter Berücksichtigung der genannten Anforderungen bieten mehrere Dienstleister im deutschsprachigen Raum wässrige und nichtwässrige Flüssigverfahren zur Entsäuerung an. Bei den früher angewandten Trockenverfahren wurde das Entsäuerungsmittel in Pulverform in die aufgefächerten Bücher eingeblasen. Bei den nichtwässrigen Flüssigverfahren durchdringt das Entsäuerungsreagenz das gesamte Papierblatt gleichmäßig. Für den Behandlungserfolg ist ein Vortrocknen der Bücher im Vakuum auf einen Restfeuchtegehalt von etwa einem Prozent notwendig. Nach der Behandlung wird die Feuchtigkeit dem Papier langsam wieder zugeführt. Dieses Vor- und Nachkonditionieren belastet die Objekte zusätzlich. Auch wenn die verfahrensspezifischen Vorgaben der Dienstleister zur Selektion der zur Entsäuerung geeigneten

Objekte beachtet werden, sind Nebenwirkungen nicht gänzlich auszuschließen. Die wässrigen Verfahren stehen noch nicht für große Mengen gebundener Objekte zur Verfügung und sind somit als Einzelblattverfahren vor allem für das Archivwesen interessant. Vorteilhaft sind neben der Entsäuerung das verfahrensbedingte leichte Anquellen der Papierfasern und eine Nachleimung mit Methylcellulose, was zu einer gewissen Verfestigung und Flexibilisierung des Papiers führt.

Die Ergebnisse des KUR-Projekts „Nachhaltigkeit der Massenentsäuerung von Bibliotheksgut" 2008 bis 2010 haben für die untersuchten nichtwässrigen Tränkverfahren gezeigt, dass eine deutliche Verlangsamung des Papierabbaus erreicht und dadurch die objektspezifische Lebensdauer um etwa den Faktor 3 verlängert werden kann. Darüber hinaus erfolgt aber keine Verfestigung des Papiers. Die Entsäuerung ist umso effektiver, je frühzeitiger sie erfolgt. Ist das Papier bereits brüchig und zu weit abgebaut, bleibt nur, Reproduktionen herzustellen. Daher ist eine gezielte Auswahl auch derjenigen Bücher wichtig, für die eine Entsäuerung nicht mehr in Frage kommt. Die Selektion erfolgt neben einer optischen und haptischen Beurteilung des Papiers (Erscheinungsjahr, Verfärbung, Festigkeit, Flexibilität, mechanische Schäden) auch über die Eignung der Schreibstoffe (z.B. Druck-, Stempelfarben, Tinte) und des Einbands (z.B. Leder, Kunststoff). In Zweifelsfällen, wenn das Papier noch keine Anzeichen von Abbau zeigt, steht ein einfacher Säurenachweis mit einem Indikatorstift zur Verfügung. Darüber hinaus sind im Labor neben der exakten Messung des pH-Werts auch mikroskopische, titrimetrische und spektroskopische Methoden anwendbar.

Mit Blick auf das Mengengerüst sind die Optimierung von Methoden zur Selektion der relevanten Objekte und die Weiterentwicklung von automatisierten Messtechniken zur Qualitätskontrolle notwendig. Zweifellos besteht auch dringender Forschungsbedarf für die Originalerhaltung von Objekten, die auf Grund ihres Abbaugrades in die Kategorie „zu spät für eine Entsäuerung" fallen. Die Weiterentwicklung der Verfahren führt dazu, dass im Bestand unterschiedlich behandelte Bände stehen – eine Konstellation, die bei zukünftigen Entscheidungen eine Rolle spielen kann. Daher sollten der Zeitpunkt der Entsäuerung und der gewählte Dienstleister bzw. das Verfahren im Buch und für künftige Planungen möglichst auch im Katalog dokumentiert werden. Der Nachweis von Entsäuerungsmaßnahmen ist genauso wichtig wie die Erfassung der Objekte, für die eine Entsäuerung bereits zu spät ist. Diese Nachweise sind zudem eine grundlegende Voraussetzung für ein koordiniertes Vorgehen auf Landes- und Bundesebene.

6 Erstellung von Sekundärformen zur Informationssicherung

6.1 Digitalisierung

Die Digitalisierung verbindet die Bereitstellung der Bestände im Internet für Wissenschaft und Öffentlichkeit mit Aufgaben im Rahmen der Bestandserhaltung. Neben der Herstellung von Schutz- und Sicherungsmedien zur Schonung des Originals in der Benutzung und im Rahmen der Notfallplanung gewinnt die Informationssicherung von Werken auf saurem Papier mit fortgeschrittenem Abbaugrad an Bedeutung. Dies ist notwendig, denn bei bereits brüchigem Papier scheidet die Entsäuerung aus, die das Papier nur entsäuert, nicht aber wieder verfestigt. Nicht zuletzt kommen Digitalisate als hochauflösende Ausdrucke für die Dokumentation von Restaurierungsmaßnahmen oder als Langzeitdokumentation von Schäden und Maßnahmen zum Einsatz. Diesen Anwendungen liegt stets ein unterschiedlich aufwendiger Digitalisierungsprozess der einzelnen Werke in Massendigitalisierungs- oder sogenannten „Boutique"-Projekten zugrunde, die auf kleine, profilierte Bestandssegmente zielen.

Auch wenn Scanausstattungen und Workflows inzwischen optimiert sind, bedeutet die Digitalisierung zusammen mit der prozessbegleitenden bibliothekarischen Vor- bzw. Nachbereitung und den zahlreichen damit verbundenen Transporten insgesamt eine Belastung für die Dokumente. Um Mehrfachdigitalisierungen zu vermeiden, muss die Qualität der Digitalisate so hoch sein, dass sie vielfältig, etwa für Publikationen oder weitere digitale Anwendungen nachnutzbar sind. Die Qualitätsanforderungen an Digitalisate sind detailliert in den aktuellen DFG-Praxisregeln 2013 niedergelegt. Dazu zählen grundlegend die Verwendung von Grau- oder Farbkeil und Maßstab sowie die Aufnahme der Seiten in unbeschnittener Vollansicht. Die DFG hat in ihre Richtlinien auch die konservatorische Prüfung als integralen Bestandteil von Digitalisierungsprojekten aufgenommen, bei der entschieden wird, ob ein Werk vor der Digitalisierung restauriert werden muss, um eine Schadensvergrößerung oder den Verlust historischen Materials zu vermeiden. Im Weiteren legt die Prüfung die konservatorischen Parameter für den Scanvorgang fest: z.B. den zulässigen Öffnungswinkel und die Mitarbeit eines Restaurators oder Assistenten.

Zu den allgemeinen Vorgaben für eine buchschonende Digitalisierung gehören geeignete Umgebungsparameter hinsichtlich des Raumklimas und einer minimalen Beleuchtungsdauer und -stärke. Die Leuchtmittel müssen frei von UV- und IR-Strahlung sein, günstig sind daher Leuchtdioden. Im Weiteren dürfen Scangeräte kein Beschädigungspotenzial für Bücher wie spitze Kanten und raue Flächen haben. Dem historischen Buch mit seinen gealterten, wenig flexiblen Materialien kommen Scangeräte mit Buchwiegen entgegen, die sich den individuellen Vorgaben der Bücher anpassen lassen. Mitunter erlauben Bücher nur geringe Öffnungswinkel von etwa 80 bis 90 Grad. Der maximale Öffnungswinkel ist in dem Moment erreicht, in dem der

Widerstand beim Öffnen des Buches zu spüren ist. Der an der Universitätsbibliothek Graz entwickelte „Grazer Kameratisch" mit einer 90-110-Grad-Buchwiege und einem Unterdruckarm zum schonenden und unauffälligen Fixieren der Blätter ist eines der ersten konservatorisch überzeugenden Scansysteme. Effektive Buchwiegen können aus einfachen Schaumstoffkeilen bestehen, die mit einem glatten Karton abgedeckt werden, um Abrieb bei empfindlichen Oberflächen zu verhindern. Günstig sind Systeme mit Buchwiege, die doppelseitig aufnehmen, denn sonst müssen zunächst alle Recto-, dann alle Verso-Seiten des Buches gescannt werden. Systemen mit Buchwiegen liegt die Scan-Philosophie zugrunde, dass sich nicht das Buch an relative starre Gegebenheiten des Geräts anzupassen habe, sondern umgekehrt das Gerät mit einem Maximum beweglicher Mechanik auf die jeweiligen Eigenheiten des Buches einzustellen ist. Im Gegensatz zur Buchwiege sind die mittig geteilten Buchwippen nur für dünne Bücher geeignet, die einen Öffnungswinkel von 180 Grad zulassen und keinen gewölbten Buchblock mit Text bis in den Falz aufweisen. Das Auflegen einer Glasplatte ist generell problematisch und führt gerade bei umfangreichen Büchern mit Text bis in den Falz nicht zum gewünschten Erfolg. In der digitalen Reproduktionspraxis wird mittlerweile den bereits seit längerem vorgebrachten Argumenten gegen die Verwendung von Glasplatten stärker Rechnung getragen und das Dogma der absolut planen und damit der natürlichen Wölbung der Buchseite widersprechenden Reproduktion für Gebrauchsscans in Frage gestellt. Wichtig ist der Einsatz von Hilfsmitteln wie etwa dem sogenannten „Münchner Finger", einem speziell geformten Acrylglasstab zum dezenten Fixieren der Buchseiten, oder von Bleischlangen und Senkbleien zum sanften Beschweren.

6.2 Mikroverfilmung

Das Digitalisat ist unter dem Blickwinkel der Benutzung die zu favorisierende Sekundärform, vor allem auch hinsichtlich der semantischen Vernetzung digitaler Inhalte und der Volltexterfassung digitaler Dokumente. Dennoch wird auch der Mikroverfilmung unter dem Aspekt der langfristigen Sicherung des schriftlichen Kulturerbes weiterhin noch eine wichtige Rolle zukommen. Beide Verfahren, Digitalisierung und Mikroverfilmung, dürfen nicht als Gegensätze begriffen werden. Vom Digitalisat kann ein Mikrofilm ausbelichtet werden, während umgekehrt der Mikrofilm digitalisiert werden kann. In jedem Fall muss das Original also nur einmal für die Zwecke der Erstellung einer Sekundärform herangezogen und belastet werden.

Beim Verfahren der Mikroverfilmung unterscheidet man die Schutz-, Sicherungs- und Ersatzverfilmung. Durch fotografische Verkleinerung wird eine Vorlage seitenweise (je nach Öffnungswinkel und Format eine Einzelseite oder Doppelseite) normgerecht verfilmt. Neben der Langzeitstabilität (bei richtiger Lagerung mindestens 500 Jahre haltbar), Robustheit, geringer Manipulierbarkeit, einfacher Handhabung, vergleichsweise platzsparender Aufbewahrung bei relativ geringen Lagerkosten garantiert der Mikrofilm die zukünftige Lesbarkeit auch mit einfachsten optischen Hilfsmitteln. Für die Verfahren der Mikroverfilmung besteht ein Netz von DIN-, EN- und ISO-Normen, die einen hohen und einheitlichen Qualitätsstandard gewährleisten sollen. Der bei der Verfilmung erstellte Originalfilm (Masterfilm) ist zur Langzeitsicherung bestimmt und soll im Idealfall nur einmal zur Herstellung eines Silberduplikatfilms benutzt werden. Von dieser zweiten Filmgeneration können bei Bedarf weitere Nutzungskopien (Diazofilme) gezogen oder Digitalisate angefertigt werden. Die Sicherungsverfilmung folgt den Grundsätzen der Haager Konvention zum Schutz von Kulturgut bei bewaffneten Konflikten und konzentriert sich auf unikale, hochrangige Bestände, um im Falle des Verlusts der Originale zumindest vollständige Bildinformationen zu bewahren. Die Einlagerung von Sicherungsfilmen ist im Oberrieder Stollen im Schwarzwald vorgesehen.

Die Schutzverfilmung soll wie die Schutzdigitalisierung fragile Originale insbesondere vor Benutzungsschäden schützen. Bei Verfilmungsvorhaben sind vorab Synergien mit der Digitalisierung zu prüfen und auszunutzen. Mehrere Kombinationen sind denkbar – so können Digitalisate auf langzeitstabile Spezialfarbmikrofilme ausbelichtet werden, und vom Mikrofilm kann umgekehrt ein Digitalisat erzeugt werden. Aktuell betont insbesondere die auf dem Archivtag 2013 verabschiedete „Saarbrücker Erklärung" mit der Initiative „Medium Film nutzen" die Bedeutung der Mikroverfilmung als Verfahren der Langzeitsicherung von Kulturgut.

7 Ausbildung

Das Fach Bestandserhaltung ist in den Curricula der bibliothekarischen Ausbildungseinrichtungen integriert. Die Ausbildung im Bereich der Restaurierung/Konservierung erfolgt aktuell in Bachelor- und Masterstudiengängen an folgenden Einrichtungen (bisher Diplomabschluss): an der Hochschule für angewandte Wissenschaft und Kunst Hildesheim in der Studienrichtung „Schriftgut, Buch und Graphik", an der Fachhochschule Köln in der Studienrichtung „Restaurierung und Konservierung von Schriftgut, Grafik, Fotografie und Buchmalerei", an der Technischen Universität München im Studienschwerpunkt „Buch und Papier" des Bachelorstudiengangs (bis 2013) und des konsekutiven Masterstudiengangs „Restaurierung, Kunsttechnologie und Konservierungswissenschaft" sowie an der Staatlichen Akademie der Bildenden Künste Stuttgart im Studiengang „Konservierung und Restaurierung von Kunstwerken auf Papier, Archiv- und Bibliotheksgut". In München ist das Institut für Buch- und Handschriftenrestaurierung (IBR) der Bayerischen Staatsbibliothek auf der Grundlage einer institutionellen Kooperation zwischen der Bayerischen Staatsbibliothek und der Technischen Universität München verantwortlich für die Ausbildung. Diese enge Verbindung von Bibliothek und Restauratorenausbildung besteht im deutschsprachigen Raum nur in München. Weitere Studiengänge gibt es in Bern an der Hochschule der Künste und in Wien an der Akademie der bildenden Künste.

8 Fachgremien

Fachgremien und Plattformen für Bestandserhaltung sind auf nationaler Ebene die Arbeitsgemeinschaft Bestandserhaltung des Deutschen Bibliotheksverbands (dbv), die Koordinierungsstelle zur Erhaltung des schriftlichen Kulturguts (KEK) an der Stiftung Preußischer Kulturbesitz und das Online-Fachportal „Forum Bestandserhaltung", betrieben von der Universitäts- und Landesbibliothek Münster. Auf internationaler Ebene sind insbesondere das in weltweiten Regionalzentren organisierte Kernprogramm Preservation and Conservation (PAC) und die Sektion 19 Preservation and Conservation der International Federation of Library Associations and Institutions (IFLA) zu nennen. Daneben bestehen für den Bereich Restaurierung/Konservierung auf nationaler Ebene die Fachgruppe Graphik, Archiv- und Bibliotheksgut des Verbands der Restauratoren (VDR) sowie auf internationaler Ebene die Internationale Arbeitsgemeinschaft der Archiv-, Bibliotheks- und Graphikrestauratoren (IADA) sowie die Graphic Documents Working Group des Committee for Conservation am International Council of Museums (ICOM-CC).

Die Fachgremien für die Erarbeitung von Normen in der Bestandserhaltung werden in Deutschland am Deutschen Institut für Normung e.V. (DIN) geführt. Diese Arbeitsausschüsse vertreten Deutschland zugleich in dem Europäischen Komitee für Normung (CEN, Comité Européen de Normalisation) und in der International Organization for Standardization (ISO). Die Mitarbeit deutscher Experten an der Normungsarbeit ist wichtig, denn europäische Normen sind unverändert in die nationalen Normenwerke aller Mitglieder der europäischen Normungsorganisationen zu übernehmen, und abweichende nationale Normen sind zurückzuziehen. Bei ISO-Normen gibt es keinen entsprechenden Automatismus, jedoch ist die Übernahme nach bestimmten Vereinbarungen möglich. Um den deutschen Experten in europäischen und internationalen Normungsprojekten ein nationales Forum zu geben, führt das DIN sogenannte Spiegelausschüsse.

9 Ausblick

Die Bibliotheks- und länderübergreifende Koordinierung von Bestandserhaltungsmaßnahmen einschließlich spartenübergreifender Abstimmungen und Kooperationen wird zunehmend wichtiger und kann dazu beitragen, dass überzeugende Konzepte entstehen, die von Bund und Ländern nachhaltig gefördert werden. Dabei sind in Anbetracht der Bestandsdimension und des Faktors Zeit Schwerpunktsetzungen ebenso unerlässlich wie eine enge Kooperation mit lokalen, regionalen und deutschlandweiten Digitalisierungsinitiativen. Parallel besteht weiterer und dringender Forschungsbedarf. Vorrangig zu nennen sind hier Mengenverfahren zur Behandlung saurer, besonders brüchiger Papiere mit Blick auf ihre Stabilisierung. Aber auch die Optimierung bestehender Verfahren und ihrer Qualitätssicherung sowie vertiefende materialwissenschaftliche Analysen sind notwendig. Die langfristig sichere Aufbewahrung der Objekte gerade im Zusammenhang mit dem Klimawandel wird neue Anforderungen stellen. Die Erhaltung der Sammlungen und ihrer Originale steht dauerhaft im Spannungsfeld mit ihrer Benutzung. Die nachhaltige und langfristige Sicherstellung dieser Benutzung wird auch in Zukunft ein wichtiger Gradmesser für die Bestandserhaltung sein.

Literatur

Ahn, Kyujin, Ute Henniges, Agnes Blüher, Gerhard Banik u. Antje Potthast: Sustainability of Mass Deacidification. Part I: Concept, Selection of Sample Books and pH-Determination. In: Restaurator 32 (2011), H. 3, S. 193–222. Part II: Evaluation of Alkaline Reserve. In: Restaurator 33 (2012), H. 2, S. 48–75.

Altenhöner, Reinhard, Agnes Blüher, Andreas Mälck, Elisabeth Niggemann, Antje Potthast u. Barbara Schneider-Kempf (Hrsg.): Eine Zukunft für saures Papier. Perspektiven von Archiven und Bibliotheken nach Abschluss des KUR-Projekts „Nachhaltigkeit der Massenentsäuerung von Bibliotheksgut". Frankfurt a.M.: Vittorio Klostermann 2012 (Zeitschrift für Bibliothekswesen und Bibliographie – Sonderbände 106).

Arbeitsgruppe „Bestandserhaltung": Landeskonzept zur Bestandserhaltung in den Archiven und Bibliotheken 2013–2022. Im Auftrag des „Beirats für Wissenschaftliche Bibliotheken des Landes Schleswig-Holstein", erarb. durch die Unterarbeitsgruppe „Bestandserhaltung" für die für Kultur und Wissenschaft zuständigen obersten Landesbehörden. Kiel: Beirat der Wissenschaftlichen Bibliotheken des Landes Schleswig-Holstein 2012. http://bit.ly/landeskonzept-bestandserhaltung (01.09.2014).

Ashley-Smith, Jonathan, Andreas Burmester u. Melanie Eibl (Hrsg.): Climate for collections. Standards and uncertainties. Postprints of the Munich Climate Conference 7.-9. November 2012. London 2013. http://www.doernerinstitut.de/downloads/Climate_for_Collections.pdf (04.10.2013).

Blüher, Agnes u. Beat Vogelsanger: Mass Deacidification of Paper. In: Chimia 55 (2001), S. 981–989.

DIN EN 15898: Erhaltung des kulturellen Erbes – Allgemeine Begriffe. Ausgabe Dezember 2011. Berlin: Beuth 2011.

Giovannini, Andrea: De Tutela Librorum. Die Erhaltung von Büchern und Archivalien/La conservation des livres et des documents d'archives. 4., überarb. und wesentl. erw. Aufl. Baden: hier und jetzt, Verlag für Kultur und Geschichte 2010.

Glauert, Mario u. Sabine Ruhnau (Hrsg.): Verwahren, Sichern, Erhalten. Handreichungen zur Bestandserhaltung in Archiven. Potsdam 2005 (Veröffentlichungen der Brandenburgischen Landesfachstelle für Archive und öffentliche Bibliotheken; Zugleich Veröffentlichungen des Landesverbandes Brandenburg des Verbandes deutscher Archivarinnen und Archivare e.V. 2).

Griebel, Rolf: Das Konzept zur Bestandserhaltung in den staatlichen Bibliotheken Bayerns 2010. In: Eine Zukunft für saures Papier. Perspektiven von Archiven und Bibliotheken nach Abschluss des

KUR-Projekts „Nachhaltigkeit der Massenentsäuerung von Bibliotheksgut." Hrsg. von Reinhard Altenhöner, Agnes Blüher, Andreas Mälck, Elisabeth Niggemann, Antje Pothast u. Barbara Schneider-Kempf. Frankfurt a.M.: Klostermann 2012. S. 130–141.

Hähner, Ulrike: Schadensprävention im Bibliotheksalltag. München: Saur 2006 (Bibliothekspraxis 37).

Hilbert, Günter S.: Sammlungsgut in Sicherheit: Beleuchtung und Lichtschutz. Klimatisierung. Schadstoffprävention. Schädlingsbekämpfung. Sicherungstechnik. Brandschutz. Gefahrenmanagement. 3., vollst. überarb. u. erw. Auflage. Berlin: Gebr. Mann Verlag 2002.

Hofmann, Rainer u. Hans-Jörg Wiesner: Bestandserhaltung in Archiven und Bibliotheken. 4., überarb. u. erw. Auflage. Hrsg. von DIN – Deutsches Institut für Normung. Berlin: Beuth 2013.

International Institute for Conservation of Historic and Artistic Works (IIC) u. American Institute for Conservation (AIC): The Plus/Minus Dilemma. A Way Forward in Environmental Guidelines. Roundtable held on 13 May, 2010 Milwaukee Wisconsin, USA. London: International Institute for Conservation of Historic and Artistic Works 2010. https://www.iiconservation.org/node/1234 (06.10.2013).

Michalski, Stefan: Double the life for each five-degree drop, more than double the life for each halving of relative humidity. In: ICOM Committee for Conservation, Preprints of the 13rd Triennial Meeting, Rio de Janeiro, 22-27 September 2002. Hrsg. v. Roy Vontobel. Bd. 1. London: James and James 2002. S. 66–72. http://cci-icc-gc.academia.edu/StefanMichalski (06.10.2013).

Roth, Klaus: Chemie contra Papierzerfall. In: Chemie in unserer Zeit 40 (2006), H. 1, S. 54–62.

Schieweck, Alexandra u. Tunga Salthammer: Schadstoffe in Museen, Bibliotheken und Archiven. Raumluft, Baustoffe, Exponate. 2., vollst. überarb. Auflage. Stuttgart: Fraunhofer IRB Verlag 2014.

Schneider-Kempf, Barbara (Hrsg.): Zukunft bewahren. Eine Denkschrift der Allianz zur Erhaltung des schriftlichen Kulturguts. 2009. http://www.allianz-kulturgut.de/fileadmin/user_upload/Allianz_Kulturgut/dokumente/2009_Allianz-Denkschrift_nurText.pdf (25.09.2013).

Winsor, Peter, David Pinninger, Louise Bacon, Bob Child, Kerren Harris, Dee Lauder, Julie Phippard u. Amber Xavier-Rowe (Hrsg.): Integrated Pest Management for Collections. Proceedings of 2011: a Pest Odyssey, 10 Years Later. Dorchester: Dorsett Press 2011.

Reinhard Altenhöner und Sabine Schrimpf
11.2 Bestandserhaltung und Langzeitverfügbarkeit digitaler Ressourcen: Strategie, Organisation und Techniken

1 Einleitung: Problemstellung, Auftrag und Handlungsrahmen

Weitgehend unabhängig von der Organisation des Arbeitsfelds Bestandserhaltung ist die Verfügbarkeit digitaler Ressourcen über lange Zeiträume hinweg zu einer wichtigen Fragestellung im wissenschaftlichen Bibliothekswesen geworden. Das hat zunächst vor allem mit der starken Zunahme der sogenannten *Born-Digital*-Materialien zu tun, also den Objekten, die originär digital entstehen und verteilt werden. Aber auch die großen Investitionen in die Digitalisierung des kulturellen Erbes lassen die Frage, wie der Zugriff auf diese Ressourcen dauerhaft gesichert wird, wichtiger werden. Damit ist nicht nur die prinzipielle Verfügbarkeit der Daten gemeint, sondern ihre Nutzbarkeit in einer von heute aus gesehen nicht bekannten Benutzungsumgebung und mit einer aus heutiger Sicht offenen Zweckbestimmung. Diese erweiterte Anforderung und ihre Umsetzung führen bei den damit befassten Einrichtungen mittel- und langfristig zu einer deutlichen Veränderung ihres Profils.

In der Bestandserhaltung geht es traditionell um den Substanzerhalt des jeweiligen Objekts, also zum Beispiel um Restaurierungsarbeiten an einer vom Tintenfraß betroffenen Manuskriptsammlung, deren Nutzbarkeit (Blättern) wieder hergestellt wird.[1] Der Verfallsprozess wird zwar teilweise revidiert oder je nach Maßnahme aufgehalten, der Zustand des Objekts verschlechtert sich aber kontinuierlich weiter. Die Herstellung einer vollkommen identischen Kopie ist (nahezu) ausgeschlossen, substituierende Konversionen auf andere Träger (Mikrofilm, auch das Digitalisat) sind Hilfsstrategien, die das Original vor dem Benutzungsstress schützen können und wesentliche Informationsbestandteile sichern, aber selbst ein neues Medium darstellen.

Demgegenüber ist im Bereich der digitalen Ressourcen die Herstellung einer Kopie in aller Regel technisch völlig unkritisch, ihre Verteilung und Bereitstellung sind gängige Elemente der digitalen Kommunikations- und Publikationskette. Die digitale Bestandserhaltung birgt andere Herausforderungen, denn hier setzt die Nutzung das Vorhandensein geeigneter Lesewerkzeuge voraus. Es muss eine aufein-

---

[1] Dies setzt die Fähigkeit des Lesens als Kulturtechnik respektive Kenntnisse der jeweiligen Sprache voraus; gegebenenfalls noch besondere Fähigkeiten, um eine Schreiberhandschrift des 16. Jahrhunderts zu entziffern. Auch Kontextwissen zum Dokument ist notwendig.

ander abgestimmte Kombination aus Hard- und Software zur Verfügung stehen, um die digitale Ressource benutzbar zu machen. Fehlen einzelne Elemente (zum Beispiel eine Audioabspielmöglichkeit), steht die Ressource unter Umständen nicht oder nur mit einem eingeschränkten Funktionsumfang zur Verfügung. Diese Abspielmöglichkeit – die Bezeichnung „Bereitstellungsumgebung" ist üblich – beinhaltet einerseits Technik (eine Maschine), andererseits aber auch Software: Ein geeigneter Reader oder unter Umständen auch mehrere und gegebenenfalls sehr spezielle Softwarewerkzeuge müssen, wenn es zum Beispiel um Beigaben in einem Medienbundle geht, verfügbar sein.

Eine zusätzliche Komplexitätsdimension wird dadurch erreicht, dass die prinzipiell je Datei spezifische Bereitstellungsumgebung einer fortschreitenden technischen und funktionalen Weiterentwicklung unterworfen ist und von den technisch und kaufmännisch getriebenen Innovationszyklen des Marktes abhängt. Unter Umständen führt dies dazu, dass das technische Umfeld für ein bestimmtes Dateiformat auf einer aktuellen Computerumgebung nicht mehr betrieben werden kann und damit ganze Objektgruppen nicht mehr genutzt werden können. Dieser Totalverlust ist zunächst einmal eine theoretische Annahme, und es gibt durchaus Meinungen, die diesen prinzipiellen Fall durch die Praxis für widerlegt halten.[2] In der Tat sind die Beispiele für solche radikalen Abbrüche selten und stammen zumeist aus der Frühzeit der Datenverarbeitung.

In den ersten Jahren des digitalen Zeitalters entstanden viele experimentelle, hard- und softwaregebundene digitale Ressourcen, deren Erhaltung aufwendige Einzelmaßnahmen erfordert – vorausgesetzt, die Ressourcen sind noch verfügbar oder wurden gesichert. Inzwischen haben die Gesetzmäßigkeiten des Marktes aber dafür gesorgt, dass das Gros der digitalen Ressourcen Quasistandards folgt und so im Rahmen gängiger Bereitstellungsumgebungen nutzbar ist. Die Vielfalt digitaler Ressourcen bzw. die im Publikations- und Kommunikationsprozess von Wissenschaft und Forschung entstehenden Materialien reichen dabei über textgebundene Publikationen weit hinaus und umfassen unterschiedlichste Medien der netzbasierten Kollaboration ebenso wie Bild- und Bewegtbildmaterial, Audioquellen, Mess- und aggregierte Forschungsdaten oder Simulationen und interaktive Anwendungen wie zum Beispiel Datenbanken.

Jenseits dieser vielleicht theoretisch anmutenden Überlegungen wächst in der Praxis aber ohne Zweifel mit zunehmendem Alter einer digitalen Ressource das Risiko ihres vollständigen oder teilweisen Verlustes. „Verlust" meint hier zunächst die faktische Nichtnutzbarkeit, d.h. nur mit einem sehr erheblichen Aufwand ist die digitale Ressource in einer Bereitstellungsumgebung nutzbar und die Unsicherheit, dass Verluste eintreten oder bereits eingetreten sind, ist hoch. Das betrifft einerseits ihre physische Verfügbarkeit, andererseits aber auch die Verfüg- und Nutzbarkeit der entsprechenden technischen Lese- und Schreibgeräte: Hardware im Bereich der

---

[2] Rosenthal 2010.

Informationstechnik altert und ist in der Regel nach zehn Jahren nicht mehr betreibbar. Für die digitale Ressource bedeutet das, dass entweder alte Gerätschaften funktionierend zur Verfügung stehen müssen oder aber sie auf einer neuen technischen Umgebung betrieben werden muss. Aber nicht nur die Hardware verändert sich, auch die Software-Produkte verschwinden vom Markt und mit ihnen die Werkzeuge, die nötig waren, um bestimmte Formate zu nutzen. Verfügt man über eine alte Bereitstellungsumgebung, besteht das Problem vielleicht nicht, die alten Werkzeuge laufen aber auf einer neueren technischen Umgebung nicht ohne Weiteres.

Für die Bibliothek ergibt sich aus dieser Situation eine ganze Reihe von Anforderungen: Um die zukünftige Verfügbarkeit von Informationsobjekten sicherzustellen, muss sie zunächst die aktuelle Benutzbarkeit prüfen, und sie muss ermitteln, welche technischen Merkmale das Objekt hat. Und sie muss den wesentlichen Gehalt eines Informationsobjekts kennen und dokumentieren, um festlegen zu können, welche Charakteristika des Objekts unbedingt bewahrt sein müssen (z.B. farbige Abbildungen, Schriftgröße, Ablaufgeschwindigkeit). Ferner muss sie zukünftige Risiken und mögliche Gegenstrategien antizipieren. Auf dieser Basis trifft sie ihre Vorbereitungen, die im Regelfall zunächst darin bestehen, die technischen Eigenschaften genau zu dokumentieren und die technische Korrektheit eines Objekts zu überprüfen.[3] Vielleicht muss die Bibliothek in der Folge gar nicht eingreifen, aber sie muss in der Lage sein, den Handlungsbedarf angemessen zu beurteilen und sicherstellen, dass die Nutzbarkeit kontinuierlich gewährleistet ist. Eine fallweise Prüfung auf Anforderung hin ist nicht ausreichend.

Damit wird deutlich, worum es bei der Sicherung der Langzeitverfügbarkeit (LZV) geht. Eine gängige und übrigens fälschlich Liegmann zugeschriebene Definition[4] beschreibt die Langzeitarchivierung als „die Erfassung, die langfristige Aufbewahrung und die Erhaltung der dauerhaften Verfügbarkeit von Informationen". Diese Aufgabe erfordert permanente Aktivitäten der Einrichtung, die die Verantwortung für den Erhalt der dauerhaften Verfügbarkeit übernommen hat. Einer vielleicht zunächst relativ geringen Anfangsinvestition steht eine kontinuierlich zu erbringende und zeitlich unabsehbare Anstrengung gegenüber. In der Hauptsache besteht diese Anstrengung nach der einmal erfolgten Übernahme der digitalen Ressourcen in der Beobachtung der Entwicklungen der Informationstechnik, kontinuierlicher Risikoabschätzung und fortwährender Qualitätssicherung.

---

3 nestor 2012.
4 Vgl. Liegmann/Schwens 2004. Die genannte Definition wurde im April 2007 in die wikipedia eingefügt, gefolgt von einem gekennzeichneten Zitat aus dem Artikel von Hans Liegmann und Ute Schwens. Diese Kennzeichnung ging im Laufe der weiteren Wiki-Tradierung verloren, sodass die Aussage, die aus der Diskussion der gesetzlich für den Dokumentennachweis geforderten revisionssicheren Archivierung und den Grundsätzen des Datenzugriffs und der Prüfbarkeit digitaler Unterlagen entstammt, zum Teil der Definition wurde. Vgl. http://de.wikipedia.org/w/index.php?title=Langzeitarchivierung&diff=prev&oldid=30463364.

Vor diesem Hintergrund wird der Begriff der Langzeitarchivierung hier nicht genutzt, weil er zum einen den Begriff der Archivierung doppelt (archivierte Materialien sind explizit auf Dauer abgelegt), aber auch, weil er eine statische Situation suggeriert. Die Verfügbarmachung bzw. die Sicherung der Verfügbarkeit stellt hingegen klar, dass es um aktive Maßnahmen geht.

Aus dem bislang über die digitale Langzeitverfügbarkeit (LZV) Gesagten wird deutlich, dass eine einzelne Einrichtung insbesondere bei den langfristig anfallenden Aufgaben überfordert ist. Sie muss Kooperationen mit anderen vergleichbar aktiven Einrichtungen und mit Informationsproduzenten eingehen.

Nur in seltenen Fällen begreifen Autoren von Publikationen oder Urheber von Daten die LZV als ihre originäre Aufgabe. Sie erwarten von einer Infrastruktur wie etwa ihrer Bibliothek, dass sie geeignete Vorkehrungen trifft. Umgekehrt – also in der Rolle eines Nutzers – erwarten sie, dass die Infrastruktur, die sie für ihre Informationsversorgung nutzen, für angemessene Persistenz und Nutzbarkeit der von ihnen gebrauchten Daten sorgt – unabhängig von der Frage, über welche Instrumente die Vermittlung hin zum gesuchten Objekt erfolgt.[5]

Aus der (doppelten) Nutzerperspektive also sind es vermittelnde Instanzen – Bibliotheken, Archive, Museen, Forschungseinrichtungen –, an die implizit die Erwartung gerichtet ist, sie würden langfristig für die Verfügbarkeit der jeweiligen Publikationen oder Datenbestände sorgen.

Ein Sonderfall tritt hier bei lizenzierten Verlagspublikationen auf, die nicht per se in das Eigentum der lizenzierenden Einrichtung übergehen. Bibliotheken gehen häufig davon aus, dass die langfristige Verfügbarkeit des Materials über die Infrastruktur des jeweiligen Anbieters sichergestellt werde. Zweifel an dieser Absicherung zumindest des lizenzierten Materials mehren sich allerdings in letzter Zeit[6] und es laufen Anstrengungen, hierzu eine eigene Infrastruktur aufzubauen. Tatsächlich gibt es auch entsprechende Bemühungen – so nutzen eine Reihe von Verlagen die Angebote von Dienstleistern oder Kooperationen wie Portico oder LOCKSS.[7] Ähnliches gilt mit wechselseitigen Überschneidungen für die Dokumentenanbieter in öffentlicher Trägerschaft: Repositorienbetreiber suchen nach Möglichkeiten, die Verfügbarkeit ihrer Angebote abzusichern, so zum Beispiel das amerikanische HATHI-Konsortium,[8] das Ergebnisse aus Digitalisierungsprojekten und von institutionellen Repositorien vorhält.

Diese Aktivitäten dienen allerdings primär dazu, für eine kurzfristig greifende Ausfallsicherung zu sorgen, die Probleme im Bestand oder der Infrastruktur des Anbieters auffängt. Dennoch gibt es einen Zusammenhang mit der LZV: Ein länger-

---

[5] Ergebnisse des ODE-Projekts (ODE 2011) zeigen hier eine deutliche Diskrepanz zwischen dem Wunsch nach freier und stabiler Nutzung der Ergebnisse anderer, aber eine geringe Bereitschaft, eigene Daten aufzubereiten und freizugeben.
[6] Charles Beagrie Inc 2010; DFG 2012.
[7] Maniatis/Roussopoulos 2005; Seadle 2010.
[8] York 2012.

fristiges wirksames Angebot braucht mit zunehmendem Zeitverlauf einen Dienst, der die Ressourcen so vorhält, dass sie in einer aktuellen Nutzungsumgebung aufgerufen werden können. Dies kann über die Einrichtung selbst erfolgen, die ihre Kunden zusätzlich mit einer Dienstleistung zur LZV bedient; häufig wird es aber eine spezialisierte Institution sein, die diese Aufgabe erfüllt und die dafür mandatiert wird.

Im Regelfall werden entsprechende Beauftragungen durch den Staat ausgesprochen. Im Fall von Deutschland ist dies zunächst die Deutsche Nationalbibliothek, die seit 2006 gesetzlich mandatiert diese Aufgabe hat.[9] Neben ihr sind es zunehmende Einrichtungen auf Landesebene oder aber auch Einrichtungen, die von ihren Trägern explizit beauftragt werden. Dies erfolgt in der Regel über explizite gesetzliche Regelungen;[10] inzwischen verfügt rund die Hälfte der Bundesländer über einen entsprechenden legislativen Auftrag. Hinzu treten – etwa im Falle der Zentralen Fachbibliotheken der Leibniz-Gemeinschaft – Interessen der Forschungsinfrastruktur, die zu entsprechenden Aktivitäten der Infrastruktureinrichtungen führen.

2 Grundstrategien und Komponenten zur Sicherung der Langzeitverfügbarkeit digitaler Ressourcen

Der Aufbau von Archiven zur Sicherung der LZV ist ganz wesentlich geprägt durch eine ISO-Norm, nämlich das Referenzmodell für ein Offenes Archiv-Informations-System (OAIS). Dieser Standard wurde seit Mitte der 1990er-Jahre im Kontext der Luft- und Raumfahrt unter Beteiligung von Archiv- und Bibliotheksvertretern erarbeitet, zunächst im Jahr 2002 als Empfehlung des Consultative Committee for Space and Data Systems (CCSDS) und ein Jahr später als ISO 14721:2003 veröffentlicht. 2012 folgte eine revidierte, inhaltlich leicht ergänzte Fassung als ISO 14721:2012. Seit Erscheinen des OAIS-Referenzmodells steht ein normiertes Vokabular zur Verfügung, mit dessen Hilfe sich organisatorische und technische Abläufe und Umsetzungen in der Sicherung der LZV beschreiben lassen. Das OAIS-Referenzmodell beschreibt die Rollen und Verantwortlichkeiten im Archiv zur Sicherung der LZV sowie in seinem Umfeld. Große Bekanntheit hat die abstrakte Darstellung der sechs wichtigsten Funktionsbereiche innerhalb eines Langzeitarchives erlangt:

Hervorgehoben werden soll hier die Definition des „Offenen Archiv-Informations-Systems", also der Institution, die Verantwortung für die langfristige Erhaltung digitaler Daten trägt: eine „Organisation aus Menschen und Systemen, die das Ziel verfolgen, Informationen zu erhalten und einer vorgesehenen Zielgruppe zugänglich zu machen (OAIS deutsch). Sie ist deswegen bemerkenswert, weil sie die rein technische Ebene verlässt und das Zusammenspiel aus Menschen und Systemen betont. Sie stimmt mit

---
9 DNB 2006.
10 Jendral 2013.

der Einschätzung vieler Experten überein, dass die LZV keine rein technische Herausforderung ist, sondern viele organisatorische und rechtliche Fragestellungen berührt.

Des Weiteren ist insbesondere das von OAIS vorausgesetzte Informationsmodell grundlegend für das Verständnis jeglicher Strategie zur Sicherung der LZV. Information wird in OAIS konzeptionell gesehen als „[j]ede Art von Wissen, das ausgetauscht werden kann. Während des Austauschs wird es durch Daten repräsentiert [...]" (OAIS deutsch). Daten sind demnach nur der Träger von Information. Erst vermittelt durch Wiedergabeprogramme entfaltet sich ihre Bedeutung für den Empfänger. Ziel aller Erhaltungsmaßnahmen ist die Bewahrung des bedeutungstragenden, zur Anzeige (oder auch zu Gehör) gebrachten Informationsobjekts. Die Erhaltung der Daten ist insofern lediglich ein Mittel zum Zweck. OAIS unterscheidet weiterhin die Arten von Daten, die benötigt werden, um ein sinntragendes Informationsobjekt zur Anzeige zu bringen. Neben den Inhaltsdaten sind dies diverse technische und administrative Informationen, die zum Beispiel Aufschluss über Dateiformat, das dazu passende Wiedergabeprogramm, Zugriffsrechte usw. geben.

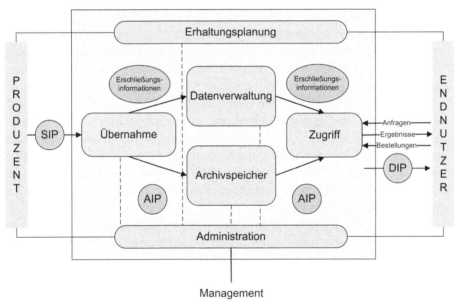

Abb. 1: OAIS-Funktionseinheiten (aus Referenzmodell für ein Offenes Archiv-Informations-System – Deutsche Übersetzung, S. 33).

Das PREMIS Data Dictionary, in dem OAIS-Konzepte konkretisiert wurden, nennt das sinntragende Informationsobjekt auch „intellektuelle Entität" und unterscheidet drei Arten von digitalen Objekten: Den Bitstream, die Datei (file) und die Repräsentation (representation). Dabei wird eine intellektuelle Entität immer durch eine konkrete Repräsentation verkörpert. Jede Repräsentation besteht wiederum aus einer bestimmten Menge von Dateien, die wiederum aus Bitstreams bestehen. Analog zu

OAIS gilt auch hier: Ziel der Erhaltungsbemühungen ist die Repräsentation der intellektuellen Entität. Die zugrunde liegende Datei darf – und muss sich gegebenenfalls – im Lauf der Zeit verändern.

Voraussetzung für jede Strategie zur Sicherung der LZV ist jedoch immer die Bitstream-Archivierung. Diese setzt eine sichere und kontrollierte Speicherumgebung voraus. Da physischen Datenträgern über die Zeit Materialermüdung droht, empfiehlt es sich als ersten Schritt zur Langzeitsicherung, Daten von Trägern wie CDs und DVDs in eine sichere Massenspeicherumgebung zu überführen. Strategien wie redundante Datenhaltung, eventuell an mehreren geografisch verteilten Orten, erhöhen die Datensicherheit. Dass dabei diejenigen Dateien logisch zusammengehalten werden, die zusammen eine intellektuelle Entität repräsentieren, ist eine Frage der Archivorganisation. Unterstützung bieten Containerformate wie .zip und .tar und spezielle Metadatenschemata wie der Metadata Encoding and Transmission Standard (METS).

Da sich Dateiformate und Wiedergabeprogramme im Lauf der Zeit verändern, muss damit gerechnet werden, dass die originalen Dateien irgendwann nicht mehr in gängigen Hard- und Softwareumgebungen repräsentiert werden können. Für diesen Fall stehen nach dem Stand der Technik im Wesentlichen zwei Strategien zur Verfügung: Bei der Formatmigration wird das veraltete Dateiformat in ein neues, vom Archiv als zukunftssicher ausgewähltes Format überführt. Bei der Emulation werden in der aktuellen Systemumgebung die ursprünglichen Systembedingungen nachgeahmt, so dass die originalen Dateien unverändert wiedergegeben werden können.

Beide Strategien haben Vor- und Nachteile, die im Bedarfsfall, in dem Informationsobjekten die Obsoleszenz droht, gegeneinander abgewogen werden müssen. Pauschal lässt sich allerdings sagen, dass die Migration ihre Stärken bei statischen Einzelobjekten hat und sich die Emulation eher für komplexe Multimedia-Objekte anbietet, bei denen die Verlustgefahr bei der Formatmigration zu groß wäre. So setzt die Computerspielbranche verstärkt auf Emulation;[11] für Bild- und Textobjekte werden eher Migrationsstrategien erprobt.[12]

Beide Strategien bergen das Grundrisiko, dass nicht alle Inhalte und Funktionalitäten der Archivobjekte vollständig erhalten werden können. In der Praxis werden Archive zur Sicherung der LZV mit den Migrationswerkzeugen und Emulatoren arbeiten müssen, die auf dem Markt verfügbar sind, oder in kostspielige Eigenentwicklungen investieren müssen. So wird das Spektrum dessen, was an Erhaltungsmaßnahmen überhaupt möglich ist, durch das vorhandene Angebot und den Entwicklungsaufwand, den ein Langzeitarchiv mit seiner finanziellen und personellen Ausstattung betreiben kann, eingegrenzt.

Die Entscheidung für eine Erhaltungsstrategie kann so unter Umständen den Verzicht auf bestimmte originale Funktionalitäten bedeuten. Auch hier wird man abwägen müssen, unter welchen Umständen man eine Migrations- oder Emulations-

---

11 Lange 2013.
12 Lange 2013.

maßnahme überhaupt durchführt. Hilfreich ist in diesem Kontext das Konzept der „signifikanten Eigenschaften".[13] Sie bezeichnen diejenigen Eigenschaften eines digitalen Objekts, die auf jeden Fall erhalten werden müssen, damit der Charakter des digitalen Objekts gewahrt bleibt. Das kann je nach Objekt und Anwendungsfall z.B. die Reihenfolge und Anzahl der verwendeten Textzeichen sein, die Funktionsfähigkeit von eingebetteten Links, die Farbe von Bilddateien usw. oder auch die Tatsache, dass der Nutzer mit einer digitalen Anwendung interagieren kann, z.B. die Abfragbarkeit einer Datenbank, die Steuerung von Agenten in Computerspielen usw.

Einen allgemeinen Konsens, welche Arten von digitalen Objekten welche signifikanten Eigenschaften haben, gibt es nicht, obgleich der nestor-Leitfaden Digitale Bestandserhaltung[14] eine Grundlage zur Definition bietet. Einen übergreifenden Konsens kann es hier vermutlich aber gar nicht geben. Zu sehr hängt die Bestimmung der Signifikanz von der angenommenen Nutzergruppe der digitalen Objekte ab, und die kann sich selbst für ähnliche digitale Objektarten von Institution zu Institution stark unterscheiden. Diese Aussage gilt für viele Teilgebiete in der Sicherung der LZV: Während die Grundproblematik für alle Einrichtungen mit einem langfristigen Archivierungsauftrag die gleiche ist, ist die Lösungsfindung jeweils von den institutionellen Gegebenheiten beeinflusst.

Um bei aller Unterschiedlichkeit doch eine gewisse Vergleichbarkeit der gewählten Ansätze herstellen zu können, wurden Community-getrieben gemeinsame Bezugssysteme entwickelt. In Form von abprüfbaren Kriterienkatalogen manifestiert sich ein Konsens, welchen Anforderungen ein Archiv zur Sicherung der LZV auf jeden Fall zu genügen hat. Drei sich an OAIS orientierende, jedoch vor den Anforderungen unterschiedlicher Communities individuell ausgestaltete Kriterienkataloge haben sich durchgesetzt, und auf ihrer Basis wurden wiederum Zertifizierungsansätze entwickelt (Data Seal of Approval, nestor-Siegel und Primary Trustworthy Digital Repository Authorisation Body)[15]. Sie alle stellen abstrakte Kriterien zur Verfügung, die ein Archiv zur Sicherung der LZV angemessen umgesetzt haben muss, um als vertrauenswürdig zu gelten. Das Prinzip der Angemessenheit berücksichtigt, dass „keine absoluten Maßstäbe möglich sind, sondern dass sich die Bewertung immer an den Zielen und Aufgaben des jeweiligen digitalen Langzeitarchivs ausrichtet".[16] Im Rahmen des Zertifizierungsprozesses wird die konkrete Umsetzung von geschulten Fachleuten evaluiert und mit dem Siegel anerkannt. Auf diesem Wege werden Qualitätsstandards eingeführt und sichtbar gemacht.

---

13 Vgl. Cedars Project 2001; nestor 2012.
14 nestor 2012.
15 Alle Zertifizierungsansätze sind ausführlich auf den jeweiligen Internetpräsenzen dokumentiert (vgl. DAS; nestor: Nestor-Siegel o.J.; PTAB).
16 nestor 2008.

3 Technische Aspekte: Anforderungen und Werkzeuge

In der Natur der Sache liegt es, dass die Sicherung der LZV digitaler Objekte einen starken technischen Hintergrund hat. Wann immer digitale Objekte genutzt werden, sind Softwarewerkzeuge im Einsatz. Und je komplexer die Anforderungen sind, desto komplexer werden auch Herstellung und laufende Unterhaltung dieser Werkzeuge ausfallen. Hinzu kommt noch, dass die LZV in vielen Teilschritten Berührungspunkte mit anderen Abläufen einer Bibliothek und demzufolge den wiederum hier zum Einsatz kommenden technischen Werkzeugen hat.

In der Praxis spielt daher die systematische Analyse der jeweiligen Anforderungen eine wichtige Rolle.[17] Die Reichweite der Erhebung reicht dabei von den prinzipiellen Anforderungen der Einrichtungen (respektive ihrer Nutzer) bis zu konkreten technischen Bedingungen, die von einzelnen Objekten gesetzt werden. Aber auch ihr Entstehungskontext, ihre Auswahl, vorhandene (Metadaten-)Beschreibungen, verwendete Standards und Schnittstellen, weitere technische Rahmenbedingungen aus dem Erzeugungsprozess gehören dazu.

Da die Sicherung der LZV ein vergleichsweise neues Aufgabenfeld darstellt, sind viele solcher Erhebungen implizit von einer grünen Wiese ausgegangen, von der aus ein neues und in sich geschlossenes System entwickelt werden kann, das dann gegebenenfalls nachträglich in eine existierende technische Umgebung integriert wird. Mit zunehmender Etablierung der LZV in die Abläufe einer Bibliothek aber umfasst die Anforderungsanalyse auch die Anbindung bereits vorhandener Werkzeuge und Methoden in der Betriebsumgebung einer Bibliothek. Beispielsweise existieren bereits Abläufe zur automatischen Übernahme digitaler Ressourcen aus einem Publikationsworkflow, die nun um Komponenten zur LZV funktional ergänzt werden müssen. Das kann auch die Nutzung von ganz generellen Methoden der Informationstechnik betreffen:

So stellt der Einsatz von Checksummen ein gängiges Verfahren der Informationstechnik dar, das die Unversehrtheit von Dateien belegt. Diese Technik kann sinnvoll genutzt werden, um bei der Übergabe einer digitalen Ressource vom Datenproduzenten oder -anbieter an für die Sicherung der LZV zuständige Einrichtungen nachzuweisen, dass keine Veränderung eingetreten ist. Sie ist aber für sich sinnlos, wenn ein im Rahmen von Maßnahmen der LZV migriertes Objekt an eine nutzende Einrichtung ausgeliefert wird, da sie aufgrund des veränderten Objekts gegenüber der ursprünglichen Berechnung keine Aussagekraft mehr hat; hier müssen andere Werkzeuge zum Einsatz kommen.

Konzeptionell meist von den im OAIS-Framework grundsätzlich beschriebenen Funktionen ausgehend ist eine Reihe von Systemen für die LZV entstanden, die auf

---

17 Neuroth 2009.

dem Markt angeboten werden.[18] Sie basieren in der Regel auf einer Reihe von in der Informationstechnik gängigen Kernmodulen (Datenbank, Datenmanagement, Speicheranbindung), die möglichst robust und weit verbreitet sein sollten. Darauf setzen dann spezialisiertere Werkzeuge auf.

Die ersten Schritte in Richtung LZV beginnen eigentlich bereits mit der Übernahme der Dateien vom Produzenten. Auch hierzu gilt es, technische Absprachen zu treffen und Schnittstellen zu definieren: Welche Formate sind aus Sicht der archivierenden Institution besonders langzeitstabil, das heißt, wo ist die Wahrscheinlichkeit hoch, dass es auch auf lange Sicht passende Bereitstellungswerkzeuge geben wird? Welche Informationen können zu den Objekten mitgeliefert werden? Wie wird die Unversehrtheit der Datenübertragung nachgewiesen, z.B. mit der Hilfe von definierten Werkzeugen zur Checksummengenerierung?

Essentielle Voraussetzung für alle Erhaltungsstrategien ist die genaue Kenntnis der zu bewahrenden Dateien. Daher ist die Gewinnung technischer Metadaten ein zentraler Baustein einer jeden Strategie zur LZV. Nur in Kenntnis der genauen Dateiformate und Formatversionen der Objekte in seiner Obhut kann ein Langzeitarchiv entscheiden, ob und wann es an der Zeit ist, Erhaltungsmaßnahmen einzuleiten. So kommt der Entwicklung entsprechender Validierungs- und Auswertungswerkzeuge im Rahmen der Sicherung der LZV eine besondere Bedeutung zu. Für nahezu alle gängigen Dateiformate existieren inzwischen entsprechende Erkennungsmodule, die wiederum in Rahmenprogramme wie JHOVE (JSTOR/Harvard Object Validation Environment) eingebunden werden. Als Meta-Tool integriert das File Information Tool Set (FITS) die gängigsten Werkzeuge zur Formaterkennung: JHOVE, Exiftool, National Library of New Zealand Metadata Extractor, DROID, FFIdent und File Utility. Die breite Nutzerschaft weltweit garantiert hier, dass für relevante Dateiformate entsprechende Werkzeuge entstehen.

Der Bedarf, eine Erhaltungsstrategie einzusetzen, ergibt sich aus der regelmäßigen Beobachtung der Technologieentwicklung außerhalb des Langzeitarchivs. Wenn sich abzeichnet, dass die Verbreitung von oder die Unterstützung für bestimmte Formate oder für Wiedergabewerkzeuge, die zum Zugriff auf die archivierten Objekte benötigt werden, rapide nachlässt, muss das für das Archiv ein Zeichen sein, seinen Archivbestand anhand der von ihm gehaltenen Metadaten zu überprüfen. Ergibt sich hieraus Handlungsbedarf, beginnt je nach Strategie die Suche nach einem geeigneten Zielformat und dem für die Konvertierung geeigneten Werkzeug. Um diese mühsamen Arbeitsschritte möglichst zu vereinfachen und weltweit zu koordinieren, entstand die Idee der Format Registries, in denen systematisch Informationen zu Dateiformaten hinterlegt werden (Versionen, Status, Viewer, spezielle Merkmale, Konversionstools). Das führende Instrument ist sicherlich das PRONOM-Register, das von den britischen National Archives gehostet wird (PRONOM).

---

18 Überblick in Neuroth 2009.

Die Entscheidung für die Anwendung einer konkreten Erhaltungsstrategie – also die Festlegung auf ein geeignetes Zielformat und die Auswahl von Migrationstools oder die Entscheidung für ein Emulationsprojekt – ist diffizil, weil sich hierzu kaum aus Erfahrungswerten schöpfen lässt. Das EU-Projekt PLANETS hat hierzu einen theoretisch fundierten Vorgehensplan entwickelt, der die systematische Erhebung der Anforderungen und die Evaluierung von Handlungsalternativen unterstützt. Aus dem gleichen Kontext heraus entstand ein Werkzeug zur Erfassung von Anforderungen und zur Hilfe bei Entscheidungen.[19]

Das Zusammenspiel vieler solcher Werkzeuge macht die LZV einer einzelnen digitalen Ressource aus. Sie alle sind eingebunden in den Archivierungsworkflow. Dabei kann noch einmal unterschieden werden zwischen Werkzeugen, die fest in die Abläufe eingebunden werden müssen, wie den Formaterkennungswerkzeugen und solchen, die ereignis- oder projektbasiert zum Einsatz kommen, wie Konversions- oder Migrationstools.

Es wird deutlich, dass es sich bei der Entwicklung und dem Betrieb von Lösungen zur LZV um technisch hochkomplexe Aufgaben handelt. Es kann sinnvoll sein, dabei externe Dienstleister einzubinden, und viele Einrichtungen verfahren so. Nichtsdestotrotz muss aber der Auftraggeber (in diesem Fall also die Einrichtung, die mit der Sicherung der LZV beauftragt ist), dafür sorgen, dass entsprechende Regelungen getroffen und dokumentiert sind. Es bedarf also einer bewussten Entscheidung und Festlegung auf beiden Seiten.

Denn je präziser der Status definiert ist, je klarer festgelegt die Eigenschaften eines Dienstes bestimmt sind, desto wahrscheinlicher ist es, dass die Sicherstellung der LZV auch gelingt. Beispielsweise müssen für die technische Absicherung der LZV exakte Festlegungen getroffen werden: Wie oft und wie stark räumlich verteilt werden einzelne Objekte parallel vorgehalten, welchen Regeln folgt der kontinuierlich zu erfolgende Konsistenzcheck, welchen Algorithmen folgt der Abgleich zwischen den einzelnen vorgehaltenen Kopien. Noch eine Stufe grundlegender: Wie oft im Jahr wird umkopiert, wann erfolgt ein Austausch von Bestandteilen der Hardware, welche Regeln gelten für den Abgleich verschiedener Versionen bei Abweichungen der Versionen voneinander usw.

Im Hinblick auf konkrete Implementierungen wurde das Thema digitale Langzeitverfügbarkeit im Kontext des Bibliotheks- und Informationswesens in Deutschland erstmalig 1995 klar dokumentiert von der Deutschen Forschungsgemeinschaft aufgegriffen und im Positionspapier „Elektronische Publikationen"[20] als Aufgabenbereich des Bibliothekswesens benannt. Seitdem haben Bibliotheken in zahlreichen, häufig öffentlich kofinanzierten, Projekten die Grundlagen geschaffen, ihre stetig wachsenden digitalen Bestände langfristig verfügbar zu halten. Art und Umfang der digitalen Bestände variieren von Bibliothek zu Bibliothek; sie ergeben sich aus den

---

19 Neuroth 2009.
20 DFG 1995.

Anforderungen der Institutionen wie beispielsweise aus Retrodigitalisierungsprojekten oder der Pflichtabgabe elektronischer Publikationen.

Im Rahmen des BMBF-geförderten Projekts kopal (Kooperativer Aufbau eines Langzeitarchivs digitaler Informationen) hat die Deutsche Nationalbibliothek zwischen 2004 und 2007 ein grundsätzlich kooperativ nutzbares Langzeitarchivierungssystem konzipiert und entwickelt, das den kompletten Funktionsumfang gemäß dem OAIS-Referenzmodell abdecken sollte. Das im kopal-Projekt entstandene System wurde im DFG-Projekt DP4lib um Dienstleistungsfunktionalitäten erweitert, auf deren Basis es von Dritten aktiv mit genutzt werden kann.[21]

Zwischen 2005 und 2007 baute die Bayerische Staatsbibliothek mit DFG-Förderung ein ebenfalls an OAIS orientiertes Bibliothekarisches Archivierungs- und Bereitstellungssystem (BABS) auf. Die BABS-Infrastruktur der Bayerischen Staatsbibliothek wurde mittlerweile durch den Einsatz der Software Rosetta ausgebaut bzw. in Teilen abgelöst.[22] Die LZV-Software Rosetta des Bibliothekssystemproviders ExLibris wurde ursprünglich zusammen mit der Nationalbibliothek von Neuseeland konzipiert und ist derzeit national und international in einer Reihe von Bibliotheken im Einsatz; Rosetta unterstützt die gesamte Prozesskette der Langzeitarchivierung, u.a. auch die Sicherung der Interpretierbarkeit.

Auch in anderen Bibliotheken laufen entsprechende Projekte, zum Teil spartenübergreifend mit dem Ziel, das kulturelle Erbe insgesamt zu sichern. Eine Reihe von Staats- und Landesbibliotheken und Spezialbibliotheken mit Archivfunktion evaluieren derzeit Möglichkeiten, ihre digitalen Dokumente über lange Zeit verfügbar zu halten. Für viele der an Universitätsbibliotheken aufgebauten Repositories stellt sich die Frage der Sicherung der LZV der gespeicherten Dokumente noch.

Die großen Veränderungen in der IT-Infrastruktur, die sich in der Bibliotheksdomäne besonders in der Diskussion der Cloud, aber auch in Konzepten zur verteilten Datenhaltung manifestieren, werden sich auch auf die Sicherung der LZV digitaler Ressourcen und die dort zum Einsatz kommenden Instrumente auswirken. Schon heute ist technisch das reine Hosting der digitalen Ressourcen häufig ausgelagert. Auch die komplette Verlagerung entsprechender Dienste zu einem externen Anbieter ist möglich. Mit der Verlagerung regulärer Bibliotheksdienste weg von der einzelnen Einrichtung steigt der Druck, Workflowelemente zu integrieren. Dies gilt auch für die Sicherung der LZV: Sobald sie den Status einer Sonderaufgabe mit geringen Fallzahlen verlässt, bedarf sie der Einbindung in die vorhandenen Abläufe einer Bibliothek, technisch und organisatorisch.

Resümiert man die bislang rund zwanzigjährige Geschichte der Sicherung der LZV, so zeigt sich trotz vieler relevanter Ansätze eine hohe Beharrlichkeit des projekt- und technikgetriebenen Agierens.

---

21 Altenhöner 2012.
22 Schoger 2011.

4 Organisatorische und rechtliche Aspekte

Neben der prinzipiellen Verfügbarkeit von geeigneten Systemen und Werkzeugen, Standards und Methoden sind für die LZV weitere Rahmenbedingungen wichtig bzw. klärungsbedürftig: Sind Zuständigkeiten festgelegt, und welche Anforderungen ergeben sich daraus an die praktische Organisation der LZV in der einzelnen Einrichtung, aber auch im Zusammenspiel mehrerer? Besteht für die Wahrnehmung der Aufgaben Rechtssicherheit – sowohl was die konkrete Mandatierung als auch was die Handhabung der übernommenen digitalen Ressourcen angeht? Ist die Ressourcenausstattung angemessen, ist eine mittel- und langfristige Arbeitsperspektive gegeben? Sind geeignete Bewertungsverfahren für Leistungen vorhanden, und existieren darauf aufsetzende Abrechnungs- oder Verrechnungsmechanismen? Ist das Vorgehen der beteiligten Akteure transparent und über den Kreis der unmittelbar Betroffenen hinaus vermittelbar?

Nur in einem verbindlich definierten Gesamtrahmen, der verlässliche Abläufe und Qualitätssicherungsmechanismen vorhält, können sich die einzelnen Akteure, also Bibliotheken als Anbieter von Leistungen und Datenerzeuger mit ihrem jeweiligen Angebot bzw. ihren Anforderungen, verorten und im Zusammenspiel die LZV von Objekten und Daten sicherstellen. Eine rein projektbasierte, institutionelle Umsetzung ist in diesem Sinn als stark risikobehaftet, *per se* befristet und solitär anzusehen.

Instrumente und Aspekte dieses Gesamtrahmens, in dem Einrichtungen kooperieren, sind die Überprüfung und Zertifizierung von Dienstanbietern, die Existenz und kontinuierliche Weiterentwicklung von Standards und die Möglichkeit, die Einhaltung dieser Standards bei Anbietern neutral überprüfen zu können. Hinzu kommen kooperativ betriebene Instrumente zur Risikobeobachtung und -dokumentation (z.B. format registries), zum organisierten Erfahrungsaustausch im Rahmen eines kooperativen Systems der Aufgabenteilung, *community building*, ferner gemeinsame getragene und weiter entwickelte Regeln zur Ermittlung von Kosten.

Dieser Rahmen reicht über die Bibliothekssparte hinaus: Je mehr Abläufe digital erfolgen, desto wichtiger wird die LZV ausgewählter digitaler Ressourcen auch über gesetzlich definierte Aufbewahrungsfristen für den unmittelbaren Vorgang hinaus. Aber auch im Bereich von Kunst und Kultur entstehen digitale Ressourcen (*born digital*, digitalisierte Objekte), deren LZV gesichert werden muss. Dies betrifft letztlich auch die jeweils in den verschiedenen Sparten (Bibliotheken, Archive und Museen) zum Einsatz kommenden Nachweissysteme.

Die LZV bewegt sich insgesamt in einem gesamtgesellschaftlichen Rahmen, in dem sich wirtschaftliche Interessen mit staatlichen Interessen durchmischen. Beide Seiten sind hier aufeinander angewiesen. Erst stabile Rahmenbedingungen in rechtlicher und finanzieller Hinsicht erlauben es dem Markt, auf den Bedarf der Einrichtungen der öffentlichen Hand durch entsprechende Angebote zu reagieren. Frühere Hoffnungen, dass sich dieser Bedarf auch in den privatwirtschaftlichen Sektor ausdehnen werde,[23] haben sich allerdings bislang nicht erfüllt: Außerhalb der genannten Einrichtungen sind die Marktpotenziale offensichtlich überschaubar, denn jenseits entsprechender Vorschriften zur revisionssicheren Archivierung oder auch von Gewährleistungsansprüchen zum Beispiel im Bereich des Flugzeugbaus mit Fristen, die 50 Jahre erreichen können, sind im Bereich der Wirtschaft darüber hinausgehende Anforderungen sehr selten. Im Wesentlichen lassen sich diese durch existierende Infrastrukturen bedienen.

Daraus lässt sich Folgendes ableiten: Zum einen ist die LZV eine Aufgabe, die weitgehend von öffentlich-rechtlichen Einrichtungen geleistet werden muss. Ohne Zweifel gibt es die LZV begünstigende Entwicklungen im privatwirtschaftlichen Bereich – zum Beispiel die Dateiformatentwicklung (PDF/A), Quellcodeoffenheit im Softwarebereich oder auch der Umgang mit Mechanismen des Digital Rights Managements (DRM) –, umfassende und systematische Eigenvorsorge ist hier aber nicht zu erwarten. So gibt es auch keine Anzeichen dafür, dass die LZV der in öffentlich-privater Partnerschaft (ÖPP) entstandenen Digitalisate im privaten Sektor erfolgt. Diese Aufgabenzuweisung an den öffentlich-rechtlichen Sektor erfolgt zum Beispiel über Neuregelungen der Pflichtexemplarrechte, der direkten Mandatierung oder auch veränderter Förderbedingungen. Häufig kämpfen die betreffenden Einrichtungen aber damit, dass entsprechende Ressourcenzuweisungen fehlen, angemessen ausgebildetes Personal nicht vorhanden ist und insgesamt Aufgaben und Angebote von Dienstleistern nicht hinreichend transparent sind und so verlässliche, auf Dauer angelegte Strukturen fehlen. Insbesondere die dauerhafte Finanzierung der Aufwände für die LZV, die als Aufgabe der Bibliotheken von den Unterhaltsträgern und den Trägern der Informationsinfrastruktur anerkannt wird, bedarf einer verbindlicheren Absicherung.

Neben den genannten limitierenden Faktoren ist nach wie vor die rechtliche Situation problematisch, hier bestehen trotz mancher punktueller Fortschritte noch immer Unsicherheiten bei den rechtlichen Rahmenbedingungen.

Die LZV digitaler Ressourcen bedarf eines klar definierten rechtlichen Rahmens. Dies ergibt sich daraus, dass wesentliche technische Methoden, die in der Langzeitarchivierung zum Einsatz kommen, Bestimmungen des Urheberrechts berühren: die Notwendigkeit digitale Kopien anzufertigen einerseits und zum zweiten den Bedarf, (technische) Veränderungen an den digitalen Ressourcen durchzuführen. Unter Umständen kommt noch das Erfordernis hinzu, am jeweiligen Objekt haftende rechtliche Beschränkungen aufheben zu müssen.

Entsprechende Arbeitsschritte sind nach den Grundregeln des Urheberrechts grundsätzlich nicht erlaubt. Abhilfe – allerdings in ihrer juristischen Qualität und Aussagekraft umstritten[24] – schaffen spezifische Sonder- oder Schrankenregelungen,

---

23 DPimpact 2009; The Blue Ribbon Task Force 2008.
24 Steinhauer 2013.

wie sie mit den Pflichtexemplarregelungen auf Bundesebene und zunehmend auch auf Landesebene vorliegen.

Allerdings beschränken sich diese Regelungen im Wesentlichen auf die Absicherung des Archivierungsvorgangs, die Frage des Zugangs vor allem für Nutzer anderer Einrichtungen ist damit nicht beantwortet. Durch die Beschränkung der Nutzung auf Lesesäle und die Begrenzung auf eine reine lesende Nutzung am Bildschirm werden wesentliche Merkmale des Arbeitens mit digitalen Ressourcen blockiert.[25]

Der Anspruch, eine flächendeckende Infrastruktur zur LZV zu errichten, ist insofern wichtig, er darf sich aber nicht auf technische Umsetzungsszenarien beschränken[26]. Er muss begleitet werden von flankierenden Maßnahmen der Träger der Informationsinfrastruktur und des Gesetzgebers. Die Einflussmöglichkeiten der einzelnen Institution sind gering; nichtsdestotrotz kann und sollte sie ihre Bedarfe formulieren.

Auf dem Weg zu einer übergreifenden Infrastruktur zur LZV wurden daher vor allem in technischer und in organisatorisch-pragmatischer Hinsicht in den vergangenen Jahren Fortschritte erzielt. So wurde insgesamt eine deutliche Professionalisierung in der Ausbildung erreicht, ebenso eine deutlich bessere Vernetzung und Abstimmung einzelner Lehreinrichtungen wie überhaupt der internationalen Zusammenarbeit. Viele der genannten Rahmenbedingungen aber auch Hilfsmittel zur Ausgestaltung der Organisation entstehen kooperativ und werden von nationalen Kompetenznetzwerken wie nestor, die wieder international verknüpft agieren, getragen.

Ungeachtet der zum Teil noch offenen Rahmenbedingungen bedeutet das für die einzelne Bibliothek, dass über die Realisierung der technischen Anwendung und der damit verknüpften Abläufe hinaus organisatorische Voraussetzungen auch in der Einrichtung geklärt sein müssen. Hier sind Verantwortlichkeiten zu beschreiben und in den Organisationsstrukturen abzubilden, es werden Abläufe definiert und dokumentiert werden müssen. Anpassungsaufwände sind unumgänglich: Beispielsweise müssen Validierungswerkzeuge für digitale Ressourcen in den Workflow integriert werden, Fehler- und Problemmeldungen systematisch bearbeitet werden, Systemmeldungen bewertet und beantwortet werden. Unter Umständen ergeben sich sogar Neubewertungen eingeführter Abläufe, wenn beispielsweise die Archivfähigkeit von digitalen Ressourcen ein Kriterium bei der Auswahl von Inhalten wird. Viele dieser Festlegungen sind nur individuell zu treffen und bedürfen eines intensiv begleiteten längeren Einführungsprozesses.

---

25 nestor 2011.
26 Fördermaßnahmen der EU im Bereich der LZV haben häufig eine technische Ausrichtung, was auch an der generellen Ausrichtung der Programme an Forschung und Entwicklung liegt. Die Ausschreibungen der DFG 2012 und 2013 sind hier breiter ausgerichtet (DFG 2013).

5 Kooperations- und Organisationsmodelle zur Sicherung der Langzeitverfügbarkeit digitaler Ressourcen

Die Problemstellung der LZV erfordert ein arbeitsteiliges und kooperatives Vorgehen. Einerseits hat die Digitalisierung der Produktionsumgebungen zu einer Diversifizierung des Medienangebots geführt, die neue Abstimmungen auf dem Gebiet der Sammlung erfordert (Beispiel Websites: Inwieweit fallen sie in die Zuständigkeit von Archiven bzw. von Bibliotheken?) und zu Spezialisierungen im Bereich der Erhaltungsplanung einlädt (nicht jede Institution kann Experten-Know-how zu allen von ihr archivierten Dateiformaten aufbauen; Spezialisierung und gegenseitige Beratung scheinen sinnvoller). Andererseits sind viele Teilprobleme der digitalen Langzeitarchivierung – seien sie technischer, organisatorischer oder rechtlicher Art – für alle betroffenen Institutionen die Gleichen und bergen daher ein hohes Kooperationspotenzial.

Schon die ersten Langzeitarchivierungsinitiativen ab Mitte der 1990er-Jahre waren, überall auf der Welt, kooperativ geprägt. Kooperation war 1995 ein Grundgedanke in der Strategie der Australischen Nationalbibliothek, einer Vorreiterin in der digitalen Archivierung: „The cooperation of all with a role in the generation, use, management, distribution and preservation of digital objects is essentional."[27] Darauf liefen auch erste Überlegungen in Großbritannien hinaus, die später zur Gründung der Digital Preservation Coalition führten: „[...] we must ensure that we do not duplicate efforts; we must combine to work together, to share the responsibility for preserving our cultural heritage..."[28] 1996 sagten Garret und Waters, die Leiter der US Task Force on Archiving of Digital Information, voraus:

> Effective structures for digital archives in a distributed network will surely take various forms and will include corporations, federations and consortia, each of which may specialize in the archiving of digital information and range over regional and national boundaries. Both informal collaborations (associations and alliances) and formal partnerships among contractors and subcontractors, will also surely arise, in which responsibilities for archiving are allocated among various other interests in digital information. Moreover, shared interests in, for example, intellectual discipline, in type of information, in function, such as storage or cataloging, and even interests in the output of information within national boundaries will all form a varied and rich basis for the kinds of formal and informal interactions that lead to the design of particular archival organizations.[29]

Tatsächlich verfolgten einige Länder die Idee von national verteilten Sammlungen mit mehr oder weniger formalisierten Rollen und Verantwortlichkeiten der Sektoren. In den

---

27 ANL 1995.
28 Foot 1995.
29 Garret/Waters 1996: 21.

USA hat die Library of Congress im Auftrag des Kongresses und gemeinsam mit Dutzenden von Partnern im sogenannten National Digital Information Infrastructure and Preservation Program (NDIIPP) einen Rahmen für eine nationale digitale Sammlung entwickelt. In Australien betreibt die Nationalbibliothek die technische Infrastruktur für Australiens kooperatives Webarchiv; die Zuständigkeit für die Auswahl sammlungsrelevanter Inhalte teilt sie sich mit mehreren Staatsbibliotheken, den National Film and Sound Archives und anderen Gedächtnisorganisationen. Einen ähnlichen Ansatz hat die British Library für das UK Web Archive gewählt: In Sammlungsfragen kooperiert sie mit unterschiedlichen britischen Gedächtnisorganisationen und seit 2013 führt sie Sammlungen der gesamten .uk-Domain in Kooperation mit den fünf weiteren britischen Pflichtexemplarbibliotheken durch (National Library of Scotland, National Library of Wales, Cambridge University Library, Bodleian Library in Oxford und die Bibliothek des Trinity College Dublin). Mit der Digital Preservation Coalition besteht in Großbritannien zudem eine Dachorganisation für die Belange der digitalen LZV.

In Deutschland ist ein wichtiges Element in dieser Entwicklung nestor, das Kompetenznetzwerk zur digitalen LZV. Seit seiner Gründung 2003 bringt es spartenübergreifend von der Langzeitarchivierung betroffene Institutionen und Experten zusammen. Regelmäßige Veranstaltungen, Arbeitsgruppen zu den unterschiedlichsten Themen von Emulation über Kosten zu rechtlichen Fragen sowie ein breites virtuelles Informationsangebot fördern den Austausch von Information und Wissen und erleichtern die Nutzung von Synergieeffekten. Gemeinsame Initiativen wie die Überführung von kooperativ erarbeiteten Empfehlungsdokumenten in die Normungswelt, eine breite Palette an Publikationen, Checklisten und die internationale Kooperation ergänzen die Aktivitäten. Ursprünglich vom Bundesministerium für Bildung und Forschung kofinanziert, wird nestor heute von derzeit 18 Partnerinstitutionen aus eigenen Ressourcen getragen. Die Deutsche Nationalbibliothek unterhält die Geschäftsstelle. Wachsende Bedeutung in der Infrastruktur der LZV haben einige strukturbildende Elemente, von denen das wichtigste sicherlich das Zertifizierungsangebot für vertrauenswürdige digitale Archive ist.

Shared interest hat, wie Garrets und Waters 1996 vorausgesagt hatten, neben der schon benannten Digital Preservation Coalition in Großbritannien und nestor in Deutschland zur Gründung weiterer Organisationen und Konsortien geführt. Typisch für sie ist, dass die beteiligten Partner ein gemeinsames Interesse haben und sich in der Annahme zusammentun, dass sich eine Lösung besser mit vereinten Kräften realisieren lässt. Zu nennen sind zum Beispiel das International Internet Preservation Consorium, die LOCKSS Alliance und Portico, die Alliance for Permanent Access to the Records of Science und die Open Planet Foundation.

Das International Internet Preservation Consortium (IIPC) wurde 2003 von elf Nationalbibliotheken und dem Internet Archive gegründet, um sich über die Archivierung von internetspezifischen Inhalten auszutauschen und gemeinsam Werkzeuge und Lösungsansätze für die spezielle Problematik der Webarchivierung zu entwickeln. Heute umfasst das IIPC 44 Mitglieder. Sie partizipieren in Arbeitsgruppen und finanzieren u.a. die (Weiter-)Entwicklung des Open Source Webcrawlers „Heritrix", des WebCurator Tools und der Netarchive Suite. Das IIPC wird von einem Steering Committee gesteuert, das strategische Schwerpunkte setzt und über die Finanzierung konkreter Entwicklungsprojekte entscheidet.

In der LOCKSS Alliance haben sich einige hundert Bibliotheken und über 500 Verleger zusammengeschlossen, um eine mehrfach redundante Speicherung von wissenschaftlichen Publikationen unter Zugrundelegung günstiger IT-Ausstattung zu organisieren („Lots of Copies Keep Stuff Safe"). Die dazu verwendete Technologie wurde zunächst auf Projektbasis entwickelt. Nach Produktivsetzung des Systems 2004 wurde die LOCKSS Alliance als Mitgliederorganisation von LOCKSS-Anwendern gegründet, um die Pflege und Weiterentwicklung der Technologie zu sichern und die Lösung weiter zu vermarkten. Die Bibliotheksteilnehmer unterhalten miteinander vernetzte sogenannte LOCKSS-Boxen, in der die Verlagsinhalte mehrfach redundant gespeichert werden. Mittlerweile besteht auch ein deutsches LOCKSS-Netzwerk.

Eine ähnliche Zielsetzung – wissenschaftliche Literatur (vor allem E-Zeitschriften) langfristig verfügbar zu halten – verfolgt mit einem anderen Betriebsmodell Portico. Ebenfalls auf Projektbasis mit öffentlicher Förderung entwickelt, geht Portico auf eine Initiative von ITHAKA zurück, einem non-profit-Informationsinfrastruktur-Dienstleister für die US-amerikanischen Hochschulen. 2005 wurde Portico durch die Ausgründung als Non-Profit-Organisation geschäftsfähig. Die teilnehmenden Bibliotheken und Verlage schließen Lizenzverträge mit Portico ab und zahlen jährliche Teilnahmegebühren zur Wartung und Weiterentwicklung des zentralen Archivsystems.

Im Gegensatz zu diesen von praktischen Problemen getriebenen Ansätzen, verfolgt die Alliance for Permanent Access eher strategische Ziele. In ihr haben sich Betreiber von Forschungsinfrastrukturen, darunter CERN, die European Space Agency und die Max-Planck-Gesellschaft, einige Nationalbibliotheken, STM Publishers und die European Science Foundation zusammengetan, um gemeinsam auf die Etablierung einer europäischen Langzeitarchivierungsinfrastruktur hinzuwirken. Sie wirkt hauptsächlich als Projektkatalysator und im Bereich der Politikberatung auf europäischer Ebene. Die Alliance wurde als Mitgliederorganisation und Stiftung niederländischen Rechts gegründet; sie finanziert sich durch Mitgliedsbeiträge.

Die beschriebenen Zusammenschlüsse zeichnen sich durch ihr klares Profil aus. Es steht jeweils eine Hauptmotivation im Mittelpunkt, die alle beitragenden Partner antreibt. Aufgrund der disparateren Interessenslage ist es vergleichsweise schwieriger, die Bemühungen um gemeinsame Formaterkennungswerkzeuge und Format Registries zu verstetigen. Die wichtigsten Tools zur Formaterkennung wie z.B. JHOVE und Droid wurden in Projekten entwickelt und anschließend als Open Source Software der Community zur Verfügung gestellt. Ihre Weiterentwicklung und Pflege beruht komplett auf freiwilligen Beiträgen von Anwendern. Genauso ist das Formate-Register Pronom abhängig von freiwilligen Zuarbeiten.

Mit der Open Planets Foundation (OPF) besteht seit 2010 allerdings ein organisierter Zusammenschluss, der versucht, ebensolche Beiträge zu Open Source Werkzeugen zu bündeln und zu koordinieren. Die OPF wurde 2010 nach Abschluss des EU-Projekts „PLANETS" (2006 bis 2010 von der EU-Kommission kofinanziert) von ehemaligen Projektpartnern gegründet. Die als Non-Profit-Organisation in Großbritannien registrierte OPF pflegt unter anderem die im PLANETS-Projekt entstandenen Werkzeuge wie das Preservation Planning Tool Plato. Ihre Mitglieder bringen sich aber auch aktiv und über EU-Projekte in die Entwicklung und Weiterentwicklung weiterer Open Source Tools wie den eben genannten Formaterkennungswerkzeugen ein.

Ausgehend von verschiedenen nationalen Initiativen ist so eine internationale Kooperationsstruktur entstanden, die Anwender und Nutzer regelmäßig zusammenführt und dafür sorgt, dass Forschung und Entwicklung einerseits und praktische Umsetzungs- und Erprobungsszenarien andererseits sich wechselseitig befruchten. Diese Situation sorgt dafür, dass technisch gesehen zunehmend ausgereifte Werkzeuge und Methoden zur Verfügung stehen und damit der Schritt in eine internationale Infrastruktur möglich wird. Ein ganz wesentliches Merkmal dieser Entwicklung, in der Kooperationen wie DPC oder nestor eine besondere Bedeutung bekommen, ist die Verstetigung und Stabilisierung von bislang häufig nur in Projekten verfolgten isolierten Ansätzen zu stabilen und kontinuierlich verfügbaren Diensten.

6 Perspektiven der Langzeitverfügbarkeit in nationaler und internationaler Dimension

In den nächsten Jahren wird die Bedeutung der LZV in der Informationsinfrastruktur weiter zunehmen. Dabei geht es nicht darum, ob die Apologeten der papierlosen Informationsgesellschaft letztlich Recht behalten oder nicht, sondern um die schlichte Feststellung, dass immer mehr Publikationen primär oder zeitlich parallel digital erscheinen. Dies hat zur Konsequenz, dass die Frage der Persistenz des digitalen Materials immer mehr auf die Agenda rückt. Gleichzeitig wächst der Anteil des historischen Informationsmaterials, das auch in digitalisierter Form vorliegt. Dass diese Veränderungen Auswirkungen auf die Organisation der Informationslandschaft haben, ist schon heute erkennbar.

Dabei ist die LZV digitaler Ressourcen nicht nur eine abgrenzbare technische Fragestellung, sondern sie spiegelt sich auch in Fragen der Sammlungskoordination, der prinzipiellen Sammelbarkeit, der Entwicklung geeigneter Kooperationsmodelle, der Qualitätssicherung und der öffentlichen Wahrnehmung von Bibliotheken.

Die schiere Menge an digitalem Material und die Anforderungen an die Qualität der Abläufe (und hohe Folgekosten) lassen den Anpassungsdruck wachsen und den Bedarf für Absprache und Kooperation steigen. Wenn heute noch die Bestandsauswahl einer Bibliothek im Druckbereich auf Ebene des Einzelobjekts erfolgt, sind implizit auch die (logistischen) Kosten der mittel- bis langfristigen Vorhaltung im Blick. Im E-Book- oder E-Journal-Bereich geschieht dies überwiegend auf Paketebene und häufig ohne eigene Infrastruktur der Bibliotheken, sodass letztlich der Nutzer aus einem Gesamtangebot heraus unmittelbar auf die Angebote der Verlage zugreift. Mit Blick auf die Notwendigkeit einer langfristigen Sicherung des Materials in der Gesamtperspektive der Infrastruktur wächst der Zwang zu entscheiden, welche der digitalen Ressourcen in die LZV eingehen – dies gilt insbesondere für die Herausforderung des World Wide Web als Informationsraum.

In Deutschland gibt es bislang keine Ansätze zu einer explizit national verteilten digitalen Sammlung, wie das etwa in den USA, Australien oder Großbritannien der Fall ist. Mit dem Gesetz über die Deutsche Nationalbibliothek und Regelungen zu digitalen Pflichtexemplaren in immer mehr Bundesländern sind viele Zuständigkeiten zwar grundlegend geklärt, und es laufen Abstimmungen zwischen den deutschen Pflichtexemplarbibliotheken.[30] In diese Überlegungen werden die Archive bereits einbezogen. Abstimmungen mit weiteren Bibliothekssparten und Akteuren anderer Sparten wie Museen, Medienarchiven und Forschungseinrichtungen werden perspektivisch folgen müssen.

Auch die Informationsproduzenten und -anbieter müssen in diese Überlegungen und Abstimmungen einbezogen werden. Häufig übernehmen sie für einen bestimmten Zeitraum selbst Verantwortung für die Verfügbarkeit ihres Materials und sind an der langfristigen Erhaltung interessiert. Anders als in Einrichtungen, deren primärer Zweck die langfristige Verfügbarhaltung von digitalen Publikationen ist, ergibt sich die Priorität der digitalen Bestandserhaltung hier aber aus wirtschaftlichen und strategischen Zielen, die sich jederzeit ändern können, z.B. wenn sich mit Inhalten kein Verwertungsinteresse mehr verbindet oder ein Verlag aus dem Markt geht.

Ein gewichtiges Hindernis für die Implementierung pragmatischer Lösungen für eine verteilte Verantwortlichkeit sind Barrieren, die sich aus dem Fehlen einer hochrangig verankerten, übergreifenden Archivierungs- und Nutzungsschranke (Gedächtnisschranke) für digitale Ressourcen zugunsten von Gedächtniseinrichtungen wie Bibliotheken ergibt. Vorrangig von Interesse sind dabei Objekte, die bereits im Markt verwertet wurden und nun in der Perspektive der LZV der Nutzerschaft der Gedächtniseinrichtungen zur Verfügung stehen sollen. Neben der rechtlichen Absicherung und der stabilen, auf Kontinuität angelegten Finanzierung der in den Bibliotheken erfolgenden LZV und aller damit verknüpften Aufgaben ist die Absicherung der technischen Weiterentwicklung und die laufende Anpassung der Werkzeuge bedeutsam.

Dabei stehen die wesentlichen Werkzeuge, um digitale Langzeitarchive zu betreiben, heute im Prinzip zur Verfügung. Am Markt gibt es komplette, allerdings meist monolithische Systeme zu kaufen. Eine wachsende, internationale Community nutzt Open Source Tools, die modular in Workflows zur Langzeitsicherung eingebaut werden können, und sie stellt ihre notwendige Weiterentwicklung sicher. Die große Herausforderung besteht darin, solche Systeme und Werkzeuge in die Abläufe von

---

30 Vgl. Jendral 2013. Hier ist die AG Regionalbibliotheken des dbv aktiv, die eine „Synopse von NP-Sammelrichtlinien" entwickelt hat (Deutscher Bibliotheksverband 2010).

Bibliotheken zu integrieren und sie so zu skalieren, dass sie großen und stetig wachsenden Informationsmengen gerecht werden. Perspektivisch werden Aspekte der LZV jedoch mehr und mehr ein selbstverständlicher Aspekt in den Abläufen von Bibliotheken werden, dedizierte Systeme oder auch organisatorische Bereiche werden aufgehen in den Abläufen rund um digitale Ressourcen, wobei je nach Aufgabenstellung der Bibliothek die Auswirkung auf die Organisationsstruktur weiterreichend oder geringer sein werden.

Dabei ist zu berücksichtigen, dass bestimmte Materialgruppen wie Software, Webseiten, aber auch digitale Filmbestände noch schwer zu greifen bzw. technisch nicht beherrscht sind. Hier tauchen zunächst Zuständigkeitsfragen auf: Einerseits sind die Informationsanbieter/Informationserzeuger, die als ein Teil ihres Angebots auch Verantwortung für bestimmte Materialgruppen übernehmen müssen (und gleichzeitig auch als Nutzer auftreten), betroffen, andererseits sind es die Akteure, die primär den Auftrag zur Langfristabsicherung von digitalen Ressourcen übernommen haben. Beide Perspektiven müssen in einer zukünftigen Infrastruktur zusammengeführt werden und ihre jeweiligen Anforderungen aufeinander abbilden. Gleichzeitig besteht auch weiterhin Bedarf an intensiver Evaluations- und Forschungsaktivität.

Vor dem Hintergrund öffentlicher Haushalte ist es wahrscheinlich, dass sich eine kleinere Zahl von Einrichtungen auf den Betrieb vollständiger Archive zur Sicherung der LZV beschränken wird. Angesichts des Komplexitätsgrads einzelner Materialgruppen ist eine funktionale Ausdifferenzierung zu erwarten. Umso wichtiger ist es, dass diese in einen kooperativen Verbund eingebettet sind, in dem Rollen und Verantwortlichkeiten geklärt sind. Dabei werden in vielen Bibliotheken Beratungs- und Betreuungsaufgaben im Vordergrund stehen, für die die Nähe zu Kunden (Nutzern oder auch Datenproduzenten) wichtig ist, während die Erbringung der technischen Dienstleistung vermutlich von einer kleineren Zahl von Einrichtungen in einem kooperativen Verbund übernommen wird.

Literatur

Altenhöner, Reinhard: Libraries as service-brokers for digital data curation: Practical insights from the DFG project DP4lib (Digital Preservation for Libraries). 2012. http://conference.ifla.org/past/2012/116-altenhoner-en.pdf (10.01.2014).

ANL: Statement of Principles for the Preservation of and Long-Term Access to Australian Digital Objects. Issued by the Australian National Library (1995). http://www.nla.gov.au/preserve/digital/princ.html (27.10.2013).

The Blue Ribbon Task Force on Sustainable Digital Preservation and Access. Sustaining the Digital Investment: Issues and Challenges of Economically Sustainable Digital Preservation. San Diego: San Diego Supercomputer Center, University of California, San Diego, 2008. http://brtf.sdsc.edu/biblio/BRTF_Final_Report.pdf (27.10.2013).

The Cedars Project Report, 2001. http://www.imaginar.org/dppd/DPPD/146%20pp%20CedarsProjectReportToMar01.pdf (27.10.2013).

Charles Beagrie Inc.: Dauerhaften Zugriff sicherstellen: Auf dem Weg zu einer nationalen Strategie zu Perpetual Access und Hosting elektronischer Ressourcen in Deutschland. Deutsche Übersetzung des editierten Abschlussberichtes (öffentliche Version – Februar 2010). http://www.allianzinitiative.de/fileadmin/hosting_studie_d.pdf (31.10.2013).

Data Seal of Approval (DSA): http://datasealofapproval.org/en/ (27.10.2013).

Deutsche Forschungsgemeinschaft, Bibliotheksausschuss: Elektronische Publikationen im Literatur- und Informationsangebot wissenschaftlicher Bibliotheken. Bonn 1995. http://www.dfg.de/download/pdf/dfg_im_profil/reden_stellungnahmen/download/epub.pdf (09.01.2014).

Deutsche Forschungsgemeinschaft: Förderprogramm „Elektronische Publikationen" – Ausschreibung „Nationales Hosting Elektronischer Publikationen". 2012. http://www.dfg.de/download/pdf/foerderung/programme/lis/ausschreibung_elektronische_publikationen_120430.pdf (31.10.2013).

Deutsche Forschungsgemeinschaft: Ausschreibung „Literaturversorgung und Information/Informationsmanagement. Langzeitverfügbarkeit im Rahmen der „Neuausrichtung überregionaler Informationsservices". 2013. http://www.dfg.de/download/pdf/foerderung/programme/lis/ausschreibung_ueberregionale_informationsservices_131115.pdf (31.10.2013).

Deutscher Bibliotheksverband: Zusammenfassung der Synopse von Sammelrichtlinien für Netzpublikationen auf Landesebene. http://www.bibliotheksverband.de/fileadmin/user_upload/Arbeitsgruppen/AG_RegionalBib/2010_Kurzfassung_Modellrichtlinie_Netzpublikationen_Regionalbibliotheken05.11.2010.pdf (31.10.2013).

DNB: Gesetz über die Deutsche Nationalbibliothek (DNBG). Ausfertigungsdatum: 22.06.2006. http://www.gesetze-im-internet.de/dnbg/BJNR133800006.html (31.10.2013).

DPimpact: Inmark Estudios y Estrategias: DPimpact – Socio-Economic Drivers and Impact of Longer Term Digital Preservation D.5 Final Report. (2009). http://cordis.europa.eu/fp7/ict/telearn-digicult/dpimpact-final-report.pdf (27.10.2013).

Foot, Mirjam: A Preservation Policy for Digital Material: A Librarians Point of View. Contribution to a JISC/British Library Workshop („Long Term Preservation of Electronic Materials"), 27/28 November 1995. http://www.ukoln.ac.uk/services/papers/bl/rdr6238/paper.html (27.10.2013).

Garret, John u. Donald Waters: Preserving Digital Information. Report of the Task Force on Archiving of Digital Information commissioned by The Commission on Preservation and Access and The Research Libraries Group. 1996.

Jendral, Lars: Die elektronische Pflicht in den Bundesländern. In: Bibliotheksdienst 47 (2013), S. 592–596.

JHOVE: JSTOR/Harvard Object Validation Environment. http://jhove.sourceforge.net/ (31.10.2013).

Kulovits, Hannes, Andreas Rauber, Anna Kugler, Markus Brantl, Tobias Beinert u. Astrid Schoger: From TIFF to JPEG 2000? Preservation Planning at the Bavarian State Library Using a Collection of Digitized 16th Century Printings. In: D-Lib Magazine 2009, Ausgabe 15. http://webdoc.sub.gwdg.de/edoc/aw/d-lib/dlib/november09/kulovits/11kulovits.html (28.10.2013).

Lange, Andreas: Die Gaming-Community als Pionier der digitalen Bewahrung. In: Was bleibt?, Nachhaltigkeit der Kultur in der digitalen Welt. Hrsg. von Paul Klimpel u. Jürgen Keiper. Berlin: iRights.Media 2013. S. 109–118. http://files.dnb.de/nestor/weitere/collab_was_bleibt.pdf (28.10.2013).

Liegmann, Hans u. Ute Schwens: Langzeitarchivierung digitaler Ressourcen. In: Rainer Kuhlen, Thomas Seeger u. Dietmar Strauch (Hrsg.): Grundlagen der praktischen Information und Dokumentation. 5., völlig neu gefasste Ausgabe. München: Saur 2004. http://files.dnb.de/nestor/berichte/digitalewelt.pdf (27.10.2013).

Maniatis, Petros, Mema Roussopoulos, T. J. Giuli, David S. H. Rosenthal u. Mary Baker: „The LOCKSS peer-to-peer digital preservation system". In: ACM Transactions on Computer Systems(TOCS) 23 (2005), H. 1.

nestor: nestor Kriterienkatalog vertrauenswürdige digitale Langzeitarchive, Version 2. (2008). https://nbn-resolving.org/urn:nbn:de:0008-2008021802 (27.10.2013)

nestor: nestor-Stellungnahme: Digitale Langzeitarchivierung als Thema für den 3. Korb zum Urheberrechtsgesetz. Urheberrechtliche Probleme der digitalen Langzeitarchivierung. (Februar 2011). http://files.dnb.de/nestor/berichte/nestor-Stellungnahme_AG-Recht.pdf (20.10.2013).

nestor: nestor-Leitfaden Digitale Bestandserhaltung. Vorgehensmodell und Umsetzung, Version 2.0 (2012). https://nbn-resolving.org/urn:nbn:de:0008-2012092400 (27.10.2013).

nestor: nestor-Siegel. o.J. http://www.langzeitarchivierung.de/Subsites/nestor/DE/nestor-Siegel/siegel_node.html (27.10.2013).

Neuroth, Heike, Achim Oßwald, Regine Scheffel [u.a.] (Hrsg.): Eine kleine Enzyklopädie der digitalen Langzeitarchivierung. Boizenburg: Verlag Werner Hülsbusch 2009. Aktualisierte Onlineversion (2.3) unter http://www.nestor.sub.uni-goettingen.de/handbuch/nestor-handbuch_23.pdf (31.10.2013).

OAIS deutsch: Referenzmodell für ein Offenes Archiv-Informations-System – Deutsche Übersetzung. (nestor-materialien 16). http://nbn-resolving.de/urn/resolver.pl?urn=urn:nbn:de:0008-2012051101 (27.10.2013).

ODE: Angela Schäfer, Heinz Pampel, Hans Pfeiffenberger [u.a.]: Baseline Report on Drivers and Barriers in Data Sharing. 2011. http://www.alliancepermanentaccess.org/wp-content/plugins/download-monitor/download.php?id=Baseline+report+on+Drivers+and+Barriers+on+Data+Sharing (31.10.2013).

PLATO: Plato-Website. Vgl. http://www.ifs.tuwien.ac.at/dp/plato/intro.html (27.10.2013).

Primary Trustworthy Digital Repository Authorisation Body (PTAB): http://www.iso16363.org (27.10.2013).

PRONOM: http://www.nationalarchives.gov.uk/PRONOM/Default.aspx (31.10.2013).

Rosenthal, David S. H.: Bit Preservation: A Solved Problem? In: International Journal of Digital Curation 5 (2010), H. 1. http://www.ijdc.net/index.php/ijdc/article/view/151 (26.10.2013).

Schoger, Astrid: Aufbau einer Infrastruktur zur digitalen Langzeitarchivierung. In: Bibliotheksforum Bayern 05 (2011), S. 184–188. http://www.babs-muenchen.de/content/dokumente/BFB_0311_13_Schoger_V05.pdf (31.10.2013).

Seadle, Michael: Archiving in the Networked World: LOCKSS and National Hosting. In: Library Hi Tech 28 (2010), H. 4, S. 710–717.

York, Yeremy: HathiTrust: The Elephant in the Library. In: Library Issues 32 (2012), H. 3. http://www.hathitrust.org/documents/HathiTrust-LI-201201.pdf (26.10.2013).

12 Beruf, Aus- und Fortbildung

Konstanze Söllner
12.1 Qualifikationswege und Berufsfelder in Bibliotheken

1 Der FaMI als Lehrberuf in Bibliotheken

Als 1998 der Beruf des Fachangestellten für Medien- und Informationsdienste (FaMI) als neuer Informationsberuf per Verordnung[1] in Kraft gesetzt wurde, gab es nur im Bereich der Bibliotheken einen staatlich anerkannten Ausbildungsberuf, den Beruf des Bibliotheksassistenten. Aus den anderen Bereichen der Informationswirtschaft war seit Mitte der 1980er Jahre immer wieder die Forderung nach einer staatlich anerkannten Regelung der Berufsausbildung laut geworden, da die vorhandenen Ausbildungsgänge den Bedarf an qualifiziertem Fachpersonal nicht decken konnten. Der neu geschaffene Beruf sollte die Gemeinsamkeiten der Tätigkeitsfelder betonen und den Absolventen mehr berufliche Mobilität innerhalb der Informationswirtschaft ermöglichen. Dennoch wurden fünf Fachrichtungen begründet, um branchenspezifische Besonderheiten abzubilden: Archiv, Bibliothek, Information und Dokumentation, Bildagentur und Medizinische Dokumentation. Allerdings erfolgt die Ausbildung nur zu einem Drittel der Ausbildungszeit in der gewählten Fachrichtung, und nur in wenigen Bundesländern sind auch tatsächlich alle fünf Fachrichtungen vertreten.

FaMI werden ebenso von der privaten Wirtschaft wie von öffentlichen Einrichtungen ausgebildet. Ein bestimmter Schulabschluss ist nicht gefordert, der weit überwiegende Teil der Auszubildenden hat jedoch einen mittleren Schulabschluss oder die Fachhochschul- bzw. Hochschulreife. Die Ausbildung findet hauptsächlich im dualen System statt, ein Abschluss kann aber auch auf dem Weg der Umschulung oder Externenprüfung erreicht werden. Die Ausbildungsdauer beträgt drei Jahre. Bei sehr guten Leistungen ist der Berufsabschluss schon nach zweieinhalb Jahren, für Abiturienten sogar bereits nach zwei Jahren möglich. Aufgrund der im Verhältnis zu populären Ausbildungsberufen nach wie vor geringen Zahl von Auszubildenden (laut Berufsbildungsstatistik[2] waren es 2011 nur 564 Neuabschlüsse in ganz Deutschland) wird nur an wenigen Berufsschulen ausgebildet. Für viele Ausbildungsbetriebe und ihre Träger führt das zu vermehrtem Aufwand bei den Reisekosten und der Unterbringung.

Wenn an einer Berufsschule wegen geringer Schülerzahlen nur eine einzige Fachklasse für alle Fachrichtungen gebildet werden kann, leidet die fachrichtungsspezifische Spezialisierung im theoretischen Unterricht. Dies betrifft in besonderer Weise die Auszubildenden mit verkürzter Ausbildungszeit. Der Rahmenlehrplan sieht nur bei den beiden

---

[1] Verordnung über die Berufsausbildung zum Fachangestellten für Medien- und Informationsdienste/zur Fachangestellten für Medien- und Informationsdienste vom 3. Juni 1998.
[2] Vgl. http://berufe.bibb-service.de/Z/B/30/1337.pdf (17.6.2013).

Lernfeldern „Erschließen von Medien und Informationen" und „Erschließen und Recherchieren spezieller Medien und Informationen" ein fachrichtungsspezifisches Vorgehen vor. Ansonsten macht er nur pauschale Angaben über die Lernfelder und setzt auch nicht voraus, dass nach Fachrichtungen aufzugliedern ist, so dass die einzelnen Berufsschulen viel Spielraum bei der Umsetzung haben. Da die Fachrichtung Bibliothek zahlenmäßig den überwiegenden Teil der Klassen stellt und die Inhalte der Ausbildung auf die Bedürfnisse der Mehrheit ausgerichtet werden, wirken sich geringe Schülerzahlen für die Fachrichtung Bibliothek allerdings weniger negativ aus als für die anderen Fachrichtungen.

Der berufspraktischen Ausbildung im Betrieb kommt im dualen System eine besondere Rolle zu. Dies führte insbesondere in wissenschaftlichen Bibliotheken, die zuvor mit Absolventen aus dem Vorbereitungsdienst der Beamtenlaufbahn versorgt worden waren, anfangs zu erheblichem und nicht immer vorhersehbarem Zusatzaufwand. Trotz dieser organisatorischen und inhaltlichen Besonderheiten im Vergleich zu den traditionellen Ausbildungsformen ist der FaMI als Bibliotheksberuf inzwischen flächendeckend etabliert. Die Fachrichtung Bibliothek war mit über 80 Prozent aller Auszubildenden von Anfang an zahlenmäßig dominierend,[3] und die anderen Fachrichtungen sind weniger bekannt oder konnten sich gegenüber bestehenden Ausbildungswegen nicht durchsetzen, so dass der FaMI häufig als reiner Bibliotheksberuf wahrgenommen wird. Forderungen nach einer Evaluation des Fachrichtungsmodells und eventueller Aufgabe von wenig nachgefragten Fachrichtungen wurden zuletzt aber kaum noch erhoben. Geografische Schwerpunkte der bibliothekarischen FaMI-Ausbildung sind Nordrhein-Westfalen, Baden-Württemberg und Berlin. 2006 erfolgte mit Schleswig-Holstein der Einstieg des letzten Bundeslands, so dass seither in allen Bundesländern FaMI durch Bibliotheken der verschiedenen Sparten ausgebildet werden.[4]

Als Aufgabenprofil ausgebildeter Fachangestellter der Fachrichtung Bibliothek wird eine Reihe von Einsatzfeldern angegeben. FaMI
- „nutzen bibliographische Informationsmittel für die Erwerbung von Medien,
- kontrollieren und bearbeiten Lieferungen und Rechnungen,
- bearbeiten Medien nach Regeln der formalen Erfassung,
- wirken bei der inhaltlichen Erschließung mit,
- statten Medien bibliothekstechnisch aus,
- ordnen und verwalten Bestände,
- bearbeiten Ausleihen, Rücknahmen, Mahnungen und Vorbestellungen von Medien,
- beschaffen Informationen und Medien für Kunden mittels elektronischer und konventioneller Liefersysteme,
- wirken bei Ausstellungen und Veranstaltungen mit."[5]

---

3 Vgl. Seng 2013: 54.
4 In Bayern liefen die verwaltungsinterne Ausbildung für den mittleren Bibliotheksdienst und die FaMI-Ausbildung einige Jahre parallel, bis 2012 die verwaltungsinterne Ausbildung aufgegeben wurde.
5 Bundesagentur für Arbeit: Fachangestellte/r für Medien- und Informationsdienste – Bibliothek 2013

Der tatsächliche Einsatzschwerpunkt von FaMI in Bibliotheken liegt bei der Medien- und Informationsvermittlung, meist in Verbindung mit Regaldiensten und/oder der technischen Medienbearbeitung. Erst danach folgen Erschließung und Erwerbung. Ein seltenes Einsatzgebiet sind Verwaltungsaufgaben, das Rechnungswesen und die Öffentlichkeitsarbeit.[6] FaMI verdrängen in Bibliotheken angelernte Kräfte erst nach und nach, und Ausbildungsanspruch und das tatsächliche Tätigkeitsniveau können noch deutlich auseinanderliegen. Das ist vor allem dann der Fall, wenn keine sinnvolle Mischung der Aufgaben und keine Verzahnung mit Einsatzbereichen stattfindet, die traditionell noch den Bibliothekaren mit Diplom- oder mit Bachelor-Studienabschluss vorbehalten sind.

2 Bibliothekarisches Studium

2.1 Der Bachelor als grundständiges bibliothekarisches Studium

An sieben staatlichen Fachhochschulen[7] und der Humboldt-Universität zu Berlin gibt es grundständige Bachelor-Studiengänge, die für den Bibliotheks- und Informationsbereich ausbilden. Dabei existieren im Bereich „LIS", also „Library and Information Science", sowohl Ausbildungen mit sechs als auch mit sieben Semestern Studiendauer. Der Bachelor als grundständiger berufsqualifizierender Abschluss löste im Laufe der Jahre 2004 bis 2007 an allen Hochschulen den traditionellen Abschluss „Diplom-Bibliothekar" ab. Eine Ausnahme bildet nur noch die verwaltungsinterne duale Ausbildung in Bayern. Das Spektrum reicht dabei von stärker bibliothekswissenschaftlich bis zu informationswissenschaftlich oder informationstechnisch ausgerichteten Studiengängen. Der Ein-Fach-Bachelor herrscht vor. Nur an der Humboldt-Universität zu Berlin ist es möglich, Bibliotheks- und Informationswissenschaft als Kernfach, Zweitfach oder Beifach in Kombination mit anderen Fächern zu studieren. Der Bachelor ordnet sich hier in das universitäre geistes- und sozialwissenschaftliche Spektrum ein, in dem in der Regel zwei oder drei Fächer studiert werden, weil künftige Berufsfelder nicht so klar abgrenzbar sind wie in den Natur- oder Technikwissenschaften.

An der Mehrzahl der Fachhochschulen dauert das Bachelor-Studium sieben Semester, in Darmstadt, Hamburg und Köln sechs Semester. Der Abschluss ist der Bachelor of Arts (B.A.), nur an der Fachhochschule Darmstadt ist der Bachelor of Science (B.Sc.) der Regelabschluss. Der Darmstädter Studiengang „Information

---

6 Vgl. Seng 2013: 95.
7 Hochschule Darmstadt, Hochschule für Angewandte Wissenschaften Hamburg, Hochschule Hannover, Fachhochschule Köln, Hochschule für Technik, Wirtschaft und Kultur Leipzig, Fachhochschule Potsdam, Hochschule der Medien Stuttgart.

Science & Engineering" bietet eine stärker informationstechnisch ausgerichtete Ausbildung und umfasst erst ab dem 4. Semester den Schwerpunkt Bibliotheksmanagement im Wahlpflichtbereich. Das Studium der Bibliothekswissenschaft ist somit Teil des Studiengangs Informationswissenschaft. Diese individuelle Profilbildung und Schwerpunktsetzung findet auch in den Studiengängen der anderen Hochschulen ab dem 4. Semester statt. Der Studiengang am Fachbereich Bibliothek und Information der Hochschule für Angewandte Wissenschaften Hamburg beinhaltet etwa ein so genanntes Projektsemester mit 12 Semesterwochenstunden, in dem Studierende und Lehrende in Zusammenarbeit mit einem externen Partner ein Projekt realisieren. Praktika sind in unterschiedlichem Umfang vorgesehen, als ganzes Praktikumssemester (Leipzig) oder auch nur als siebenwöchiges Praktikum (Berlin).

Eine Neuentwicklung stellen die sechssemestrigen Ein-Fach-Bachelorstudiengänge „Informationsmanagement und Informationstechnologie" (B.A.) in Berlin sowie „Bibliotheksinformatik" (B.Sc.) in Leipzig dar. Diese unterscheiden sich von einem herkömmlichen bibliotheks- und informationswissenschaftlichen Studium durch die Fokussierung auf technische Grundlagen des Informationsmanagements. Der Berliner Studiengang besteht jeweils zur Hälfte aus Modulen der Bibliotheks- und Informationswissenschaft sowie der Informatik. Er wird in Kooperation mit dem Fachbereich Informatik, der Leipziger Studiengang in Kooperation mit dem Fachbereich Mathematik angeboten. Diese Studiengänge sind somit auch eng dem Studium der Medieninformatik verwandt, wobei sie sich von einem Informatikstudium durch die Ausrichtung auf den Anwendungsbereich Bibliotheken und Verlage sowie digitale Bibliotheksmedien unterscheiden.

Die Praxisrelevanz der Bachelor-Studiengänge wurde besonders in den ersten Jahren nach der Bologna-Umstellung intensiv diskutiert.[8] Der Bruch zwischen den Erwartungen der Berufsanfänger, die das Bibliotheksmanagement oder die Teaching Library als künftiges Einsatzfeld ansehen, und den tatsächlichen Aufgaben, die zumindest in den wissenschaftlichen Bibliotheken meist im Bereich der Formalerschließung und integrierten Erwerbung liegen, war und ist noch immer groß. Verlängerte Praktika oder eine verbesserte Qualitätskontrolle in den Praktika sollen Abhilfe bringen. Mit dem Entstehen neuer Arbeitsfelder in Bibliotheken verschieben sich aber auch Einsatzschwerpunkte der Absolventen, und Spezialkenntnisse wie Electronic Publishing, Informationskompetenzvermittlung oder Forschungsdatenmanagement werden stärker nachgefragt. Die deutlichere Profilierung der bibliothekarischen Studiengänge hat mit dem Bologna-Prozess eingesetzt, und es ist zu erwarten, dass sie sich in den nächsten Jahren weiter fortsetzt. Somit muss auch die Forderung nach mehr Praxisnähe differenzierter gesehen werden.

---

8 Vgl. Koelges 2010: 23–24.

2.2 Exkurs: Die verwaltungsinterne duale Ausbildung in Bayern

Der verwaltungsinterne Studiengang an der Fachhochschule für Öffentliche Verwaltung und Rechtspflege in Bayern dient der Ausbildung von Anwärtern der dritten Qualifikationsebene (ehemals gehobener Dienst), Fachlaufbahn Bildung und Wissenschaft, fachlicher Schwerpunkt Bibliothekswesen. Der Abschluss als Diplom-Bibliothekar soll zum Einsatz bei den wissenschaftlichen Bibliotheken des Freistaates Bayern, der Gemeinden und der sonstigen unter der Aufsicht der Staatsministerien des Innern sowie für Wissenschaft, Forschung und Kunst stehenden nichtstaatlichen Dienstherren in Bayern befähigen.[9] Voraussetzung für die Zulassung zur Ausbildung ist das Bestehen des schriftlichen Auswahlverfahrens des Landespersonalausschusses. Die Bayerische Staatsbibliothek führt nach dem schriftlichen Auswahlverfahren zusätzlich ein strukturiertes Interview durch, in dem die außerfachlichen Fähigkeiten der Bewerber geprüft werden.

In der am 17.04.2013 zuletzt geänderten Allgemeinen Prüfungsordnung (APO)[10] wurden die Weichen für einen Bachelorstudiengang Bibliothekswesen an der Fachhochschule für Öffentliche Verwaltung und Rechtspflege gestellt. Dieser verwaltungsinterne Studiengang soll auf den Einsatz in wissenschaftlichen Bibliotheken vorbereiten und eine Dauer von sechs Semestern sowie lange Praxisphasen von zweimal sechs Monaten haben. Dabei müssen in sechs Semestern 210 Leistungspunkte erzielt werden. Die berufspraktischen Studienzeiten im 2. und 5. Semester werden an Ausbildungsbibliotheken in Bayern abgeleistet. Die Inhalte der praktischen Studienabschnitte sind strukturiert und basieren auf einem vorgegebenen Ausbildungsplan. Die benoteten Praktikumszeugnisse sind Voraussetzung für das Bestehen der berufspraktischen Module und werden im Diploma-Supplement ausgewiesen, die Noten gehen aber im Unterschied zu den fachtheoretischen Modulen und zur Bachelorarbeit nicht in die Endnote ein. Die Qualifikationsprüfung für den Einstieg in der dritten Qualifikationsebene kann entsprechend den Regelungen der APO am Ende des Vorbereitungsdienstes stehen oder modular aufgebaut sein.

2.3 Der Master Bibliotheks- und Informationswissenschaft als postgraduales Studium

Die mit dem europaweiten Bologna-Prozess einsetzende Hochschulreform brachte auch umfangreiche Veränderungen im Aufbau des bibliothekarischen Studiums mit sich. Die Fachhochschulen, die bisher ausschließlich Diplom-Abschlüsse ermöglichten, können nun das gesamte Spektrum von Bachelor- und Masterstudiengän-

---
[9] Zulassungs-, Ausbildungs- und Prüfungsordnung für den gehobenen Bibliotheksdienst bei den wissenschaftlichen Bibliotheken (ZAPOgBiblD) 2006.
[10] Allgemeine Prüfungsordnung (APO) 1984.

gen anbieten. Der Wechsel von Studierenden zwischen den Hochschularten findet im Allgemeinen von der Fachhochschule hin zur Universität statt, und nicht umgekehrt. 21 Prozent der Wechsler von der Fachhochschule an die Universität verfügen bei Aufnahme des Fachhochschul-Studiums nur über die Fachhochschulreife. Durch den Bachelorabschluss an einer Fachhochschule erwerben sie die allgemeine Hochschulreife.[11] Die bibliothekarischen Master-Angebote der deutschen Hochschulen spiegeln heute die ganze Breite der möglichen Modelle wider: Neben konsekutiven Vollzeit-Studiengängen und berufsbegleitenden Studiengängen gibt es zusätzlich einen Fernstudiengang. An allen Hochschulen, die Bachelor-Studiengänge anbieten, sind auch Master-Abschlüsse möglich. Alle Master sind Ein-Fach-Master. Die Master-Programme umfassen in der Regel vier Studiensemester, in Köln und Potsdam drei Studiensemester, wobei in Köln eine vorherige sechsmonatige Praxisphase verpflichtend ist. In Berlin als einzigem Ausbildungsort werden parallel der Vollzeit-Master und das postgraduale Fernstudium angeboten. An den Fachhochschulen Köln und Stuttgart[12] kann der Master nur berufsbegleitend erworben werden. Die Vollzeit-Master-Studiengänge an den anderen Hochschulen sind immer fachrichtungsübergreifend bibliotheks- und informationswissenschaftlich ausgerichtet, so dass nur noch in Berlin ein rein bibliothekswissenschaftlich ausgerichteter Vollzeit-Master studiert werden kann. Dieser ist als forschungsorientierter Studiengang ausgestaltet. In Leipzig ist mit Wahl der Profillinie Historische Bestände oder Musikbibliotheken oder Bibliothekspädagogik eine bibliothekswissenschaftliche Spezialisierung optional. Leipzig hat darüber hinaus mit Beginn des Wintersemesters 2013/14 durchgängige Vollzeit-Studiermöglichkeiten von Bibliotheksinformatik (B.A.) und Medieninformatik (M.A.) im konsekutiven Modell geschaffen. In Darmstadt wird die Studienrichtung Bibliothekswissenschaft im Zeugnis ausgewiesen, wenn im Rahmen des Masterstudiengangs Informationswissenschaft mindestens drei bibliotheksrelevante Module erfolgreich absolviert wurden.

2.3.1 Konsekutive Studienfolge

Der bibliothekarische Vollzeit-Master im Bereich LIS ist an allen Hochschulen konsekutiv ausgelegt, d.h. es wird der Bachelor oder ein gleichwertiger Abschluss mit bibliotheks-, medien- oder informationswissenschaftlichem Schwerpunkt vorausgesetzt. Auch das berufsbegleitende Master-Studium in Stuttgart richtet sich im Unterschied zu den berufsbegleitenden Studiengängen in Berlin und Köln nur an Absolventen der

---

[11] Vgl. Scheller [u.a.] 2013: 15.
[12] Der mit der Bologna-Umstellung an der Stuttgarter Hochschule der Medien eingeführte konsekutive Vollzeit-Master wurde ebenso wie der Kölner MALIS-Vollzeit-Studiengang wieder eingestellt. Der Kölner Studiengang wurde 2009 in einen Fernstudiengang umgewandelt, in Stuttgart wird seit dem Wintersemester 2012/13 wieder ein Teilzeit-Master angeboten.

Fachrichtungen Bibliothek, Information oder Dokumentation mit wenigstens einjähriger einschlägiger Berufserfahrung.

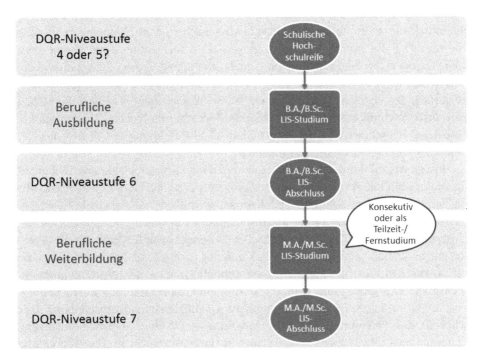

Abb. 1: Zugangswege zum grundständigen Studienabschluss für Abiturienten.

2.3.2 Nicht-konsekutive Studienfolge

Im Vergleich aller Studienfächer wechselt allerdings ein knappes Drittel (32 Prozent) der Studierenden mit Aufnahme des Masterstudiums den Studienbereich, wählt also einen fachlich anderen Studiengang und somit eine nicht-konsekutive Studienfolge.[13] Fernstudiengänge zur Weiterbildung werden sogar nur von 1,1 Prozent aller Masterstudierenden an deutschen Hochschulen genutzt.[14] Weiterbildungs-Programme sind nicht an die Regelstudienzeit von fünf Jahren gebunden, weshalb sie auch für Master, Magister oder Universitätsdiplom-Absolventen zugänglich sind. Weiterbildende Masterstudiengänge setzen qualifizierte berufspraktische Erfahrung von in der Regel nicht unter einem Jahr voraus. Sie entsprechen in der Ausrichtung den konsekutiven Masterstudiengängen. Im Bibliotheks- und Informationswesen können nur die Fern-,

---
13 Vgl. Scheller [u.a.] 2013: 15.
14 Vgl. Scheller [u.a.] 2013: 34.

Teilzeit- und berufsbegleitenden Weiterbildungs-Master in Berlin, Köln und Hannover auch von Absolventen anderer Fachrichtungen studiert werden. Dass die nicht-konsekutive Studienfolge im Unterschied zu den meisten anderen Studienfächern nur im Weiterbildungsbereich angeboten wird, ist Ergebnis der Beschäftigungssituation in Bibliotheken. Das traditionelle Berufsbild Wissenschaftlicher Bibliothekare ist nach wie vor durch die Kombination eines universitären Fachstudiums mit Master- oder gleichwertigem Studienabschluss mit einer bibliothekarischen Zusatzausbildung nach dem Muster des Referendariats geprägt. Die beruflichen Chancen erhöhen sich auch nach den eigenen Einschätzungen bei den Absolventen, die in das Berufsfeld neu einsteigen und bereits ein anderes Master-Fachstudium absolviert haben, stärker als bei den Teilnehmern, die das Fernstudium als Weiterbildung und Vertiefung einer bibliothekarischen Ausbildung absolvieren.[15]

In den Weiterbildungsstudiengängen treffen die Absolventen anderer Fächer auf die Diplom-Bibliothekare und Bachelor-Absolventen aus den LIS-Studiengängen. Nur die Berliner Bachelor-Absolventen mit Kernfach LIS haben freie Wahl beim Zweitfach, LIS ist in Berlin außerdem als Zweitfach kombinierbar mit beliebigen anderen Kernfächern (außer Biologie, Chemie oder Physik). So bringen zwar LIS-Bachelor-Absolventen nur in Ausnahmefällen ein anderes studiertes Fach mit, umgekehrt spielen aber die praktischen Vorerfahrungen der Nicht-Bibliothekare bei den Weiterbildungsstudiengängen eine große Rolle. Förderliche berufspraktische Erfahrung von nicht unter einem Jahr im Anschluss an den ersten berufsqualifizierenden Hochschulabschluss wird für das Fernstudium in Berlin vorausgesetzt.[16] Beim Teilzeit-Studiengang „Informations- und Wissensmanagement" in Hannover wird von Absolventen, die nicht aus den Bereichen Bibliothekswesen, Dokumentation, Informationsmanagement, Informatik oder verwandten Studiengängen kommen, eine mindestens dreijährige berufliche Tätigkeit mit Bezug zum Informations- oder Wissensmanagement verlangt. Eine mindestens zwölfmonatige praktische Tätigkeit in einer Bibliothek oder einer vergleichbaren Informationseinrichtung, die nach dem Hochschulabschluss absolviert worden sein muss, ist Zugangsvoraussetzung für den Studiengang MALIS (Master in Library and Information Science) in Köln.

Die Kombinationsvariante von nichtbibliothekarischem Bachelor-Abschluss mit dem Bibliotheksmaster (angelsächsisches Modell) führte in Deutschland bisher nicht zum Entstehen einer neuen Gruppe wissenschaftlicher Bibliothekare.[17] Die Beam-

---

15 Puppe 2013: 42.
16 Im Berliner Auswahlverfahren bringen nur Studienabschlüsse aus anderen Fächern Punkte, jedoch kann dies von LIS-Absolventen durch Wartezeiten und den Nachweis längerer Berufstätigkeit relativ leicht kompensiert werden.
17 Rund zwei Drittel der Absolventen des Kölner MALIS-Studiums traten dieses nach einem abgeschlossenen Magisterstudium an, 12 Prozent der Befragten hatten zuvor einen universitären Diplomabschluss erlangt, 9 Prozent der Studierenden hatten ihr Erststudium mit einem Staatsexamen abgeschlossen, 15 Prozent der MALIS-Studierenden hatten bei Aufnahme des MALIS-Studiums bereits promoviert. Vgl. Oßwald/Röltgen 2011: 1064.

tenstrukturen des höheren Dienstes (weiterführender Studienabschluss plus gegebenenfalls Promotion plus Referendariat/postgraduales Studium) erweisen sich hier als überraschend stabil, obwohl die Beamtenlaufbahn in wissenschaftlichen Bibliotheken nicht mehr die Regel ist. Wenn nicht genügend Bewerber mit zusätzlicher bibliothekarischer Qualifikation zur Verfügung stehen, werden stattdessen zunehmend Fachwissenschaftler eingestellt, die durch Training on the Job – häufig in Verbindung mit einem späteren bibliothekarischen Weiterbildungsstudium in Berlin oder Köln – für den Bibliotheksberuf qualifiziert werden. Zusätzlich werden bibliothekarisch qualifizierte Fachreferenten oder grundständig ausgebildete Bibliothekare immer wieder von IT-Fachkräften verdrängt, die im Zusammenhang mit der Digitalisierung von Forschung und Lehre in Hochschulbibliotheken gebraucht werden. Ob durch die neuen bibliothekarischen Studiengänge mit stärkerer Ausrichtung auf Medien- oder Bibliotheksinformatik diese Entwicklung zurückgedrängt werden kann und damit grundständig ausgebildete Bibliothekare künftig ähnlich einsetzbar sind wie IT-Fachkräfte, ist offen.

2.3.3 Postgraduales Fernstudium

Ein bibliothekarisches Master-Studium als berufsbegleitendes Teilzeit- oder Fernstudium wird von deutlich mehr Teilnehmern aus der gesamten Bundesrepublik sowie aus dem Ausland aufgenommen als ein Präsenzstudium. Das postgraduale Teilzeit- oder Fernstudium zieht dabei traditionell sehr viele Absolventen geistes- und sozialwissenschaftlicher Fächer an, wie erst 2011 durch die Kölner MALIS-Verbleibstudie bestätigt wurde: „Der überwiegende Teil der Befragten hat das Erststudium in einer sprach- bzw. gesellschaftswissenschaftlichen Fächerkombination abgeschlossen, wobei das Fach Geschichte vor Anglistik und Germanistik am häufigsten genannt wurde. Zwischen Abschluss des Erststudiums und Aufnahme des MALIS-Studiums lagen durchschnittlich etwa 40 Monate."[18] Vor diesem Hintergrund werden die Chancen der Absolventen, eine adäquate Beschäftigung zu finden, unterschiedlich eingeschätzt. Aber auch ohne bedarfsgesteuerte Vorauswahl durch die Hochschule gelang es 75 Prozent der Kölner Absolventen, eine Berufstätigkeit in einer wissenschaftlichen Bibliothek, also dem klassischen Arbeitsmarkt für Absolventen des Bibliotheksreferendariats und Wissenschaftliche Bibliothekare, aufzunehmen.[19]

Auch in Berlin sind es mit einem Anteil von 39,7 Prozent vor allem Geisteswissenschaftler, die das postgraduale Fernstudium beginnen. Die zweitgrößte Gruppe mit 22,1 Prozent stellen die grundständig ausgebildeten Bibliothekare (FH-Diplom bzw. Bachelor).[20] Der überwiegende Teil der Absolventen behält auch nach dem Studien-

---
[18] Oßwald/Röltgen 2011: 1064.
[19] Vgl. Oßwald/Röltgen 2011: 1069.
[20] Vgl. Puppe 2013: 31f.

abschluss seine bisherige Stelle.[21] Den Absolventen der konsekutiven Studienfolge gelingt es also nach dem Fernstudium offenbar nur relativ selten, eine besser dotierte Stelle anzunehmen. Rund 77 Prozent der Absolventen sind nach dem Studium in einer wissenschaftlichen Bibliothek beschäftigt, nur 7,7 Prozent in einer öffentlichen Bibliothek.[22]

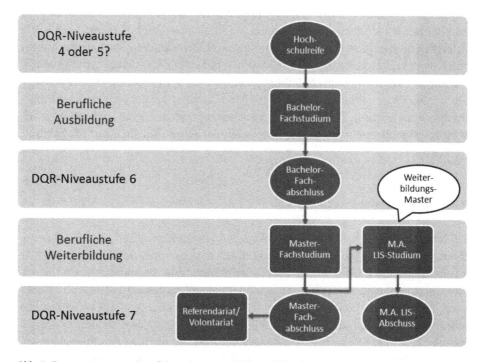

Abb. 2: Zugangswege zum Beruf des wissenschaftlichen Bibliothekars.

3 Bibliotheksreferendariat und Bibliotheksvolontariat

Seit der Föderalismusreform 2006 ist die Gesetzgebungskompetenz im Laufbahn-, Besoldungs- und Versorgungsrecht der Beamten auf die Länder übergegangen, der Bund übt sie nur noch für seinen eigenen Rechtsbereich aus. Das Beamtenstatusgesetz von 2008 (BeamtStG)[23] regelt die Verbindlichkeit des Laufbahnprinzips. Die Novellie-

---

[21] Vgl. Puppe 2013: 46.
[22] Vgl. Puppe 2013: 57.
[23] Gesetz zur Regelung des Statusrechts der Beamtinnen und Beamten in den Ländern (Beamtenstatusgesetz – BeamtStG) 2008.

rung der Landesbeamtengesetze und der zugehörigen Laufbahn- und Besoldungsverordnungen hat allerdings fast überall zu einer Reduzierung der Zahl der Fachlaufbahnen geführt. Mit dem Bibliotheksreferendariat kann in den meisten Bundesländern und beim Bund die Laufbahnbefähigung für den höheren Bibliotheksdienst oder für die entsprechende Qualifikationsebene (Regellaufbahn) erworben werden. Referendare, die im jeweils eigenen Vorbereitungsdienst ausgebildet wurden, sind auf den Beamtenstellen ihres Ausbildungslandes bevorzugt einzustellen. Neben der Regellaufbahn gibt es in Nordrhein-Westfalen und Mecklenburg-Vorpommern die Fachrichtungslaufbahn ohne Vorbereitungsdienst, aber mit einer verpflichtenden bibliothekarischen Zusatzausbildung (MALIS-Studium in Köln oder Fernstudium in Berlin) und einer vorgeschriebenen Zeit der praktischen Tätigkeit. Viele Stellenausschreibungen für wissenschaftliche Bibliothekare verweisen nach wie vor auf die Laufbahnbefähigung als Einstellungsvoraussetzung. Die Zuerkennung der Laufbahnbefähigung korrespondiert mit einer systematischeren Prüfung auf staatliche Eignung sowohl in der Auswahl als auch während der Praktika, als dies bei Tarifbeschäftigten möglich ist. Zugangsvoraussetzung für das Referendariat ist ein weiterführender Studienabschluss, also in der Regel ein Masterabschluss oder die Erste Staatsprüfung, die Erste Juristische Prüfung oder ein an einer Universität oder Kunsthochschule erworbener Diplom- oder Magisterabschluss.

Noch im Jahr 2000 wurde im Rahmen eines beamtenrechtlichen Vorbereitungsdienstes zum theoretischen Teil der Ausbildung bundeslandspezifisch an sechs verschiedene Ausbildungsorte abgeordnet: Berlin, Darmstadt, Frankfurt am Main, Köln, München, Stuttgart. Als das Land Nordrhein-Westfalen entschied, die Ausbildung im Rahmen seines Vorbereitungsdienstes für den Höheren Dienst an wissenschaftlichen Bibliotheken mit dem Jahr 2000 aufzugeben,[24] suchten diejenigen Länder, die bisher das Angebot der Fachhochschule Köln für den theoretischen Teil der Ausbildung genutzt hatten, neue Partner. Dies waren die Bayerische Bibliotheksschule (heute Bayerische Bibliotheksakademie) in München und das Institut für Bibliothekswissenschaft (heute Institut für Bibliotheks- und Informationswissenschaft) an der Humboldt-Universität zu Berlin. Die Diskussion innerhalb der damaligen Kultusministerkonferenz-Arbeitsgruppe Bibliotheken führte 2003 zu einem entsprechenden Positionspapier.[25] Darin wurde festgestellt, dass zwei Ausbildungseinrichtungen für das verwaltungsinterne Referendariat unter Wettbewerbsgesichtspunkten notwendig, aber angesichts des prognostizierten Bedarfs auch ausreichend seien.[26] Heute bilden neben dem Bund folgende Länder Bibliotheksreferendare in der Regellaufbahn

---

[24] Die Laufbahn besonderer Fachrichtung für den höheren Dienst in Bibliotheken, Dokumentationsstellen und verwandten Einrichtungen setzt seither ein abgeschlossenes Zusatzstudium im Studiengang Bibliotheks- und Informationswesen an der Fachhochschule Köln sowie eine hauptberufliche Erfahrungszeit im öffentlichen Dienst von zweieinhalb Jahren voraus.
[25] Ausschuss für Hochschule und Forschung der KMK 2004: 182–200.
[26] Vgl. Ausschuss für Hochschule und Forschung der KMK 2004: 197f.

aus: Baden-Württemberg, Bayern, Berlin, Hessen, Niedersachsen, Rheinland-Pfalz und Schleswig-Holstein. Im Saarland und in Sachsen-Anhalt ruht die Ausbildung seit mehreren Jahren. Im Land Berlin gibt es zusätzlich zum Schwerpunkt Wissenschaftliche Bibliotheken auch den Ausbildungsschwerpunkt Öffentliche Bibliotheken an der Zentral- und Landesbibliothek.

In Sachsen und Thüringen wird ein analog dem Referendariat organisiertes Volontariat angeboten. Im Mittelpunkt steht der praktische Einsatz in einer Bibliothek. Parallel absolvieren die Volontäre das Fernstudium an der Humboldt-Universität zu Berlin. Bibliotheksvolontäre werden außerhalb eines beamtenrechtlichen Vorbereitungsdienstes ausgebildet, allerdings wird in Thüringen den Volontären (gleichberechtigt neben anderen Zugangswegen) die Laufbahnbefähigung zugesprochen.

Das Nebeneinander von verwaltungsinterner und verwaltungsexterner Ausbildung an der Humboldt-Universität zu Berlin, sei es als Theorieteil eines Referendariats oder Volontariats oder als selbstorganisiertes Fernstudium, bietet den Referendaren die Möglichkeit, neben der Laufbahnbefähigung auch einen Master-Abschluss zu erwerben. Die Berliner Ausbildung wird von den Absolventen aber als weniger praxisbezogen eingeschätzt, obwohl nur hier regelmäßig berufliche Neueinsteiger bereits im theoretischen Teil der Ausbildung auf berufserfahrene Kommilitonen treffen.[27] Dies dürfte seinen Grund auch darin haben, dass ein universitäres Masterstudium die Beteiligung an Forschungsprojekten stärker gewichtet als den unmittelbaren Anwendungsbezug des Studiums.

4 Berufliche Fort- und Weiterbildung

Fortbildungen dienen in erster Linie dazu, die durch Ausbildung oder berufliche Tätigkeit erworbenen Kenntnisse und Fertigkeiten zu erhalten und zu erweitern. Durch Fortbildungen werden keine neuen Abschlüsse erworben, sondern es wird meist nur die erfolgreiche Teilnahme bescheinigt. Der Bildungsbericht der Bundesregierung von 2012[28] untersuchte die Fort- und Weiterbildungsaktivitäten Hochqualifizierter nach Berufsgruppen und Fachrichtungen. Er stellte fest, dass die Angehörigen der typischen Medienberufe (Publizist, Übersetzer, Bibliothekar) unter allen Berufsgruppen den geringsten Fortbildungsaufwand betreiben. Nur 51 Prozent hatten in den letzten zwei Jahren vor der Erhebung an einer beruflichen Fortbildung teilgenommen. Bei Ärzten und Apothekern waren es 92 Prozent. Angebote einer ganzen Reihe von bibliothekarischen Fortbildungseinrichtungen sind zwar vorhanden, aber noch zu wenig an neuen beruflichen Aufgabenfeldern ausgerichtet. Die Träger sind zum einen Fortbildungseinrichtungen der Länder wie das Zentrum für Bibliotheks- und

---

27 Vgl. Sekulovic [u.a.] 2012: 85.
28 Vgl. Autorengruppe „Bildungsberichterstattung" 2012: 149.

Informationswissenschaftliche Weiterbildung der Fachhochschule Köln (ZBIW), die Bibliotheksakademie Bayern (BAB), das Zentrum für Aus- und Fortbildung der Gottfried Wilhelm Leibniz Bibliothek, das Weiterbildungszentrum der Freien Universität Berlin, die Geschäftsstelle für die Aus- und Fortbildung der hessischen Bibliotheken bei der HeBIS-Verbundzentrale sowie die staatlichen Fachstellen für das öffentliche Bibliothekswesen. Zum anderen richten auch der Deutsche Bibliotheksverband (dbv), der Berufsverband Information Bibliothek (BIB) und der Verein Deutscher Bibliothekare (VDB) sowie der ekz.bibliotheksservice und die Initiative Fortbildung für wissenschaftliche Spezialbibliotheken regelmäßig Fortbildungsveranstaltungen aus. E-Learning-Angebote sind im Bibliotheksbereich selten. Als ein Beispiel können die Open-Access-Webinare zu Forschungsdaten der Helmholtz-Gemeinschaft genannt werden, die sich allerdings an die eigenen Mitarbeiter richten. Insgesamt sind bibliothekarische Fortbildungsangebote meist punktuell ausgerichtet und nicht modularisiert.

Berufliche Weiterbildung unterscheidet sich von beruflicher Fortbildung im engeren Sinne durch den Erwerb eines qualifizierenden Abschlusses am Ende des Kurses. Eine Weiterbildung hat den Anspruch, neue Kenntnisse zu vermitteln, die auch zu einem veränderten beruflichen Einsatz führen können. Die Begriffe Fort- und Weiterbildung werden oft nicht trennscharf gebraucht, so dass typische Weiterbildungsangebote mit qualifizierendem Abschluss bisweilen auch als Fortbildung bezeichnet werden.

Im Forschungsprojekt „AKIB – Akademische Kompetenzen in den Informationsberufen"[29] der Fachhochschule Potsdam wurden folgende inhaltliche Schwerpunkte für Neuentwicklungen in der beruflichen Weiterbildung ermittelt:

1. IT-Kenntnisse Software
2. IT-Kenntnisse Hardware
3. IT-Affinität/IT-Interesse
4. Analysefähigkeit
5. Wirtschaftliches Denken
6. Konfliktfähigkeit
7. Führungskompetenz
8. Verhandlungsgeschick
9. Durchsetzungsfähigkeit
10. Überzeugungsfähigkeit

Dabei handelt es sich um die zehn am geringsten ausgeprägten Selbsteinschätzungen von Teilnehmern der Fernweiterbildung an der Fachhochschule. Das Ergebnis dürfte sich in weiten Teilen auf die universitäre Weiterbildung übertragen lassen. Diese akademischen Schlüsselkompetenzen sind somit für die Entwicklung von Lehrmodulen

---

29 Vgl. Imhof [u.a.] 2013.

in der Fernweiterbildung relevant, was allerdings von den einzelnen Anbietern unterschiedlich umgesetzt wird.

4.1 Weiterbildung zum Fachwirt für Informationsdienste

Absolventen von Lehrausbildungen haben das Recht, über betriebliche Angebote des Arbeitgebers hinaus Fort- und Weiterbildungsangebote einzufordern, um „die berufliche Handlungsfähigkeit zu erhalten und anzupassen oder zu erweitern und beruflich aufzusteigen".[30] Dazu sind anerkannte Weiterbildungsabschlüsse entsprechend vorzusehen.[31] Der Fachwirt der Industrie- und Handelskammer (IHK) ist eine Aufstiegsfortbildung gemäß Berufsbildungsgesetz (BBiG), die in der Regel im Anschluss an eine kaufmännische Berufsausbildung und bei Vorliegen umfassender Berufspraxis absolviert wird. Die Abschlussprüfungen werden von den Ausschüssen der zuständigen IHK durchgeführt. Die Inhalte der Ausbildung sind vor allem betriebswirtschaftlich geprägt und werden um einen branchenspezifischen Fachanteil ergänzt. Im neugeschaffenen Deutschen Qualifikationsrahmen für lebenslanges Lernen (DQR)[32] wurde der IHK-Fachwirt als gleichwertig zu den Abschlüssen Bachelor und Meister bewertet. Mit der Qualifikation zum Fachwirt ist somit auch die allgemeine Hochschulzugangsberechtigung erworben. Der Fachwirt für Informationsdienste bzw. Fachwirt für Medien- und Informationsdienste eröffnet Bibliothekaren mit einer abgeschlossenen Berufsausbildung die Perspektive zu einer beruflichen Entwicklung auch ohne wissenschaftliche Hochschulausbildung, zusätzlich aber auch die Möglichkeit, ein weiterführendes Studium aufzunehmen.

4.2 Berufsbegleitendes Fernstudium für Fachangestellte

Die Durchlässigkeit zwischen Hochschul- und Berufsbildung wird politisch gefordert, ist aber vielfach noch nicht realisiert. Häufig fehlen Qualitätssicherungsinstrumente, was sich für die Bewerber in Zulassungsproblemen beim Studium ohne Abitur oder bei der Anrechnung beruflich erworbener Leistungen im Studium auswirkt. Bibliothekare mit abgeschlossener Berufsausbildung können sich aber inzwischen nicht nur im Rahmen von IHK-Fortbildungen qualifizieren, sondern auch dann ein Erststudium aufnehmen, wenn sie die Hochschulreife nicht auf dem klassischen schulischen Weg erworben haben. Studieren ohne Abitur ist möglich, wenn die Bewerber neben der erfolgreich abgeschlossenen Berufsausbildung über mehrjährige Berufs-

---

30 Berufsbildungsgesetz (BBiG) 2013, S. 2246, § 1 (4).
31 BBiG, § 53.
32 BBJ Consult AG im Auftrag von BMBF/KMK: Deutscher Qualifikationsrahmen für lebenslanges Lernen. http://deutscherqualifikationsrahmen.de/ (23.07.2013).

erfahrung (mindestens drei bzw. vier Jahre) verfügen. Kompetenzen in mindestens zwei bibliothekarischen Hauptarbeitsfeldern sind durch Zeugnisse des Arbeitgebers nachzuweisen. Mit diesen Voraussetzungen ist die fachgebundene Hochschulreife gegeben. Passende Angebote existieren bereits. So kann man an der Hochschule Hannover auch ohne schulische Hochschulzugangsberechtigung ein siebensemestriges Bachelor-Fernstudium Informationsmanagement mit dem Wahlpflichtbereich Wissenschaftliche Bibliotheken aufnehmen.

Die berufsbegleitende Fernweiterbildung in Potsdam ist als Zertifikatskurs mit Übergangsoptionen zum Bachelor-Studium gestaltet. Die Zulassung erfolgt ähnlich wie bei einem Hochschulstudium nur bei Bestehen einer Aufnahmeprüfung. Absolventen der vierjährigen Fernweiterbildung können anschließend die Zulassung zum Direktstudium an der Fachhochschule beantragen. Dort erfolgt der Einstieg im letzten Studiensemester, in dem die Abschlussarbeit geschrieben wird und Abschlussprüfungen stattfinden. Die Einstufungsprüfung zum Einstieg in das letzte Fachsemester setzt eine mindestens fünfjährige Berufserfahrung im Bibliotheksbereich voraus, so dass die Berufstätigkeit auch über die beim Einstieg in die Fernweiterbildung geforderten zwei Berufsjahre laufend fortgesetzt werden muss.

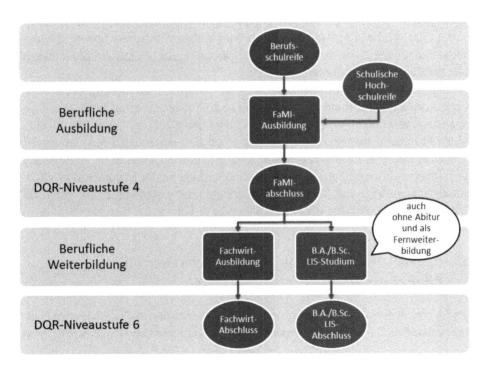

Abb. 3: Zugangswege zum Fachwirt- oder Bachelor-Abschluss für FaMI.

4.3 Berufsbegleitendes Masterstudium

Das berufsbegleitende Master-Studium ist die etablierteste Form der bibliothekarischen Weiterbildung in Form einer Zusatzausbildung – es wird sehr viel häufiger aufgenommen als Weiterbildungen zum Fachwirt oder Weiterbildungen, die zum Bachelor-Studium hinführen. Wer bereits im Beruf Fuß gefasst hat, sei es als grundständig ausgebildeter Bibliothekar oder als Neueinsteiger mit abgeschlossenem Fachstudium, ist häufig nicht bereit, die Berufstätigkeit für ein Studium wieder zu unterbrechen. Ein Teilzeit- oder Fernstudium wird daher dem Direktstudium vorgezogen und unter Umständen sogar vom Arbeitgeber finanziert. Der Weiterbildungs-Master ist für Absolventen anderer Fächer in Berlin und Köln und für Absolventen bibliothekarischer Studiengänge in Berlin, Hannover, Köln und Stuttgart studierbar.[33] Die Fachhochschulen Hannover, Köln und Stuttgart bieten das Master-Studium grundsätzlich nur in der Teilzeit-Variante für Berufstätige und nicht als konsekutiven Präsenzstudiengang an.

Mit dem berufsbegleitenden Masterstudium können Neueinsteiger in das Berufsfeld Bibliothek bei Vorliegen einschlägiger beruflicher Praxis eine bibliothekarische Zusatzausbildung erwerben, die in der Regel für den Einsatz als Fachreferent in wissenschaftlichen Bibliotheken vorausgesetzt wird. Grundständig ausgebildete Bibliothekare erwerben die für eine Eingruppierung in Entgeltgruppe 13 des Tarifvertrags der Länder (TV-L) und höher notwendige abgeschlossene wissenschaftliche Hochschulbildung,[34] wie sie häufig für Leitungspositionen in Großstadtbibliotheken oder Beratungsstellen gefordert ist.

Der Kölner MALIS-Studiengang erlaubt zusätzlich zum eingeschriebenen Studium die Einzelbuchung von Modulen des 1. und 2. Semesters als Weiterbildungsveranstaltungen. Veranstaltungsbegleitend oder am Ende des jeweiligen Moduls finden Prüfungen statt. In einem Zeitfenster von fünf Jahren nach Ausstellung der Modul-Zertifikate können Absolventen der Fortbildungsmodule unter Anrechnung der bereits erworbenen Zertifikate das MALIS-Studium an der Fachhochschule Köln fortsetzen und durch das Vorziehen von Modulen der ersten beiden Semester das dreisemestrige Studium um bis zu zwei Semester verkürzen.

4.4 Spezialisierte Weiterbildungsmöglichkeiten im Bibliothekssektor

Die Weiterentwicklung und Neueinrichtung von spezialisierten Qualifizierungsmaßnahmen und Studiengängen insbesondere im postgradualen Bereich, beispielsweise

---

[33] Der Weiterbildungsmaster Informations- und Wissensmanagement in Hannover ist bewusst fachrichtungsübergreifend gestaltet und sieht keine bibliothekarische Schwerpunktbildung vor.
[34] Vgl. Entgeltordnung zum TV-L. EntgO 2012, Teil I. Allgemeine Tätigkeitsmerkmale für den Verwaltungsdienst.

als (berufsbegleitende) Masterstudiengänge für neue Arbeitsfelder in wissenschaftlichen Bibliotheken (Digitalisierung, Forschungsdaten, Virtuelle Forschungsumgebungen, Langzeitarchivierung), wird immer wieder gefordert.[35] Die konkreten Angebote, wie beispielsweise Studiengänge zur Konservierung neuer Medien, sind noch selten. Einen Studiengang Digitalisieren gibt es bisher nur im deutschsprachigen Ausland (Hochschule für Technik und Wirtschaft Chur). Das nestor-Kompetenznetzwerk Langzeitarchivierung verfolgt als einen Arbeitsschwerpunkt die Entwicklung von Lehr- und Lernmodulen gemeinsam mit Hochschulen und veranstaltet regelmäßig selbst Workshops und Schools. Als fachlich ausgerichtetes Angebot für Mitarbeiter öffentlicher Bibliotheken existiert die bundesweite Weiterbildungsmaßnahme Lese- und Literaturpädagogik des Bundesverbands Leseförderung. Häufiger als fachlich ausgerichtete Studiengänge oder Weiterbildungen werden im Bibliotheksbereich jedoch allgemeine Management- und Führungskräftefortbildungen angeboten.

Einen Sonderfall stellt dabei die zertifizierte Fernweiterbildung des Weiterbildungszentrums der Freien Universität Berlin in Kooperation mit dem Institut für Bibliotheks- und Informationswissenschaft der Humboldt-Universität und der Fachhochschule Potsdam dar. Bei der Fernweiterbildung handelt es sich nicht um ein Studium, sondern um eine strukturierte berufsbegleitende wissenschaftliche Fortbildung. Eine Arbeitsgruppe der damaligen Bundesvereinigung der Bibliotheksverbände Deutschlands (BDB) hatte das ursprüngliche Curriculum vorgeschlagen, das regelmäßig in Zusammenarbeit von Hochschuldozenten mit Korreferenten aus der Praxis durchgeführt wird. Das jährlich laufende Programm besteht aus neun jeweils zwei- bis dreitägigen Modulen und soll berufliche Fortbildung auf hohem Niveau garantieren. Es vermittelt einen Überblick über aktuelle bibliothekarische Management- und Führungsmethoden. Der seit dem Wintersemester 2006 durch die Fachhochschule Potsdam angebotene vergleichbare postgraduale Modulkurs für FaMI, Bibliotheksassistenten und im Bibliothekswesen tätige Personen mit Fachhochschul- oder Hochschulreife mit Zugangsoption zum Direktstudium umfasst einen Zeitraum von vier Jahren.

Die Weiterbildungsangebote der Verbände und bibliothekarischen Fortbildungseinrichtungen sind derzeit noch wenig systematisch und meist nur punktuell ausgerichtet. Anerkannte strukturierte Weiterbildungsmaßnahmen mit qualifizierenden Abschlüssen bilden im Bibliothekssektor nach wie vor die Ausnahme. Es ist damit zu rechnen, dass künftig mehr Weiterbildungsmöglichkeiten angeboten werden, um dem politischen Wunsch nach Durchlässigkeit zwischen den Bildungsabschlüssen nachzukommen.

---

35 Vgl. Kommission Zukunft der Informationsinfrastruktur (KII) 2011.

5 Anerkennung ausländischer Berufsabschlüsse

Im Rahmen des Projekts *European Curriculum Reflections on Library and Information Science Education* wurde 2005 der Versuch unternommen, Inhalt und Struktur der bibliothekarischen Curricula in Europa auf Gemeinsamkeiten zu untersuchen, mit dem Ziel einer verbesserten Qualität der individuellen Programme und einer verstärkten Kooperation.[36] Hintergrund ist der *Europäische Qualifikationsrahmen für lebenslanges Lernen (EQR)* (englisch: European Qualifications Framework, EQF). Der EQR bzw. der *Deutsche Qualifikationsrahmen für lebenslanges Lernen (DQR)* als seine nationale Ausprägung sollen berufliche Qualifikationen und Kompetenzen in Europa vergleichbarer machen. Der EQR dient als Übersetzungsmatrix zwischen den Qualifikationssystemen der EU-Mitgliedsstaaten, um die gegenseitige Anerkennung von Berufsabschlüssen zu erleichtern und berufliche Mobilität zu fördern. Die EQR-Initiative ist eng mit dem *Qualifikationsrahmen für den Europäischen Hochschulraum (EHEAA)* verknüpft – beide Rahmenmodelle sind kompatibel, und ihre Umsetzungen werden aufeinander abgestimmt. Der EQR wird durch das europäische Leistungspunktesystem für die berufliche Bildung (European Credit System for Vocational Education and Training, ECVET) ergänzt, das die Mobilität in der beruflichen Erstausbildung unterstützen soll. Der „Gemeinsame Beschluss der Ständigen Konferenz der Kultusminister der Länder in der Bundesrepublik Deutschland, des Bundesministeriums für Bildung und Forschung, der Wirtschaftsministerkonferenz und des Bundesministeriums für Wirtschaft und Technologie zum Deutschen Qualifikationsrahmen für lebenslanges Lernen (DQR)" vom 1. Mai 2013 soll nun schrittweise die Grundlagen dafür schaffen, dass ab dem Sommer 2013 erworbene Qualifikationen einer der acht DQR-Niveaustufen zugeordnet werden und dass dieses Qualifikationsniveau in Zeugnissen ausgewiesen wird. Die duale Ausbildung wird dabei je nach Dauer den Niveaustufen 3 oder 4 zugeordnet, Bachelor und Master den Niveaustufen 6 und 7. Der Qualifikationsrahmen kompensiert vor allem die teilweise großen Spielräume bei der Umsetzung der Rahmenvorgaben des Bologna-Prozesses in den europäischen Ländern. Er soll gleichzeitig mehr Flexibilität in der Hochschulpolitik der einzelnen Länder und die direkte Vergleichbarkeit der Abschlüsse ermöglichen.

Insbesondere das Masterstudium muss nicht zwingend im eigenen Land absolviert werden, sondern bietet auch die Gelegenheit für einen Auslandsaufenthalt. Naheliegend ist es, ein Studium in benachbarten deutschsprachigen Ländern oder in Großbritannien aufzunehmen. In Österreich gibt es an den Universitäten Wien, Graz, Innsbruck und Salzburg den interuniversitären Universitätslehrgang „Library and Information Studies". Der Universitätslehrgang besteht aus zwei Teilen (Grundlehrgang und Master of Science). Der Arbeitsaufwand umfasst insgesamt 120 ECTS-Punkte (Leistungspunkte nach dem European Credit Transfer System). Absolventen des Universitätslehrgangs erwerben den Abschluss als „Akademischer Bibliotheks-

---

36 Vgl. Kajberg/Lørring 2005: 7.

und Informationsexperte" bzw. den akademischen Grad „Master of Science (Library and Information Studies)", abgekürzt „MSc".[37] An der Universität Zürich gibt es einen berufsbegleitenden Studiengang Bibliotheks- und Informationswissenschaften, an dem der Abschluss „Master of Advanced Studies (MAS)" erworben werden kann (60 ECTS-Punkte). Voraussetzung für die Teilnahme am Studiengang sind ein Hochschulabschluss (ehemaliges Lizentiat oder Master) sowie Berufserfahrung, der Studiengang steht Bachelor-Absolventen somit nicht offen.

Aufgrund der Autonomie der britischen Hochschulen – auch bei der Gestaltung ihrer Studiengänge – lässt sich die Äquivalenz mit einem deutschen Studium nicht einfach über Informationsportale wie *anabin*[38] überprüfen. Daher spielt die Akkreditierung durch den einflussreichen Berufsverband *CILIP (Chartered Institute of Library and Information Professionals)* nach wie vor eine große Rolle für die Wettbewerbsfähigkeit der Studiengänge. Als bisher einzige deutsche Hochschule hat auch die Fachhochschule Köln 2010 ihre beiden Bachelor-Studiengänge Bibliothekswesen und Informationswirtschaft sowie den berufsbegleitenden Master-Studiengang Bibliotheks- und Informationswissenschaft von CILIP akkreditieren lassen. Mit diesem Schritt steht die Fachhochschule in Deutschland nach wie vor allein, womöglich auch deshalb, weil es bei den britischen Ausbildungseinrichtungen inzwischen gegenläufige Tendenzen zur CILIP-Akkreditierung gibt – hervorgerufen durch die Entwicklung neuer Berufsfelder und die Akademisierung der Lehre. In fast allen EU-Ländern ist der Einfluss der bibliothekarischen Verbände oder anderer nationaler Instanzen auf die Ausbildung und deren Qualitätssicherung jedoch eher gering.[39]

Gemeinsame Studienprogramme (*joint curricula* oder *joint courses*) mehrerer europäischer Hochschulen sind im LIS-Bereich noch überaus selten.[40] Insgesamt ist der bibliothekarische Ausbildungs- und Arbeitsmarkt noch immer überwiegend national begrenzt.

6 Perspektiven bibliothekarischer Berufe

Die Entwicklung der bibliothekarischen Berufe ist seit zwei Jahrzehnten stark im Fluss. Die Veränderungen vollziehen sich auf allen Ebenen und sind gleichermaßen

---

[37] Curriculum für den interuniversitären Universitätslehrgang „Library and Information Studies" (Grundlehrgang und MSc) an den Universitäten Wien, Graz, Innsbruck und Salzburg 2013.
[38] Ständige Konferenz der Kultusminister der Länder in der Bundesrepublik Deutschland (KMK): Anabin – Informationssystem zur Anerkennung ausländischer Bildungsabschlüsse. http://anabin. kmk.org/anabin-datenbank.html (04.08.2013).
[39] Vgl. Tammaro 2012: 200.
[40] In Berlin gibt es die gemeinsamen Masterstudiengänge „Information Science and Cultural Communication" (mit der Royal School of Library and Information Science, Kopenhagen) und „Digital Information & Asset Management" (mit dem Kings College, London).

durch die Digitalisierung von Medien und Information wie durch dezentralisierte Zuständigkeiten nach der Föderalismusreform geprägt. Dies betrifft auch den Ausbildungsberuf des FaMI. Einerseits brechen durch neue technische Standards und die Arbeitsverlagerung an Dienstleister (automatisierte Selbstverbuchung, Fremddatenübernahme, Patron Driven Acquisition) bestimmte bibliothekarische Arbeitsbereiche weg, oder es findet eine zunehmende Deprofessionalisierung in Bibliotheken (schrumpfender Bewerbermarkt, fachfremdes oder ehrenamtliches Personal) statt. Andererseits erschließen sich die gut ausgebildeten Fachangestellten in großen Bibliotheken zunehmend Arbeitsfelder, die bisher den Bachelor-Absolventen vorbehalten waren, wie beispielsweise die klassische Medienerwerbung oder den allgemeinen Auskunftsdienst. Ausbildungsrahmenplan und Rahmenlehrplan stammen jedoch aus den 1990er Jahren und haben mit den Entwicklungen des Berufs nicht Schritt gehalten.[41] Auch ist die tarifliche Eingruppierung von FaMI unflexibel, so dass Weiterbildungsangebote, die den Zugang zur Ebene der Hochschulabsolventen eröffnen, von vielen FaMI, insbesondere wenn sie bereits über die schulische Hochschulreife verfügen, immer häufiger genutzt werden. Fern- oder Teilzeitweiterbildungen zum Bachelor werden aber nur von sehr wenigen Hochschulen überhaupt angeboten, so dass die IHK-Weiterbildung zum Fachwirt größere Bedeutung erlangt. Ob Fachwirte dieselben Beschäftigungsmöglichkeiten vorfinden wie Bachelor-Absolventen, ist noch offen, denn es bestehen vielerorts Zweifel an der Verwertbarkeit der erlangten fachlichen Kenntnisse von Fachwirten im Bibliothekskontext.

Ähnlich ist die Situation im Bereich der Masterstudiengänge. Über alle Fachrichtungen hinweg betrachtet sind sehr viele Masterstudiengänge in Deutschland konsekutiv und bilden damit inhaltlich und strukturell die bisherigen einstufigen Universitätsdiplom- bzw. Magister-Studiengänge nach. Bachelor-Studiengänge, die frühere Diplomstudiengänge an Fachhochschulen ersetzt haben, sind immer Ein-Fach-Studiengänge, nur wenige haben einen kleinen Wahlbereich. Bachelor-Studiengänge an Universitäten, sind dagegen fast immer „Kombi-Studiengänge" – so auch im Bibliotheksbereich. Vor der Bologna-Reform wurde der einstufige Magister nur von einer einzigen Universität angeboten, und dieser Zustand ist nach mehreren Jahren des Experimentierens mit bibliothekarischen Vollzeit-Mastern an Fachhochschulen fast vollständig wieder hergestellt.[42] Zwar gibt es konsekutive Angebote an (fast) allen Hochschulen, in der Regel sind die Masterstudiengänge aber eindeutig dem informationswissenschaftlichen oder (Medien-)Informatik-Bereich zuzuordnen. Bibliothekarisch ausgerichtete Masterstudiengänge werden – mit Ausnahme des universitären Vollzeit-Angebots – nur als Fernstudium für bereits im Beruf stehende Bibliothekare

---

41 Holste-Flinspach 2013: 525.
42 Eine Ausnahme bildet der Masterstudiengang in Leipzig, der die Profillinien Historische Bestände oder Musikbibliotheken oder Bibliothekspädagogik anbietet, mit dem Wintersemester 2013/14 aber auch durch die Studienfolge Bibliotheksinformatik – Medieninformatik (optional: Bibliotheks- und Informationswissenschaft) ergänzt wird.

oder Fachwissenschaftler angeboten. Die Beschäftigungsfähigkeit ist für den Bibliotheksmaster als Zusatzqualifikation zum grundständigen Bibliotheksstudium bisher nur selten gegeben, eine Ausnahme bilden Großstadtbibliotheken oder Fachstellen, wobei grundständig ausgebildete Bibliothekare auch hier mit Fachreferenten, wie sie üblicherweise in wissenschaftlichen Bibliotheken eingesetzt werden, um die Stellen konkurrieren müssen. Beschäftigungsfähigkeit besteht ebenso nur in geringem oder gar keinem Maß für Kombinations-Master mit vorherigem andersfachlichem Bachelor-Studium. Während also der LIS-Bachelor-Abschluss ebenso sicher in die Erwerbstätigkeit führt wie zuvor das FH-Diplom, gibt es für Bachelor-Absolventen mit konsekutivem Bibliotheksmaster nicht immer berechtigte Aussichten, als Neueinsteiger eine adäquate Beschäftigung zu finden.

Grund für diese Stabilität der bibliothekarischen Beschäftigungsverhältnisse – auch über die Bologna-Reform hinaus – dürfte die festgefügte Tarifordnung im öffentlichen Dienst mit den wenig flexiblen Zusatzmerkmalen der Entgeltordnung für Bibliotheksberufe sein. Darüber hinaus verlangt der Einsatz als Referent an großen wissenschaftlichen Bibliotheken unverändert ein entsprechendes Fachstudium auf Master-Ebene. Da die meisten Beschäftigungsmöglichkeiten für Wissenschaftliche Bibliothekare in den großen Universitätsbibliotheken bestehen, ist mit einem vermehrten Einsatz grundständig ausgebildeter Bibliotheksmaster kaum zu rechnen. Eher zeichnet sich eine gegenläufige Tendenz ab: Es werden nicht mehr die klassischen Fachreferenten gesucht, sondern Spezialisten mit IT-Kenntnissen oder mit einer Qualifikation im Bereich der digitalen Wissenschaft (Forschungsdaten, Digital Humanities). Da es einschlägige postgraduale Ausbildungen noch kaum gibt, auch an den bibliothekarischen Ausbildungseinrichtungen nicht, kommen immer wieder Quereinsteiger ohne bibliothekarische Zusatzqualifikation zum Einsatz. Bis zu neuen intermediären Beschäftigungsprofilen mit einer Verbindung von fachwissenschaftlicher Kompetenz und Infrastrukturexpertise[43] scheint es noch ein weiter Weg zu sein – soweit diese Spezialisten überhaupt in den Bibliotheken und nicht von vornherein an den Fachbereichen der Universitäten oder in institutionsübergreifenden Infrastruktureinrichtungen eingesetzt werden. Hinzu kommt, dass künftig die fachwissenschaftliche Qualifikation für die Tätigkeit in Informationsinfrastrukturen, die im Rahmen von Forschungsprojekten entwickelt wurden, also beispielsweise in Spezialbibliotheken, zwingend gefordert ist. Dies führt nicht nur zur Besetzung der Leitungspositionen mit Fachwissenschaftlern, sondern könnte auch dazu beitragen, dass die bibliothekarische Qualifikation für Referentenpositionen in diesen Einrichtungen nachrangig wird.

Die Schere zwischen fachwissenschaftlich ausgebildetem Personal ohne bibliothekarische Ausbildung in Referenten- und Leitungspositionen und Bibliothekaren mit einschlägigem Ausbildungsberuf oder grundständigem Studium in den Sachbearbeiter-Positionen könnte an wissenschaftlichen Bibliotheken auseinandergehen, ein Trend, der durchaus im Widerspruch zu Durchlässigkeit und Innovationen in

---

43 Vgl. Wissenschaftsrat 2012, S. 70.

der beruflichen Bildung und der Hochschulausbildung steht. Eine besondere Rolle kommt den Ausbildungseinrichtungen zu, die über innovative postgraduale Angebote sicherstellen könnten, dass sowohl die grundständig ausgebildeten Bibliothekare als auch die in Bibliotheken tätigen Fachwissenschaftler künftig über eine infrastrukturelle Qualifikation verfügen, die den sich wandelnden Anforderungen der Bibliotheken besser entspricht. Es bleibt dabei offen, ob die bisherige Tendenz der Studiengänge und des Referendariats, auf ein breites Einsatzfeld abzustellen und übergreifende Kompetenzen im Bereich Informations- und Wissensmanagement zu fördern, künftig noch dem Bedarf und der tatsächlichen Praxis der Personalgewinnung der Bibliotheken angemessen ist.

Literatur

Allgemeine Prüfungsordnung in der Fassung der Bekanntmachung vom 14. Februar 1984. APO. In: Bayerisches Gesetz- und Verordnungsblatt 1984, S. 76; zuletzt geändert durch § 1 ÄndVO vom 17.04.2013. In: Bayerisches Gesetz- und Verordnungsblatt 2013, S. 222.

Ausschuss für Hochschule und Forschung der KMK: Positionen und Perspektiven der Ausbildung für den höheren Bibliotheksdienst (hD). Positionspapier der Arbeitsgruppe Bibliotheken. In: Bibliotheksdienst 38 (2004), H. 2, S. 182–200.

Autorengruppe „Bildungsberichterstattung": Bildung in Deutschland 2012. Ein indikatorengestützter Bericht mit einer Analyse zur kulturellen Bildung im Lebenslauf. Bielefeld: W. Bertelsmann Verlag 2012.

BBJ Consult AG im Auftrag von BMBF/KMK: Deutscher Qualifikationsrahmen für lebenslanges Lernen. http://deutscherqualifikationsrahmen.de/ (23.07.2013).

Berufsbildungsgesetz (BBiG) vom 23.03.2005; zuletzt geändert durch Artikel 22 des Gesetzes vom 25.07.2013. In: Bundesgesetzblatt I. Online verfügbar unter http://www.bmbf.de/pubRD/bbig.pdf (23.07.2013).

Bundesagentur für Arbeit: Fachangestellte/r für Medien- und Informationsdienste – Bibliothek. http://berufenet.arbeitsagentur.de/berufe/berufId.do?_pgnt_act=goToAnyPage&_pgnt_pn=0&_pgnt_id=resultShort&status=A01 (20.06.2013).

Bundesinstitut für Berufsbildung (BIBB): Auszubildende – Datenblätter (DAZUBI). Fachangestellte/-r für Medien- und Informationsdienste. http://berufe.bibb-service.de/Z/B/30/1337.pdf (17.06.2013).

Curriculum für den interuniversitären Universitätslehrgang „Library and Information Studies" (Grundlehrgang und MSc) an den Universitäten Wien, Graz, Innsbruck und Salzburg 2013.

Entgeltordnung zum TV-L. EntgO, vom 01.01.2012. In: TV-L (Tarifvertrag für den öffentlichen Dienst der Länder), Anlage A. Online verfügbar unter http://www.tdl-online.de/fileadmin/downloads/rechte_Navigation/A._TV-L__2011_/01_Tarifvertrag/Anlage_A.pdf (02.09.2014).

Gesetz zur Regelung des Statusrechts der Beamtinnen und Beamten in den Ländern (Beamtenstatusgesetz – BeamtStG) vom 17.06.2008. In: Bundesgesetzblatt I, S. 1010; geändert durch Artikel 15 Absatz 16 des Gesetzes vom 05.02.2009. In: Bundesgesetzblatt I, S. 160.

Holste-Flinspach, Karin: FaMI-Einsatz der Zukunft. Abgrenzungsprobleme zu Bachelorabsolventen. Aktualisierung der Ausbildungsverordnungen notwendig. In: BuB Forum Bibliothek und Information 65 (2013), H. 7/8, S. 525–526.

Imhof, Andres, Imke Groeneveld u. Hans-Christoph Hobohm: Schlüsselkompetenzen im Bibliotheksberuf. Ergebnisse des AKIB Forschungsprojekts an der FH Potsdam. http://www.opus-bayern.de/bib-info/volltexte//2013/1444/pdf/AKIB_Vortrag_Imhof_BID_Leipzig_20130311.pdf (09.06.2013).

Kajberg, Leif u. Leif Lørring (Hrsg): European Curriculum Reflections on Library and Information Science Education. Copenhagen 2005.

Koelges, Barbara: Der Praxisbezug in den Bachelorstudiengängen. Unterschiedliche Erwartungen an Absolventen. Kolloquium im Landesbibliothekszentrum Rheinland-Pfalz. In: BuB Forum Bibliothek und Information 62 (2010), H. 1, S. 23–24.

Kommission Zukunft der Informationsinfrastruktur (KII): Gesamtkonzept für die Informationsinfrastruktur in Deutschland. 2011. http://www.leibniz-gemeinschaft.de/infrastrukturen/kii/ (28.07.2013).

Oßwald, Achim u. Susanne Röltgen: Zufriedenheits- und Verbleibstudie zu den Kölner MALIS-Jahrgängen 2002–2008. Ergebnisse der Befragung. In: Bibliotheksdienst 45 (2011), H. 12, S. 1062–1072.

Puppe, Alexandra: Die Integration der Absolventen des postgradualen Fernstudiums Bibliothekswissenschaft an der HU Berlin in den Arbeitsmarkt:. Ergebnisse einer Umfrage zum beruflichen Verbleib. Berlin: Institut für Bibliothekswissenschaft der Humboldt-Universität zu Berlin 2006 (Berliner Handreichungen zur Bibliothekswissenschaft 163). http://www.ib.hu-berlin.de/%7Ekumlau/handreichungen/h163/h163.pdf (09.06.2013).

Scheller, Percy, Sören Isleib [u.a.]: Das Masterstudium als 2. Phase der gestuften Studienstruktur. Motive, Zeitpunkt und Zugang zum Masterstudium. Ergebnisse der Befragung der Masteranfängerinnen und -anfänger. Hannover: HIS Hochschul-Informations-System GmbH 2013 (Forum Hochschule 9).

Sekulovic, Violeta, Oliver Pohl u. Christiane Waldau: Verbleibstudie am Institut für Bibliotheks- und Informationswissenschaft an der Humboldt-Universität zu Berlin. In: Information – Wissenschaft & Praxis 63 (2012), H. 2, S. 81–86.

Seng, Astrid: 10 Jahre FaMI-Ausbildung in Deutschland. Fachrichtungsübergreifende Studie zum beruflichen Verbleib der Absolventen. Berlin: Institut für Bibliothekswissenschaft der Humboldt-Universität zu Berlin 2009 (Berliner Handreichungen zur Bibliothekswissenschaft 256). http://edoc.hu-berlin.de/series/berliner-handreichungen/2009-256/PDF/256.pdf (17.06.2013).

Ständige Konferenz der Kultusminister der Länder in der Bundesrepublik Deutschland (KMK): Anabin – Informationssystem zur Anerkennung ausländischer Bildungsabschlüsse. http://anabin.kmk.org/anabin-datenbank.html (04.08.2013).

Tammaro, Anna Maria: The Bologna Process Impact on Library and Information Science Education. Towards Europeisation of the Curriculum. In: Library and information science trends and research: Europe. Hrsg. von Amanda Spink u. Jannica Heinström. Bingley: Emerald 2012. S. 195–215.

Verordnung über die Berufsausbildung zum Fachangestellten für Medien- und Informationsdienste/zur Fachangestellten für Medien- und Informationsdienste vom 3. Juni 1998. In: Bundesgesetzblatt Teil I (34), S. 1257–1275.

Wissenschaftsrat: Empfehlungen zur Weiterentwicklung der wissenschaftlichen Informationsinfrastrukturen in Deutschland bis 2020. Drs. 2359-12. Berlin: Wissenschaftsrat 2012. http://www.wissenschaftsrat.de/download/archiv/2359-12.pdf (28.07.2013).

Zulassungs-, Ausbildungs- und Prüfungsordnung für den gehobenen Bibliotheksdienst bei den wissenschaftlichen Bibliotheken vom 10. Juli 2006 (ZAPOgBiblD). In: Bayerisches Gesetz- und Verordnungsblatt 2006, S. 419; letzte berücksichtigte Änderung: § 5 der Verordnung v. 23.03.2010. In: Bayerisches Gesetz- und Verordnungsblatt 2010, S. 179.

13 Bibliotheksrecht

Ruth Katzenberger
13.1 Haushalts- und Vergaberecht

1 Einführung

In der Praxis gehen Bibliotheken täglich mit Geld um, so kaufen sie z.B. Medien oder beauftragen Handwerker. All diese Aktivitäten haben finanzielle Auswirkungen, denn schließlich müssen die durch die Vertragsabschlüsse entstandenen Verbindlichkeiten erfüllt werden.

Im Gegensatz zum Privatmann müssen Bibliotheken, die zumeist in öffentlicher Trägerschaft sind, gewisse Besonderheiten beachten. Vor allem sind die Regelungen des Haushalts- und Vergaberechts zu berücksichtigen. Diese Rechtsgebiete stellen sehr komplexe Materien dar. Im Rahmen dieses Beitrags können sie nur in äußerst verkürzter Form dargestellt werden, um einen groben Überblick zu bieten.

2 Haushaltsrecht

2.1 Begriff und Gegenstand des Haushaltsrechts

Das Haushaltsrecht umfasst alle Rechtsvorschriften, welche unmittelbar die Erhebung und Verwendung von öffentlichen Mitteln regeln, und zwar einschließlich der hierauf gerichteten Planung und Kontrolle, des Kassen- und Rechnungswesens sowie der Vermögens- und Schuldenverwaltung.[1] Die Vorschriften des Haushaltsrechts bilden damit den Rahmen für die Haushaltswirtschaft der juristischen Personen des Öffentlichen Rechts, also für die Gesamtheit ihrer Vorgänge, die auf Einnahmen und Ausgaben bezogen sind, d.h. das Haushalts-, Kassen- und Rechnungswesen, zu dem vor allem auch die Aufstellung und Ausführung des Haushaltsplans und die Rechnungslegung, Rechnungsprüfung und Entlastung gehören, ebenso wie die mit dem Haushalt zusammenhängende Betätigung in öffentlich- oder privatrechtlich organisierten Einrichtungen.[2] Letztlich geht es um alle staatlichen Aktivitäten, die finanzielle Auswirkungen haben.

Sofern Bibliotheken in öffentlicher Trägerschaft – und damit Teil der Verwaltung – sind, findet das Haushaltsrecht Anwendung. Auch Bibliotheken verbuchen Ausgaben und Einnahmen: Sie geben Geld aus, indem sie z.B. Medien kaufen, und

---
[1] Grupp, Klaus: Haushaltsrecht. In: Besonderes Verwaltungsrecht. Band 2: Kommunal-, Haushalts-, Abgaben-, Ordnungs-, Sozial-, Dienstrecht. Hrsg. von Norbert Achterberg, Güntner Püttner u. Tomas Würtenberger. Heidelberg: C. F. Müller Verlag 2000. Kapitel 6, S. 153–252, Rn. 2.
[2] Grupp, Haushaltsrecht (wie Anm. 1), Rn. 2.

nehmen Geld ein, indem sie z.B. Versäumnisgebühren erheben. Diese Vorgänge müssen entsprechend den haushaltsrechtlichen Vorgaben abgewickelt werden.

2.2 Rechtsgrundlagen

Im zehnten Abschnitt des Grundgesetzes sind in den Artikeln 104a bis 115 GG die zentralen Vorschriften für das Finanzwesen des Bundes und der Länder geregelt. In den einzelnen Länderverfassungen finden sich entsprechende Regelungen, z.B. Art. 77 ff. BayLV.

Gemäß Art. 109 Abs. 1 GG herrscht der sogenannte Trennungsgrundsatz, um die Haushaltsautonomie von Bund und Ländern zu sichern, d.h. die Haushaltswirtschaften von Bund und Ländern sind grundsätzlich getrennt.[3] Art. 109 Abs. 4 GG ermächtigt den Bundesgesetzgeber aber dazu, durch zustimmungsbedürftiges Bundesgesetz Grundsätze für das Haushaltsrecht, die konjunkturgerechte Haushaltswirtschaft sowie die mehrjährige Finanzplanung, die sowohl für Bund als auch Länder gelten, aufzustellen; durch diese gemeinsamen Grundsätze wird der Trennungsgrundsatz des Art. 109 Abs. 1 GG relativiert.[4]

Auf Grundlage von Art. 109 Abs. 4 GG (früher Abs. 3) wurde das Haushaltsgrundsätzegesetz (HGrG) verabschiedet. Gem. § 1 S. 2 HGrG sind Bund und Länder verpflichtet, ihr Haushaltsrecht nach den Grundsätzen des HGrG zu regeln. Bund und Länder sind dieser Regelungsverpflichtung nachgekommen, indem sie die Bundeshaushaltsordnung (BHO) bzw. die Landeshaushaltsordnungen (LHO) erlassen haben. Diese Vorschriften sind für Bundes- und Landesbibliotheken und Bibliotheken von Landeseinrichtungen, also z.B. Universitätsbibliotheken, von Belang.

Die *Gemeinden* sind nicht Normadressaten des HGrG. Im Unterschied zum Bund und zu den Ländern sind sie *keine selbstständigen Haushaltsträger* im Sinne des Art. 109 Abs. 1 GG: Sie gelten nach dem zweistufigen Staatsaufbau der Bundesrepublik Deutschland als Bestandteile der Länder.[5] Das Haushaltsrecht der Gemeinden – und damit auch ihrer Bibliotheken – regelt sich deshalb nach dem jeweiligen Landesrecht, das in den entsprechenden Gemeindeordnungen und Gemeindehaushaltsordnungen verankert ist. Damit sind die Vorschriften des HGrG für Bibliotheken in kommunaler Trägerschaft, wie z.B. Stadtbibliotheken, nicht relevant.

---

3 Lewinski, Kai von u. Daniela Burbat: Haushaltsgrundsätzegesetz (HGrG). Baden-Baden: Nomos Verlagsgesellschaft 2013, Einleitung Rn. 1.
4 Kube, Hanno, in: Grundgesetz. Kommentar. Hrsg. von Theodor Maunz u. Günter Dürig. München: Verlag C. H. Beck, Loseblatt, 68. Lieferung Januar 2013, Art. 109 Rn. 236.
5 Lewinski/Burbat, HGrG (wie Anm. 3), § 1 Rn. 4.

2.3 Haushaltsgrundsätze

Das HGrG stellt folgende Grundsätze auf, die bei der Aufstellung bzw. Durchführung des Haushaltsplanes zu berücksichtigen sind. Diese Grundsätze wurden durch die BHO bzw. Haushaltsordnungen der Länder umgesetzt. Auch wenn das HGrG nicht für Gemeinden gilt, so wurden die Grundsätze jedoch weitgehend in die von den Ländern erlassenen Haushaltsvorschriften übernommen.

Im Wesentlichen handelt es sich um folgende Grundsätze:
- **Grundsatz der Jährlichkeit und Vorherigkeit, Art. 110 Abs. 2 GG, § 4 i.V.m. § 8 Abs. 1 HGrG**
  Der Haushaltsplan ist für das Haushaltsjahr aufzustellen und zwar vor Beginn des Haushaltsjahres. Grundsätzlich ist das Haushaltsjahr mit dem Kalenderjahr identisch, § 4 HGrG. Nach dem Grundsatz der Jährlichkeit gem. § 8 Abs. 1 HGrG ist für jedes Haushaltsjahr ein Haushaltsplan aufzustellen, und zwar auch dann, wenn die Geltungsdauer des Haushaltsgesetzes zwei Jahre beträgt: Die Aufstellung eines „Zwei-Jahres-Haushalts" oder „Doppelhaushalts" führt nicht zur Durchbrechung des Jährlichkeitsgrundsatzes, da der Doppelhaushalt ebenfalls nach Jahren getrennt aufzustellen ist, d.h. für jedes Kalenderjahr ist ein Haushaltsplan aufzustellen.[6]
- **Grundsatz der Haushaltseinheit und Vollständigkeit, Art. 110 Abs. 1 GG, § 8 Abs. 1 und 2 HGrG**
  Für jedes Haushaltsjahr ist nur ein einziger Haushaltsplan aufzustellen, § 8 Abs. 1 HGrG. § 8 Abs. 2 HGrG normiert den Grundsatz der Vollständigkeit: Alle zu erwartenden Einnahmen, alle voraussichtlich zu leistenden Ausgaben und alle voraussichtlich benötigten Verpflichtungsermächtigungen müssen im Haushaltsplan enthalten sein.

  Der Grundsatz der Einheit und Vollständigkeit verbietet damit eine Ausgliederung von Einnahmen oder Ausgaben des Bundes und der Länder in Sonder- oder Nebenhaushalte (sogenannte „schwarze Kassen").[7]
- **Grundsatz der Gesamtdeckung, § 7 HGrG**
  Der in § 7 S. 1 HGrG verankerte Grundsatz der Gesamtdeckung verlangt, dass alle Einnahmen als Deckungsmittel für alle Ausgaben dienen, sodass Einnahmen nicht zweckgebunden veranschlagt werden dürfen.

  Durch dieses Prinzip wird verhindert, dass Ausgaben allein deshalb getätigt werden, um die Einnahmen ihrer Zweckbestimmung zuzuführen, oder wichtige Ausgaben nicht getätigt werden, weil die für sie bestimmten Einnahmen unter Umständen unterbleiben.[8]

---

6 Lewinski/Burbat, HGrG (wie Anm. 3), § 8 Rn. 2.
7 Lewinski/Burbat, HGrG (wie Anm. 3), § 8 Rn. 13.
8 Lewinski/Burbat, HGrG (wie Anm. 3), § 7 Rn. 1.

- **Prinzip der Einzelveranschlagung, § 12 Abs. 4 HGrG**
  Nach dem Prinzip der Einzelveranschlagung müssen die Einnahmen nach dem Entstehungsgrund, die Ausgaben und Verpflichtungserklärungen nach Zwecken getrennt voneinander veranschlagt werden, § 12 Abs, 4 HGrG. Dieser Grundsatz dient vor allem der Haushaltsklarheit und Transparenz des Haushaltsplans.

  Nach dem Prinzip der Einzelveranschlagung dürfen Einnahmen mit unterschiedlichem Entstehungsgrund und Ausgaben sowie Verpflichtungsermächtigungen mit unterschiedlichen Zwecken also nicht unter demselben Titel stehen, sondern müssen getrennt voneinander bei unterschiedlichen Einnahme- und Ausgabetiteln aufgeführt werden.

  Aus dem Prinzip der Einzelveranschlagung folgt der in § 27 Abs. 1 HGrG niedergelegte Grundsatz der sachlichen Bindung: Ausgaben und Verpflichtungsermächtigungen dürfen nur zu den im Haushalt bestimmten Zwecken geleistet bzw. in Anspruch genommen werden, so dass eine sachliche Bindung an den Zweck des jeweiligen Ausgabentitels besteht.[9]

- **Grundsatz der Notwendigkeit der Ausgaben, § 5 HGrG**
  Es dürfen nur diejenigen Ausgaben bei der Aufstellung und Ausführung des Haushaltsplans berücksichtigt werden, die zur Erfüllung der Aufgaben des Bundes bzw. des Landes notwendig sind, § 5 HGrG.

  Auf Grund der Beschränkung auf die notwendigen Ausgaben darf der Haushaltsplan keine „Sicherheitsreserven" enthalten.[10]

- **Grundsatz der staatlichen Doppik, § 7a HGrG**
  Die staatliche Doppik folgt gem. § 7a HGrG den Vorschriften des Ersten und des Zweiten Abschnitts Erster und Zweiter Unterabschnitt des Dritten Buches Handelsgesetzbuch und den Grundsätzen der ordnungsmäßigen Buchführung und Bilanzierung.

  Hier tritt eine Überschneidung mit der Haushaltsführung von privatwirtschaftlichen Unternehmen zu Tage: Durch Bezugnahme auf das HGB gelten in diesem Rahmen dieselben Regeln.

- **Grundsatz der Wirtschaftlichkeit und Sparsamkeit, § 6 HGrG**
  Der Grundsatz der Wirtschaftlichkeit und Sparsamkeit gilt sowohl für die Aufstellung als auch die Durchführung des Haushaltsplans. Dieser Grundsatz hat gem. Art. 114 Abs. 2 GG Verfassungsrang.

  Das Wirtschaftlichkeitsgebot verlangt das günstigste Verhältnis von eingesetzten Mitteln und erstrebtem Zweck (Minimax-Prinzip), das Sparsamkeitsgebot fordert einen möglichst geringen Mitteleinsatz, um einen bestimmten Zweck zu erreichen (Minimalprinzip).[11]

---

[9] Lewinski/Burbat, HGrG (wie Anm. 3), § 12 Rn. 16.
[10] Lewinski/Burbat, HGrG (wie Anm. 3), § 5 Rn. 2.
[11] Lewinski/Burbat, HGrG (wie Anm. 3), § 6 Rn. 4 und 8.

§ 30 HGrG enthält eine spezialgesetzliche Ausprägung des Grundsatzes der Wirtschaftlichkeit und Sparsamkeit. Er bestimmt, dass dem Abschluss von Verträgen über Lieferungen und Leistungen eine öffentliche Ausschreibung vorausgehen muss, sofern nicht die Natur des Geschäfts oder besondere Umstände eine Ausnahme rechtfertigen. In systematischer Hinsicht zählt § 30 HGrG zum Vergaberecht.[12]

3 Vergaberecht

3.1 Begriff und Gegenstand des Vergaberechts

Das Vergaberecht meint nichts anderes als das Recht der öffentlichen Auftragsvergabe. Es geht also um Beschaffungen der öffentlichen Hand:

Die öffentliche Hand muss die ihr zugewiesenen Aufgaben erfüllen. Hierzu benötigt sie oftmals Sachgüter oder Dienstleistungen Dritter. So müssen z.B. Medien, Büromaterial oder Dienstfahrzeuge gekauft, Räume angemietet oder Werkverträge über Reparatur- oder Bauarbeiten abgeschlossen werden. Diesen Bedarf an Bau-, Liefer- oder Dienstleistungen deckt die öffentliche Hand durch Beschaffungsvorgänge.

In der Regel steht am Ende des Beschaffungsvorgangs der Abschluss eines zivilrechtlichen Vertrages, z.B. der Abschluss eines Kauf- oder Werkvertrages. Die Verwaltung begibt sich dann auf die Ebene des Privatrechts und handelt – ebenso wie der Bürger – privatrechtlich.[13] Tätigt die Verwaltung Rechtsgeschäfte, um sich in die Lage zu versetzen, öffentliche Aufgaben erfüllen zu können, spricht man auch von Bedarfsdeckungsgeschäften oder fiskalischen Hilfsgeschäften.[14]

Vor dem Abschluss des in der Regel privatrechtlichen Vertrages stehen die Vorschriften des Vergaberechts. Das Vergaberecht schreibt ein Auswahlverfahren vor, so dass sich die öffentliche Hand ihren Vertragspartner nicht völlig frei auswählen kann. Vielmehr muss der Vertragspartner nach bestimmten Grundsätzen gewählt werden. Zu diesen Grundsätzen zählen die Wettbewerblichkeit des Auswahlverfahrens, das nicht diskriminierend sein darf und die Gleichbehandlung der potenziellen Vertragspartner sowie hinreichende Transparenz gewährleisten muss.

Zusammengefasst versteht man unter Vergaberecht die Gesamtheit der Normen, die ein Träger öffentlicher Verwaltung bei der Beschaffung von sachlichen Mitteln

---

12 Lewinski/Burbat, HGrG (wie Anm. 3), § 30 Rn. 2.
13 Detterbeck, Steffen: Öffentliches Recht. Ein Basislehrbuch zum Staatsrecht, Verwaltungsrecht und Europarecht mit Übungsfällen. München: Verlag Franz Vahlen, 9. Aufl. 2013. § 25 Rn. 845.
14 Detterbeck, Öffentliches Recht (wie Anm. 13). § 25 Rn. 848.

und Leistungen, die er zur Erfüllung von Verwaltungsaufgaben benötigt, beachten muss.[15]

Das Vergaberecht ist spezieller Gegenstand des Haushaltsrechts. Das deutsche Vergaberecht ist nicht einheitlich kodifiziert. Vor allem durch die Einwirkungen des europäischen Unionsrechts auf das nationale Recht sieht sich der Rechtsanwender einer Vielfalt von Rechtsquellen gegenüber.

3.2 Zweiteilung des Vergaberechts

3.2.1 Grundsatz

Zunächst ist das Vergaberecht durch eine Zweiteilung gekennzeichnet, man spricht auch von der „Dichotomie des Vergaberechts"[16]. Diese Zweiteilung ergibt sich durch die Höhe der Auftragssumme, den sogenannten Schwellenwert. Man unterscheidet in Bereiche oberhalb und unterhalb der Schwellengrenze. Zu unterscheiden sind damit die sogenannten EU-Vergabeverfahren und die nationalen Verfahren.

3.2.2 Rechtsgrundlagen

Welche Rechtsvorschriften bei der Vergabe öffentlicher Aufträge anzuwenden sind, bestimmt sich also danach, ob die Schwellenwerte erreicht sind oder nicht. Werden die Schwellenwerte erreicht, gilt das Kartellvergaberecht: So finden die in Umsetzung einiger EG-Richtlinien erlassenen §§ 97 ff. Gesetz gegen Wettbewerbsbeschränkungen (GWB), die Vergabeverordnung (VgV) und die von §§ 4 ff. VgV in Bezug genommenen Vergabeordnungen, d.h. die Vergabe- und Vertragsordnung für Bauleistungen (VOB), die Vergabeordnung für freiberufliche Leistungen (VOF) sowie die Vergabe- und Vertragsordnung für Leistungen (VOL), Anwendung.

Unterhalb der Schwellenwerte sind die Haushaltsvorschriften des deutschen Haushaltsvergaberechts (§ 30 HGrG, § 55 BHO und die entsprechenden Haushaltsvorschriften der Länder) und die als Verwaltungsvorschriften übernommenen Vergabeordnungen anzuwenden.

Diese Zweiteilung hat also zur Folge, dass – je nachdem, ob die Schwellenwerte über- oder unterschritten werden – unterschiedliche Rechtsvorschriften mit unterschiedlichem Regelungsgehalt zur Anwendung kommen. Bemerkenswert ist daran

---

15 Bundesverfassungsgericht, Urteil v. 13.06.2006 – Aktenzeichen: 1 BvR 1160/03; Koenig, Christian u. Andreas Haratsch: Grundzüge des deutschen und europäischen Vergaberechts. In: Neue Juristische Wochenschrift (NJW) 2003, S. 2637–2642 (S. 2637).
16 Groß, Markus.In: Bundeshaushaltsordnung/Landeshaushaltsordnung (BHO/LHO). Hrsg. von Christoph Gröpl. München: Verlag C. H. Beck 2011. § 55 BHO Rn. 9.

vor allem, dass die einzelnen Normgefüge von verschiedenen Zielvorstellungen geprägt sind: Während sich das im Unterschwellenbereich geltende Vergaberecht an den Grundsätzen der Sparsamkeit und Wirtschaftlichkeit der Haushaltswirtschaft orientiert, richtet sich das gemeinschaftsrechtlich bestimmte Vergaberecht vornehmlich am Wettbewerb der privaten Bieter und damit am Grundsatz der Wettbewerbsfreiheit aus.[17] Die Leitprinzipien sind damit vollkommen unterschiedlich.

Verkürzt lassen sich die anzuwendenden Rechtsvorschriften folgendermaßen schematisieren:

Unterhalb der Schwellengrenze	Oberhalb der Schwellengrenze
Nationales Haushaltsrecht	§§ 97 ff. GWB
(§ 30 HGrG, § 55 BHO, Haushaltsvorschriften der Länder)	↓
	VgV
↓	↓
Vergabeordnungen (z.B. VOB)	Vergabeordnungen (z.B. VOB)

Abb. 1: Übersicht zu den Rechtsgrundlagen der verschiedenen Verfahrensarten.

Jede öffentliche Auftragsvergabe ist also daraufhin zu überprüfen, ob deren Wert die Schwellengrenze erreicht. Die Schwellenwerte werden durch § 2 VgV festgelegt. Die Höhe der Schwellenwerte bestimmt sich maßgeblich nach der Art des Auftrags. Unterschieden wird zwischen Bau-, Liefer- und Dienstleistungsaufträgen.

Verkürzt und vereinfacht dargestellt bestimmt § 2 VgV folgende Schwellenwerte:
– für Liefer- und Dienstleistungsaufträge der obersten oder oberen Bundesbehörden sowie vergleichbarer Bundeseinrichtungen grundsätzlich 130.000 Euro;
– für alle anderen Liefer- und Dienstleistungsaufträge 200.000 Euro;
– für Bauaufträge 5.000.000 Euro;
– für Lose von Bauaufträgen 1.000.000 Euro;
– für Lose von Dienstleistungen 80.000 Euro.

In der Praxis stellen die *nationalen Verfahren* den *Normalfall* dar: Etwa 80 bis 90 Prozent aller öffentlichen Aufträge erreichen die EU-Schwellenwerte nicht.[18]

---

17 Maurer, Hartmut: Allgemeines Verwaltungsrecht. München: Verlag C. H. Beck, 18. Aufl. 2011. § 17 Rn. 32.
18 Ax, Thomas, Matthias Schneider u. Josephine Siewert: Auftragsvergabe. Strenges Vergaberecht, Vergaberechtsfreie Vergaben, Flexible Verfahrensarten, Sanktionssystem bei Vergaberechtsverstößen. Berlin: Erich Schmidt Verlag, 2. Aufl. 2010, S. 71.

3.3 Vergaberecht ab den Schwellenwerten

Der Anwendungsbereich des Vergaberechts ab dem Schwellenwert wird von § 100 i.V.m § 99 GWB bestimmt. Danach muss erstens ein entgeltlicher Vertrag zwischen einem öffentlichen Auftraggeber und einem Unternehmer vorliegen, zweitens die Beschaffung auf eine Lieferung, Bauleistung, Dienstleistung oder Auslobung gerichtet sein und drittens müssen die Schwellenwerte erreicht sein. Zudem darf kein Ausnahmetatbestand des § 100 Abs. 2 GWB vorliegen.

Gem. § 130 Abs. 1 S. 1 GWB findet das GWB auch Anwendung auf Unternehmen, die ganz oder teilweise im Eigentum der öffentlichen Hand stehen oder die von ihr verwaltet oder betrieben werden. Somit gilt das Vergaberecht auch für privatrechtlich organisierte Bibliotheken.

§ 97 GWB beschreibt die wesentlichen, einzuhaltenden Vergabegrundsätze:

Gem. § 91 Abs. 1 GWB gilt der Grundsatz der Transparenz, d.h. die Vergabeverfahren müssen transparent sein. Mit Transparenz ist gemeint, dass klare, nachvollziehbare Vergabeverfahren stattfinden und vorhersehbare Entscheidungskriterien angewendet werden.[19] Nur so kann die Chancengleichheit der Bieter gewährleistet werden. Jeder Bieter soll in die Lage versetzt werden, abzusehen, welche Chancen er bei einer Teilnahme am Vergabeverfahren hat.[20] Die Informationspflicht der Bieter über die beabsichtigte Auftragsvergabe nach § 101a GWB und das Erfordernis eines ausführlichen und nachvollziehbaren Vergabevermerks, § 30 VOB/A bzw. § 20 VOL/A sind Ausfluss des Transparenzgrundsatzes.[21]

§ 97 Abs. 1 GWB enthält ebenso das Wettbewerbsprinzip, das mit dem Grundsatz der Wirtschaftlichkeit in § 97 Abs. 5 GWB einhergeht: Den Zuschlag erhält das wirtschaftlichste Angebot.

§ 97 Abs. 2 GWB beinhaltet den Grundsatz der Gleichbehandlung bzw. das Diskriminierungsverbot. Danach sind die Teilnehmer an einem Vergabeverfahren gleich zu behandeln, es sei denn, eine Benachteiligung ist auf Grund des GWB ausdrücklich geboten oder gestattet. Alle Bieter müssen sich sicher sein können, dass kein Teilnehmer ohne ausreichenden Grund anders als andere Teilnehmer behandelt wird.[22]

Diese Grundsätze müssen bei jeder Entscheidung im Vergabeverfahren berücksichtigt werden. Durch die Bestimmungen der Vergabeordnungen werden sie näher ausgestaltet.

§ 101 GWB regelt schließlich die Verfahrensarten. Gem. § 101 Abs. 1 GWB ist grundsätzlich ein offenes Verfahren durchzuführen. Offene Verfahren sind Verfahren, in

---

19 Noch, Rainer: Vergaberecht kompakt. Handbuch für die Praxis. Köln: Werner Verlag, 5. Aufl. 2011. Rn. 4.
20 EuGH, Urteil v. 22.12.2010 (Rs. C-215/09); EuGH Urt. v. 25.4.1996 (Rs. C-87/94).
21 Leinemann, Ralf: Die Vergabe öffentlicher Aufträge. Köln: Werner Verlag, 5. Aufl. 2011. Rn. 13.
22 Leinemann: Die Vergabe öffentlicher Aufträge (wie Anm. 21). Rn. 14.

denen eine unbeschränkte Anzahl von Unternehmen öffentlich zur Abgabe von Angeboten aufgefordert wird, § 101 Abs. 2 GWB.

Fehler im Vergabeverfahren können weitreichende Folgen haben: Gem. § 101b GWB kann ein Fehler sogar zur Unwirksamkeit des Vertrages führen.

3.4 Vergaberecht unterhalb der Schwellenwerte

Die wichtigsten Rechtsquellen für die Auftragsvergabe unterhalb der Schwellenwerte sind die haushaltsrechtlichen Regelungen des Bundes, der Länder und der Kommunen sowie die Vergabe- und Vertragsordnungen.

Die Vergabestellen müssen aber auch bei Vergaben unterhalb der Schwellenwerte das primäre Europarecht beachten.[23] Insofern sind auch hier die Prinzipien der Gleichbehandlung und Transparenz sowie des Diskriminierungsverbots einzuhalten.

Eine wesentliche Vorschrift für das Vergaberecht unterhalb der Schwellenwerte wurde bereits genannt: § 30 HGrG, der wortgleich in die Bayerische Haushaltsordnung (Art. 55) übernommen wurde und sich ebenso in anderen Landeshaushaltsordnungen findet. Auf Grund dieser Vorschrift muss beim Kauf von Büchern eine Ausschreibung nicht stattfinden. Die in Deutschland geltende Buchpreisbindung[24] sorgt dafür, dass grundsätzlich jedes in Deutschland verlegte Buch bei jedem Buchhändler den gleichen Preis hat (vgl. §§ 3, 5 BuchPrG), so dass auch durch eine Ausschreibung ein günstigeres Angebot für diese Titel nicht ermittelt werden kann. Für alle anderen Aufträge gelten die Bestimmungen der Vergabeordnungen, die wiederum bestimmte Grenzen bezüglich des Auftragsvolumens enthalten, nach denen eine bestimmte Form der Ausschreibung stattzufinden hat.

3.5 Rechtsschutz

Die Rechtsschutzmöglichkeiten bei Verfahren ober- bzw. unterhalb der Schwellenwerte unterscheiden sich. Während oberhalb der Schwellenwerte erhöhte Transparenz- und Bekanntmachungspflichten bestehen und der Rechtsschutz vor den Verga-

---

23 Weyand, Rudolf: Vergaberecht. München: Verlag C. H. Beck, 4. Aufl. 2013. Teil 1. Rn. 12.
24 Die Buchpreisbindung wird durch das Buchpreisbindungsgesetz (BuchPrG) geregelt. Ob auch E-Books unter die Buchpreisbindung fallen, ist umstritten. Die Buchpreisbindung für E-Books ist im BuchPrG nicht ausdrücklich geregelt. Diskutiert wird allerdings, ob E-Books unter § 2 Abs. 1 Nr. 3 BuchPrG fallen, also Produkte sind, die Bücher, Musiknoten oder kartographische Produkte reproduzieren oder substituieren und bei Würdigung der Gesamtumstände als überwiegend verlags- oder buchhandelstypisch anzusehen sind. Eine Übersicht des Streitstandes findet sich bei Julia Schulz und Zuhal Ayar: Rechtliche Fragestellungen und Probleme rund um das E-Book. Betrachtung der rechtlichen Beziehung zwischen Autor und Verleger. In: Multimedia und Recht (MMR) 2012, S. 652–655 (insbesondere S. 654-655).

bekammern und Oberlandesgerichten (§§ 107 ff. GWB) in Betracht kommt, bestehen unterhalb der Schwellenwerte nur eingeschränkte Rechtsschutzmöglichkeiten.[25]

4 Fazit

Grundkenntnisse, teils auch vertiefte fachliche Kenntnisse im Haushalts- und Vergaberecht sind unabdingbar für die bibliothekarische Praxis: Alle Ausgaben und Einnahmen müssen letztlich mit den Regelungen des Haushaltsrechts vereinbar sein, alle Aufträge müssen sich an den Normen des Vergaberechts messen lassen.

Auch wenn die Regelungsmaterien durchaus komplex sind, muss auf bibliothekarischer Seite eine Sensibilisierung für die Rechtsfragen des Haushalts- und Vergaberechts stattfinden, um einen rechtskonformen Umgang mit den öffentlichen Mitteln zu gewährleisten.

Alphabetisches Glossar

Absatz	Abs.
Artikel	Art.
Bayerische Landesverfassung	BayLV
Bundeshaushaltsordnung	BHO
Europäische Union	EU
fortfolgende	ff.
gemäß	gem.
Grundgesetz	GG
Gesetz gegen Wettbewerbsbeschränkungen	GWB
Haushaltsgrundsätzegesetz	HGrG
in Verbindung mit	i.V.m.
Landeshaushaltsordnung	LHO
Vergabe- und Vertragsordnung für Bauleistungen	VOB
Vergabeordnung für freiberufliche Leistungen	VOF
Vergabe- und Vertragsordnung für Leistungen	VOL
Verordnung über die Vergabe öffentlicher Aufträge	VgV

---

25 Ausführlich hierzu Franke, Horst, in: VOB-Kommentar. Hrsg. von Horst Franke, Ralf Kemper, Christian Zanner u. Matthias Grünehagen. Köln: Werner Verlag, 5. Aufl. 2013. Einführung, Rn. 11 f.

Claudia Holland
13.2 Personalrecht

1 Recht des öffentlichen Dienstes

Eine allgemein gültige Legaldefinition des öffentlichen Dienstes gibt es nicht. Der Begriff wird im Grundgesetz (GG) und in einfachen Gesetzen unterschiedlich gebraucht. Entscheidend sind in der Regel die Abgrenzungsmerkmale zu den sonstigen Beschäftigungsverhältnissen, womit in erster Linie die Zugehörigkeit zu einer juristischen Person des öffentlichen Rechts zu verstehen ist, d.h. die Beschäftigung im Dienst einer juristischen Person des öffentlichen Rechts[1].

Öffentlicher Dienst im weiteren Sinn ist demzufolge die Beschäftigung im Dienste einer juristischen Person des öffentlichen Rechts. Zum öffentlichen Dienst zählen Beamte und Arbeitnehmer im öffentlichen Dienst, Richter und Berufssoldaten. Zum öffentlichen Dienst im engeren Sinn zählen nur die Beamten und Arbeitnehmer des öffentlichen Dienstes.

2 Beamtenrecht – allgemeine Grundlagen

Das Personalrecht des öffentlichen Dienstes weist die Besonderheit des Dualismus zwischen dem Beamtenrecht und dem Arbeitsrecht im öffentlichen Dienst (ehemaliges Recht der Angestellten und Arbeiter) auf. Leider ist es seit 1949 nicht gelungen, ein einheitliches öffentliches Dienstrecht zu schaffen. Der öffentliche Dienst umfasst nach Artikel 73 Nr. 8 und 74 Nr. 27 GG die im Dienst des Bundes, der Länder, der Gemeinden und anderer öffentlich-rechtlicher Körperschaften stehenden Personen. Diese weite inhaltliche Umschreibung geht über die Regelung in Art. 33 Abs. 4 GG hinaus, die nur von Personen ausgeht, die in einem öffentlich-rechtlichen Treueverhältnis stehen, also in der Regel in einem Beamtenverhältnis.

2.1 Unterschiede zwischen den Rechtsverhältnissen der im öffentlichen Dienst Beschäftigten

Das Beamtenverhältnis wird durch Ernennung, also durch Verwaltungsakt des Dienstherrn begründet und durch die Beamtengesetze inhaltlich geregelt. Dagegen beruht das Arbeitsverhältnis auf vertraglichen Vereinbarungen.

---

[1] BVerfGE 55, 227ff.

Die Ausgestaltung des Beamtenverhältnisses unterliegt dem Laufbahnprinzip, während die Ausgestaltung des Arbeitsverhältnisses tätigkeitsbezogen ist.

Das Beamtenverhältnis endet durch einseitige Entlassung durch den Dienstherrn, die aber bei einem Beamten auf Lebenszeit in der Regel nur im Disziplinarverfahren möglich ist und eine schwerwiegende Dienstpflichtverletzung voraussetzt. Dagegen wird ein Arbeitsverhältnis auch im öffentlichen Dienst durch eine Kündigung aufgehoben.

Der Beamte erhält eine durch Gesetz geregelte Besoldung (= Alimentationsprinzip), der Arbeitnehmer eine durch Tarifvertrag ausgehandelte Vergütung (= Arbeitsentgelt als Gegenleistung für die geschuldeten Dienste). Die bisher bestehende Parallelität ist durch die Veränderungen im Bundesbesoldungsgesetz (Öffnungsklausel) und länderbezogene Vereinbarungen bezüglich der Übernahme des TVöD (Tarifvertrag für den Öffentlichen Dienst)/TV-L (Tarifvertrag für den Öffentlichen Dienst der Länder) nicht mehr vorhanden.

Während Arbeitnehmer der Sozialversicherungspflicht unterliegen und gesetzlich krankenversichert sind, sind Beamte von der Sozialversicherungspflicht befreit und unterliegen dem System des Beihilferechts.

Für Rechtsstreitigkeiten der Beamten ist der Verwaltungsrechtsweg, § 54 Beamtenstatusgesetz (BeamtStG), für die Rechtsstreitigkeiten der Arbeitnehmer ist der Arbeitsrechtsweg eröffnet.

2.2 Rechtsgrundlagen des Berufsbeamtentums

Das Berufsbeamtentum ist in Art. 33 Abs. 2 bis 5 GG geregelt. Art. 33 Abs. 2 GG eröffnet für jeden Deutschen nach seiner Eignung, Befähigung und fachlicher Leistung einen gleichen Zugang zu allen öffentlichen Ämtern; Abs. 3 verbietet eine Benachteiligung wegen der Religion oder Weltanschauung; Abs. 4 schreibt vor, dass hoheitliche Aufgaben in der Regel einem in einem öffentlich-rechtlichen Treueverhältnis stehenden Bediensteten zu übertragen sind (Funktionsvorbehalt). Schließlich bestimmt Abs. 5 die Gewährleistung und Fortentwicklung der hergebrachten Grundsätze des Berufsbeamtentums. Wegen der verfassungsrechtlichen Verankerung dieser Grundsätze wäre eine Änderung wegen Art. 79 GG nur mit einer Zwei-Drittel-Mehrheit im Bundestag und Bundesrat möglich. Das hat eine enorme Bedeutung im Hinblick auf die Reformdiskussionen zum öffentlichen Dienst insgesamt.

a) Art. 33 Abs. 5 GG Hergebrachte Grundsätze des Berufsbeamtentums
   Dazu zählen insbesondere:
   - Alimentationsprinzip; der Grundsatz der amtsangemessenen Besoldung und Versorgung
   - Treuepflicht des Beamten, insbesondere Verfassungstreue
   - Fürsorgepflicht des Dienstherrn
   - amtsangemessene Beschäftigung

- Streikverbot
- Vollbeschäftigung/Hauptberuflichkeit: Es ist daher unzulässig, einen Bewerber nur dann einzustellen, wenn er mit einer Teilzeitstelle einverstanden ist (freiwillige Teilzeit ist möglich)
- Laufbahngrundsatz
- Einstellung auf Lebenszeit

b) Gesetzgebungskompetenz im Beamtenrecht

Verfassungsrechtliche Grundlagen sind Art. 73 Nr. 8 und 74 Nr. 27 GG. Am 01.09.2006 sind die aufgrund der Föderalismusreform I beschlossenen Veränderungen im Verhältnis Bund – Länder in Kraft getreten. Dies bedeutet für den Bereich des öffentlichen Dienstes erhebliche Kompetenzveränderungen. Seither fallen wichtige Kernbereiche des Beamtenrechts in die Zuständigkeit der Länder und können demzufolge unterschiedlich geregelt werden. 2009 traten zwei Gesetze in Kraft, die der Neuverteilung der Kompetenzen im Beamtenrecht Rechnung tragen: das Beamtenstatusgesetz (BeamtStG), das die Statusrechte und -pflichten der Beamten der Länder, Gemeinden und anderen Körperschaften des öffentlichen Rechts regelt, und das Dienstrechtsneuordnungsgesetz, welches die Beamtenrechtsreform für die Bundesbeamten in den entsprechenden Gesetzen umsetzt[2].

Darüber hinaus gibt es zahlreiche Einzelgesetze, die entsprechende Bereiche des Beamtenrechts regeln (z.B.: Urlaub, Reisekosten, Mutterschutz, Arbeitszeit, Beihilfe etc.).

Entsprechende Gesetze und Rechtsverordnungen gibt es für die Landes- und Kommunalbeamten in jedem einzelnen Bundesland.

2.3 Begriff des Beamten

Der Beamte ist ein auf Dauer mit der Wahrnehmung hoheitlicher Aufgaben beauftragter und in einem öffentlich-rechtlichen Dienst- und Treueverhältnis zu einer dienstherrnfähigen juristischen Person des öffentlichen Rechts stehender Beschäftigter.

Dienstherr eines Beamten können gemäß § 2 BeamtStG nur der Bund, die Länder sowie die Gemeinden bzw. Gemeindeverbände sein. Öffentlichen Körperschaften, Anstalten und Stiftungen kann die Dienstherrnfähigkeit übertragen werden, sofern sie ihnen nicht bereits im Zeitpunkt des Inkrafttretens des Gesetzes zustand.

---

[2] Näher dazu Schnellenbach 2013: 9–24.

3 Begründung, Veränderung und Beendigung von Beamtenverhältnissen

3.1 Die Einstellung (§ 2 Abs. 1 BLV)

Ein Beamtenverhältnis wird durch die Einstellung des Beamten begründet. Nach Art. 33 Abs. 2 GG hat jeder Deutsche nach seiner Eignung, Befähigung und fachlichen Leistung gleichen Zugang zu öffentlichen Ämtern (Leistungsprinzip). Zusätzlich sind gem. § 7 BeamtStG allgemeine Gleichstellungsgrundsätze zu beachten.

Ferner setzt eine Einstellung voraus, dass der Bewerber Deutscher nach Art. 116 GG ist oder die Staatsangehörigkeit eines anderen Mitgliedsstaates der EU besitzt (§ 7 Abs. 1 Nr. 1 BeamtStG) und die Gewähr dafür bietet, dass er jederzeit für die freiheitlich demokratische Grundordnung im Sinne des GG bzw. der jeweiligen Landesverfassung eintritt (Nr. 2). Als dritte Voraussetzung muss der Bewerber die entsprechende vorgeschriebene Vorbildung bzw. Befähigung besitzen (Nr. 3).

Liegen alle sachlichen (= den Dienstherrn betreffenden) und persönlichen (= den Bewerber betreffenden) Voraussetzungen vor, so wird der Bewerber ernannt; d.h. das Beamtenverhältnis wird mittels eines Verwaltungsakts, der durch Aushändigung einer eigenhändig vom Dienstvorgesetzten unterschriebenen Ernennungsurkunde, begründet. Dabei ist der Text der Ernennungsurkunde gesetzlich festgelegt (§ 8 Abs. 2 BeamtStG).

3.2 Die Entlassung (§§ 22ff BeamtStG)

Das Beamtenverhältnis endet durch:
- Entlassung (kraft Gesetzes oder auf Antrag)
- Verlust der Beamtenrechte
- Entfernung aus dem Beamtenverhältnis nach dem Bundes-/Landesdisziplinargesetz
- Eintritt oder Versetzung in den Ruhestand
- Tod

Die Entlassung des Beamten kann zur Folge haben, dass er alle beamtenrechtlichen Ansprüche verliert, insbesondere auch die Versorgungsansprüche. Dann muss der Dienstherr den ausscheidenden Beamten in der gesetzlichen Rentenversicherung für die Zeit seiner Beschäftigung nachversichern. Seit Herbst 2013 besteht auch die Möglichkeit, anstelle der Nachversicherung einen Anspruch auf Altersgeld geltend zu machen.[3]

---

[3] Bundesministerium der Justiz 2013: 3386ff.

3.3 Das Laufbahnprinzip

Die Beamtenschaft unterteilt sich je nach Vorbildung und fachlicher Qualifikation in Laufbahnen, nämlich den einfachen Dienst (Besoldungsgruppe A1–A5), den mittleren Dienst (BesGr A6–A9), den gehobenen Dienst (BesGr A 9–A13) und den höheren Dienst (BesGr A13 aufwärts). Jeder Beamte beginnt seine Karriere entsprechend seiner Vorbildung, d.h. nach dem Bestehen der Laufbahnprüfung in dem Eingangsamt seiner Laufbahn, und kann im Wege der Beförderung bis in das Spitzenamt seiner Laufbahn aufsteigen. Dieses Prinzip ist die Grundlage für den hierarchischen Aufbau der Beamtenschaft. Die Einzelheiten ergeben sich aus dem jeweiligen Laufbahnrecht (für den Bund: Bundeslaufbahnverordnung – BLV).

Dieses Prinzip der Regellaufbahngruppen wird allerdings dadurch eingeschränkt, dass auch andere Bewerber in eine bestimmte Laufbahn übernommen werden können, wenn sie durch ihre Lebens- und Berufserfahrung hierfür befähigt sind (§ 22 BLV). Ferner wird das Laufbahnprinzip dadurch modifiziert, dass nach §§ 35ff BLV ein Aufstieg in die nächsthöhere Laufbahn möglich ist, sofern der Beamte die dafür erforderliche Qualifikation durch Aufstiegsstudium und Laufbahnprüfung nachgewiesen hat.

Im Bereich des Bundes gab es bisher gemäß § 34 BLV (alte Fassung) 38 verschiedene besondere Fachrichtungen im höheren Dienst, darunter auch den Bibliotheksdienst mit eigener Laufbahnverordnung. Der Gesetzgeber hat auf Bundesebene die etwa 125 verschiedenen Laufbahnen, von denen ca. 50 über eine eigene Laufbahn-, Ausbildungs- und Prüfungsordnung verfügten, stark reduziert. So umfasst gemäß § 16 Abs. 1 BBG „eine Laufbahn [...] alle Ämter, die verwandte und gleichwertige Vor- und Ausbildungen voraussetzen." Damit wurde der Grundsatz, dass es nur für bestimmte Abschlüsse Laufbahnen gibt, aufgegeben. Jetzt eröffnen alle gleichwertigen und verwandten Ausbildungen den Zugang zu einer Laufbahn. Das Ziel ist es, durch weniger horizontale Laufbahnwechsel die Mobilität zu fördern. Nach der neuen BLV sind maximal nur noch neun Laufbahnen für jede Laufbahngruppe vorgesehen (§ 6 Abs. 2 BLV). Der Bibliotheksdienst ist dem sprach- und kulturwissenschaftlichen Dienst zugeordnet.

Eine weitere Neuerung ist, dass nach § 17 Bundesbeamtengesetz (BBG) zwar das viergliedrige Laufbahngruppenprinzip erhalten bleibt, die Regel- und Fachrichtungslaufbahnen aber gleichgestellt werden. Das bedeutet, dass es zukünftig keinen Vorrang der Regellaufbahn mehr gibt: Die Laufbahnbefähigung kann entweder durch eine Laufbahnprüfung oder eine entsprechende, anerkannte hauptberufliche Tätigkeit erworben werden.

Ebenso wird die erste Voraussetzung, der Hochschulabschluss für den Zugang zum gehobenen und höheren Dienst, neu definiert: Bachelor-Abschluss für den gehobenen Dienst, Master-Abschluss für den höheren Dienst – unerheblich ist dabei, ob es sich um einen Abschluss von einer Fachhochschule oder Universität handelt (§ 17 Abs. 4 und 5 BBG).

In einigen Bundesländern wurde das bisher vierstufige Laufbahnsystem durch ein zweistufiges ersetzt: Alle Laufbahnen, die einen Hochschulabschluss voraussetzen, werden in der Laufbahngruppe 2 zusammengefasst, alle übrigen Laufbahnen gehören der Laufbahngruppe 1 an. Innerhalb einer Laufbahngruppe gibt es aber jeweils zwei verschiedene Einstiegsämter, die sich nach der Vor- und Ausbildung richten (§§ 2 Abs. 4, 5 LfBG Berlin). Bayern hingegen hat die vier Laufbahngruppen durch eine Leistungslaufbahn mit vier verschiedenen Qualifikationsebenen ersetzt.

4 Rechtliche Stellung des Beamten

4.1 Pflichten des Beamten

a) allgemeine Pflichten

Treuepflicht: Der Beamte steht nach § 33 BeamtStG in einem Treueverhältnis zu seinem Dienstherrn; diese Treuepflicht ist das Gegenstück zur Fürsorgepflicht des Dienstherrn. Sie besteht auch für Ruhestandsbeamte fort. Kernbestandteil ist die politische Treuepflicht.

Gemeinwohlverpflichtung (§ 33 Abs. 2 BeamtStG): Der Beamte hat seine Aufgaben unparteiisch und gerecht zu erfüllen und bei seiner Amtsführung auf das Wohl der Allgemeinheit Bedacht zu nehmen.

Mäßigungspflicht (§ 60 Abs. 2 BBG): Der Beamte hat sich bei einer politischen Betätigung zu mäßigen und seiner dienstlichen Stellung entsprechend zurückzuhalten; er hat sich neutral zu verhalten. Diese Pflicht wird insbesondere bei nach außen erkennbaren religiösen Zugehörigkeiten und Anschauungen rechtlich unterschiedlich gewertet (vgl. „Kopftuch"-Urteile der Verwaltungsgerichte im Gegensatz zum Bundesverfassungsgericht).

Eidespflicht (§ 64 BBG): Verweigert der Beamte den Eid, so führt dies zwingend zu seiner Entlassung.

b) Pflichten bei der Amtsausübung

Dienstleistungspflicht (Arbeitszeit, Teilzeit, Streikverbot): Musste sich der Beamte bisher „mit voller Hingabe seinem Beruf" widmen, so heißt es neuerdings „mit vollem persönlichen Einsatz"[4]. Dabei bedeutet die Dienstleistungspflicht mehr als nur die routinemäßige Erfüllung der dienstlichen Obliegenheiten, beschränkt sich aber auf die Regelarbeitszeit (40 bis 42 Wochenstunden).

Der Beamte ist verpflichtet, ohne besondere Vergütung über die regelmäßige Arbeitszeit hinaus Dienst zu leisten, sofern dies zur Erfüllung der ihm übertragenen Aufgaben notwendig ist, zwingende dienstliche Verhältnisse dies erfordern und sich die Mehrarbeit auf Ausnahmefälle beschränkt (vgl. § 88 BBG).

---

[4] § 61 Abs. 1 BBG; § 34 S. 1 BeamtStG.

Die Regelungen in §§ 91ff BBG bestimmen die Voraussetzungen der Teilzeit für Beamte: § 95 BBG regelt die Beurlaubung des Beamten ohne Zahlung der Dienstbezüge auf Zeit (6 Jahre). Eine noch längere Beurlaubung würde mit dem Gebot des Beamtenverhältnisses auf Lebenszeit kollidieren (Ausnahme: Beurlaubung wegen Kinderbetreuung: 12 Jahre).

Zur Dienstleistungspflicht gehört auch das Streikverbot für Beamte, das nicht nur die totale Arbeitsverweigerung, sondern auch den Bummelstreik oder den Dienst nach Vorschrift umfasst.[5]

Der Dienstherr darf zur Vermeidung von schweren Nachteilen für die Allgemeinheit beim Streik von Arbeitnehmern im öffentlichen Dienst grundsätzlich Beamte einsetzen. Das BVerfG verlangt allerdings, dass die Zulässigkeit derartiger Einsätze gesetzlich geregelt wird, weil der Hoheitsträger hier seine hoheitlichen Befugnisse einseitig ausnutze.[6]

Ein weiterer Aspekt der Dienstleistungspflicht ist die Pflicht zur Gesunderhaltung sowie die aus § 47 BLV in Verbindung mit § 61 Abs. 2 BBG folgende Pflicht zur ständigen Fortbildung.

Pflicht zur Uneigennützigkeit (§ 34 S. 2 BeamtStG; § 61 Abs. 1 S. 2 BBG): Der Beamte darf sich nicht dem Verdacht aussetzen, dass ihn persönliche Gründe zu seinem dienstlichen Handeln bewegen. Hierzu gehört auch das Verbot der Annahme von Geschenken, das sich auch auf Ruhestandsbeamte bezieht.

Beratungs-, Unterstützungs- und Gehorsamspflicht (§ 35 BeamtStG; § 62 BBG): Der Beamte soll nicht bloßer Befehlsempfänger sein, sondern eigene Vorschläge entwickeln. Die Gehorsamspflicht (= Weisungsgebundenheit) des Beamten sichert den Vollzug der vom Parlament verabschiedeten Gesetze und Verordnungen. Der Beamte trägt für die Rechtmäßigkeit seiner dienstlichen Handlungen die volle Verantwortung (vgl. § 36 Abs. 1 BeamtStG). Hält der Beamte die Weisung seines Vorgesetzten für rechtswidrig, so muss er diesen darauf hinweisen und gegebenenfalls seine Bedenken beim nächsthöheren Vorgesetzten vortragen (= Remonstrationspflicht). Wird die Anordnung dennoch aufrechterhalten, hat er sie auszuführen und er ist von der Verantwortung befreit (vgl. § 36 Abs. 2 BeamtStG). Ausnahmen gelten für strafbare Handlungen oder solche, die die Menschenwürde verletzen.

Neutralitätspflicht (§ 33 Abs. 1 BeamtStG): Damit soll sichergestellt werden, dass für einen gerechten Interessenausgleich zwischen den widerstreitenden gesellschaftlichen Kräften gesorgt ist.

Verschwiegenheitspflicht (§ 37 BeamtStG): Diese Pflicht bezieht sich auch auf Ruhestandsbeamte.

---

[5] BVerwGE 73, 97.
[6] BVerfGE 88, 103.

c) außerdienstliche Pflichten

Pflicht zu achtungs- und vertrauenswürdigem Verhalten (§ 34; BeamtStG; § 61 Abs. 1 S. 3 BBG): Innerhalb des Dienstes hat der Beamte gegenüber dem Staatsbürger höflich und hilfsbereit zu sein. Außerhalb des Dienstes besteht die Pflicht zu gesetzmäßigem Verhalten. Hierunter fällt auch das Verbot zur Annahme von Belohnungen und Geschenken.

4.2 Die Folgen der Nichterfüllung von Pflichten

a) strafrechtliche Folgen

Neben den Straftaten, die jeder Bürger begehen kann, gibt es eine Reihe von Straftatbeständen, die die Eigenschaft als Amtsträger voraussetzen und entsprechend schwerer bestraft werden (z.B. Körperverletzung § 223 – Körperverletzung im Amt § 340 StGB). Jede Straftat im Amt ist zugleich ein Dienstvergehen.

b) Disziplinarische Maßnahmen

Voraussetzung für die Einleitung eines Disziplinarverfahrens ist ein Dienstvergehen des Beamten nach § 47 Abs. 1 BeamtStG. Dieses liegt vor, wenn der Beamte schuldhaft die ihm obliegenden Pflichten verletzt. Das kann auch bei einem entsprechenden Verhalten außerhalb des Dienstes der Fall sein; nämlich dann, wenn sein Verhalten geeignet ist, sein eigenes Ansehen in der Öffentlichkeit oder das Ansehen der Beamtenschaft insgesamt erheblich zu beeinträchtigen. Daneben können aber auch Verhaltensweisen ohne strafrechtliche Relevanz ein Dienstvergehen darstellen; z.B. ständige Verspätung bei Dienstbeginn; erhebliche Überschuldung; sexuelle Beziehungen zu einer Untergebenen; ungenehmigte Nebentätigkeiten.

c) vermögensrechtliche Haftung

Der Beamte haftet nach § 48 BeamtStG für den aus einer vorsätzlichen oder grob fahrlässigen Dienstpflichtverletzung entstandenen Schaden. Diese Haftung umfasst alle Tätigkeiten des Beamten; unabhängig von hoheitlichem oder fiskalischem und privatrechtlichem Handeln.

Dieses Haftungsprivileg verfolgt den Zweck, die Entschlusskraft und die Entscheidungsfreude des Beamten zu stärken, wenn diese unter Zeitdruck Entscheidungen oder Maßnahmen ergreifen müssen. Der Beamte soll nicht durch Sorge vor persönlichen finanziellen Folgen einer Fehlentscheidung beeinflusst werden.

Da eine vorsätzliche Tat, also die Herbeiführung eines Schadens mit Wissen und Wollen, nur in den seltensten Fällen vorliegt, beschränkt sich die Schadensersatzpflicht des Beamten auf grob fahrlässige Handlungen bzw. Unterlassungen. Der Vorwurf einer groben Fahrlässigkeit richtet sich nach den individuellen Fähigkeiten des Beamten und liegt immer dann vor, wenn er die erforderliche Sorgfalt in besonders schwerwiegender Weise verletzt hat und nicht beachtet, was im konkreten Fall jedem einleuchten muss.[7] Dabei liegt in aller Regel keine grobe Fahrlässigkeit vor, wenn es zu einem Fehlverhalten aufgrund von Arbeitsüberlastung kommt und diese angezeigt wurde.[8]

d) personelle Maßnahmen und Folgen

Einige Dienstpflichtverletzungen sind bereits im Beamtengesetz geregelt, so führt z.B. das unentschuldigte Fernbleiben vom Dienst zu einem Verlust der Dienstbezüge (§ 96 BBG).

4.3 Die nichtvermögenswerten Rechte des Beamten

a) Recht auf Fürsorge und Schutz

Im Mittelpunkt der Rechte des Beamten steht die Fürsorgepflicht des Dienstherrn. Er hat nach § 45 BeamtStG im Rahmen des Dienst- und Treueverhältnisses für das Wohl des Beamten und seiner Familie zu sorgen. Diese Fürsorgepflicht ist ein nach Art. 33 Abs. 5 GG verfassungsrechtlich gewährleisteter Grundsatz, der die gesamten Rechtsbeziehungen zwischen Dienstherrn und Beamten prägt und der Gegenstand einer Verfassungsbeschwerde sein kann. Er bedeutet, dass der Dienstherr bei allen Maßnahmen die dienstlichen und außerdienstlichen Interessen des Beamten zu berücksichtigen und ihn vor allem vor Nachteilen zu bewahren hat.

b) Recht mit Bezug auf das Amt

Der Beamte hat ein Recht auf Amtsausübung, seiner Dienstleistungspflicht entspricht also ein Anspruch auf Beschäftigung. Des Weiteren hat der Beamte einen Anspruch auf Führung einer Amtsbezeichnung (§ 86 BBG).

c) Recht auf Nebentätigkeit

Der Begriff der Nebentätigkeit erfasst in § 97 BBG alle Tätigkeiten, die der Beamte neben seinem Hauptamt wahrnimmt. Dabei wird zwischen Nebenamt und freiwilliger Nebenbeschäftigung unterschieden. Im Unterschied zur Nebenbeschäftigung kann ein Nebenamt sich nur auf eine Tätigkeit innerhalb der staatlichen Verwaltung beziehen (z.B. Prüfer bei Staatsprüfungen) und ist immer genehmigungspflichtig. Der Beamte kann aber auch vom Dienstherrn zu einem Nebenamt verpflichtet werden.

Der Beamte bedarf für eine Nebentätigkeit der Genehmigung seines Dienstherrn (vgl. § 99 BBG); ausgenommen hiervon sind die in § 100 BBG genannten Nebentätigkeiten (z.B.: wissenschaftliche Tätigkeiten).

d) Recht auf Urlaub

Neben dem Erholungsurlaub (§ 89 BBG) gibt es Sonderurlaub und Urlaub aufgrund sondergesetzlicher Vorschriften. Hierbei ist zu unterscheiden zwischen den Fällen mit bzw. ohne Fortgeltung der Dienstbezüge und ob der Urlaub gewährt werden muss oder erteilt werden soll bzw. kann (s. Sonderurlaubsverordnung Bund).

---

7 BVerwGE 19, 248.
8 Schnellenbach 2013: 234.

e) Rechte in Bezug auf die Personalakten

§ 106 BBG schreibt vor, dass über jeden Beamten eine Personalakte zu führen ist, zu der alle Unterlagen gehören, die in einem unmittelbaren inneren Zusammenhang zu dem Dienstverhältnis stehen (dazu gehören auch alle Dateien).

f) Recht auf gewerkschaftliche Beteiligung (§ 52 BeamtStG; § 116 BBG)

g) Recht auf Zeugniserteilung (§ 85 BBG)

Das Dienstzeugnis wird nur nach Beendigung des Beamtenverhältnisses ausgestellt, es sei denn, der Beamte hat ein berechtigtes Interesse an der Zeugniserteilung.

4.4 Die vermögenswerten Rechte des Beamten

a) Alimentationsprinzip

Der Beamte erhält für seine Dienste eine durch Gesetz geregelte angemessene Besoldung und Versorgung. Sie erfolgt nicht als Gegenleistung für seine Arbeitsleistung; vielmehr erhält er eine Alimentation, die ihn in den Stand setzen soll, eine seinem Status entsprechende Lebensführung zu bestreiten. Sie soll die wirtschaftliche Unabhängigkeit des Beamten sicherstellen, so dass er weder auf Nebeneinkünfte noch auf Zuschüsse Dritter (Verbot der Annahme von Geschenken und Belohnungen) angewiesen ist. Die regelmäßig erfolgende Anpassung der Beamtenbezüge an die allgemeine Einkommensentwicklung ist ein verfassungsmäßiges Gebot und kann in wirtschaftlich schlechten Zeiten zu einer Stagnation oder Verminderung der Beamtenbesoldung führen. Das wird inzwischen von einigen Bundesländern praktiziert, indem sie durch die Streichung des Weihnachts- und Urlaubsgeldes die Besoldung ihrer Beamten erheblich gekürzt haben (s.a. Absenkung der Eingangsbesoldung).

Der Beamte erhält, dafür dass er sich dem Dienstherrn mit seiner ganzen Persönlichkeit zur Verfügung stellt, einen angemessenen Unterhalt. Eine andere als nach dem Gesetz festgelegte Besoldung kann der Beamte nicht verlangen. Die angemessene Besoldung und Versorgung kann nicht erstritten oder durch Streik erkämpft werden.

b) Besoldung des Beamten

Bis zur Föderalismusreform 2006 war gemäß Art. 74a GG der Bund aufgrund seiner konkurrierenden Gesetzgebungskompetenz für die gesetzliche Regelung der Besoldung und Versorgung der Beamten zuständig. Diese Kompetenz hat sich mit Inkrafttreten der Föderalismusreform auf die Bundesländer verlagert und führt zu einer immer unübersichtlicher werdenden Rechtslage. Während die südlichen und wirtschaftlich stärkeren Bundesländer bereits Besoldungserhöhungen von mehr als 3 Prozent umgesetzt haben, hinken die nördlichen und östlichen Bundesländer nach. So kann heute nicht mehr davon ausgegangen werden, dass für eine Stelle, die nach A13 besoldet wird, in Berlin genau dieselbe Summe überwiesen wird wie in Bayern. Solange die Bundesländer noch keine neuen Landesbesoldungsgesetze erlassen haben, gilt das alte Bundesbesoldungsgesetz (BBesG) fort.

Der Bund hat mit Einführung des Dienstrechtsneuordnungsgesetzes (DNeuG) eine neue Struktur des BBesG eingeführt, die bereits von einigen Bundesländern übernommen wurde. Sie enthält unter anderem:
- Umstellung vom System der Dienstaltersstufen auf sogenannte Erfahrungsstufen
- Einbau der Sonderzahlungen in das Grundgehalt
- Abbau der Stellenzulagen
- Modernisierung der Auslandsbesoldung
- Erhöhung des Familienzuschlags ab dem dritten Kind

Der Beamte erhält als Besoldung das Grundgehalt (§§ 18 f. BBesG), den Familienzuschlag (§§ 39 f. BBesG), Kindergeld und gegebenenfalls Zulagen (§§ 42 f. BBesG) sowie, falls gesetzlich noch vorgesehen, Sonderzuwendungen wie Urlaubs- und Weihnachtsgeld.

Das Grundgehalt richtet sich nach dem Status des Beamten. Er erhält eine amtsangemessene Besoldung. Der Großteil der Beamten ist in die Besoldungsordnung A mit 16 Besoldungsstufen eingestuft. Die Höhe der Besoldung richtet sich neben der Besoldungsstufe noch nach dem Dienstalter bzw. der Erfahrungsstufe.

c) Versorgung des Beamten

Die Versorgung aller Beamten beruht auf dem Beamtenversorgungsgesetz (BeamtVG); dazu zählen vor allem das Ruhegehalt, die Hinterbliebenenversorgung sowie die Unfallfürsorge.

Der Beamte erhält ein Ruhegehalt, wenn er in den Ruhestand getreten ist. Das ist der Fall, wenn die Altersgrenze erreicht ist. Diese wird seit 2012 in den meisten Bundesländern und beim Bund schrittweise auf 67 Jahre angehoben (s. § 51 BBG).

Erleidet der Beamte einen Dienstunfall, erhält er Unfallfürsorge, nämlich Ersatz seiner Kosten für die Wiederherstellung seiner Gesundheit sowie eines möglichen Sachschadens. Er erhält einen Unfallausgleich, also eine Unfallrente, wenn seine Erwerbsfähigkeit gemindert ist.

d) sonstige geldwerte Rechte

Reisekosten (BRKG), Umzugskosten und Trennungsgeld (BUKG), Beihilfen.

5 Arbeitsrecht im öffentlichen Dienst

Arbeitsrecht ist das Recht der fremdbestimmten Arbeit auf Grundlage eines privatrechtlichen Vertrags. Wesentlicher Bezugspunkt im Arbeitsrecht ist der Arbeitnehmer[9].

Das konkrete Rechtsverhältnis zwischen dem öffentlichen Arbeitgeber und dem einzelnen Arbeitnehmer ist Gegenstand eines schriftlichen, privatrechtlichen Arbeitsvertrags.

---

9 Kreuder § 611 Rn 5. In: Däubler 2013.

Das Arbeitsrecht gliedert sich in vier Teilbereiche:
- Individuelles Arbeitsrecht (= Arbeitsvertragsrecht; Rechtsverhältnis zwischen Arbeitgeber und Arbeitnehmer)
- Kollektives Arbeitsrecht (= Recht der Koalitionen; Tarifvertragsrecht, Arbeitskampfrecht, Betriebsverfassungs- und Personalvertretungsrecht, Mitbestimmungsrecht)
- Arbeitsschutzrecht (= Schutzregelungen vor Gefahren, die von der Arbeit ausgehen; Mutterschutz, Jugendschutz, Schwerbehindertenschutz)
- Arbeitsprozessrecht (= Verfahrensrecht für Prozesse vor den Arbeitsgerichten)

Die Rechtsgrundlagen des Arbeitsrechts sind seit langem sehr zersplittert, es gibt kein einheitliches Arbeitsgesetzbuch. Auch gibt es immer noch Bereiche, die nicht rechtlich geregelt sind (z.B. Arbeitskampfrecht, Arbeitnehmerhaftung). Diese fehlenden Regelungen werden durch das sogenannte „Richterrecht" aufgrund allgemein gültiger Rechtssätze ausgefüllt. Man unterscheidet im Arbeitsrecht folgende Rechtsquellen:
- Europarecht
- Verfassungsrecht
- Gesetzesrecht
- Tarifvertragsrecht
- Recht der Dienstvereinbarung
- Arbeitsvertragsrecht

Die für die Arbeitnehmer im öffentlichen Dienst maßgeblichen tarifrechtlichen Grundlagen waren bis 2005 der Bundes-Angestelltentarifvertrag (BAT); BAT-O; BMT-G und BMTG/O, die ab 2005/6 abgelöst wurden durch den TVöD für die Beschäftigten des öffentlichen Dienstes beim Bund und in den Kommunen für die Beschäftigten der Bundesländer TV-L, der dem TVöD in weiten Teilen entspricht. Hessen hat seit 2009 einen eigenen TV-L. Die Unterscheidung zwischen Arbeitern und Angestellten im Öffentlichen Dienst ist aufgehoben, sie werden als Beschäftigte bei Bund, Ländern und Kommunen geführt. Im Übrigen gelten die gesetzlichen Regelungen des Arbeitsrechts.

5.1 Arbeitnehmerbegriff

Arbeitnehmer ist, wer auf Grund eines privatrechtlichen Vertrags im Dienst eines anderen zur Leistung weisungsgebundener, fremdbestimmter Arbeit in persönlicher Abhängigkeit verpflichtet ist.[10] Zentrale Voraussetzungen sind demnach:
- Persönliche Abhängigkeit (≠ Selbständigkeit)
- Fremdbestimmte Arbeit (≠ Scheinselbständigkeit)
- Privatrechtlicher Arbeitsvertrag (≠ öffentlich-rechtliches Dienstverhältnis)

---

10 BGH NJW 2003, 3365 (ständige Rspr.).

5.2 Begründung von Arbeitsverhältnissen

Wie für die Beamtenschaft erfolgt auch die Personalauswahl im Arbeitnehmerbereich des öffentlichen Dienstes nach Stellenausschreibungen und einem entsprechenden Auswahlverfahren. Auch hier gilt der in Art. 33 Abs. 2 GG enthaltene Rechtsgedanke.

Der Arbeitsvertrag ist ein privatrechtlicher gegenseitiger Austauschvertrag, durch den sich der Arbeitnehmer zur Leistung von Arbeit im Dienst des Arbeitgebers und der Arbeitgeber zur Zahlung der Vergütung bzw. des Lohnes verpflichtet.

Gemäß § 2 Abs. 1 TV-L bedarf der Arbeitsvertrag der Schriftform, elektronische Fassungen sind ungültig. Sofern der Arbeitsvertrag unwirksam sein sollte (z.B. wegen Sittenwidrigkeit oder arglistiger Täuschung), das Arbeitsverhältnis jedoch gleichwohl in Vollzug gesetzt wurde, so erhält der Arbeitnehmer aufgrund eines faktischen Arbeitsverhältnisses die zustehende Vergütung. Hingegen sind Nebenabreden nach § 2 Abs. 3 TV-L nur wirksam, wenn sie schriftlich vereinbart wurden.

Nach § 2 Abs. 4 TV-L beträgt die Probezeit grundsätzlich 6 Monate; es sei denn, es wird im Arbeitsvertrag darauf verzichtet oder eine geringere Probezeit vereinbart.

5.3 Befristung des Arbeitsvertrages

a) allgemeine Regelungen
Der Abschluss eines befristeten Arbeitsvertrages ist grundsätzlich möglich, dabei sind die Regelungen des Teilzeit- und Befristungsgesetzes einzuhalten (§ 30 TVöD/TV-L).

Nach § 14 Teilzeit- und Befristungsgesetz (TzBfG) gibt es
- die Befristung mit sachlichem Grund gemäß § 14 Abs. 1 TzBfG
- die Befristung ohne sachlichem Grund gemäß § 14 Abs. 2 bis 3 TzBfG

b) Führung auf Probe/auf Zeit §§ 31, 32 TVöD/TV-L
Diese Regelungen gab es im BAT nicht. Sie sollen der Verbesserung der Führungsqualität dienen. Voraussetzung ist eine Tätigkeit, die mindestens in die Entgeltgruppe 10 eingruppiert wird und mit Weisungsbefugnis ausgestattet ist. Ab der Entgeltgruppe 13 ist eine Befristung bis zu einer Gesamtdauer von zwölf Jahren möglich. Allerdings erhält der Arbeitnehmer bei einer Befristung nach §§ 31 oder 32 TvöD/TV-L auch entsprechende Zulagen.

5.4 Allgemeine Arbeitsbedingungen

a) Beschäftigungszeit
Die bisher gültige Anrechnung von Vorbeschäftigungszeiten im öffentlichen Dienst gibt es nicht mehr (= sogenannte Dienstzeiten). Entscheidend ist die Beschäftigungszeit, d.h. die Zeit, die bei demselben Arbeitgeber in einem Arbeitsverhältnis zurückge-

legt wurde (§ 34 Abs.3 TVöD/TV-L). Die Beschäftigungszeit hat allerdings nicht mehr die große Bedeutung, wie sie die Dienstzeit früher hatte. Sie ist relevant für:
- Krankengeldzuschuss (§ 22 Abs. 3 TVöD/TV-L)
- Jubiläumsgeld (§ 23 Abs. 2 TVöD/TV-L)
- Kündigungsfristen (§ 34 Abs. 1 TVöD/TV-L)
- Unkündbarkeit (§ 34 Abs. 2 TVöD/TV-L)

b) Direktionsrecht

Das Direktionsrecht enthält das Recht des Arbeitgebers, die im Arbeitsvertrag rahmenmäßig umschriebene Leistungspflicht des Arbeitnehmers nach Zeit, Ort und Art der Arbeitsleistung näher zu bestimmen. Dies ist geregelt in:

> § 106 GewO Weisungsrecht des Arbeitgebers
>
> Der Arbeitgeber kann Inhalt, Ort und Zeit der Arbeitsleistung nach billigem Ermessen näher bestimmen, soweit diese Arbeitsbedingungen nicht durch den Arbeitsvertrag, Bestimmungen einer Betriebsvereinbarung, eines anwendbaren Tarifvertrages oder gesetzliche Vorschriften festgelegt sind. Dies gilt auch hinsichtlich der Ordnung und des Verhaltens der Arbeitnehmer im Betrieb. Bei der Ausübung des Ermessens hat der Arbeitgeber auch auf Behinderungen des Arbeitnehmers Rücksicht zu nehmen.

Je genauer diese Modalitäten im Arbeitsvertrag umschrieben sind, desto stärker wird das Direktionsrecht des Arbeitgebers eingeschränkt. Generell hat der Arbeitgeber gesetzliche Schranken zu berücksichtigen. Das Direktionsrecht ist tarifvertraglich ausgestaltet in § 4 TVöD/TV-L und § 6 TVöD/TV-L.[11]

In den Protokollnotizen zu § 4 TVöD/TV-L sind die Begriffe Versetzung, Abordnung, Zuweisung und Personalgestellung genau definiert. In diesen Fällen hat der Arbeitgeber ein erweitertes Direktionsrecht.

c) Nebentätigkeiten

Im Gegensatz zum Beamtenrecht muss die Nebentätigkeit lediglich schriftlich angezeigt werden, es bedarf keiner vorherigen Erlaubnis (§ 3 Abs. 3 TVöD/§ 3 Abs. 4 TV-L). Allerdings kann der Arbeitgeber bei Vorliegen bestimmter Voraussetzungen die Nebentätigkeit gegen Entgelt untersagen oder mit Auflagen versehen. Nach TV-L kann der Arbeitnehmer auch zur Ablieferung des Entgelts verpflichtet werden.

d) Personalakten

Das Recht auf Einsichtnahme in die Personalakte ist in § 3 Abs. 5 TVöD/§ 3 Abs. 6 TV-L geregelt. Während der Arbeitnehmer nach dem TVöD vor Aufnahme einer Abmahnung in die Personalakte nicht mehr gehört werden muss, weicht hier die Rechtslage nach dem TV-L ab (Anhörungszwang).

e) Zeugnis

Gemäß § 35 TVöD/TV-L hat der Arbeitnehmer einen Anspruch auf:
- ein qualifiziertes Zeugnis bei Beendigung des Arbeitverhältnisses

---

[11] Siehe ausführlicher: Lexikon Arbeitsrecht im öffentlichen Dienst: Direktionsrecht, S. 196–202.

- ein Zwischenzeugnis auf Antrag bei Vorliegen triftiger Gründe
- ein vorläufiges Zeugnis bei bevorstehender Beendigung des Arbeitsverhältnisses auf Antrag

Wichtig ist, dass der Arbeitgeber diese Zeugnisse unverzüglich ausstellen soll.

f) ärztliche Untersuchung

Die Einstellungsuntersuchung ist im TVöD/TV-L nicht mehr ausdrücklich festgelegt und bedarf grundsätzlich der Zustimmung des Arbeitnehmers (§ 3 Abs. 4 TVöD/§ 3 Abs. 5 TV-L).

g) Haftung des Arbeitnehmers

Während § 3 Abs. 7 TV-L auf die Regelungen des jeweiligen Landesbeamtenrechts (Haftung bei Vorsatz und grober Fahrlässigkeit) verweist, enthält der TVöD keine Haftungsregelung, so dass hier auf allgemeines Arbeitsrecht zurückgegriffen werden muss. So besteht nach der Rechtsprechung des Bundesarbeitsgerichts bei

- leichter Fahrlässigkeit keine Haftung
- mittlerer Fahrlässigkeit eine aufgeteilte Haftung (Quote nach Billigkeits- und Zumutbarkeitsgesichtspunkten)
- grobe Fahrlässigkeit volle Haftung
- Vorsatz volle Haftung

h) Verschwiegenheitpflicht (§ 3 Abs. 1 TVöD/§ 3 Abs. 2 TV-L)

i) Annahme von Vergünstigungen

Dieses Verbot gilt einheitlich für alle Beschäftigten gemäß § 3 Abs. 2 TVöD/§ 3 Abs. 3 TV-L.

5.5 Weitere Rechte des Arbeitnehmers

a) Qualifizierung

Gemäß § 5 TVöD/TV-L haben die Arbeitnehmer einen Anspruch auf ein jährliches Gespräch zur beruflichen Fort- und Weiterbildung, in dem der Weiterbildungsbedarf festgestellt werden soll; ein persönlicher Anspruch kann hieraus nicht abgeleitet werden. Wird eine Weiterbildungsmaßnahme auf Veranlassung des Arbeitgebers durchgeführt, hat dieser auch die Kosten zu tragen.

b) Entgeltfortzahlung im Krankheitsfall (§ 22 TVöD/TV-L)

Bei Arbeitsunfähigkeit erhält der Arbeitnehmer, ohne dass ihn ein Verschulden trifft, für die Dauer von bis zu sechs Wochen das Arbeitsentgelt weiter gezahlt. Danach zahlt der Arbeitgeber einen Krankengeldzuschuss bis zur 13. Woche. Er verlängert sich auf 39 Wochen, wenn der Arbeitnehmer länger als drei Jahre beschäftigt ist. Die Höhe dieses Zuschusses berechnet sich nach der Differenz des Bruttokrankengeldes (= das, was die Krankenkasse tatsächlich zahlt) und dem durchschnittlichen Nettoentgelt.

c) Anspruch auf Urlaub (Erholungsurlaub, Sonderurlaub)

Der Anspruch auf Erholungsurlaub war bisher nach dem Lebensalter gestaffelt. Seit 2013 erhalten Arbeitnehmer im Bereich des TVöD bis zum 55. Lebensjahr 29 Tage, danach 30 Tage Erholungsurlaub. Für den TV-L gelten einheitlich 30 Tage (§ 26 Abs. 1 S. 2 TV-L). Im Fall der Übertragung ist der Erholungsurlaub bis zum 31. März des Folgejahres anzutreten. Ist der Arbeitnehmer krank gewesen, verlängert sich diese Frist bis zum 31. Mai.

Sonderurlaub kann bei Vorliegen eines wichtigen Grundes gewährt werden, dies betrifft in der Praxis in erster Linie die Kinderbetreuung oder Pflege eines Angehörigen (§§ 28, 29 TVöD/TV-L).

5.6 Beendigung von Arbeitsverhältnissen

Ein Arbeitsverhältnis kann aus den folgenden Gründen beendet werden:
- Erreichen der Altersgrenze (ab Vollendung des 65. Lebensjahres) (§ 33 Abs.1 a TVöD/TV-L)
- Auflösungsvertrag (§ 33 Abs. 1 b TVöD/TV-L)
- Eintritt von Berufs- oder Erwerbsunfähigkeit (§ 33 Abs. 2 TVöD/TV-L)
- Fristablauf (§ 30 TVöD/TV-L)
- Eintritt des im Arbeitsvertrag bestimmten Ereignisses
- ordentliche Kündigung (§ 34 TVöD/TV-L)
- außerordentliche Kündigung (§§ 626, 627 BGB)

Bei den Kündigungen sind ordentliche (fristgemäße) und außerordentliche (fristlose) Kündigungen zu unterscheiden. In § 34 Abs. 1 TVöD/TV-L sind die für eine ordentliche Kündigung maßgeblichen Fristen je nach Beschäftigungszeit genannt. Ferner müssen wegen der erforderlichen sozialen Rechtfertigung nach § 1 Abs. 2 KSchG personen-, verhaltens- oder betriebsbedingte Gründe hinzukommen. Auch im TVöD/TV-L gilt die Regel des BAT, dass die Möglichkeit einer Kündigung nach einer 15-jährigen Beschäftigungszeit auf den Tatbestand einer fristlosen Kündigung begrenzt ist, welche eine schwerwiegende Vertragsverletzung voraussetzt. Dies gilt allerdings nicht im TVöD/TVL Tarifgebiet Ost.

Eine fristlose Kündigung ist zulässig, wenn hierfür ein wichtiger Grund vorliegt und sie innerhalb von zwei Wochen nach Kenntnis des Grundes erfolgt ist. Nach § 34 Abs. 2 TVöD/TV-L kann unkündbaren Arbeitnehmern (Beschäftigungszeit von 15 Jahren) nur aus einem wichtigen Grund gekündigt werden. Alle Kündigungen bedürfen nach § 623 BGB der Schriftform.

Will der Arbeitnehmer geltend machen, dass die Kündigung sozial ungerechtfertigt ist, so hat er innerhalb von drei Wochen bei dem Arbeitsgericht Kündigungsschutzklage einzureichen (§ 4 Kündigungsschutzgesetz).

5.7 Arbeitszeit (§§ 6ff TVöD/TV-L)

Die Arbeitszeiten sind bei Bund, Ländern und Gemeinden unterschiedlich geregelt.

Für den Bereich des Bundes gilt einheitlich eine wöchentliche Arbeitszeit von 39 Stunden.

Für den Bereich der Kommunen gilt im Tarifbereich West weiterhin die 39-Stunden-Woche, allerdings besteht die Möglichkeit, zu vereinbaren, die Arbeitszeit auf landesbezirklicher Ebene auf 40 Stunden zu erhöhen. Im Osten gilt weiterhin die 40-Stunden-Woche.

Die Arbeitszeit in den Bundesländern, die dem TV-L angehören, ist jeweils gesondert geregelt. Sie variiert von 38,42 Stunden (Schleswig-Holstein) bis 40,06 Stunden (Bayern).

Der Zeitraum für den Ausgleich von geleisteter Mehrarbeit ist auf ein Jahr festgelegt worden. Es kann ein wöchentlicher Arbeitszeitkorridor von bis zu 45 Stunden oder in der Zeit von 6.00 bis 20.00 Uhr eine tägliche Rahmenzeit eingeführt werden. All diese Möglichkeiten sollen eine zusätzliche Flexibilisierung und damit eine höhere Wettbewerbsfähigkeit der öffentlichen Verwaltungen und Betriebe ermöglichen.

5.8 Arbeitsentgelt und Eingruppierung (§§ 12ff TVöD/TV-L)

a) Allgemeines

Rechtsgrundlage für die Geltendmachung ist ein wirksamer Arbeitsvertrag. Zur weiteren Bestimmung des Entgelts sind dann die weiteren Rechtsquellen im Arbeitsrecht, im öffentlichen Dienst insbesondere die einschlägigen Tarifverträge heranzuziehen. Der Tarifvertrag hat dabei allein Bedeutung für die Höhe des Entgelts.

Regelmäßig wird im Arbeitsvertrag die Entgeltzahlung durch Nennung einer bestimmten Vergütungsgruppe genannt, in die der Arbeitnehmer eingruppiert ist. Dabei wird durch § 12 TV-L/TVöD-Bund festgelegt, wie der Beschäftigte einzugruppieren ist. In der neuen Anlage A ist normiert, wo der Beschäftigte eingruppiert wird. § 13 TV-L/TVöD-Bund regelt die Eingruppierung in besonderen Fällen. Für die Beschäftigten der Kommunen ist noch keine neue Entgeltordnung festgeschrieben, so dass momentan auf die alten Regelungen des BAT/BAT-O (Anlage 1a und 1b BAT) zurückgegriffen werden muss.

Anschließend erfolgt die Zuordnung zu den Entgeltgruppen und Stufen der neuen Entgelttabelle (§ 15 TVöD/TV-L). Nun wird die Stufe nach §§ 16, 17 TVöD/TV-L zugeordnet.

Damit ergibt sich folgendes Bild:

Auszuübende Tätigkeit → Eingruppierung → Vergütungsgruppe → Zuordnungstabelle → Entgeltgruppe mit Stufeneinteilung → Entgelttabelle

Die bisherige Unterscheidung von Angestellten und Arbeitern im öffentlichen Dienst ist mit Inkrafttreten des TVöD und des TV-L entfallen. Ebenso entfallen die nach BAT üblichen Bewährungs-, Zeit- und Tätigkeitsaufstiege sowie familienbezogene Entgeltbestandteile.

Die Bezahlung richtet sich nur noch nach Berufserfahrung und Leistung. Besonders gute Leistungen führen zu schnelleren Aufstiegen, bei unterdurchschnittlichen Leistungen findet kein Stufenaufstieg statt. Dadurch soll der öffentliche Dienst für jüngere Arbeitnehmer attraktiver werden.

b) Struktur der neuen Entgelttabellen

Die neuen Entgelttabellen zum TVöD und TV-L umfassen 15 Entgeltgruppen mit jeweils 5 oder 6 Stufen. In diesen Entgeltgruppen sind die bisherigen Vergütungs- und Lohngruppen zusammengefasst. Sie unterteilen sich wie folgt:

- Entgeltgruppe 1 bis 4: an- und ungelernte Beschäftigte
- Entgeltgruppe 5 bis 8: Voraussetzung ist eine dreijährige Ausbildung
- Entgeltgruppe 9 bis 12: Voraussetzung ist ein Bachelor
- Entgeltgruppe 13 bis 15: Voraussetzung ist ein wissenschaftlicher Hochschulabschluss

Anknüpfungspunkt für die horizontalen Stufen ist die Beschäftigungszeit beim Arbeitgeber. Neueinsteiger ohne Berufserfahrung werden in Stufe 1 eingruppiert und rücken nach einem Jahr in Stufe 2 auf, Bewerber mit Berufserfahrung erhalten sofort ein Entgelt aus Stufe 2. Bei mindestens dreijähriger Berufserfahrung kann auch eine Zuordnung in Stufe 3 erfolgen.

Stufe 1 und 2 sind sogenannte Grundstufen mit einer jeweiligen Verweildauer von einem Jahr. Ab Stufe 3 handelt es sich um Entwicklungsstufen, die je nach individueller Leistung schneller oder langsamer durchlaufen werden können.

c) Leistungsentgelt (§ 18 TVöD)

Zusätzlich zu den leistungsorientierten Stufenaufstiegen erfolgt seit 2007 der Einstieg in die leistungsorientierte Bezahlung mittels Leistungszulagen und Leistungsprämien. Die Finanzierung dieses ersten Schritts (1 Prozent aus der Vorjahresgehaltssumme ab 2007) erfolgt aus der Absenkung der Jahressonderzahlung sowie durch auslaufende Besitzstände und Einsparungen bei der Umstrukturierung. Ziel ist es, insgesamt 8 Prozent aus der Vorjahresgehaltssumme eines Arbeitgebers zur Finanzierung dieser Leistungsanreize einzusetzen. Mit der Tarifeinigung vom 01.03.2009 wurde § 18 TV-L gestrichen, d.h. in den Ländern spielt das Leistungsentgelt keine Rolle mehr.

d) Jahressonderzahlung

Seit 01.01.2007 erhalten die Arbeitnehmer im Geltungsbereich des TVöD eine Jahressonderzahlung gemäß § 20 TVöD, die Arbeitnehmer im Geltungsbereich des TV-L erhalten eine Jahressonderzahlung gemäß § 20 TV-L seit 01.01.2008. Die Jahressonderzahlung ersetzt das bisherige Urlaubs- und Weihnachtsgeld und ist in der Höhe nach den Entgeltgruppen gestaffelt.

Literatur

Bundesministerium der Justiz (Hrsg.): Gesetz über die Gewährung eines Altersgelds für freiwillig aus dem Bundesdienst ausscheidende Beamte, Richter und Soldaten. Vom 28. August 2013. In: Bundesgesetzblatt I (2013): 3386–3392.
Däubler, Wolfgang (Hrsg.): Arbeitsrecht: Individualarbeitsrecht mit kollektivrechtlichen Bezügen. Handkommentar. 3. Aufl. Baden-Baden: Nomos 2013.
Entscheidungen des Bundesverfassungsgerichts – BVerfGE. Tübingen: Mohr o.J.
Entscheidungen des Bundesverfassungsgerichts – BVerwGE. Köln: Carl Heymanns o.J.
Kral, Walter: Beamtenrecht. Arbeitsrecht im öffentlichen Dienst. 8. Aufl. Pegnitz: Juristischer Verlag 2013.
Lexikon Arbeitsrecht im öffentlichen Dienst. Hrsg. von Jan Ruge. 5. Aufl. Heidelberg: Rehm 2012.
Schnellenbach, Helmut: Beamtenrecht in der Praxis. 8. Aufl. München: Beck 2013.

Gabriele Beger
13.3 Urheberrecht

1 Einleitung

Der sichere Umgang mit dem Urheberrecht gehört in Bibliotheken zur täglichen Praxis. Mit dem Einzug der digitalen Medien und den damit verbundenen neuen Nutzungen und Angeboten waren oft Rechtsunsicherheiten verbunden. Das geltende Urheberrecht bot viele Jahre keine verlässlichen Aussagen, wie digitale Medien und Angebote rechtlich zweifelsfrei zu bewerten waren. Erst mit der Informationsrichtlinie[1] wurden 2001 Anpassungen vorgenommen, die aber bei der Umsetzung in das nationale Recht meist mehr Fragen aufwarfen, als verbindliche Lösungen definierten. Diese werden nun durch höchstrichterliche Entscheidungen gelöst. Dieser Beitrag soll deshalb nicht nur eine Einführung in das geltende Urheberrecht bieten, sondern auch zum rechtssicheren Umgang mit digitalen Medien und Nutzungen auf der Grundlage der gegenwärtigen Rechtsprechung beitragen. Zum besseren Verständnis gliedert sich dieser Beitrag im Wesentlichen nach der Systematik des Urheberrechtsgesetzes und schließt mit einem Beitrag zur Digitalen Bibliothek ab.

2 Einführung in das Urheberrecht

Der Teil 1 des Urheberrechtsgesetzes[2] widmet sich dem Schutz von Werken der Literatur, Kunst und Wissenschaft, die durch eine natürliche Person (Urheber) in wahrnehmbarer Form geschaffen wurden und eine relative Neuigkeit (Schöpfungshöhe) besitzen. Der Schutz tritt kraft Gesetzes ein, ohne dass es einer Registrierung bedarf. Der Anwendungsbereich Literatur, Kunst und Wissenschaft ist dabei weit auszulegen, so sind nach dem Urheberrechtsgesetz unter anderem auch Computerprogramme, Pläne und Bauzeichnungen geschützt. Der § 2 UrhG bezeichnet einen nicht abschließenden Katalog von Werkarten. Der Urheber genießt für seine Werke ein eigentumsähnliches Recht (Art. 14 GG). Daraus ergeben sich seine Persönlichkeits- und materiellen Rechte. Zu seinen originären Ansprüchen gehört, dass sein Werk mit seinem Namen zu verbinden ist, es vor Entstellung geschützt wird und er an

---

[1] Richtlinie 2001/29/EG des Europäischen Parlaments und des Rates vom 22. Mai 2001 zur Harmonisierung bestimmter Aspekte des Urheberrechts und der verwandten Schutzrechte in der Informationsgesellschaft. Amtsblatt Nr. L 167 vom 22.06.2001 S. 0010–0019. Mit dieser Richtlinie wurde der WIPO-Urheberrechtsvertrag (WIPO Copyright Treaty (WCT) vom 20.12.1996. Bundesgesetzblatt II (2003), S. 754, 755) in der EU ratifiziert.
[2] Gesetz über Urheberrecht und verwandte Schutzrechte (Urheberrechtsgesetz) vom 9. September 1965 (BGBl. I S. 1273), zuletzt durch Artikel 1 des Gesetzes vom 1.10.2013 (BGBl. I S. 3728) geändert.

jeder Nutzung materiell zu beteiligen (angemessene Vergütung) ist. Exklusiv besitzt er allein das Recht darüber zu entscheiden, ob und wie sein Werk verwertet wird (Verwertungsrechte). Das Gesetz spricht ihm die ausschließlichen Rechte zu, sein Werk in körperlicher und unkörperlicher Form zu verwerten (§ 15 UrhG) und Dritten Nutzungsrechte (§ 31 ff UrhG) einzuräumen. Der Urheberrechtsschutz erlischt 70 Jahre nach dem Tod des Urhebers (§ 64 UrhG). Alle Fristen aus dem Urheberrecht bemessen sich nach dem ersten Tag des Jahres, das auf das Ereignis folgt (§ 69 UrhG). Zu Lebzeiten verbleibt das Urheberrecht beim Urheber, er kann es aber vererben. Soweit der Urheber keine testamentarische Verfügung getroffen hat, tritt die gesetzliche Erbfolge ein. Ist niemand zum Erbe berufen, tritt der Staat an die Stelle des Erben. Nach Ablauf der Schutzfrist werden die Werke gemeinfrei. Das heißt, sie können von jedermann ohne Einwilligungserfordernis auf jede erdenkliche Art und Weise genutzt werden. Während der Schutzfrist bedarf dem Grunde nach jede Verwertungshandlung durch einen Dritten der Einwilligung durch den Urheber bzw. Rechtsinhaber (Grundsatz des Urheberrechts). Für eine Reihe von Nutzungen im Allgemeininteresse wird von diesem Grundsatz abgewichen. Anstelle der Einwilligung durch den Urheber treten die vom Gesetzgeber eingefügten gesetzlichen Schranken (§ 44a ff UrhG).

2.1 Begriffsbestimmungen

Die Beherrschung der Begriffe „Erschienen" und „Veröffentlicht" ist für die rechtssichere Anwendung des Urheberrechts besonders wichtig (§ 6 UrhG). Erschienen ist ein Werk, wenn es in ausreichender Stückzahl in der Öffentlichkeit in Verkehr gebracht wurde (körperliches Werk), und veröffentlicht ist ein Werk, wenn es der Öffentlichkeit zugänglich ist (unkörperliches Werk, also auch online). Im Gesetz werden viele unbestimmte Rechtsbegriffe verwandt. Diese werden durch Gesetzesbegründung, Rechtsprechung und Rechtslehre definiert und können sich somit Veränderungen in der Rechtsauffassung anpassen. Dazu zählen u.a. die Begriffe „kleine Teile eines Werkes", „Teile eines Werkes", „angemessene Vergütung" und „angemessenes Angebot". In den folgenden Ausführungen wird die jeweils geltende Rechtslage dazu wiedergegeben.

2.1.1 Verwertungsrechte

Die Legaldefinition zu den ausschließlichen Verwertungsarten enthält § 15 UrhG. Sie werden in körperliche und unkörperliche unterschieden. Zu den körperlichen zählen u.a. die Vervielfältigung des Werkes auf jegliche Art und Weise und auf beliebigen Trägern (§ 18 UrhG) und die Verbreitung des Werks in der Öffentlichkeit in ausreichender Stückzahl (§ 19 UrhG). Zu den unkörperlichen gehören die öffentliche Wiedergabe, wie z.B. das Vortrags- und Aufführungsrecht (§ 19 UrhG) und das Recht der öffentlichen Zugänglichmachung eines Werks unabhängig von Zeit und Ort für Mitglieder der Öffentlichkeit (§ 19a UrhG). Letztgenanntes wird in der Literatur auch als Online-Recht bezeichnet. Während die körperlichen Verwertungsarten an physische Träger gebunden sind, zeichnen sich die unkörperlichen dadurch aus, dass ihre Nutzung sich durch Wahrnehmung vollzieht. Der Begriff „Inhaber der ausschließlichen Verwertungsrechte" bezeichnet, dass jeder, der ein Werk auf die definierte Art und Weise nutzen will, sich zuvor das entsprechende Nutzungsrecht vom Urheber einräumen lassen muss. Die Einholung eines Nutzungsrechts regelt sich nach dem Urhebervertragsrecht nach dem § 31 ff UrhG (Lizenzierung) bzw. durch die Anwendung einer gesetzlichen Schranke (§ 44a ff UrhG).

2.1.2 Der Öffentlichkeitsbegriff

Die meisten Verwertungsrechte stellen auf die Erfüllung des Öffentlichkeitsbegriffs ab. § 15 Abs. 3 UrhG definiert diesen. Danach ist eine Wiedergabe öffentlich, wenn sie an eine Mehrzahl von Personen (mindestens zwei), die nicht persönlich miteinander verbunden sind, gerichtet ist. Daraus ergibt sich, dass jede Nutzung, die außerhalb des unmittelbaren persönlichen Umfelds (Freunde, Familie) vorgenommen wird, grundsätzlich der Genehmigung des Urhebers bzw. Rechtsinhabers bedarf, es sei denn, eine gesetzliche Schranke erlaubt diese Nutzung ohne Zustimmung. Als Beispiel sei hier die öffentliche Zugänglichmachung und die Wiedergabe von urheberrechtlich geschützten Werken in E-Learning-Plattformen ausgeführt. § 19a UrhG definiert das ausschließliche Verwertungsrecht des Angebots zum Abruf von Werken aus Netzen an Mitglieder der Öffentlichkeit. Studierende eines Semesters an einer Hochschule erfüllen den Öffentlichkeitsbegriff. Danach war es notwendig, durch eine gesetzliche Schranke die öffentliche Zugänglichmachung zu privilegieren (§ 52a UrhG). Sollte diese Schranke nicht bestehen, wäre jedes Einstellen von Werken und Werkteilen nach § 19a UrhG genehmigungspflichtig.

2.1.3 Der Erschöpfungsgrundsatz

Die Rechtsgrundlage für die Ausleihe in Bibliotheken oder das Verschenken von Werken, ohne dass es einer Genehmigung bedarf, bildet der Erschöpfungsgrundsatz (§ 17 Abs. 2 UrhG). Danach erschöpft sich das Recht des Urhebers zu bestimmen, dass ein mit seiner Zustimmung in den Verkehr (Veräußerung) gebrachtes Werk weiterverbreitet werden kann. Nach Umsetzung der sogenannten Informationsrichtlinie erschöpft sich dieses Recht in der Europäischen Union. Vom Erschöpfungsgrundsatz ist jedoch die Vermietung, d.h. die zeitlich begrenzte, Erwerbszwecken dienende Gebrauchsüberlassung (Vermietung, Lizenzierung), ausgenommen (§ 17 Abs. 3 UrhG). Deshalb geht die herrschende Rechtsauffassung davon aus, dass lizenzierte digitale Werke, wie z.B. ein E-Book, nicht ohne Zustimmung des Rechtsinhabers weiterverbreitet werden dürfen. Nach dem jüngsten Urteil des Europäischen Gerichtshofs in Sachen Gebrauchtsoftware stellt sich dieser Sachverhalt neu dar. Der EuGH hat die Weiterverbreitung einer Software durch den Nutzungsberechtigten gestattet[3]. Es bleibt abzuwarten, inwieweit die Onleihe[4] von E-Books dadurch gemäß § 27 Abs. 2 UrhG genehmigungsfrei gestattet wird.

2.1.4 Einräumung von Nutzungsrechten

Soweit keine gesetzliche Schranke auf eine beabsichtigte Nutzung Anwendung findet, bedarf jede Nutzung der vorherigen Genehmigung des Urhebers. Wurde ein Werk durch mehrere Urheber gemeinsam hergestellt, so ist die Einwilligung von jedem einzuholen (§ 8 UrhG). Bei Sammelwerken und Datenbankwerken ist die Einwilligung bei dem Urheber einzuholen, der die Auswahl und Zusammenstellung vorgenommen hat (§ 4 UrhG). Die Nutzungseinräumung wird im Urhebervertragsrecht (§ 31 ff UrhG) geregelt. Das Nutzungsrecht kann der Urheber einem Dritten als einfaches oder ausschließliches Recht einräumen. Erwirbt ein Dritter ein einfaches Nutzungsrecht, so kann er das Werk auf die erlaubte Art nutzen, ohne dass er selbst Dritten Nutzungsrechte einräumen kann (§ 31 Abs. 2 UrhG). Der Urheber hingegen kann unbeschadet der Einräumung eines einfachen Nutzungsrechts weiteren Dritten Nutzungsrechte gewähren. Räumt hingegen der Urheber einem Dritten ein ausschließliches Nutzungsrecht ein, so erwirbt dieser zugleich das Recht, anderen Nutzungsrechte einzuräumen, und der Urheber kann dadurch selbst das Recht auf Einräumung von Nutzungsrechten verlieren (§ 31 Abs. 3 UrhG). Sowohl das einfache als auch das ausschließliche Nutzungsrecht kann zeitlich (Befristung), räumlich (z.B. Campus) und inhaltlich (z.B. Studienzwecke) beschränkt werden.

Seit der Urheberrechtsnovelle 2008 können auch zum Zeitpunkt des Vertragsabschlusses noch unbekannte Nutzungsarten eingeräumt werden (§ 31a UrhG). Dies bedarf jedoch der Schriftform. Für alle Nutzungsverträge, die vor 2008 geschlossen wurden und z.B. die Digitalisierung nicht zum Gegenstand hatten, gilt rückwirkend ab dem 01.01.1966 für ausschließliche Nutzungsrechte die Digitalisierung als eingeräumt (§ 137l UrhG). Der Nutzungsberechtigte muss jedoch die Ausübung gegenüber dem Urheber anzeigen. Dem Grunde nach unterliegt die Einräumung von Nutzungsrechten keiner Formvorschrift. Sie können demnach auch mündlich und durch konkludentes Verhalten zustande kommen.

---

[3] Zur Erschöpfung bei Gebrauchtsoftware: EuGH Urteil in der Rechtssache Az. C 128/11 UsedSoft GmbH/Oracle International Corp. vom 03.07.2012.
[4] „Onleihe" ist ein Kunstbegriff, mit dem die Zurverfügungstellung von E-Books in Bibliotheken an ihre Nutzer im Sinne einer Ausleihe bezeichnet wird.

Für den Aufbau von Repositorien ist im Urhebervertragsrecht eine weitere Norm von besonderer Bedeutung. Nach § 38 UrhG (Beiträge in Sammlungen) war es schon immer gestattet, nach Ablauf einer Embargofrist – unbeschadet einer ausschließlichen Rechtseinräumung – Beiträge in Sammlungen für eine Zweitverwertung (z.B. Repositorium) zur Verfügung zu stellen, soweit vertraglich nicht darauf verzichtet wurde. Der Bundestag hat in seiner Gesetzesänderung vom 01.10.2013[5] den Geltungsbereich des § 38 UrhG auch auf die öffentliche Zugänglichmachung erstreckt und in einem neuen Abs. 4 nunmehr ein unabdingbares Zweitverwertungsrecht eingeführt. Danach können Urheber – unabhängig von einem eingeräumten ausschließlichen Nutzungsrecht, ihre Beiträge nach Ablauf von 12 Monaten nach Erstveröffentlichung in der akzeptierten Manuskriptfassung öffentlich zugänglich machen, soweit dies keinem gewerblichen Zweck dient, die Beiträge mindestens zur Hälfte durch öffentliche Mittel gefördert und in einer mindestens zweimal jährlich erscheinenden Sammlung publiziert worden sind. Dies ist ein erster Schritt zu einer Open Access Regelung im Urheberrecht. Die Neufassung des § 38 UrhG trat mit Beginn des Jahres 2014 in Kraft.[6]

2.1.5 Katalog der Schranken

Die verfassungsgemäße Sozialbindung des Eigentums (Art 14 Abs. 2 GG) gilt auch und insbesondere für das eigentumsähnliche Urheberrecht. Dem entsprechen die gesetzlichen Schranken (§§ 44a bis 63a UrhG). Sie dienen dem „Wohl der Allgemeinheit" und dem Interessenausgleich zwischen den Urhebern, die die Anwendung einer Schranke nicht untersagen können, und den privilegierten Nutzern. Das älteste internationale Urheberrechtsabkommen, die Berner Übereinkunft[7], in der die Einhaltung von Mindeststandards in den nationalen Gesetzen vereinbart wurde, formuliert für die Anwendung von Schranken den Drei-Stufen-Test (Art. 9 Abs. 2 RBÜ). Danach dürfen gesetzliche Schranken erstens nur Sonderfälle beinhalten, zweitens die normale Auswertung (Marktbeeinflussung) nicht beeinträchtigen und drittens die berechtigten Interessen der Urheber nicht unverhältnismäßig verletzen (angemessene Vergütung). Jede Schranke muss sich an diesem Test prüfen lassen. Zunehmend werden BGH und EuGH zur Prüfung angerufen, wie die jüngsten Rechtsstreitigkeiten zu den §§ 52a und b UrhG belegen. Da gesetzliche Schranken eine besondere

---

[5] Gesetz über Urheberrecht und verwandte Schutzrechte (Urheberrechtsgesetz) vom 9. September 1965 (Bundesgesetzblatt I, S. 1273), zuletzt durch Artikel 1 des Gesetzes vom 01.10.2013 (Bundesgesetzblatt I (2013), S. 3728) geändert.
[6] Art. 1 des Gesetzes zur Nutzung verwaister und vergriffener Werke und einer weiteren Änderung des Urheberrechtsgesetzes trat mit dem 01.01.2014 in Kraft.
[7] Berner Übereinkunft zum Schutz von Werken der Literatur und Kunst vom 9. September 1886, zuletzt revidiert 2009.

Bedeutung für eine Vielzahl von bibliothekarischen Dienstleistungen haben, werden im Folgenden einige explizit beschrieben:

Vorübergehende Vervielfältigungshandlungen sind technisch notwendig, um eine beabsichtigte Nutzung zu ermöglichen. Diese sind nach § 44a UrhG stets zustimmungs- und vergütungsfrei zu gestatten.

Behinderten Menschen steht nach § 45 UrhG das Recht zu, Vervielfältigung und Verbreitung eines Werkes vorzunehmen oder vornehmen zu lassen, so dass sie das Werk trotz Behinderung wahrnehmen können. Für die Anwendung dieser Schranke ist eine angemessene Vergütung an eine Verwertungsgesellschaft (VG) zu entrichten.

Zeitungsartikel und Rundfunkkommentare (Pressespiegel) können ohne Zustimmung des Rechtsinhabers hergestellt und öffentlich wiedergegeben werden, soweit der Rechtsinhaber keinen Vorbehalt der Rechte erkennbar vorgenommen hat und die Beiträge politischen, wirtschaftlichen und religiösen Tagesfragen zuzuordnen sind (§ 49 UrhG). Für die Anwendung ist eine angemessene Vergütung an die VG Wort zu entrichten. Bei einem Vorbehalt der Rechte ist die Lizenzierung vom Rechtsinhaber, deren Vertretung zu weiten Teilen die Presse-Monitor-GmbH wahrnimmt, erforderlich.

Zitate sind gemäß § 51 UrhG ohne Zustimmung und Vergütung in analoger und digitaler Form zulässig, soweit ihr Umfang zum Zwecke der Verdeutlichung oder Beweisführung notwendig ist. Es sind das Groß-, Klein- und Musikzitat zu unterscheiden: Das Großzitat erlaubt in ein selbstständiges wissenschaftliches Werk ein veröffentlichtes (analog und digital) Werk in erforderlichem Umfang zur Erläuterung aufzunehmen. Das Kleinzitat gestattet in ein selbstständiges Sprachwerk Stellen aus einem veröffentlichten Werk aufzunehmen. Das Musikzitat erlaubt in ein selbständiges Werk der Musik nur einzelne Teile aus einem erschienenen (analogen) Werk aufzunehmen.

Öffentliche Wiedergabe bezeichnet nach § 52 UrhG das Recht, ohne Zustimmung des Rechtsinhabers urheberrechtlich geschützte Werke für die Öffentlichkeit wiederzugeben, soweit die Wiedergabe erstens keinem Erwerbszweck dient, zweitens die Mitwirkenden kein nennenswertes Honorar erhalten und drittens die Teilnehmer keinen Eintritt entrichten müssen. Für die Wiedergabe ist eine angemessene Vergütung an eine VG zu entrichten. Ist der Personenkreis abgegrenzt und der Jugendhilfe, Sozialhilfe, Alten- und Wohlfahrtspflege, Gefangenenbetreuung oder einer Schulveranstaltung zuzuordnen, entfällt die Vergütungspflicht. Von dem Privileg des § 52 UrhG sind ausgeschlossen „die bühnenmäßige Darstellung, die öffentliche Zugänglichmachung und die Funksendungen eines Werkes sowie die öffentliche Vorführung eines Filmwerkes" (Kinofilm). Das Recht auf öffentliche Wiedergabe umfasst nicht das Recht der öffentlichen Zugänglichmachung, d.h. der Einstellung von Werken zum Abruf. Darauf beruht, dass die öffentliche Wiedergabe im Schulunterricht zustimmungs- und vergütungsfrei nach § 52 UrhG, jedoch die öffentliche Zugänglichmachung nach § 52a UrhG vergütungspflichtig ist.

Öffentliche Zugänglichmachung für Unterricht und Forschung (§ 52a UrhG) definiert eine Ausnahme zu § 19a UrhG. Danach dürfen für Unterrichtszwecke an einen konkret abgegrenzten Personenkreis von Schülern, Studierenden oder Auszubildenden an staatlich anerkannten Schulen und Hochschulen kleine Teile eines Werks (12 Prozent eines Druckwerkes, 5 Minuten eines Film- oder Musikwerkes), Werke geringen Umfangs (vollständige Abbildungen, Fotos u.ä., Druckwerke bis 25 Seiten Umfang) und vollständige Beiträge aus Zeitungen und Zeitschriften zum Abruf unabhängig von Zeit und Ort bereitgestellt werden. Für Wissenschaftler, die gemeinsam an einem Forschungsprojekt arbeiten, können „Teile eines Werkes" (25 Prozent, jedoch nicht mehr als 100 Seiten) eines Werks zum Abruf vorgehalten werden. Von der Anwendung ausgenommen sind Schulbücher und Kinofilme für die Dauer von zwei Jahren nach Erstaufführung. Für die Anwendung des § 52a UrhG ist eine angemessene Vergütung an eine Verwertungsgesellschaft (VG) zu entrichten. Aufgrund des heftigen Widerstands der Wissenschaftsverlage wurde die Geltung des § 52a UrhG seit 2003 mehrmals befristet verlängert. Die aktuelle Befristung endet am 31.12.2014. Mit allen Verwertungsgesellschaften – mit Ausnahme der VG Wort – besteht seit 2003 ein Gesamtvertrag, den die Kultusministerkonferenz (KMK) für die Hochschulen in Trägerschaft der Länder geschlossen hat und der die Anwendung pauschalisiert vergütet. Die VG Wort ist diesem Gesamtvertrag nicht beigetreten und hat das Gericht angerufen, um die streitigen Punkte Höhe der Vergütung, Einzelnachweis der Nutzungen, Definitionen „kleine Teile und Teile eines Werkes" sowie den Vorrang vertraglicher Angebote höchstrichterlich klären zu lassen.[8] Ein parallel anhängiger Prozess wird gerichtlich den Vorrang des Vertrags und die Definition des unbestimmten Rechtsbegriffs „kleine Teile" bewerten. Sollte die Fristverlängerung über den 31.12.2014 bzw. die Entfristung nicht eintreten, so sind vom 01.01.2015 an alle Werkteile in den E-Learning-Plattformen zu lizenzieren oder vom Netz zu nehmen.

Wiedergabe von Werken an elektronischen Leseplätzen in öffentlichen Bibliotheken, Museen und Archiven (§ 52b) beschreibt das Recht, eigene Bestände der privilegierten Einrichtungen zu digitalisieren und in den Räumen der eigenen Einrichtungen wiederzugeben (Leserecht). Von der Anwendung sind Bestände ausgenommen, für deren Nutzung ein anderslautender Vertrag geschlossen wurde. Dies können Lizenzverträge, aber auch Verträge über Schenkung, Verwahrung oder testamentarische Verfügung sein. Unterhält eine privilegierte Einrichtung mehrere Standorte, so sind diese alle vom Recht des § 52b UrhG erfasst. Die zeitgleiche Wiedergabe eines Werks

---

8 Der BGH hat mit Urteil vom 20.3.2013 das vorinstanzliche Urteil des OLG München aufgehoben und das OLG aufgefordert, einen Gesamtvertrag nach den Vorgaben des BGH aufzustellen. Das Urteil des BGH I ZR 84/11 gibt dabei folgende Definitionen zu Druckwerken vor: Kleine Teile sind 10 bis 12% des Werkes jedoch nicht mehr als 100 Seiten, Werke geringen Umfangs sind Werke bis zu 25 Seiten, Teile eines Werkes sind 25% des Werkes, jedoch nicht mehr als 100 Seiten, es besteht ein Vorrang des Vertrags zu angemessen Bedingungen, es ist eine Einzelerfassung zu gewährleisten und die Höhe der Vergütung soll 0,8 ct, je Seite, je Teilnehmer betragen. Für alle anderen Werkarten außer Druckwerke ergeben sich die Definitionen zu den unbestimmten Rechtsbegriffen und zur Höhe der pauschalen Vergütung unstreitig aus dem Gesamtvertrag zu § 52a UrhG (http://www.bibliotheksverband.de/dbv/vereinbarungen-und-vertraege.html).

soll der Anzahl im physischen Bestand entsprechen. In Spitzenzeiten (z.B. Prüfungszeiträume) können bis zu vier zeitgleiche Zugriffe auf ein Werk gestattet werden. Diese Definitionen ergeben sich aus dem Rahmenvertrag, den die KMK mit den VG für die Bibliotheken geschlossen hat.[9] Für die Anwendung des § 52b UrhG ist eine angemessene Vergütung zu entrichten. Sie beträgt derzeit einmalig 46,5 Prozent des Nettoladenpreises, je Titel. Streitig ist, ob der Vorrang des Vertrags auch auf künftige Verträge anzuwenden ist und ob Vervielfältigungshandlungen des Nutzers einer privilegierten Einrichtung nach § 52b UrhG eingeschlossen sind. Der Rechtsstreit ruht derzeit beim BGH, da dieser zuvor Fragen zur Auslegung des zugrundeliegenden Art. 5 Info-Richtlinie dem EuGH zugeleitet hat.[10]

Vervielfältigung zum privaten und sonstigen eigenen Gebrauch (§ 53 UrhG) ist die älteste und am meisten angewandte gesetzliche Schranke. § 53 UrhG gliedert sich in vier privilegierte Gruppen: Privater Gebrauch (Abs. 1), eigener Gebrauch (Abs. 2 Nr. 1 bis 3), sonstiger eigener Gebrauch (Abs. 2 Nr. 4) und Unterrichtsgebrauch (Abs. 3). Die **Privatkopie** ist unter folgenden Voraussetzungen gestattet: Die Vervielfältigung kann vom Privilegierten selbst oder durch einen Dritten vorgenommen werden, und zwar von jeder beliebigen Vorlage – soweit es sich dabei nicht um rechtswidrig hergestellte oder angebotene Vorlagen handelt – und auf jeden beliebigen Träger in der für den ausschließlich privaten Gebrauch notwendigen Anzahl (Familie, Freunde). Eine Herstellung einer digitalen Privatkopie durch einen Dritten ist nur dann gestattet, wenn dies unentgeltlich geschieht. Die Unentgeltlichkeit schließt ein, dass Kostenerstattungen erlaubt sind.

Die Kopie zum eigenen Gebrauch (Abs. 2 Nr. 1 bis 3) umfasst das Recht, Kopien selbst herzustellen oder durch einen Dritten herstellen zu lassen, zum eigenen wissenschaftlichen Gebrauch, zu Archivierungs- und Dokumentationszwecken und zur Unterrichtung von Tagesfragen durch Funksendungen. Für die Begründung des wissenschaftlichen Gebrauchs ist es unerheblich, ob der Anwender selbst Wissenschaftler ist, es genügt die wissenschaftliche Auseinandersetzung und dass damit kein gewerblicher Zweck verfolgt wird. Für die Anwendung des Archivprivilegs ist es erforderlich, dass als Vorlage für die Vervielfältigung ein eigenes Werkstück verwandt wird. Die Archivkopie darf auch zu einer vollständigen Vervielfältigung des Werks führen. Der sonstige eigene Gebrauch wird in § 53 Abs. 2 Nr. 4 definiert. Hiernach kann jedermann – auch bei gewerblichen Zwecken – a) kleine Teile (20 Prozent) aus einem erschienenen Werk (analoge Form) oder einzelne Beiträge aus erschienenen Zeitungen und Zeitschriften sowie b) erschienene Werke, die seit mindestens zwei Jahren vergriffen sind, (vollständig) kopieren. Auch die Weiterverbreitung der Kopie eines vergriffenen Werks ist gestattet (Abs. 5).

---

[9] Rahmenvertrag zur Vergütung von Ansprüchen nach § 52b. a.a.O.
[10] BGH Beschluss vom 20. September 2012 – I ZR 69/11 – Elektronische Leseplätze, LG Frankfurt a.M. – Urteil vom 16. März 2011 – 2/06 O 378/10: GRUR 2011, 614.

§ 53 Abs. 3 UrhG widmet sich den Vervielfältigungen zum Unterrichtsgebrauch. Danach können in ausreichender Stückzahl für den Unterricht an nichtgewerblichen Schulen und Berufsschulen (keine Hochschulen) und zu Prüfungszwecken an nicht gewerblichen Schulen und Hochschulen kleine Teile (12 Prozent) eines Werks, einzelne Beiträge aus Zeitungen und Zeitschriften vervielfältig werden.

Von der Anwendung des § 53 UrhG sind ausgeschlossen das Vervielfältigen von Noten, Datenbankwerken (siehe § 87c UrhG), Computerprogrammen, Kinofilmen, Aufnahmen von Vorträgen, die Ausführung von Plänen und Entwürfen der bildenden Künste und der Nachbau von Bauwerken (§ 53 Abs. 4 bis 7 UrhG).

Da sich § 53 UrhG zunehmend für Laien sehr schwer liest, soll abschließend das Recht auf digitale Vervielfältigungen zusammenhängend dargestellt werden. **Digitale Kopien** sind bei nichtgewerblichem Zweck bei der Privatkopie, dem wissenschaftlichen Gebrauch, dem Archivgebrauch im öffentlichen Interesse, zur eigenen Unterrichtung von Tagesereignissen mittels Funksendungen sowie zum Unterrichts- und Prüfungsgebrauch an nichtgewerblichen Schulen gestattet. Liegen jedoch technische Maßnahmen nach § 95a UrhG (Schutz technischer Maßnahmen) wie zum Beispiel Kopierschutz vor, so ist die digitale Privatkopie nicht durchsetzbar. Alle anderen privilegierten Nutzer nichtgewerblicher Zwecke können nach § 95b UrhG (Durchsetzung von Schranken) die Aufhebung des Kopierschutzes beim Rechtsinhaber verlangen. Dies gilt allerdings nicht, wenn es sich um ein Online-Werk handelt und der Rechtsinhaber einen Nutzungsvertrag anbietet.

Die Anwendung des § 53 UrhG unterliegt nach § 54 UrhG einer angemessenen Vergütung. Diese besteht aus einer Geräte- und einer Betreiberabgabe. Mit dem Erwerb eines zur Vervielfältigung geeigneten Geräts (Fernseher, Radio, Multifunktionsgeräte, CD-Player, CD-Rohlinge u.v.a.) wird mit dem Kaufpreis zugleich die Geräteabgabe entrichtet. Wer Vervielfältigungsgeräte in der Öffentlichkeit selbst betreibt, schuldet eine Betreiberabgabe. Für Hochschulen und Bibliotheken werden Bund und Länder gemäß § 54c UrhG bis zum 31.12.2013 eine pauschale Vergütung entrichten. Mit dem 01.01.2014 endete dieser Vertrag und an deren Stelle trat ein Rahmenvertrag[11], nachdem die Betreiber (hier Bibliothek bzw. Hochschule) selbst die Vergütung einmal jährlich je Gerät an die VG Wort entrichten müssen.

Kopienversand auf Bestellung (§ 53a UrhG) bezeichnet das Recht eines Bestellers einer Kopie, der sich auf einen Gebrauch nach § 53 UrhG stützt, diese Kopie auch zugesandt zu erhalten. Der Versand kann regelmäßig mittels Post und Fax vorgenommen werden. Elektronisch ist der Versand nur dann gestattet, wenn der Besteller die Kopie zum Unterrichts- oder Wissenschaftsgebrauch benötigt, ein Faksimile in Versand

---

11 Rahmenvertrag zu § 54c UrhG des Bundes und der Länder mit den Verwertungsgesellschaften. Rahmenbedingungen für das Betreiben von Geräten zum Zwecke der Vervielfältigung im öffentlichen Raum. Zum Zeitpunkt der Manuskriptabgabe war der Vertrag noch nicht rechtsverbindlich geschlossen. Eine Veröffentlichung wird unter http://www.bibliotheksverband.de/dbv/vereinbarungen-und-vertraege.html unverzüglich nach Vertragsabschluss erfolgen.

kommt und der Rechtsinhaber der Vorlage kein *pay-per-view*-Angebot vorhält. Da diese Voraussetzungen den bibliothekarischen Kopienversand vor große Herausforderungen gestellt haben, haben der größte bibliothekarische Kopienversanddienst subito e.V. einen Lizenzvertrag und die KMK mit den VG zwei Gesamtverträge (für den Kopienversand außerhalb subito und im Leihverkehr) im Wesentlichen gleichlautend geschlossen.[12] Allen Verträgen ist gemein, dass die Lieferung einer Kopie zwischen den Bibliotheken immer elektronisch erfolgen kann. Die Ausgabe an den Besteller kann je nach Anspruchsgrundlage gemäß § 53a UrhG und der Prüfung eines etwaigen *pay-per-view*-Angebots erfolgen. Zur Prüfung, ob ein *pay-per-view*-Angebot vorliegt, haben sich der Börsenverein und der Deutsche Bibliotheksverband (dbv) auf den Nachweis in der Elektronischen Zeitschriftenbibliothek (EZB)[13] verständigt. Für den Versand von Kopien im bibliothekarischen Leihverkehr besteht ein separater Gesamtvertrag[14], um eine Rechtsgrundlage für die Übernahme der Vergütungen durch Bund und Länder herzustellen. Alle anderen Lieferwege sind vom jeweiligen Besteller selbst zu vergüten.

Verwaiste Werke sind nach dem neuen § 61 UrhG[15], in Umsetzung der entsprechenden EU Richtlinie[16], Wort-, Film- und Musikwerke (einschließlich ihrer Bestandteile), für die auch nach sorgfältiger Suche (§ 61a UrhG) kein Urheber oder Rechtsinhaber gefunden werden kann. Bleibt die Suche erfolglos, so können mit Wirkung vom 01.01.2014 Bibliotheken, Museen, Archive und Bildungseinrichtungen diese Werke digitalisieren und öffentlich zugänglich machen, ohne das es einer Zustimmung oder Vergütung bedarf. Die sorgfältige Suche hat in dem Land der Erstveröffentlichung zu erfolgen und ist durch Eintrag in ein Register beim Deutschen Patent- und Markenamt (DPMA), welches die Daten an das Harmonisierungsamt für den Binnenmarkt weiterleitet, zu dokumentieren. Danach gelten die Werke in allen EU-Staaten als verwaist. Meldet sich nach der öffentlichen Zugänglichmachung ein Rechtsinhaber, so hat die Einrichtung, die das Werk eingestellt hat, das Werk vom Netz zu nehmen und ihn angemessen zu entschädigen. Trotz des Haftungsrisikos wird diese Schranke wesentlich zur Weiterentwicklung der Deutschen Digitalen Bibliothek und Europeana beitragen.

Für die **vergriffenen Werke** wird zugleich mit der Gesetzesänderung eine Lizenzierung im Urheberrechtswahrnehmungsgesetz (§§ 13 e und d UrhWahrnG) gere-

---

[12] Siehe: http://www.bibliotheksverband.de/dbv/vereinbarungen-und-vertraege.html (07.09.2014).
[13] Siehe: http://rzblx1.uni-regensburg.de/ezeit/ (07.09.2014).
[14] Siehe: http://www.bibliotheksverband.de/dbv/vereinbarungen-und-vertraege.html (07.09.2014).
[15] Gesetz zur Nutzung verwaister und vergriffener Werke und einer weiteren Änderung des Urheberrechtsgesetzes vom 01.10.2014 (BGBl. I S. 3728).
[16] Die Richtlinie der EU über bestimmte zulässige Formen der Nutzung verwaister Werke. Eine Umsetzung in nationales Recht hat bis zum 29.10.2014 zu erfolgen. Der Bundestag hat die RL 2012/28/EU durch Gesetz am 27.06.2013 beschlossen.

gelt[17]. Danach werden mit Wirkung vom 01.04.2014 die Verwertungsgesellschaften ermächtigt, für Werke, die vor 1966 erschienen sind, die Digitalisierung und öffentliche Zugänglichmachung zu gestatten und die Titel in ein Register der vergriffenen Werke beim DPMA einzutragen. Da verwaiste Werke meist auch vergriffene Werke sind, besteht die Möglichkeit, anstelle der Anwendung des § 61 UrhG das Verfahren bei den Verwertungsgesellschaften zu den vergriffenen Werken zu nutzen, da hier die sorgfältige Suche entfällt.

2.1.6 Besondere Bestimmungen für Computerprogramme

Mit der EU-Richtlinie zum Schutz von Computerprogrammen[18] wurde den nationalen Gesetzgebern aufgegeben, sämtliche Computerprogramme, soweit sie im Ergebnis einer eigenen geistigen Schöpfung entstanden, nach dem Urheberrecht zu schützen. Aufgrund einiger Besonderheiten, die sich nicht aus den allgemeinen Bestimmungen des Urheberrechts herleiten lassen, wurden in den §§ 69a bis g UrhG die besonderen Bestimmungen für Computerprogramme geregelt. Geschützt sind sämtliche Ausdrucksformen, Ideen, Grundsätze und Schnittstellen. Soweit ein Computerprogramm im Ergebnis eines Arbeits- oder Dienstverhältnisses entsteht, gehen alle vermögensrechtlichen Ansprüche auf den Arbeitgeber über, es sei denn, es ist vertraglich etwas anderes vereinbart. Eine zustimmungsfreie Vervielfältigung ist auch nur dem gestattet, der eine Nutzungsberechtigung erworben hat. Dies schließt die Vervielfältigung eines Codes für die Herstellung der Interoperabilität eines unabhängig geschaffenen Computerprogramms mit anderen Programmen ein. Auf Computerprogramme finden die Bestimmungen zum Schutz technischer Maßnahmen (§§ 95a und b UrhG) keine Anwendung. Soweit in den §§ 69a ff UrhG nicht etwas anderes bestimmt ist, finden die Bestimmungen des Urheberrechts auch Anwendung auf Computerprogramme. Da nach der EU Richtlinie die Gefahr bestand, dass Bibliotheken Computerprogramme nicht mehr ausleihen dürfen, hat der dbv eine Selbstverpflichtungserklärung abgegeben, wonach die Bibliotheken sich verpflichten, keine Standardsoftware und Betriebssysteme auszuleihen.

---

17 Urheberwahrnehmungsgesetz vom 9. Sept. 1965 (Bundesgesetzblatt I, S. 1294) zuletzt geändert durch Art. 2 des Gesetzes vom 01.10.2013 (Bundesgesetzblatt I vom 08.10.2013); Art. 2 zur Änderung des UrhWahrnG, Art. 3 zum Inkrafttreten des Art. 2.
18 Richtlinie 2009/24/EU vom 23.04.2009 über den Rechtsschutz von Computerprogrammen (kodifizierte Fassung), ABl EU L 111/16.

3 Einführung in die Leistungsschutzrechte

Im Teil 2 des UrhG werden die „verwandten Schutzrechte" (auch Leistungsschutzrechte genannt) definiert. Leistungsschutzrechte zeichnen sich im Gegensatz zum Urheberrechtsschutz dadurch aus, dass ihnen eine im Gesetz bestimmte Leistung innewohnt, die auch durch eine juristische Person erlangt werden kann. Des Weiteren werden nach dem Leistungsschutzrecht Werke geschützt, deren Schöpfungshöhe zu gering für einen Urheberrechtsschutz ausfällt (kleine Münze). Leistungsschutzrechte unterliegen kürzeren Schutzfristen. Sie bemessen sich vom Zeitpunkt des Erscheinens oder der Veröffentlichung an bzw., wenn das Werk weder erscheint noch veröffentlicht wird, vom Zeitpunkt der Herstellung. Grundsätzlich dauert die Schutzfrist 50 Jahre, für Wissenschaftliche Ausgaben (§ 70 UrhG) und nachgelassene Ausgaben (§ 71 UrhG) hingegen nur 25 Jahre und für Datenbanken (§ 87 a ff UrhG) 15 Jahre. Letztgenannte Frist beginnt aber erneut, wenn eine wesentliche Überarbeitung an der Datenbank vorgenommen wurde.

Schutz der Lichtbilder (§ 72 UrhG) gehört zur kleinen Münze. Lichtbilder sind zum Beispiel Fotos. Soweit diese keine künstlerische Ausdrucksform oder Originalität aufweisen, unterliegen sie zwar den allgemeinen Bestimmungen des 1. Teils des UrhG, genießen jedoch nur eine kürzere Schutzdauer. Die meisten Pressefotos unterliegen demnach dem Leistungsschutz. Für Bildarchive ist das Leistungsschutzrecht mit seiner kürzeren Schutzfrist von besonderem Interesse.

Schutz des Datenbankherstellers (§ 87 a bis e UrhG) ist auf die Umsetzung der EU Richtlinie zum Schutz von Datenbanken[19] zurückzuführen. Erstmals wurde damit ein Investitionsschutz (sui generis) in das Urheberrecht eingeführt, der unabhängig und unberührt von einem etwaigen Urheberrechtsschutz nach § 4 UrhG (Sammlungen und Datenbankwerke) besteht. Gegenstand ist nicht die persönliche urheberrechtlich Leistung, sondern die wirtschaftliche. Nach dem Leistungsschutzrecht erwirbt der Datenbankhersteller, der mit einer wesentlichen Investition die Herstellung einer Datenbank ermöglicht, neben den Urhebern eine 15-jährige Schutzfrist, in der er die Nutzung durch Dritte bestimmen kann. Als Schranke für den privaten, wissenschaftlichen und Unterrichtsgebrauch hat der Gesetzgeber die Vervielfältigung wesentlicher Teile, soweit damit kein gewerblicher Zweck verfolgt wird, vorgesehen (§ 87c UrhG). Auch sind Vertragsklauseln, die dem Nutzungsberechtigten die Vervielfältigung, Verbreitung oder öffentliche Wiedergabe von unwesentlichen Teilen der Datenbank untersagen, nichtig (§ 87e UrhG).

Schutz des Presseverlegers (§ 87 f bis h UrhG) ist ein sehr junges Leistungsschutzrecht, welches die Presseverleger im Zuge der Vermarktung von Beiträgen aus der Presse im digitalen Umfeld begehrten. Mit dem Schutz erlangt der Presseverleger das

---

[19] Richtlinie 96/9/EG des Europäischen Parlaments und des Rates vom 11. März 1996 über den rechtlichen Schutz von Datenbanken. In: *Amtsblatt* Nr. L 077 vom 27/03/1996 S. 0020 – 0028.

Recht, die Nutzung von Beiträgen und Textausschnitten in Suchmaschinen zu untersagen bzw. zu lizenzieren. Die Schutzfrist beträgt ein Jahr nach Erscheinen bzw. Veröffentlichung. Die Ausübung des Rechts darf nicht gegen die berechtigten Interessen des Urhebers oder Leistungsschutzberechtigten verstoßen. Die gesetzliche Schranke zu den sog. Pressespiegeln (§ 49) wird hiervon nicht berührt.

4 Schutzfristen

Die Kenntnis der Schutzfristen ist für die zustimmungsfreie Nutzung von urheber- und leistungsschutzrechtlichen Werken von Bedeutung. Nach Ablauf der jeweiligen Schutzfrist werden die Werke gemeinfrei und können von jedermann ohne Zustimmungserfordernis auf jede beliebige Art und Weise genutzt werden. Die Bestimmungen des UrhG finden auf diese Werke keine Anwendung mehr. Die Schutzfristen nach dem UrhG umfassen 70 Jahre nach dem Tode des Urhebers; für die Leistungsschutzrechte an wissenschaftlichen Ausgaben und nachgelassenen Werke 25 Jahre, nach dem Herstellerschutz an einer Datenbank 15 Jahre, und für alle anderen Leistungsschutzrechte gilt eine Frist von 50 Jahren nach Erscheinen bzw. Veröffentlichung. Sind die Werke weder erschienen noch veröffentlicht, 50 Jahre nach der Herstellung. Alle Fristen beginnen am ersten Tag des Folgejahres, das auf das Ereignis folgt.

5 Gemeinsame Bestimmungen

Schutz technischer Maßnahmen (§§ 95a und b UrhG) wurde zu einem ausschließlichen Recht durch die EU Info-Richtlinie 2001 sanktioniert. Danach ist das Umgehen einer wirksamen technischen Maßnahme zur Kontrolle der Nutzung (z.B. Kopierschutz, Verschlüsselung) eine strafbewehrte Handlung. Wirksam ist jede Maßnahme, die erkennbar ist. Wenn ein Nutzer sich auf eine gesetzliche Schranke zum nichtgewerblichen wissenschaftlichen, Archiv- oder Unterrichtsgebrauch stützen kann, so kann er nach § 95b UrhG die Aufhebung der Maßnahme vom Hersteller verlangen. Kommt dieser dem Verlangen nicht nach, muss der ordentliche Gerichtsweg bestritten werden. Eine eigenmächtige Umgehung ist strafbar. Das Recht auf Aufhebung der Maßnahme ist jedoch nicht durchsetzbar, soweit das Werk online zugänglich ist und der Rechtsinhaber einen Lizenzvertrag für die Nutzung anbietet (§ 95b Abs. 3 UrhG).

Die Fragen nach dem **Geltungsbereich und dem anwendbaren Recht** werden aufgrund grenzüberschreitender Nutzung und Vertragsabschlüsse immer wichtiger in der bibliothekarischen Praxis. Grundsätzlich gilt, der Geltungsbereich des Urheberrechtsgesetz bezieht sich allein auf das Territorium der Bundesrepublik Deutschlands. Auf Nutzungen, die im Geltungsbereich Deutschlands stattfinden, ist das UrhG anzuwenden, auch wenn ein ausländischer Urheber genutzt wird. Nach der Inländerbehandlung, die ihre Grundlage in internationalen Abkommen findet, wird jeder ausländische Urheber wie der inländische behandelt. Auf Verträge mit einem ausländischen Partner findet nach internationalem Privatrecht das Recht des Landes Anwendung, das vertraglich vereinbart wurde. Ist keine diesbezügliche Vereinbarung getroffen worden, gilt das Recht des Landes, in dem die Hauptleistung stattfindet, und das ist die Herstellung und nicht die Nutzung. Beim Abschluss von Nutzungsverträgen ist besonders darauf zu achten, dass die gewünschten Nutzungsarten enthalten sind und unbestimmte Rechtsbegriffe wie „nach besten Kräften", „in der Regel" und „angemessene Reaktionszeit" definiert werden. Umfangreiche, fremdsprachige und nach ausländischem Recht formulierte Verträge sollten vor Unterzeichnung immer einem rechtskundigen Experten vorgelegt werden.

6 Verwertungsgesellschaften

An mehreren Stellen dieses Beitrags sind Verwertungsgesellschaften (VG) erwähnt worden. Sie sind berufen, durch Gesetz oder Mandat kollektiv Rechte der Urheber und Leistungsschutzberechtigten wahrzunehmen. Die bekanntesten VG sind die GEMA, VG Wort und VG Bild Kunst. Ihre Tätigkeit unterliegt der staatlichen Aufsicht und den Bestimmungen des Urheberrechtswahrnehmungsgesetzes (UrhWahrnG). Die meisten gesetzlichen Schranken erfordern, dass für die Anwendung eine angemessene Vergütung zu entrichten ist, die nur über eine Verwertungsgesellschaft geltend gemacht werden kann. Interessenverbände haben nach dem UrhWahrnG ein Anspruch auf Abschluss eines Gesamt- oder Rahmenvertrags. Für die Schulen, Hochschulen und Bibliotheken des Bundes, der Länder und Kommunen ist die Kultusministerkonferenz (KMK) berufen, diese Verträge mit den VG zu verhandeln. Der Abschluss unterliegt der Zustimmung der Amtschefkonferenz der KMK und den jeweiligen Verwaltungsräten der VG. Bei einem Gesamtvertrag treten Bund und Länder als Gesamtschuldner auf, bei einem Rahmenvertrag setzt die KMK lediglich den Vertragsrahmen für die Schuldner (z.B. Bibliothek). Die Verträge enthalten in der Regel Öffnungsklauseln für kirchliche Träger, wissenschaftliche Forschungseinrichtungen u.ä. Einrichtungen. Neben der KMK hat auch der dbv Gesamt- und Rahmenverträge für seine Mitgliedsbibliotheken geschlossen (Cover- und Artotheken-Vertrag). Alle Gesamt- und Rahmenverträge für Bibliotheken sind in der jeweils geltenden Fassung unter http://www.bibliotheksverband.de/dbv/vereinbarungen-und-vertraege.html abrufbar.

7 Die Digitale Bibliothek

Abschließend soll die gegenwärtige Rechtslage zusammenhängend in Bezug auf die Digitale Bibliothek und andere digitale Dienstleistungen dargestellt werden:

Das Recht der öffentlichen Zugänglichmachung (§ 19a UrhG) ist das ausschließliche Recht des Urhebers, das Einstellen eines Werks in ein Netz zum Abruf durch Mitglieder der Öffentlichkeit zu gestatten oder zu verbieten. Dazu gibt es nur zwei gesetzliche Schranken, die das Zustimmungserfordernis ersetzen. Zum einen das bis zum 31.12.2014 befristete Recht der öffentlichen Zugänglichmachung für Unterricht und Forschung (§ 52a UrhG), und zum anderen das Recht der Vervielfältigung und öffentlichen Zugänglichmachung von verwaisten Werken (§ 61 UrhG neu). Alle anderen Nutzungen unterliegen der Zustimmung, d.h. der Lizenzierung. Beim Aufbau der Digitalen Bibliothek soll zuerst geprüft werden, ob der Urheberrechtsschutz noch besteht. Es ist mit hoher Wahrscheinlichkeit davon auszugehen, dass die ganz überwiegende Anzahl von Werken, die vor 1900 erschienen sind, bereits gemeinfrei ist. Sind hingegen noch keine 70 Jahre nach dem Tod des Urhebers vergangen, so ist anhand des Katalogs (Anlage zu § 61a UrhG) zu prüfen, ob das Werk als verwaist gilt, alternativ bis zum Erscheinungsjahr 1966, ob es als vergriffenes Werk (§ 13e UrhWahrnG) anzusehen ist. Ab Erscheinungsjahr 1966 wird, soweit kein verwaistes Werk vorliegt, die Lizenzierung beim Urheber bzw. Rechtsinhaber notwendig, wenn das Werk öffentlich zugänglich gemacht werden soll. Als Open Access gekennzeichnete Werke sind dem Grunde nach für die Vervielfältigung und öffentliche Zugänglichmachung ohne Zustimmung nutzbar. Da aber auch Open-Access-Werke dem Urheberrecht unterliegen und gegebenenfalls als Primärveröffentlichung bei einem Verlag erschienen sind, ist die Kenntnis des zugrundeliegenden Verlagsvertrags (Einräumung von Nutzungsrechten) erforderlich. Bei den originär Open Access erscheinenden Publikationen sind ebenfalls die Nutzungsbedingungen (meist CC-Lizenz) genau zu prüfen. Lediglich beim Zweitverwertungsrecht (grüner Weg) kann bei Beiträgen in mindestens zweimal jährlich erscheinenden Periodika aufgrund der Neufassung des § 38 Abs. 4 UrhG nach Ablauf von 12 Monaten nach Erstveröffentlichung von einer zweifelsfrei möglichen öffentlichen Zugänglichmachung der akzeptierten Manuskriptabgabe ausgegangen werden. Erlaubt ist des Weiteren zur Kataloganreicherung die Aufnahme von Covern in den Bibliothekskatalog auf der Grundlage eines Gesamtvertrages mit der VG Bild Kunst. Die Anreicherung durch Inhaltsverzeichnisse, Register und Klappentexten ist nicht durch Verträge legitimiert, Widersprüche dürften aber im Zweifel bereits an der notwendigen Schöpfungshöhe des Urheberrechts scheitern[20].

Digitale Dienstleistungen bestimmen zunehmend die Bibliothekspraxis. Dazu zählen die Herstellung von digitalen Archiven der eigenen Bestände, die durch § 53 Abs. 2 Nr. 2 i.V. mit Satz 2 Nr. 3 UrhG privilegiert sind, soweit die eigene Vorlage benutzt wird. Die Nutzung dieser digitalen Archive darf jedoch nur intern vorgenommen werden, das Recht der öffentlichen Zugänglichmachung ist davon nicht umfasst. Die Herstellung von digitalen Kopien für die Bibliotheksnutzer, die sich auf einen nicht gewerblichem Zweck dienenden Gebrauch nach § 53 UrhG berufen können, sowie der Versand dieser

---

20 Vgl. dazu Markowski 2003.

Kopien direkt an den Besteller oder im Rahmen des bibliothekarischen Leihverkehrs nach § 53a UrhG ist ebenfalls gestattet. Da § 53a UrhG den elektronischen Versand nur eingeschränkt zulässt, sind die darüber hinausgehend lizenzierten Rechte in den Gesamtverträgen und dem subito-Lizenzvertrag erwähnenswert. Insbesondere das darin enthaltene Recht der regelhaften elektronischen Versandform zwischen den Bibliotheken. Zu den digitalen Dienstleistungen zählt auch die Bereitstellung von Dokumenten für elektronische Learning-Plattformen an Hochschulen auf der Grundlage des § 52a UrhG. Abgesehen von der Befristung bis zum 31.12.2014 kann dieser für alle Werkarten, die nicht dem Text zuzuordnen sind, mit hoher Rechtssicherheit angewandt werden (Gesamtvertrag). Rechtsunsicherheit wird bei dem erlaubten Umfang von Texten aus Büchern und Zeitschriften vornehmlich von Wissenschaftsverlagen empfunden. Erst die höchstrichterliche Entscheidung wird die verbindlichen Definition des unbestimmten Rechtsbegriffs „kleine Teile" und zur Pflicht einer etwaigen Einzelerhebung der Nutzungen mit sich bringen. Diese unbefriedigende Situation stellt aber keinen Rechtsgrund dar, die Anwendung zu unterlassen, sondern vielmehr sich an den Aussagen in der BGH-Entscheidung 2013 zu orientieren. Abschließend sei das Recht zur Digitalisierung und öffentlichen Wiedergabe von eigenen Bibliotheksbeständen in den eigenen Räumen ausgeführt (§ 52b UrhG). Hierbei ist zu beachten, dass das Recht nur ausgeübt werden darf, wenn für die Bestände keine anders lautenden vertraglichen Regelungen bestehen. Nach derzeitigem Stand der gerichtlichen Behandlung darf dem Nutzer in der Bibliothek auch kein Recht der Vervielfältigung nach § 53 UrhG eingeräumt werden. Es handelt sich also lediglich um ein reines Leserecht. Dieses aber darf an allen Bibliotheksstandorten (Fakultäten, Fachbereichen und Instituten) der Einrichtung ausgeübt werden, unabhängig davon, an welchem Standort das körperliche Werk sich befindet.

Die geltende Rechtslage in Bezug auf digitale Nutzungen für Bildung, Wissenschaft und Forschung ist unbefriedigend und durch viele Schranken-Schranken gekennzeichnet. Dies ist zurückzuführen auf die Einlassungen in der Info-Richtlinie aus dem Jahr 2001. Der darin enthaltene Schrankenkatalog (Art. 5) stand unter der Erwägung, dass durch die Richtlinie vor allem der Online-Markt mit geistigem Schaffen gestärkt werden sollte. Die Nutzerinteressen wurden sehr zurückhaltend geregelt und den Mitgliedsstaaten nur fakultativ empfohlen. Nach nunmehr 12 Jahren beschäftigt sich auch die Europäische Kommission mit der Stärkung der Nutzerinteressen. In Deutschland hat der Bundesrat mit der Billigung des jüngsten Gesetzes zur Änderung des Urheberrechts am 20.09.2013 eine Entschließung verabschiedet,[21] die der neuen Bundesregierung aufgibt, anstelle der §§ 52a, b und 53a UrhG eine allgemeine Wissenschaftsschranke zu entwickeln und dadurch eine wissenschaftsadäquate Norm in das Urheberrechtsgesetz einzuführen.

---

21 Siehe: http://www.bundesrat.de/drs.html?id=643-13%28B%29 (07.09.2014).

Literatur

Beger, Gabriele: Urheberrecht für Bibliothekare. 2. erw. Aufl. München: Verlag Medien und Recht 2008.
Dreier, Thomas: Urheberrechtsgesetz, Urheberwahrnehmungsgesetz. Kommentar. 2. Aufl. München: 2006.
Juraschko, Bernd: Praxishandbuch Recht für Bibliotheken und Informationseinrichtungen. Berlin: De Gruyter Saur 2013.
Markowski, Marion: Die urheberrechtliche Zulässigkeit von Kataloganreicherungen. Masterarbeit. Humboldt Universität zu Berlin 2013.

Eric W. Steinhauer
13.4 Das Pflichtexemplarrecht

1 Hinführung

Es gehört zu den zentralen Aufgaben von Bibliotheken als Gedächtnisinstitutionen, Bücher und andere Medienwerke umfassend zu sammeln und dauerhaft aufzubewahren. Zum Zwecke einer vollständigen Sammlung haben bestimmte Bibliotheken einen gesetzlichen Anspruch auf kostenfreie Ablieferung von Veröffentlichungen, die in ihrem Zuständigkeitsbereich erscheinen. Dieser gesetzliche Anspruch wird, wie auch das Rechtsgebiet selbst, das sich mit den juristischen Aspekten rund um die Pflichtablieferung beschäftigt, als Pflichtexemplarrecht bezeichnet. Traditionell steht dieses Recht den Landes- bzw. Nationalbibliotheken zu und ist prägend für diesen Bibliothekstyp.[1] Darüber hinaus gibt es im Zusammenhang mit Hochschulprüfungen oder der Nutzung von Sonderbeständen weitere gesetzlich normierte Ablieferungspflichten, die mit dem Pflichtexemplarrecht eng verwandt sind. Einen eigenständigen Sammlungsbereich stellen die amtlichen Veröffentlichungen dar. Sie werden meist auf Grundlage ministerieller Erlasse sowohl von Bibliotheken als auch von Archiven gesammelt. Mit dem Aufkommen des Internet steht das traditionelle Pflichtexemplarrecht vor großen Herausforderungen, denn sein wichtigstes Ziel, nämlich die Sammlung aller für das kulturelle Leben relevanten Veröffentlichungen, kann ohne eine Berücksichtigung von Online-Quellen, die in vielen Bereichen gedruckte Publikationen bereits erheblich zurückgedrängt haben, nicht mehr gewährleistet werden.

2 Geschichtliches

Die Anfänge des Pflichtexemplarrechts reichen zurück in die Frühzeit des Buchdrucks.[2] Zum einen wurden Bücher als Gegenleistung für die Gewährung landesherrlicher Privilegien, die in Ermangelung eines Urheberrechts im heutigen Sinne den Drucker vor unerlaubten Nachdrucken schützen sollten, abgeliefert. Zum anderen gelangten Bücher nach ihrer Prüfung durch eine Zensurbehörde, der sie vorzulegen waren, an die Bibliothek des Landesherrn und wurden dort gesammelt.

---

[1] Syré 2000: 17.
[2] Beger 2000: 36. Zum älteren Pflichtexemplarrecht Franke 1889; Flemming 1940; Will 1955.

3 Rechtfertigung

Mit dem Aufkommen eines modernen Urheberrechts und der Neuorganisation des Zensurwesens traten die überkommenen Begründungen für eine Pflichtablieferung in den Hintergrund, ohne freilich zu einem Verzicht auf die entschädigungslose Pflichtablieferung zu führen. Verleger und Drucker kritisierten diese Praxis. Sie sahen darin eine Enteignung und das Pflichtstück als ungerechtfertigte Sonderabgabe, ja sogar als Eingriff in ihre Gewerbefreiheit. Als Reaktion auf diese Kritik wurden insbesondere von bibliothekarischer Seite kulturpolitische Aspekte betont. Danach sei es Aufgabe von Bibliotheken, die literarischen Erzeugnisse einer Region im Sinne des Denkmalschutzes für die Nachwelt zu sammeln und zu erhalten.[3] Dieser Ansatz liegt auch dem heutigen Pflichtexemplarrecht zugrunde, das sich von seinen urheberrechtlichen und polizeilichen Wurzeln vollständig gelöst hat, wenngleich die rechtlichen Grundlagen der Pflichtablieferung meist immer noch im Presserecht zu finden sind – einer Materie, die wegen der dort normierten Verantwortlichkeit für den verbreiteten Inhalt einen Rest polizeirechtlicher Elemente enthält.

Das Pflichtexemplarrecht selbst, das innerhalb des Presserechts einen in sich geschlossenen Regelungsbereich darstellt, ist spätestens seit einer Entscheidung des Bundesverfassungsgerichts vom 14. Juli 1981,[4] die das hessische Pflichtexemplarrecht zum Gegenstand hatte, rechtlich allgemein anerkannt.[5] Das Gericht hat in der Ablieferung der Pflichtstücke keine Enteignung gesehen, die von Verfassungs wegen in jedem Einzelfall finanziell zu entschädigen wäre, sondern eine in der Sozialbindung des Eigentums wurzelnde Inhaltsbestimmung der Eigentumsposition, die Verleger und Drucker aus kulturstaatlichen Gründen hinzunehmen haben. Sinn des Pflichtexemplarrechts sei es, „künftigen Generationen einen umfassenden Eindruck vom geistigen Schaffen früherer Epochen zu vermitteln."[6] Demgegenüber falle der wirtschaftliche Nachteil des Verlegers bei der Ablieferung einzelner Pflichtstücke nicht ins Gewicht. Soweit bei Kleinauflagen oder hochwertigen Exemplaren die Ablieferung im Einzelfall eine besondere finanzielle Härte bedeute, sei dies aber durch eine angemessene Entschädigungszahlung zu kompensieren.

Im Zuge der Pflichtexemplarentscheidung des Bundesverfassungsgerichts wurden nahezu alle Pflichtexemplarbestimmungen um einen Entschädigungsanspruch für Härtefälle ergänzt. Wo solche Regelungen immer noch fehlen, wie in den Ländern Bremen und Schleswig-Holstein, ergibt sich der Entschädigungsanspruch direkt aus der Verfassung selbst.[7]

---

3 Pfeiffer 1913: 36, dort auch Nachweise zur Kritik.
4 Gödan 2003: 148–156.
5 Zur älteren Diskussion Löffler/Ricker 1978: 83–85.
6 Gödan 2003: 154.
7 Löffler 1983: 611.

4 Gesetzliche Grundlagen

Das Pflichtexemplarrecht unterliegt als Teil des Presserechts der Kulturhoheit der Länder, so dass es sechzehn unterschiedliche Pflichtexemplarbestimmungen gibt. Hinzu tritt aus Gründen der nationalstaatlichen Kulturpflege auch ein dem Bund zustehendes Recht auf Pflichtexemplare, das im Gesetz über die Deutsche Nationalbibliothek normiert ist. Die insgesamt siebzehn verschiedenen Regelungen unterscheiden sich trotz vieler Gemeinsamkeiten im Detail zum Teil erheblich voneinander.[8]

Der Gegenstand der Ablieferungspflicht, die in Brandenburg, im Saarland und in Schleswig-Holstein lediglich eine Anbietungspflicht ist, wird meist als Druckwerk, seltener als Text, neuerdings als Medienwerk umschrieben. Ablieferungspflichtig ist in erster Linie der Verleger, hilfsweise auch der Drucker. Für Härtefälle ist mit Ausnahme von Bremen und Schleswig-Holstein eine Entschädigungsregelung vorgesehen. Im Saarland ist sogar jedes Pflichtstück mit dem halben Ladenpreis zu bezahlen. Dies gilt in Baden-Württemberg auch für das zweite, an die örtlich unzuständige Landesbibliothek auf Anforderung abgelieferte Exemplar. In den meisten Fällen stellt die Nichterfüllung der Ablieferungspflicht eine Ordnungswidrigkeit dar. Die Zahl der geforderten Pflichtstücke variiert von Land zu Land. In der Regel wird nur ein Exemplar gefordert, der Bund verlangt genauso wie der Freistaat Bayern zwei Exemplare, in Baden-Württemberg ist ein zweites Exemplar nur auf gesonderte Anforderung zu leisten, wohingegen in Schleswig-Holstein bis zu drei Exemplare gefordert werden können. Durchgehend stellen die Pflichtexemplarvorschriften klar, dass es keinen Anspruch auf Einarbeitung der Pflichtstücke gibt, teilweise werden bereits im Gesetz selbst bestimmte Arten von Publikationen ausgeschlossen. Einzelheiten der Ablieferung sowie der Entschädigung werden meist in einer separaten Verordnung geregelt.

Insgesamt lassen sich drei Regelungsebenen im Pflichtexemplarrecht unterscheiden. Die Ablieferungspflicht selbst sowie dem Grunde nach auch die Entschädigung sind in einem Parlamentsgesetz geregelt. Im Licht der Rechtsprechung des Bundesverfassungsgerichts ist eine solche gesetzliche Regelung unverzichtbar, denn eine Inhaltsbestimmung grundrechtlich geschützten Eigentums kann nur der parlamentarische Gesetzgeber, nicht aber die Verwaltung vornehmen. Auf Grundlage der gesetzlichen Regelungen enthält eine Rechtsverordnung, die nach Inhalt, Zweck und Ausmaß im Gesetz selbst schon vorgesehen sein muss, die Einzelheiten der Ablieferungspflicht. Dadurch wird eine größere Flexibilität im Pflichtexemplarrecht erreicht, denn eine Rechtsverordnung kann vom zuständigen Ministerium im Vergleich zu dem relativ schwerfälligen Gesetzgebungsverfahren einfacher geändert werden. Zudem wird der Gesetzgeber von der Normierung technischer Details entlastet. Die sammelnde Bibliothek schließlich legt ihr Sammelprofil meist in Form von Sammelrichtlinien fest, die rechtlich als Verwaltungsvorschrift zu qualifizieren sind. Erst in der

---

[8] Übersicht bei Burkhardt 2006. Die aktuellen Bestimmungen sind abgedruckt bei Lansky/Kesper.

Zusammenschau dieser drei Ebenen lässt sich der tatsächliche Umfang der Sammlungstätigkeit der Pflichtexemplarbibliotheken erkennen.

Die gesetzliche Grundlage des Pflichtexemplarrechts ist in drei verschiedenen Arten von Gesetzen zu finden. Die meisten Länder regeln ihr Pflichtexemplarrecht im Landespressegesetz bzw. im Landesmediengesetz. Die Bestimmungen hier sind, da sie sich an einem Muster-Entwurf für ein Pressegesetz orientieren, sehr vergleichbar.[9] Seit den 1980er Jahren haben die Länder Bayern, Berlin, Hamburg und Nordrhein-Westfalen ihr Pflichtexemplarrecht in eigenen Pflichtexemplargesetzen neu normiert. Anlass war hier unter anderem die Ausweitung der Sammeltätigkeit über den Bereich der reinen Druckschriften hinaus; Bestimmungen, die sich etwa auf audio-visuelles Material beziehen, wurden als für das Presserecht unpassend angesehen.[10] In Hessen ist das Pflichtexemplarrecht neuerdings Teil des Hessischen Bibliotheksgesetzes und steht dort im Zusammenhang mit den Bestimmungen über die landesbibliothekarischen Aufgaben. Vergleichbar hiermit sind die bundesrechtlichen Bestimmungen im Gesetz über die Deutsche Nationalbibliothek.

Überblickt man die Entwicklung der gesetzlichen Grundlagen des Pflichtexemplarrechts, so treten zwei Tendenzen besonders hervor. Zuerst ist die nahezu flächendeckende Regelung von Entschädigungsansprüchen als Reaktion auf die Entscheidung des Bundesverfassungsgerichts zu nennen. Sodann hat zeitgleich eine stete Anpassung der Pflichtexemplarbestimmungen an die sich wandelnde Medienlandschaft begonnen, die bis heute nicht abgeschlossen ist. Während audio-visuelle Materialien mit Ausnahme des Films mittlerweile durchgängig dem Pflichtexemplarrecht unterfallen, ist dies für reine Netzpublikationen nicht der Fall. Diese werden seit 2006 von der Deutschen Nationalbibliothek gesammelt und haben seither Einzug in das Pflichtexemplarrecht der Länder Baden-Württemberg, Hamburg, Thüringen, Sachsen-Anhalt, Hessen und Nordrhein-Westfalen gehalten. Allerdings ergeben sich hier erhebliche juristische Probleme, auf die in einem eigenen Abschnitt gesondert eingegangen wird.

5 Das Sammeln der Amtsdruckschriften

Zu den Veröffentlichungen, die für das Verständnis historischer und kultureller Zusammenhänge bedeutsam sind, zählen auch die von staatlichen Stellen herausgegebenen amtlichen Veröffentlichungen. Da sie meist nicht über den Buchhandel vertrieben werden, sind sie nur selten in Bibliotheken zu finden und fallen daher leicht aus dem kulturellen Gedächtnis. Um dem entgegenzuwirken, sammeln die Pflichtexemplarbibliotheken in der Regel auch die meist als Amtsdruckschriften bezeich-

---

9 Kirchner 1989: 555.
10 Beger 2000: 38.

neten Publikationen öffentlicher Stellen. Die rechtliche Grundlage für diese Sammeltätigkeit findet sich aber nicht in den Pflichtexemplarregelungen, die amtliche Veröffentlichungen regelmäßig von der Ablieferungspflicht ausschließen, sondern in ministeriellen Ablieferungserlassen.[11] Im Rahmen der Fachaufsicht werden dabei die Stellen, die amtliche Publikationen herausgeben, angewiesen, diese den im Erlass bezeichneten Bibliotheken kostenfrei zu übermitteln. Dabei sind nicht nur die Pflichtexemplarbibliotheken oder aus traditionellen Gründen weitere Regionalbibliotheken (beispielsweise Oldenburg oder Detmold) empfangsberechtigt, sondern auch Parlamentsbibliotheken, Archive, die Deutsche Nationalbibliothek sowie die Staatsbibliotheken in München und Berlin, wobei die Berliner Bibliothek am internationalen Amtsdruckschriftentausch beteiligt ist. Die Ablieferungspflicht lediglich im Erlasswege zu regeln, erscheint auf den ersten Blick sinnvoll, denn der Staat verpflichtet sich üblicherweise nicht selbst in Form von Gesetzen, sondern regelt seine inneren Angelegenheiten durch hierarchische Weisungen. Allerdings reichen Erlasse grundsätzlich nur so weit, wie die Fachaufsicht der erlassenden Behörde reicht. Das hat zur Folge, dass die Amtsdruckschriftenerlasse im Selbstverwaltungsbereich von Kommunen und Hochschulen keine unmittelbare Geltung haben.[12] Diese Verwaltungsstellen werden daher in den jeweiligen Erlassen lediglich gebeten, auch ohne strikte Rechtspflicht ihre amtlichen Veröffentlichungen abzuliefern. Eine allein schon wegen der länderübergreifenden Sammlung der Staatsbibliotheken in München und Berlin wünschenswerte Vereinheitlichung bei den Abgabeerlassen wird durch einen Mustererlass der Kultusministerkonferenz von 1995 angestrebt, der in seiner letzten Fassung aus dem Jahre 2007 auch die Netzpublikationen der Behörden umfasst. Die Länder haben dies noch nicht vollständig umgesetzt.

Die soeben skizzierte Rechtslage kennt freilich Ausnahmen und ist überdies unvollständig. So gibt es im Freistaat Sachsen keinen Amtsdruckschriftenerlass. Das Land Hessen hat seinen Erlass im Jahr 2000 ersatzlos aufgehoben,[13] so dass die hessischen Bibliotheken Amtsdruckschriften nur noch auf gewohnheitsrechtlicher Grundlage beziehen. In Berlin hingegen ist die Materie im Pflichtexemplargesetz selbst geregelt, so dass dort auch Selbstverwaltungseinrichtungen ihre Veröffentlichungen abliefern müssen. Neben den Amtsdruckschriftenerlass treten mitunter sehr versteckte und spezielle Ablieferungsbestimmungen. So wurden etwa die Thüringer Hochschulen im Haushaltsbewirtschaftungserlass vom 17. Januar 2007 (Az. 1A3/0403-1/2007) gebeten, ihre Veröffentlichungen im Sinne eines kostenfreien Belegexemplars an die Bibliothek des Ministeriums zu liefern.

Die Aufhebung des hessischen Amtsdruckschriftenerlasses hinterlässt im Bibliotheksbereich eine Lücke, die aber von archivischer Seite gefüllt wird, denn im Hessischen Archivgesetz ist eine Anbietungspflicht für amtliche Veröffentlichungen zu

---

11 Booms 1977.
12 Kirchner 1981: 200.
13 Hessischer Staatsanzeiger: 2000, 4223.

Gunsten des zuständigen Archivs normiert. Ähnlich ist es in Sachsen. In Mecklenburg-Vorpommern hat die archivische gegenüber der bibliothekarischen Sammlung Vorrang.

Die im Vergleich zum Pflichtexemplarrecht unübersichtliche und lückenhafte Regelung der Amtsdruckschriften wurde vielfach kritisiert.[14] Teilweise wurde Unverständnis geäußert, dass der Staat sich selbst von der Pflichtablieferung ausnimmt, teilweise wird die Doppelspurigkeit von Pflichtexemplarvorschriften und Amtsdruckschriftenerlassen als zu kompliziert empfunden. Tatsächlich war die Ausnahme von amtlichen Druckschriften in den älteren Freistückgesetzen der 1930er Jahre aufgehoben. Gegenwärtig gibt es nur in Berlin eine gemeinsame Regelung, wobei die begriffliche Differenzierung beibehalten wurde.

6 Weitere Pflichtablieferungsbestimmungen

Neben das Pflichtexemplarrecht im engeren Sinn treten im Bibliotheksbereich noch zwei weitere gesetzliche Ablieferungspflichten, nämlich die Ablieferung von Hochschulschriften (Dissertationen, Habilitationen) auf Grundlage prüfungsrechtlicher Bestimmungen sowie die Abgabepflicht von Belegexemplaren im Rahmen der Benutzung von Sonderbeständen (Handschriften, Nachlässe), wenn eine Publikation unter wesentlicher Verwendung dieser Bestände erarbeitet wurde. An dieser Stelle nur kurz erwähnt sei der Filmbereich. Hier sammelt das Bundesarchiv auf der Grundlage von § 21 Filmfördergesetz subventionierte Produktionen. Zudem besteht nach dem Bundesarchivgesetz eine Registrierungspflicht für deutsche Kinofilme, die jedoch nicht abgeliefert werden müssen.

6.1 Hochschulschriften

Die Promotions- und Habilitationsordnungen sehen durchgängig eine Veröffentlichungspflicht vor und verlangen zugleich die Abgabe einer bestimmten Anzahl von Exemplaren der Prüfungsarbeit zur Aufnahme in die Hochschulbibliothek sowie für den Hochschulschriftentausch. Dem Anspruch auf die Freiexemplare korrespondiert die unausgesprochene öffentlich-rechtliche Pflicht, die Hochschulschriften der eigenen Hochschule dauerhaft zu sammeln.[15] Der Hochschulschriftentausch dient vor allem bei Arbeiten, die außerhalb des Buchhandels erscheinen, der Herstellung einer wissenschaftlichen Öffentlichkeit. Dieser Austausch wird mitunter als ausreichend angesehen, um diese Arbeiten dauerhaft zu erhalten, so dass die Pflichtex-

---

14 Kaspers 1954.
15 Kirchner 1981: 202; Vogt 2002: 110.

emplarvorschriften die Hochschulschriften teilweise von der Ablieferungspflicht ausnehmen; als wissenschaftliche Publikationen sind sie überdies auch keine amtlichen Druckschriften.

In älteren Hochschulgesetzen war die Veröffentlichungs- und Ablieferungspflicht explizit geregelt. Man hielt dies aus verfassungsrechtlichen Gründen wegen des Eingriffs in Urheber- und Eigentumsrechte für geboten.[16] Im Zuge der Deregulierung im modernen Hochschulrecht sind entsprechende Bestimmungen mit Ausnahme von Mecklenburg-Vorpommern vollständig aufgehoben worden, so dass sich die Ablieferungspflicht heute allein in den jeweiligen Prüfungsordnungen als Hochschulsatzungen findet.

Ob über den Kreis von Doktorarbeiten und Habilitationsschriften hinaus auch studentische Abschlussarbeiten ablieferungspflichtig gemacht werden können, scheint zweifelhaft, da diese Arbeiten keine eigenständigen wissenschaftlichen Ergebnisse enthalten müssen, die als Teil der zu erbringenden Prüfungsleitung der wissenschaftlichen Öffentlichkeit zu präsentieren wären. Soweit sie in Prüfungsämtern gesammelt werden, können sie, da sie als Prüfungsunterlagen gelten und insofern nicht veröffentlicht sind, aus urheberrechtlichen Gründen nicht an die Hochschulbibliothek zur allgemeinen Benutzung und Verzeichnung abgegeben werden. Werden diese Arbeiten im Hochschularchiv verwahrt, stellen sich auch dort urheberrechtliche Probleme.

6.2 Belegexemplare

In den Benutzungsordnungen von Bibliotheken findet sich häufig die Verpflichtung, von Publikationen, die auf Grundlage von Sonderbeständen wie Handschriften oder Nachlässen erarbeitet wurden, der Bibliothek ein kostenfreies Belegexemplar zu überlassen. Rechtfertigen lässt sich eine solche Regelung damit, dass die Bibliothek über sie betreffende Forschungen informiert sein soll (Erschließungsfunktion), wodurch auch unnötige Doppelforschungen vermieden werden (Schutzfunktion); schließlich kann das Belegexemplar auch als Kompensation für die mitunter arbeitsintensive Betreuung der Nutzer angesehen werden (Abgeltungsfunktion).[17] Obwohl die Forderung eines Belegexemplars sachgerecht erscheint, dürften die meisten Belegexemplarbestimmungen mangels einer ausreichenden gesetzlichen Grundlage aber rechtswidrig sein. Sie stellen einen Eingriff in das Eigentum des Bibliotheksnutzers dar, der nur durch oder aufgrund gesetzlicher Regelung erfolgen darf. Dies wurde im Archivrecht zuerst erkannt.[18] Daher finden sich in fast allen Archivgesetzen entsprechende Ermächtigungsgrundlagen, die in Härtefällen übrigens auf die Entschädigungsrege-

---

[16] Walter 1972: 312.
[17] Schoch [u.a.] 2007: 224.
[18] Schoch [u.a.] 2007: 221–225.

lungen des Pflichtexemplarrechts verweisen. Für Bibliotheken gibt es derzeit nur im Thüringer sowie im Hessischen Bibliotheksgesetz eine entsprechende Vorschrift.

7 Netzpublikationen als Herausforderung

Das Pflichtexemplarrecht hat sich, soweit es um Druckwerke geht, weitgehend bewährt. Zudem konnte es flächendeckend auch auf audio-visuelle Materialien ausgeweitet werden. Mit dem Aufkommen des Internet steht es gegenwärtig aber vor seiner größten Herausforderung, denn ein Großteil der zeitgeschichtlich relevanten Publikationen ist mittlerweile online zu finden. Wenn das Pflichtexemplarrecht auch künftig seiner Aufgabe, die möglichst vollständige Sammlung aller kulturell und historisch bedeutsamen Publikationen zu gewährleisten, gerecht werden will, müssen auch Netzpublikationen in seinen Anwendungsbereich einbezogen werden. Tatsächlich sind erste Schritte in diese Richtung schon recht frühzeitig im Zusammenhang mit der Einführung von elektronischen Dissertationen erfolgt. Im Projekt DissOnline hat Die Deutsche Bibliothek, die Vorgängereinrichtung der Deutschen Nationalbibliothek, bereits 1998 damit begonnen, Online-Publikationen zu sammeln und dauerhaft zu erhalten, was einmal mehr das Zusammenspiel von Hochschulschriften und Pflichtexemplarrecht illustriert. Die dabei gewonnenen Erfahrungen mündeten in den Erlass des Gesetzes über die Deutsche Nationalbibliothek im Jahr 2006. Darin wurde der Sammelauftrag der Bibliothek technikneutral auf Medienwerke bezogen, die sowohl in körperlicher als auch in unkörperlicher Form, worunter Netzpublikationen verstanden werden, abzuliefern sind. Der Gesetzgeber wollte sogar, dass die Bibliothek künftig das deutsche Internet in regelmäßigen Abständen im Wege des Web-Harvesting vollständig sichert, ein Vorhaben, das freilich nur in der Gesetzesbegründung, nicht jedoch im Gesetzestext selbst seinen Niederschlag gefunden hat.[19]

Die Ausweitung des Sammelauftrags der Deutschen Nationalbibliothek auf Netzpublikationen ist zwar sinnvoll, leidet jedoch unter einem juristischen Konstruktionsfehler.[20] Anders als bei Büchern und anderen Trägermedien wird mit der Ablieferung von Netzpublikationen nicht zugleich ein Eigentumserwerb bewirkt, der im analogen Bereich die Grundlage für die Nutzung und Erhaltung der Pflichtstücke bildet, sondern lediglich eine Vervielfältigung auf dem Server der Bibliothek erzeugt. Neben der Ablieferung wäre daher auch die Regelung von Nutzungsrechten für die Pflichtexemplarbibliothek erforderlich gewesen, zumal urheberrechtliche Schrankenbestimmungen allein weder ein selbständiges Einsammeln von Netzpublikationen durch die Bibliothek noch eine rechtssichere Langzeitarchivierung gestatten, die stets mit redundanten Vervielfältigungen und Formatänderungen verbunden ist.

---

19 Bundestags-Drucksache 16/322: 12.
20 Steinhauer 2009.

Auch die Nutzung der unkörperlichen Pflichtexemplare in der Bibliothek ist nicht ohne weiteres möglich.

In der Anfangszeit hat man dieses Problem offenbar nicht so recht erkannt und das Leitbild der Ablieferung körperlicher Werkstücke einfach auf den Bereich der Netzpublikationen übertragen. Auch erste Regelungen in den Bundesländern haben im Wesentlichen nur die bisherigen Bestimmungen auf Netzpublikationen ausgeweitet. Da die Pflichtexemplarvorschriften selbst keine urheberrechtlichen Schrankenbestimmungen darstellen, wird man bei der Ablieferung von Netzpublikationen wenigstens eine schlüssige Übertragung von Nutzungsrechten annehmen müssen, damit die empfangsberechtigten Bibliotheken überhaupt eine Arbeitsgrundlage haben.[21] Problematisch dabei ist allerdings, dass es Nutzungsrechte an sich nicht gibt, sondern dass sie in Reichweite und Umfang stark variieren können. Von daher muss sich aus den Pflichtexemplarvorschriften hinreichend deutlich ergeben, in welchem Umfang die Bibliothek die abgelieferten Werke nutzen wird. Ungelöst bleibt freilich, wie mit säumigen Ablieferungspflichtigen zu verfahren ist. Auch ein Web-Harvesting ist auf dieser Grundlage nicht zulässig.

Mittlerweile hat der Gesetzgeber das Problem teilweise erkannt. Die neuen Pflichtexemplarbestimmungen in Hessen und Nordrhein-Westfalen umschreiben recht genau die bei der Ablieferung einzuräumenden Nutzungsrechte.[22] In Hessen ist bei säumigen Ablieferungspflichtigen sogar eine Ersatzvornahme mit gesetzlicher Nutzungsrechtseinräumung vorgesehen.

Problematisch freilich ist, dass die Länder aus kompetenzrechtlichen Gründen keine urheberrechtlichen Bestimmungen erlassen können und eine Regelung wie in Hessen nur in den engen Grenzen des Verwaltungsvollstreckungsrechts gerechtfertigt werden kann. Auf mittlere Sicht ist daher der Bundesgesetzgeber aufgerufen, die Sammlung, Erhaltung und Nutzung von Netzpublikationen durch Pflichtexemplarbibliotheken mit eigenen urheberrechtlichen Schrankenbestimmungen abzusichern.[23] Da es um den Erhalt nationalen Kulturgutes geht, stehen der Einführung solcher Bestimmungen keine europarechtlichen Hindernisse im Weg.

Im Bereich der Amtsdruckschriften machen unkörperliche Medienwerke insoweit weniger Probleme, als der Staat in der Regel selbst Inhaber entsprechender Nutzungsrechte ist, so dass eine Nutzung in seinen eigenen Pflichtexemplarbibliotheken keinen urheberrechtlichen Bedenken begegnet. Soweit es um die Forderung von Belegexemplaren für die Nutzung von Sonderbeständen geht, wären die Auswirkungen der Digitalisierung und freien Verfügbarkeit dieser Ressourcen im Internet näher zu würdigen, denn die Online-Nutzung allein dürfte keine ausreichende Grundlage für die Abgabe von Freistücken darstellen.

---

21 Heckmann/Weber 2008.
22 Steinhauer 2012: 2–14.
23 Umfassend dazu Euler 2011.

8 Die Zukunft des Pflichtexemplarrechts

Ob das Pflichtexemplarrecht die Ausweitung in den Bereich der Netzpublikationen tatsächlich erfolgreich wird bewältigen können, ist eine offene Frage. Es gilt nämlich nicht nur, technische und rechtliche Probleme zu lösen, die größte Herausforderung stellt die Konvergenz der unterschiedlichen Medientypen im digitalen Bereich dar. Während in der analogen Welt weitgehend klar ist, welche Publikationen als kulturell relevante Veröffentlichung gelten, ist dies im digitalen Bereich in weiten Teilen noch unbestimmt. Sinnvoll erscheint zumindest eine Sammeltätigkeit zu sein, die sich im Sinne eines Schalenmodells auf eine möglichst vollständige Sammlung derjenigen Publikationen konzentriert, die überkommene Druckwerke ersetzen, und sich im Bereich der Ephemera wie auch jetzt schon auf eine exemplarische Dokumentation beschränkt. Hierzu kann auch ein periodisches Web-Harvesting gehören. Inwieweit dies überhaupt noch von Bibliotheken geleistet werden kann oder ob es speziell für den Netzbereich nicht einer vollkommen anders aufgestellten Gedächtnisinstitution bedarf, die neben Bibliotheken, Archive und Museen als vierte Säule des kulturellen Gedächtnisses treten könnte, ist ebenfalls eine noch offene Frage. Für eine solche, die Pflichtexemplarbibliotheken ergänzende Institution spricht, dass die im Pflichtexemplarrecht traditionell ausgesparten Bereiche des Films sowie des Rundfunks in ihrer neuen digitalen Form ebenfalls umfassend gesammelt und dokumentiert werden könnten. Um hier freilich zu einer sinnvollen Lösung zu kommen, bedarf es noch intensiver kultur- und medienwissenschaftlicher Überlegungen, was in welcher Form künftig Inhalt des kulturellen Gedächtnisses der Informationsgesellschaft im Internetzeitalter sein soll.

Literatur

Beger, Gabriele: Das Pflichtexemplarrecht – vom Schrifttum zum digitalen Werk. Eine juristische Betrachtung. In: Regionalbibliotheken in Deutschland. Mit einem Ausblick auf Österreich und die Schweiz. Hrsg. von Bernd Hagenau. Frankfurt am Main: Klostermann 2000 (Zeitschrift für Bibliothekswesen und Bibliographie – Sonderhefte 78). S. 36–52.

Booms, Hans: Amtsdruckschriften – Sorgenkind der Bibliotheken und Archive. In: Bibliothek – Buch – Geschichte. Kurt Köster zum 65. Geburtstag. Hrsg. von Günther Pflug, Brita Eckert u. Heinz Friesenhahn. Frankfurt am Main: Klostermann 1977 (Sonderveröffentlichungen der Deutschen Bibliothek 5). S. 93–108.

Burkhardt, Emanuel H.: § 12 LPG. In: Presserecht. Kommentar zu den deutschen Landespressegesetzen. Begr. von Martin Löffler. Hrsg. von Klaus Sedelmeier u. Emanuel H. Burkhardt. 5. Aufl. München: Beck 2006. S. 722-754.

Euler, Ellen: Das kulturelle Gedächtnis im Zeitalter digitaler und vernetzter Medien und sein Recht. Status quo der rechtlichen, insbesondere urheberrechtlichen Rahmenbedingungen [...] und Regelungsalternativen. Bad Honnef: Bock + Herchen 2011.

Flemming, Alfred: Das Recht der Pflichtexemplare. München: Beck 1940.

Franke, Johannes: Die Abgabe der Pflichtexemplare von Druckerzeugnissen. Unter besonderer Berücksichtigung Preussens und des Deutschen Reiches. Berlin: Asher 1889 (Sammlung bibliothekswissenschaftlicher Arbeiten 3).

Gödan, Jürgen Christoph: Entscheidungssammlung zum Bibliotheksrecht. Hrsg. von der Rechtskomission des Deutschen Bibliotheksinstituts und der Kommission für Rechtsfragen des Vereins Deutscher Bibliothekare 2. Aufl. Wiesbaden: Harrassowitz 2003 (Bibliotheksrecht 2).

Heckmann, Jörn u. Marc Philipp Weber: Elektronische Netzpublikationen im Lichte des Gesetzes über die Deutsche Nationalbibliothek (DNBG). In: AfP 39 (2008). S. 269–276.

Kaspers, Heinrich: Die Abgabe amtlicher Drucksachen an die öffentlichen Bibliotheken. Das Pflichtexemplarrecht für amtliche Drucksachen in Deutschland von seinen Anfängen bis zum gegenwärtigen Stand [...]. Köln: Greven 1954 (Arbeiten aus dem Bibliothekar-Lehrinstitut des Landes Nordrhein-Westfalen 4).

Kirchner, Hildebert: Bibliotheks- und Dokumentationsrecht. Wiesbaden: Reichert 1981 (Elemente des Buch- und Bibliothekswesens 8).

Kirchner, Hildebert: Gedanken über Pflichtexemplare. In: Das Buch in Praxis und Wissenschaft. 40 Jahre Deutsches Bucharchiv München. Eine Festschrift. Hrsg. von Peter Vodosek. Wiebaden: Harrassowitz 1989 (Buchwissenschaftliche Beiträge aus dem Deutschen Bucharchiv München 25).

Lansky, Ralph u. Erich Kesper: Bibliotheksrechtliche Vorschriften. Mit Bibliographie zum Bibliotheksrecht. 4. Aufl. Frankfurt am Main: Klostermann (Loseblattausgabe).

Löffler, Martin: Presserecht. Kommentar. Band 1: Die Landespressegesetze der Bundesrepublik Deutschland. 3. Aufl. München: Beck 1983.

Löffler, Martin u. Reinhart Ricker: Handbuch des Presserechts. München: Beck 1978.

Pfeiffer, Friedrich Wilhelm: Das materielle Recht der Pflichtexemplare in Deutschland. Eine historisch-dogmatische Untersuchung. München: Rieger in Komm. 1913.

Schoch, Friedrich, Michael Kloepfer u. Hansjürgen Garstka: Archivgesetz (ArchG-ProfE). Entwurf eines Archivgesetzes des Bundes. Berlin: Duncker & Humblot 2007 (Beiträge zum Informationsrecht 21).

Steinhauer, Eric W.: Pflichtablieferung von Netzpublikationen: urheberrechtliche Probleme im Zusammenhang mit der Ablieferungspflicht von Netzpublikationen an die Deutsche Nationalbibliothek. In: Kommunikation & Recht 12 (2009), S. 161–166.

Steinhauer, Eric W: Stellungnahme zu dem Entwurf eines Gesetzes über die Ablieferung von Pflichtexemplaren in Nordrhein-Westfalen (Pflichtexemplargesetz Nordrhein-Westfalen) Drucksache 16/179 vom 16.11.2012. Stellungnahme 16/231 (Landtag Nordrhein-Westfalen).

Syré, Ludger: Typ und Typologie von Regionalbibliotheken. In: Regionalbibliotheken in Deutschland. Mit einem Ausblick auf Österreich und die Schweiz. Hrsg. von Bernd Hagenau. Frankfurt am Main: Klostermann 2000 (Zeitschrift für Bibliothekswesen und Bibliographie – Sonderhefte 78). S. 13–35.

Vogt, Winold: Gutachten zur Frage der Behandlung überzähliger Dissertationen. In: Gutachtensammlung zum Bibliotheksrecht. Gutachten, Stellungnahmen, Empfehlungen, Berichte [...]. Jürgen Christoph Gödan Red. Wiesbaden: Harrassowitz 2002 (Bibliotheksrecht 1). S. 110–111.

Walter, Hannfried: Dissertationsdruckzwang und Grundgesetz. In: Deutsches Verwaltungsblatt 87 (1972), S. 309–312.

Will, Erich: Köln: Die Abgabe von Druckwerken an öffentliche Bibliotheken. Recht und Praxis der deutschen Pflichtexemplare [...]. Köln: Greven 1955 (Arbeiten aus dem Bibliothekar-Lehrinstitut des Landes Nordrhein-Westfalen 10).

Arne Upmeier
13.5 Rechtliche Rahmenbedingungen der Bibliotheksbenutzung

1 Einleitung

Jede Bibliothek steht im Mittelpunkt eines Netzwerks von rechtlichen Beziehungen zu ihren Nutzern, zu ihren Lieferanten, zum Unterhaltsträger, zu anderen Bibliotheken – Fernleihe, Mitgliedschaft im Deutschen Bibliotheksverband e.V. (dbv) und anderen Verbänden – etc. Jede dieser Beziehungen kann in der einen oder anderen Weise gestört sein, und dann kommt es auf die Details eben jener Beziehung an. Einfach durch die Vielzahl der Fälle und möglichen Fallkonstellationen kommt es dabei zwischen Bibliothek einerseits und Nutzerinnen und Nutzern andererseits besonders häufig zu Konflikten.

Die erste in einem solchen Fall zu klärende Frage ist die, ob es sich um einen zivilrechtlichen oder einen öffentlich-rechtlichen Konflikt handelt. Damit ist folgendes gemeint: Die allermeisten Bibliotheken gehören direkt oder indirekt der öffentlichen Hand, sie sind also Teil der Obrigkeit. Staatliche Institutionen können wählen, wie sie den Bürgerinnen und Bürgern begegnen wollen: im Obrigkeitsverhältnis durch Verwaltungsakt – typische Beispiele sind ein Strafmandat oder Steuerbescheid – oder aber „auf Augenhöhe" wie ein Bürger dem anderen. Letzteres ist beispielsweise der Fall, wenn die Bibliothek Bücher oder Bleistifte bei einem Lieferanten kauft.

Häufig ist die Entscheidung der Bibliothek, ob sie das Verhältnis zu ihren Nutzerinnen und Nutzern zivilrechtlich „auf Augenhöhe" oder öffentlich-rechtlich als Behörde geregelt haben möchte, bereits durch die gewählte Organisationsform bestimmt. Bibliotheken, die zivilrechtlich organisiert sind (in der Regel als GmbH, als Verein oder als Stiftung privaten Rechts), können nur zivilrechtlich handeln – selbst dann, wenn die Bibliothek zu 100 Prozent der öffentlichen Hand gehört. Wenn dagegen die Bibliothek eine öffentlich-rechtliche Betriebsform hat, kommt es darauf an, wie das Nutzungsverhältnis konkret geregelt ist. Die meisten Bibliotheken sind unselbstständige, d.h. nicht-rechtsfähige Anstalten des öffentlichen Rechts.[1] Sie sind damit keine eigenen Rechtsträger, sondern Teil einer größeren öffentlichen Einrichtung, die die Bibliothek rechtlich nach außen vertritt. Für kommunale Bibliotheken gilt, dass die Gemeinden dank ihrer Selbstverwaltung berechtigt sind, die Rechtsverhältnisse ihrer Bibliothek im Rahmen der allgemeinen Gesetze frei zu regeln. Das gilt auch für die Benutzungsordnung und die darin getroffenen Entscheidungen, etwa zur Erhebung von Benutzungsgebühren oder der Zulassung von Minderjährigen. Ähnliches gilt auch für die etwas mehr als 200 Hochschulbibliotheken in Deutschland. Die

---

[1] Zu den unterschiedlichen Organisationsformen unverändert aktuell: Beger 1995.

Hochschulen haben in der Regel die Satzungsautonomie als besondere Ausprägung der allgemeinen Hochschulautonomie. Konkret bedeutet das, dass Hochschulen ihre inneren Angelegenheiten durch Satzung frei regeln dürfen. Sie dürfen daher die rechtliche Organisation ihrer Bibliotheken frei bestimmen, soweit der Landesgesetzgeber keine eigenen Regelungen getroffen hat.[2]

Im Idealfall ist in der Benutzungsordnung explizit geregelt, ob sich das Benutzungsverhältnis nach den Regeln des öffentlichen oder des zivilen Rechts richtet. Üblich sind Formulierungen wie „Das Benutzungsverhältnis unterliegt dem öffentlichen Recht"[3]. Falls es aber keine explizite Regelung gibt, muss aus dem Zusammenhang geschlossen werden, ob es sich bei der „Benutzungsordnung" um eine Rechtsverordnung handelt oder um Allgemeine Geschäftsbedingungen.

	Merkmale	Vorteile	Nachteile
Öffentlich-rechtliche Organisation	Mahnungen sind Verwaltungsgebühren Schreiben (Mahnungen) ergehen als Bescheid Benutzungsordnung ist Rechtsverordnung Verwaltungsrechtsweg	Klare Regeln Wahlrecht der Bibliothek, ob im Einzelfall zivilrechtlich gehandelt werden soll Längere Verjährungsfristen Direkte Vollstreckbarkeit von Forderungen	Weniger flexibel Gebühren müssen dem Äquivalenzprinzip folgen Bestimmte Formvorschriften (Widerspruchsbelehrung etc.) müssen beachtet werden
Zivilrechtliches Benutzungsverhältnis	Mahngebühren sind Vertragsstrafen, Benutzungsgebühren Entgelte Benutzungsordnungen sind Allgemeine Geschäftsbedingungen (AGB)	Bibliothek kann flexibler agieren Erhobene Entgelte müssen nicht dem Äquivalenzprinzip folgen, können also im Prinzip frei festgelegt werden Das Zivilrecht ist vielen Bibliothekaren vertrauter, da sie es aus dem Alltag kennen. Daher weniger Fehlerquellen bei falsch abgefassten Verwaltungsakten etc.	Bibliothek kann nicht bei Bedarf auf öffentliches Recht ausweichen Kürzere Verjährungsfristen (drei Jahre) Forderungen können nicht direkt vollstreckt werden.

---

2 Bayern hat eine „Allgemeine Benützungsordnung der Bayerischen staatlichen Bibliotheken" erlassen. Die Hochschulen dürfen hiervon nicht abweichen, wohl aber Detailfragen durch eigene Regelungen konkretisieren. In den meisten Bundesländern (u.a. Thüringen und Sachsen) gibt es auch zentrale Gebührenordnungen für Hochschulbibliotheken. Eine Übersicht findet sich bei Michalke 2004: 1631–1633. Auch hier sind die Hochschulen dann nicht mehr frei, abweichende Regelungen zu erlassen.

3 Vgl. § 2 der Benutzungsordnung der Universitätsbibliothek Ilmenau (Stand: Ende 2013).

2 Die Benutzungsordnung

Die Benutzungsordnung ist etwas anderes als die Bibliotheksordnung. Beide sollten nicht verwechselt werden. Letztere regelt die interne Verfassung der Bibliothek, ihre Aufgaben und deren Stellung im Verhältnis zum Unterhaltsträger. Die Benutzungsordnung dagegen bestimmt das Rechtsverhältnis zwischen Bibliothek und Nutzer.

Unabhängig davon, ob es sich bei der Benutzungsordnung tatsächlich um eine öffentlich-rechtliche Verordnung handelt oder um Allgemeine Geschäftsbedingungen, gilt die Ordnung nicht erst durch deren ausdrückliche Anerkennung etwa bei der Anmeldung oder der Beantragung eines Bibliotheksausweises. Bereits das Betreten der Räumlichkeiten der Bibliothek stellt eine Anerkennung dar. Wenn also ein zufälliger Passant die Bibliothek betritt, um sich etwa vor einem Regenguss zu schützen, unterliegt er bereits der Benutzungsordnung und muss sich so verhalten, dass der Bibliotheksbetrieb nicht gestört wird. Der Besucher muss allerdings wenigstens einmal die naheliegende Möglichkeit gehabt haben, die Benutzungsordnung zur Kenntnis zu nehmen. Dies kann insbesondere durch gut sichtbaren Aushang oder Auslegen an der Theke und Veröffentlichung auf der Homepage der Bibliothek geschehen. Es gelten die Regelungen des BGB über Allgemeine Geschäftsbedingungen (§§ 305–310 BGB), im Falle von öffentlich-rechtlichen Ordnungen analog.[4] Die Benutzungsordnung darf daher z.B. keine für den Nutzer überraschenden Regelungen enthalten. Unklare Formulierungen gehen zu Lasten der Bibliothek.

Die Bibliothek stellt ihre Medienbestände, ihre technische Infrastruktur und ihre Räumlichkeiten nach Maßgabe ihrer Benutzungsordnung zur Verfügung. Hier ist geregelt, wer die Bibliothek wie nutzen darf. In der Benutzungsordnung sollte mindestens geregelt sein:[5]

- Die Legitimation zum Erlass der Ordnung,
- die Voraussetzungen zum Erwerb der Benutzungsberechtigung (Zulassung, Bibliotheksausweis etc.),
- Bestimmungen über die dem Nutzer gewährten Leistungen (Öffnungszeiten, Ausleihe, Fernleihe, Internetzugänge etc.),
- Regelungen zum Verhalten in der Bibliothek,
- Schadensersatzpflichten (eine verschuldensunabhängige Haftung des Entleihers für verlorene oder beschädigte Medien geht über das BGB hinaus und muss daher ausdrücklich geregelt werden!),
- Hausrecht,
- Datenschutz,
- eine Berechtigung der Bibliotheksleitung, ausführende Bestimmungen zu erlassen.

---

4 Geis 2002: 390.
5 Vgl. Kirchner/Wendt 1990 und Beger 2003a.

Gebühren oder Entgelte können ebenfalls in der Benutzungsordnung geregelt werden. Aus praktischen Gründen empfiehlt es sich allerdings, die Gebühren separat zu regeln: Es ist im Falle einer Gebührenanpassung weniger aufwendig, eine reine Gebührenordnung zu ändern als die Benutzungsordnung.

3 Zulassung Minderjähriger

Kinder und Jugendliche sind eine wichtige Zielgruppe insbesondere für Öffentliche Bibliotheken. Da Kinder und Jugendliche aber erst mit dem 18. Geburtstag volljährig und damit auch voll geschäftsfähig werden, stellt sich immer wieder die Frage, ob und wie sie zur Bibliotheksbenutzung zugelassen werden können.[6]

Bis zum siebenten Lebensjahr sind Kinder generell nicht geschäftsfähig. Sie können nicht unmittelbar zur Benutzung zugelassen werden, weil sie die mit der Bibliotheksnutzung einhergehenden Verpflichtungen nicht wirksam übernehmen können (Pflicht zur fristgerechten Rückgabe und zu sorgsamem Umgang mit den entliehenen Medien etc.). Hier kommt also nur eine Zulassung der Eltern in Frage, die dann auch für ihr Kind entleihen dürfen.

Schwieriger ist die Situation bei Jugendlichen, die älter als sieben Jahre, aber noch nicht volljährig sind. Ihre Willenserklärungen sind im Zweifel „schwebend unwirksam" bis sie von einem Erziehungsberechtigten genehmigt werden (§§ 106, 108 BGB). Jugendliche sollten also nur mit Zustimmung der Eltern zugelassen werden. Dabei ist darauf zu achten, dass das jeweilige Elternteil zugleich auch die Haftung für alle aus dem Nutzungsverhältnis gegebenenfalls entstehenden Kosten übernimmt. Sonst kann es passieren, dass die Bibliothek zwar eine wirksame Forderung gegen einen Jugendlichen hat, der – anders als seine Eltern – aber im Zweifel über gar kein Eigentum verfügt, aus dem die Forderung beglichen werden könnte.

4 Gebühren und Entgelte

Ein besonders konfliktträchtiger Teil des Benutzerverhältnisses sind die Gebühren und Entgelte, die im Rahmen der Bibliotheksbenutzung anfallen. Wenn das Benutzungsverhältnis öffentlich-rechtlich ausgestaltet ist, sind alle anfallenden Gebühren Verwaltungsgebühren, die in einer Gebühren- oder Verwaltungskostenordnung genau geregelt werden müssen. Ist das Benutzungsverhältnis zivilrechtlich, handelt es sich nicht um Verwaltungsgebühren, sondern um Entgelte aus Vertrag. Auch in diesem Fall müssen die Entgelte schon vorher genau bestimmt sein und dem Bibliotheksbenutzer bekannt sein. Eine öffentlich einsehbare Entgeltordnung ist hierbei

---

[6] Dazu Juraschko 2013: 33f.

die Regel. Möglich, wie oben beschrieben, aber eher nicht empfehlenswert, ist auch eine Regelung in der Benutzungsordnung.

Die bei einer verspäteten Rückgabe fälligen Säumnisgebühren sind keine Entgelte im eigentlichen Sinn, sondern Vertragsstrafen.[7] Wären sie nämlich Entgelte, wäre es den Nutzern erlaubt, ein entliehenes Medium über die eigentliche Leihfrist hinaus zu behalten, solange dabei die Bereitschaft besteht, das vorgeschriebene Entgelt für die zusätzliche Leihzeit zu bezahlen. Dem ist aber nicht so. Tatsächlich ist der Entleiher, der ein Medium nicht zurückgegeben hat, mit Ablauf der Leihfrist im Verzug (§ 286 Abs. 2 Nr. 2 BGB). In der Entgeltordnung sind für diesen Fall bestimmte Vertragsstrafen (Mahngebühren) vorgesehen.

Bei öffentlich-rechtlichen Verwaltungsgebühren ist zu beachten, dass diese Gebühren stets dem sogenannten Äquivalenzprinzip entsprechen müssen, das für alle öffentlichen Abgaben gilt. Das *Äquivalenzprinzip* wird aus dem verfassungsrechtlichen Übermaßverbot hergeleitet. Danach sollen Gebühren in den Grenzen der Praktikabilität sowie unter Beachtung des Gleichheitssatzes und des Grundsatzes der Verhältnismäßigkeit so gestaffelt sein, dass eine in etwa angemessene Gegenleistung für die Inanspruchnahme öffentlicher Leistungen erbracht wird.[8] Es geht dabei nicht unbedingt um eine strenge Gleichwertigkeit zwischen Leistung der Bibliothek und erhobener Gebühr (Kostendeckungsprinzip). Wenn mit der Gebühr eine legitime Verhaltenslenkung bezweckt wird, darf die Gebühr auch höher sein als die tatsächlich angefallenen Verwaltungskosten.[9] Insbesondere bei den Mahngebühren ist dies typischerweise der Fall. Mit den Gebühren darf allerdings keine Gewinnerzielungsabsicht verbunden sein, da es sich sonst um versteckte Steuern handeln würde.

Unabhängig davon, ob es sich um Verwaltungsgebühren, Entgelte oder Vertragsstrafen handelt, gibt es zwei unterschiedliche Prinzipien der Erhebung bei verspäteter Rückgabe. Entweder werden Gebühren pro Mahnung erhoben oder aber im Sinne einer Säumnisgebühr pro Zeitablauf seit Fristende, z.B. als bestimmter Betrag pro Tag oder Woche nach Fristende. Beide Systeme haben Vor- und Nachteile. Vorteil einer Berechnung pro Mahnung ist – insbesondere bei öffentlich-rechtlichen Gebühren – dass die Gebühr eng mit der Verwaltungsleistung verknüpft ist. Die Gebühr bildet also den Verwaltungsaufwand der Mahnung ab. Die Säumnisgebühr hat dafür den Vorteil, dass es gar nicht auf eine Mahnung ankommt. Die Gebühr entsteht automatisch mit Fristablauf. Im Streitfall muss die Bibliothek dann nicht nachweisen, ob tatsächlich eine Mahnung erstellt wurde. Auf den Zugang einer Mahnung beim Nutzer kommt es in beiden Fällen nicht an: Im ersten Fall entsteht die Gebühr durch die Erstellung der Mahnung in der Bibliothek (hier liegt der Verwaltungsaufwand), im zweiten Fall

---

[7] Anderer Ansicht ist hier wohl Beger 2003b.
[8] Entscheidungen des Bundesverfassungsgerichts, Band 50: 226f.
[9] Vgl. die Entscheidung des Bundesverfassungsgerichts in der Neuen Zeitschrift für Verwaltungsrecht, S. 715–720.

durch bloßen Fristablauf. In der Praxis sollte beachtet werden, dass nicht jede Bibliothekssoftware jede Form abbilden kann.

5 Internetrecht

Das Internet und die digitalen Medien sind zweifellos ein bedeutender Fortschritt für die Bibliotheken. Mit den erfreulichen neuen Möglichkeiten entstehen aber auch neue Rechtsprobleme, mit denen Bibliotheken sich auseinandersetzen müssen. Diese Rechtsprobleme können auf sehr verschiedenen Gebieten virulent werden, und das Recht der digitalen Medien manifestiert sich dann beispielweise im Urheber-, Straf-, Datenschutz-,[10] Jugendschutz- oder im Telekommunikationsrecht. Für das Urheberrecht kann dabei auf Kapitel „Urheberrecht" von Gabriele Beger in diesem Buch, für das Jugendschutzrecht auf den folgenden Abschnitt verwiesen werden. Es gibt jedoch einige Regelungen im Telekommunikationsrecht, die in Bibliotheken bekannt sein sollten.

Die beiden wichtigsten Gesetze im Telekommunikationsrecht sind das Telekommunikationsgesetz (TKG) und das Telemediengesetz (TMG).

Das TKG soll im Kern den Wettbewerb im Telekommunikationssektor gewährleisten und betrifft nur indirekt Bibliotheken, weil diese nicht als marktwirtschaftliche Wettbewerber auftreten. Einige Bestimmungen im TKG zum Datenschutz und zur Speicherung von Daten sind jedoch auch für Bibliotheken relevant. In diesem Gesetz war die umstrittene – und in der derzeitigen Form für verfassungswidrig erklärte – Vorratsdatenspeicherung geregelt. Wenn die im Koalitionsvertrag 2013 angekündigte Neufassung der Vorratsdatenspeicherung umgesetzt ist, wird zu beurteilen sein, ob und inwieweit auch Bibliotheken die Verbindungsdaten ihrer Nutzerinnen und Nutzer speichern müssen. Nach derzeitigem Rechtsstand ist eine Speicherung von Verkehrsdaten jedenfalls nicht zulässig. Verbindungsdaten dürfen derzeit nur kurz und ausschließlich zur technischen Ermöglichung der Inanspruchnahme der Dienste und zu Abrechnungszwecken gespeichert werden (§§ 96f. TKG; § 15 TMG).

Noch wichtiger ist das Telemediengesetz. Auch im TMG gibt es Regelungen zum Datenschutz. Besonders spannend ist die Frage, ob Bibliotheken im Rahmen ihrer Dienste sogenannte *Cookies* setzen dürfen.[11] Cookies sind kleine vom Webserver erzeugte Datensätze, die an den Webbrowser des jeweiligen Nutzers gesendet und auf der Festplatte des Nutzers abgelegt werden. Die Cookie-Einträge werden nach entsprechender Abfrage aber auch an den Webserver zurückübermittelt. Ein – auch datenschutzrechtlicher – Vorteil dieses Verfahrens liegt darin, dass gesammelte Daten beim Nutzer selbst hinterlegt werden und der Betreiber des Servers (die Bib-

---

[10] Zu den datenschutzrechtlichen Fragen ausführlicher: Hoeren 2013: 46–50.
[11] Zum Problem der Cookies: Hoeren 2013: 49.

liothek) darauf verzichten kann, die Informationen bei sich zu speichern. In Cookies können beispielsweise die früheren Suchanfragen eines Nutzers gespeichert werden, um bei künftigen Suchen „maßgeschneiderte" Ergebnisse anbieten zu können. Cookies sind so lange datenschutzrechtlich irrelevant, solange keine Rückschlüsse auf die Identität des Nutzers angestellt werden können. Cookies, wie sie Bibliotheken typischerweise verwenden, werden in der Regel keine derartigen Rückschlüsse zulassen. Zum Zwecke einer „bedarfsgerechten Gestaltung der Telemedien" darf jede Bibliothek dabei auch Nutzungsprofile erheben, sofern sie dabei mit Pseudonymen arbeitet, die keine Rückschlüsse auf konkrete Personen zulassen (§ 15 Abs. 3 TMG). Sollten Cookies aber ausnahmsweise personenbezogene Daten enthalten, ist dies nur in engen Grenzen zulässig. Zwar wäre nach § 14 die Speicherung von persönlichen Daten in Cookies erlaubt, wenn sie für die Nutzung der Telemediendienste benötigt werden (also insbesondere zur Identifizierung am Server der Bibliothek), Voraussetzung wäre aber eine Einwilligung des Nutzers (§ 12 Abs. 1 TMG).

Außer beim Datenschutz ist das TMG für Bibliotheken besonders dann relevant, wenn es um die Frage nach der Haftung für Rechtsverstöße im Internet geht. Hier müssen drei Stufen unterschieden werden, nämlich *Content-Provider, Access-Provider* und *Host-Provider*.[12]

- **Content-Provider** ist die Bibliothek, wenn sie eine eigene Homepage betreibt. Bei der Einrichtung einer Homepage sind einige rechtliche Vorgaben zu beachten, wie etwa die Impressumspflicht, Datenschutzerklärung und Disclaimer. Es gibt dafür eine Reihe guter Anleitungen im Internet,[13] so dass an dieser Stelle nicht näher auf diese Fragen eingegangen werden muss. Selbst wenn diese wichtigen Formalia alle beachtet wurden, haftet die Bibliothek trotzdem für eigene Inhalte auf ihrer Homepage, wenn darin gegen Rechtsnormen verstoßen wird. Problematisch ist dabei die Abgrenzung, was eigene Inhalte sind. Viele Bibliotheken betreiben soziale Medien, auf denen sich Besucher mit eigenen Inhalten äußern können, oder sie lassen sonst fremde Informationen (Buchrezensionen etc.) als Teil des eigenen Internetauftritts zu. Hier haftet die Bibliothek im Zweifel auch für die Inhalte der Dritten, weil sie sich die Inhalte zu eigen macht, wenn sie den eigenen Internetauftritt hierfür zur Verfügung stellt. Nur wenn die Bibliothek sich „nicht pauschal, sondern konkret und ausdrücklich"[14] distanziert, entfällt die Haftung. Aus den Umständen muss also klar erkennbar sein, was eigener Inhalt der Bibliothek ist und was nicht. Dies wird besonders bei Digitalisierungsprojekten relevant. Wenn in großem Umfang Texte digitalisiert und im Rahmen des Internetauftritts einer Bibliothek zur Verfügung gestellt werden, dann hat die Bibliothek keine realistische Chance zur Inhaltskontrolle. Es ist also nicht ausgeschlossen, dass einige der digitalisierten Texte zum Beispiel gewaltverherrlichende Inhalte

---

12 Zum Folgenden auch Gollan 2011, Abschnitt 10.5.3.
13 Beispielsweise IHK Wiesbaden 2013.
14 Hoeren 2013: 50.

haben oder darin Patent- oder Persönlichkeitsrechte verletzt werden. Damit keine Haftung der Bibliothek für die Verbreitung solcher Inhalte entsteht, müssen zwei Kriterien erfüllt sein: Zum einen muss auf den ersten Blick erkennbar sein, dass die Bibliothek sich die Texte nicht inhaltlich zu eigen macht. Das wird sich in der Regel aus dem Zusammenhang der Homepage ergeben. Die Bibliothek tritt dann nämlich wie ein Host-Provider auf, der fremde Informationen speichert. Zum anderen muss die Bibliothek anstößige Inhalte, von denen sie Kenntnis, erlangt, unverzüglich entfernen, um nicht für eine wissentliche Verbreitung von rechtswidrigen Inhalten in Haftung genommen zu werden (§ 10 TMG). In der Regel gibt es keine Haftung für Links auf Inhalte auf fremden Homepages. Erst wenn sich eine Bibliothek auch den rechtswidrigen Teil des fremden Inhaltes zu eigen macht (zum Beispiel indem wissentlich auf eine illegale Kopiersoftware verlinkt wird), könnte es theoretisch zu einer Haftung kommen. In der Praxis dürfte das aber eher abwegig sein.

– **Access-Provider** ist die Bibliothek, wenn sie ihren Nutzern drahtgebunden auf Computern der Bibliothek oder über drahtlose Netze (WLAN) Zugang zu fremden Inhalten gewährt. Abgesehen vom Jugendschutz trifft die Bibliothek hier in der Regel keine Haftung. Die Bibliothek leitet nur über die eigene technische Infrastruktur fremde Inhalte weiter. Sie kann entsprechend nur sehr begrenzt dafür verantwortlich sein, was ihre Nutzer sich im Internet ansehen und welcher Missbrauch dabei eventuell betrieben wird. Das Haftungsprivileg endet jedoch, wenn die Bibliothek Kenntnis von konkreten Verstößen hat und – obwohl das technisch möglich wäre – diese nicht unterbindet. Noch ungeklärt ist, ob eine Bibliothek trotzdem als „Störer" in Haftung genommen werden kann, wenn sie es unterlässt, ganz naheliegende Sicherheitsmaßnahmen vorzunehmen und damit gewissermaßen einlädt, ihre Infrastruktur für Rechtsverstöße zu benutzen.[15] Bibliotheken sollten daher sicherheitshalber an den öffentlich zugänglichen Rechnern und im WLAN-Netz einige zumutbare Maßnahmen gegen Missbrauch treffen. Dies betrifft insbesondere die Sperrung des Anschlusses für bekannte Tauschbörsen, die Reduzierung des Downloadvolumens und die Einrichtung einer Firewall, die die Nutzung von Filesharing-Angeboten unterbindet.[16] Die Bibliothek kann das Risiko, für Missbrauch des Internetanschlusses in Haftung genommen zu werden, auch „outsourcen", indem sie die Internetanschlüsse gar nicht selbst betreibt, sondern einen Dienstleister damit beauftragt, der dann auch das rechtliche Risiko trägt. Marktführer in diesem Bereich ist hotsplots.[17]

– **Host-Provider** ist eine Bibliothek, wenn sie Inhalte von Dritten, beispielsweise von gewerblichen Datenbankbetreibern, selber anbietet. Sie stellt also die tech-

---

[15] Näher dazu Talke 2011 (mit einer Auswertung der bis Anfang 2011 ergangenen Urteile).
[16] Talke 2011: 3.
[17] www.hotsplots.de (30.12.2013).

nische Infrastruktur bereit, über die die Inhalte angeboten werden. Besonders konfliktträchtig sind dabei öffentliche Foren, die die Bibliothek betreibt und auf denen sich Nutzer beispielsweise volksverhetzend oder beleidigend äußern könnten. Auch hier muss die Bibliothek erst reagieren, wenn sie Kenntnis von einem Rechtsverstoß erhält, dann aber unverzüglich. Eine ständige Überwachung der fremden Inhalte ist nicht erforderlich. Bei einem gut genutzten Internetforum sollte die Bibliothek die eingestellten Beiträge aber regelmäßig lesen, um gegebenenfalls einschreiten zu können.

6 Jugendschutz

Kinder und Jugendliche sind eine wichtige Zielgruppe insbesondere für Öffentliche Bibliotheken. Im Jahr 2012 waren 26 Prozent der aktiven Bibliotheksnutzer in Öffentlichen Bibliotheken unter 12 Jahre alt.[18] Auch in wissenschaftlichen Bibliotheken gibt es – unter anderem durch neue Angebote für Frühstudenten und das zwölfjährige Abitur – immer mehr minderjährige Nutzer. Die altersgemäße Bereitstellung der Medien ist also eine Kernaufgabe der Bibliotheken. Dabei sollten die rechtlichen Vorgaben aus den Jugendschutzgesetzen nur den äußeren Rahmen bilden, der durch sinnvolle medienpädagogische Maßnahmen ergänzt wird.

Die Funktion des Jugendschutzrechts besteht allgemein in der Bewahrung junger Menschen vor schädigenden Einflüssen. Zum Jugendschutzrecht gehören daher zum Beispiel auch die Gesetze, die den Verkauf von Alkohol oder Tabak an Kinder und Jugendliche reglementieren oder die Teilnahme an Glücksspielen und Tanzveranstaltungen begrenzen. Diese Teile des Jugendschutzrechts sind in Bibliotheken selten relevant. Anders sieht es aber beim Jugendmedienschutz aus. Es gibt in nahezu jeder Bibliothek Medien, die Kinder oder Jugendliche in einem bestimmten Alter negativ beeinflussen und im Extremfall ihre gesunde Entwicklung beeinträchtigen können. Ganz allgemein hat jede Bibliothek als Anbieterin solcher Medien dafür Sorge zu tragen, dass sie „üblicherweise" von Kindern und Jugendlichen der betreffenden Altersstufe nicht wahrgenommen werden können (§ 5 Abs. 1 Jugendmedienschutz-Staatsvertrag; JMStV). Auf die konkrete Form der Medien kommt es bei diesem allgemeinen Grundsatz zunächst nicht an. Es kann sich also um Bücher, (Computer-) Spiele, Comics, Filme oder auch Internetmedien handeln. In den Details gibt es aber eine Reihe von wesentlichen Unterschieden, die bei den unterschiedlichen Medienformen zu beachten sind. Wegen des föderalen Systems in Deutschland ist der Jugendmedienschutz in zwei sich ergänzenden Säulen geregelt. Das Jugendschutzgesetz (JuSchG) als Bundesgesetz regelt die „Trägermedien", der JMStV die „Teleme-

---

18 Quelle: Deutsche Bibliotheksstatistik 2012, Auswertung für Öffentliche Bibliotheken in Deutschland.

dien". Dabei sind Trägermedien „Medien mit Texten, Bildern oder Tönen auf gegenständlichen Trägern" (§ 1 Abs. 2 JuSchG), also Bücher, Zeitschriften, CDs, DVDs etc. Im Unterschied dazu sind Telemedien alle reinen Online-Medien, also insbesondere alle Angebote aus dem Internet.

6.1 Computerspiele und Filme

Bei den Trägermedien nehmen Computerspiele[19] und Filme eine Sonderstellung ein, weil es über die Unterhaltungssoftware Selbstkontrolle (USK) und die Freiwillige Selbstkontrolle der Filmwirtschaft (FSK) auch für Bibliotheken verbindliche Alterseinstufungen gibt. In der Regel sind diese Einstufungen gut sichtbar auf den Verpackungen angebracht. Es gibt eine einheitliche Farbstruktur der Kennzeichnungen (weiß: keine Altersbeschränkung, gelb: ab sechs Jahre, grün: ab 12 Jahre, blau: ab 16 Jahre, rot: ab 18 Jahre).

Ende 2008 wurden die Kennzeichen optisch umgestellt. Seit 2010 dürfen keine Medien mehr mit den alten Kennzeichen neu in Umlauf gebracht werden. Das hat zur Frage geführt, ob Bibliotheken ältere Bestände umetikettieren müssen. Dem ist nicht so. Die obersten Landesjugendbehörden unter Federführung des rheinland-pfälzischen Kultusministeriums haben dem Deutschen Bibliotheksverband mit Schreiben vom 2. Oktober 2009 mitgeteilt, dass die alten Etiketten ihre Gültigkeit behalten. Bibliotheken müssen also nicht umetikettieren.

Selbst wenn eine weitergehende Einwilligung der Erziehungsberechtigten vorliegen sollte, muss sich jede Bibliothek an die Kennzeichen halten und darf nicht an minderjährige Nutzerinnen und Nutzer ausleihen, die die Altersbeschränkung unterschreiten. Es ist allerdings erlaubt, an die Eltern direkt auszuleihen, die die Medien dann im Rahmen ihres elterlichen Erziehungsrechts auch jüngeren Kindern zugänglich machen dürfen.

Nicht etikettierte Filme und Computerspiele dürfen nach dem Gesetzeswortlaut nur dann ausgeliehen werden, wenn sie entweder vom Anbieter als „Infoprogramm" oder „Lehrprogramm" gekennzeichnet worden sind (§ 14 Abs. 7 JuSchG) oder es sich um reine Beiwerke zu Büchern handelt (beispielsweise eine CD-ROM mit Rechenspielen, die zu einem Mathematikbuch für Grundschüler gehört). Im Zweifel sollte beim Anbieter nachgefragt werden. Es gibt jedoch Restfälle, bei denen tatsächlich keine

---

[19] Download-Computerspiele und Download-Filme sind streng genommen Telemedien und unterfallen nicht direkt dem JuSchG, sondern dem JMStV. Sie spielen jedoch in Bibliotheken bisher keine große Rolle. Zudem ist die getrennte juristische Einstufung als Telemedien eher ein akademisches Problem: Die USK- und FSK-Einstufungen der gleichen Spiele oder Filme auf Trägermedien werden auf die Download-Versionen übertragen (usk.online und fsk.online). Medien, die auf einem Trägermedium nicht für eine bestimmte Altersgruppe zugelassen sind, dürfen entsprechend auch online nicht zugänglich gemacht werden. Das oben zu Computerspielen auf Trägern Gesagte gilt für Download-Spiele und Filme entsprechend.

Einstufung vom Anbieter zu bekommen ist (ausländische DVDs etc.). Solange eindeutig feststeht, dass keine Jugendgefährdung besteht, gibt es gute Gründe, von den strengeren Vorgaben des Gesetzes abzuweichen und pragmatische Lösungen zu finden, die trotzdem dem Gedanken des Jugendschutzes Genüge tun.[20] In eindeutigen Fällen, bei denen es nach objektiver Betrachtung keine Gefährdung von Kindern gibt („Angel- und Voltigier-DVDs"[21]), muss das Grundrecht nach Art. 5 Abs. 1 Satz 1 GG (Informationsfreiheit) dem Wortlaut des JuSchG vorgehen. Sobald an der Unbedenklichkeit aber auch nur ein geringer Zweifel besteht und keine Kennzeichnung des Anbieters oder von USK oder FSK vorliegt, darf ein Medium Minderjährigen nicht zugänglich gemacht werden.

6.2 Bücher, Zeitschriften und Brettspiele

Bei Büchern, Zeitschriften oder Brettspielen etc. gibt es keine deutliche Alterskennzeichnung wie bei Filmen oder Computerspielen. Trotzdem dürfen auch solche Materialien nicht in jedem Fall frei herausgegeben werden. Die Bundesprüfstelle für jugendgefährdende Medien (BPjM)[22] führt eine amtliche Liste von Medien, die als jugendgefährdend eingestuft sind. Diese Liste ist nicht öffentlich, eine Übersendung kann aber bei der Bundesprüfstelle beantragt werden. In der Praxis sinnvoller ist sicher eine kurze Anfrage an liste@bundespruefstelle.de, ob dieses oder jenes fragwürdige Medium auf der Liste steht. Eingetragene Medien dürfen Minderjährigen nicht zugänglich gemacht werden.

Medien, die schwer jugendgefährdend sind, dürfen ebenfalls nicht zugänglich gemacht werden, selbst wenn sie nicht auf der Liste stehen (§ 15 Abs. 2 JuSchG). Oft erfüllen solche Medien Straftatbestände und schon der Besitz kann strafbar sein. Hier gibt es keine klare Abgrenzung und jede Bibliothek muss im Zweifel selber entscheiden, ob es sich um einen solchen Fall handelt. Schwer jugendgefährdend sind Medien, wenn sie:[23]
– Propagandamittel verfassungswidriger Organisationen verbreiten (§ 86 StGB);
– den Holocaust leugnen und in sonstiger Weise volksverhetzend sind (§ 130 StGB);
– zu schweren Straftaten anleiten (§ 130 a StGB);
– grausame oder sonst unmenschliche Gewalttätigkeit gegen Menschen oder menschenähnliche Wesen in einer Art schildern, die eine Verherrlichung oder Verharmlosung solcher Gewalttätigkeiten ausdrückt oder die das Grausame oder

---

[20] Vorbildlich ist hier das pragmatische Verfahren der Bücherhallen Hamburg: Untiedt 2010.
[21] Untiedt 2010: 424.
[22] www.bundespruefstelle.de (30.12.2013).
[23] Die folgende Aufstellung ist übernommen aus: http://www.bundespruefstelle.de/bpjm/Jugendmedienschutz/Indizierungsverfahren/spruchpraxis (30.12.2013).

Unmenschliche des Vorgangs in einer die Menschenwürde verletzenden Weise darstellt (§ 131 StGB)
- besonders realistische, grausame und reißerische Darstellungen selbstzweckhafter Gewalt beinhalten, die das Geschehen beherrschen;
- pornografisch sind (§ 184 Abs. 1 StGB): Ein Medium ist pornografisch, wenn es unter Hintansetzen aller sonstigen menschlichen Bezüge sexuelle Vorgänge in grob aufdringlicher Weise in den Vordergrund rückt und wenn seine objektive Gesamttendenz ausschließlich oder überwiegend auf Aufreizung des Sexualtriebes abzielt.
- pornografisch sind und die Gewalttätigkeiten oder sexuelle Handlungen von Menschen mit Tieren (§ 184 a) oder sexuelle Handlung von, an oder vor Kindern (§ 184b StGB) oder sexuelle Handlungen von, an oder vor Personen von vierzehn bis achtzehn Jahren (§ 184c StGB) zum Gegenstand haben;
- den Krieg verherrlichen, wobei eine solche Kriegsverherrlichung besonders dann gegeben ist, wenn Krieg als reizvoll oder als Möglichkeit beschrieben wird, zu Anerkennung und Ruhm zu gelangen, und wenn das Geschehen einen realen Bezug hat;
- Menschen, die sterben oder schweren körperlichen oder seelischen Leiden ausgesetzt sind oder waren, in einer die Menschenwürde verletzenden Weise darstellen und ein tatsächliches Geschehen wiedergeben, ohne dass ein überwiegendes berechtigtes Interesse gerade an dieser Form der Berichterstattung vorliegt;
- Kinder oder Jugendliche in unnatürlicher, geschlechtsbetonter Körperhaltung darstellen;
- oder offensichtlich geeignet sind, die Entwicklung von Kindern oder Jugendlichen oder ihre Erziehung zu einer eigenverantwortlichen und gemeinschaftsfähigen Persönlichkeit schwer zu gefährden.

Besonders problematisch ist der Umgang mit Schriften aus dem „Dritten Reich" und teilweise auch aus der DDR, die nach freiheitlich-demokratischen Grundsätzen als jugendgefährdend einzustufen sind. Gerade bei solchen Schriften besteht oft ein berechtigtes Forschungsinteresse, und die kritische Auseinandersetzung muss möglich sein. Daher muss in der Praxis jeweils abgewogen werden, ob nach den konkreten Umständen gewährleistet ist, dass ein legitimer Zweck (Wissenschaft) schwerer wiegt. Wenn beispielsweise eine sechzehnjährige Schülerin im Rahmen einer Schularbeit das Buch „Mein Kampf" einsehen möchte, kann die Bibliothek dies unter Auflagen erlauben (naheliegende Auflagen wären: schriftliche Bestätigung des Lehrers, schriftliche Einwilligung der Eltern, nur Präsenznutzung in den Räumen der Bibliothek).

6.3 Internet

Bibliotheken sind der größte Anbieter von freien Internetzugängen in Deutschland. Die meisten Bibliotheken ab einer gewissen Größe bieten ihren Nutzerinnen und Nutzern Internetzugänge in den Räumen der Bibliothek. Diese großzügigen Zugänge stellen eine Herausforderung für den Jugendschutz dar, denn bekanntlich sind nicht alle Seiten im Internet für Kinder und Jugendliche geeignet. Auch eine Einwilligung der Eltern in die Internetnutzung hilft nur bedingt weiter, denn die Verpflichtung des Jugendschutzes gilt unabhängig vom elterlichen Erziehungsrecht: Kinder und Jugendliche dürfen keinen Zugang zu Medien haben, die sie in ihrer Entwicklung beeinträchtigen könnten. Nicht einmal dann, wenn dazu eine Einwilligung der Eltern vorliegt.

Trotz dieses starken Grundsatzes im Jugendschutz ist aber klar, dass ein völliges Ausschalten aller Risiken nicht möglich ist. Jede Filtersoftware kann entweder umgangen werden oder sie ist so streng („whitelist"), dass viele wichtige Seiten zu Unrecht geblockt werden. Insofern ist von der Bibliothek nur zu verlangen, in sinnvollem Maße Vorkehrungen zu treffen, dass ihre minderjährigen Nutzerinnen und Nutzer vor schädlichen Internetseiten geschützt werden.

Gelegentlich taucht die Frage auf, ob Bibliotheken einen Jugendschutzbeauftragten brauchen, weil sie Telemedien anbieten. Dem ist nicht so. § 7 JMStV sieht die Einsetzung von Jugendschutzbeauftragten nur bei gewerblichen Anbietern vor. Mit „Anbieter" sind in diesem Fall ausschließlich die Content-Provider gemeint. Content-Provider ist eine Bibliothek aber nur für ihre eigene Homepage und die wird in aller Regel nicht jugendgefährdend sein. Zudem sind Bibliotheken bis auf ganz wenige Ausnahmen (Werksbibliotheken) nicht gewerblich tätig.

Nach § 11 JMStV können Anbieter von Telemedien (also hier die Bibliothek) den Anforderungen an den Jugendschutz dadurch genügen, dass eine von der Kommission für Jugendmedienschutz der Landesmedienanstalten (KJM) anerkannte Filtersoftware eingesetzt wird. Gegenwärtig (Stand Ende 2013) gibt es nur zwei Programme, die diese offizielle Anerkennung haben, nämlich das Programm des Vereins JusProg, das unter www.jugendschutzprogramm.de kostenlos heruntergeladen werden kann, und die „Kinderschutz Software" der Deutschen Telekom, die unter www.t-online.de/kinderschutz ebenfalls kostenlos erhältlich ist. In beiden Programmen kann auf der Grundlage von Einstufungen, die die Betreiber der Internetseiten selbst vorgenommen haben, differenziert eingestellt werden, für welche Altersgruppen gefiltert werden soll.

Zusätzlich zu dem Einsatz einer Filtersoftware sollte durch gelegentliche Kontrolle vor Ort Missbrauch vorgebeugt werden. Das kann zum Beispiel so geschehen, dass die Bildschirme von der Auskunftstheke der Bibliothek einsehbar sind oder auch durch einen gelegentlichen Blick beim Rundgang durch die Bibliothek. Eine ständige Überwachung ist allerdings weder nötig, noch aus persönlichkeitsrechtlichen Gründen erlaubt.

Sollte der Verdacht bestehen, dass jugendgefährdende Seiten angesehen werden, muss die Bibliothek – ungeachtet eventuell eingesetzter Filtersoftware – einschreiten.

Literatur

Beger, Gabriele: Rechts- und Betriebsformen für öffentliche Bibliotheken. Berlin: Deutsches Bibliotheksinstitut 1995 (Handreichungen).
Beger, Gabriele (2003a) Rechtsfragen der Bibliotheksbenutzung: Ein Überblick. In: Erfolgreiches Management von Bibliotheken und Informationseinrichtungen. Hrsg. von Hans-Christoph Hobohm u. Konrad Umlauf. Hamburg: Dashöfer 2002ff. Abschnitt 10.7 (Stand 12/2003).
Beger, Gabriele (2003b): Bibliotheksbenutzung: Gebühren und Entgelte. In: Erfolgreiches Management von Bibliotheken und Informationseinrichtungen. Hrsg. von Hans-Christoph Hobohm und Konrad Umlauf. Hamburg: Dashöfer 2002ff. Abschnitt 10.7.8 (Stand: 12/2003).
Geis, Max-Emanuel: Die Schuldrechtsreform und das Verwaltungsrecht. In: Neue Zeitschrift für Verwaltungsrecht (2002), H. 4, S. 385–391.
Gollan, Lutz: Online-Recht. In: Erfolgreiches Management von Bibliotheken und Informationseinrichtungen. Hrsg. von Hans-Christoph Hobohm u. Konrad Umlauf. Hamburg: Dashöfer 2002ff. Abschnitt 10.5 (Stand 09/2011).
Hoeren, Thomas: Urheberrecht und Internetrecht. In: Grundlagen der praktischen Information und Dokumentation. Hrsg. von Rainer Kuhlen, Wolfgang Semar und Dietmar Strauch. 6. Aufl. Berlin: De Gruyter Saur 2013. S. 39–55.
Kirchner, Hildebrandt u. Rosa Maria Wendt: Bibliotheksbenutzungsordnungen. Regelungsgegenstände, Formulierungshilfen, Rechtsgutachten. Berlin: Deutsches Bibliotheksinstitut 1990 (dbi-materialien 93).
IHK Wiesbaden: Internetauftritt: Rechtliche Anforderungen und Pflichten www.ihk-wiesbaden.de/p/recht/rechtsberatung/Werbung/2118462/Internetauftritt_Rechtliche_Anforderungen_und_Pflichten.html (30.12.2013).
Juraschko, Bernd: Praxishandbuch Recht für Bibliotheken und Informationseinrichtungen. Berlin: De Gruyter Saur 2013.
Lieberknecht, Sabine: Die neuen Regelungen zum Jugendschutz in den Medien. In: Bibliotheksdienst (2003), H. 10, S. 1311–1314.
Michalke, Karin: Soll die Erhebung von Säumnisgebühren in die Verantwortung von Bibliotheken übergehen? In: Bibliotheksdienst (2004), H. 12, S. 1627–1636.
Talke, Armin: Haftung der Bibliotheken für Rechtsverstöße im Internet (Stand 22.02.2011). www.bibliotheksverband.de/fachgruppen/kommissionen/recht/rechtsinformationen.html (30.12.2013).
Untiedt, Frauke: Angel- und Voltigier-DVDs erst ab 18? In: BuB Forum Bibliothek und Information (2010), H. 6, S. 424–426.
Verch, Ulrike: Jugendschutz. In: Erfolgreiches Management von Bibliotheken und Informationseinrichtungen. Hrsg. von Hans-Christoph Hobohm u. Konrad Umlauf. Hamburg: Dashöfer 2002ff. Abschnitt 10.6.2 (Stand 09/2009).

//
14 Bibliotheks- und Informationsethik

Hermann Rösch
14.1 Informationsethik – Bibliotheksethik. Ethische Fragestellungen und ihr Stellenwert im Handlungsfeld Bibliothek

1 Einleitung

Der heute geläufige Begriff Informationsethik/*Information Ethics* ist im bibliothekarischen Umfeld geprägt worden und taucht etwa zeitgleich in den USA und in Deutschland auf.[1] Die Beschäftigung mit ethischen Fragestellungen im Bibliothekssektor hat allerdings erheblich früher eingesetzt. Schon Anfang des 20. Jahrhunderts hatte etwa die amerikanische Bibliothekarin Mary Plummer gefordert, Grundwerte und Verhaltensstandards zur Stabilisierung des bibliothekarischen Berufsbilds und zur Professionalisierung bibliothekarischer Praxis in Form einer Berufsethik zu standardisieren.[2] Es dauerte dann jedoch noch einige Jahrzehnte, bis die American Library Association 1938/39 die weltweit erste bibliothekarische Berufsethik verabschiedet hat.[3] Dies hätte der Auftakt sein können zur Begründung von Bibliotheksethik als eigenständiger Disziplin. Doch ist es dazu nicht gekommen. Auch der Begriff Bibliotheksethik/*Library Ethics* hat sich interessanterweise bis heute nicht eingebürgert,[4] obwohl ethischen Fragen inzwischen nicht nur im amerikanischen Bibliothekswesen immer mehr Aufmerksamkeit gewidmet wird. Stattdessen hat sich die Informationsethik mittlerweile zu einer Disziplin verselbstständigt, die weit über den bibliothekarischen Anwendungsbereich hinausragt und von manchen Autoren nicht einmal mehr mit Bibliotheken in Verbindung gebracht wird.[5]

Ehe auf Informationsethik näher eingegangen werden kann, ist es unumgänglich, die korrespondierenden Begriffe Ethik und Moral gegeneinander abzugrenzen.

2 Ethik und Moral

Ethik ist eine Teildisziplin der Philosophie, die sich wissenschaftlich mit moralischem Verhalten auseinandersetzt.[6] Schon aus dieser Formulierung geht hervor,

---
[1] Vgl. Hauptman 1988; Capurro 1988.
[2] Vgl. Plummer 1903.
[3] Vgl. Preer 2008: 5.
[4] Eine Ausnahme bildet die 2008 erschienene Monographie von Jean Preer, die den Titel „Library Ethics" trägt, vgl. Preer 2008.
[5] Vgl. Lenzen 2011: 211.
[6] Vgl. Pieper 2007: 17.

dass Ethik und Moral Unterschiedliches bezeichnen. Dennoch werden sie alltagssprachlich häufig synonym verwendet. In diesem unreflektierten Verständnis wird Ethik mit Ethos bzw. Moral verwechselt und gilt als Bezeichnung für einen Katalog moralischer Normen. Moral ist zu verstehen als Summe von Normen und Werten, nach denen sich Menschen bei ihren Entscheidungen und Handlungen richten.[7] Es handelt sich dabei um Sollensnormen, die in Kommunikationsgemeinschaften die Erwartbarkeit von Verhalten steigern sollen.[8] Demnach sind moralische Normen und Werte evolutionär entstanden aus Gewohnheiten, Gebräuchen und Sitten, die sich bewährt haben. Sie beziehen sich auf die jeweiligen Entstehungskontexte, d.h. die Kommunikationsgemeinschaften (Kulturen, Völker, Generationen, Religionsgemeinschaften, Berufsgruppen), in denen sie Geltung gewonnen haben. Moral ist zudem keineswegs statisch, sondern durchaus Veränderungen unterworfen. Ferner ergeben sich Differenzen, die auf die je spezifischen Erfahrungskontexte der unterschiedlichen sozialen Gruppen zurückzuführen sind.

Selbstverständlich ist auch die Moral der einzelnen Mitglieder sozialer Gruppen nicht zwingend identisch mit der herrschenden Gruppenmoral. Im je individuellen Verhalten lassen sich Varianten und Abweichungen von der geltenden Moral feststellen. Trotz dieser prinzipiellen Variabilität und der Offenheit für Abweichungen und Verstöße bleibt festzuhalten, dass ein Zusammenleben in sozialen Gruppen dauerhaft nur auf der Grundlage weitgehend akzeptierter und realisierter moralischer Werte möglich ist, die dadurch zu Normen werden. Moralische Normen sollen also wie rechtliche Regelungen sozialverträgliches Handeln ermöglichen, das Leben in einer Gemeinschaft ordnen. Im Unterschied zu Rechtsnormen werden moralische Normen bei Verstoß nicht zwingend durch staatliche Maßnahmen sanktioniert.

Im Unterschied zu Moral umfasst Ethik keineswegs konkrete Normen und Werte. Ethik ist vielmehr zu verstehen als Theorie der moralischen Praxis,[9] als Reflexionstheorie der Moral.[10] Ethik ist also nicht selbst „gute Sitte", Moral, sondern sie „beschreibt, vergleicht und bewertet menschliches Handeln mit dem Ziel, das ‚gute' Handeln zu identifizieren".[11] Moral ist also der Gegenstand der Ethik. Durch das „Reden über Moral" will Ethik es erleichtern, solchen Werten zu folgen, die „richtiges", „gutes" Verhalten ermöglichen.[12] Ethik liefert keine abschließenden Handlungsanweisungen, die als gut und allgemein verbindlich angesehen werden müssen. Vielmehr entwickelt sie Kriterien, die es in konkreten Kontexten unter Abschätzung der möglichen Handlungsfolgen erlauben, sich für ein bestimmtes wertbezogenes Verhalten zu entscheiden. Ethik dient also keineswegs dazu, dem Individuum Ent-

---

7 Vgl. Tokarski 2008: 50.
8 Vgl. Luhmann 2008b: 33.
9 Vgl. Pieper 2007: 30.
10 Vgl. Luhmann 2008a.
11 Tokarski 2008: 47.
12 Vgl. Pieper 2007: 23f.

scheidungen abzunehmen und es damit aus seiner Verantwortung zu entlassen. Stattdessen hat sie den Zweck, Orientierung zu geben und reflektierte, eigenverantwortliche Entscheidungen zu erleichtern.[13]

3 Informationsethik als angewandte Ethik

Informationsethik gehört zu den sogenannten Bereichsethiken, die etwa seit den 1960er Jahren entstanden sind. Prominente Beispiele sind etwa Unternehmensethik, Tierethik, Medizinethik, Rechtsethik oder Technikethik.[14] Die Bereichsethiken gehören zur angewandten Ethik, die von der theoretischen oder allgemeinen Ethik zu unterscheiden ist.

Für die Entstehung und die bemerkenswerte Aufmerksamkeit, welche angewandte Ethik seit der zweiten Hälfte des 20. Jahrhunderts erfährt, lassen sich mehrere Ursachen erkennen. Zu nennen sind zunächst ein wachsendes Bedürfnis, moralisch begründete Kritik an konkreten (Fehl-)Entwicklungen zu üben und die mit neuen Technologien verbundenen wertbezogenen Konflikte und Dilemmata bewältigen zu können.[15] Als Beispiel sei etwa erinnert an die Debatten um Stammzellenforschung oder Vorratsdatenspeicherung. Schließlich sind zu erwähnen die wachsende Komplexität von Gesellschaft und die grundsätzliche Entwicklungsbeschleunigung, welche die Suche nach Orientierung und den dafür notwendigen Wertbezügen und Normen verstärken. Gesellschaft wird inzwischen häufig als derart komplex und fragmentiert erlebt, dass die jeweiligen Handlungsfelder spezifischer Werte und Normen bedürfen, die sich nicht ohne Weiteres aus allgemeinen Prinzipien deduzieren lassen.[16]

Angewandte Ethik (als Summe der Bereichsethiken) ist demnach in mehrfacher Hinsicht zu charakterisieren:

Sie „bildet den Versuch, mit den Mitteln der Ethik Menschen dabei zu helfen, sich in bestimmten Situationen moralisch richtig zu verhalten, in denen Unsicherheit darüber herrscht, was in dieser Situation moralisch richtig wäre".[17] Sie erleichtert ferner die Orientierung an moralischen Werten und Normen, die in besonderen Handlungsfeldern und konkreten Entscheidungssituationen von Belang sind. Ihre Kontextbezogenheit drückt sich u.a. darin aus, dass sie begriffliche Spezifizierungen bietet und Differenzierungen erlaubt sowie Begründungs- und Rechtfertigungsmuster bereitstellt, die häufig anhand von Fallstudien, d.h. der exemplarischen Analyse realer und fiktiver Beispiele, erläutert werden.[18] Schließlich ist angewandte Ethik

---

[13] Vgl. Waibl 2005: 17.
[14] Vgl. Stoecker [u.a.] 2011b; Nida-Rümelin 1996.
[15] Vgl. Stoecker [u.a.] 2011a: 4.
[16] Vgl. Tokarski 2008: 72.
[17] Vgl. Stoecker [u.a.] 2011a: 5.
[18] Vgl. Stoecker [u.a.]: 10.

unter den verschiedenen ethischen Ansätzen eindeutig als normative Ethik bzw. als Verantwortungsethik zu identifizieren.[19] Über die bloß deskriptive Darstellung hinaus werden die im jeweiligen Handlungsfeld relevanten Normen explizit benannt. Entscheidungs- und Handlungsvarianten werden allerdings nicht allein diskutiert unter dem Aspekt, welche Tugenden und Werte zu berücksichtigen sind, sondern einbezogen wird in Anlehnung an das von Max Weber entwickelte Konzept der Verantwortungsethik, welche Folgen die jeweilige Entscheidung für Menschen und Umwelt haben könnte.

4 Informationsethik als Ethik der Informationsgesellschaft

Die seit mehreren Jahrzehnten anhaltende, rasante Entwicklung der Informations- und Kommunikationstechnologien hat derart prägende Wirkung auf alle sozialen Bereiche, dass nicht nur Soziologen den unter diesem Einfluss entstandenen Gesellschaftstyp als Informationsgesellschaft bezeichnen. Dies hat zu dem enormen Aufschwung der Informationsethik als Bereichsethik geführt. Einige Autoren sehen gar die Informationsethik als konstitutive Orientierungsinstanz der neuen Gesellschaftsform an,[20] als Ethik einer neuen Kultur.[21] Gelegentlich wird die gegenwärtige Gesellschaftsform auch als Wissensgesellschaft bezeichnet und analog die Ausbildung einer Wissensethik gefordert.[22] Verbreiteter ist hingegen das Konzept der Informationsgesellschaft und damit das der Informationsethik.

Informationsethik ist wie beschrieben im bibliothekarischen Kontext entstanden und befasste sich ursprünglich vorwiegend mit Fragen der Zensur, der Informationsfreiheit und des Urheberrechts. Mittlerweile wurde der Begriff von anderen Disziplinen wie der Informatik adaptiert und mit einem erheblich veränderten und erweiterten Konzept versehen. Froehlich beschreibt Informationsethik als „the study of ethical considerations that arise in the storage, processing, retrieval and use of information, information systems and information and communication technology".[23] Kuhlen entwickelt demgegenüber eine sehr viel engere Konzeption, indem er Informationsethik definiert als „Ethik in elektronischen Räumen"[24]. In seiner umfangreichen Monographie reduziert Kuhlen Informationsethik zudem aus einer eigentlich informationspolitischen Perspektive auf die Notwendigkeit ein neues Urheberrecht

---

19 Vgl. Suda 2005: 193–222.
20 Vgl. Kuhlen 2004a: 65.
21 Vgl. Linde/Stock 2011: 157.
22 Vgl. Spinner 1996.
23 Froehlich 2003: 256.
24 Kuhlen 2004a: 61.

zu schaffen, das auf digitale Medien und weltweite Vernetzung via Internet zugeschnitten ist.[25]

Rafael Capurro hingegen vermag Informationsethik auf ein konzeptionell breiteres Fundament zu stellen, das zudem durch umfassende philosophische Reflexionen abgesichert ist.[26] Er unterscheidet eine Informationsethik im engeren von einer im weiteren Sinne:

> Digitale Ethik oder Informationsethik im engeren Sinne befasst sich mit den Auswirkungen digitaler IKT (Informations- und Kommunikationstechnologien) auf die Gesellschaft und die Umwelt, vor allem in Hinblick auf ethische Fragen im Umgang mit dem Internet. Informationsethik im weiteren Sinne befasst sich hingegen mit ethischen Fragen von Information und Kommunikation unter Einbeziehung von, aber nicht ausschließlich digitaler Medien.[27]

Capurro entwirft Informationsethik als übergreifende Disziplin, zu deren Teilgebieten u.a. Netzethik, Digitale Ethik, Medienethik und Computerethik zu zählen sind. Insbesondere Medienethik und Computerethik werden in anderen Entwürfen als eigenständige Bereichsethiken aufgefasst. Unabhängig davon bleibt festzuhalten, dass Informationsethik Berührungspunkte und Überschneidungen aufweist etwa mit Technikethik, Computerethik, Unternehmensethik, Medienethik und Bibliotheksethik.[28]

Als informationsethische Leitidee nennt Capurro Informationsgerechtigkeit.[29] Daraus abgeleitet ergibt sich über die klassischen Aspekte der vordigitalen Informationsethik hinaus als Leitfrage: „Wie können wir sicherstellen, dass die Vorteile der IKT nicht nur gleichmäßig verteilt werden, sondern auch dazu beitragen, dass Menschen ihr eigenes Leben gestalten können?"[30] In dieser Formulierung erscheint Informationsethik als normative, als emanzipatorische Theorie, die sich kritisch mit moralischem Verhalten auf individueller und kollektiver Ebene im Informationsbereich befasst. Damit dies geschehen kann, muss Informationsethik als deskriptive Theorie zuvor die Strukturen und Machtverhältnisse beschreiben, die das Informationsverhalten in Vergangenheit und Gegenwart bestimmt haben. Es geht dabei darum, Informationsasymmetrien zu identifizieren, zu deren Milderung bzw. Überwindung emanzipatorische Informationsethik beitragen will.[31] Ein wichtiger Beitrag der kritischen Informationsethik besteht ferner darin, Informationsmythen aufzudecken und in ihren manipulativen Intentionen zu entlarven. Dabei geht es z.B. um Allmachtsvisionen, die mit dem Internet in Verbindung gebracht werden, oder um die Dienstleistungs- und Neutralitätsfassaden, mittels derer Unternehmen wie Google

---

25 Vgl. Kuhlen 2004b.
26 Vgl. etwa Capurro 1995; Hausmaninger/Capurro 2002; Capurro 2003a; Capurro 2004.
27 Capurro 2011.
28 Vgl. Lenzen 2011: 210.
29 Vgl. Schliack 2011: 90; vgl. auch Schüller-Zwierlein/Zillien 2013.
30 Capurro 2011.
31 Vgl. Capurro 2003b.

oder Facebook ihre in Wahrheit auf Gewinnmaximierung gerichteten Intentionen zu kaschieren versuchen.

5 Informationsethik und ihre thematischen Schwerpunkte

Durch die digitalen Informations- und Kommunikationstechnologien sind die traditionellen Themenbereiche der Informationsethik keineswegs marginalisiert worden. Der Einsatz von Filtersoftware, das massenhafte Duplizieren und Weiterleiten personenbezogener Daten oder das erleichterte Kopieren urheberrechtlich geschützter Daten sorgen dafür, dass Themen wie Zensur, Datenschutz oder Plagiarismus große Aufmerksamkeit erfahren. Darüber hinaus sind völlig neue Konfliktsphären entstanden. Zu denken ist etwa an *Digital Divide* (innergesellschaftlich und weltweit), digitale Überwachung (z.B. durch RFID), netzbasierte Kriminalität (Passwortklau und -betrug, Verbreitung kinderpornographischer Darstellungen) oder Cyber-Mobbing.

Unter dieser Voraussetzung lassen sich mindestens sechs zentrale Themenkomplexe benennen, die Gegenstand informationsethischer Diskurse sind:[32]

– **Informationsfreiheit, Meinungsfreiheit, Zensurfreiheit:** Sowohl in der UN-Charta der Menschenrechte (Art. 19) wie im Grundgesetz (Art. 5, Abs. 1) ist die Garantie der Informationsfreiheit artikuliert. Bei Lichte betrachtet stellt sich jedoch heraus, dass Artikel 5 GG eine Vorzensur zwar definitiv ausschließt (Abs. 1), eine Nachzensur jedoch in bestimmten Fällen (Strafrecht, Jugendschutz, Verletzung der persönlichen Ehre) durchaus vorsieht (Abs. 2). Jugendschutz und Schutz vor ehrverletzenden Äußerungen sind zweifellos Anliegen, die eine wohlabgewogene Einschränkung des Rechts auf freie Meinungsäußerung vertretbar erscheinen lassen. Konfliktpotenzial liegt jedoch in der Frage, wann der Jugendschutz bedroht und das Recht der persönlichen Ehre verletzt ist.

In ihrem Wertbezug ist die politische und gesellschaftliche Praxis tatsächlich höchst labil. Im Kampf um politische Macht, um ökonomische Macht oder um persönliche Vorteile treten ethische Orientierungen und rechtliche Vorschriften nicht selten in den Hintergrund. Zunächst nachvollziehbare Argumente zur vorsichtigen Einschränkung voller Informationsfreiheit wie Jugendschutz werden dann vorgeschoben, um eigene Interessen rücksichtslos verfolgen zu können. Informationsethische Reflexion hat zum Ziel, entsprechende Normverstöße aufzudecken, zu thematisieren und damit einen Impuls zur Korrektur zu geben. Im Internet ist das Problem durch den Einsatz von Filtersoftware verschärft

---

[32] Die folgende Aufzählung erhebt keinen Anspruch auf Vollständigkeit. Die genannten Themen ließen sich zudem auch anders gruppieren und aufteilen. Vgl. dazu auch Capurro 2003a: 14; Kuhlen 2004a: 66–68; Lenzen 2011: 212–214.

worden. In vielen Fällen wird der Zugang zu missliebigen Inhalten ohne Wissen der Nutzer verwehrt. Veranlasser können Staaten, Institutionen, Unternehmen usw. sein. In Absprache mit nationalen Regierungen entfernen z.B. die Betreiber bestimmte Inhalte aus den länderspezifischen Indizes ihrer Suchmaschinen. Wer etwa von Deutschland aus die Suchmaschine Google benutzt (Google.de), kann auf bestimmte Dokumente nicht zugreifen, die ein US-amerikanischer Nutzer über Google.com ohne Weiteres aufrufen kann. Welche Sachverhalte jeweils getilgt sind und um welches Volumen es sich handelt, teilen die Suchmaschinenbetreiber nicht mit. Auf der anderen Seite können via Internet natürlich brisante Inhalte verbreitet werden, die eine Gefahr für Einzelne oder die soziale Gemeinschaft darstellen. Wie jede Freiheit ist auch Informationsfreiheit nicht absolut, sondern findet ihre Grenzen dort, wo Grundrechte anderer verletzt werden. Die Balance zwischen Freiheit und Einschränkung aus Rücksichtnahme bzw. sozialer Verpflichtung muss ständig überprüft und neu austariert werden.[33] Im Kontext des World Summit on the Information Society 2003 in Genf wurde kontrovers diskutiert, ob Informations- und Meinungsfreiheit des Art. 19 der UN-Menschenrechtskonvention um ein Recht auf Kommunikation erweitert werden soll. Nur damit, so die Befürworter, könne den durch das Internet geschaffenen multilateralen Kommunikationsmöglichkeiten, bestehend aus einem Recht zu schreiben (*right to write*) und einem Recht zu lesen (*right to read*), angemessen Rechnung getragen werden.[34] Dieser Aspekt ist es wert, im Rahmen eines gründlichen ethischen Diskurses wieder aufgegriffen zu werden.

- **Datenschutz, Schutz der Privatsphäre:** Dadurch dass Informations- und Kommunikationstechnologien es ermöglicht haben, das Internet zum zentralen Kommunikationskanal werden zu lassen, stellen sich insbesondere für den Datenschutz und den Schutz der Privatsphäre völlig neue Herausforderungen. In bislang kaum vorstellbarem Maß ist es nun möglich, Verbindungsdaten von Kommunikation via E-Mail und Mobiltelefon zu speichern und auszuwerten. Euphemistisch wird dies z.B. in Deutschland als „Vorratsdatenspeicherung" bezeichnet. Hinzu tritt die Überwachung öffentlicher Räume durch Digitalkameras, welche dank verbesserter Gesichtserkennungssoftware ungeahnte Auswertungsmöglichkeiten birgt. Die intensive Überwachung öffentlicher Räume und das präventive Ausspähen der Privatsphäre werden von Behörden und Regierungsstellen mit dem Hinweis gerechtfertigt, nur so könne Sicherheit garantiert und Schutz vor Kriminalität und Terrorismus gewährleistet werden. Im Rahmen eines informationsethischen Diskurses ist zu klären, welche Konsequenzen die mit diesem Sicherheitsversprechen verbundenen Maßnahmen für das öffentliche und private Leben der Bürgerinnen und Bürger haben. Zu den Errungenschaften der bürgerlichen Gesellschaft gehört die Trennung von öffentlicher und privater Sphäre. Die Verfassungen demokrati-

---

33 Vgl. Rösch 2011b.
34 Vgl. Capurro 2007: 30; Kuhlen 2004b: 231–261.

scher Gesellschaften haben bisher dem Schutz der Privatsphäre außerordentlich hohen Rang eingeräumt. Ist es unter diesen Voraussetzungen zu verantworten, wenn Anonymität, Autonomie und Vertrauen in Frage gestellt werden? Keineswegs utopisch sind Szenarien, in denen die Weiterentwicklung von RFID oder andere neue Technologien es erlauben, lückenlose Bewegungsprofile von Individuen zu erzeugen, ohne dass diese davon erfahren.[35]

– **Urheberrecht, Geistiges Eigentum:** Das unter der Vorherrschaft analoger Medien entwickelte Urheberrecht hat sich in der digitalen Welt als unzureichend erwiesen. *Copy and Paste* und die erhebliche Erleichterung kollaborativen Arbeitens, um nur zwei Aspekte zu nennen, haben zu einem Verhalten geführt, das sich mit den bestehenden Rechtsnormen nicht mehr deckt oder nur zum Teil erfasst wird. In der anhaltenden Debatte prallen nicht selten zwei Extrempositionen aufeinander: Die einen fordern einen radikalen Wissens- oder Informationskommunismus. Konsensualisierte Erkenntnis („Wissen") sei Besitz der Menschheit, Autorschaft im Zeichen prinzipiell vernetzen Arbeitens ein anachronistisches Konzept.[36] Demgegenüber pochen die anderen, vorwiegend Vertreter der Verlage, der Musikwirtschaft und der Informationswirtschaft sowie der Autoren und Künstler darauf, dass Geistiges Eigentum und Copyright im digitalen Umfeld ähnlichen Schutz genießen müsse wie in der Printwelt. Manche Modelle (und Praktiken) gehen sogar so weit, Datenbanken, E-Books und E-Journals nur noch zeitlich befristet zu vermieten und etwa Bibliotheken das Kaufrecht prinzipiell zu verwehren. Dieses auf bloße Gewinnmaximierung zielende Verhalten ist insofern unethisch, als Bibliotheken dadurch ihrem Auftrag, den freien Zugang zu Informationen zu gewährleisten, auf Dauer nicht oder nur eingeschränkt gerecht werden können. Es ist von größter Bedeutung, dass in diese Debatte neben den rechtlichen, ökonomischen und politischen Argumenten auch informationsethische Perspektiven einfließen. Ein wichtiges Phänomen, das im Zusammenhang mit Urheberrecht und Geistigem Eigentum auftaucht, ist das des Plagiarismus. Für die Musikwirtschaft, aber auch für die Künstler selbst hat sich eine z.T. existenzbedrohende Gefährdung ergeben. Plagiarismus spielt offenbar auch in der wissenschaftlichen Praxis mittlerweile eine größere Rolle als früher. Ziel immer wieder erneuerten informationsethischen Reflektierens muss es sein, für Klärung und Orientierung zu sorgen und damit zu einem moralisch akzeptablen Umgang mit Informationen beizutragen.

– **Digitale Spaltung (*Digital Divide*):** Zu unterscheiden sind zunächst die gesellschaftsinterne und die globale Spaltung. Bei der gesellschaftsinternen Spaltung geht es um die durch soziale Schichtung und divergierende Bildungshorizonte verursachten unterschiedlichen Möglichkeiten, an IT-gestützten Informationsprozessen teilzunehmen. Selbst wenn in einer Gesellschaft

---

35 Vgl. Capurro 2011.
36 Vgl. Kuhlen 2004b: 311–379.

annähernd 100 Prozent der Bevölkerung Zugriff auf das Internet haben, ist dies kein Indiz für die Überwindung der digitalen Spaltung. Entscheidend ist vielmehr, ob der Einzelne dazu in der Lage ist, ein Medium wie das Internet selbstbestimmt für seine Zwecke zu nutzen, die gesuchten Informationen zielgerichtet, möglichst vollständig zu ermitteln, diese in ihrer Zuverlässigkeit bewerten und weiterverwenden zu können. Hinzu kommt die Fähigkeit, z.B. in digitalen Netzen selbst erfolgreich als Autor und Sender agieren zu können. Der Grad der individuellen Informationskompetenz ist also Indikator dafür, in welchem Umfang es einer Gesellschaft gelungen ist, Informationsasymmetrien abzubauen und partizipative, demokratische Strukturen zu stabilisieren. Auf globaler Ebene ist die digitale Spaltung auf das ökonomische Übergewicht der Industriestaaten gegenüber den Schwellen- und Entwicklungsländern zurückzuführen. So hatten Mitte 2012 in Afrika nur 15,6 Prozent der Bevölkerung Zugang zum Internet, in Nordamerika hingegen 78,6 Prozent.[37] Durch den Rückstand hinsichtlich des Zugangs zum Internet sind die Chancen dieser Länder, Anschluss an die weltweite technische und wirtschaftliche Entwicklung zu gewinnen, nachhaltig beeinträchtigt. In der Beschäftigung mit dem globalen *Digital Divide* geht es um die Frage, „wie Menschen in der sog. Dritten Welt ihr Leben besser mit Hilfe interaktiver digitaler Medien gestalten können und dies unter Vermeidung der Gefahren, die aus kultureller Ausbeutung, Homogenisierung, Kolonialismus und Diskriminierung entstehen".[38]

- **Informationelle Selbstbestimmung:** Unternehmen, aber auch Polizeibehörden und Geheimdienste generieren in stetig wachsendem Umfang Persönlichkeitsprofile aus individuellem Navigationsverhalten und Datenspuren unterschiedlicher Provenienz. In diesem Zusammenhang wird auf EU-Ebene die Forderung diskutiert, dem Einzelnen das Recht zu gewähren, die über ihn gesammelten Daten jederzeit zu modifizieren, deren Weitergabe zu untersagen oder deren vollständige und endgültige Löschung zu verlangen.[39] Die Geschäftsmodelle von Internetgiganten wie Google, Amazon oder Facebook wären von einem solchen Löschrecht massiv betroffen. Die Informationsprofile werden gegenwärtig in der Regel ohne Wissen der Betroffenen erzeugt und an interessierte Unternehmen weiterverkauft oder aber, wie etwa von Amazon, zum Zwecke des *One-to-One-Marketing* eingesetzt. Google z.B. nutzt seit Ende 2009 verstärkt Techniken der Personalisierung: Persönliche Daten werden nach über 50 Kriterien erfasst, analysiert und gespeichert, um die zukünftigen Suchergebnisse besser zuschneiden zu können auf das, was nach den Google-Algorithmen als angemessen für das suchende Individuum angenommen wird.[40] Die wenigsten Nutzer sind sich

---

37 Internet World Stats 2012.
38 Capurro 2011.
39 Vgl. Lüke 2012.
40 Vgl. Pariser 2011: 2.

darüber im Klaren, dass die Preisgabe ihrer persönlichen Daten die kommerziell enorm attraktive Gegenleistung ist für die angeblich freie und altruistische Dienstleistung des Suchmaschinenbetreibers.

- **Informationelle Grundversorgung:** Pluralistische, demokratisch verfasste Gesellschaften setzen Bürgerinnen und Bürger voraus, die sich an aktuellen gesellschaftlichen Diskursen und Entscheidungen beteiligen. Voraussetzung dafür ist eine uneingeschränkte, zensurfreie informationelle Grundversorgung, welche es ermöglicht, die informationelle Asymmetrie zwischen Regierung und Regierten zu verkleinern und im Idealfall zu beseitigen. Nur so ist wirksame demokratische Kontrolle und damit Partizipation möglich. Eine wichtige Forderung ist daher, informationelle Schutzräume zu schaffen, die frei sind von Vermarktungszwängen, staatlicher Bevormundung und weltanschaulichen Einseitigkeiten.[41]

Damit ist zugleich die Frage berührt, in welchem Verhältnis der freie Zugang zu Information zu kommerziellen Verwertungsinteressen stehen soll. Eindeutig ist zu beobachten, dass die „Kommodifizierung" von Information[42] den ursprünglich mit dem Internet verbundenen Gedanken der Informationsallmende zurückdrängt. Im Wissenschaftskontext versucht vor allem die Open-Access-Bewegung ein Gegengewicht zu kommerziellen Vermarktungsstrategien aufzubauen. Auf der einen Seite stehen also die Interessen derer, die über den Verkauf von Information Mehrwert erzielen wollen. Auf der anderen Seite wird der Einwand erhoben, dass die informationelle Grundversorgung gefährdet wird und Asymmetrien entstehen oder verfestigt werden, wenn der Zugang zu Information allein über Marktmechanismen geregelt wird. Eine praktikable Balance zwischen beiden Ansprüchen sollte im Rahmen informationsethischer Reflexionen gesucht und immer wieder neu vermessen werden.

Weitere wichtige Themen der Informationsethik sind etwa Informationsökologie[43] oder Wahrung kultureller Vielfalt trotz fortschreitender Standardisierung und weltweiter Vernetzung.[44] Diese und weitere Aspekte können jedoch im hier gegebenen Rahmen nicht weiter ausgeführt werden.

Ziel informationsethischer Analysen im Allgemeinen wie solcher mit konkretem Themenbezug ist es, an der Vision einer inklusiven Informationsgesellschaft zu arbeiten und deren Realisierung zu fördern. Dabei sollen kulturelle Unterschiede ebenso respektiert werden wie historische und regionale Besonderheiten. Eine herausgehobene Rolle spielt ferner die Beobachtung und Beschreibung der Veränderungen, die durch digitale Technologien in menschlichen Gesellschaften hervorgerufen werden.[45]

---

41 Vgl. Rösch 2012b: 12.
42 Vgl. Kuhlen 2002.
43 Vgl. Capurro 1990.
44 Vgl. Capurro 2007.
45 Vgl. Capurro 2011.

6 Bibliotheksethik als Informationsethik im Handlungsfeld Bibliothek

Im Vergleich zwischen dem oben grob skizzierten Themenspektrum und ethischen Fragestellungen im bibliothekarischen Kontext zeigen sich letztere als Teilmenge der Informationsethik. Auch wenn sich der Terminus Bibliotheksethik bislang nicht durchgesetzt hat, u.a. weil Informationsethik ursprünglich nichts anderes als Bibliotheksethik war, scheint es jetzt sinnvoll, ein spezifisch bibliotheksethisches Konzept zu entwickeln und als Bibliotheksethik zu bezeichnen. Im Zentrum steht zunächst die gesellschaftliche Rolle der Bibliothek, da sich daraus wesentliche Wertbezüge ergeben bzw. ableiten lassen. Darüber hinaus bilden dann die sechs Funktionsbereiche von Bibliothek den zweiten zentralen Bezugspunkt.

Zu unterscheiden sind ferner ethische Fragestellungen in Bezug auf die Bibliothek als Institution und auf Bibliothekarinnen und Bibliothekare als handelnde Personen. Im ersten Fall handelt es sich um Bibliotheksethik als Institutionenethik, im zweiten um bibliothekarische Berufsethik als Individualethik.

Ethik als Reflexion von Moral bezieht sich zunächst auf das Verhalten von Individuen, fragt nach Werten, die das individuelle Handeln bestimmen, und fragt nach den Folgen dieses Handelns, für die der Einzelne verantwortlich ist. Sofern tatsächlich der Einzelne und seine Wertentscheidungen im Mittelpunkt stehen, ist Ethik als Individualethik zu verstehen.

Neuzeitliche Gesellschaften sind von massiver und progredierender Arbeitsteilung geprägt. Das berufliche Handeln des Einzelnen erfolgt vorwiegend in Teams und hierarchischen oder systemischen Strukturen. Bei diesen übergeordneten Strukturen handelt es sich z.B. um Unternehmen und Verbände oder eben um Institutionen wie Bibliotheken, die als Regelsysteme die individuellen Handlungsspielräume ihrer Mitarbeiterinnen und Mitarbeiter bestimmen.[46] Damit werden die handelnden Individuen nicht aus ihrer moralischen Verantwortung entlassen, denn die Grundwerte eines Unternehmens, einer Behörde oder eines Interessenverbandes sind ja nicht vorgegeben oder von anonymen Mächten festgelegt worden. Im Falle von Unternehmen werden sie vom Management, idealerweise im Rahmen eines ethischen Diskurses im Austausch mit den übrigen Mitgliedern der Organisation, formuliert und gegebenenfalls modifiziert. Prägenden Einfluss auf das Wirken der übergeordneten Organisation bzw. Institution können die moralischen Werte aber nur dann gewinnen, wenn sie von den handelnden Individuen anerkannt werden. Der Einzelne ist also an Leitideen und wertbezogene Vorgaben der übergeordneten Institution gebunden, hat durch sein Handeln jedoch in beschränktem Maße Einfluss auf die Ausgestaltung dieser Leitideen.

---

46 Vgl. Meyer 2006: 46.

Insbesondere in der Unternehmensethik und in der Technikethik wurde frühzeitig die Notwendigkeit gesehen, zwischen Individualethik und Institutionenethik zu unterscheiden.[47]

Ein Beispiel mag den Zusammenhang zwischen bibliothekarischer Institutionenethik und bibliothekarischer Berufsethik als Individualethik erhellen. Wenn der Institution Bibliothek die Eigenschaft zugeschrieben wird, im Bestandsaufbau bzw. der Bereitstellung externer Ressourcen alle konkurrierenden Auffassungen unvoreingenommen und neutral zu berücksichtigen, hat dies Auswirkungen auf die Rollenerwartungen gegenüber dem bibliothekarischen Personal. In der bibliothekarischen Berufsethik der IFLA heißt es dazu: „Bibliothekarinnen und andere im Informationssektor Beschäftigte unterscheiden zwischen ihren persönlichen Überzeugungen und ihren beruflichen Pflichten. Sie stellen ihre privaten Interessen oder persönlichen Überzeugungen zugunsten des Neutralitätsgebots zurück."[48]

7 Gesellschaftliche Rolle und Handlungsfelder der Bibliothek: Bibliotheksethik als Institutionenethik

Selbstverständlich variiert die gesellschaftliche Rolle der Bibliothek in Abhängigkeit von Bibliothekstyp, Unterhaltsträger und konkreten Rahmenbedingungen. Die folgenden idealtypischen Überlegungen beziehen sich ausschließlich auf Bibliotheken in öffentlicher Trägerschaft. Auch wenn einige Aspekte eindeutig für den Typ Wissenschaftliche bzw. Öffentliche Bibliothek stehen, können doch die meisten – in abgeschwächter Form – beim jeweils anderen geltend gemacht werden.

Vor allem Wissenschaftliche Bibliotheken leisten einen wichtigen Beitrag zur
- Fachinformationsversorgung für Forschung und Lehre
- Fachinformationsversorgung für Unternehmen und interessierte Laien
- befristeten oder dauerhaften Überlieferung des kulturellen Erbes in gedruckter und digitaler Form
- Unterstützung der Publikationstätigkeit vor allem im digitalen Umfeld
- Vermittlung von Informationskompetenz
- Förderung Beruflicher (Weiter-)Bildung und zur
- Förderung kultureller Bildung.

In Öffentlichen Bibliotheken stehen stärker im Vordergrund die Beiträge zur
- informationellen Grundversorgung
- Verbesserung der Partizipationschancen
- Inklusion von Migranten und Minderheiten

---

47 Vgl. Tokarski 2006: 172–178; Capurro 2003c: 241–245; Weber 2002.
48 IFLA 2012.

- Emanzipation benachteiligter Gruppen und Schichten
- Förderung der Lesekompetenz
- Vermittlung von Informationskompetenz
- Fachinformationsversorgung der lokalen Wirtschaft und interessierter Laien
- Förderung Beruflicher (Weiter-)Bildung
- Förderung kultureller Bildung
- Unterhaltung und Freizeitgestaltung sowie zur
- Erleichterung der Alltagsbewältigung.

Alle Bibliothekstypen haben den Anspruch,
- Qualität
- Neutralität (Pluralismus) sowie
- Gleichbehandlung aller Nutzer

zu gewährleisten. Sie dienen ferner als
- Treffpunkt und Kommunikationsort sowie als
- ökonomiefreier Schutzraum ohne Konsumzwang.[49]

Dieser Katalog ist natürlich keineswegs endgültig oder vollständig. Er bedarf der gründlichen Diskussion und ständigen Revision. Aus den genannten Funktionen lassen sich wichtige Grundwerte ableiten, die für ethische Überlegungen mit Bezug auf die Institution Bibliothek bestimmend sind. Auf nationaler Ebene bietet es sich an, die entsprechenden Ergebnisse in Form einer bibliothekarischen Institutionenethik zusammenzufassen, die in regelmäßigen Abständen überprüft und gegebenenfalls modifiziert werden muss. In den USA wurde eine solche Institutionenethik von der ALA zuerst 1939 in Form der „Library Bill of Rights" formuliert, die zuletzt 1996 überarbeitet worden ist.[50] Eine Vorform in Deutschland mag in der von Bibliothek & Information Deutschland (BID) publizierten Imagebroschüre „21 gute Gründe für gute Bibliotheken" gesehen werden.[51]

Auf der Ebene der Einzelbibliothek empfiehlt es sich, die aus den Grundfunktionen bzw. der Institutionenethik abzulesenden Werte unter Berücksichtigung der lokalen Spezifika im Rahmen eines Leitbildes oder einer Policy zu beschreiben und bei Unterhaltsträgern wie Nutzern bekannt zu machen.

Bibliothekarisches Handeln vollzieht sich in sechs Handlungsfeldern:

---

[49] Vgl. Rösch 2012b.
[50] Vgl. American Library Association 1996; Office for Intellectual Freedom of the American Library Association 2010: 47–149.
[51] 21 gute Gründe 2009.

(1) Sammeln/Auswählen, (2) Bewahren/Überliefern, (3) Ordnen/Erschließen, (4) Bereitstellen/Zugänglich machen, (5) Vermitteln/Aktiv Verbreiten.[52] Hinzu tritt schließlich (6) Management/Organisation.

Für die sechs Handlungsfelder sind wiederum Grundwerte maßgebend, die nachfolgend exemplarisch aufgezählt werden:

(1) **Sammeln/Auswählen:** Neutralität, Pluralismus, Qualität, Recht am Geistigen Eigentum (Urheberrecht), Transparenz, Funktions- und Bedarfsorientierung
(2) **Bewahren/Überliefern:** befristete oder dauerhafte Archivierung unabhängig vom Inhalt; Authentizitätsgarantie; Neutralität bei der Entscheidung über Migration und retrospektive Digitalisierung, Funktions- und Bedarfsorientierung
(3) **Ordnen/Erschließen:** weltanschauliche Neutralität bei der formalen und inhaltlichen Erschließung; Ausgewogenheit bei der Katalogerweiterung durch Einbindung von z.B. Rezensionen und Nutzerkommentaren, Nutzerfreundlichkeit
(4) **Bereitstellen/Zugänglich machen:** Neutralität, Pluralismus, Gleichbehandlung, Inklusion, Emanzipation, Jugendschutz, Qualität, Datenschutz, Transparenz, Nutzerfreundlichkeit, Barrierefreiheit
(5) **Vermitteln/Aktiv Verbreiten:** Neutralität, Pluralismus, Gleichbehandlung, Inklusion, Emanzipation, Jugendschutz, Qualität, Datenschutz, Transparenz, Nutzerfreundlichkeit
(6) **Management/Organisation:** Professionalität, Qualität, Nutzerorientierung, Öffentlichkeitswirksamkeit, Transparenz, Korruptionsbekämpfung, Gleichbehandlung am Arbeitsplatz, Barrierefreiheit

Auch aus der vertieften Beschäftigung mit der gesellschaftlichen Rolle der Bibliothek und der Auseinandersetzung mit ihren Handlungsfeldern lassen sich Grundwerte ableiten, die ein verbreitetes und standardisiertes Verständnis von Bibliothek innerhalb des Bibliothekssektors, aber auch bei Nutzern, Unterhaltsträgern und vor allem innerhalb der gesamten Gesellschaft konstituieren. Eine derart konsensualisierte Vorstellung der Funktionen und Wertbezüge von Bibliothek wäre zweifellos im Stande, einen enorm wirkungsvollen Beitrag zur Verbesserung des Bibliotheksimages zu leisten. Wesentliches Instrument dafür wäre die Erarbeitung und Verabschiedung einer bibliothekarischen Institutionenethik durch die Berufsverbände, auf die in öffentlichen Diskursen Bezug genommen werden kann. Wirkung kann eine Institutionenethik nur entfalten, wenn sie von der großen Mehrheit der Kolleginnen und Kollegen getragen wird. D.h. die Erarbeitung kann nur im Rahmen eines breit angelegten Diskussionsprozesses erfolgen. Außerdem muss sichergestellt werden, dass die Institutionenethik regelmäßig revidiert und bei Bedarf nach einem festgelegten Verfahren geändert werden kann.

---

[52] Vgl. Rösch 2012a. Diesen Handlungsfeldern lassen auch die erst in jüngerer Zeit entstandenen bibliothekarischen Aufgaben zuordnen wie etwa der Betrieb von Open Access Repositorien (1-5), die Vermittlung von Informationskompetenz (5) oder das Kuratieren wissenschaftlicher Primärdaten (1-5).

Abgesehen von den USA, die mit der *Library Bill of Rights* wie erwähnt über eine bibliothekarische Institutionenethik verfügen, fehlt eine solche in den meisten Ländern, obwohl dadurch wie gezeigt bedeutende Effekte der Standardisierung und Popularisierung erzielt werden könnten. Ersatzweise wurden auf lokaler Ebene Leitbilder, Leitlinien und Policies entwickelt, die sich aber meist nur auf die eine, konkrete Bibliothek beziehen und keineswegs unter Bezug auf übergreifende Standards entstanden sind. Daher verfügen sie nicht über einen gemeinsamen Fundus an Aussagen, auf dem aufbauend die lokalen Besonderheiten thematisiert werden.

8 Bibliothekarische Berufsethik als Individualethik

Im Unterschied zur kaum entwickelten bibliothekarischen Institutionenethik hat der individualethische Teil der Bibliotheksethik in den vergangenen Jahrzehnten einen bemerkenswerten Aufschwung erlebt. Seit die American Library Association 1938/39 den ersten „Code of Ethics for Librarians" verabschiedet hat, sind nationale bibliothekarische Berufsethiken in mehr als 70 Ländern der Welt entstanden.[53]

Auch für viele andere Berufe sind Berufsethiken entwickelt worden. So gibt es berufsethische Standards für die meisten Pflegeberufe, für Journalisten, Psychologen, Informatiker, Steuerberater usw. Einige amerikanische Berufssoziologen sehen in der Entwicklung einer Berufsethik eine der Voraussetzungen dafür, dass sich ein Berufsstand verselbstständigt und als eigenständige Profession im Ensemble arbeitsteiliger Gesellschaft etabliert.[54] Meist sind es die Berufsverbände, die auf nationaler und internationaler Ebene die jeweilige Berufsethik diskutieren, festlegen und aktualisieren.

In einer Berufsethik werden die spezifischen moralischen Werte und Normen behandelt, die für die Berufsangehörigen bei der Ausübung ihres Berufs von herausragender Bedeutung sind.[55] Die Kernfunktion der Berufsethik besteht daher darin, Wertorientierungen für die Praxis zu bieten und ethisch abgesicherte Entscheidungen zu ermöglichen.[56] Sie beschreibt als Bezugsnorm den Rahmen für akzeptables Verhalten und bietet als „kollektives Gewissen" des Berufsstands den Bibliothekarinnen und Bibliothekaren die Möglichkeit, die eigene Praxis an allgemeinen Regeln zu überprüfen. Dennoch ist zu betonen, dass Berufsethiken weder ein Lösungsreservoir für konkrete Problemfälle sind, noch den Einzelnen aus seiner Verantwortung entlassen. Sie behandeln Grundwerte und stecken dadurch Handlungsspielräume ab. Die konkrete Lösung für einen aktuellen Konflikt muss jeweils unter Abwägung der situa-

---

[53] Vgl. IFLA-Committee on Freedom of Access to Information and Free Expression 2013; Gębołyś/Tomaszczyk 2012; Spenke 2011.
[54] Vgl. Abott 1998.
[55] Vgl. Rösch 2011a: 270.
[56] Vgl. Fuchs-Heinritz 2011: 85.

tionsbezogenen Rahmenbedingungen gesucht und verantwortet werden. Die Berufsethik aber dient dabei der Reflexion über die jeweils tangierten berufsspezifischen moralischen Grundwerte und die möglichen Folgen getroffener Entscheidungen.

Außer zur Wertorientierung trägt eine Berufsethik auch dazu bei, ein klares, ethisch fundiertes Berufsbild zu entwickeln. Dies wiederum erleichtert die berufliche Sozialisation des bibliothekarischen Nachwuchses erheblich. Für die Vereinbarung von Zielvereinbarungen zwischen Führungseben und Abteilungen, Teams oder einzelnen Mitarbeitern können berufsethische Standards herangezogen werden, um Rollenerwartungen zu definieren.

In der Außenwirkung ermöglicht ein konsensualisiertes Berufsbild, den Beruf mit Grundwerten wie „Informationsfreiheit", „Zensurfreiheit", „Datenschutz", „Pluralismus" oder „Gleichbehandlung" zu konnotieren. Dies erlaubt eine positive Identifikation und sorgt für Transparenz bei Nutzern, Unterhaltsträgern, politischen Entscheidern und letztlich in der gesamten Gesellschaft.[57] Die Entwicklung sowie die forcierte Popularisierung der Berufsethik vermag derart im Rahmen von Marketing und Public Relations einen nicht zu unterschätzenden Beitrag sowohl zum Erwartungsmanagement als auch zur Imagepflege des Berufsbildes zu leisten.[58]

Schließlich ermöglicht die Berufsethik es gemeinsam mit der Institutionenethik, Rechtsnormen und Rechtspraxis ethisch zu überprüfen und im Bedarfsfall für Veränderungen einzutreten. Aktuell ist dies häufig der Fall im Kontext des Urheberrechts. Nicht selten bemängeln bibliothekarische Interessenvertreter, dass gesetzliche Regelungen die Rechteinhaber in einer Weise bevorzugen, durch die der bibliothekarische Informationsversorgungsauftrag in bedenklichem Umfang eingeschränkt wird.

Grundsätzlich gilt für Berufsethiken, dass sie regelmäßig revidiert und gegebenenfalls an veränderte Rahmenbedingungen angepasst werden müssen. Immer wieder ist zu prüfen, ob die vorhandenen Aussagen ausreichen, um neue Phänomene zu erfassen.

Setzt man die Definition und die Funktion von Berufsethik in Bezug zu dem eingangs beschriebenen Verständnis von Ethik als „Reflexionstheorie von Moral", tritt eine begriffliche Unschärfe zutage: Demnach müsste statt von Berufsethik genauer von Berufsethos die Rede sein. Ethos (als Synonym für Moral) steht dabei für die Zusammenstellung moralischer Werte.[59] Da jedoch national und international durchgängig von Berufsethik die Rede ist, wurde diese begriffliche Inkonsistenz in Kauf genommen. Für die Institutionenethik gilt übrigens Gleiches.

---

57 Vgl. McMenemy [u.a.] 2007: 8.
58 Vgl. Frankel 1989: 111.
59 Vgl. dazu auch Capurro 2003a: 17.

9 Bibliothekarische Berufsethik und ihre thematischen Schwerpunkte

Durch die vergleichende Analyse nationaler bibliothekarischer Berufsethiken zeigt sich, welche Kernthemen aufgegriffen werden.[60]

Dabei wird auch deutlich, dass die jeweiligen Zusammenstellungen durchaus von historischen, kulturellen und nationalen Spezifika geprägt sind. Dies spiegelt sich sowohl im Spektrum der behandelten Themen als auch in abweichenden Aussagen zu den einzelnen Aspekten.[61]

Dennoch lassen sich die thematischen Schwerpunkte bibliothekarischer Berufsethiken benennen und in sechs Bereiche einteilen:[62]

- **Informationsfreiheit, Meinungsfreiheit, Zensurfreiheit:** Neben dem freien Zugang zu Informationen und der Abwehr von Zensurbestrebungen geht es darum, durch Kostenfreiheit bzw. sozial ausgewogene Tarife auch sozial Benachteiligten den Zugang zu bibliothekarischen Beständen und Dienstleistungen zu ermöglichen. Damit möglichst viele Bürgerinnen und Bürger von den Bibliotheken profitieren, wird in diesem Zusammenhang auch die Verpflichtung zu nachhaltiger Öffentlichkeitsarbeit, zur Nutzerfreundlichkeit und zu Barrierefreiheit artikuliert.
- **Soziale Verantwortung:** Im Mittelpunkt stehen hier die Verpflichtung zur Gleichbehandlung aller Nutzer und die Notwendigkeit, Dienstleistungen auch für Minderheiten anzubieten (z.B. muttersprachliche Literatur und Medien für sprachliche Minderheiten). Ähnliche Bedeutung haben Aufgaben im Zusammenhang mit Leseförderung und Vermittlung von Informationskompetenz. Weitere Teilaspekte sind Jugendschutz und Plagiarismusprävention. In diesen Kontext gehört auch die Notwendigkeit, Bestände und Dienstleistungen nutzerfreundlich zu präsentieren und Nutzern bei der Informationsrecherche prinzipiell behilflich zu sein.
- **Datenschutz, Diskretion und Transparenz:** Der Respekt vor der Privatsphäre und der uneingeschränkte Schutz persönlicher Daten konstituieren ein Vertrauensverhältnis zwischen der Bibliothek und ihren Nutzern. Außerdem ist bibliothekarisches Handeln transparent, anhand von Leitbildern und Policies überprüfbar.
- **Urheberrecht und Open Access:** Da Bibliothekarinnen und Bibliothekare ihren Nutzern einen möglichst effektiven und umfassenden Zugang zum Informationskosmos bieten wollen, unterstützen sie Open Access, Open Source und Open License. Gleichzeitig erkennen sie das Recht am geistigen Eigentum an, treten aber dafür ein, dass Urheberrechtsrestriktionen für Bibliotheken eingeschränkt werden.

---

60 Vgl. Koehler/Pemberton 2000; Trushina 2003; Shachaf 2005; Spenke 2011; Foster/McMenemy 2012.
61 Vgl. Rösch 2011a: 272.
62 Vgl. dazu auch IFLA 2012.

- **Neutralität, persönliche Integrität, Fachkompetenz:** Hinsichtlich des Bestandsaufbaus, der Bestandspräsentation und der übrigen Dienstleistungsangebote ist eine neutrale und unvoreingenommene Haltung unverzichtbar. Damit das konkrete Handeln an den Vorgaben und Absichten gemessen werden kann, müssen Leitlinien entwickelt werden und öffentlich zugänglich sein. Professionelles Verhalten setzt voraus, dass eigene Überzeugungen und Interessen im beruflichen Handeln zurückgestellt werden. Das Recht auf freie Meinungsäußerung am Arbeitsplatz wird jedoch nur eingeschränkt, sofern das Neutralitätsgebot gegenüber Nutzern gefährdet ist. Zur persönlichen Integrität gehört die Immunität gegenüber Korruptionsversuchen. Durch die Verpflichtung zu kontinuierlicher Fort- und Weiterbildung wird ein Höchstmaß an Dienstleistungsqualität angestrebt.
- **Beziehungen zu Kollegen und Beziehungen zwischen Mitarbeitern und Vorgesetzten:** Kollegialität, Fairness und Solidarität werden in diesem Zusammenhang an erster Stelle genannt. Weitere Themen sind Gleichbehandlung am Arbeitsplatz, Geschlechtergleichheit und die Bereitschaft, sich auf Verbandsebene für die Interessen des Berufsstandes zu engagieren.

Es fällt auf, dass in den bestehenden Berufsethiken die Grenze zur Institutionenethik nicht immer deutlich gezogen wird. Dies mag zum einen daran liegen, dass der typologische und funktionale Unterschied zwischen beiden Varianten kaum bekannt ist, zum anderen aber auch daran, dass viele institutionsethische Aussagen sich auf individualethischer Ebene entsprechend abgewandelt wiederfinden.

10 Bibliothekarische Berufsethik in Deutschland

Obwohl Rafael Capurro schon in den 1980er Jahren begonnen hat, in Deutschland über den Zusammenhang von Ethik und Informationspraxis zu arbeiten, hat die bibliothekarische Auseinandersetzung mit ethischen Fragen in der Bundesrepublik erst zu Beginn des 21. Jahrhunderts einen nennenswerten Umfang angenommen.

Dennoch tut sich die überwältigende Mehrheit der Bibliothekarinnen und Bibliothekare in Deutschland weiterhin schwer damit, einen Zugang zur Bibliotheks- und Informationsethik zu gewinnen. Zwar ist es dem Dachverband Bibliothek & Information Deutschland (BID) gelungen, in kurzer Zeit mit „Ethik und Information" eine bibliothekarische „Berufsethik" zu entwickeln, doch ist diese bisher nur sehr begrenzt wahrgenommen worden.[63] Dies mag z.T. an dem intransparenten Entstehungsprozess und an durchaus nachvollziehbarer Kritik einzelner dort getroffener Aussagen gelegen haben. Geeignete Maßnahmen zur Popularisierung konnten bisher

---

63 Vgl. Bibliothek und Information Deutschland 2007.

nicht ergriffen werden. Dennoch ist zu beobachten, dass – mit einigem Verzug – das Interesse an bibliothekarischer Berufsethik in Deutschland gestiegen ist. Dies zeigt sich nicht zuletzt darin, dass es seit 2010 auf jedem Bibliothekartag eine Session zu ethischen Fragen gegeben hat. Mittlerweile wurde von BID eine Ethikkommission ins Leben gerufen, zu deren Aufgaben es u.a. gehört, die bestehende bibliothekarische Berufsethik zu überarbeiten und im Berufsstand zu popularisieren.

Um einen nachhaltigen bibliotheks- und informationsethischen Diskurs in Deutschland zu schaffen, bedarf es einer Reihe weiterer Maßnahmen und Anstrengungen. So sollten eigene Diskussionsräume geschaffen (und genutzt) werden, in denen ethische Fragen aus dem bibliothekarischen Alltag angesprochen werden, aber auch übergreifende Themen aufgegriffen werden können. Vielleicht wäre ein kollaborativer Blog, der auch von den Berufsverbänden unterstützt wird, erfolgversprechend. Zu überlegen wäre, ob in den einschlägigen Fachzeitschriften feste Rubriken zum Thema Bibliotheksethik eingerichtet werden können. Berichte aus der Praxis, aus der Arbeit der Ethikkommission der BID oder des IFLA/FAIFE-Komitees[64] könnten dort regelmäßig platziert werden. Darüber hinaus wäre es notwendig, Bibliotheks- und Informationsethik (wie in Köln) in die Curricula der bibliothekarischen Studiengänge zu integrieren sowie Fort- und Weiterbildungsangebote zu ethischen Fragen anzubieten.[65]

Hilfreich wäre ferner, wenn sich die Berufsverbände bzw. der Dachverband stärker als bisher zu gesellschaftlichen Kontroversen und Konflikten äußerten, die bibliotheks- oder informationsethisch bedeutsam sind. Würde der Berufsstand von der Öffentlichkeit wahrgenommen werden als verlässlicher Anwalt von Meinungs- und Informationsfreiheit, als Garant für Datenschutz und Vertraulichkeit sowie als Anbieter weltanschaulich neutraler, professioneller und qualitätsorientierter Informationsdienstleistungen,[66] trüge dies ohne Zweifel zu einer erheblichen Verbesserung seines öffentlichen Ansehens und außerdem zu einer Schärfung des beruflichen Selbstverständnisses bei.

---

[64] FAIFE steht für "Freedom of Access to Information and Freedom of Expression" und fungiert als Ethikkomitee der IFLA, des internationalen Dachverbands "International Federation of Library Associations and Institutions" (vgl. dazu Rösch 2013).
[65] Eine wichtige Rolle zur Sensibilisierung für ethische Fragestellungen nehmen Fallbeispiele ein. In Kürze wird daher als Ergebnis des noch laufenden Projekts EFubiP (Ethische Fundierung bibliothekarischer Praxis) eine Datenbank zur Verfügung stehen, in der bibliotheksethische Konfliktfälle und Dilemmata beschrieben und unter Bezugnahme auf die nationale und die internationale bibliothekarische Berufsethik analysiert werden. Vgl. EFubiP 2014.
[66] Vgl. Rösch 2011a.

Literatur

Abott, Andrew (1998): Professionalism and the Future of Librarianship. In: Library Trends. 46 (1998), H. 3, S. 430–443.

American Library Association: Library Bill of Rights. 1996.
www.ala.org/advocacy/intfreedom/librarybill (06.03.2014).

Bibliothek und Information Deutschland (BID): Ethik und Information. Ethische Grundsätze der Bibliotheks- und Informationsberufe. 2007.
www.bibliotheksportal.de/themen/beruf/berufsethik/code-of-ethics-bid-2007.html (06.03.2014).

Bibliothek & Information Deutschland (BID): 21 gute Gründe für gute Bibliotheken. Berlin: BID 2009. www.bideutschland.de/download/file/21%20GUTE%20GRUENDE_endg_16-1-09.pdf (06.03.2014).

Capurro, Rafael: Informationsethos und Informationsethik. In: Nachrichten für Dokumentation. 39 (1988), H. 1, S. 1–4.

Capurro, Rafael: Towards an Information Ecology. In: Information Quality. Definitions and Dimensions. Hrsg. von Irene Wormell. London: Taylor Graham 1990. S. 122–139.

Capurro, Rafael (Hrsg.): Informationsethik. Konstanz: UVK 1995.

Capurro, Rafael (Hrsg.) (2003a): Ethik im Netz. Wiesbaden: Steiner 2003.

Capurro, Rafael (2003b): Das Internet und die Grenzen der Ethik. In: Ethik im Netz. Hrsg. von Rafael Capurro. Wiesbaden: Steiner 2003. S. 75–89.

Capurro, Rafael (2003c): Zur Frage der professionellen Ethik, In: Ethik im Netz. Hrsg. von Rafael Capurro. Wiesbaden: Steiner 2003. S. 234–248.

Capurro, Rafael: Informationsethik. Eine Standortbestimmung. In: International Journal of Information Ethics 1 (2004), S. 1–7.

Capurro, Rafael: Intercultural Information Ethics. In: Localizing the Internet. Ethical Aspects in Intercultural Perspective. Hrsg. von Rafael Capurro, Johannes Frühbauer, Thomas Hausmanninger. Paderborn: Fink 2007. S. 21–38.

Capurro, Rafael: Digitale Ethik. 2011. www.capurro.de/DigitaleEthik.html (06.03.2014).

EFubiP: Ethische Fundierung bibliothekarischer Praxis. EFubiP. 2014. www.fbi.fh-koeln.de/efubip/efubip-recherche.php (06.03.2014).

Foster, Catherine u. David McMenemy: Do librarians have a shared set of values? A Comparative Study of 36 Codes of Ethics Based on Gorman's Enduring Values. In: Journal of Librarianship and Information Science 44 (2012), H. 4, S. 249–262.

Frankel, Mark S.: Professional Codes. Why, How, and with What Impact? In: Journal of Business Ethics 8 (1989), H. 2-3, S. 109–115.

Froehlich, Thomas J.: Information Ethics. In: International Encyclopedia of Information and Library Science. Hrsg. von John Feather u. Paul Sturges. 2. Aufl. London: Routledge 2003. S. 256–258.

Fuchs-Heinritz, Werner: Berufsethik. In: Lexikon zur Soziologie. Hrsg. von Werner Fuchs-Heinritz. 5. Aufl. Wiesbaden: VS-Verlag 2011. S. 85.

Gębołyś, Zdzisław u. Jacek Tomaszczyk: Library Codes of Ethics Worldwide. Anthology. Berlin: Simon 2012.

Hauptman, Robert: Ethical Challenges in Librarianship. Phoenix, Arizona: Oryx Press 1988.

Hausmanninger, Thomas u. Rafael Capurro (Hrsg.): Netzethik. Grundlegungsfragen der Internetethik. München: Fink 2002.

IFLA: IFLA-Ethikkodex für Bibliothekarinnen und andere im Informationssektor Beschäftige. International Federation of Library Associations and Institutions. 2012. www.ifla.org/files/assets/faife/codesofethics/germancodeofethicsfull.pdf (06.03.2014).

IFLA-Committee on Freedom of Access to Information and Free Expression (FAIFE): Professional Codes of Ethics for Librarians (2013). www.ifla.org/en/faife/professional-codes-of-ethics-for-librarians (06.03.2014).
Internet World Stats: Usage and Population Statistics. 2012. www.internetworldstats.com/stats.htm (06.03.2014).
Koehler, Wallace u. Michael J. Pemberton: A Search for Core Values. Toward a Model Code of Ethics for Information Professionals. In: Journal of Information Ethics 9 (2000), H. 1, S. 26–54.
Kuhlen, Rainer: Wie viel Virtualität soll es denn sein? Zu einigen Konsequenzen der fortschreitenden Telemediatisierung und Kommodifizierung der Wissensmärkte auch für die Bereitstellung von Wissen und Information durch Bibliotheken. In: BuB 54 (2002), H. 10/11, S. 621–632; H. 12, S. 719–724.
Kuhlen, Rainer (2004a): Informationsethik. In: Grundlagen der praktischen Information und Dokumentation. Hrsg. von Rainer Kuhlen, Thomas Seeger u. Dietmar Strauch. 5. Aufl. Bd. 1. München: Saur 2004. S. 61–71.
Kuhlen, Rainer (2004b): Informationsethik. Umgang mit Wissen und Information in elektronischen Räumen. Konstanz: UVK 2004.
Lenzen, Manuela: Informationsethik. In: Handbuch Angewandte Ethik. Hrsg. von Ralf Stoecker, Christian Neuhäuser u. Marie-Luise Raters. Stuttgart: Metzler 2011. S. 210–215.
Linde, Frank u. Wolfgang G. Stock: Informationsmarkt. Information im I-Commerce anbieten und nachfragen. München: Oldenbourg 2011.
Luhmann, Niklas (2008a): Ethik als Reflexionstheorie der Moral. In: Die Moral der Gesellschaft. Hrsg. von Detlev Horster. Frankfurt a.M.: Suhrkamp 2008. S. 270–347.
Luhmann, Niklas (2008b): Normen in soziologischer Perspektive. In: Die Moral der Gesellschaft. Hrsg. von Detlev Horster. Frankfurt a.M.: Suhrkamp 2008. S. 25–55.
Lüke, Falk: Reding stellt EU-Datenschutzreform vor. In: heise online, 25.01.2012. www.heise.de/newsticker/meldung/Reding-stellt-EU-Datenschutzreform-vor-1421418.html (06.03.2014).
McMenemy, David, Alan Poulter u. Paul F. Burton: A Handbook of Ethical Practice. A Practical Guide to Dealing with Ethical Issues in Information and Library Work. Oxford: Chandos 2007.
Meyer, Ursula I.: Der philosophische Blick auf die Technik. Aachen: ein-Fach-Verlag 2006.
Nida-Rümelin, Julian (Hrsg.): Angewandte Ethik. Die Bereichsethiken und ihre theoretische Fundierung. Stuttgart: Kröner 1996.
Office for Intellectual Freedom of the American Library Association (Hrsg.) Intellectual Freedom Manual. 8. Aufl. Chicago, Illinois: American Library Association 2010.
Pariser, Eli: The Filter Bubble. What the Internet is Hiding from you. London: Penguin 2011.
Pieper, Annemarie: Einführung in die Ethik. 6. Aufl. Tübingen: Francke 2007.
Plummer, Mary W.: The Pros and Cons of Training for Librarianship. In: Public Libraries 8 (1903), H. 5, S. 208–220.
Preer, Jean: Library Ethics. Westport, Connecticut: Libr. Unlimited 2008.
Rösch, Hermann (2011a): Unnötiger Ballast oder wichtiges Orientierungsinstrument? Bibliothekarische Berufsethik in der Diskussion. In: BuB Forum Bibliothek und Information 63 (2011), H. 4, S. 270–276. www.b-u-b.de/pdfarchiv/Heft-BuB_04_2011.pdf#page=1&view=fit&toolbar=0&pagemode=bookmarks (06.03.2014).
Rösch, Hermann (2011b): Zensur und Bibliotheken. Historische Reminiszenz oder Dauerthema? In: LIBREAS. Library Ideas. 7 (2011), H. 2 (19), S. 17–24. libreas.eu/ausgabe19/texte/03roesch.htm (06.03.2014).
Rösch, Hermann (2012a): Die Bibliothek und ihre Dienstleistungen . In: Handbuch Bibliothek. Geschichte, Aufgaben, Perspektiven. Hrsg. von Konrad Umlauf u. Stefan Gradmann. Stuttgart: Metzler 2012. S. 89–110.

Rösch, Hermann (2012b): Öffentliche Bibliotheken und ihre Umwelt. Aktuelle gesellschaftliche Entwicklungen als Herausforderung bibliothekarischen Handelns . In: Handbuch Bestandsmanagement in Öffentlichen Bibliotheken. Hrsg. von Frauke Schade u. Konrad Umlauf. Berlin: De Gruyter Saur 2012. S. 7–25.

Rösch, Hermann : Weltweites Engagement gegen Zensur und ideologische Bevormundung. Das IFLA-Komitee "Freedom of Access to Information and Freedom of Expression" (FAIFE). In: BuB Forum Bibliothek und Information 65 (2013), H. 4, S. 280–284.

Schliack, Manja: Das Konzept der Informationsethik nach Rafael Capurro. In: Unternehmensethik im digitalen Zeitalter. Hrsg. von Albert Löhr. München: Hampp 2011. S. 87-96.

Schüller-Zwierlein, André u. Nicole Zillien (Hrsg.): Informationsgerechtigkeit. Theorie und Praxis der gesellschaftlichen Informationsversorgung. Berlin: De Gruyter 2013.

Shachaf, Pnina: A Global Perspective on Library Association Codes of Ethics. In: Library & Information Science Research 27 (2005), H. 4, S. 513-533.

Spenke, Julia: Ethik für den Bibliotheksberuf. Zu Entwicklung und Inhalt eines bibliothekarischen Ethikkodex in Deutschland. Diplomarbeit. Köln 2011.

Spinner, Helmut F.: Wissensordnung, Ethik, Wissensethik. In: Angewandte Ethik. Die Bereichsethiken und ihre theoretische Fundierung. Hrsg. von Julian Nida-Rümelin. Stuttgart: Kröner 1996. S. 718-749.

Stoecker, Ralf, Christian Neuhäuser u. Marie-Luise Raters (2011a): Einleitung. In: Handbuch Angewandte Ethik. Hrsg. von Ralf Stoecker, Christian Neuhäuser u. Marie-Luise Raters. Stuttgart: Metzler 2011. S. 1-11.

Stoecker, Ralf, Christian Neuhäuser u. Marie-Luise Raters (Hrsg.) (2011b): Handbuch Angewandte Ethik. Stuttgart: Metzler 2011.

Suda, Max Josef: Ethik. Ein Überblick über die Theorien vom richtigen Leben. Wien: Böhlau 2005.

Tokarski, Kim Oliver: Ethik und Entrepreneurship. Eine theoretische sowie empirische Analyse junger Unternehmen im Rahmen einer Unternehmensethikforschung. Wiesbaden: Gabler 2008.

Trushina, Irina: Freedom of Access. Ethical Dilemmas for Internet Librarians. In: Electronic Library 22 (2004), H. 5, S. 416-421.

Waibl, Elmar: Angewandte Wirtschaftsethik. Wien: WUV-Univ.-Verl. 2005.

Weber, Karsten: Institutionenethik. Grundlagen der Informationsethik. Politische Philosophie als Ausgangspunkt informationsethischer Reflexion. In: Netzethik. Grundlegungsfragen der Internetethik. Hrsg. von Thomas Hausmanninger u. Rafael Capurro. München: Fink 2002. S. 141-156.

15 Bibliothek 2020

Klaus Ceynowa

15.1 Wissen und Information im Digitalen Zeitalter – Herausforderungen und Chancen für die Bibliothek der Zukunft

1 Einleitung

Die Beiträge des vorliegenden Bandes zeichnen ein facettenreiches, geradezu „buntes" Bild der Institution „Bibliothek": als Informationsinfrastruktur, als Wissenszentrum und Wissensspeicher, als Gedächtnis- und Kulturinstitution, als Teaching Library und als Public Place. Damit scheint die Zukunftsfähigkeit dieser so traditionsreichen Einrichtung bereits hinreichend begründet: Ein diversifiziertes Aufgaben- und Serviceprofil ist immer besser als der Besitz eines einzigen „Alleinstellungsmerkmals", mit dem man sich – sieht man auf das Innovationstempo der modernen Informationsgesellschaft – rasch im Abseits wiederfindet. Zugleich stehen Bibliotheken für Grundwerte einer demokratischen, offenen Gesellschaft: Teilhabe (an Information und Wissen), Transparenz (der Auswahl, Aufbereitung und Vermittlung von Information), Inklusion (Zugang für alle) und Nachhaltigkeit (Bewahrung und Vermittlung kultureller Tradition). Damit können sie sich der wohlwollenden Unterstützung von Öffentlichkeit und Politik relativ sicher sein – auch wenn sich dies nach wie vor nicht durchgängig in einer angemessenen Finanzausstattung niederschlägt.

Allerdings sollte man sich nicht täuschen: Die weitgehend vollzogene digitale Transformation sämtlicher Prozesse der Erzeugung, Verbreitung und Nutzung von Wissen, die jederzeitige und ubiquitäre Verfügbarkeit vernetzter Information und die rasch voranschreitende Mobilisierung und Personalisierung unserer digitalen Lebenswelt stellen das Selbstverständnis der Bibliothek als „Vermittler" (von Information, Wissen, Medien, Kompetenzen…) grundlegend in Frage. Bibliotheken werden sich in den kommenden Jahren in weiten Teilen ihres Leistungsprofils buchstäblich neu erfinden müssen, wenn sie auch in Zukunft als unentbehrlicher Faktor des kulturellen und wissenschaftlichen Lebens wahrgenommen werden wollen, kurz: wenn sie „relevant" bleiben wollen.[1] Angesichts der Innovations- und Veränderungsgeschwindigkeit der Digitalgesellschaft bleibt das Profil der Bibliothek der Zukunft in weiten Teilen zwangsläufig vage und eignet sich damit kaum für prognostische Aussagen. Wohl aber lassen sich einige der Schauplätze näher beschreiben, auf denen sich die Bibliothek den Herausforderungen der Zukunft zu stellen haben wird – und zwar sowohl als Institution des kulturellen Lebens wie als Teil der Wissenschaftsinfrastruktur.

---

[1] IFLA Trend Report 2013.

2 Die Bibliothek als „Intermediär"

Viele Jahrhunderte galten Bibliotheken als privilegierte Orte des Wissens: Wer verlässliche Informationen und in Buch und Schrift materialisierte Erkenntnis suchte, musste eine Bibliothek aufsuchen. Keine Forschung, kein Studium war ohne sie möglich, ein Monopol, das beispielsweise die Metapher von der Bibliothek als „Herz der Universität" prägnant umschreibt.

Obwohl die öffentliche Meinung bislang noch durchaus von derlei Stereotypen bestimmt wird, ist es mit dieser komfortablen Marktposition bereits unwiederbringlich vorbei. Durch die Digitale Revolution erfährt die Bibliothek einen gewaltigen historischen Umbruch. Während Sie diesen Satz lesen, werden weltweit 204 Millionen Mails verschickt, zwei Millionen Suchanfragen in Google gestellt, 287.000 Tweets gesendet, 47.000 iPhone/iPad-Apps heruntergeladen und 570 neue Websites publiziert;[2] und noch nie war diese Informationsfülle so rasch und so einfach erreichbar wie heute. Jeder Internetnutzer ist direkt an die große „Informationspipeline" angedockt, der gewünschte digitale Inhalt ist nur einen Klick – besser: einen Touch – entfernt. Immer mehr Menschen bewegen sich, wenn sie Informationen produzieren, verbreiten und nutzen, fast ausschließlich im digitalen Raum, und sie fühlen sich in dieser Welt offenbar keineswegs unwohl.

Wenn auf jedem Tablet oder Smartphone der Inhalt der gesamten Lehrbuchsammlung einer Universitätsbibliothek (inklusive seiner multimedialen Anreicherung) Platz findet und zu jeder Zeit und von jedem Ort aus der netzbasierte Zugriff auf eine unermessliche Informationsfülle möglich ist, ist das digitale Endgerät die Bibliothek und jeder Nutzer sein eigener Bibliothekar. Die daraus zwangsläufig resultierende Frage, ob die digitale Welt überhaupt noch Bibliotheken, so wie wir sie heute kennen, braucht, wird von der Community der Bibliothekare durchaus mit vorwärts gerichteter Perspektive beantwortet: Ja, natürlich habe man verstanden, dass die Zeit vorbei sei, in der die Bibliothek das Mekka der Erkenntnis und der Bibliothekar ihr *Gatekeeper* war. Ja, man wisse auch, dass der Nutzer es nicht mehr nötig habe, zu diesem Tempel des Wissens zu pilgern. Und nein, man warte auch keineswegs mehr darauf, dass dieser Nutzer in die Bibliothek kommt, sondern suche ihn aktiv genau dort auf, wo er sich gerade aufhält, wo er forscht und studiert, lernt und arbeitet – sei es in der digitalen oder analogen Welt. Aus dem traditionellen Auskunftsbibliothekar wird so der *Embedded Librarian*, der fest integriert ins Bachelor-Curriculum Informationskompetenz vermittelt, aus dem klassischen Fachreferenten wird der Administrator virtueller Forschungsumgebungen, der den wissenschaftlichen Arbeitsprozess unterstützt, und das Selbstverständnis einer kommunalen Stadtbibliothek wandelt sich von der „Leihbücherei" zum multimedialen Lernort und Begegnungszentrum. Trotz dieser zweifelsohne notwendigen Neuorientierung bleibt jedoch im Kern noch alles beim Alten. Die Bibliothek und der Bibliothekar sind weiterhin Vermittler von

---

[2] Vgl. "How Much Data is Created Every Minute?" und "What happens online in 60 seconds?".

Informationen und Medien. Sie stehen zwischen der Information und ihren Nutzern: auswählend, beratend, strukturierend, wertend, koordinierend – eben als „Informationsmanager".

3 Digitale Disintermediation

Sieht man von einigen anderen Begleitphänomenen der Digitalen Revolution einmal ab, etwa den bisweilen befürchteten Risiken von Illiteralität oder Informationsüberflutung, liegt genau hier das Problem: Braucht es im Zeitalter umfassender digitaler Vernetzung noch Vermittler von Informationen? Ist die digitale Transformation nicht immer auch eine Disintermediation, wie der Niedergang der Musikbranche, das Verschwinden der Videotheken und die Krise der Zeitungsverlage und Buchhandelsketten zeigt? In der Tat kann jedes digitale Objekt, von seinem Produzenten ins Netz gestellt, unmittelbar von jedem Internetnutzer abgerufen werden. Besonders hart trifft die disintermediäre Kraft des Digitalen die Anbieter von Vermittlungsleistungen, deren traditionelles Geschäftsmodell eng an die Existenz physischer Informationsträger wie Buch und CD gekoppelt ist: Hier löst sich mit dem Trägermedium zugleich auch die logisch-funktionale Einheit eines abgeschlossenen und eindeutig adressierbaren Informationsprodukts in nichts auf.

Für den gravierenden Wandel der Wertschöpfungskette sind E-Books ein prägnantes Beispiel. Ihre Verkaufszahlen haben in den USA bereits 2011 diejenigen gedruckter Bücher überrundet, und mittlerweile werden sie dank des Erfolgs mobiler Tablets wie iPad und Kindle Fire auch in Deutschland immer beliebter. Mit der sukzessiven Umstellung vom gedruckten auf das elektronische Buch entfallen zahlreiche klassische Bibliotheksaufgaben. Ein E-Book benötigt weder Magazinstellplatz noch Ausleihpersonal. Die vom Vertreiber zumeist gleich mitgelieferten Metadaten lassen die Bedeutung bibliothekarischer Katalogisierung schwinden, und auch die intellektuelle Auswahl der zu erwerbenden Medien wird durch neue Beschaffungsmodelle wie *Patron Driven Acquisition* untergraben. In diesem Modell wird die Erwerbungsentscheidung vom Benutzer selbst getroffen, für die Bibliothek bleibt hier nicht wesentlich mehr zu tun, als aus den ihr zugewiesenen öffentlichen Mitteln die entstehenden Kosten zu decken. Im nächsten, bereits absehbaren Schritt wird das E-Book als funktional abgeschlossene, textuelle Medieneinheit abgelöst durch multimediale, mit anderen Applikationen vielfältig vernetzte und kontinuierlich fortgeschriebene „Content-Apps", die sich der klassischen bibliothekarischen Erschließung und Bereitstellung vollends entziehen.

4 Handeln in entgrenzten Informationsräumen

Man kann daher prognostizieren: E-Books und E-Journals, wie wir sie heute kennen, stellen ebenso wie die für sie entwickelten Lizenzmodelle lediglich eine Übergangsform, ein Zwischenstadium dar, und sie werden in dem Maße zurücktreten, wie der Text aufhört, das Zentrum und die strukturierende „Mitte" digitaler Inhalte zu sein. An seine Stelle tritt ein multimedial entgrenzter Content-Strom, in dem nicht-textuelle und textuelle Elemente in semantischer Vernetzung verschränkt sind.[3]

Die Dezentrierung des Textes wird vor allem im naturwissenschaftlichen Zeitschriftenartikel bereits mit zunehmender Konsequenz vorangetrieben. Exemplarisch haben dies Shotton u.a. in ihrem Beitrag *Adventures in Semantic Publishing* vorgeführt, der zeigt, wie sich ein klassischer wissenschaftlicher Forschungsartikel in ein multimediales Objekt verwandeln lässt.[4] Durch die bruchlose Verlinkung mit Forschungsdaten, mit weiterführenden Aufsätzen, mit Rezensionen des Artikels selbst, durch die Integration interaktiver Tabellen, Grafiken, Karten und Simulationen, durch Videos von Laborexperimenten und schließlich durch die Vernetzung mit Blogs und virtuellen Forschungsumgebungen, die die referierten Resultate zum Gegenstand weiterer Forschung machen, entsteht ein kontinuierlich fortschreibbares Ecosystem digitaler Objekte. In diesem System ist der Text selbst nur noch ein Element, und nicht einmal das wichtigste: Im Grunde fungiert er lediglich als dokumentierende Momentaufnahme in einem vernetzten, dynamischen Wissensraum.

Technisch spiegelt sich dieser Wandel im nach wie vor ungelösten Problem der Langzeitsicherung komplexer digitaler Inhalte, die ein wesentliches zukünftiges Arbeitsfeld für Bibliotheken darstellt. Die hier derzeit verfügbaren Softwaretools sind gerade nicht in der Lage, digitale Objekte in ihrer Vernetztheit und Kontinuiertheit zu speichern und dauerhaft verfügbar zu halten. Verlinkungen werden im Archivierungsprozess oft „abgeschnitten", dynamische und multimediale Inhalte, Grafiken und interaktive Tabellen zumeist gar nicht mit gespeichert. Auf diese Weise wird künstlich eine „Publikation" im herkömmlichen Sinne erzeugt, die als Archivierungsformat taugt. Das Wissenskontinuum wird in statische Textualität, kontextualisierter Inhalt in *read-only*-Inhalt rückverwandelt.

Digitales Wissen ist eben nicht – wie das gedruckte Buch oder das „traditionelle" E-Book – als in sich abgeschlossenes Objekt darstellbar, das man ausdrucken, downloaden, abspeichern etc. und als solches „bewahren" könnte. Damit werden auch die Bibliotheken und Archive als die klassischen Gedächtnisinstitutionen unserer Kultur vor eine ihrer wichtigsten Zukunftsherausforderungen gestellt: Wie werden sie künftig ihre Rolle als „Wissensspeicher" spielen, wenn das Vorhaben, den kontinuier-

---

[3] Ceynowa 2014: 52–57.
[4] Shotton [u.a.] 2009: http://www.ploscompbiol.org/article/info%3Adoi%2F10.1371%2Fjournal.pcbi.1000361 (08.10.2013).

lichen Strom digitalen Wissens zu fixieren und so zu bewahren, dem Versuch gleicht, das Meer zu pflügen?

5 Open Access als Zukunftsparadigma?

Disintermediation bestimmt auch ein Arbeitsfeld, in dem manche Bibliothekare sich gern als Speerspitze des Fortschritts sehen: Die Etablierung von Open Access als – wie es die Deutsche Forschungsgemeinschaft formuliert – neuem Publikationsparadigma für die Wissenschaft. Der Open-Access-Gedanke, entstanden als Reaktion auf die Monopolstellung der großen, internationalen Zeitschriftenverlage, zielte ursprünglich auf die kostenfreie Bereitstellung wissenschaftlicher Aufsätze durch universitäre Publikationsserver, Hochschulverlage und Plattformen der Fachgesellschaften. Da diese Veröffentlichungen nur selten die strikten Qualitätssicherungsroutinen (Peer Review) der renommierten Verlagsprodukte nachbilden und somit meist auch keinen entsprechenden Impact Factor nachweisen können oder aber nur als Sekundärpublikationen mit oft großer zeitlicher Verzögerung erscheinen, blieb Open Access lange Zeit eher ein Randphänomen im Wissenschaftsbetrieb.

Dies ändert sich gegenwärtig, da nun auch die Wissenschaftsverlage selbst Open Access als Geschäftsmodell für sich entdecken. Zeitschriften werden dabei nicht länger über Abonnements, sondern über Autorengebühren finanziert. Im Gegenzug ist die Lektüre der Zeitschriftenartikel für den Leser kostenfrei (sogenannter „Goldener Weg" des Open Access). Die Bibliothek tritt in diesem Szenario als Intermediär erneut in den Hintergrund: Das derzeit noch personalintensive Arbeitsfeld des lokalen Zeitschriftenmanagements (Lizenzverhandlungen, Rechtemanagement, Bereitstellungsdienste) verschwindet Schritt für Schritt.

Mehr noch: In dem Maße, in dem sich dieses Konzept durchsetzt, werden voraussichtlich zunehmend größere Teile der Bibliotheksetats in die Fakultäten, Institute und Lehrstühle abwandern und dort zur direkten Finanzierung der Autorengebühren eingesetzt werden. Die Mittel sind damit der koordinierten und gesteuerten Bewirtschaftung (z.B. durch Bündelung in Konsortien) weitgehend entzogen. Als ein Schritt im wissenschaftlichen Arbeits- und Publikationsprozess wird ihre eigenständige Disposition seitens der Wissenschaftler selbst Teil der Autonomie von Forschung und Lehre und damit sakrosankt.

Aus Sicht der Wissenschaft ist damit der Idealzustand wissenschaftlichen Publizierens erreicht: Erstens: Es bleibt beim Veröffentlichen in renommierten Verlagen, die Reputation und Signifikanz garantieren. Zweitens: Die Publikation selbst ist für den Endnutzer weltweit kostenfrei verfügbar, maximale Sichtbarkeit ist damit garantiert. Drittens: Der Wissenschaftler als Erkenntnisproduzent verfügt selbst über die Finanzmittel für seine Publikationstätigkeit, er allein – und nicht ein zwischengeschalteter Infrastruktur-Dienstleister – entscheidet über die für seine Ergebnisse bestgeeignete Veröffentlichungsform.

Für die Verlage ist der Goldene Weg ebenfalls ein wünschenswertes Geschäftsmodell. Statt einer Bibliothek, die eine stringente und strategisch ausgerichtete Erwerbungspolitik verfolgt, haben sie es nun mit einzelnen Lehrstühlen, Instituten und Fachbereichen zu tun (die zudem in einem zusehends kompetitiven Umfeld agieren). Diese kennen nur ein Ziel: möglichst rasch und mit möglichst hoher Reputation die eigenen Forschungsergebnisse in die Öffentlichkeit zu bringen. Als derart diversifizierte Klientel sind sie – betriebswirtschaftlich betrachtet – ein „schwacher" Marktteilnehmer und damit der „ideale" Partner für die großen Wissenschaftsverlage.

Weiterhin werden die großen Wissenschaftsverlage auch zunehmend das sogenannte *Microcharging* für sich entdecken. *Microcharging* wird relevant, wenn sich die Zeitschrift – wie oben beschrieben – als geschlossene Publikationseinheit auflöst zugunsten einer Sequenz multimedial verlinkter Einzelbeiträge, die vom Nutzer grundsätzlich auch einzeln „gebucht" werden können. Dienste wie DeepDyve bieten ein solches iTunes-Modell für Wissenschaftspublikationen bereits an.[5] Die auf sieben Tage limitierte Nutzung eines elektronischen Artikels ohne Download und Ausdruck kostet gerade einmal einen Dollar, weitergehende Zugriffsoptionen stehen gegen Aufpreis zur Verfügung. Auch dieses Modell ist ganz auf die direkte Bedienung des Endkunden angelegt. Vermittelnde „Informationsbroker" kommen in der Verwertungskette zumindest vom Grundsatz her nicht mehr vor.

Für die zukünftige Relevanz der Bibliotheken auf diesen Handlungsfeldern werden zwei Aspekte entscheidend sein: Zum einen muss es ihnen gelingen, durch regionale, nationale und internationale Konsortien, wie sie derzeit etwa im Kontext der DFG-geförderten sogenannten „Allianz-Lizenzen" agieren, gegenüber den Verlagen und Internetprovidern eine signifikante Markt- und Verhandlungsmacht zu bündeln; zum anderen muss es gelingen, die monetären, logistischen und organisatorischen Vorzüge dieser Konsortien auch unter den sich verändernden Rahmenbedingungen erfolgreich gegenüber den wissenschaftlichen Akteuren innerhalb der Hochschulen zu vermitteln. Kurz gesagt: Der Goldene Weg des Open Access muss ein Aktionsfeld der Wissenschafts-Infrastrukturen, nicht der Wissenschaftler selbst sein.

6 „Selbstermächtigung" des Bibliotheksnutzers

Aus Sicht des Bibliotheksnutzers bedeuten die beschriebenen disintermediären Tendenzen: Er kann künftig selbst entscheiden, welche Informationsprodukte er beziehen möchte. Diese „Selbstermächtigung" des Nutzers weckt auch Zweifel an der langfristigen Tragfähigkeit des unter Bibliothekaren gegenwärtig vieldiskutierten

---

5 http://www.deepdyve.com/ (08.10.2013).

Konzepts des „Embedded Librarian", der sich in Hörsaal und Seminar als Informationskompetenz-Vermittler betätigt. Die ständig verbesserte Usability moderner, touchbasierter Endgeräte lässt den Schulungsbedarf zur kompetenten Nutzung digitaler Inhalte bereits jetzt Schritt für Schritt gegen Null sinken. Die intuitive, an der alltäglichen Gestensprache orientierte Bedienung von Smartphone und Tablet erschließt sich komplett von selbst.

Der Übergang im Interface-Design von „Graphic User Interfaces" zu „Natural User Interfaces" erfasst zudem die digitalen Inhalte selbst, die über diese Interfaces zugänglich gemacht werden. Ihre Aufbereitung orientiert sich zusehends am Nutzungsparadigma mobiler, komplett über einen Touchscreen bedienbarer Endgeräte: Der digitale Content ist „device-diagnostisch" bestimmt.[6] Beispielsweise wird in Apples „iOS Human Interface Guidelines" für iPhone- und iPad-Apps auf 200 Seiten detailliert vorgeführt, wie digitale Inhalte durch rein gestenbasierte Navigation zu einem intuitiven Nutzungserlebnis aufbereitet werden, das ohne jede Bedienungsanleitung auskommt.[7] Je mehr sich auch das Interface-Design von Zeitschriftenplattformen, Datenbanken, Onlinekatalogen und wissenschaftlichen Websites diesen Gestaltungsprinzipien unterwirft, umso weniger brauchen ihre Nutzer Schulungen und Kurse zum informationskompetenten Umgang mit ihnen – und sie werden entsprechenden Angeboten zunehmend distanziert gegenüberstehen.

Die Konsequenzen des Umbruchs zeigen sich ebenso in einem weiteren, scheinbaren Zukunftsfeld bibliothekarischer Arbeit: der Gestaltung digitaler „Forschungsinfrastrukturen", insbesondere sogenannter virtueller Forschungsumgebungen. Gemeint sind Software-Werkzeuge, die die Gewinnung und Publikation wissenschaftlicher Erkenntnis unterstützen, wie etwa *Data-Mining*, Kollaborationsumgebungen, Editionsprogramme und Tools zum wissenschaftlichen Publizieren. Bibliothekare sind hier gewiss nicht von vornherein chancenlos, begeben sich jedoch auf ein Handlungsfeld, das bereits durch mächtige kommerzielle Konkurrenten wie Facebook, Mendeley, LinkedIn, SharePoint oder Dropbox bearbeitet wird. Deren Angebote sind zugleich gezielt auf die Selbstorganisation von Arbeits- und Kommunikationsprozessen ausgerichtet. Intermediationsleistungen spielen keine Rolle. Zudem sind digital unterstützte Forschungsprozesse grundsätzlich fach- und disziplinenorientiert und stehen damit quer zur traditionell fachübergreifend orientierten Ausrichtung einer Hochschulbibliothek. Gleichwohl liegt hier, wie im folgenden Beitrag von Klaus Tochtermann gezeigt wird, durchaus ein bedeutendes Zukunftsfeld für Bibliotheken als Einrichtungen der Informationsinfrastruktur – jedoch nur dann, wenn sie ihr Selbstverständnis als Vermittler von Informationen überwinden und sich als integraler Teil des Forschungsprozesses selbst etablieren können.

---

6 Vgl. Henseler.
7 iOS Human Interface Guidelines.

7 Herausforderung mobiles Internet

Neben der digitalen Disintermediation ist es der Übergang in die „Post-PC-World" (Steve Jobs), die die Bibliotheken vor gewaltige Herausforderungen stellt. Der klassische Web-Zugriff über Workstation und Laptop wird zunehmend ersetzt durch die Nutzung über „Mobile Devices" (Smartphones, Tablets) und neue, speziell auf mobile Anwendungen zugeschnittene Dienste wie Location-Based-Services und Augmented-Reality-Applikationen. Die Verkaufszahlen mobiler Endgeräte haben mittlerweile diejenigen von Desktop-PCs und Laptops überrundet, der „Ericsson Mobility Report" prognostiziert für 2018 9,3 Milliarden Mobilfunkverträge, darunter 3,3 Milliarden für Smartphones.[8] Bereits heute besitzen mehr als 34 Prozent aller US-Bürger ein Tablet[9], und 25 Prozent aller US-Teenager bezeichnen sich selbst als „cell-mostly" Internetnutzer: Das Internet nutzen sie primär über mobile Endgeräte, kaum noch über Desktop-PCs oder Laptops.[10]

Der Übergang vom stationären zum mobilen Internet ist dabei weit mehr als ein Technologiewechsel in der Nutzung digitaler Informationen. Er markiert den Übergang zum allgegenwärtigen und alle Lebensbereiche durchdringenden Internet, das vollständig in unser alltägliches Leben und unsere lebensweltlichen Routinen integriert ist. Digitale, im Regelfall multimediale Information ist nicht mehr etwas, das der Nutzer an einem Internet-Arbeitsplatz aufruft, sondern sie umgibt ihn auf Schritt und Tritt in ubiquitärer Verfügbarkeit. Diese Entwicklung geht fast zwangsläufig einher mit dem Bedeutungsverlust der großen Internetportale und der auf einen *full service* berechneten institutionellen Websites. Sie werden tendenziell abgelöst durch auf spezifische Zwecke und Dienste zugeschnittene Applikationen, die sich in individueller Fokussierung und Ausgestaltung den vielfältigen und heterogenen Nutzungsumgebungen der digitalen Welt anpassen: Das Internet wird so individuell wie das Leben seiner Nutzer, deren permanenter Begleiter es ist.

Das maßgebliche Kriterium, nach dem Informationen im mobilen Internet selektiert, gefiltert und aufbereitet werden, ist dabei ihre „situative Passung". Digitaler Inhalt wird möglichst exakt mit Bezug auf die Situation präsentiert, in der ich mich als Nutzer gerade befinde, und mit Bezug auf das konkrete Nutzungsinteresse, das ich in dieser Situation aktuell habe. Prägnante Beispiele derartiger Anwendungen sind ortsbezogene Dienste und Augmented Reality-Apps, die Informationen mit Bezug auf den jeweiligen Standort des Betrachters bereitstellen, im Falle von Augmented Reality direkt integriert in das Kamerabild der Realwelt. Die Veränderung des Informationsumgangs ist auch hier endgerätebestimmt. Die mobilen Technologien bedingen ein neues Paradigma digitaler Informationsaufbereitung, -verteilung und -nutzung: personalisiert, situationsfokussiert, *on the spot*.

---

8 Ericsson Mobility Report (November 2012).
9 Pew Research Center: Tablet Ownership (2013).
10 Pew Research Center: Teens and Technology (2013).

Bibliotheken, traditionell Spezialisten für das Ordnen und Aufbereiten von Information, haben die neuen Herausforderungen und Chancen, die das mobile Internet für die Strukturierung und Bereitstellung digitaler Inhalte mit sich bringt, aktuell erst ansatzweise realisiert. Für bibliothekarische digitale Dienste gilt noch weitgehend: Der paradigmatische Nutzungsfall ist nicht der mobile, sondern der am Desktop-PC sitzende Nutzer, der auf institutionelle Websites, klassische Portale (Deutsche Digitale Bibliothek, Europeana) oder fachlich orientierte „virtuelle Bibliotheken" zugreift. Diese Dienste aggregieren möglichst umfassende Contentmengen, um sie sekundär über Suchfilter und Facettierungen wieder auf das jeweils individuell benötigte Informationsquantum zu verengen. Das Interface-Design ist durchgängig am traditionellen Maus/Tastatur-Paradigma und dem hierarchischen Aufbau herkömmlicher Webangebote ausgerichtet. Auf dem vergleichsweise kleinen Display eines Smartphones sind diese Angebote selten sinnvoll nutzbar. Und noch immer bietet noch keineswegs die Mehrzahl der Bibliotheken zumindest ihren Online-Katalog als speziell für mobile Endgeräte gestaltete App an.

Die Vision des mobilen Internets, digitale Inhalte und Dienste zu jeder Zeit, an jedem Ort, situationsangepasst und personalisiert nutzen zu können, kann von Bibliotheken dann zukunftsorientiert mitgestaltet werden, wenn sie sich zumindest ein Stück weit vom Web als primärem digitalen Handlungsraum (in dem Inhalte aggregiert, recherchiert und bereitgestellt werden) verabschieden. Bereits heute verbringt der US-amerikanische Internetnutzer 70 Minuten pro Tag im Web, aber bereits 127 Minuten mit der Nutzung von Apps auf mobilen Endgeräten. „With unlimited information", so Jeff Stibel, „there is a greater need to filter out irrelevant information and go directly to what you need, download the app, and never search again. [...] As tablets and phones replace computers, the web will be relegated to a position no higher than that of a ‚super app'."[11] Je stärker sich dieser Trend durchsetzen wird, umso mehr müssen Bibliotheken ihre Inhalte und Dienste als situativ angepasste, personalisierte und spezialisierte Applikationen gestalten, um den Erwartungen ihrer Nutzer langfristig entsprechen zu können. An die Stelle umfassender Suchräume und hochaggregierter Content-Cluster tritt das individualisierte Bereitstellen der gewünschten Information im jeweils aktuellen Nutzungsszenario, zum Beispiel in einer konkreten Forschungssituation.[12]

8 Die Bibliothek als Ort

Mit der wachsenden Dominanz des mobilen Internets und der damit einhergehenden Ortlosigkeit von Information wird auch die Rolle der Bibliothek als physischem Raum

---

[11] Stibel 2013b; siehe auch Stibel 2013a.
[12] Vgl. Tochtermann 2013.

des Lernens, Studierens und Forschens neu zu bestimmen sein. Die zunehmende Digitalisierung der Bibliotheksbestände ebenso wie die fortgeschrittene Umstellung auf genuin digitale Publikationen – beides Entwicklungen, die durch Bibliotheken selbst energisch vorangetrieben werden – lässt die Bedeutung der gedruckten Sammlungen an vielen Standorten zusehends schwinden. Wissenschaftliche wie öffentliche Bibliotheken suchen daher nach einer Neuprofilierung als Lern-, Begegnungs- und Bildungsstätten.

Gemeinsam ist diesen Ansätzen, dass sie die Bibliothek als architektonisch anspruchsvollen, einladend gestalteten und hoch komfortablen Arbeitsort mit vornehmlich kommunikativer Bedeutung positionieren. Die Bibliothek wird im Kern als ein – etwas salopp gesprochen – multimedial verstärktes Starbucks konzipiert, sie wird bestimmt von Funktionen, die ganz bewusst mit ihren Beständen und ihren bestandsbezogenen Vermittlungsleistungen nur noch wenig zu tun haben. Mit der stets nötigen Konsequenz und Qualität betrieben, ist der Wandel vom Medienspeicher zum kreativen Kommunikations- und Lernort durchaus eine zukunftsfähige Strategie, bringt allerdings eine tiefgreifende Veränderung des bibliothekarischen Berufsbilds und entsprechende Umschichtungen im Personalkörper mit sich. Das Profil des Bibliothekars der Zukunft schwankt mithin irgendwo zwischen Medieninformatiker, Eventmanager, Sozialarbeiter und Kommunikationsberater, ein Berufsbild, das in der gegenwärtigen Fachausbildung aller Qualifikationsstufen allenfalls ansatzweise abgebildet wird.

Hervorzuheben ist, dass vor allem die öffentlichen Bibliotheken in der architektonischen Neuorientierung ihres Arbeitsfeldes in europäischem wie internationalem Maßstab außerordentlich erfolgreich agieren. Als Institution, die Aspekte des privaten und des öffentlichen Raums in eigentümlicher Weise verschränkt, die digitale und realweltliche Merkmale von Kultur und Wissen miteinander verbindet, übt die Bibliothek offensichtlich eine starke Anziehungskraft auf Architekten, Städteplaner und politisch Verantwortliche aus. Wie die aktuellen Neubauten und Bauprojekte etwa in Amsterdam, Aarhus, Helsinki, Birmingham und Toronto zeigen, eignen sich Bibliotheksgebäude sowohl als *Icons*, also Wahrzeichen einer Stadt oder eines Stadtviertels, wie auch als sogenannte *Place Maker*, die im Zentrum der Neu- und Umgestaltung urbaner Areale gemäß den Ansprüchen der modernen Wissensgesellschaft stehen.[13] In diesen Konzepten ist dann auch der Übergang zu einem neuen Verständnis von (öffentlicher) Bibliothek bereits weitgehend vollzogen: „[...] the relations among people are in focus, and not transactions with books."[14]

---

13 Berndtson 2013.
14 Thorhauge 2013.

9 Zukunftsstrategien

Die digitale Disintermediation trifft ausnahmslos alle Bibliotheken, der Veränderungsdruck wird jedoch je nach Bibliothekstyp, Größe und institutionellem Auftrag unterschiedlich sein. Wer mittel- und langfristig Erfolg haben will, muss in jedem Fall ein über bloße Vermittlungsdienste hinausgehendes Leistungsportfolio aufweisen. Der Besitz zum Beispiel eines einzigartigen Bestands wertvollster, oft weltweit in nur einem Exemplar überlieferter Handschriften, Inkunabeln und alter Drucke kann ein wichtiges Element eines solchen Portfolios darstellen. Bibliotheken, die derartige Bestände bewahren, agieren eben nicht nur als „Informationsversorger" und „Infrastrukturdienstleister", sondern als Gedächtnis- und Forschungsinstitutionen des schriftlichen Kulturerbes der Menschheit. Ihr Differenzierungsmerkmal liegt letztlich in der Aura des Originals, das durch digitale Kopie zwar in seiner Sichtbarkeit maximiert, aber nicht substituiert werden kann. Auch Bibliotheken, die über ein thematisch einzigartiges Sammlungsensemble verfügen, können sich als hochspezialisierte Anbieter profilieren: als anerkannte Forschungsbibliotheken, die spezialisierte, bestandsbezogene Dienstleistungen anbieten, bewusst auch unter Einbeziehung des digitalen Äquivalents dieser Sonderbestände.

Einen strategischen Vorteil genießen auch die Bibliotheken, die einen standortübergreifenden Sammlungs- und Versorgungsauftrag wahrnehmen: National-, Staats-, Zentral- und Landesbibliotheken sammeln und lizenzieren umfassende Bestände gedruckter und digitaler Publikationen und Informationsressourcen und sind damit unter anderem wichtige Schaltstellen kultureller Identitätsbildung. Mit ihrem Auftrag verbindet sich im Regelfall die Verantwortung für die gesicherte Langzeitarchivierung und Langzeitverfügbarkeit gerade auch der digitalen Sammlungsobjekte und Datenressourcen, eine Aufgabe, der sich Verlage und private Informationsprovider nur ungern stellen. Die aktuellen Förderprogramme der Deutschen Forschungsgemeinschaft zur digitalen Langzeitsicherung, zum Hosting elektronischer Ressourcen und zur verbundübergreifenden Konsolidierung von Bibliotheksdaten-Infrastrukturen zielen im Kern auf die Etablierung derart aggregierter Leistungsportfolios, die zugleich als komfortable und finanziell attraktive Serviceangebote für lokale Infrastrukturdienstleister auftreten können.

Prinzipiell günstige Zukunftschancen haben zudem Bibliotheken, die über ein attraktives Gebäude verfügen, sei es ein historisches Ensemble oder ein spektakulärer Neubau. Bieten diese Bibliotheken noch differenzierte, multimediale Arbeitsmöglichkeiten und großzügige Öffnungszeiten im Sinne des oben skizzierten Starbucks-Konzepts, werden sie an ihrem Standort wohl auch künftig die erste Wahl für Lernen, Studieren und Forschen sein.

Eine weitere Zukunftsoption verbindet sich mit den digitalen Inhalten, die Bibliotheken in den vergangenen anderthalb Jahrzehnten selbst produziert haben. Weite Teile ihrer historischen Unikatbestände und Spezialsammlungen wurden, oft mit Unterstützung groß angelegter Förderprogramme der Deutschen Forschungsgemeinschaft, digitalisiert und für die wissenschaftliche Forschung frei zugänglich ins Netz gestellt. Um hier rasch zu quantitativ signifikanten Textcorpora zu gelangen, kooperieren führende europäische Bibliotheken zum Beispiel auch mit Google im Rahmen des vieldiskutierten Google-Books-Projekts. Bibliotheken verfügen damit von allen Kultursparten über den bei weitem größten digitalen Datenbestand, den sie nun „nur noch" in innovativen Nutzungsszenarien arbeiten lassen müssen. Hinzu tritt eine Vielfalt lizenzierter oder gehosteter freier Inhalte, mit denen die Bibliotheken über ein weiteres Differenzierungsmerkmal gerade auch gegenüber den großen Suchmaschinenbetreibern verfügen.

Gemäß der Formel „Content is King, Context is Queen" können auf diesem Handlungsfeld zum Beispiel digitale Inhalte von oft unvergleichlicher kultureller Tiefendimension mit fortgeschrittenen Internettechnologien verschmelzen und neue, immersive Nutzungserfahrungen ermöglichen. So haben etwa die Bayerische Staatsbibliothek und die Bayerische Schlösserverwaltung vielfältige Digitalisate und multimediale Objekte aus ihren Beständen in eine Augmented-Reality-App „Ludwig II." verpackt, die dem Nutzer exakt die an seinem jeweiligen Standort – vor Ort in Schloss Linderhof, in der Münchner Residenz etc. – relevanten Informationen liefert, auf Wunsch direkt eingeblendet in das Kamerabild des Smartphones. Die konsequente Integration unikaler digitaler Inhalte in moderne Internettechnologie kann so ebenfalls zu einem wichtigen Profilmerkmal von Bibliotheken werden.

10 Ausblick

Die dargestellten Veränderungen ihrer Rahmenbedingungen werden die Bibliotheken dann erfolgreich bewältigen, wenn hinreichend entschlossen gehandelt wird. Noch ist Zeit dazu. Bibliotheken als Typus genießen in der gegenwärtigen Umbruchsphase noch große gesellschaftliche Zustimmung und hohes Vertrauen. Als öffentliche Einrichtungen verfolgen sie keine ideologischen oder kommerziellen Interessen und stehen daher für Objektivität und Transparenz der von ihnen angebotenen Informationsdienste. Bibliotheken nutzen das Internet zur globalen Bereitstellung digitaler Inhalte und können zugleich ihr Leistungsangebot filigran auf spezifische Interessen vor Ort abstimmen. Anders als kommerzielle Informationsprovider bieten sie ihren Nutzern eine einzigartige Kombination aus gemeinfreien und lizenzierten Inhalten, aus gedruckten und digitalen Medien, aus physischen und virtuellen Räumen. Diese strategischen Vorteile verschaffen Handlungsspielräume zur Gestaltung einer nachhaltig tragfähigen Zukunft für Bibliotheken. Konsequente Kundenorientierung, Veränderungsbereitschaft und Dynamik aller Akteure der bibliothekarischen und informationswissenschaftlichen Community sind notwendig, um diese Zukunft im

Interesse einer freien und offenen Wissensgesellschaft zu gestalten. Dann – aber auch nur dann – steht einer weiteren Renaissance der Bibliotheken nichts im Wege.[15]

Literatur

Berndtson, Maija: Public libraries and placemaking. Paper presented at IFLA World Library and Information Congress, 17.–23. August 2013, Singapore. http://library.ifla.org/id/eprint/224 (08.10.2013).

Ceynowa, Klaus: Der Text ist tot. Es lebe das Wissen! In: Hohe Luft – Philosophie-Zeitschrift (2014), H. 1, S. 52–57.

Ericsson Mobility Report (November 2012). http://www.ericsson.com/mobility-report (08.10.2013).

Henseler, Wolfgang: Natural User Interfaces. Die Kunst, Nutzung intuitiv zu gestalten. http://webmagazin.de/design/user-experience/Natural-User-Interfaces-Kunst-Nutzung-intuitiv-zu-gestalten (08.10.2013).

„How Much Data is Created Every Minute?". http://www.domo.com/blog/2012/06/how-much-data-is-created-every-minute/ (08.10.2013).

http://www.deepdyve.com/ (08.10.2013).

IFLA: IFLA Trend Report (2013): Riding the Waves or Caught in the Tide? Navigating the Evolving Information Environment. http://trends.ifla.org/ (08.10.2013).

iOS Human Interface Guidelines. https://developer.apple.com/library/ios/documentation/UserExperience/Conceptual/MobileHIG/ (08.10.2013).

The New Renaissance. Report of the ‚Comité des Sages'. Reflection Group on Bringing Europe's Cultural Heritage Online (2011). http://ec.europa.eu/information_society/activities/digital_libraries/doc/refgroup/final_report_cds.pdf (08.10.2013).

Pew Research Center: Tablet Ownership (2013). http://pewinternet.org/Reports/2013/Tablet-Ownership-2013.aspx (08.10.2013).

Pew Research Center: Teens and Technology (2013). http://www.pewinternet.org/Reports/2013/Teens-and-Tech.aspx (08.10.2013).

Shotton, David, Katie Portwin, Graham Klyne u. Alistair Miles: Adventures in Semantic Publishing: Exemplar Semantic Enhancements of a Research Article. In: PLoS Computational Biology 5 (2009), H. 4: e1000361. doi:10.1371/journal.pcbi.1000361. http://www.ploscompbiol.org/article/info%3Adoi%2F10.1371%2Fjournal.pcbi.1000361 (8.10.2013).

Stibel, Jeff (2013a): Breakpoint. Why the web will implode, search will be obsolete, and everything else you need to know about technology is in your brain. New York: Palgrave Macmillan 2013.

Stibel, Jeff (2013b): The web is dead – and the app (thankfully) killed it. http://www.wired.co.uk/magazine/archive/2013/09/ideas-bank/the-web-is-dead-and-the-app-thankfully-killed-it (Article taken from the September 2013 issue of Wired magazine, 08.10.2013).

Thorhauge, Jens: Creating a model-program for the building of future public libraries and their role in culture led redesign of urban spaces. Paper presented at IFLA World Library and Information Congress, 17.–23. August 2013, Singapore. http://library.ifla.org/id/eprint/102 (08.10.2013).

---

15 The New Renaissance: http://ec.europa.eu/information_society/activities/digital_libraries/doc/refgroup/final_report_cds.pdf (08.10.2013).

Tochtermann, Klaus: Zehn Thesen zum zukünftigen Profil von wissenschaftlichen Informations-Infrastruktureinrichtungen mit überregionaler Bedeutung (August 2013). http://www.zbw-mediatalk.eu/2013/08/klaus-tochtermann-zehn-thesen-zum-zukunftigen-profil-von-wissenschaftlichen-informationsinfrastruktureinrichtungen-mit-uberregionaler-bedeutung/ (08.10.2013).

„What happens online in 60 seconds?". http://blog.qmee.com/qmee-online-in-60-seconds/ (08.10.2013).

Klaus Tochtermann
15.2 Science 2.0 – 10 Thesen für Informationsinfrastruktureinrichtungen der Zukunft

1 Einleitung

Die im Sommer 2012 erschienenen Empfehlungen des Wissenschaftsrats zur Weiterentwicklung der wissenschaftlichen Informationsinfrastrukturen in Deutschland[1] definieren Informationsinfrastruktureinrichtungen als „[...] Forschungsinfrastrukturen, die für Forschung und Lehre relevante Träger von Daten, Informationen und Wissen, unter systematischen Gesichtspunkten sammeln, pflegen sowie für eine wissenschaftliche Nutzung bereit stellen und zugänglich machen".

Die Empfehlungen des Wissenschaftsrats machen auch deutlich, dass zukünftig die Kundenorientierung sowie eigene Forschungs- und Entwicklungstätigkeiten zu den Aufgaben dieser Einrichtungen zählen. Von der Forschungstätigkeit erhofft man sich ein Wechselspiel an Impulsen zwischen den Infrastruktureinrichtungen und der Forschungsgemeinschaft. Dass dieses Wechselspiel nicht voneinander entkoppelt wird, soll insbesondere durch die ausgeprägte Kundenorientierung sichergestellt werden.

Dieser Beitrag stellt im Kontext von Science 2.0 vor, welche Entwicklungen die Partnerschaft (Informationsinfrastruktureinrichtungen und Forschungsgemeinschaft) in den nächsten Jahren gemeinsam aufgreifen sollte. Für diesen Zweck werden zehn Thesen aufgestellt, von denen einige aufgrund erster vorliegender Forschungsergebnisse an der Schwelle zur Integration in Produktivsysteme stehen. Andere schauen weiter in die Zukunft und können als Ausgangspunkt für impulsgebende Forschung dienen.

2 Open Science, eScience, Science 2.0

In jüngster Zeit sind Begriffe wie Open Science, eScience oder Science 2.0 immer häufiger anzutreffen. Sie alle repräsentieren den Wandel hin zur digitalen Wissenschaft, in Abhängigkeit des Begriffs nur mit unterschiedlichen Schwerpunkten.

---

[1] http://www.wissenschaftsrat.de/download/archiv/2359-12.pdf (30.12.2013).

Open Science fordert die Öffnung des gesamten Forschungsprozesses in allen Phasen sowie – soweit möglich – den offenen Zugang zu allen für die Forschung erforderlichen Werkzeugen (z.B. Software) und Materialen (z.B. Forschungsdaten)[2].

Hingegen versteht das eScience – Forschungsnetzwerk Sachsen unter eScience „[...] die unterschiedlichen Forschungs- und Entwicklungsfelder im Kontext des Aufbaus und der Nutzung von Computertechnologien in der wissenschaftlichen Forschung"[3].

Science 2.0 legt schließlich seinen Schwerpunkt auf die Untersuchung der Auswirkungen, die soziale Medien auf Forschungs- und Publikationsprozesse haben.

Allen drei Ausrichtungen ist jedoch gemeinsam, dass sie wichtige und ohnehin schon stattfindende Entwicklungen innerhalb der Forschungsgemeinschaft aufgreifen. So wird Forschung offener (z.B. durch erste Schritte in Richtung eines umfänglichen Zweitverwertungsrechts[4]), Publikationszyklen verkürzen sich (z.B. durch immer mehr e-only-Publikationen etwa in wissenschaftlichen Wikis oder Blogs[5]), neue Publikationstypen entstehen (z.B. Publikationen als komplexe Objekte bestehend aus Forschungsdaten, Software, Grafiken, Animationen und Texten[6]), traditionelle Retrievalverfahren werden um Nutzerbewertungen erweitert (z.B. durch Bewertungen einer Veröffentlichung in sozialen Netzwerken[7]), und schließlich werden Diskussionsprozesse beschleunigt und geöffnet (z.B. durch die Nutzung von sozialen Medien[8]).

Mit Beginn des Jahres 2013 hat der Leibniz-Forschungsverbund Science 2.0[9] seine Arbeiten aufgenommen. Forschungsverbünde wurden innerhalb der Leibniz-Gemeinschaft eingerichtet, um aktuelle wissenschaftlich und gesellschaftlich relevante Fragestellungen inter- und transdisziplinär zu bearbeiten. Sie sind mit einer Perspektive von fünf bis fünfzehn Jahren angelegt und offen für die Zusammenarbeit mit Universitäten, anderen außeruniversitären Forschungs- und Infrastruktureinrichtungen sowie ausländischen Forschungsgruppen. Der Forschungsverbund Science 2.0 hat ein Alleinstellungsmerkmal darin, dass von seinen 35 Mitgliedern ungefähr die Hälfte der Einrichtungen einen Informationsinfrastrukturauftrag hat. Zusammen mit den weiteren universitären und außeruniversitären Mitgliedern gehen sie der Frage nach,

---

2 An informal definition of Open Science; The Open Science Project, http://www.openscience.org/blog/?p=454 (30.12.2013).
3 eScience Netzwerk Sachsen, http://www.escience-sachsen.de/ (30.12.2013).
4 http://www.open-access.net/ (30.12.2013).
5 Z.B. http://hypotheses.org/ in den Geisteswissenschaften (30.12.2013).
6 Z.B. http://www.executablepapers.com/ in der Informatik (30.12.2013).
7 Z.B. http://www.gesis.org/gesis-news/article/scholarlib-die-app-fuer-die-sozialwissenschaften/ in den Sozialwissenschaften (30.12.2013).
8 Z.B. http://pathogenomics.bham.ac.uk/blog/2011/06/ehec-genome-assembly/ (30.12.2013) im Kontext der EHEC Diskussion im Jahr 2011 in der Medizin.
9 http://www.leibniz-science20.de/ (30.12.2013).

wie Science 2.0 zukünftige Publikations- und Forschungsprozesse ändern wird. Um diese Frage strukturiert anzugehen, wurden drei *Grand Challenges* definiert:
- **Neue Arbeitsgewohnheiten:** Wie verändert das Internet mit seinen neuen Möglichkeiten, speziell dem Social Web, Arbeitsgewohnheiten von Forschenden? Erste Ergebnisse liegen etwa in Form einer umfassenden Studie zur Nutzung von sozialen Medien in der Wissenschaft vor. So unterscheidet eine von Goportis – Leibniz-Bibliotheksverbund Forschungsinformation und TU Dresden bundesweit durchgeführte Studie zwischen vier Social-Media-Typen in der Wissenschaft[10].
- **Technologieentwicklung:** Wie können die tradierten Forschungsprozesse durch Science 2.0 und die neuen Werkzeuge Unterstützung finden? Exemplarisch sei hier ein Projekt genannt, das ein Framework zur bidirektionalen Koppelung von Sozialen Netzwerken mit wissenschaftlichen Fachportalen entwickelt. Dies ermöglicht die Bewertungen von wissenschaftlicher Literatur in sozialen Netzwerken. Diese Information kann zukünftig in Rankingverfahren für bibliographische Suchportale eingehen.
- **Nutzungsforschung:** Welche neuen Formen der Wissenschaftskommunikation werden durch Science 2.0 ermöglicht, und wie werden die dafür nötigen Werkzeuge genutzt? Ein in diesem Kontext stehendes Thema ist *Citizen Science* bzw. bürgerbeteiligte Forschung. Dabei geht es darum, Nicht-Wissenschaftler und Nicht-Wissenschaftlerinnen in Forschungsprozesse einzubinden. Die Wissenschaftskommunikation findet hier insbesondere dadurch statt, dass die Öffentlichkeit eine aktive Rolle in Forschungsprozessen einnimmt. Den Ursprung nahm diese Entwicklung im Bereich der Biodiversität, wo sich bereits heute mehr als 800.000 *Citizen Scientists* über das Portal Zooniverse[11] in Forschungsprojekte einbringen. In jüngster Zeit hat das Bundesministerium für Bildung und Forschung eine Projektgruppe ins Leben gerufen, um dieses Thema systematisch für den Wissenschaftsstandort Deutschland zu erschließen[12].

Die Mitwirkung an dem Leibniz-Forschungsverbund Science 2.0, dem EU-Projekt EEXCESS[13] sowie an der Arbeitsgruppe Citizen Science des Bundesministeriums für Bildung und Forschung waren wichtige Impulsgeber für die im folgenden Abschnitt beschriebenen Thesen.

---

10 http://www.goportis.de/aktuelles/2013/detailansicht/article/bundesweite-studie-die-vier-social-media-typen-in-der-wissenschaft.html (30.12.2013).
11 http://www.zooniverse.org/ (30.12.2013).
12 http://www.citizen-science-germany.de/ (30.12.2013).
13 http://eexcess.eu/ (30.12.2013).

3 Zehn Thesen für zukünftige Informationsinfrastruktureinrichtungen

Nachfolgend werden zehn Thesen aufgeführt, die aufzeigen, wodurch das Profil von Informationsinfrastruktureinrichtungen in Zukunft geprägt sein wird. Die eingenommene Sicht bezieht sich primär auf Informationsinfrastruktureinrichtungen mit überregionaler Bedeutung. Zudem beziehen sich die Trends auf Entwicklungsfelder, in denen Informationsinfrastruktureinrichtungen zukünftig besondere Anstrengungen unternehmen müssen.

Nicht explizit berücksichtigt werden Entwicklungen, die derzeit ohnehin stattfinden und auf die Informationsinfrastruktureinrichtungen nur indirekt Einfluss nehmen können. Hierzu zählen etwa die Zunahme an digitalen und online verfügbaren Publikationen, die Entwicklung mobiler Endgeräte, die Erhöhung der Übertragungsraten im Internet oder die Rechtsgrundlagen zur Datensicherheit und zum Schutze der Privatsphäre. Zudem wird nicht auf Fragestellungen eingegangen, von denen abzusehen ist, dass sie zukünftig methodisch oder technisch gelöst sein werden. Hierzu zählen etwa das Voranschreiten der Open-Access-Bewegung, Informationskompetenz, die digitale Langzeitarchivierung oder die automatische Katalogisierung und Indexierung.

Im Folgenden werden die zehn Thesen genannt und wie folgt inhaltlich untermauert: Wenn in diesem Praxishandbuch Klaus Ceynowa in seinem Kapitel „Wissen und Information im Digitalen Zeitalter – Herausforderungen und Chancen für die Bibliothek der Zukunft" entsprechende Hinweise gibt, wird darauf verwiesen. Andernfalls oder zusätzlich werden Projekte, Arbeitsgruppen etc., an denen die Deutsche Zentralbibliothek für Wirtschaftswissenschaften beteiligt ist, angeführt.

(1) Der traditionelle Auftrag von Informationsinfrastruktureinrichtungen bleibt auch zukünftig erhalten; zeitgleich werden sich Informationsinfrastruktureinrichtungen stärker internationalisieren.

Die Existenzgrundlage für Informationsinfrastruktureinrichtungen erschließt sich auch zukünftig aus ihrem traditionellen Auftrag: Hierzu gehören zum einen das Sammeln, die Erschließung sowie die Erhaltung wissenschaftlicher und für die Kundengruppen relevanter Fachinformationen und zum anderen die Bereitstellung moderner Services zur effizienten und effektiven Nutzung wissenschaftlicher Fachinformationen. Da die Bewältigung von globalen Herausforderungen zu einem Hauptauftrag für die Forschung und damit für Kundengruppen von Informationsinfrastruktureinrichtungen geworden ist, werden Informationsinfrastruktureinrichtungen dementsprechend ihre Anstrengungen zur Internationalisierung weiter verstärken.

Der Beitrag von Ceynowa greift diese Thematik in dem Abschnitt über Zukunftsstrategien für Bibliotheken auf, wenn er argumentiert, dass die Bibliotheken einen strategischen Vorteil genießen, die einen standortübergreifenden Sammlungs- und Versorgungsauftrag wahrnehmen.

(2) Eigene Forschung in den Informationsinfrastruktureinrichtungen erhöht das Innovationsniveau und die Kundenorientierung.

Informationsinfrastruktureinrichtungen werden zukünftig nicht nur die Forschung mit wissenschaftlicher Literatur unterstützen, sondern selbst in erheblichem Maße aktiv und gestaltend Forschung betreiben – und dies gleichermaßen auf nationaler und internationaler Ebene. Die Forschung findet in den Disziplinen Angewandte Informatik, speziell Medieninformatik, und Informationswissenschaften statt. Sie ist mit dem Ziel verbunden, in engem Austausch mit den Kundengruppen die eigenen Online-Services stets auf höchstem Innovationsniveau anzubieten. Somit werden Informationsinfrastruktureinrichtungen gleichwertige Partner in der Forschungsgemeinschaft und können als Teil derselben und auf gleicher Augenhöhe den stetigen Wandel in der Forschung mit bewältigen. Informationsinfrastruktureinrichtungen können daher ihre Dienste zur Literaturvermittlung noch besser auf Kundenbedürfnisse ausrichten.

Diese These wird dadurch gestützt, dass in den regelmäßigen Evaluierungen der Leibniz-Einrichtungen allen Informationsinfrastruktureinrichtungen die Empfehlung ausgesprochen wurde, die Leitungen zukünftig mit Professuren zu besetzen oder zumindest Professuren zur Erhöhung der Forschungstätigkeit einzurichten. Die Kombination von Forschung und Kundenorientierung findet ihren Niederschlag etwa in der an der Deutschen Zentralbibliothek für Wirtschaftswissenschaften (ZBW) eingerichteten Professur Web Science. Web Science versteht das World Wide Web als sozio-technologisches Phänomen und stellt die Frage nach dem Verhalten von Forschenden im World Wide Web in den Mittelpunkt ihrer Forschung.

(3) Informationsinfrastruktureinrichtungen unterstützen die dezentrale Informationsversorgung maßgeblich.

Derzeit sind es Professionals, die Wissenschaftlerinnen und Wissenschaftler mit Fachinformationen national (vor Ort oder überregional) versorgen. In Zukunft wird die wissenschaftliche Literaturversorgung weniger zentral *professional-to-peer* stattfinden, sondern hauptsächlich dezentral *peer-to-peer*. D.h. die unmittelbare Versorgung mit online verfügbarer Fachinformation zwischen Forschenden wird eine bedeutende Rolle einnehmen. Informationsinfrastruktureinrichtungen werden die benötigten Infrastrukturen bereitstellen und bestehende Informationsknoten im World Wide Web, wie etwa Wikis, Blogs, virtuelle Forschungsumgebungen oder Bereiche in sozialen Netzwerken, stärker in ihre Serviceangebote einbinden, um so diese dezentrale Informationsversorgung maßgeblich zu unterstützen.

Der Beitrag von Ceynowa nennt die unter dem Begriff „Disintermediation" gefasste und von den Bibliotheken sehr stark forcierte Open-Access-Bewegung als einen Grund für diese Entwicklung. Zudem lässt sich bereits heute erkennen, dass erste Informationsinfrastruktureinrichtungen beginnen, für ihre Fachportale sogenannte Apps für soziale Netzwerke zu entwickeln. Beispiele bilden die Facebook-Apps EconBiz[14] der ZBW und ScholarLib[15] des Leibniz-Instituts für Sozialwissenschaften (GESIS).

(4) Content kommt zu den Forschenden.

Informationsinfrastruktureinrichtungen werden die Technologie beherrschen, die neue Paradigmen für die Literaturrecherche ermöglichen. Es werden Algorithmen entwickelt, die die Inhalte kontextsensitiv und individualisiert direkt zu den Forschenden transportieren. Schreibprozesse von Forschenden werden semantisch und kontextbezogen analysiert, und die passende Literaturauswahl qualitativ vorselektierter Medien erscheint in der Arbeitsumgebung des Schreibenden. Das klassische Bibliotheksparadigma des *information pull*, d.h. Forschende müssen aktiv nach Literatur suchen, wird durch das Paradigma des *information push* ergänzt, d.h. Literatur wird proaktiv in die Umgebungen geliefert, in denen sich die Forschenden gerade befinden.

Ein Europäisches Projektkonsortium, bestehend aus Informationsinfrastruktureinrichtungen wie der ZBW oder Collection Trust aus Großbritannien, Verlagen und Medienunternehmen wie Bertelsmann oder Mendeley sowie Forschungseinrichtungen/Universitäten, arbeitet bereits heute im Rahmen des von der Europäischen Kommission geförderten und für dreieinhalb Jahre angesetzten Integrated Projects EEXCESS[16] an Lösungen für diesen Paradigmenwandel.

(5) Veröffentlichungen der Zukunft sind komplex, cross-medial und vernetzt.

Viele wissenschaftliche Veröffentlichungen werden zukünftig nicht mehr in Form eines ausdruckbaren Werks vorliegen. Sie zeichnen sich vielmehr dadurch aus, dass sie als Komposition verschiedener, auch unabhängig von der Publikation verwendbarer Medien (z.B. erklärendes Video, beschreibender Text und verwendetes Datenmaterial) vorliegen. Informationsinfrastruktureinrichtungen werden zukünftig Dienste anbieten, mit denen cross-mediale, komplexe und nur virtuell als eine Gesamtheit existierende Veröffentlichungen als ein Ganzes katalogisiert, rezipiert und zitiert werden können.

Der Beitrag von Ceynowa spricht hier von Dezentrierung des Textes speziell im naturwissenschaftlichen Bereich.

(6) Informationsinfrastruktureinrichtungen vernetzen Inhalte unabhängig von Disziplin und Herkunft.

Informationsinfrastruktureinrichtungen werden ihre Sammelprofile im Kern beibehalten, diese allerdings im Kontext der zunehmenden Interdisziplinarität in der Forschung kontinuierlich anpassen müssen. Kataloge der Informationsinfrastruktureinrichtungen enthalten Bedeutungszusammenhänge, die es erlauben, beliebige Inhalte aus dem semantischen World Wide Web mit wissenschaftlicher Literatur zu verknüpfen. Beispielsweise werden Literaturrecherchen zu volkswirtschaftlichen Phänomenen

---

14 https://www.facebook.com/DieZBW (30.12.2013).
15 https://www.facebook.com/gesis.org (30.12.2013).
16 http://eexcess.eu/ (30.12.2013).

auch Treffer aus benachbarten Wissenschaftsdisziplinen wie Psychologie oder Sozialwissenschaften liefern. Zudem werden so die bestehenden Grenzen zwischen wissenschaftlichen Inhalten und kulturellen Inhalten (z.B. von Museen) bzw. Lerninhalten (z.B. von *massive open online courses*) überwunden.

Der Bedarf nach Möglichkeiten zur disziplinenübergreifenden Recherche wird zukünftig insbesondere aufgrund der Neuausrichtung des Forschungsansatzes im Europäischen Forschungsprogramm Horizon 2020 entstehen. Zukünftig müssen den Projektanträgen *Societal Challenges* zugrunde liegen, also Herausforderungen, die die Gesellschaft als Ganzes betreffen. Dieser Ansatz wird in weiten Teilen die bisherige Förderung zur Bewältigung primär technologisch ausgerichteter Problemstellungen ersetzen. Im EU-Projekt EEXCESS wird dies schon dadurch angegangen, dass eine Literaturrecherche die bisherigen Grenzen zwischen kulturellen, wissenschaftlichen und pädagogischen Wissenswelten überschreiten wird.

(7) Informationsinfrastruktureinrichtungen setzen auf virale und dezentrale Serviceangebote für die Verbreitung von Literatur.

Informationsinfrastruktureinrichtungen, die dafür zuständig sind, dass Forschende schnell und einfach an die internationale Fachliteratur zu ihrem Forschungsgebiet gelangen, werden in Zukunft die bedeutende Rolle des qualitätssichernden Informationsvermittlers spielen, der dezentral im Hintergrund agiert. Virale Mechanismen für die Verbreitung von Literatur (z.B. Push-Dienste und Suchmaschinenoptimierung) und dezentrale Serviceangebote (z.B. Plug-Ins für soziale Medien wie Blog-Plattformen) definieren die Werkzeuge der Informationsinfrastruktureinrichtung der Zukunft. Die Werkzeuge selbst werden auf qualitativ hochwertigen und für das *Semantic Web* aufbereiteten Metadaten aufbauen.

Beispielsweise wird in dem EU-Projekt EEXCESS untersucht, in welchem Ausmaß die Analyse von Inhalten in Contentstreams sozialer Medien, z.B. Twitter oder Facebook, zu kontextbezogenen Literaturempfehlungen führen kann. Die ersten Schritte sind mit den Facebook-Apps für EconBiz bzw. ScholarLib schon getan. In beiden Fällen können Forschende ihre Inhalte an Freunde in Facebook weiterempfehlen und so virale Effekte auslösen. Wie Forschungsinformationen aus dem *Deep Web* mit standardisierten Vokabularen des *Semantic Web* (z.B. schema.org) zugänglich gemacht werden können, ist ebenfalls Gegenstand aktueller Forschungsarbeiten[17].

(8) Informationsinfrastruktureinrichtungen bieten publikationsunterstützende Dienste an.

Informationsinfrastruktureinrichtungen werden nicht mehr ausschließlich die Rolle eines Informationsversorgers einnehmen. Vielmehr bieten sie zusätzlich Dienste an (z.B. Infrastrukturen für Forschungsdaten), die Forschende bei ihren Publikations-

---

[17] Vgl. Klemenz, Arne Martin und Klaus Tochtermann: Semantification of Query Interfaces to improve Access to Deep Web Content. http://mt.inf.tu-dresden.de/sda2013/klemenz_sda2013_presentation.pdf (30.12.2013).

prozessen unterstützen. Zudem entwickeln Informationsinfrastruktureinrichtungen gemeinsam mit Verlagen neuartige Zugangsmodelle für digitale Inhalte, um auch auf diesem Wege den freien Zugriff auf Fachpublikationen weiter voranzutreiben.

In jüngster Zeit ist zu erkennen, dass einzelne Bundesländer, wie etwa Schleswig-Holstein und Baden-Württemberg, Open-Access-Strategien für ihre Hochschulen entwickeln. Gemäß der Empfehlungen der AG Open Access der Schwerpunktinitiative „Digitale Information" sollten solche Open-Access- Strategien auch immer Open-Access-Repositorien und/oder Open-Access- Verlage umfassen[18]. Diese wiederum werden dann typischerweise von den Bibliotheken der jeweiligen Hochschule betrieben.

(9) Bedeutungszusammenhänge werten Bibliothekskataloge auf.

Neue Standards für die Erschließung von Ressourcen berücksichtigen neue Publikationsformen, Informationsumgebungen und -technologien, insbesondere im Hinblick auf das *Semantic Web*. Damit wird die heutige Katalogisierung in Informationsinfrastruktureinrichtungen durch die Modellierungen von Bedeutungszusammenhängen ersetzt, in denen eine wissenschaftliche Veröffentlichung als eine semantische Komposition ihrer Bestandteile verstanden wird. Die semantische Repräsentation ermöglicht es Maschinen zu erkennen, dass beispielsweise ein Autor bzw. eine Autorin nicht nur eine syntaktische Abfolge von Zeichen, sondern vielmehr ein Konzept ist, hinter dem eine reale Person steht. Dienste werden diese semantischen Repräsentationen mit weiteren im World Wide Web verfügbaren semantischen Repräsentationen beliebig kombinieren und so komplexe Informationsangebote ermöglichen (z.B. Anbieten von Lebensläufen aus anderen Internetquellen).

Dass semantische Technologien in Bibliotheken eine zunehmend bedeutende Rolle einnehmen, wird insbesondere durch die seit einigen Jahren durchgeführte Tagung SWIB „Semantic Web in Libraries" dokumentiert[19]. Inzwischen treffen sich dort regelmäßig bis zu 200 Fachleute, sowohl aus der Bibliothekswelt als auch der Forschungsgemeinschaft. Diese Entwicklung wird zukünftig noch dadurch verstärkt, dass ab Mitte 2015 für Deutschland vorgesehen ist, flächendeckend Resource Description and Access (RDA) als bibliothekarisches Regelwerk zur Erschließung von Ressourcen einzusetzen[20].

(10) Informationsinfrastruktureinrichtungen besitzen hohe IT-Kompetenz und/ oder hohe Medienkompetenz.

Während das Kompetenzprofil der Beschäftigten einer Informationsinfrastruktureinrichtung heutzutage primär durch bibliothekarische und fachlich-inhaltliche Kompetenzen geprägt ist, wird dieses Kompetenzprofil zukünftig maßgeblich um Medienkompetenz, also die Kompetenz im Umgang mit neuen Medien zur Erreichung der

---

[18] http://allianz-initiative.de/fileadmin/user_upload/open-access-strategien.pdf (30.12.2013). Open-Access-Strategien für wissenschaftliche Einrichtungen – Bausteine und Beispiele.
[19] www.siwb.org (30.12.2013).
[20] http://www.dnb.de/DE/Standardisierung/International/rda.html (30.12.2013).

jeweiligen Ziele, und/oder Kompetenzen aus der Informatik oder den Informationswissenschaften erweitert.

Der Beitrag von Ceynowa geht in diesem Punkt sogar weiter, wenn gesagt wird „[...] das Profil des Bibliothekars der Zukunft schwankt mithin irgendwo zwischen Medieninformatiker, Eventmanager, Sozialarbeiter und Kommunikationsberater [...]".

4 Ausblick

Die genannten Thesen stellen Informationsinfrastruktureinrichtungen vor gewaltige Herausforderungen. Offen ist derzeit noch, in welchem Ausmaß einzelne Einrichtungen alle Themen umfassend abdecken bzw. sich auf einzelne Themen konzentrieren werden. Aufgrund der Komplexität jedes Einzelthemas wird es allerdings kaum machbar sein, gleichzeitig in Bereichen wie Open Access, Forschung in der Informatik/Informationswissenschaft, Informationskompetenz/Medienkompetenz oder publikationsunterstützende Dienste, um nur ein paar Themen zu nennen, Exzellenz aufzubauen. Vor diesem Hintergrund ist eher zu erwarten, dass sich einzelne Einrichtungen eines Themas in besonderem Maße annehmen und dort überdurchschnittlich viel Kompetenz aufbauen werden bzw. dass mehrere Einrichtungen bei der Bearbeitung einzelner Themen eng kooperieren, um vorhandene Synergien zu nutzen und um knappe Ressourcen sinnvoll einzusetzen. Für den Wissenschaftsstandort Deutschland ist dann allerdings die Koordination und Abstimmung zwischen diesen Einrichtungen wünschenswert. Im Rahmen des Leibniz-Bibliotheksverbunds Goportis findet zwischen den drei Zentralen Fachbibliotheken eine solche Form der Abstimmung von Themen bzw. Kooperation in komplexen Themenfeldern, wie etwa Digitale Langzeitarchivierung, bereits statt. Zukünftig und mehr Informationsinfrastruktureinrichtungen betreffend könnte diese Aufgabe der Koordination und Abstimmung vom Rat für Informationsinfrastruktur wahrgenommen werden.

Danksagung

Die Entwicklung der zehn Thesen fand in einem intensiven Gedanken- und Meinungsaustausch mit den Abteilungsleitungen sowie deren Stellvertretungen innerhalb der ZBW statt. Darüber hinaus gingen zahlreiche Impulse von dem Projekt EEXCESS in die Ausarbeitung ein. EEXCESS wird von der Europäischen Kommission im 7. Rahmenprogramm FP7/2007-2013 unter der Grant Agreement Nummer 600601 gefördert.

Autoren

Reinhard Altenhöner arbeitet nach Stationen in Bonn (DFG), Münster (Leitung Fachhochschulbibliothek) und Mainz (Leitung Wissenschaftliche Stadtbibliothek und Öffentliche Bücherei) seit 2003 als Abteilungsleiter Informationstechnik bei der Deutschen Nationalbibliothek, seit 2011 hat er zusätzlich die Ressortverantwortung „Bestandserhaltung" übernommen. Neben der IT-Gesamtverantwortung für Betrieb, Weiter- und Neuentwicklung digitaler Services und Technologien, Formate und Schnittstellen beschäftigt er sich projektorientiert mit Themen im Bereich Digitalisierung und Langzeitverfügbarkeit.

Dr. Rafael Ball hat Biologie, Slawistik, Philosophie und Pädagogik an den Universitäten Mainz, Warschau und Smolensk studiert. Von 1996 bis 1997 war er Leiter der Benutzungsabteilung und stellvertretender Leiter der Zentralbibliothek des Forschungszentrums Jülich, bis September 2008 Leiter der Zentralbibliothek des Forschungszentrums Jülich, und seit Oktober 2008 ist er Direktor der Universitätsbibliothek Regensburg.

Prof. Dr. Gabriele Beger ist Bibliothekarin und Juristin. Sie leitet die Staats- und Universitätsbibliothek Hamburg und lehrt an der HU Berlin, der Uni Hamburg und der FH Potsdam Informations- und Medienrecht. Sie ist Vorsitzende des Fachausschusses Urheberrecht im Deutschen Kulturrat, Mitglied der Kommission Bibliothekantieme der Kultusministerkonferenz und des Fachausschusses Kultur der UNESCO Deutschland.

Tobias Beinert ist seit 2006 in mehreren Projekten im Münchener Digitalisierungszentrum der Bayerischen Staatsbibliothek aktiv. Seit Januar 2008 nimmt er Aufgaben im Bereich Langzeitarchivierung wahr, u.a. als Vertreter im Kompetenz-Netzwerk nestor. Er war an Studien zur Entwicklung von Geschäfts- und Organisationsmodellen für die Archivierung von retrodigitalisierten Objekten sowie zur Vertrauenswürdigkeit und Skalierbarkeit der Infrastruktur für die Langzeitarchivierung beteiligt.

Roland Bertelmann ist Leiter der Bibliothek des Wissenschaftsparks Albert Einstein, eine gemeinsame Bibliothek des Deutschen GeoForschungsZentrums GFZ Helmholtz-Zentrum Potsdam, des Potsdam-Instituts für Klimafolgenforschung, des Alfred-Wegener-Instituts, Helmholtz-Zentrum für Polar- und Meeresforschung Potsdam, und des IASS Potsdam, Institute for Advanced Sustainability Studies. Er ist Co-Leiter des Helmholtz Open-Access-Projekts.

Dr. Andreas Bohne-Lang hat ein Studium der Informatik in Hildesheim mit Anwendungsfach Medizin-Informatik und Vertiefungsfach Technische Informatik absolviert. Nach der Promotion an der Universität Heidelberg in Kooperation mit dem Deutschen Krebsforschungszentrum Heidelberg hat er an 3D-Modellen von Kohlenhydraten mit späterer Anreicherung einer Literaturdatenbank um diese Strukturen geforscht. Im SS 2013 war er Vertretungsprofessor im Fach „Bibliothekssysteme und Informationstechnologie" an der FH Köln.

Dr. Markus Brantl ist seit 1997 zunächst als Mitarbeiter und seit 2003 als Leiter des Referats Münchener Digitalisierungszentrum an der Bayerischen Staatsbibliothek tätig. Neben den langjährigen Erfahrungen im Aufbau der Retrodigitalisierung und der digitalen Langzeitarchivierung an der Bayerischen Staatsbibliothek stehen vor allem die Innovationen rund um das facettenreiche Großthema „Digitale Bibliothek", wie z.B. Apps, 3D-Digitalisierung und neue Präsentationsformen im Fokus seines Interesses.

Dr. Klaus Ceynowa ist Stellvertretender Generaldirektor der Bayerischen Staatsbibliothek in München. In den Jahren 2002 bis 2005 arbeitete er als stellvertretender Direktor an der Göttinger Staats- und Universitätsbibliothek, davor von 1997 bis 2001 als Direktionsassistent und Leiter der Erwerbungsabteilung an der Regional- und Universitätsbibliothek in Münster. Klaus Ceynowa studierte Philosophie, Germanistik, Geschichte und Pädagogik an der Westfälischen Wilhelms-Universität Münster.

Anne Christensen ist stellvertretende Leiterin des Medien- und Informationszentrums der Leuphana Universität in Lüneburg und dort für die Abteilung Informationsdienste verantwortlich. Nach ihrem Abschluss als Diplom-Bibliothekarin an der Hochschule für Angewandte Wissenschaften in Hamburg war sie mehrere Jahre als Auskunftsbibliothekarin tätig. Danach hat sie an der Staats-und Universitätsbibliothek Hamburg verschiedene Projekte wie den Aufbau des Chatbots *Stella* oder der Rechercheplattform *beluga* geleitet. Parallel hat sie an der Humboldt-Universität zu Berlin das postgraduale Fernstudium zum Master of Library and Information Science absolviert.

Dipl. Bibl. Klaus Dahm war Leiter der Landesfachstelle für das öffentliche Bibliothekswesen, Bayerische Staatsbibliothek. Nach dem Studium der Medizin und der Bibliothekswissenschaft legte er sein Diplom in Stuttgart ab. Er ist Mitglied der Kommission und Expertengruppe Bibliothek und Schule des dbv und seit 2013 im Ruhestand.

Patrick Danowski ist Dipl. Informatiker und wissenschaftlicher Bibliothekar. Seit 2010 arbeitet er als Manager of the Library am Institute of Science and Technology Austria. Zuvor war er als Emerging Technologies Librarian am CERN im Bereich Scientific Information Service und in der Staatsbibliothek zu Berlin u.a. in einem DFG-Projekt zur Entwicklung gemeinsamer endnutzerorientierter Dienstleistungen von ZDB und EZB tätig. Seine Interessenschwerpunkte sind Open Access (insbesondere im Zusammenhang mit dem Kulturellen Erbe und bibliothekarischen Daten), Wikipedia und Bibliotheken, Visualisierung von Information sowie das Semantic Web.

Dr. Andreas Degkwitz ist Direktor der Universitätsbibliothek der Humboldt-Universität zu Berlin und Lehrbeauftragter für Bibliotheks- und Informationswissenschaften. Tätigkeiten zuvor waren 2004 bis 2011 die Leitung des Informations-, Kommunikations- und Medienzentrums der Brandenburgischen Technischen Universität Cottbus sowie die stellvertretende und kommissarische Leitung der Universitätsbibliothek Potsdam 1998 bis 2004. Dr. Andreas Degkwitz hat Bibliothekswissenschaften, Germanistik und Klassische Philologie studiert.

Dr. Claudia Fabian ist nach ihrem Studium der Klassischen Philologie und Romanistik, abgeschlossenen Referendariaten für das gymnasiale Lehramt und den wissenschaftlichen Bibliotheksdienst seit 1986 an der Bayerischen Staatsbibliothek tätig, u.a. als Leiterin des Alphabetischen Katalogs, Leiterin der Abteilung Benutzungsdienste und jetzt Leiterin der Abteilung Handschriften und Alte Drucke. Sie ist Mitglied des Leitungsgremiums des Consortium of European Research Libraries, seit 2009 der Rare Books and Manuscript Section der IFLA und seit 2011 des LIBER Board.

Dr. Jonas Fansa ist seit 2008 Baureferent der Stiftung Zentral- und Landesbibliothek Berlin (ZLB). Er betreut an der ZLB diverse Sanierungs-, Renovierungs- und Ausstattungsprojekte der bestehenden Standorte und ist zuständig für die ZLB-Neubauprojekte am Tempelhofer Feld und im Berliner Schloss/Humboldtforum. Er ist Mitglied in der Arbeitsgruppe „Fachbericht 13" beim Deutschen Institut für Normung.

Dr. Fabian Franke ist Direktor der Universitätsbibliothek Bamberg. Nach dem Studium der Physik absolvierte er das Referendariat zum höheren Bibliotheksdienst an der Bayerischen Bibliotheksschule. Er ist Vorsitzender der Gemeinsamen Kommission Informationskompetenz des Deutschen Bibliotheksverbands und des Vereins Deutscher Bibliothekare, Vorsitzender der Arbeitsgruppe Informationskompetenz im Bibliotheksverbund Bayern und Mitglied weiterer regionaler und überregionaler Arbeitsgruppen zu den Themengebieten Informationskompetenz und Virtuelle Bibliothek.

Eva Frantz war freie Redakteurin und Texterin. Sie hat Germanistik und Publizistik an der FU Berlin und in Göttingen studiert, war tätig für Verlage, wissenschaftliche Institutionen oder Unternehmen und betreute die Zeitschriften BIBLIOTHEK – Forschung und Praxis sowie ABI Technik redaktionell. Sie verstarb überraschend während der Arbeit am „Praxishandbuch Bibliotheksmanagement". Die Herausgeber sind dankbar für die kurze, aber intensive Zeit der Zusammenarbeit.

Dr. Klaus Gantert studierte Germanistik und Geschichte in Freiburg im Breisgau. Nach einer Anstellung an der Technischen Universität Dresden war er von 1998 bis 2006 an der Staatsbibliothek zu Berlin tätig, zunächst in der Handschriftenabteilung, danach als Fachreferent. Seit 2006 ist er Hochschullehrer am Fachbereich Archiv- und Bibliothekswesen der Fachhochschule für öffentliche Verwaltung und Rechtspflege in Bayern, seit 2013 Leiter des Fachbereichs.

Prof. Dr. Ursula Georgy ist Chemikerin und war von 1987 bis 2000 Gesellschafterin und Geschäftsführerin der WIND GmbH, eines Unternehmens für Informationsmanagement. Seit 2000 ist sie Professorin an der Fachhochschule Köln, Institut für Informationswissenschaft, für das Lehrgebiet Informationsmarketing und dort insbesondere mit den Themen Kundenorientierung und -bindung, Qualitätsmanagement sowie Online-Marketing betraut. Sie leitet das ZBIW – Zentrum für bibliotheks- und informationswissenschaftliche Weiterbildung der Fachhochschule Köln.

Dr. Berthold Gillitzer studierte Philosophie, Psychologie, Sozialwissenschaften und Erwachsenenpädagogik an der Hochschule für Philosophie in München. Von 1991 bis 1996 arbeitete er als Projektmanager für IT-Projekte bei der Deutschen Telekom. Seit seiner Promotion in Philosophie 1999 ist er an der Bayerischen Staatsbibliothek tätig, derzeit als stellvertretender Leiter der Hauptabteilung Benutzungsdienste. Seit 2010 ist er Vorsitzender der Arbeitsgruppe Fernleihe in Bayern.

Matthias Groß hat nach dem Studium der Mathematik (Nebenfach Informatik) in München eine bibliothekarische Fachausbildung an der Bayerischen Bibliotheksschule gemacht, seither ist er in der Verbundzentrale des Bibliotheksverbunds Bayern tätig und seit 2006 Leiter des Referats Virtuelle Bibliothek Bayern. Er ist zudem in zahlreichen regionalen und überregionalen Gremien aktiv.

Dr. Leni Helmes ist Leiterin des Bereichs IT, Entwicklung und Angewandte Forschung und Mitglied der Geschäftsleitung von FIZ Karlsruhe – Leibniz-Institut für Informationsinfrastruktur. Sie vertritt die Leibniz-Gemeinschaft in der Allianzinitiative „Digitale Information" – Arbeitsgruppe Hosting (Ko-Leitung) – und war bis 2013 Mitglied des Steuerungsgremiums der Allianzinitiative. Ferner hat sie als Mitglied der Steuerungsgruppe aktiv in der Kommission zur Zukunft der Informationsinfrastruktur (2009 bis 2011) mitgewirkt.

Dr. Joachim Hennecke studierte Volkswirtschaftslehre mit dem Schwerpunkt Internationale Beziehungen an der Universität Trier. Nach Referendariat und Promotion war er im Bibliothekswesen an der Stadt- und Universitätsbibliothek Köln tätig, der Deutschen Nationalbibliothek in Frankfurt am Main und seit 2001 an der Universitätsbibliothek Erlangen-Nürnberg. Dort ist er Stellvertretender Direktor, Fachreferent für Rechtswissenschaft und Leiter der Abteilung Dezentrale Bibliotheken. Er betreut die zentralen Referate Controlling, Qualitätssicherung und Innovationsmanagement.

Dr. Silvia Herb studierte Sozialwissenschaften in Hagen und promovierte in Soziologie an der Universität Bielefeld. Die Laufbahnprüfung für den höheren Dienst an wissenschaftlichen Bibliotheken legte sie 2002 in Frankfurt am Main ab und war danach an der Universität Mainz und der Universität Gießen beschäftigt. Seit 2005 ist sie als Fachreferentin für Soziologie und seit 2010 als stellvertretende Dezernentin für Medienbearbeitung in der Universitätsbibliothek Bielefeld tätig.

Dr. Sandra Heuser ist Leiterin der Benutzungsabteilung sowie des Referats Bau und Erhalt an der Universitätsbibliothek Erlangen-Nürnberg. Als promovierte Biologin absolvierte sie das Bibliotheksreferendariat an der UB Marburg (2005/2007). Im Anschluss wechselte sie an die UB Erlangen-Nürnberg, wo sie zunächst als Fachreferentin tätig war.

Dr. Ulrich Hohoff ist Germanist. Er leitet seit 1999 die Universitätsbibliothek Augsburg und hatte vorher u.a. an den Universitätsbibliotheken in Gießen und Leipzig gearbeitet. Er ist Sprecher der Universitätsbibliotheken in Bayern.

Dr. Claudia Holland ist Fachreferentin für Rechtswissenschaft und Psychologie an der UB Leipzig, zuvor war sie am Bundesverfassungsgericht und an der Rechtswissenschaftlichen Fakultät tätig. Sie ist langjährige Vorsitzende der VDB-Kommission für Rechtsfragen. Daneben hat sie seit 2008 einen Lehrauftrag für Personal - und Arbeitsrecht am Institut für Bibliotheks- und Informationswissenschaft der Humboldt-Universität zu Berlin.

Dr. Martin Hollender hat Germanistik und Geschichte studiert; 1997 bis 1999 machte er eine Ausbildung zum Wissenschaftlichen Bibliothekar in Berlin und Köln; seit 1999 ist er Referent in der Generaldirektion der Staatsbibliothek zu Berlin – Preußischer Kulturbesitz, Redaktionsmitglied der „Zeitschrift für Bibliothekswesen und Bibliographie", Redakteur des „Bibliotheksmagazins. Mitteilungen aus den Staatsbibliotheken in Berlin und München" und stellvertretender Pressesprecher der Staatsbibliothek zu Berlin.

Dr. Sabine Homilius hat nach dem Studium der Slawistik und Anglistik eine Ausbildung für den höheren Dienst an wissenschaftlichen Bibliotheken absolviert. Zunächst war sie als Fachreferentin für Neuere Philologien und Osteuropäische Geschichte an der Universitätsbibliothek Marburg tätig. Von 1998 bis 2004 leitete sie das Bibliothekszentrum Geisteswissenschaften an der Goethe-Universität Frankfurt. Seit 2004 ist sie Leiterin der Stadtbücherei Frankfurt am Main.

Gregor Horstkemper schloss 1988 ein Studium der Geschichte und Sozialwissenschaften an der Ruhr-Universität Bochum ab. Nach mehrjährigen Tätigkeiten an zwei geschichtswissenschaftlichen Fakultäten wurde er 2001 Mitarbeiter der Bayerischen Staatsbibliothek. Seit 2008 leitet er dort das Zentrum für Elektronisches Publizieren und ist für die Fachinformation Geschichte zuständig. Zu seinen Haupttätigkeitsfeldern zählen das Open-Access-Publizieren, geschichtswissenschaftliche Fachinformation und digitale Geisteswissenschaften.

Dr. Evelinde Hutzler studierte die Fächer Pädagogik, Soziologie und Psychologie an der Universität Regensburg. Nach Abschluss ihrer Promotion absolvierte sie die Ausbildung zum Höheren Bibliotheksdienst in München. Seit 1995 ist sie an der Universitätsbibliothek Regensburg tätig. Dort leitet sie seit 2006 die Benutzungsabteilung. Darüber hinaus hat sie die Leitung der Elektronischen Zeitschriftenbibliothek und des Datenbank-Infosystems inne.

Dr. Jochen Johannsen studierte Geschichte, Osteuropäische Geschichte und Germanistik sowie Bibliothekswissenschaft. Nach Tätigkeiten an der Zentralbibliothek der Deutschen Sporthochschule Köln und der Universitätsbibliothek der TU Berlin arbeitete er am Hochschulbibliothekszentrum des Landes Nordrhein-Westfalen in Köln (hbz) und war dort seit 2008 als Leiter der Gruppe „Digitale Inhalte" verantwortlich für die landes- und bundesweite konsortiale Erwerbung von E-Medien. Seit 2012 ist er Leiter der Abteilung Bestandsaufbau und Fachreferent an der Badischen Landesbibliothek Karlsruhe, seit 2009 Mitglied in der Kommission „Erwerbung und Bestandsentwicklung" des Deutschen Bibliotheksverbandes (dbv).

Dr. Klaus Junkes-Kirchen studierte Anglistik, Germanistik und Geographie in Trier. Im Bibliotheksdienst ist er seit 1990 und seit 2001 Leiter der Abteilung Medienbearbeitung der UB Johann Christian Senckenberg Frankfurt am Main.

Dr. Ruth Katzenberger studierte an der Universität Augsburg Rechtswissenschaft und promovierte an der Justus-Liebig-Universität Gießen. Von 2009 bis 2011 leistete sie das Bibliotheksreferendariat an der Bibliotheksakademie Bayern und Universitätsbibliothek Passau ab. Seit 2012 ist sie Mitglied der dbv-Kommission Recht. Sie ist Fachreferentin für Recht und Wirtschaftswissenschaften an der Universitätsbibliothek Eichstätt-Ingolstadt.

Dr. Judith Köbler studierte Rechtswissenschaften in München und Library and Information Studies in Innsbruck. An der Universität Regensburg promovierte sie zum Doktor der Rechte. Sie arbeitete u.a. als Rechtsanwältin im Bereich des Wirtschaftsrechts in München, wissenschaftliche Mitarbeiterin am Max Planck Institut für ausländisches öffentliches Recht und Völkerrecht in Heidelberg und externe Dozentin für Europarecht an einer Fachhochschule in Baden-Württemberg. Derzeit ist sie als juristische Beraterin für das österreichische Bundesministerium für Europa, Integration und Äußeres in Wien tätig.

Dr. Peter Kostädt ist Bibliotheksdirektor und Leiter des Dezernats IT-Dienste der Universitäts- und Stadtbibliothek Köln. Nach seinem Studium der Physik und Philosophie hat er ein Bibliotheksreferendariat in Köln absolviert. Anschließend war er sieben Jahre für das Hochschulbibliothekszentrum des Landes Nordrhein-Westfalen (hbz) tätig. Kostädt ist Mitglied von zahlreichen Arbeitsgruppen und Kommissionen. Seit 2009 ist er zudem als Dozent im Modul Informationstechnologie des berufsbegleitenden MALIS-Studiengangs (Master in Library and Information Science) an der Fachhochschule Köln aktiv.

Dr. Joachim Kreische ist seit Oktober 2010 leitender Bibliotheksdirektor der Universitätsbibliothek Dortmund. Seine vorherigen Bibliotheksstationen waren die Landesbibliothek Hannover, die Universitätsbibliotheken Osnabrück und Marburg und die Universitäts- und Landesbibliothek Düsseldorf. Er hat in Hannover Bibliothekswesen und Sozialwissenschaften studiert und dort 1997 auch promoviert.

Eckhard Kummrow hat Ausbildungen zum Master of Arts (Leitung und Kommunikationsmanagement), Diplom-Bibliothekar (ÖB) und zum Sortimentsbuchhändler absolviert. Nach Tätigkeiten in Bocholt, für die Bayerische Staatsbibliothek – Landesfachstelle für öffentliche Bibliotheken in Regensburg ist er jetzt Diplom-Bibliothekar an der Hessischen Fachstelle für Öffentliche Bibliotheken an der Hochschule RheinMain in Wiesbaden und für die BibliotheksConsulting in Frankfurt tätig.

Prof. Dr. Dr. Elke Lang hat Medizinische Informatik an der Universität Heidelberg/FH Heilbronn studiert. Promotion in Physikalischer Chemie an der TH Darmstadt in Kooperation mit dem Deutschen Krebsforschungszentrum (Augmentation einer Fachinformations-Datenbank um Strukturdaten) und Habilitation in Informationswissenschaft an der Universität Hildesheim. Seit 2000 hat sie eine Professur „Technik der Informationssysteme" an der Hochschule Darmstadt inne.

Robert Luckfiel hat Internationales Informationsmanagement (M.A.) an den Universitäten Hildesheim und Warschau studiert und arbeitet seit 2009 als wissenschaftlicher Mitarbeiter für Digitalisierungsaufgaben in der IT der Deutschen Nationalbibliothek in Frankfurt am Main. Er betreut dabei verschiedene Projekte im Rahmen der Bestandserhaltung, etwa die Migration des Gesamtbestands an Audio-CDs oder die Digitalisierung verschiedener gedruckter Bestände von Archivalien bis Zeitschriften, aber auch Digitalisate und elektronische Tageszeitungen im Rahmen der Pflichtablieferung von Netzpublikationen.

Gabriele Meßmer leitet in der Abteilung Bestandsaufbau und Erschließung der Bayerischen Staatsbibliothek das Stabsreferat Erschließung. Sie ist Mitglied in regionalen, nationalen und internationalen Erschließungsgremien und Vorsitzende der bayerischen Kommission für Erschließung und Metadaten. An der Bibliotheksakademie Bayern unterrichtet sie als nebenamtliche Dozentin das Fach Formalerschließung und Erschließungsmanagement.

Thorsten Meyer studierte Volkswirtschaftslehre an der Otto-Friedrich-Universität Bamberg und Betriebswirtschaftslehre an der Lunds Universitet, Schweden. Seine bibliothekarische Ausbildung erhielt er an der Humboldt-Universität zu Berlin. Seit 2004 ist er an der Deutschen Zentralbibliothek für Wirtschaftswissenschaften, ZBW – Leibniz-Informationszentrum Wirtschaft, tätig. Er ist Stellvertretender Direktor der ZBW und Leiter des Programmbereichs Bestandsentwicklung und Metadaten.

Dr. Bernhard Mittermaier hat nach seiner Promotion in Analytischer Chemie zunächst als Post-Doc am Forschungszentrum Jülich gearbeitet. Er wechselte 2004 als Benutzungsleiter in die Zentralbibliothek und erwarb im postgradualen Fernstudium an der Humboldt-Universität zu Berlin einen MA (LIS). Seit 2008 ist er Leiter der Zentralbibliothek des Forschungszentrums Jülich. Bernhard Mittermaier war von 2009 bis 2011 stellvertretender Vorsitzender im Verband der Bibliotheken Nordrhein-Westfalens und ist seit 2009 Mitglied im Executive Committee von COUNTER. In der Allianz-Initiative „Zukunft der Digitalen Informationsversorgung" vertritt er die Helmholtz-Gemeinschaft im Steuerungsgremium und leitet die AG Lizenzen der Initiative.

Dr. Monika Moravetz-Kuhlmann ist Leitende Bibliotheksdirektorin an der Bayerischen Staatsbibliothek in München, Abteilung Bestandsaufbau und Erschließung I: Monographien; Fachportale; Medienetat. Studium: Romanistik (Französisch, Rumänisch), Theaterwissenschaft und Deutsch als Fremdsprache. Nach der Prüfung zum Magister Artium folgten die Promotion, das Bibliotheksreferendariat sowie Fachprüfung in München.

Dr. Christoph Müller ist Leiter des Referats Digitale Bibliothek und IT-Infrastruktur und Stellvertretender Direktor der Bibliothek des Ibero-Amerikanischen Instituts Preußischer Kulturbesitz in Berlin. Darüber hinaus betreut er als Länderreferent die Sammlungen Zentralamerika, Kolumbien, Venezuela und Spanischsprachige Karibik. Er studierte Romanische Philologie und Kunstgeschichte und promovierte in romanischer Literaturwissenschaft an der Rheinisch-Westfälischen Technischen Hochschule Aachen.

Manfred Müller ist in der Abteilung Bestandsaufbau und Erschließung der Bayerischen Staatsbibliothek koordinierender Leiter der Medienbearbeitung für die Sachbereiche Periodika, Lizenzen und Elektronisches Publizieren. An der Bibliotheksakademie Bayern und der Fachhochschule für öffentliche Verwaltung und Rechtspflege in Bayern (FHVR) unterrichtet er als nebenamtlicher Dozent im Fach Formalerschließung.

Dr. Uwe Müller ist Diplom-Informatiker und hat 2008 im Fach Bibliotheks- und Informationswissenschaft an der Humboldt-Universität zu Berlin promoviert. Er ist derzeit in der Abteilung Informationstechnik der Deutschen Nationalbibliothek in Frankfurt/Main beschäftigt und leitet dort das Projekt „Deutsche Digitale Bibliothek". Er ist einer der beiden Sprecher der DINI-Arbeitsgruppe „Elektronisches Publizieren" und verantwortlich für die Weiterentwicklung des DINI-Zertifikats.

Dr. Hans Pfeiffenberger ist Leiter der IT-Infrastruktur des Alfred Wegener Instituts, Helmholtz Zentrum für Polar- und Meeresforschung, Bremerhaven, Chief Editor der Zeitschrift „Earth System Science Data" und Co-Leiter des Helmholtz Open-Access-Projekts.

Dr. Rainer Plappert studierte an den Universitäten Münster und Frankfurt Mittlere und Neuere Geschichte sowie Geographie. Seit 1999 ist er an der Universitätsbibliothek Erlangen-Nürnberg beschäftigt. Dort leitet er seit dem Jahr 2006 die Abteilung Medienbearbeitung.

Adrian Pohl studierte Kommunikationswissenschaften und Philosophie an der RWTH Aachen und besitzt einen Master of Library and Information Science. Er arbeitet seit 2008 im Hochschulbibliothekszentrum des Landes Nordrhein-Westfalen (hbz) mit dem Schwerpunkt auf Linked Open Library Data. Adrian Pohl ist verantwortlich für die RDF-Datenmodellierung sowie das Projektmanagement beim Linked-Open-Data-Services lobid. Seit Juni 2010 ist er Koordinator der OKFN Working Group on

Open Bibliographic Data, und seit 2011 mitverantwortlich für die Organisation der Konferenz „Semantic Web in Bibliotheken" (SWIB).

Roman Rabe ist Bibliothekar und arbeitet bei den Städtischen Bibliotheken Dresden, seit 1997 als stellvertretender Bibliotheksdirektor. Einen besonderen Schwerpunkt seiner Tätigkeit bilden Bibliotheksbau- und -einrichtungsprojekte. Er ist Mitglied in der Arbeitsgruppe „Fachbericht 13" beim Deutschen Institut für Normung und in der Facharbeitsgruppe Bau der Fachkonferenz der Bibliotheksfachstellen Deutschland.

Dipl.-Math. Werner Reinhardt studierte Mathematik und Physik. Seit 1997 leitet er die Universitätsbibliothek Siegen. Er ist seit vielen Jahren als Mitglied und/oder Vorsitzender in verschiedenen Arbeitsgruppen in Nordrhein-Westfalen bzw. bundesweit in den Bereichen Erwerbung, Bibliotheksstatistik und Bibliotheksorganisation tätig. In den Jahren 1994 bis 2000 war er Mitglied bzw. ab 1997 Vorsitzender der Kommission für Erwerbung und Bestandsentwicklung des DBI bzw. eDBI. Seit 2000 ist er Vorsitzender der Arbeitsgemeinschaft Deutscher, Österreichischer und Schweizer Konsortien GASCO (German, Austrian and Swiss Consortia Organisation). Seit 2005 leitet er die Steuerungsgruppe für die Deutsche Bibliotheksstatistik für die Wissenschaftlichen Bibliotheken.

Prof. Dr. Hermann Rösch lehrt am Institut für Informationswissenschaft der Fachhochschule Köln. Zu seinen Schwerpunkten in Lehre und Forschung gehören Informationsdienstleistungen, Informationsmittel, Bibliotheks- und Informationsethik, Bibliotheksgeschichte, Bibliothekssoziologie. Er ist Mitglied des IFLA-Komitees FAIFE (Freedom of Access to Information and Freedom of Expression) und der Ethikkommission der BID.

Dr. Ulrike Rothe studierte Anglistik und Romanistik an den Universitäten Augsburg, Paris und Birmingham und promovierte 2001 im Fach Angewandte Sprachwissenschaft. Sie ist derzeit Leiterin der Abteilungen Medienbearbeitung I und III (Neuzugang Monographien, Zeitschriften und Online-Ressourcen) und Fachreferentin für Anglistik an der Universitätsbibliothek Heidelberg.

Dr. Irmhild Schäfer ist seit 2002 Leiterin des Instituts für Buch- und Handschriftenrestaurierung der Bayerischen Staatsbibliothek und seit 2009 im Rahmen einer institutionellen Kooperation mit der Technischen Universität München für den Schwerpunkt „Buch und Papier" im Studiengang „Restaurierung, Kunsttechnologie und Konservierungswissenschaft" verantwortlich.

Dr. Hildegard Schäffler hat Anglistik, Geschichte und Erziehungswissenschaften studiert, in Englischer Sprachwissenschaft promoviert und die Anstellungsprüfung für den höheren Bibliotheksdienst an der Münchener Bibliotheksschule abgelegt. Sie leitet an der Bayerischen Staatsbibliothek die Hauptabteilung Bestandsaufbau und Erschließung 2 mit Schwerpunkt Periodika, Lizenzen, Elektronisches Publizieren.

Volker Schallehn, M.A., hat an der Ludwig-Maximilians-Universität München Theaterwissenschaften, Neuere Deutsche Literatur und Neuere Geschichte studiert . Er leitet an der Universitätsbibliothek der LMU München das Referat „Elektronisches Publizieren".

Dr. Ralf Schimmer hat in Marburg, den USA und an der Freien Universität Berlin Soziologie und Amerikanistik studiert. Er leitet an der Max Planck Digital Library den Bereich „Wissenschaftliche Informationsversorgung".

Peter Schnitzlein ist seit 2007 Pressesprecher und Leiter des Stabsreferats Öffentlichkeitsarbeit der Bayerischen Staatsbibliothek. Er hat an der Bayerischen Beamtenfachhochschule Fachbereich Archiv- und Bibliothekswesen studiert, seit 1994 ist er in der Verwaltung der Bayerischen Staatsbibliothek tätig und ab 1997 am Aufbau des Referats Öffentlichkeitsarbeit beteiligt.

Sabine Schrimpf ist als wissenschaftliche Mitarbeiterin an der Deutschen Nationalbibliothek für die Bereiche digitale Langzeitarchivierung und Projektorganisation beschäftigt. Sie hat Buchwissenschaft, Amerikanistik und Allgemeine und Vergleichende Literaturwissenschaft an der Universität Mainz und Bibliotheks- und Informationswissenschaft an der Humboldt-Universität zu Berlin studiert. Sie engagiert sich u.a. in diversen EU-Projekten wie PARSE.Insight, Opportunities for Data Exchange, APARSEN und 4C – Collaboration to Clarify the Cost of Curation und unterstützt die nestor-Geschäftsstelle.

Jürgen Seefeldt hat ein Bibliothekar-Studium in Köln absolviert und an einigen Bibliotheken berufliche Erfahrungen gesammelt. Von 2004 bis 2014 war er Standortleiter im Landesbibliothekszentrum Rheinland-Pfalz. Er hat verschiedene Lehraufträge an der FH Köln und der FHÖB Bonn und hat sich in unterschiedlichen Bibliotheksverbänden engagiert.

Michaela Selbach (M.A., MLIS) arbeitet seit 2008 im Hochschulbibliothekszentrum des Landes Nordrhein-Westfalen und hat dort Anfang 2012 die Leitung der Gruppe „Digitale Inhalte" übernommen. Die Konsortialstelle des hbz ist zuständig für den gemeinschaftlichen Erwerb kostenpflichtiger elektronischer Inhalte für Hochschulen und wissenschaftliche Bibliotheken der Region sowie bundesweit.

Konstanze Söllner studierte Mathematik und Evangelische Theologie. Nach Studium und Bibliotheksreferendariat war sie als Fachreferentin, Abteilungsleiterin und stellvertretende Direktorin an der Universitätsbibliothek der Ludwig-Maximilians-Universität München tätig, bis sie 2010 die Leitung der Universitätsbibliothek der Friedrich-Alexander-Universität Erlangen-Nürnberg übernahm.

Dr. Ursula Stanek arbeitet seit 2005 an der Staatsbibliothek zu Berlin – Preußischer Kulturbesitz und leitet dort seit 2009 das Referat Erwerbungskoordination und Bestellwesen in der Abteilung Bestandsaufbau. Zu ihren Aufgaben gehört auch die Verhandlungsführung für Allianz-Lizenzen im Kontext der Schwerpunktinitiative „Digitale Information". Seit 2007 ist sie die Vorsitzende des Friedrich-Althoff-Konsortiums e.V., des regionalen Konsortiums für Berlin und Brandenburg.

Prof. Dr. Eric W. Steinhauer, Bibliotheksdirektor an der FernUniversität in Hagen, ist Lehrbeauftragter für Bibliotheksrecht u.a. an der Humboldt-Universität zu Berlin.

Dr. Gerhard Stumpf studierte Germanistik und Romanistik und leitet die Abteilung Medienbearbeitung an der Universitätsbibliothek Augsburg. Seit vielen Jahren ist er insbesondere in der Sacherschließung (Regelwerks- und Normdatenarbeit) auch überregional tätig.

Regine Tobias ist Leiterin der Abteilung Publikations- und Mediendienste der Bibliothek des Karlsruher Instituts für Technologie. Sie verantwortete u.a. die Konzeptionierung und den Aufbau des institutionseigenen Open-Access-Wissenschaftsverlags KIT Scientific Publishing, der in dieser Abteilung angesiedelt ist.

Prof. Dr. Klaus Tochtermann absolvierte ein Informatik-Studium an den Universitäten Kiel und Dortmund. Als Wissenschaftler war er zunächst an der Universität in Dortmund tätig. Während seiner Arbeit am Forschungsinstitut für anwendungsorientierte Wissensverarbeitung (FAW) in Ulm forschte er weiterhin an Themen wie Digitale Bibliotheken und Wissensmanagement. Von 2000 bis 2010 war er Leiter des Know-Center – Österreichs Kompetenzzentrum für Wissensmanagements, seit 2010 ist er Direktor der ZBW – Leibniz Informationszentrum Wirtschaft. Sein heutiger Forschungsschwerpunkt liegt im Bereich Science 2.0.

Dr. Arne Upmeier hat Rechtswissenschaften und Philosophie studiert. Nach mehrjähriger Tätigkeit als wissenschaftlicher Mitarbeiter an der Universität Hannover absolvierte er ein Bibliotheksreferendariat in Gießen. Seit 2008 ist er Dezernent für Benutzung, Ausbildungsleiter und Fachreferent für

Wirtschaft, Politik und Recht an der Universitätsbibliothek der TU Ilmenau. Von 2009 bis 2012 war er Vorsitzender der dbv-Rechtskommission.

Dr. Michael Vogel leitet in der Sächsischen Landesbibliothek – Staats- und Universitätsbibliothek Dresden seit 2008 die Abteilung Bestandserhaltung und die Landesstelle für Bestandserhaltung. Seit 2011 ist er Stellvertretender Vorsitzender des Notfallverbundes Dresden.

Dr. Karl-Heinz Weber ist Mitarbeiter in der Bereichsleitung IT, Entwicklung und Angewandte Forschung bei FIZ Karlsruhe – Leibniz-Institut für Informationsinfrastruktur. Er vertritt die Leibniz-Gemeinschaft im Steuerungsgremium der Allianzinitiative „Digitale Information" sowie in der Arbeitsgruppe „Virtuelle Forschungsumgebungen". Innerhalb der Leibniz-Gemeinschaft ist er Mitglied der Arbeitskreise „Open Access" und „Europa".

Dr. Klaus Ulrich Werner ist Bibliotheksdirektor an der Freien Universität Berlin. Nach dem Studium der Germanistik und Geschichte in Freiburg i. Br. und Wien, Promotion zum Dr. phil. folgten ein Bibliotheksreferendariat und Verlagstätigkeit. Er ist Gründungsdirektor und Leiter der Philologischen Bibliothek, genannt „The Berlin Brain". Arbeitsschwerpunkte sind außerdem seine Publikations-, Vortrags-, Lehr- und Beratertätigkeit in den Bereichen Bibliotheksbau und Bibliotheksmanagement im In- und Ausland.

Brigitte Wiechmann arbeitet seit 1970 in der Deutschen Nationalbibliothek in verschiedenen Aufgabenbereichen und Funktionen. Seit 2011 ist sie die Leiterin der Arbeitsstelle Normdateien und somit zuständig für die Gemeinsame Normdatei. Sie arbeitet in verschiedenen internationalen Gremien wie z.B. im VIAF mit.

Thomas Zauner hat an der Universität Wien Germanistik und Geschichte studiert. Nach Stationen in der Verlags- und Agentur-Branche ist er seit 2011 Leiter der Abteilung für Öffentlichkeitsarbeit an der Österreichischen Nationalbibliothek.

Index

Ablauforganisation 655, 660, 661, 670
Abstract 372
Adobe Content Server 594
Adobe Live Cycle Server 594
Adressdatenbank 720
Aggregator 213, 214, 218
Allianz der deutschen Wissenschaftsorganisationen 43, 62, 68
Allianz-Initiative 278
Allianz-Lizenzen 42, 197, 208, 210, 275, 277
Allokation 161, 172, 176
Altbestandszertifikat 476
Ältere 577, 581
Alterungsprozesse 826, 828
Amtsdruckschrift 950, 951, 955
Anglo-American Cataloguing Rules (AACR) 342
Anwendungsbetrieb 687
Approval Plan 199, 200
Äquivalenzprinzip 959, 962
Arbeitsrecht im öffentlichen Dienst 911, 921
Arbeitszeit 913, 916, 927
    des Arbeitnehmers 927
    des Beamten 916
Archivbibliothek 284, 287
Aufbauorganisation 655, 660
Aufstellungssystematik 369
Ausführungsunterlage-Bau (AU-Bau) 148
Auskunftsdienst 34, 485, 486, 487, 488, 489, 490, 492
Auskunftstheke 484, 485, 486, 487, 491, 492
Auskunftsverbund 490
Ausleihe 256
Ausschuss für wissenschaftliche Bibliotheken und Informationssysteme (AWBI) 66
Aussonderung 280, 284, 285, 288, 290
Aussonderung, Deakquisition 280, 281, 282, 283, 285, 286, 287, 288, 289, 290
Aussonderungskonzept 282
Aussonderungskriterien 289
Aussonderungsrichtlinie 281, 284
Ausstellungen 718, 724
Ausstellungsdidaktik 753
Ausstellungsmanagement 751
Automatische Erschließung 390
Automatisierung 448, 449, 450, 453, 456
Auto Purchase 234

Bachelor Bibliotheksinformatik 878
Bachelor Bibliotheks- und Informationswissenschaft 877
Balanced Scorecard 695
Barrierefreiheit 98, 104
Baubedarfsanmeldung 148
Baumaßnahme 148, 156
Baureferat 146, 150, 151, 155
Bauunterhalt 146, 147, 151, 156
Bayerische Staatsbibliothek 10
Bayern-Konsortium 207, 208
Beamtenverhältnis 911, 912, 914
Bedarfsbeschreibung 148
Beendigung des Arbeitverhältnisses 924
Befristetes Arbeitsverhältnis 923
Belegexemplar 951, 952, 953, 955
Beleuchtung 129, 130, 131, 132, 133, 134, 141, 833, 840
Benutzerarbeitsplätze 433, 434
Benutzungsordnung 958, 959, 960, 961, 962
Bereitstellungsumgebung 851
Berliner Erklärung 326, 327, 331, 333
Berner-Lee, Tim 394, 395, 396
Berufliche Weiterbildung 887
Berufsbild 186, 199, 676, 677, 682
Berufsethik 975, 985, 986, 989, 990, 991, 992, 993
Berufsverband Information Bibliothek (BIB) 48
Beschaffung 252, 267
Besondere Benutzergruppen 21, 29
Bestandsabbau 280
Bestandsaufbau 185, 186, 187, 189, 194, 195, 196, 197, 198, 199, 227, 228, 229
Bestandsentwicklung 280, 286
Bestandserhaltung 47, 50, 56, 825, 826, 827, 829, 844, 846, 847, 848
Bestandsevaluierung 252, 253, 254, 256, 258, 260, 264, 266
Bestandsmanagement 280, 282
Bestandsvermittlung 28
Betriebskonzept 440
Betriebskosten 689
Bibliographic Framework Initiative (BIBFRAME) 349, 392, 404
Bibliometrie 556, 557, 558, 559, 560, 561, 568, 569, 571, 572

Bibliothek als Ort 95, 96, 97, 98, 99, 101, 103, 105, 106
Bibliothek als Raum 95
Bibliothek der Zukunft 1016
Bibliotheken von nationaler Bedeutung 9
„Bibliotheksangst" 488, 492
Bibliotheksbenutzung 958, 961
Bibliothekscafé 98
Bibliothekseinrichtung 125, 143
Bibliotheksethik 975, 979, 985, 986, 989, 993
Bibliotheksgesetz 14
Bibliotheksindex XI, 25, 47, 57, 576, 657, 667
Bibliothekskataloge 392
Bibliothekskonzeption 32, 126, 281, 605, 606
Bibliotheksmanagement 1, 3, VIII, 1, 2, 199, 653, 655, 878, 1030
Bibliotheksportal 519, 520
Bibliothekspublikationen 722, 727
Bibliotheksreferendariat 884, 885, 1024, 1026, 1027, 1029, 1030
Bibliotheksservice 440, 443
Bibliothekssystem 404
Bibliotheksverbund 51, 52, 53
Bibliotheksvolontariat 886
Big Deal 213, 214, 216
Bildberichterstattung 720
Bildhonorare 720
Bildrechte 720
Bildungsbericht der Bundesregierung 886
„Bio-Sortierung" 454
Blog 524, 525, 536, 537
Bologna-Prozess 878, 879
Bookcrossing 533, 534, 535
Borromäusverein 32
Bücherfluch 450, 451
Buchtransport 475
Budapester Erklärung 312, 313, 316
Budgetierung 666
Bundeszentralamt für Steuern 297, 299

Catalogue Enrichment siehe Kataloganreicherung 6
CD-Dispenser 457
CERL-Portal 416
CERL-Thesaurus 419, 425
Chartered Institute of Library and Information Professionals (CILIP) XII, 893
Chat-Auskunft 490
Chatbot 8, 490, 491

Cloud-Computing 688
Common Language Resources and Technology Infrastructure (CLARIN) 551, 552
Community Management 524, 525
Computerspiele 967
Computer-supported collaborative learning 136
Conference of European National Librarians (CENL) 87, 88
Consortium of European Research Libraries (CERL) 84, 87, 88, 419
Conspectus 187, 254
Context Objects in Spans (COinS) 521
Cookies 963
Corporate Social Responsibility 731
Counting Online Usage of Networked Electronic Resources (COUNTER) 214, 223, 247, 257, 260, 261, 262, 264, 1027
Creative Commons Public Domain Dedication (CC0) 398
Crowdfunding 735, 739, 740
Crowdsourcing 390

DataCite 644
Data Scientist 643
Datenbank 205, 206, 208, 211, 214, 215, 216, 217, 256, 261, 263
Datenbank-Infosystem (DBIS) 353
Datenformat Dublin Core Metadata Element Set 349
Datenformate 362
Datenformat MAB 403
Datenformat MARC 348, 349, 351, 355
Datenformat MARC21 21 351, 355, 403
Datenmanagement 643, 649
Datenpublikation 642, 644, 645, 646, 647, 649
Datenschutz 960, 963, 964, 980, 981, 988, 990, 991, 993
Datensupplement 645
Dauerhafter Zugriff 270
Deep Discount 212
Deep Web 514
Demand-Driven Acquisition (DDA) 231
Demografischer Wandel 8, 28, 577
Design 126, 129, 135, 137
Deutsche Bibliotheksstatistik 17, 25, 241, 282, 285, 730
Deutsche Digitale Bibliothek (DDB) 45, 54, 57, 766, 767, 768, 774, 775, 777, 781, 784, 785, 786, 787, 788, 801, 808

Deutsche Forschungsgemeinschaft (DFG) 39, 40, 184, 197, 766
Deutsche Initiative für Netzwerkinformation e.V. (DINI) 58, 621, 622, 626, 627
Deutsche Nationalbibliothek (DNB) 9, 50, 54, 949, 950, 951, 954
Deutscher Bibliotheksverband (DBV) 46
Deutscher Qualifikationsrahmen für lebenslanges Lernen (DQR) 888, 892
Dewey Decimal Classification (DDC) 368
DFG-Fachinformationsdienst (FID) 196, 545, 548
43, 55, 69, 71, 72, 73
DFG-Richtlinien 784
DFG-Sondersammelgebiet (SSG) 41, 42, 69, 71, 197, 539
DFG-Viewer 767, 776, 783, 785, 805
Dienstleister 462, 463, 465, 466, 467
Dienstleistung 151, 152, 154, 461, 462
Dienstleistungskooperation 444
Digitale Auskunftsdienste 488, 489
Digitale Bibliothek 462, 944
Digitale Disintermediation 1001
Digitale Sammlung 462, 463
Digitale Transformation 42, 62, 68, 676, 677, 678, 999, 1001
Digitale Werke 589, 599
Digitalisate 464
Digitalisierung 39, 41, 43, 45, 54, 57, 61, 68, 70, 72, 424, 677, 682, 826, 839, 844, 845, 846
Digitalisierungszentren 765, 766, 768, 769, 775, 779
Digital Object Identifier (DOI) 644, 648, 649
Digital Research Infrastructure for the Arts and Humanities (DARIAH) 551, 552
Digital Rights Management (DRM) 589, 592, 593
DIN 276 115, 123
DIN-Fachbericht 13 119
Diplom-Bibliothekar 879
Directory of Open Access Books (DOAB) 321
Discovery-System 6, 407, 513, 518, 519
Dokumentenserver 623, 624, 625
Dokumentlieferdienst 469
Dokumentlieferung 50, 53
Download 256, 262, 264, 265
Dritter Ort 95, 96, 106
Drittmittel 730, 731

E-Book 6, 29, 47, 51, 85, 164, 176, 179, 180, 190, 191, 193, 200, 205, 210, 211, 215, 216, 217, 218, 219, 224, 229, 230, 231, 232, 233, 234, 235, 237, 238, 241, 243, 245, 256, 257, 260, 266, 270, 272, 273, 275, 276, 278, 299, 300, 345, 351, 352, 372, 449, 456, 478, 482, 589, 590, 593, 595, 596, 598, 621, 681, 909, 933, 982, 1001, 1002
E-Book: Produktsigel 352
Einfuhrumsatzsteuer 293, 294, 295, 297, 302, 303, 304, 305
Einfuhrumsatzsteuerbefreiungsverordnung 305
Eingruppierung von Arbeitnehmern 682, 927
Einrichtungsplanung 126, 127, 132, 134, 137, 138, 139, 140, 141, 142
Einschichtiges Bibliothekssystem 186
Einzelarbeitsplatz 435, 437, 438
E-Journal 208, 212, 216, 217, 219, 258, 260, 262, 270
Electronic Publication (EPUB) 591, 594
Electronic Resource Management System (ERMS) VI, XIII, 241, 242, 243, 244, 245, 246, 247, 248, 249, 250, 251
Elektronischer Semesterapparat 461, 467
Elektronisches Pflichtexemplar 184, 194
Elektronisches Publizieren 619, 621, 630, 632, 1004
Elektronische Zeitschriftenbibliothek (EZB) 176, 262, 352, 477, 540, 541, 668, 939
eliport – Das evangelische Literaturportal 32
E-Mail-Auskunft 489, 490
Embedded Librarian 487, 492
Emulation 856, 866
Enterprise Search 517
Entgelt 959, 961, 962
Entstellung 819
Entwicklungspläne 15
E-only 190, 191, 198
Erbschaft 734, 737
Erhaltungsstrategie 856, 859, 860
Erschließung VII, 8, 43, 54, 56, 61, 63, 64, 68, 70, 140, 142, 257, 276, 339, 341, 342, 343, 345, 349, 351, 353, 355, 357, 358, 359, 360, 361, 364, 365, 370, 371, 372, 373, 374, 380, 384, 386, 388, 390, 410, 411, 413, 415, 417, 418, 419, 421, 423, 424, 425, 426, 553, 608, 612, 622, 626, 668, 681, 702, 754, 764, 767, 768, 769, 773, 808, 839, 876, 877, 988, 1001, 1016, 1020, 1026, 1027, 1028
– Erschließungsstandards 341, 354

– Formalerschließung VII, 341, 347, 354, 360, 380, 381, 383, 878, 1026, 1027
– Periodika 352, 353
– Produktsigel 27, 167, 270, 324, 325, 341, 345, 352, 353, 665, 722, 944, 1027, 1028
– Regelwerk 355
Erwerbungsart 189
Erwerbungsbudget 161, 166, 167, 172
Erwerbungsprofil 193, 200, 201
Erwerbungssystem 241
eScience 1013, 1014
Etatbedarfsberechnung 254
Etatbedarfsmodell 172, 173, 179
Etat, disponibler 167
Etatkrise 161, 171, 174, 177
Etatplanung 161, 164, 172, 180
Etatverteilungsmodell 172, 173, 177, 179
Ethik 975, 976, 977, 978, 979, 985, 990, 992
Europäischer Qualifikationsrahmen für lebenslanges Lernen (EQR) 892
Europeana 78, 88, 766, 767, 770, 774, 776, 781, 784, 785, 786, 787, 788, 801
European Bureau of Library Information and Documentation (EBLIDA) 79, 85, 86
European Credit System for Vocational Education and Training (ECVET) 892
European Curriculum Reflections on Library and Information Science Education 892
European Qualifications Framework (EQF) siehe Europäischer Qualifikationsrahmen für lebenslanges Lernen (EQR) 892
Evaluierung 253, 255, 256, 257, 261, 262, 263, 264
Eventorientierung 747
Evidence-based acquisition 227, 235

Facebook 524, 525, 526, 528, 529, 530, 533, 534, 536
Facettierung 515, 518
Fachangestellter für Medien- und Informationsdienste (FAMI) 875, 876, 877, 889, 891, 894
Fachanwendung 686, 687
Fachklassifikationen 370
Fachportal 539, 540
Fachreferat 199
Fachreferent 199, 200, 890
Fachstelle 609, 614
Fachthesauri 364

Fachwirt für Medien- und Informationsdienste (IHK) 888
Fachzeitschrift, bibliothekarische 722
Facility Management 155
Fahrbibliothek 25
Farb- und Materialkonzept 140, 141, 143
Fernleihautomat 457
Fernleihe 45, 51, 259, 264, 266
Fernleihe, Elektronische Medien 477
Fernleihserver 472, 473, 474, 478
Fernweiterbildung des Weiterbildungszentrums der Freien Universität Berlin 891
Fernweiterbildung mit Übergangsoption zum Bachelor-Studium 887, 888, 889, 891
Film 966, 967
Filtersoftware 970, 971
Finanzwesen 902
Fixkosten 167
Flächenmanagement (FLM) 146, 147, 154
Format Registries 859, 867
Forschungsdaten 639, 640, 641, 642, 643, 644, 645, 647, 648, 649, 650
Forschungsdatenpublikation 642
Foursquare 526, 527, 531, 533, 534, 535, 536
Freihandaufstellung 11, 22, 133, 282
Freiwillige Aufgaben 18
Fremddaten 359
Freundes- und Förderkreis 734
Friedrich-Althoff-Konsortium 207
Fristberechnung 814
Functional Requirements for Authority Data (FRAD) 346, 387
Functional Requirements for Bibliographic Records (FRBR) 346, 387
Functional Requirements for Subject Authority Data (FRSAD) 346
Fundraising 730, 731, 732, 733, 734, 735, 739, 743, 758
Funktionale Einschichtigkeit 186

Ganztagsschule 604
Gebäudemanagement 146, 155
Gebühren 959, 961, 962
Gefängnisbibliothek 25
Geistesschöpfung 812
Gemeinsame Körperschaftsdatei (GKD) 382, 383, 384

Gemeinsame Normdatei (GND) 54, 56, 351, 362, 382, 383, 384, 385, 386, 388, 389, 390, 393, 411
Gemeinsame Wissenschaftskonferenz des Bundes und der Länder (GWK) 44, 61
German, Austrian, Swiss Consortia Organisation (GASCO) 207
Gesamtkatalog der Wiegendrucke 418
Gesamtkonzept für die Informationsinfrastruktur in Deutschland 61, 499
Geschäftsgang 287, 660, 661
Geschichte der Fernleihe 469
Gesetzliche Schranken 935, 944
Gestenbasiertes Computing 1005
Gleichbehandlung 987, 988, 990, 991, 992
Global Open Knowledge Base (GOKb) 246
GND-Ontologie 386
Goethe-Institut 79, 80
Goldener Weg 315, 316, 317, 321, 330, 632
Google 765, 771, 772, 773, 776, 777, 808
Google+ 526, 528, 529
Google Scholar 571
Governance 679
Große Baumaßnahme 148, 151
Grundgesetz XIII, 12, 17, 18, 19, 37, 44, 576, 902, 910, 911, 980
Grüner Weg 313, 314, 316, 317, 318, 328, 329, 330, 331
Gruppenarbeitsplatz 435, 437, 439, 443

Haftung 918, 925
Haftung des Arbeitnehmers 925
Haftung des Beamten 918
Handschriftenerschließung 411
Haushaltsbewirtschaftung 655, 663, 664, 665, 667
Haushaltsgrundsätze 903
Haushaltsplan 903, 904
Haushaltsrecht 284, 901, 902, 907
Haushaltsunterlage Bau (HU-Bau) 148
Haushaltswirtschaft 901, 902, 907
HeBIS-Konsortium 207, 208
Heritage of the Printed Book Database 423
Heterogenität 373
Hirschfaktor 565, 566
Hochschulbibliothek 431, 432, 435, 436, 441, 442, 443, 444, 445
Hochschulrektorenkonferenz (HRK) 43, 45, 73, 498, 500, 504, 508, 510, 630

Hochschulschrift 952, 953, 954
Homepage 960, 964, 965, 970
Honorarordnung für Architekten und Ingenieure (HOAI) 109, 115, 117, 123
Hosting 271, 274, 276, 278
House of Innovation 700, 704
Hybridbibliothek 433
Hybride Publikation 315
Hypertext Transfer Protocol (HTTP) 400

Immersiv 1010
Immobilien Freistaat Bayern (IMBY) 147, 148
Impaktfaktor 264, 562, 565, 567, 570
Individualethik 985, 986, 989
Information Commons 435, 444
Informationsethik 975, 977, 978, 979, 980, 984, 985, 992, 993
Informationsfreiheit 978, 980, 981, 990, 991, 993
Informationsgerechtigkeit 979
Informationsgesellschaft 978, 984
Informationsinfrastruktur 42, 43, 53, 55, 56, 57, 61, 62, 66, 67
Informationskompetenz 8, 19, 46, 47, 48, 50, 62, 72, 73, 74, 357, 376, 448, 484, 495, 496, 497, 498, 499, 500, 501, 502, 503, 505, 506, 507, 508, 509, 510, 532, 533, 577, 578, 604, 613, 628, 677, 682, 983, 986, 987, 988, 991, 1000, 1005, 1016, 1021, 1023
Informationssicherung 827, 829, 844
Informelles Lernen 436, 437, 439
Infrastrukturelles Gebäudemanagement (IGM) 146, 151, 153, 155, 156
Inhaltsanalyse 359
Inkunabelerschließung 415, 419
Innenarchitekt 140, 141, 142
Innovation 697, 731
Innovationshemmnis 709
Innovationskultur 700, 709, 710
Innovationsmanagement 699, 700, 703, 704, 708, 709, 710, 1024
Innovationsprozess 700, 704, 709
Innovationssystem, bibliotheksübergreifend 701, 703
Instandhaltung 147, 149, 150, 151, 152
Institutionenethik 985, 986, 987, 988, 989, 990, 992
Integrated Library System 241

Integrität 992
Interaktivität 1002
Interkulturelle Bibliotheksarbeit 577, 583, 584, 585
International Association of Technological University Libraries (IATUL) 89
Internationale Zusammenarbeit 78, 90
International Federation of Library Associations and Institutions (IFLA) 78, 79, 80, 81, 82, 83, 84, 89, 91
International Standard Bibliographic Description (ISBD) 343
International Standard Name Identifier (ISNI) 388
Internetrecht 963
IT-Beschaffung 696
IT-Planung 685, 686, 688, 692, 695, 698

Jugendbibliothek 97
Jugendbibliotheksarbeit 580
Jugendschutz 963, 965, 966, 970, 980, 988, 991

Kalliope 415, 417, 418
Kataloganreicherung 371
Katalogsuchmaschine 516
Kaufkraftverlust 161
Kaufmännische Buchführung 663, 664
Kaufmännisches Gebäudemanagement (KGM) 146, 153, 154, 155
Keylender 456
Kinderbibliothek 97
Kinderbibliotheksarbeit 578
Kinder- und Jugendbibliotheken 12, 23, 577, 578, 579
Kirchliche Bücherei 31
Klassifikatorische Sacherschließung 367
Kleine Baumaßnahme 148, 151
Klimawandel 832, 848
Knowledge Base 243, 245, 246, 251, 521
Knowledge Bases and Related Tools working group (KBART) 247
Knowledge Exchange 86
Knowledge Unlatched 322
Kommission Zukunft der Informationsinfrastruktur (KII) 61, 62
Kommunale Selbstverwaltung 18
Kommunikationsstrategie 733, 736

Kompetenznetzwerk für Bibliotheken (KNB) 45, 56
Konservierung 826, 829, 834, 838, 839, 841, 846, 847
Konsortien 42, 169, 206, 207, 208, 209, 210, 211, 212, 213, 216, 224, 242, 243, 244, 248, 249, 275, 334, 336, 866, 1003, 1004, 1028
Konsortium Baden-Württemberg 207, 208
Kooperationsvereinbarung 612, 613
Kopie 464
Kopienfernleihe 471, 474
Kopier-Dienstleistung 461, 465
Kopieren auf Benutzerwunsch 461
Kopieren durch Nutzer 466
Kulturelles Erbe 410, 411, 412, 413, 414, 415, 418, 424, 425, 426
Kulturelles Gedächtnis 950, 956
Kulturerbe 828, 829, 836, 845
Kulturhoheit 17, 44, 50, 949
Kultusministerkonferenz (KMK) 44, 53, 56

Langzeitarchivierung 50, 56, 61, 62, 63, 65, 71, 72, 827, 852, 853, 861, 863, 865, 866
Langzeitverfügbarkeit 63, 65
Laufbahnprinzip 912, 915
Lebenslanges Lernen 33, 85
Lebenszyklus elektronischer Ressourcen 242
Leibniz-Gemeinschaft (WGL) 39, 43, 44, 61
Leihverkehr 27, 50, 51, 52, 53, 465, 470, 471, 472, 613, 939
Leihverkehrsordnung 471, 472
Leistungsorientierte Mittelvergabe 567, 571
Leistungsschutzrechte 941, 942
Leitbild 710
Leitsystem 95, 128, 129, 135, 141
Lektoratskooperation 22, 609
Lernlandschaft 605, 606
Lernort 95, 96, 97, 98, 99, 100, 103, 605, 611
Lernraum 431, 436, 437, 443, 444, 445
Lernzentrum 435
Leseförderung 608, 609, 614
Lesekompetenz 604
Lesesaal 99, 431, 432, 433, 434, 435, 441, 442
Libraries Empowerment Manifesto 406
Library and Learning Center 97
Library Lab 705
Library Service 481
Liegenschaftsreferat 146, 152, 154, 155

Ligue des Bibliothèques Européennes de Recherche (LIBER) 84, 85, 88
Linienorganisation 655, 656, 657, 658, 659
Linked Data 376, 386, 392, 393, 394, 395, 396, 397, 398, 399, 401, 402, 404, 405
Linked Open Data VII, 1, 6, 355, 386, 392, 393, 394, 395, 396, 398, 399, 403, 404, 405, 514, 553
Linkresolver 513, 520, 521, 522
Literaturauswahl 184, 185, 199, 201
Lizenz 205, 211, 212, 215, 220, 270, 275, 277
Lizenzmodell 595
Lobbyarbeit 81, 83, 84, 85, 86, 91, 730, 731, 735, 743
Location-Based-Service 1006
Lots of Copies Keep Stuff Safe (LOCKSS) 272, 273, 274, 276
Luftschadstoffe 829, 834

Makerspace 97, 135, 136
Makulierung 282, 284, 285
Manuscripta Mediaevalia 415, 416
Marketing 732, 736, 737, 738, 744
Marktkonzentration 698
Maschinelle Indexierung 366
Massenentsäuerung 829, 838, 840, 842, 843
Master Bibliotheks- und Informationswissenschaft 880
Matrixorganisation 657, 658
Mäzenatentum 734, 736, 737, 738, 741
Mediale Aufmerksamkeit 716
Mediated model 234
Mediathek 97
Medien, elektronische 205, 224
Medienkompetenz 613
Medienpartnerschaft 724
Mediensicherung 450, 451, 456
Mediothek 30, 31
Mehrwertsteuer 293, 294, 301
Metasuchsystem 515
Microcharging 1004
Microsoft Windows Media DRM 593, 595
Migration 856
Mikroverfilmung 845, 846
Minderjähriger Nutzer 961, 966
Mittelallokation 161, 164, 172, 178, 180, 181
Mobile Geräte 595
Mobiles Internet 1006
Möblierung 133, 143

Moral 975, 976, 985, 990
Motivation 685, 689
Multimedial 1002, 1004, 1008
Multimediawerk 813
Museale Objekte 425

Nachlasserschließung 417
National Authorities on Public Libraries in Europe (NAPLE) 85, 86
Nationallizenzen 197, 210, 211, 275
Natural User Interface 1005
Near Field Communication (NFC) 451, 455, 456
Networking 731, 739, 743
Netzpublikation 950, 951, 954, 955, 956
Netzwerke V, 8, 77, 81, 83, 91, 418, 490, 491, 501, 510, 524, 525, 526, 527, 528, 529, 530, 535, 542, 557, 626, 782, 1018
Neuausrichtung überregionaler Informationsservices 250
Neutralität 987, 988, 992
Niedersachsen-Konsortium 207, 208
Non-Profit-Organisation 730, 731
Normdatei 380, 381, 382, 383, 384, 385, 387, 388, 389, 390
Normdaten VII, 51, 341, 348, 350, 351, 358, 359, 362, 363, 364, 365, 366, 375, 376, 377, 380, 383, 385, 386, 387, 390, 391, 393, 398, 402, 419, 425, 551, 786, 788
Normnummern 412, 413, 419, 421, 422, 423
Notfallplanung 694, 827, 836, 844
NRW-Konsortium 207
Nutzerbefragung 264
Nutzergesteuerte Erwerbung 235, 236, 238
Nutzergruppen 431
Nutzerplätze 130, 131, 132
Nutzungsrechte 931, 933, 934
Nutzungsrecht, eingeräumtes 816

Oberste Baubehörde 147, 148
Offene Lizenzen 392, 393, 396, 405, 407
Öffentliche Auftragsvergabe 905, 907
Öffentliche Ausschreibung 697
Öffentliche Bibliothek 17, 19, 20, 21, 24, 576, 577, 581, 612, 613, 986
Öffentliche Zugänglichmachung 932, 934, 936, 940, 944
Öffentlichkeitsarbeit 747, 748, 753, 757, 759
Öffnungszeiten 440, 441, 442
Onleihe 7, 21, 33, 256, 593, 597, 599, 933

Online Contents Sondersammelgebietsausschnitte (OLC-SSG) 541
ONline Information eXchange (ONIX) 247
Online-PR 727, 728
Online Public Access Catalogue (OPAC) 393
Open Access 189, 194, 276, 396, 632, 635, 1003, 1004
Open Access Publishing in European Networks (OAPEN) 321, 322
Open Archival Information System, Offenes Archiv-Informations-System (OAIS) 854, 855, 857, 858, 861
Open Archive Initiative, Protocol for Metadata Harvesting (OAI-PMH) 314
Open Bibliographic Data 396, 398
Open Data 393, 396, 397, 399, 401
Open Innovation 704, 705, 709
Open Researcher and Contributor ID (ORCID) 388
Open Science 1013, 1014
Open-Source 243, 245, 246, 247, 250, 272, 405, 490, 517, 696, 768
OpenURL 520, 521
Organisationsform 11, 327, 509, 656, 657, 658, 709, 958
Outsourcing 152, 153, 199, 200, 655, 663, 667, 668, 669

Passive Fernleihe 470
Patentzitate 565
Patientenbibliothek 25, 29
Patron-Driven-Acquisition (PDA) 6, 227, 229, 230, 231, 232, 233, 234, 235, 236, 237, 238, 1001
Patron-initiated acquisition 227
Pay-per-Use 215, 266, 543
Pay-per-View 213, 214, 260
PDA-Modelle 227, 235
Peer-Review-Methode 556
Perpetual Access 270
Personal 688, 689, 690, 691, 696
Personalbedarf 678, 681, 682
Personalentwicklung 679, 680, 683
Personalisierung 747
Personalmanagement 676, 678, 682
Personalstruktur 681, 683
Personennamendatei (PND) 382, 383, 384
Pflichten 916, 918
– des Arbeitgebers 925
– des Arbeitnehmers 925
– des Beamten 916
– des Dienstherrn 912
Pflichtexemplarrecht 947, 948, 949, 950, 952, 954, 956
„Place Maker" 1008
Pluralismus 987, 988, 990
Portico 272, 273, 274, 276
Post Cancellation Access 270, 274
Präsentationsdramaturgie 757
Präsenznutzung 257, 258, 259
Preissteigerung 162, 163
Presse- bzw. Medienberichterstattung 716, 724
Pressegespräch oder Pressekonferenz 717, 721
Pressemappen 721
Pressemitteilung 717, 718, 719, 720, 721, 728
Presserecht 948, 949, 950
Presseresonanz 726, 727
Pressespiegel 727
Pressestelle 719, 725, 726, 727
Presseverteiler 718, 720
Primärdaten 639
Privilegienwesen 947
Produktentwicklung 704
Profildienst 200
Programm- und Öffentlichkeitsarbeit 28
Projektmittel 742
Provenienz 423, 424, 425
Prozessinnovation 707
Prozesskostenrechnung 662
Prozessorganisation 660, 661, 662
Public Learning 34
Publikationsdienstleistung 620
Publikationsfonds 317, 326, 337
Publikationsmarkt 161, 162, 172, 173, 174, 176
Publishing and the Ecology of European Research (PEER) 328, 329, 331

Qualifikation 678, 680
Qualitätsmanagement 484, 487, 492, 655, 670, 671, 672

Radio Frequency Identification (RFID) 448, 451, 452, 453, 454, 455, 456, 457, 458
Ranking von Wissenschaftlern 559
Raumklima 828, 830, 831, 832, 835
Recherche-Guide 531
Recht am eigenen Bild 819
Rechte des Arbeitnehmers 925

Rechte des Beamten 919, 920
Rechtsgrundlagen 912, 922
Recommendersysteme 376
Referat Betriebstechnik 146, 150, 151, 152
Regeln für den Schlagwortkatalog (RSWK) 361
Regeln für die Alphabetische Katalogisierung (RAK) 341
Regelwerk 56, 341, 342, 343, 347, 351, 355, 361, 383, 387, 413, 423, 798, 1020
Regensburger Verbundklassifikation (RVK) 368
Regionalbibliothek 10, 11, 13, 951
Regionalprinzip 472
Repository 407
Resonanz 558
Resource Description and Access (RDA) 341, 345, 353, 383, 387, 413, 1020
Resource Description Framework (RDF) 392, 393, 399, 400, 401, 403, 404, 405
Restaurierung 825, 826, 829, 837, 839, 840, 841, 846, 847
Restaurierungsethik 826, 841
Retrieval 358
Retrodigitalisierung 7, 763, 765, 766, 769, 775
Rezeptionsgeschichte 558
Roving Reference 486, 492

Sacherschließung 357
Sammelauftrag 184, 187, 191, 192, 194
Sammlung Deutscher Drucke 55
Sammlungen 410, 413, 425
Sankt Michaelsbund 32
Scan-Dienstleistungen 461, 465
Scannen 772, 774
Scannen auf Benutzerwunsch 461
Scannen durch Nutzer 466
Schadensprävention 826, 829, 839
Schädlinge 829, 836
Schalenmodell 373
Schimmelpilz 829, 834, 838
Schlagwortnormdatei (SWD) 362, 382, 383
Schlagwortvergabe 361
Schrankenregelungen 816
Schulbaurichtlinie 606
Schulbibliothek 30, 31, 98, 603, 604, 605, 606, 607, 608, 609, 610, 611, 612, 613, 614
Schulbibliothekarische Arbeitsstelle 609, 614
Schulungen 8, 21, 495, 502, 614, 690, 722, 829, 839, 1005
Schutzdauer 813

Schutzfristen, besondere 814
Schutz von Kulturgut 846
Schwellenwerte 906, 907, 908, 909
Schwerpunktinitiative „Digitale Information" 43, 62, 69
Science 2.0 536, 1013, 1014, 1015
Science Citation Index 568, 569
Science, Technology, Medicine (STM) 163, 171, 175
Scopus 568, 570, 571
Search/Retrieve via URL (SRU) 515
Sekundärform 829, 844
Selbstverbuchung 127, 134
Semantic Web 376, 394, 395, 397, 399, 403
Servicekonzept 431, 435
Service-Theke 98
Shared E-Resource Understanding (SERU) 220
SHERPA/RoMEO-Liste 314
Shibboleth 215, 222
Simple Object Access Protocoll (SOAP) 328, 329
Single Sign-on 513
Smartphone 455, 456
Smart Poster 456
Sonderdatenbanken 414
Sourcing 688
Soziale Medien 98, 524, 528, 536
Soziale Netzwerke 524, 525, 527, 528, 531, 535, 536, 728
Speicherbibliothek 284
Spende 732, 733, 735, 736, 739
Spezialbibliothek 11, 98
Spezialdatenbanken 411, 413, 415, 420, 423
Spiralcurriculum 612
Sponsoring 734, 735, 736, 738, 739
Sponsoring Consortium for Open Access Publishing in Particle Physics (SCOAP3) 335
Staatsbibliothek zu Berlin 10, 13, 1024
Stabsfunktion 709
Stadt-Land-Gefälle 24
Standardised Usage Harvesting Initiative (SUSHI) 247
Standards in der Formalerschließung VII, 341
Statistik 205, 257, 500, 503, 557, 564, 608, 622, 627
Stiftung 735, 741, 742
Strategie 732, 739, 743
Studium ohne Abitur 888
subito 469, 479, 480, 481, 482
Suchmaschine 516, 517, 518

Tag 452, 455, 456
Teaching Library VII, 1, 8, 133, 495, 496, 497,
 498, 500, 501, 502, 505, 506, 507, 508,
 509, 510, 511, 613, 878, 999
Technisches Gebäudemanagement (TGM) 146,
 148, 151, 152, 153, 155, 156
Testament 734, 737
TextGrid 549, 550, 551
Text-Mining 277
Theke 134
Tiefenerschließung 414, 415, 416, 424
Time-to-Market 707
Transparenz 988, 990, 991
Trigger-Event 273
Twitter 524, 525, 526, 528, 529, 530, 534, 536

Übergangsfristen 814
Umsatzsteuer 293, 294, 295, 296, 297, 298,
 299, 300, 301, 302, 305
Umsatzsteuer-Identifikationsnummer 297, 299,
 301
UNESCO 78, 82
Uniform Resource Identifier (URI) 400
Universitätsbibliotheken 431, 432, 441
Universitätsverlag 630, 631, 633, 634, 636
Untere Baubehörde / Staatliches Bauamt 147
Unterhaltsträger 12, 281, 283, 285, 289
Unterschiede zwischen Beamten und Arbeit-
 nehmern 911
Urheberbezeichnung 818
Urheberrecht 462, 464, 465, 466, 467, 765,
 947, 948, 953, 954, 955, 978, 982, 988,
 991
Urheberrecht, Vererbbarkeit des 815
user-driven 227

Veranstaltungen 720, 721, 724
Veranstaltungskooperation 746, 758
Veranstaltungsmanagement 746, 753, 755
Verbale Sacherschließung 360
Verein Deutscher Bibliothekare (VDB) 46, 47
Vergabeordnungen 906, 907, 908, 909
Vergaberecht 901, 905, 906, 907, 908, 909
Verlag 270, 271, 272, 273, 275
Veröffentlichung 818
Vervielfältigung 816
Vervielfältigung zum privaten und sonstigen
 eigenen Gebrauch 937
Verwaltung von E-Ressourcen 242

Verwertungsrechte 815, 931, 932
Verzeichnis der im deutschen Sprachbereich
 erschienenen Drucke des 16. Jahrhunderts
 (VD 16) 415, 420, 421, 422, 423
Verzeichnis der im deutschen Sprachbereich
 erschienenen Drucke des 17. Jahrhunderts
 (VD 17) 415, 420, 421, 422, 423, 424
Verzeichnis der im deutschen Sprachbereich
 erschienenen Drucke des 18. Jahrhunderts
 (VD 18) 415, 422, 424
Verzeichnisse deutscher Drucke VD 16, VD 17,
 VD 18 345
Virtual International Authority File (VIAF) 381,
 387, 388, 390
Virtuelle Fachbibliothek 195, 197, 374, 538, 542,
 545
Virtuelle Forschungsumgebung 546, 547, 549,
 551
Virtuelle Medien 138

Wartungsvertrag 150, 154
Webdesign 491, 492
Webometrie 568
Wechselkursschwankungen 166
Weiterbildung 680, 681
Werk, nicht geschütztes 813
Werk, verwaistes 820
Wertorientierung 990
Wiki 524, 536
Wikipedia 393, 395, 396, 397, 399, 402
Wirtschaftlichkeit 375
Wissenschaftliche Universalbibliotheken 67
Wissenschaftsrat 37
Wissensspeicher 999, 1002
Wissenszentrum 999
Workflow 765, 798
World Wide Web Consortium (W3C) 394, 398

Z39.50 515
Zeitschriften 162, 163, 164, 167, 169, 170, 173,
 175, 176, 177, 178, 179
Zeitschriftendatenbank (ZDB) 41, 52, 352
Zeitschriftenkrise 163, 167, 168, 169, 172
Zensur 947, 948
Zensurfreiheit 980, 990, 991
Zentrale Fachbibliothek 10
Zielgruppe 527, 528, 529, 687
Zitation 263
Zitierrate 563, 564, 565

Zoll 307
Zollverfahren 302, 304, 306
Zugänglichmachung, öffentliche 816

Zugangsart 189
Zweischichtiges Bibliothekssystem 199
Zweitveröffentlichungsrecht 315